厦门佛教誌

厦门市佛教协会 编

厦门大学出版社

厦门佛教协会第六届代表会议合影

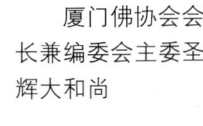

厦门佛协会会长兼编委会主委圣辉大和尚

本书编委会主要领导与编写组工作人员合影

2000年10月27日圣辉大和尚代表中国佛教界出席联合国世界和平大会

圣辉大和尚接待来访的荷兰女王贝娅特丽克丝(1999)

泰国诗琳通公主参访南普陀寺(2002)

已故中国佛教协会会长赵朴初视察南普陀寺(1981)

1984年全国人大常委会副委员长班禅视察南普陀寺

全国人大常委会副委员长王光英视察南普陀寺(1984)

全国政协副主席杨成武视察南普陀寺(1988)

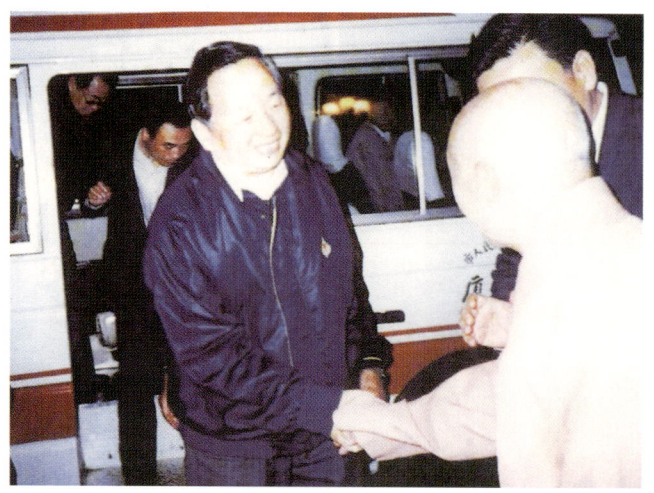

国务院副总理田纪云视察南普陀寺(1991)

原国防部部长迟浩田视察南普陀寺

2003年国务院副总理吴仪视察南普陀寺

1997年全国人大常委会副委员长王兆国视察南普陀寺

新加坡佛教总会会长、世界僧伽协会副会长宏船长老参访南普陀寺(1984)

菲律宾佛教总会会长、世界僧伽协会副会长瑞今长老参访南普陀寺(1995)

世界著名佛学大师印顺长老参访南普陀寺(1994)

世界著名佛学家南怀谨居士参访南普陀寺(1994)

香港佛教总会会长觉光长老参访南普陀寺

台湾中台禅寺惟觉法师参访南普陀寺

台湾法鼓山圣严方丈法师参访南普陀寺(2002)

法国一行禅师来访(2002)

圣辉大和尚、一诚老和尚
（非典祈福大法会）

2003年两岸三地共同举办非典祈福大法会（众僧云集）

非典祈福大法会（主会场——大殿）

始建于后唐五代的南普陀寺前身无尽岩旧址

南普陀大悲殿

南普陀禅堂

民国时期南普陀寺全景

南普陀寺全景

南普陀寺全景

始建于隋唐间的梵天寺全景

大雄宝殿

厚学法师纪念塔

始建于隋唐间的梅山寺摩崖石刻

始建于唐代的真寂寺

始建于唐代的天兴寺

始建于后唐的拱莲古寺

始建于元代的云塔寺

始建于明代的鸿山寺全景

鸿山寺山门

天界寺下仙洞

始建于明代的天界寺全景

始建于明代的华严寺

始建于明代的普光寺山门

普光寺大雄宝殿

始建于明代的启明寺全景

启明寺大佛

始建于明末的紫竹林寺全景

紫竹林寺大雄宝殿

始建于明末的西竺寺

始建于清末的佛国寺

始建于民国的佛心寺

始建于民国的妙清寺(1925)

始建于民国的甘露寺(1929)

弥陀寺(1956)

佛圣寺(1997)

观音寺山门(1994)

观音寺

观音寺万佛塔

雪峰寺全景(1989)

始建于明代的大观院

始建于后唐的圣果院

始建于中唐的觉性院

始建于中唐的石室禅院

始建于明代的日光岩寺山门

日光岩寺全景

始建于明代的太平岩寺山门

太平岩寺圆通殿

始建于明代的白鹿洞寺山门　　　　　　白鹿洞寺白鹿

始建于明代的虎溪岩寺山门　　　　　　虎溪岩棱层洞

虎溪岩石全景

始建于明代的万石岩寺

万石岩寺全景

始建于明代的中岩寺大殿

中岩寺山门

始建于宋代的出米岩

始建于南宋的香山岩

始建于宋代的太华岩

始建于明代的白虎岩

始建于明代的普陀岩

始建于明末的清泉岩

始建于明末的石峰岩

始建于明末的寿石岩

始建于元代的承汉阁

始建于清代的不二堂（观音宫）

清居堂(1944)

始建于清末的应月堂

始建于清末的顶释堂（寺）

始建于清末的进明堂（寺）

妙法林(1934)

庆福堂（寺）

净莲堂(1929)

延寿堂(1935)

内武庙（旧）

始建于明代的内武庙

始建于明代的养真宫

圣辉大和尚为居士林主持开光、皈依法会

尼众早晚课诵

僧众早晚课诵

居士活动

慈善基金会

放生

救济孤儿

居士组织慰问孤老

慰问孤老

闽南佛学院创始人会泉

创始人太虚

创始人常惺

闽南佛学院本科第二届师僧合影(1931)

创始人妙湛

闽南佛学院复办

闽南佛学院第一届预科毕业、正科开学领导暨全体师生合影

闽南佛学院学僧教学楼

闽南佛学院紫竹林女众部图书馆

男众部法师授课中

女众部法师授课中

紫竹林闽院女众教学楼

《厦门佛教志》编委会

顾　　问：陈建德　陈富第　蔡永华
主　　任：释圣辉
副 主 任：苏人登　释定恒　释则悟
常务编委：释诚信　释法源
编　　委：释界象　释了法　释慧然　释圆智
　　　　　释法云　释理文　释能元　释开敏
　　　　　释安景　郑子兴　曾全民

《厦门佛教志》编写组

组长兼主笔：郑梦星
副　主　笔：杨清江
审　　　校：高令印　丛云飞
助　　　编：释果宁　李文睿　张明家
资　料　员：叶大椿　蔡美丽　释演启　沈镇川

序一

　　国之有史，方之有志，族之有谱，是为中华历史文化传统的三大典籍。地方志书以其"横排门类、纵写历史"的独特体例，全面志载一个地区的人文、地理、政治经济、文化、教育等等诸领域历史发展的过去和现在，因而有"存史、教育、资政"三大功能，受到历代文史学者和地方主政官员的重视，并将能参与"盛世修志"的胜缘视为时代历史赋予的光荣使命。

　　20世纪80年代以来，全国兴起一片"盛世修志"的热潮，各省、市、县地方政府在党中央直接领导下，纷纷建立领导编纂地方志书的专设机构。厦门市受命建立地方志编委办公室后，即要求市属各部门组织专职编写人员，负责按新编地方志书体例编纂部门分志或专业志。市佛教协会在市民族宗教事务局统一领导下，也相应聘请专职人员负责编修《厦门佛教志》（以下简称《志》）。

　　《志》书的编纂，从总体构思编排门类纲目，至按图索骥全面蒐集有关资料，并参照了大量翔实可靠的历史资料，如实志述佛教在厦门地区传播的历史发展全过程。

　　厦门地区佛教，始兴于后唐五代，1000多年以来，历经了四次较大起落的兴衰变革。《志》书在编纂这些兴衰史时，将之与社会历史时代客观存在的相关关系相对应，首先确切地论证了佛教事业的兴衰与社会历史的经济基础和政治意识形态，存在着互为因果的辩证关系；从佛教徒自身，在因应社会历史发展时所持的态度与作为，为后人提供了深刻的历史经验教训；此外，《志》书还辑录了大量有关的诗、词、楹联、碑文、题刻以至文牍等历史文献，以供后人参考采用。如是等等，大大提高《志》书在"存史、教育、资政"方面作用与意义。

　　按现代新编《志》书体例，编纂如是门类齐全、内容丰富、篇幅浩繁的地方佛教专业志书，对厦门佛教来说，应是历史的首创，在全省以至全国也应是少有的大胆创新。佛教专业志的编写更有其特殊性，与世志多少有差异之处。惟其是大胆的创新，又有其特殊性，故存在的不足或错误，自当不少，为此要求缁素各界有识之士，多多提供修改意见，冀使再版时，得以修正提高。是以为序。

中国佛教协会副会长
全国政协常务委员　**释圣辉谨识**
厦门市佛教协会会长

序二

日前,到泉州开元寺参观,寺内的一棵菩提树,给了我很深的印象。它雄健高大,枝繁叶茂,盘根虬劲,胸径过抱。虽仅50春秋,却似有几百年的岁月沉积。由它,我想到了南普陀寺,想到了在许多寺庙中见到的菩提树。它们和大榕树、相思树、凤凰木,和岭南的翠柏,和中原的苍松,和谐共生,各展风采的画面,在我的心头浮现。这种被佛教徒视为圣树的菩提树,正如它象征的佛教,在告诉我们这样一个真理:自身顽强的适应能力,与周边群体的和谐包容,是每一个体生存和传续的真谛。

佛教,自东汉传入,不论是骑着白象,或是乘着白马,作为外来宗教,它的落地生根就得益于与本土的中华文化交相融合,交相辉映。可以说,佛教文化因中华文化而绚烂,中华文化因佛教文化而多彩。

当我们展开《厦门佛教志》,在检索中华文脉和佛法哲理的时候,我们也会同时看到,佛教,在这片古称嘉禾屿,又被叫作鹭岛的土地上,循着同一个规律留下了相似的历史遗迹。它在嘉禾滋养和白鹭牵思的农耕文化中生根,在迎送天风和搏击海涛的期许中发展,在商贾云集和帆樯辐辏的通商口岸的变迁中演绎着兴衰……

欣逢盛世,国家富强,社会安定,宗教祥和。1993年,厦门市佛教协会组织编撰《厦门佛教志》,成立编撰组,郑梦星先生担纲主笔,编撰组勘踏寺宇,采访知者,拮集资料,编写论证撰稿,先是汇入《厦门市志》。后又增编,撰成洋洋九十余万言,共五卷十五章,且以增卷之五收集诗、联、碑刻,终成《厦门佛教志》。该志资料翔实,内容丰富,门类齐全,考证严谨,为记录佛教兴衰历程、留存厦门佛教史脉做了一件益事。

卷成时,郑老已逾八旬。他把编撰佛教志,当作人生一大课业,倾注之情,让人感动。在此,顺致敬意。

付梓之际,谨以陋言以为志庆。

厦门市民族与宗教事务局局长　陈富第

凡 例

一、佛教部门志书,旧有名山古刹之《名山志》或《寺志》,但各志体例不一,门类不全,或各有侧重,多有偏颇,按现行新编方志体例志一方区域之佛教专志,则为历史首创。本志严格依新编方志体例,横撰门类纲目,纵写史事始末。卷前有《大事记》《概述》,以利检阅全书概要;后附《文献选辑》,以存佛教历史文献。主文以类分,共为4卷15章。全书90多万字。

二、本志谨以爱国爱教立场,并以实事求是的务实精神,全面如实地志载厦门佛教的历史和现状。对于某些违背史实、于史无稽或传闻失误的史事,则按唯物史观的辩证方法,进行客观全面的深入考证,务求志存史实,达到可靠、可信、可传的严谨修志要求。如近代厦门本岛,曾盛传唐代某家族在岛上兴建五座寺岩的一家之说。鉴于中唐时期厦门岛的社会经济开发相对滞后,不可能在岛上兴建既无僧人住、又乏善信护法的五座寺岩;又遍查地方史志资料,绝无唐代岛上建寺岩的任何记载;再据所称的唐建寺岩,均各有确切的开建寺岩的史实。因此,对唐建寺岩的一家之说,断然予以否定,并据可靠资料入志以存信史。

本志记述史事,大都以历代史籍、志书等文字资料为准,遇有史志书籍未载或与史志资料有出入者,则多方查考、订正,并进行实地考察,务求准确无误。

三、本志对于厦门地区佛教的地方特点突出分章,重点志述。厦门佛教地方特点之一为历史上岩多于寺。明代以前大都以岩见称,为寺称者则寥寥无几。如有明一代,厦门本岛以岩称者共13座。清末民初,本岛又出现10多所以堂见称的道场。鉴于以岩、寺、堂见称的道场,不仅各有历史因成的时代背景和地理环境,而且在建设规模以至所属性质等方面,均有不同的特点,因此仍以岩、寺、堂等分别立章志述。此外,在佛门四众弟子之外另有带发出家住寺的菜姑,以及岩僧入住神道宫庙这两大地方特点,均分别另立章节重点志述。

四、作为佛教专业志书,对于佛教内部一些不为一般常人所知的诸如教徒的规戒生活以及各种宗教活动等,本志特立专章以"引古证今"的方式详加志述,以加深一般读者对佛教文化特点的认识。

五、本志卷前首列《大事记》专辑,记述厦门地区佛教有史以来的重要史事,以便于读者在开卷前检阅厦门佛教历史发展的概况。记述史事,以本志上下年限为始末。记事按历史编年为序,以一事一记为主,间或有重大复杂事件,则采取记事本末体例,跨越时空以记事态发生发展以至结果的全过程。

六、本志因循新编志书之体例,采用志、记、叙、传结构,图表分别附于各卷章节之中,并附插彩色照片于前,全面地综合地记录厦门市佛教的历史和现状。

七、本志为语体文、记叙体,叙事则提要钩元,行文则删繁就简,不遗巨细;文风力求朴实严谨,文笔尽力简洁流畅,通俗易懂。

八、历代称号沿用通称,如明、清、中华民国等历史纪年采用双轨制,先书朝代纪年,后以括

号加注公元纪年,如清乾隆二十六年(1761年)、清宣统三年(1911年)等,系月仍照旧沿用农历汉字数码。民国以后一般采用公元纪年,并以阿拉伯数字标明。

九、本志使用地理名称、历代政体和官职,均依当时历史习惯称呼,古地名后面加注今属。

十、凡一事两见或多见者,注明"互见某处";凡举其事而不必详者,则注明"详见某处",以减少重复。

十一、本志人物传分立僧伽、居士(菜姑)两类。各类人物以卒年先后为序排列。对于立传人物,尊重历史,实事求是,不拔高溢美,不贬低苛求;不为尊者、亲者、贤者讳;不因人废言、因人废事,寓褒贬于叙事之中,功过是非,一般不加评论。

十二、本志遵循"生不立传"的惯例,对于在世的佛教界知名人物,不论其业绩大小、职务高低,均不予立传。但有较大成就者,采用以事传人的形式在叙事中志传。

目　录

序一	(1)
序二	(1)
凡例	(1)
概述	(1)
大事记	(13)

卷之一

第一章　寺	(49)
第二章　院	(69)
第三章　岩(洞)	(75)
第四章　庵堂(林、精舍)	(90)
第五章　住僧宫庙	(99)

卷之二

第六章　四众弟子	(117)
第一节　僧尼	(117)
第二节　居士	(119)
第三节　菜姑	(121)
第七章　宗门法系	(125)
第一节　大乘八宗	(125)
第二节　闽传南禅	(127)
第八章　佛门规戒	(141)
第一节　戒律	(141)
第二节　清规	(147)
第九章　弘法利生	(156)
第一节　讲经说法	(156)
第二节　法会活动	(158)
第三节　佛教刊物	(161)
第四节　经书流通	(164)
第五节　慈善事业	(165)

卷之三

第十章　社团组织	(175)

第一节	佛教(协)会	(175)
第二节	居士组织	(193)
第三节	慈善组织	(198)

第十一章　学校教育 (201)
 第一节　闽南佛学院 (201)
 第二节　其他院校 (221)

第十二章　海外交流 (224)
 第一节　新加坡和马来西亚 (224)
 第二节　菲律宾 (228)
 第三节　缅甸 (231)
 第四节　日本 (232)
 第五节　其他国家 (236)

附：港台地区 (238)

第十三章　行政管理 (243)

卷之四

第十四章　僧伽传 (253)

第十五章　居士(菜姑)传 (305)

卷之五　文献选辑

 一　诗词 (331)
 二　楹联 (442)
 三　题刻 (473)
 四　碑文 (502)
 五　法制文牍 (538)

跋 (564)

编后记 (565)

附：卷目索引 (567)

概　　述

　　厦门地区，由于地理条件的不同，有内陆、海岛之分。唐初泉州建立州治以来，岛、陆地区一直是州治的边沿属地，僻处山垭海陬之间，水陆交通不便，滨海虽有大片荒芜的冲积平原，却长期未得开发。直至唐贞元十九年（803年），方"析南安（县）西南四乡为大同场"。所谓"场"者，是在乡里之间设立墟场草市，由州官遣榷税吏，坐地榷征税赋称"场监"。场自唐初以迄唐末，一直未具建县条件。直至后唐五代，有大批避乱南来的中原士族入迁大同场，开发土地，发展自然经济，方于长兴三年（932年）（一说大成四年，929年）由泉州刺史王延彬申请建县，升大同场为同安县。

　　厦门地区佛教的传入与兴盛，与其社会历史经济的开发和发展有着密切关系。厦门地区自唐设大同场以来，在中心墟场附近（今同安大同镇），曾先后建立四所小寺院，作为赶集往来民众拜佛活动的场所。这就是梵天寺、梅山寺、天兴寺、拱莲古寺的前身。据《泉州府志》和《同安县志》记载，均称这四所寺院的始建年代，为"建于隋唐间，岁月不可考"。可见这些寺院的前身均当始建于设场后至建县前，因年代久远，又因寺小无记，具体岁月无可稽考，故泛称为"建于隋唐间"。是以确认这些寺院应为厦门地区佛教传入最早的寺院。

　　上述四所寺院，以其所在均在当时新建同安县城附近，因此建县后都得到不同程度的重建与扩建，并先后改称今名。其中"初称泗洲"的梵天寺前身，更以大轮山麓的高旷地势，得到大规模的扩建，并改称兴教寺，成为振兴同安佛教的首刹。至北宋熙宁年间（1068—1077年），又进行全面翻修扩建，合72庵为一区，使之成为当时泉州诸大名刹之一。

　　近代以来，梵天寺为进一步展示其历史悠久的优势，开始将泛指建于"隋唐间"改为实指建于隋代。如近人编写的《梵天寺史》中将其具体化，称："据明兵部侍郎蔡复一梵天寺碑文记载：'寺为隋文帝开皇元年敕建'。"并称：隋文帝建国后，即敕令全国各州县，都要建立一所大禅寺，梵天寺即奉敕建于此时。遍查所有与梵天寺有关的地方史志资料，均未见蔡复一有梵天寺碑文之说，惟有乾隆《同安县志》中有蔡复一咏梵天寺的三首律诗，和明洪武初赵道生和知事陈仲述记述明初无为禅师重修梵天寺、重建大雄宝殿落成的两方碑文（均见后附诗词选和碑文选）。碑文记史，均按旧志所说"建于隋唐间"。三首诗文更绝不见有隋皇敕建词句。倒是近年新建大殿前廊两侧石柱镌有一副款称明蔡复一所撰楹联，书联落款为"王秀南"（当代人）。联文曰："隋代久辟天竺国，轮岗重仰法王宫。"联文粗拙晦涩，平仄对仗也不工整，将此粗劣联文称之出自有明一代名士之手，实在令人不敢相信。

　　造此联文之意，目的在于说明隋皇敕令各州府县建立大禅院之说为实。按隋初开皇年间至五代同安建县相距300多年，但有人却以《同安县志》中有："晋太康三年置同安县，寻改晋安郡"之说，称同安于晋代即已建县。实际上此为对历史同名的误解。据有关福建郡县建制的历史记载，晋太康三年（282年）为福建始在闽中地区建晋安郡，此后又在郡属地区分设八个县。其中同安县和晋安县为郡治的中心县，后又撤同安县并入晋安县。梁天监年间（502—519年）

概述　001

升晋安县为南安郡。南陈撤郡建丰州,后改武荣州,南安郡降称南安县。由此可见,隋初,现同安地区还是属南安县边陲人烟稀少的荒凉地带。由上可知,两个建于不同历史时期的同安县,除了名称相同外,实际上却是分属两地、互不相及的两个地称,而隋初亦绝无可能由隋皇敕令在同安县建一所大禅院。

按旧《志》另有一说称:"梵天寺初称泗洲,建于隋唐间……"如此说可靠,则寺之前身,应建于后唐五代中原士族移民开发同安的时代。因为泗洲佛的信仰,是由中原士族带进闽南的俗信神佛。据传:唐乾符年间(875—879年),黄巢造反后挥兵南下,泗洲化身为一比丘,盘坐于岭头道口,挡住大军去路,力求黄巢不要滥杀无辜。巢一时性起,挥剑将其斩首。讵料首级落地三尺,复自跃起颈部自合。巢大惊异,下马谢过,诺其所请,挥兵绕道而去。后人感念和尚舍身制乱安民功德,乃于其就义的岭头道口,按和尚盘坐原型雕造三尺石佛石像,立于道左,以资纪念。中原士族因避战乱而南迁,对泗洲的制乱安民感念特深,故将其带来移居地供奉。据《同安县志》记载,有许多族居村中所建佛院大都有"初名泗洲"之说,如珩山圣果院、北山院(岩)、陈氏家族集居的明觉院,乃至鹭岛五老山下五代僧清浩的岩居地等等,均有初名泗洲的记载。此外,移民所经过的岭头、大道口、村头等地,也大都建泗洲的石佛石龛,以作挡境守护神佛。后来由于迁民南来安居日久,对"战乱"观念日益淡化,同时为与闽南民间信仰相适应,对于泗洲信仰逐渐淡漠下来,许多初称泗洲的佛院,至两宋期间,纷纷改奉其他神佛,并改今名。惟有供奉于岭头、道口、村前的石佛石龛,至今仍时有所见。梵天寺原址大轮山,正处移民进入同安的大道口,于此初建泗洲佛院的可能性极大。

旧同安境内另一座沿称"建于唐"的寺院真寂寺,府、县《志》书均没有其始建具体年代。《志》中简述:"唐宣宗与黄檗祖师联吟于此。"由此可见寺的存在应早于唐大和年间(828—835年)宣宗被贬出宫之前。但复据明本《黄檗山寺志》记载,宣宗与祖师观瀑联吟的地点,系在江西高安祖师早年所建的黄檗寺中,与真寂寺互不相及。原来真寂寺的前身,为祖师弟子义安于会昌废佛时,隐遁岩居潜修乃至寂化的所在,后人寻踪至此,乃于岩侧建小禅院纪念。此为《志》书所称"初名义安"的本源。后来,泉州刺史王延彬扩建大禅院,乃以(义安)"大师归去真寂然",正名为"真寂寺",并将祖师与宣宗联吟盛史移来此寺,既标明寺与黄檗的渊源,又显示黄檗宗门的历史的荣耀。(详见卷之一《真寂寺》)

近人传闻:唐代有陈氏家族在厦门本岛开建五所寺院。此说源于《颍川陈氏大成宗谱》记载,称:中唐时期,太傅陈邕之子陈夷则,举族三百余口,从漳入迁鹭岛。时与薛令之族人同时入迁,称"南陈北薛"。陈夷则于薛岭之南建觉性院。此后夷则子孙陈俦建虎溪岩,陈僖建万石岩,十一世陈肇、陈黯分别建普照寺和云顶岩。按此五所寺岩,除觉性院外,其余四所均各自有始建于明代的具体年代与史实,因此这些寺院均不认同此说。唯有南普陀寺,因20世纪30年代借助檀樾主陈氏盛族,合力保护当时屡被外人侵占的寺产土地。该族泗洲陈秉璋据其宗谱所载:十一世先祖陈肇捐山一陇、田地52亩建普照寺,并附有今称的田产四至地名,遂请泉州清末举人曾遒撰写有"经始溯唐朝,与开元并古"的联文,镌立于大殿前廊石柱上。同时,又于无尽岩遗址刻石说明为唐建普照寺遗址。但更多尊重史实的人均不认同此说,如成书于民国22年(1933年),由虞愚等人主编的《南普陀寺志》,在《寺考》中也未提及"唐建"之说。

据闻,《陈氏宗谱》有关厦门本岛"南陈"源流之说,早在清代中叶便在岛上传闻,但此说内容比较简略,只在于说明:鹭岛"南陈"之称,源出于漳州南山寺陈邕的"南院陈"之简称。如现存南普陀寺内的一方立于清光绪十三年(1887年)的碑文所称:"相传漳郡南山寺所祀唐陈太

傅□(邕)八世孙讳肇,念子孙得有今日,我佛所庇也,乃建普照寺。"碑文直接指陈肇为太傅陈邕八世孙,而将近人所传的自陈邕长子陈夷则举族迁岛的关键人物都忽略了,可见后人续写《宗谱》,为了更令人确信岛上南陈就是漳州"南院陈"一脉所传,因而将原谱的简述具体化起来。然而越是扩大史实将其具体化,却留给人们更大的疑问。如:中唐时期,陈夷则为何突然自我毁弃安居漳州的显贵家族门第,举族入迁荒无人烟的无名孤岛?于是后人又编造三种说法来具体例证。

一说:夷则触犯朝廷大罪,故举族迁岛避难。夷则之父陈邕因私造高门宅院犯罪幸免,为时不久,夷则又犯何罪?设若犯朝廷大罪,举族入迁与漳州隔水相望的海岛,又怎能逃避得了?二说称:夷则乞假回乡守制,偶得一梦,见一海岛,岛上有稻生九穗的祥瑞,称嘉禾屿,因而坚信此为上天示意,要其举族迁岛别创基业。凭此虚幻梦境,便自毁家园举族迁岛,自是令人不敢相信。三说:初称陈邕以三百万贯向地方官府购买全岛所有权;后又说陈夷则身为当朝宰相,以三千万贯向朝廷购得全岛。此说更为离奇,考自封建历史制度规定,举凡未经开发利用的荒山野地,政府鼓励移民自由开发,待到将生荒地开垦成为可以耕植的熟荒后,再经三年的免租试产,方由地方政府派人丈量计产,按章向官府缴纳国课租税,并由地方政府发给"地契",证明开发土地属开发者所有,使开发的土地成为可以自由买卖的有价值的产业。至于全国所有未经开发利用的荒山、原野乃至海岛,按"寸土归王"之说,都是皇家所有的国土,任何地方官员乃至朝廷大臣,都无权或敢冒"灭门之罪"私卖大片国土给私人,让其占地为王。后人制造此说,既为圆释陈氏举族迁岛之说,又向后世宣耀厦门海岛是其先祖买下的私有产业。然而1000多年来,均未闻有他族入迁海岛开发必须向陈氏大领主求赐土地的任何记载或传说。按照当时社会,家有万贯资财,便称一方巨富。陈氏家族竟然拥有数百万乃至数千万贯巨资,大可以在土地资源丰富的漳州地区购买万顷良田,坐享大庄园主的富贵生活,何用以此巨资,购买生产生活条件相对内陆来说极为恶劣的无人荒岛呢?

以上三说,显然是后人为圆释陈夷则举族迁岛原由之谜而附会的,然而"以谜释谜",却留下更多令人难以理解的疑问。

此后又续传,夷则举族迁岛后,又在岛上衍传八世代代为官的豪族,从四代陈俦以至十一世陈肇、陈黯等人在岛上建造五所寺岩。近年来,又从争议南陈开发史的文章中发现许多新的记述。如称:陈邕临终时,曾遗嘱后代子孙,凡有出息者都要建一座寺院,以报答佛祖恩庇全族幸免于难的佛恩。于是将在岛上建5座寺岩增至15座,包括夷则之弟夷实建白鹿洞,以及万寿岩、白鹤岩、鸿山寺等等。后来又有文章将鹭岛上所有古今寺岩堂院都纳入唐时陈氏家族所建,由15座上升至24座,并称将唐时的"南方岛国"建成为"南方佛国"。如上所说,后世传称"岛国"乃至"佛国"的盛史,却于正史以至各级各类的地方史志中均无所载。不仅如此历史盛事于史无考,就连首迁鹭岛的陈夷则,以及所传陈俦、陈僖、陈元通等人的名字、官称等等也未见史志有所记载。

综观陈《谱》乃至后人种种传说,不仅于史无稽,更与当时社会历史发展的客观存在不相容。正如《福建史稿》引述黄宗羲批判古今《族谱》伪造历史所称:"氏族之谱……大抵子孙粗读书者为之。掇拾讹传,不知考究,抵牾正史,徒贻蚩笑。"正如此说,故对传闻陈氏家族在鹭岛开建许多寺岩之说,均给予存疑不取,并以诸寺岩开山首建的历史真实为据,以还历史真面目。陈《谱》载从夷则三世盛传至十一世陈肇之后,便至寂然消沉下来,至宋、元时代,很少见有南陈家族在鹭岛有所作为的文字记载。正如道光版《厦门志》中所称:厦门"宋名嘉禾里","自宋以

上无可考"。这里所称"无可考",自应包括中唐陈夷则举族迁岛之说于史无考在内。正以其于史无考,故此为修纂《志书》所不取。

后唐以至北宋时期,是厦门地区佛教,从始兴走向全盛的历史阶段。同安地区自然经济的开发与发展,为佛教发展奠定了厚实的社会经济基础;闽王政权的崇佛,更成为促进佛教全面发展的动力。因此,在同安建县后的数十年间,在同安所属地区兴建了大小寺院30多所。这些寺院的建设,大体可分为三种类型:其一,官府倡建的大型寺院。如将县治附近大轮山的"泗洲院"大规模扩建为"兴教寺",作为振兴同安佛教的首刹。至北宋熙宁二年(1609年),大规模扩建兴教寺,改称"梵天寺",据传有72庵(院)。同时又将"黄佛寺"扩建为可住僧八九十人的"天兴寺",将后唐高僧义安住修的夕阳山山岩,改建为"真寂寺"。此外,建于唐、宋间还有梅山寺、拱莲寺、资福寺等7座。这些散见郊野的小寺,一般也为官绅所倡建或僧人谋建。其二,为宗族迁民建于族居所在地的佛院。如王氏集居北辰山下的北山院(岩),后溪珩山(豪山)的圣果院,叶氏居地佛子岗上的佛岗院,鹭岛南陈居地薛岭下的觉性院等等。至北宋间,此类佛院共11座。其三,为高行德僧于林泉深处,依岩结茅住修的山岩。如北宋僧岩居五老峰下的无尽岩,以及内陆地区的雪山岩、太华岩、慈云岩等共8所。

上述官倡或族建的寺院,大都有官拨或族捐的大量寺产或田租。如圣果院初建时,即由王氏宗族拨给田租120石,后又增拨土地50亩,作为佛院香灯和祭祀祖先之资费。梵天寺全盛时,有田租二三千石,可供数百住僧坐享优裕的生活。然而好景无常,迄至南宋,由于官府加重寺院国课,梵天寺田租收入不足以应王租,依靠田租生活的寺僧,不得不星散流离,寺院因之凋落衰败。正如朱熹咏梵天寺称:"输尽王租生理微,老僧行乞暮还归。空山日落无钟鼓,惟见虚堂蝙蝠飞。"盛极一时的梵天寺,不上百年,便落得如是凄凉寂寞。诸多寺院亦难免同此厄运,令人有盛事无常之慨。

上述为厦门佛教史上首次出现的大起大落的兴衰变化。造成此一盛衰变化的缘由,客观上应是受到当时社会政治、经济兴革的直接影响;主观上是佛教徒自身在历史变革中所起消极作用引起的。如当寺院富有田租,许多寺僧在安享优裕生活时,便放弃"一日不作,一日不食"农禅自给的佛门优良传统生活,以致一旦失去田租,便只好四散另谋生路,从而加速佛门的衰败。

元代蒙古族入主中原,崇尚喇嘛教,对汉族存在种族歧视,对汉人出家僧尼规定要灸烧顶,爇香疤,以示有别于"喇嘛僧"。后来因循成习,有些奉佛的人也以爇顶、燃指作为虔心供佛的苦行,但也因此造成出家人数锐减,一些寺院也由此废圮。如同安真寂寺、梵天寺等均废于此时。

明代,随着时代历史的变革,厦门本岛以其港口岛屿的地理优势,开始走向历史发展的新时代。

明代励行"禁海",酿成海上武装走私集团的猖獗活动,逼使明王朝不得不在东南沿海加强海防建设。于是厦门本岛便一跃成为泉州沿海海防要塞之一。洪武二十七年(1394年)在岛上建立中左所城,从漳州内陆等地征召屯兵驻守,称"千户所"。明代中叶,西方殖民者舰队东来,频繁窜扰东南沿海,使海防形势更加严峻,厦门岛上也因此加派重兵防守。及至明季隆庆年间(1567年),明王朝终于被迫开放漳州月港为海外通商口岸。厦门作为月港的外港门户,外国商船由此入口,往来络绎不绝,厦门地名专称,由此确立传称至今。由于厦门港口位置接近外海,航运往来更加便捷,不久便取代月港,成为明末福建对外开放的唯一大港。海内外客

商云集,港口外向型的综合经济随之繁荣发展,乃至盛极一时。

厦门本岛佛教,明代以前除南陈入迁首建觉性院,以及五代僧清浩和北宋僧文翠先后在五老峰下无尽岩住修外,此后再未见有内地僧人进岛营建寺岩住修的任何文字记载。直到明初,厦门建城后进行历史性的全面开发,本岛佛教才随着逐步发展兴盛起来。标志明代鹭岛佛教始兴的第一所寺院,为明初断臂和尚觉光募建的普照寺。关于断臂和尚建寺之说,明人何乔远在其《闽书》中,误将断臂和尚与北宋僧文翠合为一人,称:宋断臂和尚建普照寺。此后,池显方的《大同赋》、清道光《同安县志》、《厦门志》均沿此说。按北宋厦门佛教全盛时,尽管地方上有不少官府或盛族捐建的富有田租的寺院,可供僧众安住,但仍有一些严持梵行净修的高僧,厌薄如是富闲的寺院生活,独自退隐深山,依岩结茅苦修禅行。这是厦门佛教许多山岩构筑的来源。宋僧文翠,应是此类高僧之一。据旧府、县志《文翠传》中称,宋僧文翠居五老峰下住修,改泗洲为无尽岩,并附有尉滕翔赠文翠诗云:"海翻波浪绕危峰,无尽岩前世界空。不是灰心求佛者,片时难耐寂寥中。"可见文翠是一位自甘寂寥的诚心学佛者,绝不可能在深山岩居后,又复改变初衷,下山募资建寺。

经查诸多有关地方史志文献,基本澄清了断臂和尚建寺的历史真相。断臂和尚,明初同安天兴寺僧,法名"觉光",俗姓宋,同安大嶝岛人。因倡修"燃指断臂"奉佛的苦行,被县官视为邪教异端,将其流放鹭岛。进岛后,初居五老峰下无尽岩旧址,并题"息心断臂"四字,镌于岩壁,以自白其所以断臂奉佛的衷诚。因负"流放"罪名,不以法名自称,仍以断臂和尚见传。后得岛上南陈宗族的支持,捐资献租于无尽岩下建普照寺(现南普陀寺法堂旧址)。明崇祯间,太常寺卿林宗载在其《寺租还寺碑记》中曾有:"至断臂禅师,而租乃大旺"之句。后来这些田租屡被豪右占卖,乃至"钱粮不足以供国课,岁入不足以供香灯"。许多寺僧相继离去。至崇祯间,仅存老僧了蕴亦将离去,林宗载目见此景,乃将其子所购寺租全部捐归寺院,并立碑记载其事(碑现存南普陀寺左廊)。按碑文所指的断臂禅师,自当是相距立碑时间[崇祯十三年(1640年)]200多年前的明初觉光,决不可能是相距近三个朝代,五百七十多年前的宋僧文翠。

南陈家族,在献租兴建普照寺后,又大规模扩建觉性院。奉请高僧住持,至永乐年间(1403—1424年)圆镜禅师主持觉性院时,住僧多达八九十人。

明代鹭岛佛教寺岩的建设与发展,除普照寺和觉性院借助于地方盛族的捐施而拥有一定的寺租外,其余寺岩,大都由陆续进岛的内地僧人,利用岛上诸山奇石丛立、岩洞罗布的特点,首先就岩安顿,然后募资于岩侧构建堂院住修。这些山岩佛院,大都以岩见称。计自有明一代,岛上先后建有云顶岩、万寿岩、寿山岩、醉仙岩、虎溪岩、白鹿洞、白鹤岩、万石岩、中岩、太平岩、紫云岩、石泉岩及鼓浪屿的日光岩等13所。此外,另有一所建于近郊山坡上的鸿山寺。这些岩寺,一般都是一代师尊开山,历代师徒共住,成为后代门徒相承的子孙寺岩。

明代同安内陆佛教,因受鹭岛佛教兴盛发展的影响,原有一些寺院山岩,大都得到兴修或复建。此外,还新建几所小寺院。据不完全统计,明代同安寺院,以寺称的有梵天寺、天兴寺(一度建后又废)、梅山寺、真寂寺、拱莲寺等共10座;院称的有北山院(岩)、圣果院、佛岗院、明觉院等10所;山岩有雪山岩、太华岩、慈云岩等7所;此外还有新建的承汉阁、贞素堂、石佛寨、大佛寨等。

明末,厦门有一批志节高洁的文人学士,他们之中有不满时政归隐林泉的退职官员和厌薄功名、不求仕进的雅士。他们游聚于岛上山岩幽壑之间,与高僧隐士谈禅论道,往来无间。有些人还亲自参与拓建寺岩,直接促进与推动佛教的传播,使厦门岛的佛教进入全盛时期。

清初郑成功据厦抗清时,东南沿海有一批忠臣义士流寓厦门,他们怀着家国沦丧之痛,与地方文人志士相结交,倘佯幽壑之间,悲歌当哭,其中著名的如叶后诏、徐孚远、林蕾、姚翼明、卢若腾、沈佺期、冯澄世等,与厦门名士纪许国、池显方、阮旻锡、杨能元等友好相交,往来虎溪、鹤岭、仙岩、鹿洞之间。探幽揽胜,参禅论道,有些人更因此削发出家,遁入空门,如阮旻锡、姚翼明、杨秉机、谢元忭、林英、纪保国、刘子葵、涂仲吉、唐显悦、任延贵、洪恩、陆昆亨、骆亦志、吴亦通等。这些文人志士的托迹山林,以至削发出家,促进寺岩的开拓和建设。

清顺治十八年(1661年),郑成功东渡台湾,清兵占据金、厦实行"迁界",许多寺岩随即毁于兵燹,使刚登上全盛顶峰的鹭岛佛教跌入低谷,遭受毁灭性的破坏。

清康熙二十二年(1683年),靖海将军施琅统一台湾后回驻厦门。厦门逐渐由军事要塞发展成为东南海域的港口重镇。清初被毁的许多寺岩,陆续得到恢复重建。康熙年间(1662—1722年),施琅重建扩建普照寺,改名"南普陀";水师提督吴英倡修虎溪岩、白鹤岩、大观院等;提督蓝理重修万石岩。至乾隆年间(1736—1795年),不仅原有寺岩全部得到复建,同时还增建两座颇具规模的海屿寺和瑞晃庵(后改称"法海院")。

清代的厦门佛教,并没有因佛寺的恢复和扩建而复兴,相反的却日益衰颓凋落下来。清初,对于寺院的建造和僧尼的出家都有较为严格的限制,如不准任意建寺或毁寺,不许私度僧尼。规定度众出家要经批准,一律由官府发给度牒,对于私建寺院和私度僧尼都要依法制裁。但自乾隆四年(1739年)以后,私度出家现象严重,一时难于控制,清政府乃于乾隆三十九年(1774年)宣布取消官给度牒制度,准许自由收徒度众。于是出现寺僧滥收徒众的流弊。如临济宗寺僧正圆,收度徒众16位;正圆的徒孙鉴源收度徒众18位,此后几代的法子徒孙,收度弟子都在10人以上。如此乱收滥度,难免鱼龙混杂,产生一批寄身佛门混饭的"食僧"。这些僧人,文化素质不高,佛学禅修不足,而以谋财为务。他们或追逐经忏为生,或假托募化为名,还有寺僧抛开清静的山岩佛寺,进入闹市经营主持香火鼎盛的神道宫庙。据《虎溪派系祖字簿》记载:自嘉庆初年(1797—1809年)虎溪岩第五代寺僧真密主持朝天宫开始,此后有许多僧人进住神道宫庙,以追求香火收入并形成风气,据清末民初统计,岛上住僧宫庙达30多座。

"住宫和尚"的盛行,是厦门佛教的一大流弊,形成此一现象的因素,与厦门的社会经济文化发展特点相关连。近代以来,厦门发展成为海内外交通枢纽的港口商埠,五路客商云集,沿海各地移民增多。许多来自闽南沿海的居民,都把原来崇尚鬼神的习俗带入厦门,于是在厦门的市区和村社,建起100多所崇祀杂神的大小宫庙,迷信风行,到处宫庙香火旺盛,香资收入丰裕,山岩佛寺却因之受到冷落。一些难耐山岩清苦生活的"食僧",乃相率下山,弃佛门的清修以就鬼神的"庙食",助长民间迷信的歪风,授人以"谤僧毁佛"的口实,招致佛教衰败的不良后果。

近代初期,厦门佛教衰败的另一原因是出家人数的锐减。近代以来,厦门社会经济有了进一步的发展,各地流入厦门谋生的人口遽增,但却很少有人愿意出家为僧。据清末有关资料反映,当时厦门岛60多位寺僧中,几乎是内地出家后移住厦门的,厦门本地出家极为稀罕。近代的厦门,一方面是男众出家的僧众越来越少;另一方面却是女众带发出家的菜姑越来越多,大部分的菜姑,文化知识低,佛教素养差,对迷信鬼神的观念较为浓厚,因此对弘扬发展正信佛教,产生相反的作用。

近代外国宗教和内地的外道教派在厦门的广泛传播,更使逐渐衰落的厦门佛教受到冲击。清末民初,先后从莆田、福州等地传入先天、龙华、金童等外道。这些外道在厦门遍设神坛

斋堂，进行传道活动，由于他们崇奉的神佛和崇拜的仪式与佛教相近似，不仅吸引许多一般信徒入教，连一些出家受戒的菜姑也受其迷惑而参与外道活动。

外国的宗教和外道的传播，不仅使佛教的一部分信徒动摇以至放弃信仰，转向洋教，改信外道，同时也加深社会对佛教的误解和歪曲，增加佛教沉重的社会压力。清末民初，社会上兴起一股"庙产兴学"以至"毁寺逐僧"的浪潮，使渐趋凋谢的佛教，濒临"覆灭"的危机。

清末民初，厦门出了几位卓有远见的高僧，抱着振兴佛教的宏愿，开始重修废寺，整顿佛门，并广弘佛法，振昏启明，首倡者为喜参和尚。清光绪十九年（1893年），喜参在重兴漳州南山寺后，应聘来厦门住持鸿山寺，目睹寺宇年久失修，即积极募资重建。光绪二十一年移锡南普陀寺，着手整顿寺规，引导寺僧行持参修，同时四出募集巨资重修大雄宝殿和僧寮。光绪二十七年，喜参特别邀请浙江天童寺净心和尚来厦门弘法，传授戒律规仪，在南普陀寺举办三坛传戒法会，受戒缁素弟子甚多，影响深远，连当时的厦门道台刘庆芬夫妇也慕名皈依座下，使寂落沉晦100多年的厦门佛教，开始萌发新的生机。

民国初年，有一批厦门僧人远渡重洋到新、马募化。民国2年（1913年），由释转初、转道、转岸等法师为重修寺院出国募集资金，也为闽南僧人首辟蹊径，并在新岛首建汉传佛教寺院——普陀寺，为闽南僧人出国弘法往来南洋提供住锡之地。此后，闽南僧人频繁往来南洋募化，为厦门地区佛教事业建设开辟新的资金来源。转初法师等募集巨资回国开始重修南普陀寺及太平岩等寺院。

民国3年（1914年），转初在南普陀寺创办旃檀学林，被推举为林长，并亲自授课，为发展厦门僧伽教育奠下基础。

近代厦门佛教发展臻于鼎盛，一度成为全国佛教改革的基地、僧伽教育的中心，缘起于民国9年（1920年），即转逢和尚住持南普陀寺之后。当时，南普陀寺在喜参和尚的多年经营下，香火渐盛，僧众日增。在转逢住持期间，进一步严整规仪，率众梵修，恭请知名法师圆瑛来寺开讲《楞严经》，聘任法师性愿主办景峰佛学社，以培育僧材。民国13年，转逢以南普陀寺一向是临济喝云派下的子孙寺院，无法广延十方高人，振扬佛法，遂倡议将子孙传承的南普陀寺献为十方选贤的丛林，得到喝云派系诸山长老和两序僧众的支持，随即制订《十方常住规约》二十条，并通过选举推闽南名僧会泉和尚为首届方丈。越年，转逢和尚又协助会泉法师创办闽南佛学院，招收全国十方学僧入院修学。

民国16年（1927年），会泉法师三年任满告退，推举一代高僧太虚大师来厦继任南普陀寺方丈，兼闽南佛学院院长。当时，太虚大师是倡导全国佛化教育、推行佛教改革的著名导师，被全国佛教界推为汉传佛教领袖。他受聘来厦时，随带他的得意弟子大醒、芝峰等法师，负责闽南佛学院教务工作。太虚及其弟子来厦后，即将南普陀寺和闽南佛学院作为他们推行佛教改革、发展佛化教育的实验基地。一方面严整寺规，提倡"现代僧伽"，同时创办《现代僧伽》季刊。揭露佛门存在的弊病，疾呼要拯救佛教，建立现代佛教，并以此化导现代社会。在佛学院教育方面，要求学僧要严守戒规，刻苦修学，以培养"现代僧材"为目标，锐意教学改革，不断提高教学质量，使闽南佛学院很快成为全国比较正规化的闽南佛教高等学府，并以修学质量高而驰名中外。

闽南佛学院办学多年一直没有闽南籍的学员，教师和学员全部来自外省。当时学院领导认为闽南籍的出家人大都文化程度偏低，听不懂普通话，因此不收本籍学僧，引起闽南各地佛教界人士的不满。民国23年（1934年），弘一大师来厦门讲学，常惺、瑞今等法师向大师反映

这个情况，大师倡议可以另办一所适应闽南僧人文化程度的初等佛教学校。常惺、会泉法师同意大师的建议，经一番筹备，并到晋江草庵向大师汇报，得到大师的赞同，亲自书匾，定名为"南闽佛教养正院"，于是年冬正式开办。

20世纪20年代初，厦门居士佛教的兴起，突破历来以僧团活动为中心的佛教社会格局，开始出现以佛教居士为主的弘教活动群体。民国13年（1924年）春，厦门有一批佛教青年居士，发起组织"闽南佛化新青年会"。青年会骨干均为当时思想比较进步的革命青年居士。其中一部分是参加辛亥革命同盟会的青年会员。他们对佛法教理都有较深刻的认识，因而抱着弘扬正信教义、建立现代佛教、净化人间、改造社会的宏伟誓愿，积极开展佛化宣传。他们组织"佛化新青年世界宣传队"，创办《佛音月刊》，深入厦门各阶层以至漳州、泉州各地，开设讲座，广泛宣传佛学知识，弘扬大乘佛教精神，破除民间世俗迷信。同时倡导创办佛学教育和佛学机构。他们的活动，有力地促进了闽南佛化运动的深入发展，从而取得闽南佛教界缁素人士的支持和积极的配合，在社会上产生很大的影响，对厦门佛教的振兴，起了很大的促进作用。

民国20年（1931年）三月，由厦门缁素人士联合发起组织的"思明县佛教会"正式成立。从此，厦门佛教开始走上有统一组织领导的轨道。教会成立时，闽南佛化青年会集体加入佛教会。全市登记会员总数228名，推选时为中华佛教总会会长的太虚大师为会长，执行委员和监察委员有释大醒、性愿、瑞今、转逢、会泉和居士蔡吉堂、冯重熙、虞愚等16人。

佛教会成立后，即将"弘法利生"和"整顿教规"列为会务工作的两大要务。弘法利生工作，主要是组织定期念佛会、演讲会，举办各种不定期的普利法会，创办《会刊》（后改为《佛教公论》月刊），设立佛教经书流通处，开展佛学研究活动，举办各项社会慈善福利事业。

整顿教规，重点在于寺岩住僧日常修持生活的考察和管理，如发现有违反住寺戒律规仪行为，即通过佛教会组织给予申斥，即令纠正，或在佛教刊物上进行公开批评，如有严重违犯规戒的僧人，则配合地方政府将其摈逐出境。对于存在带有普遍性，对佛教以至社会有不良影响的现象，由佛教会拟文报请有关部门明令申禁，如取缔僧众沿街化缘，禁止僧人奇装异服参加送殡，严禁寺僧容纳游客在寺岩范围内聚赌、饮食酒肉、挟妓、吸毒等非法活动，禁止地方小寺男女住众混居等。

20年代初，十方丛林的开建，佛学院的创办，居士佛教的组织和佛教会的建立，是推行厦门佛化运动的有力措施，也是促进厦门佛教健康发展趋向全盛的主要动力。

民国24年（1935年），同安佛教界人士联合成立同安县佛教会，聘请南普陀寺方丈会泉法师为会长。会泉法师推荐南普陀寺会机法师为梵天寺住持，并主持佛教会工作。

民国26年（1937年）抗战前夕，闽南再次出现僧人出国弘法的热潮。首先性愿大法师应菲律宾华侨居士的邀请赴菲主持创建菲国第一座佛教寺院——信愿寺，被誉为菲国佛教开山祖师。此后又延请厦门瑞今、善契等法师前往助化。与此同时会泉大法师及其弟子宏船法师，以及常凯、广洽等法师先后前往新加坡传教，并在新加坡兴建多座寺院，有力地推动了新加坡佛教事业的发展。从此，菲、新、马三国成为闽南僧人出国弘法的重要基地，也是募化资金支援闽南地区佛教建设事业的主要来源之一。

抗日战争期间和抗战胜利后，厦门佛教从战前的全盛开始走下坡，以至趋于低落。

抗战全面爆发后，战火迫近厦门，一批知名的爱国僧侣和居士，纷纷撤离厦门，有的漂洋出国，有的避入内地。至厦门沦陷，留在本岛的寺僧仅78人，其中一大部分是外省籍的闽院教师和学僧，当时他们的原籍也正弥漫在战火中，只好滞留岛上。

厦门沦陷期间，日本侵略者利用佛教宣传来麻痹民众的反抗情绪，制定一系列对寺院和佛教徒的宽容政策，同时指使一大批来自日本和台湾的佛教徒，广泛结交笼络厦门佛教界知名人士和广大佛教信徒，拼凑组织"厦门大乘佛教会"（原称"大乘佛教青年会"）。一些厦门佛教界缁素人士，为了自身的安全和宗教生活的安定，表面上表示愿意"积极"参加教会活动，但多数只谈佛法，不问政治。如居士蔡吉堂，虽被迫请进"大乘佛教会"担任副会长和常务理事职务，但在教会公开活动谈话中，除宣扬他一贯主张坚持正信，反对迷信，建设佛化家庭的佛教思想外，绝口不谈侵略者大肆宣扬的所谓"同种、同文、同信仰、中日亲善"等话题。有些爱国佛教徒还利用合法"保障"，另外组织佛教小团体，团结其他佛教界人士，开展"念佛不忘救国"以及超度抗日阵亡将士和死难同胞等法事活动。如居士马乾骅、柳正松、蔡善解于民国31年（1942年）组织日光岩念佛会，会友多达500多人；居士苏谷南、黄子翚等也组织地藏法会开展正常的佛教活动。据《大乘佛教会刊》民国29年统计，教会登记会员总数虽达1300多人，但其中称得上"四众弟子"的真正佛教徒还不到15％，日伪时的大乘佛教会纷纷扬扬，喧闹一时，却挽救不了其昙花一现，最终失败的命运。迄至抗日后期，侵略者自食恶果，陷入穷途困境，岛民因之备受其虐，沦于水火之中，佛教缁素人士自亦难免其祸，萧寺冷落，僧徒困顿，厦门佛教随即趋于衰沉没落。

民国34年（1945年），抗战胜利，厦门光复。日本佛教传教师和日、台籍佛教信徒陆续撤回本土。与此同时，战前避居内地的缁素人士纷纷复员返回厦门。泉州、漳州两地的佛教会，分别委派代表释广义、广心等组织人员来厦门接收寺院和大乘佛教会的组织机构。经过整顿，是年末筹备恢复战前"中国佛教会厦门分会"组织，推举释广心为复会首届理事长，组织登记会员122人。翌年初，复办《佛教公论》会刊。同时，对南普陀寺进行整顿充实，推举释广心为方丈，广义任监院。其他各寺岩在市佛教会的统一领导下，也通过整顿，全面恢复。惟因沦陷多年，历经风雨摧毁，寺宇破损失修，住僧斋粮难继，有些教会员工也挣扎在饥饿线上。市佛教会为此积极与海外诸善信联系，呼吁救援，并向厦门当局有关部门申请救济。民国35年一年间，先后多次得到厦门救济总署和菲律宾中华佛教会侨僧性愿、如满以及华侨善信捐助的救济款项、物资和药品。此外，佛教居士如陈成宗（出家后改名本宗）等，也发起开办社会救济，通过"益同人"公会，进行施医、赠药、施粥以救济贫困灾民。

战后，厦门佛教由于得到海内外缁素人士的大力支援，有一定程度的恢复和发展。如重修寺宇，复办佛教养正院和《佛教公论》月刊，创办觉华女子佛学苑，民国37年（1948年），还在南普陀寺举办盛况空前的三坛传戒大法会。同时，在居士佛教方面也有较大的发展，一些居士组织的团体，如佛学会、念佛会等都先后恢复活动，但终因时局混乱，经济困难，未能有大的发展。

1949年，厦门解放。新中国建立后，厦门佛教界开始对中共政策不了解，存在疑虑，一度消沉，有些僧人还因此出国到南洋去。后来，通过政治学习，提高认识，稳定情绪，积极参与抗美援朝和各项爱国主义运动。

1951年，原厦门市佛教会通过社团登记，实行改组。1952年，联合原佛学会等组织，统一成立厦门市佛教协会，推选释二埋为主委，释会觉、广心和居士蔡吉堂为副主委。当时同安仍属于晋江（泉州）专区管辖，于1952年分别成立同安县佛教协会。

居士佛教也有较大的发展。1952年，原妙香精舍和晃潮精舍等居士组织联合，统一建立厦门市佛教居士林，推选李鸿光、柳正松为正副林长。

从1950年至1958年，厦门佛教界在地方党政有关领导部门的正确领导下，开始出现新的

发展趋势,但进入1958年,在"左"的政治浪潮冲击下,厦门佛教并寺集中,一些僧侣和居士受到打击。有些寺僧和菜姑被迫离开佛门,还俗另谋生路。60年代中期,"文化大革命"爆发,厦门佛教在"破四旧,立四新"的极"左"浪潮中,首当其冲,遭受摧残,寺废僧散,一切正常的宗教活动被禁绝,许多佛教徒受到不同程度的批斗。然而,大部分真正的佛教徒,并不因此而动摇对佛教坚定的信念。

80年代初,政府重新全面落实宗教政策,对在"文化大革命"中受到打击、迫害的佛教界人士进行纠正平反,恢复正常的宗教活动。1985年,南普陀寺恢复丛林制度管理,推举妙湛和尚为方丈。十多年来在妙湛的辛勤经营下,南普陀寺扩建法堂、院舍,学院教学楼、图书馆、师生宿舍,普照楼、上客堂、功德堂等。海外著名居士南怀瑾及其弟子捐资40万美元新建规模宏伟庄严的大禅堂。1994年底创办南普陀寺慈善基金会,并在大禅堂前新建一栋慈善大楼。全寺扩建面积比原有建筑增加一倍以上。

早在二三十年代就驰名中外的闽南佛学院,停办将近半个世纪。1985年,在中国佛教协会会长赵朴初居士的直接关怀下,并得到新加坡佛教总会会长宏船老法师的大力支持,开始复办,并且改变以往只收男众出家学僧的旧规,增设女众班,招收出家女众入学,并于1996年在金榜山宝山岩旧址新建紫竹林作为女众学部。紫竹林学部建有教学大楼、尼众住宿楼苑、法堂、大殿以及图书大楼,成为一所各项教学设备齐全的现代化学府。多年来,面向全国,先后招收男女学员七百余人,至2003年已有八届毕业学员。毕业后学员,除部分留在本院任教和从事佛教会工作外,其余分配到省外各寺院担任执事管理或佛学院教学工作。

经历十年"文化大革命"的浩劫,佛教寺院男女出家二众一度濒临断层危机。80年代初落实政策后,有一批原来被迫还俗的寺僧和菜姑,重返佛门。同时,又新吸收部分男女青年教徒出家,并招聘部分佛学院毕业生和外来僧尼,以充实加强对寺院的管理。到2003年不完全统计,全市住僧总数达800多人(包括学僧400多人),出家女众(包括部分尼僧)200多人(包括佛学院女众部学员),出家二众总数,远远超过历史最高水平。在家奉佛的男女居士,仅参加居士林组织登记的会员总数2000多人,同样也居厦门佛教史之前列。

1958年并寺和十年动乱,厦门许多寺院庵堂被驻军或其他单位和个人占借以至拆建,有些寺宇因年久失修,破落倾危。落实宗教政策以后,通过佛教协会组织出面和有关宗教领导部门的支持配合,先后落实寺院所有产权回收的寺院(包括堂、宫)共10多座,索赔拆建费和租金17万多元。

1986年以来,地方政府先后拨款300多万元,支持寺院建设,南普陀寺等自筹资金570万元,接受海外华僧和善信捐资690多万元,三个方面的集资共达1500多万元,先后翻建或扩建的寺院(堂)有南普陀寺、普光寺、鸿山寺、天界寺、虎溪岩、万石岩、妙清寺、普愿堂、净莲堂等12座。而由海外华僧集资大规模扩建的有普光寺、万石岩、虎溪岩、鸿山寺等,几乎全市所有佛教寺院,都得到不同程度的翻修增建。在20年的时间内,岛内外所有佛寺全都焕然一新,实在堪称厦门佛教史上的一大盛事。

厦门有不少寺院,坐落于风景幽美、历史文物丰富的旅游胜地,是海内外信徒和旅客游览的热点,如南普陀寺、万石岩、日光岩、虎溪岩、同安梵天寺、梅山寺等,都是中外人士来厦门旅游参观必到之处,仅南普陀寺年均游客流量约达200万人次。其中不少为来中国访问的国家元首、高级官员、驻外使节以及社会名流、财团贵宾等,为弘扬现代中国佛教作出重大贡献。特别是中外佛教界知名缁素人士的频繁来访,使厦门成为中外佛教交流的一个重要窗口。

1994年,同安梵天寺重建工程拉开序幕,短短几年间一座气势恢弘的梵宇琳宫展现在大轮山下,再现这一历史丛林盛貌。同安梅山寺也进行了较大规模的重建与扩建,特别是在寺右岩上雕着了几十尊石窟佛像,成为厦门地区佛教一大奇观。此外据实地调查同安地区有40多座大小寺院庵堂都得到不同程度的翻建和扩建。1987年,原普光寺派下、旅居新加坡侨僧广余法师募集巨资,托付妙湛法师主持翻修兴建普光寺,总投资人民币1000余万元,建筑总面积5100多平方米,完全按照汉传中等寺院的格局营建。1989年,旅居新加坡华僧释广安在乌石埔为其女弟子普愿、普照创建雪峰精舍,1992年因市政建设需要,另择仙岳南坡拓建雪峰寺,居高临下,巍峨壮观。1994年,厦门市佛教协会常务副会长定恒法师募集巨资,历经十年,艰难创业,在本岛仙岳山东麓创建大型寺宇——观音寺,包括大悲殿、万佛宝塔、五观堂、香积厨、山门等建筑群,总建筑面积近9000平方米,其中万佛宝塔13层,通高78米,恢伟瑰丽,挺拔俊秀,填补了厦门地区有大寺无高塔的历史空白,被称为"厦门佛教第一高塔"。1997年,厦门居士林翻建内武庙大殿,并在殿后新建一栋四层居士林楼苑,结束了厦门居士佛教50年有"林"无"居"的历史。1998年,一批老年尼师自发集资在海沧新建一座佛圣寺,成为海沧唯一一座尼众道场。

1995年12月19日妙湛和尚圆寂,经南普陀寺两序大众推举,报请政府有关部门批准,礼聘全国政协常委、中国佛教协会副会长圣辉大和尚俯任南普陀寺第九任方丈并兼任闽南佛学院院长,于1997年3月26日举行升座典礼。大和尚就任后对整顿丛林禅寺道风建设十分重视,亲自率领两序大众上殿过堂,整树丛林清规,使寺院精神面貌焕然一新。对闽南佛学院的学风建设进行整顿提高,如倡导学僧修学并重,有效地提高教育和教学质量。同时增设学院研究生班,完善紫竹林学院女众部建设,使闽南佛学院成为全国男女学部兼备、设施完整、教学质量较高的知名佛教最高学府。

厦门南普陀寺慈善事业基金会,1994年12月14日,在原厦门佛教协会会长、南普陀寺住持妙湛老和尚亲自倡导下正式成立,是中国大陆第一家以佛教界人士发起并且具有法人资格的慈善机构。1995年加入中华慈善总会,为总会的创始会员和特邀理事。圣辉大和尚在1996年接任基金会会长后,对巩固发展基金会事业做了大量工作。七年来,在其领导下,无论在希望工程、助残扶困、安老慰孤、赈灾救难上,还是在义诊施药、放生护生、印经弘法等方面都取得了显著成绩。圣辉大和尚多次亲自带领基金会同仁深入全国各地灾区、学校、医院、孤寡老人及贫困者家中慰问,给受助者送去一份佛门的爱心和关怀。基金会从成立至2003年底,向社会慈善捐款共1700多万元,兴建了19座"南普陀寺希望小学",义诊40多万人次,多次得到党和政府的表彰,赢得社会各界的充分肯定。

圣辉大和尚在2000年连任南普陀寺方丈后又应众推选,以中国佛教协会副会长俯就兼任厦门佛教协会会长。在其任期内对全市各寺院进行道风整顿,举行厦门首届执事进修班,以提高执僧素质及寺院管理水平,改变全市寺院的道风、道貌;同时又应请为厦门佛教居士林的导师,引导在家居士皈依三宝,坚持正信以及开展弘法利生活动。在促进中外交流方面,他多次率领厦门市佛教人士出国访问,将厦门佛教弘化活动进一步引向世界。几年来大和尚为厦门佛教事业所做的贡献,有力地促进了厦门地区佛教事业全面、健康地发展,为21世纪厦门佛教进入高度发展打下坚实的基础。

厦门地区佛教弘法道场,有寺、院、岩、庵、堂(林、精舍)等称别,是佛教徒供佛和聚居修行的场所。这些不同名称的道场,其梵宇建筑设施的规模、格局的大小有很大的区别,也反映出其发展变化的不同。佛教道场与道教的宫、观、庙、祠更是不同。近代以来,有人将佛教僧众住修活动场所统称为"寺庙",实际上混淆了"寺"与"庙"这两个不同宗教道场的概念,是将"佛"、"道"混同一体的误称。

佛教的寺、院、岩、庵、堂,一般以规模大小、聚众多少以及僧团组织生活不同有所区分。一般说来,寺的规模较大、人数较多,有周密的僧团组织、严格的规戒制度;而岩、院、庵、堂则规模较小,人数较少。往往由某一宗派的僧伽开创或主持修建,以后以该派系子孙代代相承,属于地方小道场。

历史上寺、岩的兴替,有其特殊的历史意义。如有明一代厦门本岛佛教初兴时,岛上诸山陆续建起山岩17座,而以寺见称者仅五老峰下"无尽岩"拓建的"普照寺"及鸿山坡下的"鸿山寺"。及至清代,全岛称"岩"道场的有14所,基本上都是建于前代;以寺名者共8所,其中有两所系由明代称岩及亭而拓建成的,如天界寺、普光寺。此外清代兴建海嶰寺、妙释寺等,其中海嶰寺不久即废。

近代以来,兴起一股营建小佛堂的热潮。从19世纪80年代至20世纪30年代的50年间,全岛兴建佛堂就达22所。其原因,一是在此期间,闽南各地涌现出一大批带发出家的菜姑,她们三五结伴,合谋资金,自建佛堂以住修;二是清末民初以来,福州、兴化等地的先天、龙华、金童等外道纷纷传入厦门,他们竞相兴建佛堂传教。30年代初,这些外道佛堂先后归依佛教。

人民共和国成立后,厦门佛教几经波折,有些佛教道场受到破坏与占用。20世纪80年代以来,重新落实宗教政策,许多受破坏的寺、院、岩、堂大都得到翻修扩建。现岛内共有寺14所、院2所、岩8所、堂10所,合岛外原同安县(包括集美、海沧)所属各地区道场,计有寺30所、院10所、岩26所、堂19所。

佛门寺僧进住市、镇神道宫庙,这是厦门佛教的另一地方特色。从嘉庆初年(约1797—1809年)虎溪岩僧意藏首开先河进住朝天宫、释证容住持潮元宫起,至20世纪30年代初,全岛住僧宫庙共达35所。这些住僧宫庙大都通过改造,主奉或兼奉佛菩萨圣像,并开展佛教法事活动,成为佛教的道场。如养真宫原祀吴真人和妈祖,佛乘和尚进住后将真人、妈祖迁移后殿,正殿改奉三宝,并经常举办诵经礼佛、拜忏等佛事活动。及至现在,养真宫仍是鹭岛唯一的住僧宫庙。此外,有些宫庙改为菜姑住持道场,如龙泉宫、灵应殿等。其他如内武庙和潮元宫,则由厦门佛教居士林改造为佛教居士林活动场所。

厦门地区佛教寺、院、岩、堂的分布均分岛内(思明、湖里区)和岛外(同安、翔安、集美、海沧区)两部分,并以寺、院、岩、庵、堂(林、精舍)、住僧宫庙分类,按始建年代先后为序编排。

大事记

唐(五代)

同安(时称大同场)大轮山始建泗洲院,后改"兴教寺"。

莆田黄氏女在同安城郊(今岳口村)结庐修行。黄氏女生西后,里人于此建黄佛寺。

同安东郊同山(后称梅山)上开建梅山寺。

唐武宗会昌年间(841—846年),黄檗山僧义安,因会昌废佛,潜居同安西北夕阳山,依岩住修(现龙门寺旧址),后就山中圆寂,事迹无闻。后唐兴佛,其宗门后裔就岩下建寺纪念,并以大师"归去真寂然"称真寂寺。在此前后在大帽山麓开建甘露寺,近郊建拱莲古寺,北桐山麓建泗洲院(后改明觉院)。

后唐时期鹭岛有陈、薛两大家族相继徙居鹭岛,时称"南陈北薛"。陈氏家族在其聚居地建觉性院,为厦门最早民建佛院。

五代随王潮入闽的佛岭叶氏家族徙居同安,在城南九曜山之南麓开建佛岗院。

泉州刺史王延彬重建同安真寂寺。

后唐长兴三年(932年)[一说大成四年(929年)],升大同场为同安县。

南唐保大年间(943—957年),同安重修黄佛寺并改名为"天兴寺"。

五代僧清浩在五老峰山麓依岩结茅住修,称泗洲(院),是为鹭岛见于旧志记载的第一座僧建小佛院。

五代闽王之子王延钧、王延政后裔先后徙居同安。王延钧后裔在北辰山下建北山院(后改岩);王延政后裔在同安豪山下建泗洲院,后改称圣果院。并分别在北山岩、圣果院右侧建闽王祠。

宋代

天圣年间(1023—1032年),同安县南建资福院。

熙宁二年(1069年),同安兴教寺扩建,改称"梵天寺",作为十方丛林,据传下属有72院(庵),寺产殷实,拥有大量的田租产业。

治平二年(1065年),同安天兴寺改称鹿苑。元泰定年间(1324—1328年)重建,复旧名。

治平年间(1064—1067年),文翠禅师在五老峰原泗洲(院)旧址结茅禅修,改称"无尽岩"。

元祐八年(1093年),僧定宗设计并参与募建同安西安桥。

大观年间(1107—1110年),僧清豁,邑人徐诚倡建同安苎溪桥(现集美区坂头),桥建成后,就桥东侧建泗洲院。后改观音院(俗称观音宫)。

南宋建炎、绍兴年间(1127—1162年),同安香山上开建一座颇具规模的香山岩(又称清水岩),历代多次重修,住僧众多。

同期,同安莲花山上建太华岩,朱熹在岩前巨石题刻楷书"太华岩"三个大字。

大事记 013

绍兴后期,由于南宋小朝廷加重赋税,盛极一时的梵天寺收入不足以应重赋,因之衰落,朱熹有吟梵天寺的诗称曰:"输尽王租生意微,老僧行乞暮还归。空山日落无钟鼓,唯见虚堂蝙蝠飞。"

淳熙十四年(1187 年),同安僧道震修葺大嶝屿至大埕 6 座石桥以及石路 13000 余步。

端平元年(1234 年),同安豪岭康氏盛族于豪山(又称圣水泉山)上开建慈云岩,又称端平岩,殿堂毕具,颇具规模。

景定年间(1260—1264 年),僧妙谦捐钱十千,支持同安古道十八盘的建设。

元代

泰定年间(1324—1328 年),重建同安天兴寺。

元统二年(1334 年),石室禅院僧晦庵化募重建梵宫殿宇。

至元年间(1335—1340 年),同安真寂寺圮废。

至正十四年(1354 年),梵天寺毁于山寇。

同安豪绅王西畴捐租 120 石予豪山圣果院,后又于院侧重建闽王祠,献田 30 亩供住持僧作为管理祭祀之用。明代后期,上述田租寺产先后被住持僧变卖殆尽,院中有碑文记载其事。

西山上建白云岩。

明代

洪武十年(1377 年),重建同安天兴寺。

同年,住持僧无为禅师及其弟子智性法师合力募资重建同安梵天寺。

洪武十至二十年间(1377—1387 年),洪济山上始建方广寺,后改云顶岩。上有洪武十四年名人题刻"天际"两字,为鹭岛诸山发现年代最早题刻,是为鹭岛第一座僧建寺岩。(僧号未详,待考)

洪武十八年(1385 年),同安天兴寺僧觉光和尚,燃指断臂倡修苦行,被县官视为异端,流放鹭岛,居五老峰下宋僧旧址无尽岩。于岩壁亲题"息心断臂"四字,以明心志。后得陈氏家族资助,于无尽岩下(今南普陀寺法堂)兴建普照寺,是为鹭岛僧建第一座寺院。

洪武二十四年(1391 年),僧雪峰重建同安真寂寺。

洪武二十七年(1394 年),在嘉禾屿建造中左千户所城,以防海寇骚扰。

洪武年间(1368—1398 年),宋理学家邵雍十三代孙邵亨购买同安西山,重兴白云岩。

永乐年间(1403—1424 年),僧志和重修天兴寺,后废。

永乐十三年(1415 年),月照禅师开辟万寿岩,创建佛教道场。

永乐年间(1403—1424 年),圆镜禅师大规模拓建厦门禾山觉性院,常住僧九十余人。

成化年间(1465—1487 年),梵天寺僧定波禅师就天兴寺废址上建精舍住修,至正德年间(1506—1521 年)又被县官赵汝弼拆毁,改建粮仓。

嘉靖年间(1522—1566 年),进士陈健于同安宫田社(今属大同镇)创建西园院,以供其妹出家静修。

嘉靖、隆庆年间(1522—1572 年),浙江按察副使刘存德之弟刘存业捐地扩建同安梅山寺。

万历十一年(1583 年),厦门乡宦池浴德开拓醉仙岩,于岩下"醴泉洞"侧建"九仙祠",祀何氏九仙,后就岩改天界寺。

万历十四年(1586年),有僧在日光岩下依岩结庵住修,称莲花庵。

万历三十至四十年间(1602—1612年),名士林懋时于玉屏山挖石穿洞,先在山南开凿白鹿洞,后向山背进展,于虎溪岩开凿"稜层"、"摩天"、"虎口"诸洞,手书"稜层"、"摩天"大字,并亲自架梯摩刻洞额。

万历三十九年(1611年),同安知县李春开捐资募修西山白云岩。

万历四十三年(1615年),名士池显方在玉屏山上建玉屏寺,与山僧谈禅论道,后改称"虎溪岩"。

万历四十八年(1620年),同安县学诸生曾追芳在城西北肇建开年寺,后废。

万历年间(1573—1620年),寺僧雾云在普照寺上侧建碧泉岩(又称石室岩),明末清初废。

万历年间(1573—1620年),有道士建太平观。清乾隆年间(1736—1795年),南普陀寺如渊和尚改道观为佛教道场,称"太平岩"。

万历年间(1573—1620年),有挥尘和尚于白鹤岭下开建白鹤岩,是为该岩开山一世祖。

崇祯年间(1628—1644年),厦门普照寺因寺租流失开始衰败,据崇祯十三年(1640年)太常寺卿林宗载《田租入寺志》记载,普照寺至断臂禅师时"租乃大旺",后因"农田水租多入豪右",租入不足以供国课,因而香灯不继,当时住持僧了蕴几乎要弃寺而去。林氏乃将其子所购寺租田种一石八斗献归寺方,并立碑以志其事。

明末,有吴姓善士于吴仓社后山下掘地得宝,发愿建寺祀佛,因建宝山岩。

明末,泉州开元寺僧明任从安溪卓锡厦门,住半山堂(即今寿山岩)。明任善行草大字,工诗,与厦门名士纪许国等友善往来,纪许国有诗记其事。

明末,僧维信师祖向定远侯郑联募地创建万石岩。

[按]厦门本岛有许多寺岩均建于明代中后期,如碧山岩、石泉岩、金鸡亭、龙湫亭等,有些寺岩还留有名人题刻。因缺乏建寺具体年代,从略不载。这些寺岩,清康熙二年(1663年)大都毁于兵燹。至康熙二十二年施琅平定台湾,厦门复治后才陆续重建。

清代

顺治二年(1645年),明锦衣卫陆昆亨追随南明唐王朱聿键。越年,唐王遇难后,遁入厦门出家为僧。

顺治三年(1646年),明隆武小朝廷御史涂仲吉遁至厦门,削发为僧。

顺治四年(1647年),僧无疑化募重建同安西安桥,同时在大帽山麓重建甘露寺。

顺治五年(1648年)八月,清兵攻克被郑成功占领的同安县城,大肆屠杀。同安城关无辜居民被清兵杀死数万人。僧无疑率其徒七人和幸存群众一道收敛掩埋,合葬于大轮山下。顺治七年,改建合葬处为"同归所"。

顺治初,抗清义士刘子葵在惠安举义,被清兵追捕,全家被禁,乃削发为僧,逃至厦门,与纪许国诸名士友善往来。

顺治初年,厦门名士杨秉机怀亡国之痛,愤然削发为僧,自号"鹭岛遯人"。其父复社党人杨期演于康熙元年(1662年),也"僧帽缁衣"隐居后溪村。

顺治七年(1650年),明兵部给事中姚翼明随明鲁王朱以海来厦,后入洪济山云顶岩为僧。

顺治十一年(1654年)五月,黄檗宗隐元和尚及其弟子从厦门乘郑成功商船赴日本传教。隐元后被尊为日本佛教黄檗宗开宗祖师。

顺治十二年（1655年），郑成功置厦门为思明州。

顺治十二年（1655年），原唐王隆武小朝廷兵部尚书唐显悦全家避居厦门，入云顶岩归隐，自号"云衲子"。

顺治十三年（1656年），隐元和尚弟子木庵禅师应召从厦门东渡日本长崎，助其师隐元开建日本万福寺，寺为日本黄檗宗祖庭。木庵禅师后又在日本长崎、京都等地建寺十座，木庵禅师被尊为黄檗宗第二代祖师。

顺治十八年（明永历十五年，1661年），郑成功东渡台湾，翌年病逝。其妾名瑜，留居厦门，闻讯作诗哭之云："赤手曾扶明日月，丹心犹照汉乾坤。"后入厦门削发为尼以终。

顺治年间（1644—1661年），前明举人刘霖任倡修同安梅山寺。

顺治年间（1644—1661年），郑成功据厦抗清时，还有阮文锡、纪保国、李逢春、洪思、谢元忭、林英、骆亦至、吴亦庵等一批朱明王朝遗臣义士在厦门先后落发为僧。

康熙二年（1663年），同安鼎尾村明代监察御史黄仲晔（后改名"其晟"），随南明永历帝朱由榔在广西抗清被捕，生死不明，其夫人改府第为佛堂，称"大德堂"，带领全家女眷带发修行奉佛。此后大德堂成为菜姑住修场所，世代相传。

康熙九年（1670年），僧无疑再次募修同安西安桥。

康熙二十二年（1683年），靖海将军施琅复台后驻镇厦门，越岁，捐俸为倡，重建普照寺殿堂，新建大悲阁，并由此改称"南普陀寺"。施琅恭请临济三十五代宗师慧日住持南普陀寺，是为南普陀寺开山第一代祖师。

施琅建南普陀寺后，又捐资重建万石岩。

康熙二十五年（1686年），僧光隐重建宝山岩，励行农禅，躬耕自食，粒积衣钵之资，购置田产。雍正九年（1731年），刻石列产，告诫后来徒众严守田产，坚持农禅，力耕自食。

康熙四十年（1701年），福建水师提督吴英（晋江人），捐资倡建虎溪岩，并礼聘黄檗宗隐元和尚第四代徒孙元飞禅师住持，经十多年的经营，重建大雄宝殿、垂云楼、啸亭、伏虎洞以及僧寮堂院。释元飞被推尊为虎溪岩开山祖师。

康熙四十四年（1705年），苇老和尚创建白鹿洞佛宇。

康熙四十七年（1708年）冬，南普陀寺开山祖师慧日禅师圆寂，越年春其弟子通意法师建舍利塔于南普陀寺左侧五老峰下（现厦门大学校园内）。

康熙五十三年（1714年），提督蓝理重修万石岩侧中岩，并立从征澎湖阵亡将士祠，置田一石一斗，供寺僧作为祭祀香灯费，并镌刻碑文志载田产。

雍正五年（1727年）十月，虎溪岩住持元飞应提督蓝廷珍、海防同知陆箕永之请，在本岩启建万寿大法会，并开堂说法。

雍正十二年（1734年），海防同知李璋捐资重修虎溪岩，扩建准提阁、弥勒楼和"供佛泉"、"飞鲸石"诸胜。

乾隆初，醉仙岩僧月松与厦门名士黄日纪，相与谋建佛殿于醴泉岩侧，并改醉仙岩为"天界寺"。寺建成后，僧月松于"天界"石下为黄日纪建造一座纪念亭，遂称"黄亭"。

乾隆十四年（1749年），同安贡生陈秉礼捐资重修县西桐岗山明觉院。

是年，虎溪岩僧佛悯于厦门港打石字下海滨募建海屋寺。二十七年，台湾知县夏瑚设"太平船"，专运大陆流落台湾死亡军民尸骨棺木来厦，征用海屋寺为停棺处，年拨白银30两（后加至75两），供寺僧作为祭祀孤魂的香资费用。

乾隆二十年（1755年），重建同安智门院。院始建于宋，元、明多次重修，废于明嘉靖年间（1522—1566年）。

乾隆二十四年（1759年），虎溪岩住持佛悯应缙绅之请，就本岩启建三坛授戒法会。

乾隆二十五年（1760年），虎溪岩僧瑞琳募建鼓浪屿日光岩，扩建殿宇、楼亭。

乾隆二十八年（1763年）秋，台风暴雨，虎溪岩山崩石坠，大殿尽毁，独佛像完好无损，一时称奇。厦门士绅司马梁居士捐资重修大殿。

是年，僧瑞晃于鼓浪屿三丘田建瑞晃庵。

乾隆三十九年（1774年）六月，朝廷颁布废止僧人出家官给度牒制度。从此，僧侣得以自由收度弟子，不受官府限制。

乾隆四十五年（1780年）冬，南普陀寺住持佛颜应黄仕简等缙绅之请，就南普陀寺启建开授三坛传戒大法会。

乾隆五十三年（1788年），南普陀寺前树立御制碑文八段，并建四座碑亭以护，称"御碑亭"。碑文为清高宗弘历亲撰，记述平定台湾林爽文等战功。

乾隆五十五年（1790年），僧佛悯重修虎溪岩丈室、禅堂。

乾隆年间（1736—1795年），虎溪岩僧佛寿、佛宾先后越洋出国，远赴南洋弘法，一居越南，一居三宝垄，此为厦门僧人最早出国弘法的记载。

乾隆年间（1736—1795年），虎溪岩衍派僧意藏进住朝天宫，首开厦门寺僧进住城镇神庙之风。

乾隆年间（1736—1795年），同安知县李芬，明新、邵召南，梅山寺住持僧奕振及乡耆李猷等相继倡捐募资重修梅山寺及梅亭。

嘉庆十二年（1807年），僧通庸，字达中，重修天界寺，并于寺侧建达中庵，后改"紫云岩"。

嘉庆十八年（1813年），水师提督王得禄以海战得女神天妃庇护，重修扩建三丘田瑞晃庵，改祀天妃，易称"三和宫"，并于宫后刻石题记。道光初，王得禄去任，住僧恢复主殿奉佛，改三和宫为"法海院"。

道光四年（1824年），提督许松年倡修鸿山寺，增建弥陀庵于寺侧，塑十八罗汉以祀。

道光五年（1825年），中岩信众成立董事会，集资重修寺宇寮舍。

道光十一年（1831年），僧省己醵金重修南普陀寺。

道光十五年（1835年），日光岩楼亭倒塌，殿宇倾危，长乐人林鍼捐资重修，翻建东、西厢房，并于石室前建拜亭。

道光十九年（1839年），居士林西园等以紫云岩多蚁蛀蚀殿宇，卜地左侧，募建新殿。咸丰五年（1855年），复与李开瑞募资新建正殿和禅房。越岁，重新凌云阁，并于阁前构亭，称"洽然亭"。

咸丰四年（1854年），同安太华岩寺僧参与"小刀会"反清活动，被清兵围剿，寺因之被毁。

同治八年（1869年），天界寺僧心奉改建金鸡亭为小寺，仍祀观音大士。

同治十年（1871年），士绅陈逢义等集资重建鸿山寺大雄宝殿。

光绪十九年（1893年），喜参和尚应聘来厦住持鸿山寺，全面重修寺宇。

光绪二十一年（1895年），喜参住持南普陀寺，募资新修殿宇堂舍，二十九年（1903年）开堂传戒，十方缁素数百人前来受戒。

光绪二十二年（1896年），日本佛教东本愿寺派、净土真宗大谷派和天理教等，先后派遣开

教士（僧侣）来厦门传教，租赁民房为教堂。

光绪二十六年（1900年），日本领事利用日僧制造"厦门事件"。是年8月24日，日领事唆使日僧放火自焚租用民房的东本愿寺，并以此为借口派水兵登陆，在虎头山架炮，胁迫要强行租赁虎头山下大片土地。事变之后，厦门市民自发奋起反抗，经美英领事斡旋，方告平息。事后，日本佛教诸派在厦门受到市民的抵制，先后悄然回国。

是年，南院喝云派有益禅师云游南洋群岛，募资重修厦门觉性院。

光绪三十年（1904年），漳州佛化和尚应厦门庆善堂佛教徒的邀请，率领弟子多人来厦，就荷庵启建水陆法会。荷庵小岛为之拥塞，盛况空前。

是年，会泉和尚从浙江宁波天童寺参学多年回厦，在寿山岩开讲《楞严经》，此为会泉首登经坛说法之始。

光绪三十三年（1907年），一代高僧虚云和尚为赴京迎请《龙藏大藏经》事，从云南来厦，邀请挚友转道和尚协助；回程复经厦门，郑重委托转道协助办理藏经通过南洋运转云南事宜。

光绪末年，菜姑叶荼花在李仔山募地创建延寿堂。后两年先天派菜姑又于延寿堂侧募建印（应）月堂（以上两堂于1957年李仔山兴建厦门宾馆时，被分别迁置）。

光绪末年，同安举人张荄等倡修梵天寺。

宣统二年（1910年），先天派菜姑林玉兰在厦禾路募建佛顶寺，后皈依佛教。

宣统三年（1911年），南普陀寺住持喜参和尚恭请佛化和尚为南普陀寺住持。是年六月初八日，喜参和尚于南普陀寺圆寂。

宣统年间（1909—1911年），厦门虎溪岩僧会机法师在同安妙高山上开建佛国寺。

民国时期

民国元年（1912年）

福建成立"中华佛教会福建分会"，闽南同时成立"漳泉汀龙永佛教分会"，公推佛化和尚为会长，设办事处于南普陀寺。

民国2年（1913年）

是年，厦门本岛从同安县析出，独立建置称"思明县"。

是年，南普陀寺创办"旃檀学林"，聘请释转初为林长兼教务长。

民国7年（1918年）

8月，军阀北军营长张树成以梵天寺僧支持革命军为由，冲击寺宇，杀害住持古峰和尚及其徒众8人，并纵火焚毁殿堂。

是年，南普陀寺大悲殿遭回禄之灾。不久，住持转逢和监院性愿合力募建。

民国8年（1919年）

性愿和尚于南普陀寺创办"景峰佛学社"，亲授《大乘起信论》。释瑞今、释广心为助理讲师，并礼聘居士杜万空任国文教习。每天听课学员达70多人。

民国9年（1920年）

香港商人蒋以德居士捐献巨资，重修南普陀寺大雄宝殿和钟鼓楼。

民国10年（1921年）

4月，爱国华侨陈嘉庚在南普陀寺东创建厦门大学，由南普陀寺让出大片土地，作为大学建校基地。

是年,会泉大师首次剃度女弟子宏定尼师,是为近代厦门第一位落发出家比丘尼。

民国12年(1923年)

岁末,北京"中华佛化新青年会总会"总干事张宗载和宁达蕴居士,应邀来厦,协助开展佛化运动。

民国13年(1924年)

2月2日,厦门佛教居士叶青眼、蔡吉堂、王振邦等人,在鸿山寺发起组织"闽南佛化新青年会"。三月,建立"佛化新青年世界宣传队",创办《佛音》会刊,组织"念佛会"、"演讲会",在厦门以至漳州、泉州各地,开展广泛的"佛化"宣传。在闽南佛教史上,首开厦门居士佛教登坛说法的新纪元。

3月,南普陀寺住持转逢和尚将原临济喝云宗派所属的南普陀寺,献为选贤制的十方丛林,推选黄檗宗派的会泉和尚为首任方丈,首次打破闽南佛门子孙传承制度,填补厦门历史上没有丛林禅寺的空白。

是年,军阀混战,同安梅山寺和朱子祠被毁,仅余大雄宝殿。

民国14年(1925年)

秋,转逢和尚协同南普陀寺会泉方丈创办闽南佛学院(以下简称"闽院"),为福建第一所新型的僧伽教育学府。由会泉兼任院长,聘请安徽佛教学校导师释常惺为副院长,主持院务工作。中秋佳节,学院举行开学典礼,首届招收省内外学僧72人。

是年,菜姑陈妙卿于厦门古城西路141号创建妙清寺。

民国15年(1926年)

10月18日,高僧太虚大师首次来厦,会泉、转逢和尚及居士蔡吉堂、王振邦等在南普陀寺举办盛大欢迎会,太虚大师对南普陀寺创办佛学院和闽南佛化新青年会的弘法活动十分赞赏。

是年,会泉法师在南普陀寺启建水陆大法会。

是年,僧清智募资全面翻修日光岩,扩建大雄宝殿和僧舍楼房。

是年,会泉和尚于鸿山寺设立"厦门佛教弘誓会"。

民国16年(1927年)

3月,南普陀寺首届方丈会泉三年任满,推举太虚大师继任。公推转逢和尚往上海礼聘。5月,太虚大师应聘来厦,就任南普陀寺第二届方丈兼闽院院长。

9月27日,太虚大师主持闽院秋季开学典礼。为学僧讲《救僧运动》。

年底,闽院少数学僧乘太虚和常惺正副院长不在时,煽动反对常住的风潮,局面混乱,一时失控。太虚大师闻讯,指派他的弟子大醒、芝峰、寄尘等法师来厦处理学潮。经过一番整顿,学僧所剩无几,学院暂时停课。翌年7月,学院出台新规章,向全国发布招生简章,招取新学僧。

是年,释转岸募资重修太平岩。

民国17年(1928年)

3月,闽南佛学院创办《现代僧伽》季刊,至1932年1月第五卷第一期,改刊名为《现代佛教》。

7月,南普陀寺大悲殿香炉失火焚毁。监院性愿多方募资复建。

8月,太虚大师赴欧洲弘法,历经荷、比、法、德、英、美各国,次年回国。

11月,著名高僧弘一大师首次入闽,小住厦门南普陀寺,受到会泉、性愿诸法师热诚接待。弘一大师原欲往暹罗行脚,途经厦门,陈嘉庚胞弟陈敬贤居士挽请鹭江小住,后因身体不适,移太平岩静养,从此与闽院深结善缘,长期居留。

民国 18 年(1929 年)

是年,菜姑胡性清、吴开性分赴南洋募资兴建净莲堂。同年开建,民国22年全部落成。建成后,立定规约,宣布该堂为十方选贤制,不属于子孙传承。

是年,释广恩募资重修天界寺。

是年,太虚大师游历欧美各国归来,亲自主持闽院工作。

是年,会泉和尚应邀赴台湾龙湖寺讲经,并协助举办水陆大法会。

是年,释宏定尼师募建甘露寺于厦门市区虎园路1号。

民国 19 年(1930 年)

2月,太虚大师在闽院为学僧讲授《大乘位与大乘各宗》、《西洋哲学与印度哲学概观》以及《建设现代中国僧制大纲》。

3月16日,太虚大师在南普陀开讲《普门品》,至观音诞日圆满。

春季,甲级学僧二十余人毕业。

夏,闽院增设研究部,芝峰法师、大醒法师分别任正副研究长。

是年,市政规划筹建中山公园,将妙释寺圈入园内。妙释寺住持善琳不服,厦门堤工处强行遣散寺僧,函请南普陀寺收为下院,聘释瑞今法师住持。几经交涉,到22年,寺院复归原寺僧人住持。

民国 20 年(1931 年)

3月8日,"思明县(厦门)佛教会"正式成立,推选中国佛教会会长太虚大师兼任会长,释大醒、释觉斌、居士蔡吉堂、冯重熙等7人为执行委员,会泉、转逢等5人为监委,设会址于妙释寺。

3月15日,思明县佛教会于闽南佛学院举行执、监委员就职典礼。思明县县长杨廷枢、高等法院分院院长王廷一、商会会长洪鸿儒及司令部、公安局其他各机关代表等应邀参加。

是年,名僧圆瑛法师应佛教会邀请来厦门讲经传法。

是年,居士陈家瑜邀集蒋以德、陈添福居士合力共建紫云岩,聘请释广圆、妙见住持,改名为"觉林寺"。寺岩废圮30余年,至是重兴。

是年,南普陀寺大悲阁复建完成。

是年,蒋以德居士捐资扩建金鸡亭大雄宝殿、天王殿和两厢僧舍楼房,并改称为"普光寺"。

民国 21 年(1932 年)

冬,弘一大师来厦,在妙释寺讲《人生之最后》,翌年2月,又在万石岩开讲《随机羯磨本》。

是年,会泉和尚在虎溪岩创办"楞严学会"。

民国 22 年(1933 年)

2月,南普陀寺方丈太虚大师主持修建后山"阿耨达池"——蓄水池,并建"兜率院"保护水池。从此解决南普陀寺住僧缺水问题。

是年,会泉和尚在万石岩创办"万石佛学研究社",亲自授课。来自潮州、台湾等地学僧60多人就学。

民国 23 年(1934 年)

4月,瑞今、常惺、往晋江草庵延请弘一大师来厦讲戒。弘一大师来厦后,在南普陀寺开讲《大盗戒》,又校勘《南山律三大部》,并建议创办初级养正学院。

是年,太虚大师连任南普陀寺方丈期满,引退回沪,大醒、芝峰二法师也相继辞职随大师回沪。公推常惺法师为第四任方丈兼院长。

7月,南普陀寺在弘一法师的倡导下创办的"南闽佛教养正院"正式开课。瑞今主持院务,广义法师等为讲师,广洽任学监,首届招收闽南籍学僧40名。

是年,思明佛教会换届,改执事制为理事制,瑞今法师当选为理事长,常惺、本妙6名法师为理事,前届执委和委员除瑞今法师外全部落选。佛教会改称"厦门市佛教支会"。

是年,菜姑妙音募建女众道场妙法林,林址选在厦门市区励志里1号。

是年,日僧开教师神田惠云来厦传教,租赁蕹菜河民房为东本愿寺。

民国24年(1935年)

是年,东本愿寺日僧神田惠云发起组织"敬佛会",参加委员有蔡吉堂、蔡禹川、施范其、陈春木等居士,并创办发行《敬佛》月刊。

是年,中国佛学会厦门分会正式成立,居士许宣平、蔡吉堂为正副会长。会址初设在大同路蔡吉堂私第,后迁至寿山岩,并创办《人间觉》半月刊。

是年,蒋以德居士捐资兴建南普陀寺藏经阁。

是年,日本佛教西本愿寺开教师岩崎闻号来厦门传教,在市区升平路设立教堂。

是年,同安县佛教会成立,恭请南普陀寺方丈会泉法师任会长,会泉法师转请会机法师代任会长,并组织修建梵天寺。

太虚大师随带竺摩法师南下讲学,顺途至厦门闽院视察,常惺法师组织闽院师生隆重接待,并请大师开讲"师生应如何爱护学院"。

民国25年(1936年)

年初,弘一大师来厦,在闽院和养正院开讲"青年佛教徒应注意四项"和"随机羯磨"。是年夏,在日光岩结夏闭关。

会泉法师皈依女弟子,同安民军旅长叶定国夫人邵氏,在莲花镇郊外就民居大宅院改建佛心堂住修。后由会泉法师主持开光典礼,并亲题匾额改称佛心寺。

8月,厦门佛教会创办的《佛教公论》月刊创刊号出版发行。释惠云法师为总编,释瑞今、释广义为发行人。

12月,南普陀寺方丈常惺任期已满,求退,推举会泉和尚复任为第五届方丈,会泉和尚因其他事务未能到任,请性愿和尚代任方丈,兼闽院院长。性愿法师就任后对闽院进行整顿后,并试办研究生班。

是年,佛教会请法国巴黎东方语言学院教授林藜光博士在妙释寺开讲"欧洲人士研究佛学之一斑"。林博士原籍厦门,毕业于厦门大学哲学系,出国前为厦门佛教居士。

是年,国民党军157师占住南普陀寺,诬指当家瑞枝为汉奸,抢走常住存款2000大洋。闽院因经费困难停办。

是年,陈敬贤居士夫妇捐献巨资,拟就万石佛学研究社基础上创办敬贤佛学院。越岁,因抗战爆发停办。

是年,日本佛教界赠送《大正藏大藏经》予南普陀寺,全经1000册。抗战期间一度辗转广西,解放以后回归南普陀寺收藏。

民国26年(1937年)

1月,妙释寺大念佛堂落成。是堂由蒋以德居士独资捐建,规模宏大,可容千人。

是年春,陈延香居士等捐资重修同安明觉院。是院始建于唐代,历代多次修建,最后一次为清光绪年间(1875—1908年)同安副贡陈柏芬倡修。

7月,抗战爆发,日本飞机轰炸南普陀寺,佛学院讲堂、宿舍被炸毁。

"七·七"抗战爆发后,住厦门的东、西本愿寺神田惠云、岩崎闻号及日、台籍佛教徒均随日本领事撤回本土。

8月,在弘一大师指导下,以释常凯为主,在厦门发起组织青年僧伽战地救护队。越年初,救护队随常凯撤入泉州。

9月,性愿和尚应菲律宾"旅菲中华佛学研究会"礼聘,南渡菲律宾住持岷里拉信愿寺。

是年,抗战爆发后,南普陀寺僧瑞今、广义等携带《佛教公论》文稿、设备等撤入泉州,两院学僧纷纷疏散内地。

厦门沦陷时期

民国27年(1938年)

3月,弘一大师应漳州严笑棠居士邀请来厦,在鼓浪屿了闲别墅讲经。

4月,日机轰炸虎溪岩,印月楼被炸毁。是时,弘一大师寓居虎溪岩,随同会泉和尚移住万石岩,自题所居洞居室曰"殉教室",以示爱国护教的决心。

5月初旬,厦门沦陷前,弘一与会泉在住众一再请求下,移住鼓浪屿日光岩。

5月7日(农历四月初八日),弘一大师移锡漳州弘法。是年8月,会泉和尚及其弟子宏船法师前往新加坡。10月,弘一法师离开漳州南山寺回泉州,途经梵天寺驻足。

5月12日,厦门被日本占领,厦门市区原有市民18万多人,至日军占领时仅剩1.3万人,名符其实的"十室九空"。厦门本岛许多佛教界缁素人士除部分先期迁入内地外,其余都涌入鼓浪屿租界避难。

是月,云顶岩住僧觉仪,于日军在禾山登陆时,眼见国土沦丧,悲愤自缢,以身殉国。境内民众为之举哀追悼,并瘗葬于岩侧。

6月,原住厦门的日、台籍佛教徒纷纷卷土重来,日占领军利用日、台籍佛教徒与厦门佛教徒的关系,指派他们到鼓浪屿动员佛教界人士回归本岛。部分佛教界人士陆续返厦,其中个别居士如卢用川、金复生、施范其等还参加伪维持会工作。

7月,南普陀寺创办佛化小学,释觉斌任校长,释宏宽任教务主任。吸收缁素学生30多人。

同月,在东本愿教堂(市区厦禾路南洋商业公会内)召开大乘佛教青年会筹备会,出席者有释觉斌,居士辛清波、施范其、蔡吉堂和日僧神田、藤泽等。

9月1日,大乘佛教青年会正式成立,首任会长施范其,副会长蔡吉堂,神田、觉斌为顾问。

是年,释觉斌就任南普陀寺方丈。

民国28年(1939年)

1月14日,原闽院院长常惺法师在上海圆寂。

2月,大乘佛教青年会在厦门设立养元宫、福海宫、东岳庙、养真宫、新南旅社等布教所,由教会教化部组织讲师,于每星期五下午轮流演讲。

6月15日,佛教青年会创办会刊《大乘月刊》正式发行。会刊经常不能按期出版。

是年,日光岩东侧僧舍楼房火灾,西侧殿堂倾危。后由佛教徒集资重修,并改建念佛堂。

是年，佛教青年会奉命对本岛寺岩、斋堂、宫庙进行全面调查，至翌年一月份统计，全市寺岩18所，住僧和菜姑共118人；斋堂17所，住菜姑78人；宫庙17所，住众38人。

民国29年(1940年)

1月16日，在日本侵略者的操纵下改大乘佛教青年会为"大乘佛教会"，伪厦门市长李思贤兼任会长，歪曲宣传大乘佛教的"忍辱"、"共和"等理念，来掩盖其侵略本质。厦门爱国佛教徒则反过来利用日本当局对佛教的优容政策，组织各种念佛会等小群团，遵循弘一大师"念佛不忘救国"的教导，开展各种念佛爱国活动。

2月，大乘佛教会接办南普陀寺佛化学校，改称"私立大乘佛化学校"，佛教会正副会长为名誉校长，释觉斌为校长，校址借双十中学内。

是年冬，筹备复办闽南佛学院，由释觉斌为代表赴沪聘请大醒法师来厦主办。9月5日，大醒、块然二法师随带学僧24名、教师3名来厦。9月15日在南普陀寺举行复办开学典礼，首届学生33名。

12月2日(农历十一月初四日)，印光和尚圆寂。

民国30年(1941年)

7月6日，佛教会在紫云岩开设的游泳池，举行开幕式，同时举办游泳比赛。

是年，释宏宽法师(会泉和尚弟子)往日本京都龙谷大学留学，攻读佛学哲学。

是年，佛教会在鼓浪屿分设办事处，释善契、王谷表居士等主持办事处事务。

民国31年(1942年)

2月9日，觉斌法师在厦门圆寂。

是月，大乘佛教会设立金门岛分会，金门岛行政公署专员王廷植兼任分会会长。

10月13日(农历九月初四)一代高僧弘一大师在泉州圆寂。厦门佛教界人士闻讯，为之痛悼追思。

12月南普陀寺住持觉斌和尚生前率众为女居士募建正信林，作为修持道场。落成，以释宏定弟子吴抱治(法号"一清")为林长。

是年，释大醒回沪久留不归，块然法师代理院务工作，觉斌圆寂后，又复代理方丈职务。

是年，菜姑陈妙卿迁建妙清寺于墙顶巷。

民国32年(1943年)

正月十六日，厦门南普陀寺退居方丈、闽南佛学院元勋会泉和尚，在马来西亚槟城妙香林圆寂。

农历五月十五日，同安梵天寺住持会机法师，在马来西亚槟城极乐寺圆寂。

10月21日，新加坡"中华佛教会"会长释转道在新加坡普陀寺归西。

是年，释块然回沪，由释会觉继任方丈兼院长职务。不久，会觉由日僧神田惠云陪同前往日本参访。

民国33年(1944年)

夏，释会觉自日本回国，在上海招收16名学僧回厦门，作为学院复办后第二届学员，厦门招取2名、汕头1名，并首次招收在家教徒6名，合共25名，勉强开班上课。

是年，日本侵略者自1941年挑起太平洋战争以来，自食恶果，陷入山穷水尽的困境，于是加紧对人民的搜刮和统治，使孤岛的人民陷于水深火热之中，大乘佛教会活动基本停顿，众多佛教界人士闭门苦修，闽南佛学院的师生也无心教学，处于半瘫痪状态。

民国 34 年(1945 年)

3月,居士柳正松在仁和巷创立"慧正学苑",邀集厦门佛教居士修学佛法,并印佛经《见闻利益品》施赠。

8月15日,日本投降,抗战胜利,厦门佛教界人士欢庆厦门光复。

厦门光复后

民国 34 年(1945 年)

10月,泉州和漳州佛教部门分别指派广义、广心等法师来厦门进行复员接收工作,随即在南普陀寺召开佛教界人士座谈会,宣布解散日伪时期的大乘佛教会,筹备成立新的福建省佛教分会,厦门支会。

是年,菜姑吴向琴在市区蓼花路永安里创办"菩提苑",组织女众教徒念经学法。

是年,日本和台湾籍的佛教徒纷纷被遣送回本土。

民国 35 年(1946 年)

2月,《佛教公论》复刊,出版发行复刊号第一期。

3月,厦门佛教支会正式成立,推选广心和尚为理事长。同时,同安县佛教会恢复组织。

4月,中共厦门工委以妙法林为据点,工委书记许集美亲自主持举办中共党员培训班,得到菜姑胡敬宾、水仙姑等人的积极支持和掩护。

5月,佛教会发动全市寺岩举行追悼阵亡将士罹难同胞水陆大法会,要求各寺岩设立灵位诵经回向。

9月,原南普陀寺佛教养正院复办,释广心兼院长,释宏宽任教务处主任兼副院长。

农历十月初一至十四,南普陀寺与菲律宾大乘性愿寺联合举办祈祷世界和平、冥阳普利水陆道场。

是年,广心和尚就任南普陀寺方丈,释广义任监院。

是年,佛教会落实几座寺岩复员住持僧,万寿岩释正念、天界寺释传声、虎溪岩释宏亮、养真宫释传证。

是年,日光岩住持释善契启建万佛大法会。

是年,厦门佛教支会发动闽南佛教界举办"祈祷世界和平息灾华严法会",敬诵《华严经·普贤行愿品》10万卷。

民国 36 年(1947 年)

2月,厦门港区公所发文通知南普陀寺僧服兵役,全寺僧众惶恐不安。佛教支会急呈省佛教会和中国佛教会,向国民政府、国防部请援,并向全国佛教界乞援,后获准暂缓。

3月17日,原南普陀寺退居方丈太虚大师在上海玉佛寺圆寂。

是月,厦门《佛教公论》社在泉州设立分社。

是月,佛教会在妙释寺举行诵经公祭太虚大师纪念会,《佛教公论》出版第十五期纪念太虚大师专辑。

5月5日,由厦门佛教分会发起组织的"闽南佛教联谊会"在泉州大开元寺举行成立大会,闽南各县代表200多人出席,推选释常凯、释广义、释妙灯等法师为常务干事,释常凯法师任主任干事。

7月,恢复中国佛学会厦门分会组织,会址仍设在寿山岩。居士许宣平、蔡吉堂任正副会长。

12月28日,养正院副院长宏宽法师在南普陀寺圆寂。《佛教公论》出版二十三、二十四期合刊为宏宽法师纪念专辑。

是年,南普陀寺为喜参和尚建塔,安置灵骨。

民国37年(1948年)

春,厦门佛学会在寿山岩侧募建太虚大师纪念塔,安奉大师舍利数颗。

春,居士陈成宗、张幼峰组织"觉心善社",举办施医、施药、施粥等慈善事业,每周三、五在益同人大食堂请马乾骅居士或佛教界其他名流讲演佛法,并于每周一出版《觉心周刊》,赠送各方善士。

农历十月十五至十二月初十,南普陀寺为退居方丈性愿60寿诞启建金刚光明三坛授戒大法会,聘请当代高僧虚云、圆瑛二位法师为传戒师,来自十方的僧俗求戒弟子千余人,盛况空前。

11月23日,当代艺术家丰子恺来厦,参礼南普陀寺三坛授戒大法会,游览厦门诸名胜,凭吊其师弘一大师在厦门的遗址遗迹。

同月,新加坡菩提学院院长、《人间佛教》杂志发行人法航法师来厦门探访母校闽南佛学院,并在佛教养正院和佛学会讲演。寿山岩佛学会全体会员,举行集体皈依法师仪式。

民国38年(1949年)

正月,性愿和尚在万石岩举办"大觉佛学讲社",邀请印顺论师为主讲。

春,性愿和尚创办的"觉华女子佛学苑"在太平岩正式开办,招收出家女众青年菜姑入学,首届招生30多人,由泉州陈珍珍居士主持教务,解放后迁往泉州。

春,释瑞今、善契二位法师应性愿和尚聘请往菲律宾弘法。

连年内战不息,社会动荡不安,使得厦门有些僧人向往国外。截至38年(1949年)9月30日,从厦门出国去新加坡和菲律宾著名僧伽有印顺、瑞今、善契、广义、广洽、转岸、转物等10多位法师。

中华人民共和国时期

1949年

10月1日,中华人民共和国成立。10月17日,中国人民解放军解放厦门,建立地方政权机构。地方军政部门认真贯彻中共中央"宗教信仰自由"的政策,尊重佛教徒正常的宗教活动,使广大佛教徒的不安情绪很快稳定下来。

1950年

原厦门佛教分会工作人员、《佛教公论》社编辑吴文声(法号"慧夫")居士,民国37年参加中共地下党活动,解放后公开身份,是年调任《厦门日报》编辑,后提调厦门电台工作。

是年,南普陀寺就佛教养正院改为养正义务小学,免费招收附近儿童入学。不久,厦门大学附属小学停办,将学生和教学设备并入义务小学,生数骤增。1950年秋季学生总数达250多人,后因经济困难,寺院难以支撑,由地方教育部门接办,改称"东沃小学"。

是年,同安县成立佛教协会,推举清念法师为会长,厚学法师为副会长。

是年,妙释寺就念佛堂创办妙光小学,免费招收社会儿童入学。

1951年

春,原厦门市佛教分会参加社团登记,并开始组织成立新佛教会筹备组,组织全市佛教界人士参加爱国主义教育,开展政治学习。

4月7日,全市佛教界缁素人士举行反美扶日示威游行,参加人数达5000多人。

冬,柳正松居士创立的"慧正学苑",举办"佛学补习班",每3个月为一期,学习佛学、语文和佛教音乐等。

是年,全市佛教徒积极参加抗美援朝运动,在短时间内,超额完成2000万元(当时人民币1万元相当1元)的捐款。

1952年

春,南普陀寺在"土地改革"运动中,主动将80多亩寺田献给农会,后重新分得田地15.3亩,供寺僧自耕自食。

"三八"妇女节,教会筹备组组织女众佛教徒1400多人参加反美示威游行,占全市参加游行妇女的十分之一,居各单位之冠。

5月22日,原南普陀寺退院住持转逢和尚在新加坡龙山寺圆寂。

9月28日,厦门市佛教协会正式成立,推选释二埋法师为主委,释会觉、广心等法师、居士蔡吉堂为副主委。原佛教居士组织的厦门佛学会并入佛教协会统一领导。

10月12日,公推慈舟老和尚为南普陀寺方丈,举行进山典礼,参加典礼的佛教徒5000多人。在典礼中,释二埋法师传达厦门市第二届人大第一次代表大会会议精神。

11月,南普陀寺举办祈祷世界持久和平大法会。法会期间,有印度、缅甸、印尼、马来西亚等华侨回国参观团前来观光,先后同佛教会及南普陀寺负责人进行座谈,对中共宗教政策表示赞赏,表示要向海外传扬,消除国外佛教徒误听谣言的疑虑。

是年,厦门市人民政府拨款1000万元(旧人民币一万元为新币一元),作为维修南普陀寺经费。

是年,妙清寺和太平岩分别集资创办"联友"、"群华"手工业纺织社,解决40多位菜姑劳动自食的生活出路。

是年,居士李鸿光、柳正松等以妙香精舍和晃潮精舍为基础,联合组织"厦门市佛教居士林",李鸿光、柳正松被推选为正副林长,周幼梅居士为名誉林长。林址初设在丹霞宫,后迁至周宝巷,全市登记加入居士林的男女居士将近1000人。

1953年

9月9日,一代高僧圆瑛法师在上海圆寂,厦门居士林为悼念圆瑛法师生西举办"佛七法会"。

是年,居士林成员洪庆忠、廖碧豁、王兆丰等居士,在新华路西庵宫分设"西庵莲社",组织附近信徒于每星期五集会念佛。

1954年

3月,佛教居士林进行第二届执委改选,正副林长连任,增聘李博用老居士为名誉林长。

是年,南普陀寺为转逢和尚建造舍利塔于五老峰山麓,安奉灵骨舍利,由会觉和尚撰写塔铭。

1955年

是年,南普陀寺方丈慈舟和尚因病退职,离寺返回北京,由释二埋法师代住持。

1956 年

4 月,市佛教支会再次改选执委,释二埋法师为主委,释会觉法师为副主委。

是年,居士林改选第三届执委,林长与理事成员仍为原班人马。

是年,原太平岩、妙清寺创办的联友、群华手工业纺织社,在对私改造运动中并入国营棉织厂,所有从事纺织的菜姑随厂进入国营企业当工人。

1957 年

夏,全国开展"反右"斗争运动。在激烈的斗争中,有些佛教徒受到冲击、批判,所有正常的宗教活动俱皆停止。

是年,释二埋法师离厦,南普陀寺住持由会觉法师担任。

是年,台湾海峡两岸敌对局势紧张,厦门作为海防最前线,岛上驻扎重兵,许多岩寺相继为部队借住。至 1958 年为部队借住的岩寺有云顶岩、普光寺、虎溪岩、紫云岩、天界寺、万石岩、太平岩、宝山岩、龙湫亭、寿山岩、白鹿洞、万石岩、白鹤岩等。南普陀寺除殿堂、僧舍外,也都被部队借用。

是年,地处于李仔山的延寿堂、印(应)月堂因国家建设需要,分别被迁置于本部巷和溪岸路民房。

是年,同安县西安桥头两座婆罗门塔,一座移入梵天寺内钟鼓楼旁,另一座移入梅山寺。该塔于 1961 年被列为福建省第一批文物保护单位。

1958 年

是年,厦门市佛教协会召开建国后首届会员代表大会,进行改组,修订章程,选举领导机构。释广心法师被推选为名誉会长,释会觉、释正果二法师为正副会长,释觉星、居士萧熙舜为正副秘书长,理事有妙湛、善见、厚学、传声等法师,居士柳正松、蔡吉堂,菜姑吴瑞竹、李宏绸……共 19 人,其中常务理事 7 人。

是年,全市出家二众佛教徒实行并寺集居,僧伽集住南普陀寺,菜姑合居日光岩,有些比较年轻的寺僧及菜姑,迁入内地或还俗,全市寺僧人数骤减,不上 20 人。

1959 年

8 月 23 日,南普陀寺大悲殿屋顶被强台风刮毁,势在倾危,后经集资重修,屋盖按原样修葺,但改为钢筋水泥结构。

1960 年

11 月 24 日,中国科学院院长郭沫若视察南普陀寺,并为南普陀寺题诗,诗云:"我自舟山来,普陀又普陀……"

1962 年

3 月,原南普陀寺代理方丈性愿大师在菲律宾华藏寺圆寂。

11 月,佛教协会在南普陀寺召开第二届会员代表大会,进行改选,名誉会长释广心、会长释会觉,副会长释正果,秘书长释觉星、妙湛,理事有释传声、善琳,居士蔡吉堂、柳正松、陈秀雀、林祖文等 16 人。从此而后,佛协会不再开展活动,机构形同虚设。

同时,同安县召开第二届佛代会,推举厚学法师为会长,朱妙金居士为副会长。

是年,建造会泉和尚舍利塔于南普陀寺左侧钟山之麓。

1966 年

2 月 27 日,原妙释寺住持、市人民代表、政协委员、市佛教协会副会长正果和尚于日光岩

圆寂。

5月,"文化大革命"爆发不久,梵天寺两尊金刚被捣毁。

6月,厦门佛教界遭受严重的冲击,缁素人士都受到不同程度的抄家、批斗,寺院和个人的佛像、经书、法器被砸毁,寺岩堂庙大部分被占用,出家男女二众纷纷还俗。在十年动乱中,佛徒潜踪,梵呗声绝。然而,大部分正信佛教徒却心佛如一,信念弥坚。

7月15日,一批"造反派红卫兵"涌入南普陀寺砸毁四大天王和十八罗汉。寺僧清华劝阻无效,悲愤难忍,跳入般若池中自溺身亡。

1969年

同安县革命委员会在梵天寺办机关农场和石料厂,许多文物古迹被破坏。

1970年

南普陀寺前监院转岸和尚于新加坡普陀寺圆寂。

1976年

同安县公安局在梵天寺建看守所,并拆毁金刚殿。

10月,中共中央一举粉碎"江青反革命集团",结束"文化大革命"十年动乱。

是年,成立南普陀寺管理处,由政府有关领导部门指派专人负责,并成立大型企业(后称实业社),负责经营素食部,以及经销各种旅游商品。

1979年

10月,市有关部门领导召开佛教界人士座谈会,要求佛教徒认真学习宗教政策,恢复佛教会组织,开展正常的宗教活动,并宣布南普陀寺为开放寺院,推举临时住持人妙湛法师组织领导政治学习,筹备恢复佛教会组织。

11月,成立市佛教协会筹备委员会,推选筹备委员,代会长释厚学、副会长释妙湛、蔡吉堂居士等3人;理事释传声,居士柳正松、罗丹等11人。

是年,普愿堂菜姑一清削发为比丘尼,是为近现代厦门第二位削发为尼的女众弟子。

是年,同安北辰山北山岩由王氏族人集资重建,并重修右侧闽王王延钧祠。

至是年底,全市住寺僧众仅13人,其中7位是劫难中幸存的老年和尚,还有6位还俗结婚后复归佛门,仍未再落发披缁。在家奉佛的男女居士,几经折磨,心有余悸,依旧未敢参加公开的佛教活动。

1980年

11月22日,南普陀寺热情接待新加坡总理李光耀一行。

12月15日,南普陀寺妙湛法师应邀出席中国佛教协会第四届代表大会,被选为第四届理事会理事。

是年,南普陀寺后建造石亭,作为南普陀寺历史发源地纪念。书法家虞愚居士为题石匾"普照寺"三字。

是年,佛协会筹委会协助收回妙清寺。

是年,在全国佛协会代表会上,福建代表和早期曾是闽南佛学院学僧的代表,向大会提出复办闽院的倡议,得到与会代表的支持。

是年,日本佛教黄檗宗代表团来厦门访问,佛协筹委会和南普陀寺联合接待。

1981年

4月,妙湛法师出席福建省佛教协会第三届代表大会,被推选为理事会副会长。

12月5日，南普陀寺接待新加坡广洽法师。

12月26日，原中共中央副主席李德生访问南普陀寺。

是年，中国佛教协会会长赵朴初来厦门视察，并向地方党政有关领导提出对复办闽南佛学院的期望，得到领导部门的重视和支持，随后批准首先复办佛教养正院。

是年，南普陀寺复办佛教养正院。

是年，同安县政府决定开辟大轮山为风景区，并正式开放梵天寺。

1982年

1月13日，南普陀寺接待全国政协副主席刘宁一。

是年，新加坡纪甲城先生及夫人蔡桂兰参访南普陀寺，并赠丰田车一部。

是年，南普陀寺接待全国政协副主席荣毅仁夫妇。

是年，南普陀寺成立"管理委员会"，主任释妙湛，副主任释弘诚、曾全民，委员有释见性、传声、悟光、宏辉等法师、居士蔡吉堂等6人。

是年，南普陀寺在后山建造"庐山亭"，由罗丹居士书匾。

是年，佛协筹委会协助收回启明寺，并确定该寺庙原菜姑德美为住持。

是年，同安大帽山甘露寺由当地群众集资重修，并在寺右下侧建无疑大师纪念塔。

1983年

1月4日，全国人大副委员长廖汉生夫妇来南普陀参访。

1月17日，全国政协副主席王任重夫妇来南普陀参访。

2月16日，全国政协副主席刘澜涛视察南普陀寺。

2月17日，中央书记处书记、统战部部长习仲勋夫妇来南普陀参访。

2月27日，市佛协筹委会委员、当代大书法家罗丹逝世。

3月12日，全国政协副主席王首道、毛致用视察南普陀。

3月13日，南普陀寺接待中国佛协副会长真禅法师，上海知名学者苏渊雷居士率领的上海佛教代表团。

6月27日，新加坡佛教总会会长宏船大师回国观光，对闽院复办甚为关怀。在北京访问赵朴初会长时，具体商谈支持复办闽院，得到赵朴初的嘉许。赵朴初亲题闽院名匾以促其成。

7月17日，新加坡龙山寺僧侣印实、广净法师等前来参访，受到南普陀寺两序大众热情接待。

10月，同安县梅山寺开始修复重建工作。

10月31日，国务院总理赵紫阳视察南普陀寺。

11月1日，南普陀寺热情接待国家主席李先念一行。

12月20日，国务院副总理谷牧视察南普陀寺。

12月21日，柬埔寨主席诺罗敦·西哈努克亲王夫妇、宋双、乔森潘等来南普陀寺参访。

12月28日，全国人大副委员长赛福鼎视察南普陀寺。

是年，原佛教居士林部分居士，借妙清寺为临时集会修学、弘法场所。

是年，同安汀溪褒美村村民集资重建毁于"文化大革命"的报恩院。

是年，佛协筹委会交涉收回养真宫作为居士林林址，后签约暂借"华侨托儿所"，期限一年。

是年，回收普光寺（金鸡亭），维护殿宇，并确定菜姑白招治管理。

是年，回收日光岩，委派菜姑谢黎华、市姑为住持，住女众5人。

是年,妙清寺因城市建设需要,从古城西路迁建墙顶巷。

1984年

1月,复办后的首届养正院学员毕业。

1月22日,全国政协副主席程子华来南普陀寺视察。

4月,南普陀寺实业社主任曾全民带领素食部厨艺师多人,前往香港开展素食厨艺表演。由于制作精良,色、香、味俱佳,造型巧妙,素菜名清雅,受品尝者交口称赞。当地诸家新闻媒介,纷纷撰文给予高度评价,展演延长三周,载誉而归。

是月,邓小平、王震等中央领导同志品尝南普陀素菜。

10月1日,新加坡佛教总会会长宏船法师在万石莲寺大雄宝殿代其师父会泉法师为妙湛传法卷。妙湛遂为临济宗正宗第四十八代法脉传人。

10月14日,全国人大副委员长王光英视察南普陀寺。

11月20日,国务委员姬鹏飞参访南普陀寺。

11月21日,全国政协副主席费孝通参访南普陀寺。

12月11日,南普陀寺接待日本黄檗宗友好访中团。

12月24日,南普陀寺接待全国人大副委员长彭冲。

是年,天界寺回收后,先后得到市政府拨款及海外华侨钟铭选居士捐献巨资,由释传声主持全面翻修扩建。

是年,新加坡华僧宏船法师捐集巨资翻修扩建万石岩。

同年,南普陀寺热情接待班禅大师来寺视察。

是年,闽院经批准复办,由妙湛、圆拙、梦参等法师主持,先行挂匾招生。

是年,甘露寺回收,确定菜姑美竹为住持,诸善友募集资金,对寺宇进行全面翻建。

是年,同安吴树义、叶大椿居士募修梅山寺大殿及朱子祠。

是年,塘边宫由当地民众集资重建三间小佛堂,进住菜姑3人。

1985年

5月17日,闽南佛学院举行复办开学典礼,妙湛法师兼任院长,首届招收男女出家二众学员120人,并在万石岩分设女院部。

8月,经厦门市人民政府宗教事务处批准,宣布首批开放寺院七家:即厦门本岛南普陀寺、万石岩、虎溪岩、天界寺、日光岩、启明寺,同安梵天寺。

9月2日,马耳他共和国总统巴巴拉访问南普陀寺。

11月8—10日,佛教协会筹委会在南普陀寺召开第三届代表大会,宣布正式恢复厦门市佛教协会,选举释妙湛法师为会长,蔡吉堂居士、释见性、厚学、弘诚等法师为副会长,选出理事27人,常务理事12人。

11月,国务院副总理方毅视察南普陀寺。

11月30日,妙法林由海外菜姑碧芬、吕依莲合捐巨资翻建大殿院舍和新塑佛像等工程全部落成,举行开光典礼。

10月29日(农历十月十八日),开放寺院虎溪岩举行第一次"大悲法会"。在此之前,新加坡佛教总会会长宏船法师捐资重建大雄宝殿、弥勒殿诸筑。

是年,同安洪塘镇吴氏宗族向海内外乡亲募集资金重建大佛寺。

1986年

2月14日,中央军委副主席杨尚昆视察南普陀寺。

3月8日,全国政协副主席杨静仁参访南普陀寺。

3月15日,全国人大副委员长班禅额尔德尼·确吉坚赞视察南普陀寺。

3月20日,市佛教协会召开第二次常委工作会,对会务工作实行组织分工,下设秘书、宣教、总务3组。

是年春,旅居新加坡妙华法师捐资重修扩建鸿山寺,由世澄、法云两法师主持。

4月4日,国务院副总理田纪云视察南普陀寺。

5月25日,中央政治局常委胡启立视察南普陀寺。

6月,妙湛法师出席省佛教协会第四届代表大会,被推选为省佛协会会长。

8月24日,南普陀寺接待香港佛教联合会会长觉光长老。

10月15日,南普陀寺接待各国驻华大使考察团。

10月25日,国务院副总理乔石视察南普陀寺。

12月16日,全国政协副主席王恩茂参访南普陀寺。

是年,海内外善信集资重建同安拱莲古寺前、后二殿。是寺始建于唐,"文化大革命"中被毁,1996年重建落成,现由村委会管理。

1987年

1月,妙湛法师应邀赴新加坡弘法。

1月8日,全国人大副委员长朱学范参访南普陀寺。

1月16日,全国人大副委员长阿沛·阿旺晋美视察南普陀寺。

2月,妙湛法师出席中国佛教协会第五届代表大会,被推选为常务理事。

3月5日,泰国王储玛哈立集拉隆功访问南普陀寺。

5月7日,全国政协副主席钱昌照参访南普陀寺。

5月15日,全国人大委员长彭真视察南普陀寺。

7月5日,妙湛法师应美国万佛城宣化法师邀请,赴美参加"水陆空和平大法会"观礼。

同年,马来西亚华僧广余,募集资金300余万元,对其祖庭普光寺进行全面扩建。

同年,新加坡妙华法师再次捐巨资重修鸿山寺大雄宝殿和寮房。1990年落成。

1988年

1月17日,全国政协副主席杨成武视察南普陀寺。

2月,市佛协会副会长蔡吉堂居士应邀出访新加坡,积极为创建闽院太虚图书馆募集资金。

3月18日,妙湛法师被选聘兼任福州涌泉寺方丈。

12月,闽院为复办后首届(1988届)毕业生举行毕业典礼,应届毕业生共44人,其中男生16人,女生28人。

12月4日,全国人大副委员长王汉斌视察南普陀寺。

12月15日,全国人大副委员长倪志福视察南普陀寺。

是年,旅居香港的元果法师集资兴建白鹿洞。

是年,菜姑陈美竹募资复建甘露寺工程竣工,举行落成典礼。

1989 年

3月12日,南普陀寺职工曾燕安在抓捕破坏治安歹徒时,英勇搏斗,壮烈牺牲,省、市人民政府追授为"革命烈士"和"特区青年勇士"的光荣称号。

3月14日,市佛协会长妙湛法师暨市宗教处刘、王两处长,释定恒法师、吴昭仁居士等一行5人,应香港觉光和尚邀请,赴港访问交流经验。

同月,《闽南佛学院学报》创刊发行。

同月,原厦门市佛教居士林领导蔡吉堂、柳正松等,发起恢复居士林组织倡议,受到佛教界人士的响应和支持。经报请市宗教处和市佛协会批准,重新确定养真宫为居士林会址,9月正式挂牌宣告恢复。

8月,南普陀寺筹建大禅堂,香港著名佛教居士南怀瑾的学生李素美、李传洪居士捐献巨资。

10月8日,南普陀寺为妙湛法师举行方丈升座典礼。方丈升座后,按十方丛林规制挂牌请职,安排各堂口执事。

11月,妙湛和尚应聘兼任武夷山天心永乐禅寺方丈。

12月14日,知名美籍华人陈香梅女士参访南普陀寺。

1990 年

1月5日,闽院太虚图书馆奠基。

1月18日,闽院邀请台湾游祥洲博士来院讲学。

2月14日,南普陀寺接待12个国家驻华大使考察团。

3月15日,妙湛和尚为台湾十方禅林方丈首愚法师静修举行封关仪式。首愚法师是日在南普陀寺山后阿兰若处闭关。

4月8日,台湾圆光佛学院院长如悟法师率领学院师生43人,前来厦门参访,妙湛和尚和市佛协领导热情接待。

5月3日,梵天寺接待国务院台办副主任安黎一行来寺视察。

5月12日,巴巴多斯总理一行来南普陀寺访问。

9月9日,同安梵天寺募铸1720斤的大钟,悬挂于新建钟楼。

同月,妙湛和尚热情接待宏船长老回国观光。

同月,中国佛协会会长赵朴初来厦视察,在与省、市宗教局领导和省、市佛协会主要负责人的联席会议上,着重讨论研究南普陀寺管理体制改革问题,建议将南普陀寺管理委员会改为寺务委员会,同时还倡议重兴同安梵天寺。

11月3日,国务院宗教局副局长赤耐、中国佛协会副秘书长萧秉权、福建省民族宗教厅副厅长沈瑞其、省佛协副秘书长释毅然法师等一行,专程来厦,同市宗教处、市佛协会具体研究南普陀寺管理体制改革的有关问题,以统一意见。12月12日,由市宗教处正式行文,撤消原南普陀寺管理委员会,成立以方丈、监院、堂主、企业主要负责人组成的"寺务管理委员会"。

10月10日,释妙湛、诚信、了法等法师,贾题韬居士等一行应邀赴香港参访。

12月25日,宏船法师在新加坡光明山普觉禅寺圆寂。

1991 年

1月4日,闽院第二届(1990年)学僧毕业,毕业生数52名,其中男众20名,女众32名。

1月5日,妙湛和尚、明旸法师一起代表中国佛教协会前往新加坡参加新加坡佛教总会会

长宏船和尚圆寂传供赞颂法会。

1月29日,南普陀寺大禅堂奠基启建。

是月,同安县人大通过《关于搬迁看守所,修复梵天寺的决议》,并报请厦门市人大复议通过。

5月14日,南普陀寺热情接待新加坡副总理李显龙。

6月,市佛教协会发动全市佛教徒捐资70000多元、粮票1.2万公斤救济灾区。

10月,闽院选派教师和学僧各1名,参加省宗教厅主办的,题为"爱国爱教,团结奋进"的宗教院校演讲竞赛,闽院代表获得教师组第一名,学生组第二名的优良成绩。

11月2日,朝鲜佛教徒联盟一行10人,在该盟中央委员会副委员长黄炳大率领下,来厦门参观访问。市佛协会和宗教局举行招待会,并派专人陪同到各寺参观。

12月21日,国务院副总理田纪云来南普陀寺视察。

是年,宏船法师弟子释广声等陪同华商陈有才访问厦门。陈有才捐资18余万元修葺虎溪岩。

是年,市佛协会热情接待多年来对厦门市佛教建设事业有重大贡献的香港信徒李素美、李省吾和李秀珍等三位女士。

是年,鼓浪屿日光岩三宝殿修建落成。

是年,海沧石室禅院主持募资重修寺宇。

是年,同安西山当地群众集资修复白云岩梵宇,并开通公路至山门。

1992年

1月7日,妙湛和尚、了法法师赴沪出席"全国汉语系佛教教育工作座谈会",并代表南普陀寺向中国佛教教育基金会捐献人民币20万元。

1月27日,全国政协副主席钱正英视察南普陀寺。

2月,闽院开设研究生班,后因师资不足停办。

农历二月十九观音圣诞,市佛教协会和南普陀寺提倡香客礼佛,每人只烧一支清香,表示一心诚敬,同时禁止在寺区范围燃放鞭炮、烟火。

3月24日,省佛协会在南普陀寺召开佛教教育工作座谈会,并成立"省佛教教育基金会"。

5月8—9日,市佛协会在南普陀寺召开第四届会员代表大会,进行换届改选,选出理事44人,其中常务理事15人,推选释妙湛和尚为会长,蔡吉堂居士,释见性、厚学、诚信法师为副会长,并通过修订《厦门市佛教协会章程》和《佛教徒爱国公约》。

5月25日,全国政协副主席马文瑞视察南普陀寺。

7月4日,市佛协会召开全市寺院住持会议,学习贯彻中国佛教协会制订的《中国汉传佛教寺庙管理办法》、《中国汉传佛教寺庙共住规约》以及《厦门市寺庙庵堂守则》。

同月,市佛教协会、南普陀寺和闽院联合举办"正信佛教"、"人生佛教"等系列专题讲座。

7月17日,台湾佛教徒组织的"能仁全国斋僧团"一行64人,来厦门举办"千僧斋",在南普陀寺普照楼开设素宴64席,供请全市出家二众和部分佛教居士,并布施每众200元赆金。

7月29日,香港佛教联合会一行23人,组团来厦门参观访问。

8月6日,武汉市佛教协会副会长魏仁山、道教协会副会长汪圆惠一行8人,在武汉市宗教局处长刘进美带领下,来厦参访南普陀寺等寺院和闽南佛学院。

8月14日,台湾香光女众佛学院院长释悟因尼师等4人,来闽南佛学院交流教学经验。

同月,闽东、闽北遭洪灾,市佛教协会募集3800余件衣物送往灾区,救济灾民。

10月30日,厦门庆福寺举行大雄宝殿落成暨佛像开光庆典。

是月,同安县召开第三届佛代会,厚学法师连任会长,释心清法师、叶大椿居士为副会长。

12月11日,日光岩寺举行大雄宝殿落成暨佛像开光庆典。

是月,闽南佛学院复办第三届学员毕业,共50名,其中男众17名,女众33名。

是年,释妙湛、厚学、果传等法师、曾全民居士被选为市政协委员。

是年,鸿山寺监院法云法师募集150多万元,兴建藏经阁、念佛堂、寮房、斋堂、功德堂等。1993年夏竣工。

是年落实宗教政策,先后回收中岩、董内岩等寺院产权。

是年,马来西亚华僧广余法师先后捐资400多万元,修复扩建普光寺祖堂(原金鸡亭)。

是年,新加坡归国侨僧广安法师捐资创建厦门仙岳山雪峰寺。

1993年

1月3日,台湾圆光佛学院教务长释惠空法师来闽院参观访问,交流教学经验。

是日,华严寺住持秀雀姑往生。

1月8日,香港佛教住法学院院长霍韬晦居士来闽院参观,交流经验。

1月11日,厦门市召开宗教活动场所依法登记工作试点总结会议,批准南普陀寺等13座寺院为首批登记的宗教活动场所。

3月5日,普愿堂住持陈向勤姑往生。

年初,市佛教协会聘请郑梦星老居士主编《厦门市佛教志》。

5月31日,日本高野山大学教授武内孝善率领的访问团访问南普陀寺,妙湛和尚热情接待。

6月11日,厦门居士林召开第四届林员代表大会,推选柳正松为林长,郑子兴、杨少如为副林长,蔡吉堂为名誉林长。

6月26日,庆福寺住持汪心量姑邀集厦门市知名书画界人士,组织兴办"佛光书画社",礼聘妙湛和尚为社长。每年举行一次笔会,义卖书画,所得款项用于社会福利事业,至1995年停办。

9月,市佛教协会秘书长诚信法师和闽院教务长了法法师应邀往香港、新加坡、马来西亚、泰国等地参观访问。

10月5日,市城建局、规划局、文化局、旅游局等部门在南普陀寺举行万寿双塔建筑方案论证会。

10月23日,市佛教协会会长妙湛和尚、秘书长诚信法师前往北京参加中国佛教协会第六届代表大会。大会推选妙湛和尚为佛协会咨议委员会副主席,诚信法师应选为中国佛教协会理事。

是月,新加坡光明山宏船法师捐助万石莲寺修建会泉法师纪念堂和念佛堂落成。

11月18日,南普陀寺方丈妙湛和尚接待旅居美国旧金山法雨精舍侨僧梦参法师。

12月4日,市佛协与南普陀寺接待香港佛教联合会会长觉光法师和香港菩提学会会长永惺法师等。

12月4日,白鹿洞敬请妙湛和尚和香港觉光法师、永惺法师主持佛像开光仪式。

12月8日,市佛协会长、南普陀寺方丈妙湛和尚和佛教协会道煋副秘书长应邀赴香港参

加天坛大佛开光典礼。

12月15日,妙湛和尚接待泰国副僧王和泰国佛学院院长许金龙大师一行12人。

冬,市佛教协会与南普陀寺联合接待南京军区副司令员曲振牟,向他详细介绍多年来落实国家宗教政策及本市佛教事业发展情况。

是年,在市佛教协会的大力支持下,妙清寺瑞意姑创办义务施诊所,短短几个月诊治病人达600多人次。

是年,普端尼师在其师新加坡华僧广净法师及新加坡居士林资助下,筹建进明寺三层佛殿。

是年,南普陀寺和闽南佛学院接待台湾香光佛学院院长悟因尼师一行来访,相互交流教学经验。

是年,南普陀寺接待毛塔尼亚总统及夫人一行来访。

是年,经市佛教协会交涉,先后回收修德堂、佛顶寺、雪峰精舍、三宝佛堂等寺院产权。

是年,同安 洲女居士林丽华募资重建莲花山华岩寺。

是年,同安县看守所从梵天寺迁出,越年,梵天寺修复重建工作在厚学和尚领导下全面展开。

1994年

年初,妙湛老和尚在省第六届佛教协会代表大会上让贤举荐界诠法师任会长。

1月13日,全国人大副委员长叶飞视察南普陀寺,并题词"五老迎春"。

1月28日,正式成立"厦门市梵天寺修复理事会",厚学法师任理事长。

2月9日,中央军委副主席刘华清及夫人徐虹露视察南普陀寺。

2月11日,南普陀寺举行大禅堂落成典礼,邀请南怀瑾先生主持禅学讲座,有来自美国、加拿大、香港、台湾等海内外佛教界人士数百人参加。

5月21日,市佛协常务副会长诚信法师接待新加坡佛教总会会长妙灯长老。

6月,《厦门佛教志》(本岛专业志)初稿完成,约25万字,并打印成书,分送有关部门专家、学者及各寺院法师审查,征求修改意见。

7月8日,应马来西亚观音寺镜庵法师的邀请,南普陀寺首次组织以能元大知客为团长的法务代表团一行14人,前往吉隆坡参加观音寺的药师殿佛像开光和水陆法会佛事活动。

9月6日,市佛教协会和南普陀寺接待著名的台湾佛学大师印顺长老。

9月15日,南普陀寺监院诚信和了法、安景法师前往美国洛杉矶参加福建同乡会馆佛像开光法会。

10月10日,虎溪岩自1985年起,陆续重修扩建印月楼、大殿、棱层洞、纪念堂等全部完工。是日(农历九月初六)举行落成暨开光典礼,同时举办为时七天"水陆大法会"。

10月17日至23日(农历九月十三至十九日),普光寺举办水陆法会,使中断46年之久的大法会活动得以恢复,并以此为寺院筹措修缮资金,此后每年举行一次。

10月21日,全国政协副主席孙孚凌参访南普陀寺。

11月29日,妙湛方丈受中国佛教协会委派,护送佛指舍利赴泰国供奉瞻仰。

12月,全国政协委员(港商)赵汉钟、张跃莉夫妇捐资300万元新建的南普陀寺山门前一对万寿塔落成。

12月14日,南普陀寺成立慈善事业基金会,妙湛老和尚兼任会长。

是年，市佛教协会副会长释定恒募集巨资启建仙岳山观音寺，至 2003 年完成山门、大悲殿、大悲阁、万佛塔、五观堂、香积厨建筑群，总建筑面积近 9000 平方米。

是年，宏辉法师募资修建中岩大殿。

是年，南普陀寺新建慈善大楼落成。

是年，台湾香光尼众佛学院院长比丘尼悟因捐资 200 万拓建紫竹林寺（原宝山岩）大雄宝殿。

是年，天界寺募集资金陆续修建山门、念佛堂、钟鼓楼等。

是年，市佛教协会通过努力又回收一批寺岩，其中有云顶岩、紫云岩、碧山岩、印（应）月堂、延寿堂、前园宫、内武庙等。

1995 年

1 月 5 日，启明寺住持德美姑往生。

1 月 14 日，原国家主席国务院总理华国锋参访南普陀寺。

2 月 3 日，中国佛协会组织的"茶禅协会"，在南普陀寺举办日本茶道迎春座谈会，日本茶道里千家夫妇应邀参加盛会。

2 月 8 日，国务委员李铁映来南普陀寺视察。

3 月 31 日，南普陀寺为新加坡广洽长老在后山举行灵骨进塔仪式。

5 月 20 日，闽院热情接待台湾香光尼众佛学院院长悟因尼师一行来访。

6 月，《厦门市佛教志》初稿完成，并缩写为分志递交市方志办编录《厦门市志》。

8 月 19 日，南普陀寺为纪念抗战胜利 50 周年举办祈祷世界和平大法会。

是月，市佛教协会向下属各单位募集 6.5 万元现金、6 千余件衣服支援灾区。

9 月 5 日，中国佛教协会副秘书长萧秉权来厦视察。

9 月 16 日，南普陀寺举办青年佛教进修班，向广大中青年知识分子介绍佛法。

9 月 23 日中午，南普陀寺两序大众和闽院师生在山门迎接四川召觉寺方丈清定上师。

10 月，南普陀寺接待菲律宾瑞今法师一行来寺参访。

10 月，泰国天后圣母宫主持慈庄苑般若提舶大师一行 20 多人来同安梵天寺访问交流。

11 月 14 日，全国人大副委员长倪志福参访南普陀寺。

12 月 12 日，南普陀寺执事和普光寺监院安景法师应邀前往泰国龙象洞参加水陆法会。

12 月 12 日，南普陀寺组织法务团一行 27 人前往新加坡，参加普觉禅寺为纪念宏船法师圆寂五周年而举行的水陆法会佛事活动。

12 月 19 日，南普陀寺方丈、市佛教协会会长妙湛老和尚圆寂。

12 月 26 日上午，为妙湛老和尚举行隆重的追悼会，参加大会的有国家宗教事务局、中国佛教协会以及省市党政有关部门领导、省市佛教协会领导和各界代表近万人。

由郑梦星居士主编，南普陀寺赶编出版的《南普陀寺大型画册》，在妙老追悼会上分发。

12 月 28 日，虎溪岩与《人民日报》所属福天公司合资兴建的金刚塔举行奠基典礼。（后因资金问题纠纷，建未及半，遂中止倾废）

是月，南普陀寺慈善基金会义诊院正式挂牌，开始免费接诊。

是月，闽院女众部三位学生荣获"全国人体科学研讨会书画艺术大展赛"二等奖。

年底，南普陀寺修建寺务综合大楼。

1996年

1月8日,南普陀寺慈善基金会被接纳为中华慈善总会永久会员。

2月,市佛教协会发动佛教界人士捐资22.5万余元、衣服3270多件,救济龙岩地区洪灾灾民。

同月,闽南佛学院尼众部全部迁入金榜山紫竹林寺新校园上课。

4月17日,原中国佛教协会理事、市佛教协会副会长、闽南佛学院副院长、居士林林长蔡吉堂老居士往生,享年92岁。

4月,仙岳山下新建雪峰寺落成。

6月,能元法师募集巨资修复、扩建养真宫。2001年竣工。

8月,妙湛方丈圆寂后,丈席悬缺,省市宗教领导部门非常重视,并在中国佛教协会会长赵朴初等领导的支持下,由南普陀寺两序大众一致推选中国佛教协会副会长圣辉大和尚任南普陀寺第九任方丈。市宗教局和南普陀寺合派专人赴京恭迎来厦。10月24日,在南普陀寺举行隆重的圣辉大和尚进山升座庆典。

8月,经市佛教协会多方交涉,收回多年未决的妙释寺和太平岩等寺院产权。

11月12日,圣辉大和尚前往长沙主持由中国佛教协会举办的"石头希迁与曹洞禅学术研讨会",与会人员有来自全国15个省、市的法师代表和专家学者一百多人。

11月24日,钱伟长、胡平、许子根、孙炳炎等中央领导与海外侨领亲临梵天寺为天王殿、法堂、藏经阁落成揭匾。

12月28日,市佛教协会组织22位法师赴新加坡光明山普觉禅寺主持水陆法会。

年底,南普陀寺慈善事业基金会副会长诚信法师对基金会三年来的慈善工作进行总结,三年来用于慈善、医疗、教育、文化、弘法等方面慈善款项共528万余元。

是年,新加坡、香港钟氏财团家族捐资650万元建造紫竹林寺闽院女众部教学楼、办公楼、五观堂等五座楼房。

1997年

1月13日,闽院举行第五届本科生毕业暨养正院结业典礼,共毕业、结业学生172人。

2月10日,中央统战部部长王兆国视察南普陀寺。

3月6日,南普陀寺方丈圣辉大和尚和市佛协副会长诚信赴新加坡参加护国金塔寺住持法照法师荣任泰王御封"华僧尊者"庆典活动。

3月26日,南普陀寺举行圣辉大和尚荣任第九任方丈升座仪式。

4月12日,全国人大副委员长布赫参访南普陀寺。

5月29日,南普陀寺接待以斯里兰卡共产党总书记拉贾科鲁尔为团长的代表团。

6月26日,南普陀寺举行庆祝香港回归祈福大法会。

8月16日,香港著名实业家邵逸夫、全国政协副主席安子介等一行来南普陀寺参访。

8月,闽南佛学院改春季招生为秋季招生。

9月12日,市佛教协会第五届代表会议,选举理文法师为会长,释定恒为秘书长。聘请圣辉、见性、诚信三位法师为名誉会长。

9月24日,同安梵天寺举行佛像开光典礼。

10月13日,普光寺举行重建暨佛像开光典礼。

11月24日,南普陀寺举行妙湛大和尚舍利奉安法会。

11月28日,以能元法师为团长的厦门佛教法务团应邀前往新加坡,参加光明山普觉禅寺为纪念宏船法师圆寂八周年举办的水陆法会。

11月29日,南普陀寺念佛堂恢复成立念佛法会。

12月8日,南普陀寺僧众举行纪念妙湛和尚圆寂二周年回向法会。

12月22日,圣辉大和尚带领理文法师、定恒法师等一行多人应邀前往新加坡、日本、香港等地参访和主持法事活动。

是月,市佛教协会会长理文法师被推选为市人大代表、省政协委员,副会长厚学法师、郑子兴居士、秘书长定恒法师、曾全民居士等被推选为市政协委员。

是月,内武庙在十方善信的捐助下启建三层佛堂,由常务副林长杨少如全面负责开建工作,并于1999年竣工,耗资360余万元。

是年,释常自尼师等4人合力集资购置海沧区吴冠村"新庵"(佛圣寺)旧址楼房住修。

是年,南普陀寺新任方丈圣辉大和尚对南普陀寺和闽南佛学院进行全面整顿,制定一系列规章制度,使道风、学风产生根本性的好转。

是年,经市佛教协会多方协调,落实顶释寺、妙清寺、庆福寺等寺院产权手续。

是年,"文化大革命"中被毁的同安慈云岩修复大殿和僧舍。

是年,厦岛文屏山岭涌福寺在十方善信的捐助下开始新建大雄宝殿、念佛堂、斋堂和僧舍。

是年,南普陀寺慈善事业基金会用于社会慈善救济款项64.38万元,用于支持"希望工程"和社会教育款项16.31万元。

1998年

春,闽院首次举办"法师进修班",闽院改为秋季招生。

1月4日,圣辉大和尚前往香港,为香港志莲净苑大雄宝殿诸佛菩萨圣像开光。

1月10日,国务院宗教局长叶小文、副局长刘书祥一行到厦门南普陀寺及同安梵天寺视察。

1月29日,国务委员、国家民委主任司马义·艾买提视察南普陀寺。

2月,厦门文屏路佛光寺由虎溪岩集资80余万元重建佛殿。

2月7日,原全国侨联主席庄炎林一行到同安梵天寺视察。

同月,闽院恢复研究生班,由圣辉大和尚聘请北京大学、中国社会科学院、人民大学、等著名教授为导师,开设华严、禅学、中国佛教史、印度佛教史、戒律、净土等专业课,首届从本院应届毕业生中招收7名学僧(其中男众2名,女众5名)。

3月,圣辉大和尚在政协全国委员会第一次会议预备会上当选为第九届常务委员。

4月10日,净莲堂住持汪秀珍姑往生。

5月9日,在圣辉大和尚重视下,南普陀寺、闽南佛学院举办"青年佛学进修班"。

5月27日至6月4日,南普陀寺启建50年来规模最大的水陆大法会。新加坡普觉禅寺监院广声法师率领75位新加坡信徒前来参加法会。

9月5日(农历七月十五),在南普陀寺举行的盂兰盆法会上,圣辉大和尚发起向长江、嫩江、松花江等灾区捐献救济款,南普陀寺两序大众当场捐款48000多元,连同与会的厦门各寺院捐款共13万余元。

10月8日,闽院女众部紫竹林寺举行新校舍落成开光庆典活动。

是月,闽院诚信法师率领应届男女毕业生一行108人前往江苏南京一带参访著名丛林禅

寺。

12月25日，闽院第六届毕业生典礼在南普陀寺讲堂举行，男女众三个本科班毕业生共计104名。

是年，市佛教协会发动全市佛教界人士捐款245万余元、衣服67420多件、大米5500公斤，分别救济闽北地区、长江、嫩江、松花江等地区遭受洪涝灾害的灾民，并组织医疗队多次深入灾区进行义诊施药。

是年，南普陀寺慈善事业基金会、普光寺、虎溪岩等分别为湖南、江西、湖北等贫困地区兴建7所希望小学。

是年，观音寺、白鹿洞寺、庆福寺、内武庙（居士林）等经市宗教领导部门批准为宗教活动场所。

是年，在市佛教协会具体帮助下，天界寺、天竺寺、紫竹林寺图书馆、观音寺万佛塔、万石莲寺客堂、养真宫后殿、庆福寺、顶释寺、甘露寺、中岩等寺院解决了建筑用地、房地产契证申办登记等手续。

是年，在紫竹林寺新建图书大楼，总占地面积1780平方米，总投资200余万元，由钟氏家族独资捐建。

是年，南普陀寺慈善事业基金会用于社会慈善救济款项总计158.44万元，用于"希望工程"和社会教育共计20.36万元。

1999年

2月28日，在厦门市"99献爱心万人行活动"中，南普陀寺捐款10万元。

3月，同安梵天寺大悲殿破土动工，8月落成并举行落成典礼。

4月18日，南普陀寺方丈圣辉大和尚热情接待来访的荷兰女王贝娅特丽克丝，并带女王一行参观南普陀寺近年来在落实国家宗教政策下的发展盛貌。

5月17日，台湾慧律法师来闽院举行佛学讲座。

5月29日（农历四月十五日），顶释寺重建三层佛堂落成。

5月31日，法国一行禅师来闽院举行佛学讲座。

是月，圣辉大和尚随中国佛教协会代表团护送佛牙舍利至香港展出，供众瞻仰。

6月10日，全国政协民族宗教委员会委员一行9人来南普陀寺视察。

6月10日至14日，市佛教协会选派骨干人员分别参加省宗教局举行的宗教界中青年爱国人士读书班和省佛教协会举办的各地佛协骨干培训班。

9月，南普陀寺、梵天寺、闽南佛学院、南普陀寺慈善基金会、南普陀寺实业社等五个单位荣获厦门市两个文明建设宗教、民族界先进集体，圣辉大和尚等21位佛教界人士获得先进个人称号。

9月8日，南普陀寺热情接待泰国副总理苏帕猜一行来寺参访。

9月20日，以圣辉大和尚为团长的大陆佛教教育访问团前往台湾进行学术研讨交流，学院导师济群法师、慧然法师、法源法师参加。

9月23日，圣辉大和尚率南普陀寺诚信、理文二法师赴京参加《中国佛教寺院大观》画册首发式。

9月29日，南普陀寺为"9·21"在台湾大地震中死难同胞举行大型超度法会，同时捐款10万元支援受灾同胞。

10月1日，南普陀寺为庆祝建国50周年举行祈祷世界和平大型法会。

10月15日，日光岩寺新建山门、钟鼓楼、客堂、寮房等举行落成开光典礼。

11月23日，厦门观音寺举行万佛塔、大悲殿奠基典礼。

11月29日，泰国上议院议长米猜·立初潘一行参访南普陀寺。

12月4日，圣辉大和尚应邀赴新加坡光明山普觉禅寺进行短期出家众传戒法会，任传戒和尚。

12月20日，南普陀寺举办庆祝澳门回归大法会。

12月31日，南普陀寺诚信法师、理文法师等一行8人赴新加坡参加千禧庆典。

是年，同安马巷观音堂（原名"不二堂"）扩建两层殿堂，堂前辟建喷水池，池中塑造高约十米的观音菩萨立像。寺由当地群众组织管委会管理。

是年，南普陀寺慈善事业基金会用于社会慈善救济款总额80.27万元，用于支持"希望工程"和社会教育共计112.44万元。

2000年

1月26日，圣辉大和尚连任南普陀寺第十任方丈。

2月8日，厦门市慈善会召开第一届理事会，圣辉大和尚被聘为名誉会长。

3月1日，经市十一届人大常委会第22次会议通过，《厦门市宗教活动场所管理规定》施行。

3月30日，白鹿洞寺举行元果法师舍利安奉仪式。

是月，石室禅院成立慈善功德会。

4月8日，市佛教协会会长理文及安景、定恒法师等三人参加福建省宗教界人士扶贫考察团，赴福鼎南部的几个贫困落后的少数民族行政村和自然村考察，并代表厦门佛教界捐款20万元支持贫困地区发展经济。

4月15日至16日，中国佛教协会在南普陀寺举行"佛教在二十一世纪"的大型演讲会。这是建国以来汉传佛教举行的首次全国性演讲比赛，闽南佛学院荣获学生组第一名。

5月2日，新加坡前总统黄金辉偕夫人许淑香到同安梵天寺访问、进香。

5月7日，丹麦王国首相拉斯穆森率团访问南普陀寺，受到圣辉方丈和两序大众的热情欢迎。

5月16日至20日，选派能元、开正、贤严、长净、仁明、慈明等六位寺院监院前往莆田广化寺，参加省佛协举办的福建省寺庙主要执事人员进修班。

5月21日，南普陀寺举行为期七天的佛事法会，沉痛追悼全国政协副主席、中国佛教协会赵朴初会长逝世。

5月27日，金门海印寺住持悟道法师一行19人到同安梵天寺访问交流。

6月4日至14日，以春光团长为首的韩国佛教界青年参访团一行14人来南普陀寺体验生活。

6月22日，全国人大副委员长许嘉璐到南普陀寺视察。

6月25日，南普陀寺热情接待厄瓜多尔国民议会议长胡安·何塞·宠斯·阿里萨加率领的议会代表团一行来寺参观访问。

7月8日，南普陀寺热情接待罗马尼亚议长昆图斯及夫人一行来寺参访。

7月13日，市佛教协会及各寺院捐款7.8万余元支持西部边境民族地区建设。

8月初,市佛教协会会长理文法师陪同圣辉大和尚前往内蒙古、西藏扶贫,并捐款10万元兴办一所希望小学。

8月10日,南普陀寺资助西藏那曲地区孝登寺10万元。

8月28日至31日,圣辉大和尚代表中国汉传佛教出席联合国"宗教与精神领袖世界和平千年大会"。

是月,太平岩重归佛门,僧伽正式入住,并举行观音菩萨进殿仪式。

9月,同安梵天寺"大轮梵天"被市政府颁布为厦门市20名景之一。

9月8日,南普陀寺热情接待泰国副总理苏帕猜一行来寺参访。

9月29日,厦门市华严寺举行重建落成暨佛像开光典礼。

10月11日至24日,圣辉大和尚率中国佛教代表团54人访问欧洲。

10月24日,圣辉大和尚作为首席代表出席在韩国汉城举办的中韩日佛教新世纪世界和平祈愿法会和国际学术研讨会。闽南佛学院学僧果彻同学应邀出席就"佛教在21世纪的使命"在慈善方面发表演说。

11月5日,厦门佛教居士林举行新林舍落成开光典礼。

11月13日,中国反邪教协会在京成立,圣辉大和尚当选为副理事长。

12月2日至11日,以南普陀寺界象法师为团长的法务团一行27人应邀前往新加坡,参加普觉禅寺举办的水陆法会。

是年,同安莲花山太华岩由村民集资重建。

是年,厦门中岩寺在海内外善信捐助下重建地藏殿,新建综合大楼。

是年,南普陀寺慈善事业基金会用于社会救济款总计94.48万元;支持"希望工程"和社会教育共计145.49万元。

是年,同安梵天寺慈善基金会正式成立。

2001年

1月1日,圣辉大和尚率领厦门市佛教界代表一行8人赴新加坡参加新加坡各宗教联合举办的"跨世纪温馨晚宴"。

4月6日,圣辉大和尚应邀前往联合国总部出席联合国人权委员会第57届会议,并在大会上作"破邪扬善,热爱和平,维护人权"的发言。

6月2日,闽院举行2001年本、预科毕业生典礼,共计毕业生本科56人(其中男生21名,女生35名)、预科80名(其中男生34名,女生46名)。

6月19日,厦门市佛教协会第六届代表大会一致推选圣辉大和尚为会长,定恒法师为常务副会长,理文、界象、诚信、安景法师和郑子兴居士为副会长,则悟法师为秘书长,同时,成立咨议委员会,厚学老法师为主任。

8月8日,厦门佛教居士林名誉林长柳正松居士往生。

9月24日,造价80多万元的"清念法师纪念堂"在梵天寺竣工。

秋,闽院首次招收外国留学僧。首批来院留学有越南释勇莲等4位比丘尼。

10月4日,圣辉大和尚应邀亲临新加坡双林寺举行的重建落成庆典,并为图书馆华严三圣佛像开光。

10月20日至24日,市佛教协会在圣辉大和尚的倡导下,在南普陀寺成功举办首届厦门佛教执事进修班。

10月27日,圣辉大和尚在北京召开的第四次中、日、韩三国佛教友好交流会议上,主持"三国佛教界祈祷世界和平法会",并作基调发言,重点阐述佛教的"自然环保"观和"心灵环保"观。

是年,南普陀寺慈善事业基金会用于社会慈善救济款为157万元,用于支持"希望工程"和社会教育款总计为185.2万元。

2002年

1月1日,天界寺举行山门及钟、鼓楼落成庆典。

1月10日,圣辉大和尚在南普陀寺慈善基金会三楼会议室,主持召开传达学习全国宗教工作会议精神大会,与会者有佛教协会理事以上人员共46人。

1月15日至16日,闽南佛学院隆重举行首届硕士生论文答辩会,共有七位学僧顺利通过答辩,他们是文贤、法缘、修明、禅慧、昌法、定源、慧雪七位闽院研究生。

1月17日,马巷清居堂举行复建开光典礼。

1月22日,天界寺将30年来积攒信众捐资的香火钱10万元人民币捐献给厦门市红十字会。

2月23日,以圣辉大和尚为团长的佛指舍利赴台供奉护送团抵台。

3月2日,梵天寺接待香港中文大学宗教系博士生刘一蓉一行10多人来寺考察。

3月8日,厦门佛教界在南普陀寺讲堂隆重举行佛指舍利护法二团赴台欢送会暨闽南佛学院春季开学典礼。

3月8日,圣辉大和尚带领南普陀寺慈善事业基金会常务副会长慧然法师、常务副秘书长普陀法师等人前往厦门集美区参加市慈善会和南普陀寺慈善基金会为集美大学、厦门大学、鹭江职业大学特困生捐助活动仪式。此次活动,南普陀寺慈善基金会资助集大50名特困生5万元,厦大、鹭大各25名特困生5万元,共计资助100名特困生10万元人民币。

3月9日,国家宗教局宗教司司长帅峰来梵天寺视察。

4月,全国统战部部长王兆国来南普陀寺考察。

4月15日,市佛教协会成立"厦门市佛教志编辑小组",后改为"厦门市佛教志编委会",圣辉大和尚任编委主任,决定在1995年完成《厦门(本岛)佛教(专业)志》的基础上,增编扩编包括同安各区域的《厦门佛教(专业)志》,并续聘1995年《厦门市佛教志》稿的原作者郑梦星老居士任主笔。时郑因严重眼疾,几近失明,乃由郑约聘原泉州市方志办编辑杨清江为副主笔。

4月25日至27日,由中国反邪教协会主办,福建省反邪教协会和厦门南普陀寺承办的题为"尊重宗教信仰、打击和防范邪教"的中国反邪教协会第五次报告会暨学术讨论会在南普陀寺隆重召开。会议由圣辉大和尚主持,全国33个省、直辖市、自治区和市地级的反邪教协会和筹备组代表及专家、学者等140多人出席了会议,大会共收到学术论文60多篇,11人做大会报告,40多人在分组交流会上发言。

5月7日,圣辉大和尚应邀出席了由香港各界文化促进会主办的题为"中国发展与精神文明论坛"的大型讲座,并在会上作了主要讲演。

5月8日,厚学老和尚在梵天寺主持"祈雨法会",求解旱情。

5月17日,宛耀宾和全国政协常务、全国政协民族与宗教委员会、中国道教协会会长闵智亭率领的全国政协民宗委暨福建省宗教院校调研组来厦,对闽南佛学院办学情况进行调研。在调研会上圣辉大和尚深入分析了当前宗教院校办学的情况,并就新形势下如何办好宗教院

校作了重要阐述。调研组一致对闽南佛学院发展佛教教育所取得的优异成绩给予充分肯定和好评。

5月30日,梵天寺接待台湾高雄临水宫进香团。

7月9日,理文、定恒、诚信、安景、了法五位法师参加在福州召开的福建省佛教协会第七届第三次常务理事会会议,圣辉大和尚专程莅会指导。

7月下旬,厦门市佛教协会在海沧云塔寺营建厦门佛教僧尼专用火化场。

7月29日,厦门市佛教协会、南普陀寺、日光岩寺热情接待了"香港宗教界知名人士访闽团"一行35人来访。

7月30日至8月5日,厦门佛协推荐则悟、法云、法尊、德煌、超波五位法师和郑子兴居士,参加由省佛教协会在武夷山慈恩山庄举办的全省佛教重点寺院负责人研讨班的学习。

9月6日至9月8日,厦门市佛教协会、南普陀寺、闽南佛学院热情接待了西安市"人间佛教"参访团。

9月16日至9月20日,中国佛教协会第七次全国代表会议在北京胜利召开,圣辉大和尚当选为中国佛教协会常务副会长,主持佛教协会工作。厦门市佛教界定恒、理文、安景等参加会议,并当选为理事。

9月25日,厦门市佛教协会咨议委员会主任、同安梵天寺住持释厚学老和尚圆寂。

9月28日至10月7日,韩国曹溪宗修行体验团比丘尼一行14人,来闽南佛学院紫竹林尼众部进行为期9天的生活体验,受到圣辉大和尚接见及闽南佛学院师生的热情接待。

10月2日,根据国家宗教事务局和中国佛教协会等上级部门的文件精神,3名泰国籍华人青年来闽南佛学院出家并留院学习。

10月16日,圣辉大和尚率南普陀寺两序大众,热情接待以台湾法鼓山圣严法师为团长的台湾"大陆佛教圣迹巡礼团"一行500人。

10月17日,市佛教协会在南普陀寺慈善基金会会议室召开常务理事扩大会议,传达学习中国佛教协会第七次全国代表会议精神,圣辉大和尚主持并传达了相关文件精神。出席会议的有市佛协常务理事以上人员和各寺院主要负责人,共35人。

10月29—31日,闽院副教务长传明法师、导师向学法师,应邀往日本京都佛教大学参加"第九届中日佛教学术交流会"。

11月3日,厦门市佛教居士林举行第六届代表会议。会议顺利通过有关议程,并选举新一届的领导班子。

11月7日,市佛教居士林举行建林50周年庆典。

11月9日,厦门市佛协咨议委员会委员、南普陀寺堂主、西竺寺住持宏辉老法师圆寂,11日送往海沧云塔寺火化。

11月12日,新疆佛教界人士学习考察团一行9人来厦门市参观访问,受到市宗教局和市佛协热情接待。

11月17日,以法国佛教联合会会长一行禅师为团长的法国佛教代表团一行16人来厦参访南普陀寺,圣辉大和尚率两序大众热情迎接。当日下午,圣辉大和尚、一行禅师在闽南佛学院举行讲座。

11月17日,厦门养真宫隆重举行寺院重建落成暨佛像开光庆典。

11月19日,市佛教协会热情接待宁夏回族自治区佛教协会佛教考察团一行8人来厦参

访。

12月2日至13日,南普陀寺组成以界象法师为团长的法务团一行26人,赴新加坡光明山普觉禅寺参加法会。

是月,厦门第十届政协推选圣辉大和尚为常委,定恒、诚信法师,居士郑子兴、曾全民为委员。

2003年

1月18日,圣辉大和尚继任南普陀寺第十一任方丈,举行晋院仪式。

1月30日,佛牙舍利赴泰国供奉护法三团(闽南佛学院)一行20人启程,进行为期25天的护法使命。了法法师任团长。

3月3日至14日,全国政协第十届会议在北京隆重召开,圣辉大和尚当选第十届政协常委。

3月28日至4月8日,南普陀寺组织以则悟法师为团长的30人法务团赴香港,参加香港大屿山莲池寺举办的水陆法会。

4月21日,由广东省佛协副会长、广州市大佛寺住持耀智法师带领的广东省佛协,组织佛学院和培训班负责人参观团一行19人参观南普陀寺、闽南佛学院,并与闽院各部门负责人一起座谈,共同探讨佛学院的组织和管理经验。

4月23日至24日,以嘉木祥(藏)为团长的甘肃省藏传佛教上层人士参观团一行参观南普陀寺。

5月8日至14日(农历四月初八至十四),南普陀寺启建"祈祷世界和平国泰民安降伏'非典'病魔(SARS)水陆法会"。法会由"香港旭日集团"董事长杨钊先生随缘喜舍净资。杨钊居士随喜在中国大陆十大丛林同时举办"水陆法会"、在中国三大丛林同时随喜举办"梁皇宝忏"和"大悲忏"法会。

6月2日,厦门闽南佛学院举办第八届(99级2003届)本科毕业生、第八届(2001级2003届)预科毕业生的毕业典礼。

7月10日,由全国政协常委、中国佛教协会常务副会长、南普陀寺方丈圣辉大和尚发起倡导的海峡两岸暨港澳佛教界的祈福大法会,盛况空前,影响强烈,来自祖国大陆、台湾、香港和澳门的佛教四众弟子汇聚一堂,共同为降伏"非典"、国泰民安、祖国统一、世界和平祈福。这是两岸同胞在共同度过SARS危难之后,佛教徒举行的一次空前的盛大法会。参加法会的海内外诸山长老有:中国佛教协会会长一诚法师、台湾佛光山星云长老、台湾中佛会净良长老、香港佛教联合会觉光长老、澳门佛教总会健钊长老及中国佛教协会副会长兼秘书长学诚法师等。

7月11日,以厦门大学哲学系为主,联合闽南佛学院组建"厦门大学佛学研究中心"。由厦门大学哲学系刘泽亮教授为主任,特聘圣辉大和尚为名誉主任。

7月19日,闽院第八届五名男众毕业学僧远赴斯里兰卡阿斯羯利寺留学,以中国佛协副会长明生法师为团长、本院常务副院长诚信法师为副团长带领前往。

8月2日至4日,闽南佛学院开始2003年秋季招生考试。全国近500名年轻男女僧尼,通过面试择优录取220名学僧。

8月11日,经市民政局正式批准成立"厦门宗教研究会"。原市委统战部副部长、宗教处处长余基瑞被选聘为首届理事会会长,原宗教局第一处处长王栋梁为秘书长,选聘厦门佛教协会常务副会长释定恒、诚信及丘涎滨、陈以平、蔡炳瑞、任菊生为副会长;特聘中国佛教协会副

会长、市佛协会会长释圣辉大和尚、厦门大学人文学院院长陈支平教授、厦门大学哲学系宗教研究所所长詹石窗教授、原民族宗教局长吴在庆等4人任研究会顾问。

9月9日,国务院副总理吴仪视察南普陀寺。

10月23日,斯里兰卡暹罗派阿斯羯利寺大长老一行10人来南普陀参访,并在讲堂为闽院师生作开示。

11月2日,同安梅山寺举行寺侧大型摩崖石刻诸佛像开光及新建大雄宝殿奠基典礼,市、区佛协会等有关部门领导,以及宗教界缁素人士500多人参加大会。

11月8日至14日(农历十月十五日至二十一日),南普陀寺举行为期七天的"水陆普度大斋胜会",分设内坛、大坛、华严坛、楞严坛、法华坛、诸经坛(延寿坛)、净土坛等。诸坛法师共208位。

11月15日,市佛协会在市民族宗教局亲自领导下,组成以常务副会长定恒和副会长诚信两位法师为主的虎溪岩整顿工作小组,全组一行6人进住该岩,对住僧进行规戒整顿,事后摈退屡犯规戒的10名住僧,并指派能元法师代替住持,加强对该岩的管理。

11月18日,以闽院副院长诚信、市佛协常务副会长定恒法师为正副团长,与市宗教局一处黄斯坚等一行五人,应聘护送闽院研究生正满等应届本科毕业生10人赴香港就任大屿山莲池寺监院等执事,受到该寺住持衍威和尚及香港佛协会会长觉光长老等的热烈欢迎和接待。

12月4日,厦门佛教协会副会长诚信法师应聘往新加坡光明山普觉禅寺担任该寺举行短期出家传授沙弥十戒仪式,为羯磨阿阇黎。

第一章　寺
第二章　院
第三章　岩（洞）
第四章　庵堂（林、精舍）
第五章　住僧宫庙

第一章 寺

寺名的由来,肇始于东汉永平十年(67年),汉明帝将皇家的鸿胪寺改为白马寺,赐给西域僧人迦叶摩腾和竺法兰作为传法、译经的住所。北魏始光元年(424年),改称僧寺为"伽蓝",隋大业中(605—618年)称为"道场",至唐复为寺,此后历代相沿,将僧侣修持的居处称之为佛寺。

厦门佛寺一般建筑在城镇近郊、平地山坡,按其规模大小、传衍承续和组织结构的不同,分为"丛林禅寺"和"子孙寺院"两种。

十方丛林是容纳四方僧众共住、修学的大寺院,僧侣众多,建筑规模宏伟,规戒制度严格,僧众多在数百以至上千人之间。子孙寺院,一般为地方道场,住众大多在几十人或几百人之间。

十方丛林实行十方选贤制度,住持一职是通过两序大众共同推选全国各地的有德高僧担任的。如南普陀寺改制前为子孙丛林寺院,历代住持由临济宗喝云派一脉相承;改十方选贤制后,推选黄檗宗系会泉和尚为首任方丈,此后又推选全国佛教领袖太虚大师继任。

佛寺的建筑群组,有比较统一的规格。一般规制完整的寺院都具有"三殿五堂"。中轴线有"三殿",即天王殿、大雄宝殿、后殿(或称"毗卢殿"),并突出大雄宝殿,以之为重心。"五堂"即禅堂、法堂、功德堂、客堂、五观堂(食堂)等。规模较大的十方丛林禅寺,则拓展至五殿七堂或更多堂殿。如中轴线五殿之外,还有两侧配殿以及诸堂院,或者设置专祀不同佛菩萨的殿堂,如观音殿、地藏殿、罗汉堂等。按传统布局,西侧为修禅学法区域,以禅堂、法堂为主。东侧为生活区域,有五观堂、职事堂以及僧寮、宿舍等。南普陀寺就是按这样的规格建筑的。

岛 内

南普陀寺

南普陀寺位于思明南路南端,五老峰山下。寺肇始于后唐五代,僧清浩于五老峰下依岩结茅住修,称"泗洲院",后改"普照院"。至今已有1000多年历史,是厦门岛上唯一的千年古刹。明万历《泉州府志》云:"普照院,在嘉禾里二十二都海岛中五峰山。五代僧清浩建。洪武乙丑(抄者按:即洪武十八年,1385年),僧觉光重建。"清乾隆《泉州府志》云:"普照院,在厦门海岛五峰中。五代僧清浩建,初名'泗洲',治平间(1064—1067年)改今名。"(按治平间为僧文翠居此,改称无尽岩,旧志均无改称普照院之说。上述改普照之说,出于何乔远《闽书》,误将觉光断

臂和尚之称,移称文翠。详见本志《概述》。宋同安县尉滕翔赠无尽岩文翠禅师诗曰:"海翻波浪绕危峰,无尽岩前世界空;不是灰心求佛者,片时难耐寂寥中。"元至元间(1264—1294年)废。明洪武年(1368—1398年),僧觉光复建。

明代后期,寺田为豪右兼并,钱粮不足缴国课,岁入不足供香灯,至崇祯中(1628—1644年),住持僧了蕴几欲弃寺而去。泉州开元寺诗僧明光来厦驻锡,与名士阮旻锡、叶名高等唱和,交往甚密,因得诸名士支持,乡绅太常寺卿林宗载将其家族所购寺产一石八斗田地归还寺院,使普照寺香灯不灭,振作中兴,殿堂亦粗具规模。

明末清初,普照寺毁于兵燹。清康熙二十二年(1683年),靖海侯施琅收复台湾后驻厦门,就普照寺旧址复建殿宇,并增建大悲阁,辟为观音菩萨道场,与浙江普陀山观音道场相类比,改称为"南普陀寺",聘请临济宗三十五世传人慧日法师为开山第一代祖师。此后,经历代住持僧如渊、景峰、省己、真衷、喜参等以及兴泉永道道尹胡世铨等地方官员,多次募资新修扩建。到光绪二十一年(1895年),已建成"三殿七堂",具备中等禅寺规模,居厦门岛上诸佛寺的首位。

南普陀寺历来是临济宗喝云派下子孙寺院。民国13年(1924年),喝云法裔住持转逢和尚立意将南普陀寺献为十方丛林,经商请本派系诸山长老和两序僧众的同意,按"选贤任能"的丛林规制,推举黄檗宗系的会泉和尚为首任方丈。第二年,会泉在转逢的支持协助下就寺中创办闽南佛学院,聘请安徽常惺法师担任学院副院长,全面负责学院教育工作。从此,南普陀不仅成为迎纳十方高僧大德的丛林禅寺,同时也成为省内外青年学僧向往的参修学苑。海内高僧大德云集,十方参修学僧竞聚。禅林学苑并此称盛一时,驰名中外。

民国16年(1927年),会泉首届方丈任满,自请退居,公推太虚大师继任方丈兼学院院长。当时太虚正担任中国佛教会主席职务,对推行佛教改革和改进僧伽教育极为重视。他来厦门就职后,聘请大醒、芝峰、寄尘诸法师来闽南佛学院负责教务工作。大醒诸师追随太虚多年,是太虚推行佛教改革的得力助手,对僧伽教育也有一定的实践经验。他们到任后,将禅寺和学院作为他们推行佛教改革和改进僧伽教育的实验基地,积极开展工作,并于民国17年(1928年)创办《现代僧伽》杂志,以广宣传,在国内外产生较大的影响,引起海内外佛教界的重视。

民国21年(1932年),太虚大师蝉联两任方丈期满引退,众推常惺继任方丈。23年(1934年)又接受弘一法师的倡议,创办佛教养正院。25年(1936年)常惺任满,由性愿代方丈职务。不久,性愿应聘南渡菲律宾宏法。丈席仍由性愿虚挂。

民国26年(1937年),抗战爆发,南普陀寺一度被驻军占住。时战火日迫厦门,闽南佛学院遭日机轰炸,寺中住僧和学院师生纷纷避入内地或出国。27年5月厦门沦陷后,先后由觉斌、会觉住持。但此时寺院已僧众稀落,寺宇萧条,战前的盛况已成为过眼烟云和历史陈迹。

抗战胜利后,避居内地或出国的僧众陆续复员归寺。民国36年(1947年),公推广心和尚任方丈。37年,南普陀寺为性愿法师60大寿举办三坛传戒大法会,来自海内外求戒的缁素佛教徒1000多人参加受戒大典。济济满堂,极一时之盛。但不久由于时局紧张,集居僧众又烟消云散,南普陀寺又复凋零。

新中国建立后,人民政府先后拨出巨款翻修寺宇殿堂,还在寺的右侧开凿"般若池",后山新建转逢、会泉和尚的纪念塔。寺僧通过学习国家政策,提高政治觉悟,自觉地参加建国初的各项爱国运动,开展生产劳动以自食其力;同时将原来的佛教养正院改办为养正义务小学,免费招收附近学童入学。1958年,厦门对佛教寺院进行合并,各寺僧众集居南普陀寺。1966年开始的十年"文化大革命"中,寺中宗教设施受到严重破坏,寺院住僧遭受猛烈冲击,纷纷离散,

另谋生路。

1980年，中共十一届三中全会召开以后，国家"拨乱反正"，全面落实宗教政策，南普陀寺再次发展兴盛起来。1982年，南普陀寺成立管理委员会，妙湛和尚任管委会主任兼寺务监院，1988年又由厦门佛教协会公推为南普陀寺第八任方丈。妙湛和尚升座后，妥善安置"文革"十年间流散来归的僧众，重整禅林法规，主持翻修扩建寺宇，复办闽南佛学院，使千年古刹重放光彩，迎来一派兴隆发展的新气象。

1994年12月，成立南普陀寺慈善基金会，是为中国大陆佛教寺院创办的慈善机构之首。

1995年12月，南普陀寺方丈、厦门市佛教协会会长妙湛老和尚圆寂。翌年8月，两序大众一致推选全国佛教协会副会长圣辉大和尚为南普陀寺第九任方丈。12月，新任方丈圣辉大和尚率领监院理文法师、定恒法师前往新加坡、日本、香港开展弘法和访问活动。1998年5月27日至6月4日，南普陀寺启建50年来规模最大的水陆大法会。9月5日，在南普陀寺的盂兰盆法会上，圣辉大和尚发起对长江、嫩江、松花江等灾区捐献救济。1999年4月，荷兰女王贝娅特丽克丝一行来寺参观访问，方丈圣辉大和尚热情接待。5月，圣辉大和尚参加中国佛教代表团，护送佛牙舍利至香港供众瞻仰。2000年1月，圣辉大和尚蝉联南普陀寺第十任方丈。是年接待丹麦首相拉斯穆森、韩国佛教界、厄瓜多尔国民议会、罗马尼亚议长昆图斯及夫人等国家首脑及访问团来访。

自20世纪80年代以来，由政府拨款和海外佛教界缁素人士捐助巨资，对南普陀寺进行全面的翻修扩建和新建。新建工程有：寺外左右两侧两座巍峨的花岗岩大山门；砌造环绕全寺四周的大围墙，寺前开凿莲花池，池畔增建池亭水阁和七座白石宝塔；天王殿前两座高耸的东西万寿宝塔，塔身通体洁白，蕴含生气，象征佛禅境界；双塔分立在天王殿前两侧，俯览全寺，不仅成为规范全寺的坐标，也填补了千百年来厦门岛上有寺无塔（指大佛塔）的历史空白；寺宇中轴线东侧拓建海会楼、普照楼和素食馆、僧舍，西侧新建、拓建方丈楼、太虚图书馆、学院教学楼、师生宿舍楼、佛教协会办公楼；西外侧坡地上新建两座雅静的上客堂楼房；1993年，在寺右原般若池侧兴建一座造型新颖、结构严谨的八角琉璃黄瓦的三层大禅堂，左右"班首楼"、慈善大楼；寺后山上增建"圆通陵园"，景峰、喜参、妙湛、广洽几位和尚的舍利塔，苏亭、衡阳亭、卢亭等；近年新建的太虚大师舍利塔，屹立于全寺最高处的山阳上，塔上题铭、刻像和勒石题词皆出自当代高士名人手笔，赞颂大师生平行迹，以供后人瞻仰，俾使一代高僧与名山古寺同为不朽。

10多年来，南普陀寺新建、拓建的楼、院、亭、阁，建筑总面积相当原来寺宇的一倍以上。在总体规划中力求布局严整，规格统一。寺内所有新建、拓建的楼、堂、院、舍以及园林设计的亭、榭、台、阁，莫不以中轴线上的大雄宝殿为依归，有如众星拱月，高低起伏，错落有致，檐牙雀角，遥相呼应，形成一个宏伟的整体，既突出梵宇琳宫的崇伟庄严，又不失山水园林的秀丽雅趣。

五老峰，原为厦门岛上八大胜景之一，雅称"五老凌霄"。名山古寺，早已驰名中外，为海内外游客、信众旅游朝拜的胜地。厦门辟为经济特区后，国内外各界人士交流往来日益频繁，来自世界各地和国内四方的游客、信众络绎不绝。据统计，近年来南普陀寺每年接待来自海内外的信徒、游客、嘉宾均在200万人次以上。

20世纪80年代以来，党和国家领导人每来厦门视察，南普陀寺成为其必到之地。先后来寺视察的国家领导人有李先念、赵紫阳、华国锋、彭真、杨尚昆、刘华清、乔石、胡启立、王汉斌、王光英、倪志福、叶飞、阿沛·阿旺晋美、方毅、田纪云、谷牧等，计达30多人次。

此外，还有许多友好国家的首脑人物先后来南普陀寺参访，如丹麦王国首相拉斯穆森、荷兰女王贝娅特丽克丝、新加坡总理李光耀、李显龙父子、泰国副总理苏帕猜、泰国王储玛哈立集拉隆功、马耳他共和国总统巴巴拉、柬埔寨主席诺罗敦·西哈努克亲王夫妇等。

为做好对中外往来嘉宾和各地游客的接待，南普陀寺内增置多种为旅游服务的设施，如高雅的客堂、清净的茶室、供应旅游物资的商店等。其中最受游客称誉的还有南普陀寺的"名厨素菜"。南普陀寺的名厨素菜独树一帜，名闻中外，素菜遵循佛教素食的传统，坚持素菜、素料、素作和素名的严格要求，所做菜肴，质料纯净精美，色、香、味、形俱全，命名清新高雅，宴会厅布局雅致，不仅得到海内外游客的高度评价，也激发了许多文人高士的豪情雅兴，为佳肴美味题诗命名。如当代诗人郭沫若为菜谱题诗命名的"半月沉江"，中国佛协会会长赵朴初题名的"丝雨菰云"等。

鸿山寺

在思明区思明南路中段，即鸿山南麓。寺建于明万历年间（1573—1620年）（另传建于南朝，于史无考）。寺原在鸿山与虎头山夹峙之间的山坡上，殿堂毕具，雄伟庄严，是厦门本岛以寺见称的第二座寺院。寺后有古道通向南普陀寺以东海滨地区。两山夹峙之间，四面通风，每当雨季，横风吹雨，雨丝交穿如织，故有"鸿山织雨"的奇观，为厦门八大景之一。寺毁于清初"迁界"，乾隆间（1736—1795年）复建。清季于两山之间辟建"镇南关"，降坡开辟通衢大道，"鸿山织雨"奇观不复再见。

清光绪十五年（1889年），漳州南山寺喜参和尚应邀来寺住持，重修鸿山寺。后来喜参和尚又转往重兴南普陀寺。民国初年，蒋以德居士独捐巨资重修殿堂楼苑。民国13年（1924年），转逢和尚献南普陀寺为十方丛林时，鸿山寺随之收为南普陀寺的下院。

20世纪20年代中，厦门佛教界兴起佛化运动，有佛教青年居士蔡吉堂、叶青眼等人发起组织"闽南佛化新青年会"，以鸿山寺地点适中，即以此为会址，建立"佛教宏誓会"，举办定期念佛会和讲演会。时鸿山寺住持为台湾青年僧人普松，他不仅全力支持，而且积极主动参加各项佛化活动。后来普松返回台湾，住持由妙抉继任。民国27年（1938年）厦门沦陷，鸿山寺住众大都离散内地，一度废圯。抗战胜利后，转由菜姑住持。

建国后，菜姑修明住持寺院，恢复组织念佛会。1958年，寺院由房管部门收管，分租居民进住。1985年经地方政府批示，由佛教协会收回产权，迁走居民，并拨土地3000多平方米扩建殿宇。1986年，新加坡龙山寺华僧妙华老法师捐献巨资翻修，扩建大殿、法堂以及楼堂、院舍多所。初期复建工程由妙华法子世澄负责兴建。1989年至今，建设及扩建工程转由妙华门徒法云主持兴建。

时旧寺殿堂处于降坡崖侧，周围残岩悬空，或巉岩丛立，地势兀落不平，难求立足旷地。法云法师工于企划，乃就山势地貌，精心营运，或凿岩垒石，擘建隆楼杰阁；或穿石洞壁，构成院落，殿堂楼院之间，高低错落有致，通以回廊曲径，使之连成一体。在山门内登山石磴两侧，又精思巧构地利用陡峭岩崖隙地，遍植修竹花木，构建琼台亭阁，或于亭下引泉蓄水成池，放养水生鱼藻，架小桥以通，供人以临渊观鱼之乐；或于修篁花簇之间建亭平崖，予人以静坐幽听鸟语之趣。纵观整体布局，既不失佛教寺院之恢伟庄严，更兼有园林清奇雅趣，而使寺与山后的鸿山公园相映相衬。

鸿山寺后旧有郑成功驻军故垒嘉兴砦（寨），还有明熹宗天启二年（1622年）福建都督徐一鸣和赵颙攻剿"红夷"（荷兰殖民者）的石刻碑文。此历史文物古迹现列为厦门重点文物保护单位。

现由法云法师为住寺主持，共住僧众10多人。

海蜃寺

在思明区厦门港"打石字"下海滨。清乾隆十四年（1749年），虎溪岩僧佛悯法师募建。二十七年（1762年），台湾知县夏瑚设"太平船"，专运大陆流落台湾死亡军民尸骨、棺木来厦，征用海蜃寺为停棺处，年拨白银30两（后叠加至75两），供寺僧作为祭祀孤魂的香资费用。后废。

天界寺

天界寺，原称醉仙岩，祀九仙；又名醴泉岩，俗称仙洞，在厦门万石植物公园南侧。据传，从远处眺望天界山势，恍若仙人醉酒偃卧山上，故称"醉仙岩"。

醉仙岩始建于明神宗万历十一年（1583年）。清乾隆初僧月松改建，奉三宝佛，始改称今名。据明代人倪冻在《醉仙岩记》中记载，最初有牧童在岩罅间发现一个大洞，爬了进去，拿出一个瓷香炉，就放在洞口点香奉祀。后来被开发虎溪岩的名士池显方发现，会同诸乡绅集资开凿岩洞，发现洞内有泉流淌，味甘洌如醴酒，因名之为"醴泉"，称洞为"醴泉洞"。同时在岩洞前后各建小庙一间，塑何氏九仙神像奉祀，称为"醴泉岩"。岩后有巨石耸立，上刻"天界"两字，以示"天仙"自界外降临。

改醴泉岩为佛教的天界寺始于清乾隆六年（1741年），当时有厦门名士黄日纪在醉仙岩读书，山岩住僧月松与黄日纪友善，相与谋划就醉仙岩侧募建天界寺。乾隆二十五年，月松于天界题刻的大石下建一纪念亭，称为"黄亭"，以颂黄日纪开拓之功。乾隆三十二年，黄日纪又捐银160两，创置斋田。同一期间，太学生黄贞焕捐银80两，购置水田9丘献为寺产。此后，寺岩殿宇代有修葺。20世纪20年代，寺宇梁柱腐朽倾危，不蔽风雨，寺岩檀樾董事礼聘南普陀寺知客僧广恩来寺住持，略为整修。

民国18年（1929年），广恩协同董事募集资金，辛苦营运，对寺岩殿宇进行全面翻修重建，并增建关帝殿和僧舍楼。民国34年抗战胜利后，广恩门徒传声继任住持。由于岁月浸损，殿宇又复蔽旧。37年，传声再次募资重修、扩建。

建国后，寺岩一度为驻军借作营房，市园林管理处亦在此辟建药物种植展览区。20世纪80年代初，驻军迁离，寺岩仍归传声住持。时寺宇多年失修，倾危颓败，释传声四处奔走，为重修寺宇殿堂，募集资金。先有新加坡善信钟铭选出资4万元、地方政府拨款20多万元，后由十方善信乐捐70多万元，合计近百万元。1985年，地方政府拨款和海内外诸善信乐捐，集资50多万元，由传声亲自筹划，对寺岩殿宇进行全面翻修重建。大殿改建成重檐歇山顶大屋盖的双层崇殿，殿左新建地藏殿，与右侧新修的醉仙岩平衡对称，东西两侧扩建凌峰楼（原名关帝楼）和望海楼（原名朝斗楼）。此外，山门、围墙、庭院以及上下山石径、石围铁栏等，均全部进行翻修铺设，寺内佛像和大钟等法器设施，也重新添置，装新髹漆，寺宇内外焕然一新。寺貌庄严宏伟，轩昂宽敞。

天界寺，原有"醴泉洞"、"长啸洞"、"黄亭"、"旷怡台"等景观，称为"仙岩四景"。醴泉洞在山门下，洞内有一口清澈的水井，俗称"仙井"，相传凝视水面，能现幻景，示人以前途休咎吉凶。

"旷怡台"在寺后一块大石上,登临眺望,远近山海以及市区高楼大厦,历历在目,令人有"心旷神怡"的感受。"黄亭"建于削壁危崖之间,石崖欲堕,一亭巍然,蔚为奇观。"长啸洞"内摩崖石刻,有明万历间驻厦抗倭将领施德政与其部将题刻的三首七律唱和诗文,具有历史资料价值,已被厦门市政府列为重点文物保护。

天界寺旧有"天界钟声"奇观名胜,列为厦门八大景观之一。据传古有大钟,声音洪亮,清晨敲动,声闻全岛,钟于"文革"中被毁。2000年,有台湾善信在台捐铸大钟一口,2001年由代住持老菜姑惜姑带人前往台湾运载回寺,悬于钟楼之上,钟声宏亮,"天界钟声"恢复旧观。

现在天界寺既是厦门佛教重点开放寺院,又是旅游重点景区,来自国内外的十方善信和游客,竟日络绎不绝,甚为隆盛。

华严寺

在思明区南溪仔墘9号。始建于明万历四十四年(1616年),时有林氏清修女子在此结庐奉佛,日诵《华严经》不辍,后即以"华严"为其室名。明天启四年(1624年),同安梵天寺僧释了凡、释普照驻锡于此,就室拓建殿堂,遂称"华严寺"。清初,寺毁于兵燹。清康熙年间(1662—1722年),有江北陈姓居士重修。康熙四十四(1706年)年,有台湾官员途中遇风,其女忽殁,停棺于此,传说历显灵迹,后欲运棺返乡,屡移不动,遂出资重建寺宇,方得安葬。寺成,立碑志其事。民国12年(1923年),由菜姑开道皈依甘露寺比丘尼宏定,受菩萨戒,30年(1941年)任住持,住僧1人,菜姑2人,常住居士1人,建筑面积134平方米,由南洋泗水华侨补贴斋粮香灯之费。抗日战争期间(1937—1945年),寺遭日机轰炸,碑版遗佚。抗战胜利后,华侨吴天来慷慨捐资,建造一木石结构平屋,作为信众修持道场,相继由释普祥、秀治姑住持。"文化大革命"中,寺宇被房管局接管。1986年落实政策,产权归还寺院,由菜姑陈福圣、吴开道协筹重建。初时因资金缺乏,仅建一佛厅、一厨房。1994年,香港明伦佛堂住持释悟光发广大心,兴慈悲愿,致力兴复,竭倾钵资人民币240万元,于1995年初动工,修建大悲殿,增建大雄、弥陀二殿,祖师、功德二堂,流动、寺务二处,斋堂、客堂二厅,以及僧寮禅房等,历经五年,于2000年仲秋落成。新寺占地520平方米,建筑面积1600平方米,"同"字形布局,三层半,临街为山门,正面一楼为大悲殿,二楼为大雄宝殿。

今寺有僧伽7人,常住居士7人,由释悟光为住持。

妙释寺

在思明区中山公园东门附近,始建于明代。初名"慧月室",有禅房数楹,为出家女众静修之所。清乾隆年间(1736—1795年)一度荒废。嘉庆中(1796—1820年),梵天寺僧恒心上人募资重修。恒心上人,来自南海普陀山,属云门派传人。初住梵天寺,后移锡厦门,重修慧月室,其门下弟子愿意和尚于道光间(1821—1850年)驻锡于此。释愿意原籍同安,移居厦门后为魁星河渡船艄公,以摆渡为生,每天一边摇橹一边念佛。后来因无故被一个美国兵欺侮殴打,愤而削发为僧,入住此寺,依旧每日念佛不辍,人忘其名,遂称之为"阿弥陀佛"和尚。时寺未名,因呼为"阿弥陀佛寺"。

愿意和尚晚年收徒四人,即六持、六密、六善、六湛。光绪初(约1878年),六湛重修寺宇,正其名为"妙释寺"。后来,六持、六密、六善、六湛各自收罗门徒,六持传清桂,六密传清修,六善传清凉,六湛传清智,并先后另辟道场,六湛移锡日光岩。

光绪三十年(1904年),愿意和尚生西,火化得舍利五颗。弟子为造五层木塔一座供奉,并雕刻和尚造像一尊,分放大雄宝殿佛案两旁,供人瞻仰。清修法师回寺继任住持。民国16年(1927年),清修因病移住万石岩疗养,旋归寂。清智弟子善契代其收传门徒善藏、善琳、善琛(后还俗)、善见四人,委任善琳继承住持一职。善琳因管理不善,住众星散。

民国18年(1929年),南普陀寺方丈太虚大师将妙释寺收为南普陀下院,并派瑞今法师主持寺务。20年,仍归云门宗派下,由清智和尚弟子善契住持。是年,思明县佛教会成立,乃以妙释寺为会址。21年,善契与会泉长老筹划,大善士蒋以德独资在妙释寺大殿后创建大念佛堂,并在寺内开辟放生园(后扩展为中山公园动物园)。佛教会经常在这里举行讲经说法集会等各种活动,妙释寺遂成为厦门佛教四众弟子的活动中心。

抗日战争爆发,善契法师避居日光岩,妙释寺为日本人把持的大乘佛教会窃据为会所。20世纪40年代初,寺有住僧7人,居士4人,占地256平方米。

抗战胜利后,善契应菲律宾信愿寺性愿长老之邀,与瑞今法师同时南渡弘法,寺务交由其弟子释正果主持,住众10余人。

共和国成立后的1951年,人民政府号召"全民办学",遂将寺后念佛堂辟建为"妙光小学"。1958年并寺,僧人移住南普陀寺。"文化大革命"中,寺院为厦门市园林管理处占用,殿堂寮舍因年久失修,圮坏废败。

20世纪末年,落实宗教政策,妙释寺产权由厦门市佛教协会回收,准备集资复建寺宇,新建佛教协会办公楼。近年因旧城改造,旧寺所在地在市府大道规划范围内,经协商,市政府决定择地移寺于前埔村无心山东侧,目前正在筹建中。

普光寺

普光寺古称"金鸡亭",明初为郊野古道旁一避雨亭。在洪济山下的洪山柄山坡上,旧为通往同安内陆的五通路口的驿铺,道侧有一块天然怪石,状如金鸡独立,石旁有里人所建的一间避雨路亭,以供路人休憩,晓起行人经此驻足,可闻四郊村居鸡啼之声,此起彼落,颇有"村鸡茅店月",引以行旅深思之情景,故有"金鸡晓唱",列为"厦门八景"之一。后有附近僧人在亭中供奉观音菩萨,故又称"观音亭"。

明、清两代,此寺历经多次改建。明万历年间(1573—1620年),莲溪蔡锦文捐资修葺。清乾隆二十一年(1756年),河北人刘国柱因海难死里逃生,留宿于寺,见佛灯晃耀,认定佛力扶持,感恩戴德,即日聚金重新修葺。嘉庆末道光初(1817—1824年),寺复倾颓,里人捐资兴修。同治年间(1862—1874年)天界寺僧心奉就亭扩建殿堂住修。光绪二十九年(1903年),董事叶大年募资修建。光绪三十三年,转道和尚一度在此主持。

民国3年(1914年),住持瑞枝向厦港大善士蒋以德募集巨资翻建殿宇,增建两厢僧舍楼房。20世纪40年代初,寺院拥有许多园地,由地方政府登记在册的即有近8000平方米,住寺僧侣4人,常住居士7人。释广树为瑞枝和尚门徒,民国26年(1937年)接任住持。除日常修持外,每天率众耕作田地,坚持农禅生活。寺内设有汉药局,以专治内外跌打伤痛著名。民国35年(1946年),释广树南渡新加坡,寺务交由释传远主持。

1958年,驻军借寺宇为营房。1977年部队撤出,附近村民乘隙占用。1983年,市佛教协会接管回收,暂由菜姑白招治管理。1986年,厦门市人民政府批拨原寺址和周围杂地总面积4300平方米,由马来西亚槟城妙香林寺住持广余大师捐献钵资数百万元,由新加坡华僧广净

法师带回厦门,委托南普陀寺方丈妙湛和尚代为谋划重建梵宇殿堂。从1987年起,重建天王殿、大雄宝殿、藏经楼、两厢僧舍、瑞枝老法师纪念塔及山门围墙等。

1993年,经瑞苗法师推荐,妙湛和尚和广余老法师商定,由南普陀副寺安景法师作为广老法子,赐法名传欣,并委派为普光寺监院。传欣法师驻锡普光寺后,又增建集善楼和外山门,修缮围墙,改建斋堂,以及建广余法师纪念塔等。历经十年,于1997年圆满完成,举行盛大落成暨开光庆典。总投资1000余万,建筑总面积达4800平方米,占地面积约10000平方米。如今厦门市区建设不断发展,寺周围楼房林立,道路纵横。从莲坂通往国际会展中心及机场的大道途径寺旁。寺围高建墙垣,绿化有规。山门及寺内广庭,遍植花果宝树。现住僧众20余人,事务由安景弟子道林主持。

启明寺

在思明区曾厝垵龙瑞山麓,传说其地明代为土地庙,称"东宫"。何时改为莲花道场,未详。寺今存清同治三年(1864年)秋里人黄鹏重修启明寺、光绪十六年(1890年)新建崇文祠碑记两段,碑面严重剥蚀,字体模糊不清。然按砖木结构建筑六七十年重修一次估算,最迟清嘉庆年间(1796—1819年)曾厝垵即有启明寺。寺后山上新近发现一座糖水灰墓塔,单层,平面六角形,塔顶六角攒尖,正面塔碑镌"重修启明寺慈隆恬和尚塔墓"12字。慈隆恬和尚原为虎溪岩住僧,生平难考,但据重修后的墓塔形制判断,当为清中叶时人。清末民初,菜姑进住管理,遂专为女众修道之地。住持洪德美于民国7年(1918年)皈依清凉和尚,在南海普陀山福泉庵受菩萨戒。民国30年登记,有菜姑6人,过着清贫的农禅生活。

1958年征用为部队营房,1983年退回寺院,1985年依旧制重修,大殿面积85平方米,两边为厢房,单层,寺院总面积1600平方米。后寺宇为台风吹毁,住持释开敏积极募集巨资,建造观音殿、弥陀殿、综合楼。

观音殿,又称"大悲殿",1999年重建。殿宇坐东朝西,占地面积120平方米,三开间,三进深,重檐歇山顶。殿前有石塔,左右相对,平面正方形,七层。又有石雕双象,憨态可掬。殿左前方为三层综合楼,建筑面积1000平方米,一楼为斋堂,二楼为寮房,三楼为讲经堂。弥陀殿在观音殿右后方,占地面积580平方米,高25米,五开间,四进深,外表三层三重檐,屋面铺盖杏黄色琉璃瓦,一二层三面留廊,钢筋混凝土结构。1996年1月奠基,2001年落成。今大殿供奉铜铸阿弥陀佛立像,高20.80米。至2001年,全寺占地总面积为16000平方米,为旧寺的10倍。寺中常住有比丘尼7人、居士4人。

佛光寺

在思明区文屏路1号。始创于明末。今有石狮、浮雕龙柱、麒麟槛墙石堵、透雕螭虎夔龙圆石窗为明季遗物。寺中尚存清雍正七年(1729年)、光绪十一年(1885年)修建碑刻两方。寺宇因年久失修,于1998年农历正月二十四日下午六时许轰然倒塌。二月初四重新翻建,建筑面积300平方米,投资80余万元人民币,均由海外华侨与国内善信捐献。是年农历十二月初八举行开光庆典。今寺有僧侣2人、菜姑1人、常住居士9人,初为开正法师代住持,后改为菜姑住修。

妙清寺

在思明区新华路墙顶巷28号。旧在古城西路141号,民国14年(1925年),菜姑陈妙卿创设,奉观音菩萨。20世纪40年代初有信众千余人。陈妙卿皈依南普陀寺觉斌和尚,勤修净业,德高望重,历任住持。常住菜姑5人。建国后,妙清寺与太平岩联合发起组织莲友棉纺厂,生产自救,自力更生。1942年,从古城西路迁徙墙顶巷建妙清寺。1986年,自小入妙清寺出家、后来旅居美国洛杉矶雪峰精舍的净华法师返乡拜谒祖庭,见寺宇破旧,岌岌可危,遂倾钵资重建,并得到海内外诸善信大力支持。1987年兴工,1989年举行落成开光典礼。新寺占地253平方米,现代楼房,楼高三层,局部四层,建筑面积680平方米。一楼奉观音菩萨,木雕塑像,宝相庄严,为清季制品。二楼为大雄宝殿,三楼供奉西方三圣。菜姑陈瑞意为寺住持,其早年拜清念法师为师,平生慈悲为怀,平日经常救济老弱病残,自1997年至2001年,坚持在寺中举办义务诊所,施医赠药,受到周围群众的热烈称赞。今寺住有比丘尼4人、菜姑10人。

甘露寺

在思明区虎园路2号、天界山左侧山麓。属临济宗,为女众修持净土道场。民国18年(1929年),比丘尼释宏定募建,初垒石屋三间,后改建为平屋,面积约200平方米。以寺后有泉一泓,清泌可口,可供全寺尼众饮用,故名之为"甘露寺"。释宏定投拜万石岩会泉法师,在泉州开元寺受具足菩萨戒,为近代闽南地区落发为尼第一人,也是甘露寺开山第一代住持。20世纪40年代初,住比丘尼1人,菜姑7人,寺院占地面积500平方米。40年代,释宏定历游南洋各地,由菜姑心见接任。心见之后,由陈美竹继承。陈美竹拜释正果为师。1982年至1988年,美竹四出募缘,多方筹资,改建寺宇为四层钢筋混凝土楼房,一层为地藏殿,二层为大雄宝殿、祖堂、功德堂,三层为斋堂寮房,四楼为客堂,总建筑面积900余平方米。2001年,新建山门,尚未修饰。现住有菜姑8人。寺宇坐东朝西,居高临下;自山门至地藏殿前,连续五六十级台阶踏步。周围古榕蔽日,果木成林,十分幽雅,乃典型的都市里的山寺。

弥陀寺

在思明区石顶巷(旧称"马箭巷")中。始创于1956年,时住太平岩宏绸姑(俗名李绸花)。因岩寺被驻防部队征用,住众移居无着,得菲律宾善契上人鼎力援助,捐资为购马箭巷(即今址石顶巷)中一旧宅作精舍祇园,命名为"弥陀寺"。旧宅仅一厅四房,带护厝厨房。1966年"文革"起,寺废。20世纪80年代末叶,落实宗教政策,法嗣陈菊及其徒陈愿诚倡议重建弥陀寺,国内外大德善信热烈响应,踊跃捐输,共集资金100余万元,于1992年鸠工营造,翌年竣工。新楼计三层,建筑面积600平方米。楼下祀观音大士,二楼奉释迦牟尼,顶层为大雄宝殿,供西方三圣。南普陀寺诚信法师为弥陀寺诸佛开光。今寺住菜姑5人、居士4人,由陈菊住持。

紫竹林寺

原名"宝山岩",又名"董内岩"。在思明区金榜南路1号,旧属禾山梧村社董内。以岩形肖"向天狮",为禾岭十八狮之一,其地复称"社后向天狮"。传说明末里人吴善士掘土得宝,因就地建寺供佛。清康熙年间(1662—1722年),有光隐和尚竹杖斗笠,飘然飞锡,数年间重兴梵宫奈苑。平日除诵经修持外,率徒穷耕力食,不与人世争名利,独著高风。释光隐积46年衣钵之资购置田园,以为本岩子孙斋粮。岩左后方有"圣泉"石刻,岩下石罅中清泉涓流,据清乾隆《嘉禾名胜记》载:"宝山岩……地甚幽僻,旁有泉,曰'圣泉',相传宋幼主尝掬饮之。"岩后山有古道,清嘉庆二十五年(1815年),乡人张永标出资修造,自董内岩边起,至向天狮山后止,并自为题记,勒石于后山"古道春荫"附近崖石上。寺后有天然洞穴名"白云洞",为历代高僧隐居静修之所。民国16年(1927年),退位总统黎元洪应宝山岩住持释明心之请,为题"白云洞"。在此前后,十方善信鸠资重修。28年,释妙正皈依曹洞宗觉斌和尚,为岩寺主持。时住寺僧侣1人,居士1人,佣工1人,寺院占地566.75平方米。后来转换为黄檗宗僧人住持。

1991年市政府批准为开放寺庙,翌年划拨近5000平方米为修复用地。1994年,台湾香光尼众佛学院院长比丘尼悟因尼师捐赠人民币200万元,建造紫竹林寺大雄宝殿。1996年市政府复拨2000多平方米山地,作为闽南佛学院尼众部配套设施用地,新加坡、香港钟氏家族钟江海、钟明辉、钟辉煌、钟琼林、钟顺德及其夫人钟陈淑琴诸大德居士捐赠人民币650万元,肇建教学楼、学生宿舍楼、法师楼、常住楼、五观堂等5座楼房。1998年,钟氏家族又捐款200万元,建造建筑面积为1600平方米的学院图书馆。至是,作为闽南佛学院尼众部紫竹林寺占地总面积17800平方米,严严翼翼,蔚然大观。

新建紫竹林寺是一座园林式的寺院和学院,周围重岗叠阜,凤骞龙蟠,满山相思丛生,树茂林密。大雄宝殿高踞山阿,坐东朝西,五开间五进深,外表歇山三檐三层,实则两层,雄伟豪迈。大殿之右为钟林美楼,即学院后勤部法师楼,三层,东端一亭屹立;大殿之左为钟叶荣华楼,即学院尼众学员宿舍楼,四层;宿舍楼南侧为钟林俭楼,即学院教学楼,曲尺形,三层,两端层层收分,三楼之上加盖廊亭。宿舍楼与教学楼之间为宽敞的庭院。山门左上方为钟王丕楼,即任课教师宿舍楼,四层;山门通大雄宝殿是一条有三级台地数十级踏步递进向上的台阶,台阶左侧钟林快楼依山而建,前部四层,后面两层,色彩明快。台阶右侧为学院五观堂,上下两层,利用山势地形构建。

闽南佛学院1985年复办,女众部师生一度借用万石莲寺、天界寺食住上课。1995年,紫竹林寺第一期工程竣工,女众部全体师生迁移新校址。今寺有比丘尼254人,释法源尼师为教务长,主持女众部。

雪峰寺

在湖里区仙岳路369号。1989年,新加坡华僧广安法师为报答转逢长老法乳之恩,兼纪念其在南安雪峰寺剃度,入闽侯雪峰寺清修,遂于厦门乌石埔创建净宇一所,命名为"雪峰精舍",由其女弟子普愿姑、普照姑自修管理。1994年,舍址因经济建设需要被征用,由地方政府另拨地在仙岳山南山坡拓建雪峰寺。梵殿高居于仙岳山南麓的巨大高台之上,坐北朝南,台下三级夯土高地、两级架空台面,错落相间,逐级升高。寺宇平面为长方形,外观四层,实三层,一至二层五开间,顶层三开间。一层大雄宝殿,殿前为拜亭,二层静修堂,三层藏经堂。整座大楼墙面镶贴金色瓷砖,简洁尊贵。大楼右侧,用杂石、条石垒砌两层挡土墙,周围围筑白石栏杆,宛如高大城墙,巍峨壮观。寺院之南濒临道路,砌筑云水墙,逶迤起伏,将城市的喧闹与烟火味阻隔在围墙之外。今住寺有菜姑6人、常住居士4人,由普愿姑、普照姑共同住持。

观音寺

在湖里区仙岳山东麓,是厦门地区建国以来新创建的第一座大型寺院。

1994年,厦门市佛教协会副会长定恒法师主持筹建。定恒法师重修持,讲因果,以肇建道场为己任,白手起家,广结善缘,锲而不舍,历尽艰辛,得到海内外各界热心人士的鼎力支持,至2003年完成山门、观音寺、大悲殿、万佛塔、五观堂、香积厨等建筑群的建设工程,总建筑面积近9000平方米。

山门屹立于山下,坐西朝东,面向大道,为三间四柱牌楼,琉璃瓦覆顶,中间榜书"观音寺"。色彩绚丽,气宇轩昂。

观音寺坐落于仙岳山腰,坐西北向东南。占地400多平方米,建筑面积1000平方米。布局合理,构思巧妙,正立面前二层后三层,中间二层左右三层。正面三楼屋顶为歇山式,坡分前后。两边楼房三层,屋顶也是歇山式,坡分左右,山墙山花向外。一楼大殿外凸廊檐为拜亭。殿堂高大宏敞,左右墙壁装饰黄杨木雕五百罗汉,底衬草绿色山水图案,工艺精湛,人物形象千姿百态,惟妙惟肖,栩栩如生。殿门槅扇、拜亭额枋透雕彩绘鸟兽花卉。拜亭一对镂空透雕辉绿岩龙柱,翻腾飞舞,形态逼真。二层奉祀西方三圣,三层为藏经阁。

大悲殿在观音寺之后,依山势构筑。阁分两层,建筑面积700多平方米,底层为寮舍,上层为殿堂,居高临下,气势宏伟。大悲殿重檐歇山,屋面浑健雄大,檐角反翘如大鹏展翅,厚重硕健;正脊两端加饰鸱吻,鸱尾卷曲相对。殿堂五开间立柱雄伟,大气磅礴,有唐代刚健雄壮风格,殿内供奉毗卢观音菩萨,像高8.8米。

万佛宝塔在观音寺右侧,坐西朝东,规模宏大,塔基占地面积即达1600多平方米,整座建筑13层,连同塔刹通高78米。

底层为大厅,建筑面积1700平方米,中奉千手观音,木雕金妆,恬静庄严,熙怡慈悲。大厅门前矗立着一对高约四米威风凛凛、英气勃勃的辉绿岩大石狮。

二、三层为念佛堂,外作二层,实际一层,高敞弘丽,有600多平方米。上方四周有48幅玻璃彩画,为阿弥陀佛48愿力图。左右两侧均为大阳台,四隅各建一座重檐歇山顶小殿。

四层为延寿堂,布满供奉神主的橱龛。橱龛质地为花梨木,雕饰花纹图案,十分精细。

四层之顶为平座,四周栏杆围绕,栏版剔地浮雕40幅花鸟图画,铺锦列绣,生动传神。中央建塔,八角九层。塔身由外壁、回廊和塔心三部分组成,翘檐复宇,回廊萦绕,楼梯位于塔心室内,旋转上升。每层外壁栏版,青石影雕各种莲花图案。翘脊斗拱雕饰妙音鸟,八角九层72尊,各持琵琶、箜篌、笛子、如意、钟、铃、引磬等乐器、道具、法器,仙琚飘拂,神态各异。妙音鸟左右吊筒,塔转角倚柱雀簪,雕饰满眼,错彩镂金,绚烂耀目。塔盖形如金钟罩,杏黄色琉璃瓦屋面,八角攒尖,造型优美。塔刹高15米,由覆钵、露盘、相轮和仰月宝珠组成。相轮十三圈,为中间大两头小橄榄形,象征十三天。相轮之上,不用宝瓶而累叠月盘、日盘、宝珠,隽美别致,寓意深刻。

宝塔拟供养佛菩萨11111尊,每层平均1000余尊,供信众和游客瞻仰礼拜,故称"万佛宝塔"。

万佛宝塔恢伟瑰丽,挺拔峻秀,屹立在仙岳山麓,誉称为"厦门佛教第一塔"。

五观堂、香积厨在万佛宝塔右侧。五观堂二层1000余平方米,香积厨三层400多平方米,屋盖均为箓皿顶,已经落成。

观音寺至今已粗具规模,建筑群以红墙黄瓦为基调,富丽堂皇,巍峨壮观,成为厦门市第三、本岛第二佛教大寺院。

定恒法师坚持弘法与建设并举,边建设边弘法,以建设推动弘法,取得显著成效。常年坚持每星期六举行一次念佛法会;每月农历十九日举行大悲法会;每年正月、六月各举办一次万佛法会。

定恒法师为开山住持,现有住寺僧伽6人。

涌福寺

在思明区文屏山庄后半岭宫,祀后土尊神(土地公)。始建于清嘉庆四年(1799年)。岁月沧桑,天摧人毁,20世纪90年代尚存念佛堂、土地公宫、僧舍数椽。1997年,住持释振雄联络、发动旅居美国、新加坡、香港诸法师及海内外十方善信募集资金60余万,重建念佛堂、斋堂、寮房,新建大雄宝殿,共800平方米,颇壮丽。今住有僧伽4人,常住居士2人。

岛 外

梵天寺

在原同安县(现改为同安区)城郊大同镇轮山路,即旧志所云"县北大轮山"。《泉州府志》、《同安县志》称寺隋唐间建,岁月不可考,为庵七十有二所,名"兴教"(编者按:据地方史另一说:梵天寺初名泗洲,同安建县后,改称"兴教寺",作为兴建同安首刹,以示振兴同安佛教之意)。

据《闽书》记载,宋皇祐(1049—1054年)以前,兴教寺中有北岩院。二年庚寅(1050年),同安知县莫兼、邑人张士宗等人游大轮山,辟建"达夫岩"。熙宁中(1068—1077年),合七十二庵(院)为一区,改名"梵天禅寺"。时同安有寺院58所,梵天寺为同安众寺之首。绍兴间(1131—1162年),朱熹为同安主簿,尝寄寓祇园,经常漫游禅林,此时梵天寺已开始衰落。其《书梵天寺寝堂》诗曰:"输尽王租生理微,老僧行乞暮还归。空山日落无钟鼓,唯见虚堂蝙蝠飞。"并留有"寒竹风松"、"战龙松"、"瞻亭"、"极目"、"圭石"诸崖刻。今"极目"失踪;"战龙松"字仍在而"松"早亡;"瞻亭"以石陷,字画倒挂,别成"瞻亭石倒"一景。

元至正十四年(1354年),泉州大旱,种不入土,人相食,激发饥民闹事。梵天寺毁于兵火。

明洪武十年间(1377年,《八闽通志》作洪武九年),住山无为禅师重建梵天寺,先建法堂,越明年成;十二年建寝堂;次年方丈、宾次、厨湢相继落成,是年六月十五日举行开光典礼。邑人赵道生为记。十七年,无为禅师复建大雄宝殿,其徒智胜同心协力。于是,由金刚殿、天王殿、大雄宝殿、藏经阁为主体建筑的中轴线逐渐形成,殿阁巍峨,楼宇高耸,气势恢宏,蔚为壮观。嘉靖二十二年(1543年),僧通皓重新修葺。万历四十年(1612年),里人、湖广参政蔡复一再度重修,并自为记。

清初,无疑禅师住持梵天寺。顺治五年(1648年),郑成功占据同安城对抗清军。是年八月,清兵合师围同安,破城大肆屠杀平民数万人。无疑禅师率徒达因等七人负尸葬于大轮山北,名其墓曰"同归所"。康熙年间(1662—1722年),寺僧实韬重修;乾隆元年至二十八年间(1736—1763年),寺僧元芳继葺。同治年间(1862—1874年),复坏,乡绅王文祥、王福昌倡议重修。时僧古峰和尚为寺主。光绪末年(1905—1908年),殿柱为白蚂蚁蛀蚀,举人张菼、周冕,道衔胡铉等募修。

民国5年(1916年),乡绅吴锡璜倡修钟楼、夫人庙。7年8月,北洋军营长张树成以梵天

寺僧支持革命军为由,突围寺院,枪杀住持古峰和尚及其门徒8人,并纵火焚烧禅林,只剩金刚殿、山门和鼓楼,僧众即时星散。翌年,巢云大师来住,年余离去。8年,吴锡璜与许荣、洪鸿儒(即洪晓春)、周江达昆仲诸邑绅共谋修葺,适与侨商杨克聿等暨吴瑞甫、吴省三诸昆季不谋而合,遂共襄义举,费银四千有余。17年,华中、本妙二法师联袂来住,时殿宇已残破不堪。22年,重新修葺夫人妈庙。23年,同安县长黄元秀、邑绅陈延香邀请厦、漳、泉诸山长老会泉、会机等法师以及叶青眼居士到同安,筹谋复建梵天寺,由会机、会泉法师及居士陈延香等组成同安佛教会,会机任会长兼梵天寺住持,本愿法师为当家。24年,吴锡璜、许朝京倡修钟楼,居士吴鼎美独肩其任。开潭、宏辉、善忍、善勤、善宜、向观、开照、本愿、本妙等僧众住锡,后来逐渐四散。34年,抗战胜利,清念法师、盛文法师、印顺法师、厚学法师来住。翌年,清念法师接任梵天寺住持及同安佛教会会长。随后,清念法师应女弟子铜荷姑邀请前往新加坡。盛文法师、厚学法师留住梵天寺。三十八年,吴树义等倡修朱子祠。

1952年,厚学法师继任住持及同安佛教会会长。1956年,马来西亚华侨杨金殿、杨朝长捐建法堂。1958年,梵天寺被列为风景区。1960年,盛文法师、厚学法师募建功德堂、龙山寺。

1966年"文化大革命"中,梵天寺佛像、殿宇、轮山摩崖石刻被毁,佛教道场变成生产农场,禅宇伽蓝拆建为囚人监牢。

1981年,恢复正常宗教活动,梵天寺批准为首批开放寺庙。翌年,人民政府拨款修复山门,并划定山地111亩作为寺院管理区。1983年,改龙山寺建念佛堂。1985年,居士纪甲城捐建拱轮堂、内山门;1986年,信众捐建千佛阁、奎星阁;1987年,陈文峰重建朱子祠(即紫阳书院),善信集资重修池头夫人殿。在此期间,功德堂、钟楼、更衣亭、仰止亭、瞻亭诸筑先后得到修缮或重建。

为恢复、重建梵天寺,厚学法师不顾年老体衰,三次南渡新加坡(1990年2月、1994年5月、1995年4月),广结善缘,奔走呼吁,发动乡亲、信众踊跃捐资,备尝艰辛,得到海外各界热心人士的鼎力支持。1991年,厚学法师与63名政协委员联名提出恢复、重建梵天寺的议案。同安县、厦门市两级人民代表大会十分重视,先后分别通过《归还修复梵天寺落实宗教政策,保护历史文化古迹》的决议,并成立以厚学法师为理事长的"厦门市同安梵天寺修复理事会"。1993年11月,县政府搬迁看守所。1994年1月28日举行梵天寺修复奠基典礼。是年11月2日,藏经阁破土动工,随后天王殿、金刚殿、大雄宝殿相继动土。1996年6月,同安区政府划拨17亩土地修建梵天广场。是年11月24日,钱伟长、胡平、许子根、孙炳炎等海内外知名人士为天王殿、法堂、藏经阁揭匾。1997年9月24日,举行隆重的梵天寺重建落成暨佛像开光典礼。1998年4月,拓建东西连廊。1999年3月,肇建大悲殿,同年8月落成。至是,梵天寺复建工程告一段落。

重建后的梵天寺,依旧坐落于大轮山南麓,寺前新辟梵天广场。广场随地势分成5级大石埕,整洁素雅。广场尽北,新凿喷水池一方。

梵天寺南北纵向的中轴线上,最南为金刚殿,三开间,殿内正中安置一圆盘,中坐金身阿弥陀佛像,称"花开见佛"。殿前两侧各有七级浮屠一座,石构,形象轻盈俏丽。

金刚殿后为天王殿,又后为大雄宝殿。大雄宝殿前有铁铸三足宝鼎及石塔、铁塔、石经幢。大雄宝殿建筑于白色花岗岩的基座上,东、西、南三面环置石栏。五开间五进深,正面耸立着六根刻工精美的辉绿岩盘龙大柱,墙壁上镶嵌密密麻麻的佛像,号称"万佛"。

大雄宝殿之后为大悲殿,平面正八角形,三重檐,顶层正面双向坡顶,主脊堆剪飞龙宝塔,余六面变体攒尖,飞檐翘角。

最后是法堂,建于台地之上,五开间。法堂之下,架空一层,也五开间,正中安置释迦佛的卧像。

中轴线诸殿两旁依地势新建两列爬山式骑楼长廊,楼下前为廊道,后为殿堂。一层两序布列着五百罗汉堂、钟楼、鼓楼、伽蓝殿、弥陀殿等堂殿。二层寮房僧舍。东序北隅突出一院为斋堂。

梵天寺主体建筑群东侧,散布着大轮山山门、明代钟楼、千佛阁、念佛堂、功德堂、报恩堂、三夫人妈殿诸堂殿,轮山东南麓新建法辉纪念堂,金刚殿西侧为尊客堂。

梅山寺

在同安区大同镇碧岳村梅山西麓。相传创建于隋唐间,具体年代无考。梅山古名同山,与大轮山夹溪而峙,为同安之屏障。因年代久远,寺宇多次毁建,制度规模失详。至宋,传说尚有两殿,刻桷丹楹,雕墙峻宇。朱熹为县主簿时,尝于寺左讲学,并于寺后岩壁上楷书横题"同山"二字,至今犹存。

明嘉靖、隆庆间(1522—1572年),浙江按察副使、广东海道兼诸番市舶务刘存德弟刘存业(号敬斋)主持重修,广辟故址,增修禅院,并捐献山园以为寺产。里人陈以廉再度倡修。

清顺治年间(1644—1661年),前明举人刘霖任继葺,自为记。后来逐渐倾圮,又复失修。乾隆年间(1736—1795年),同安知县李芬、明新、邹召南等相继倡捐,乡耆李猷、陈贤、刘运佳、林仕杨,山寺住持僧奕振募化重修,又于其左建筑朱子祠并小屋数间为士子会文之所。光绪十年(1884年)、三十年由邑绅吴锡璜、许宗超、林道东,富商吴鼎美发起,两次重修,三十三年加筑围墙。宣统元年(1909年)复有修葺。

民国13年(1924年),军阀混战,梅山寺、朱子祠及梅亭诸筑塌毁,仅存大雄宝殿。1949年以后,因主持八姑升西,无人管理,寺院荒芜。不久延聘莲花水仙姑续任,香火又复兴盛。

1953年,菜姑郑心清、宗敏来住,寺务蒸蒸日上。1964年,破除迷信,住寺出家人被驱逐。"文化大革命"中,大雄宝殿又毁。

中共十一届三中全会以后,恢复正常的宗教活动,居士吴树义、叶大椿积极奔走,诚聘梅姑入住,先修朱子祠,利用朱子祠开展佛事活动。1980年,菜姑郑心清重返梅山寺。1984年,吴树义、叶大椿募修大殿,塑造佛像,修葺朱子祠、寝舍、厨房,香火日兴。1987年,修复前殿念佛堂。1988年,重建朱子祠。同年,梅山寺列为同安县第三批文物保护单位。1992年,修筑水泥路通达前殿大埕。1993年,建祖堂,修放生池,以后陆续增建海会塔、莲花池、摩崖佛窟诸胜。

寺右下侧,近年来因开山采石,形成一大型的人造峡谷,周边危崖悬石,谷底乱石交错,不仅自然景观受到严重破坏,而且成为危及游客往来的险地。1995年重建梅山寺时,经董其事者精心策划,将深谷辟为水池,池周铺盖石板路桥,围以石栏。正面峭壁雕造石窟佛像数十尊,并在佛像石窟周边石壁刻立多方题刻。摩崖建石窟造诸佛群像为闽南岩寺之仅见,变废窟危崖险地,为佛教文化瑰宝,应当是因地制宜重建佛教寺院的一大发明。

21世纪初,同安区人民政府将梅山列为重点旅游开发项目,梅山寺及梅山景区建设规划已获批准并开始实施。

天兴寺

初名"黄佛寺"。在同安区大同镇碧岳村,即旧志所谓"城东佛子岗",岗在九曜山之南麓。

相传隋末有莆田黄氏女在此结庵修行,后端坐示寂。后人即其地建寺以祀之,称"黄佛寺"。南唐保大中(943—957年)改称"天兴寺"。宋治平二年(1065年)以其为"黄佛"成道处,改称"鹿苑"。崇宁年间(1102—1106年),赐"黄佛"号"应大师"。后废。元泰定间(1324—1328年)重建,复名天兴寺。元末毁于兵燹。明洪武十年(1377年)重建,后因寺僧觉光禅师主张"断臂燃指供佛",被视为异端,流放鹭岛,寺又废。永乐年间(1403—1424年),僧志和重修。成化十七年(1481年),里人洪敏乡试中举,官府于其处为立"凤山钟秀"坊。不久,梵天寺僧定波以粮七石购置坊左营建佛堂,弘治间(1488—1505年),僧戒熙重修复建。里人、著名学者林希元未第时,读书授徒于此。正德十五年(1520年),佛堂为同安知县赵汝弼所废。入清,里民于城东门内再建一座小寺,仍名"天兴寺",奉祀观音菩萨。乾隆二十九年(1764年),代理知县徐熊占重新修葺。

"文化大革命"后再度复建。仍为小佛院,单间单进,门面彩绘山水人物、云龙风虎。依旧供奉观音大士。无僧人住持,由管委会管理。

拱莲古寺

俗称"五里宫"。在同安区洪塘镇东宅村,即旧城南五里。相传肇建隋唐间,实查应是建于后唐五代。主祀如来佛祖。历经沧桑,至20世纪80年代中叶,寺宇前落坍塌。1986年秋,里人集资,重修后落,再塑金身。尔后,成立修建委员会,筹募资金,重新前落。梵宇前落三开间,左右檐墙彩绘山水,主脊装饰火球、双塔、双龙,较为罕见。寺前有荷池、龙虎双井、贬芝古树,人称"三景"。寺内有清乾隆二十八年(1763年)癸未科武探花叶时茂"心照行人"和光绪二十年(1894年)甲午科举人苏荣玉"普度众生"赠匾(复制)两方。寺由当地群众组织管委会管理。

真寂寺

据《泉州府志》、《同安县志》记载:"真寂寺在安仁十二都夕阳山下(现海沧区天竺山下),初名义安。唐宣宗龙潜时与黄檗禅师观瀑吟诗于此。……五代刺史王延彬重建。"上述黄檗祖师与宣宗观瀑吟诗于此,并未评述祖师为何人,何时何因在此吟诗。

据《黄檗山寺志》记载,祖师为断际希运禅师,福清人,早岁就福清万福寺出家。唐宪宗元和年间(806—820年),往江西洪州(南昌)依百丈怀海禅师门下学法,后于洪州高安鹫峰山下建黄檗寺授徒弘法。时宣宗于文宗大和年间(828—835年),因宫廷皇室争权,被贬谪洪州,托足黄檗寺就希运禅师学法。《黄檗山寺志》称宣宗为"小沙弥",并有宣宗问禅与祖师对答法语记录。时祖师已届垂暮之年,从未闻有回闽之说。遍查史书,更未见有宣宗入闽的记载。

复据《黄檗山寺志》和《传灯录》记载:祖师在洪州开元寺传法时,曾结识裴休相国,裴对师十分器重。会昌二年(842年)武宗开始废佛时,裴休求师移锡钟陵潜居龙兴寺。宣宗大中二年(848年),裴休于安徽宛陵建大禅院,迎请祖师主持传法。裴乃皈依祖师,师事左右。祖师思怀黄檗祖庭,又复称宛陵禅院为黄檗寺。事隔一年,大中三年(849年),祖师即于宛陵黄檗寺圆寂。时侍师侧者有义玄、裴休等六位缁素弟子,由义玄亲承祖师衣钵。诸众为祖师建塔于寺侧。

如上所闻,祖师与宣宗观瀑吟诗一事,确在江西黄檗无疑。其所移栽于同安真寂寺,自是别有一段与黄檗有关的殊胜因缘。

《志》书开始称"真寂寺初名义安","义安"为希运宗师门下弟子的法名,与断际希运和石头

希迁宗师门下弟子义玄、义存乃至三坪祖师义忠同字辈。其中义玄、义存相继成为临济、云门开宗祖师。希迁弟子义忠于会昌废佛时，从漳州开元寺潜往平和县三坪深山，岩居修禅，并以梵行善德，化度当地山居畲民。教以农耕生产，为之疗疾治病。畲民感其恩德，奉之为神佛，至今香火鼎盛。

义安本居南安，少时出家，辗转至江西依黄檗祖师希运学法，师为赐名义安。后返闽，于南安九日山麓结茅住修。义安平日以精修禅行为务，不善与人交往。会昌废佛时，遁迹大同场夕阳山岩居苦修，乃至寂然无闻，不知所终。

宣宗登基后，时人以祖师与当今皇帝联吟为殊荣，黄檗宗门更因之荣盛一时。黄檗宗门弟子对祖师弟子义安的下落不明尤为重视。及至追踪至夕阳山麓，只见大师岩居遗迹尚存，大师竟不知何时物化（岩在今龙门寺左侧巉岩丛立处，一洞拱然幽邃，洞上独石耸立，远观如东来石佛立像），乃在岩侧建小禅院以为纪念。五代，泉州刺史王延彬倡兴佛教时，对黄檗宗门的建设尤为重视，乃于大师岩居下侧山后平地建大禅寺，并以"大师归去真寂然"命名为真寂寺。

后人以宣宗与祖师联吟于真寂寺为实，从而创作一些与宣宗行迹有关的民间故事以传世。如《同安县志》曾有一则表述宣宗为报黄婆一饭之恩，于苎溪上游建"黄婆陂"引水以灌苏营（村）。按民间传说称：宣宗天旱微行至苏营村，饥渴难忍，求食于道边村妪黄婆。婆饷之以大麦粥和"麦螺鱼奇"（滨海渔家醃制的一种薄壳透明的小贝藻），宣宗以其美味为前所未尝，问为何物所制，婆答以"真珠粥、凤眼鱼奇"。宣宗回朝后，常思此美食，乃为建黄婆陂引水以解苏营缺水之困。故事上半部，与流传于泉州一带的明正德皇帝下江南，因迷路腹饥，村妪饷以"真珠粥，凤眼鱼奇"的民间传说，如出一辙。《志》书记述，显然采自民间传说，不足以凭信。

历史上真寂寺几经兴废。元至元年间（1335—1340年）圮废，明洪武二十四年（1391年），僧雪峰又复重建。清初又复废坠，清乾隆年间（1736—1795年）复建，有增殿一层，殿左构一小楼。寺后怪石巍峨，中有石洞，洞外有小渚，传说为宣宗之浴池。20世纪30年代圮毁，仅余遗址。今遗址旁水渚和石洞犹存，传说中的浴龙桥仍在，周围散落不少旧寺建筑构件和石臼等遗物。1990年2月，集美区人民政府将遗址列为第一批文物保护单位。2001年，释广普尼师募集巨资，主持重建，工程正在进行中。

龙门寺

在真寂寺之上，为真寂寺上院，现有还俗老僧及家属住守。始建未详。

甘露寺

在翔安区大帽山杜田。相传始建于唐，以建寺时，满山松竹缀满甘露，盈盈欲滴，故名。宋景定年间（1260—1264年），寺僧妙谦捐钱并劝募修治同安十八盘古道800丈，方便行人。明末，建极殿大学士张瑞图来游，撰联语一副。清初，名僧释无疑隐居大帽山，重兴甘露寺，为寺住持达25年之久，募资重修十八盘古道，宏法济贫，广施甘露。示寂后，门徒善信为建碑塔。清乾隆二十八年（1763年）武科探花叶时茂为题"心照行人"，光绪甲午（二十年，1894年）举人苏荣玉为题"普度众生"以为纪念。寺宇建于群峰叠嶂之中，清诗人陈韬章《重游甘露寺》云："为忆春初挹翠岚，朝来乘兴复登探。千层峭壁螺尖簇，百尺飞泉练影涵。色带秋杉云抹澹，名传古刹露垂甘。凭高极目情无限，落叶萧萧点碧潭。"1982年修复大殿，于寺右下侧复建无疑大师纪念塔，1994年再修前殿。无僧人住持，由村民组织管理。

资福寺

《泉州府志》援引明《天下一统志》云:"在县南。宋天圣间(1023—1032年)建。明洪武中修。"为明代中叶以前泉州府重要佛教寺院,也是同安当时第二大寺。明《天下一统志》收录泉州府七县雁堂鹿苑17所,其中晋江(今泉州市区)6所,南安2所,同安2所(另一所即梵天寺)惠安2所,永春1所,安溪1所,德化3所。是寺约于隆庆(1567—1572年)以前湮废。

净隐寺

在同安,确址未详,宋代寺院。据《泉州府志·宋列传》:"许升,字顺之,号存斋。同安人。绍兴二十一年(编者按:据《朱熹年谱》应为二十三年),朱子簿同安,升年十三,从游最早。朱子五年秩满,复从学于建阳。"学满回乡。后朱熹令校《程氏语录》。许升"居家偕同志陈齐仲肄业净隐寺"。寺后废。

章法寺

清《同安县志·艺文》收录宋著名学者邱葵题咏章法寺诗四首。其《章法寺》曰:"一入紫云深更深,游僧亦喜不相侵。已无尘事败人意,时有书声杂梵音。"《六月寓章法寺》曰:"暝色入招提,昏鸦已不啼。诸僧空院出,老子独山栖。"《雨中宿章法院》曰:"潇潇一江雨,凉气入山扉。离舍本不远,连朝亦忘归。"诸诗记述,章法寺初名章法院,在离邱葵同安居所不远的某山中。后来湮废。

邱葵,字吉甫,号钓矶,同安金门人。南宋刑部尚书洪天锡,吏部员外郎兼国子监编修、实录检计官兼崇政殿说书吕大奎门生,易学名家。景炎元年(1276年),吕大奎被元兵杀害,邱葵痛不欲生。元廷征召,邱葵隐居山林不出,日与僧人为侣,种圃自匿,专心著作。

盈岭古寺

旧称"盈岭大士寺"。在翔安区小盈岭。清乾隆十七年(1752年),山东沂州日照知县李孕昌(晋江人,雍正十一年(1733年)进士,榜姓黄)《盈岭大士寺业碑记》所记,其寺始建于宋,废于元明,而复建于清乾隆四年,"庭堂敞弘,阶级峻绝,襟两邑(按指同安、南安)而通四达,环千峰而罗荔薜"。时顶溪埔人褚廷俊捐献田园13丘以为寺业。后时有修葺,近代菜姑住持。"文化大革命"中荒废。改革开放后,落实宗教政策。1981年,四方善信集资重建。寺宇前后两落,前山门三开间,悬山顶屋盖;后大殿,上下两层,重檐歇山,装饰富丽。寺左有同安著名的文物保护单位"同民安"关隘。"同民安"原为石坊,后坊圮毁,理学大家朱熹任同安县主簿建,并亲题坊额。后坊圮毁,清乾隆三十三年改为关隘。1986年,连同古寺划入保护范围。古寺无僧人住持,由村民组织管理。

云塔寺

又称大岩寺。在海沧区大岩山中。寺宇面江背麓,地灵磅礴。宋人以登斯岩如到彼岸,因建寺崇祀三宝观音。元大德四年(1300年)大修,匾曰"云塔寺",乃以其山巅岩石似塔,高薄云霄,故名。寺前建讲堂,明柯凤翔、周尔发二人曾先后在此奋发读书,皆高中进士,柯凤翔历两浙转运使,周尔发官终南京府丞,均以勋名气节垂光史册。附近叶、谢、杨、林、李诸姓登高第、膺厚秩,代不乏人,时人由是推崇云塔寺观世音灵应。清代,栋宇圮毁,间有里人募资修葺。至同治年间（1862—1874年），因年久失修，殿堂荡然无存，周围谢、杨、李、邱、林诸姓乡人相与踊跃劝捐，重新翻建，并扩大规模，左增翼丈室、经楼，寺前讲堂仍旧址重建，左右加翼四室，焕然一新，足壮观瞻，香火复盛。岩寺近年重修，由居士管理。清同治《重兴云塔寺碑记》与另一段旧碑树立于寺前。2002年厦门佛教协会在寺后营建佛教火葬炉，作为厦门佛门弟子焚化尸骨火葬之所。

开年寺

在同安区旧城西北二十里。明万历四十八年（1620年），邑广生曾追芳建。供奉释迦佛祖。郡人周奇焰有诗"灯与千村为日月，溪无顷刻不风雷"咏之。早废。

华峰寺

又名华岩寺。在同安区西柯乡坑内村美人山北麓，与凯歌高尔夫球场相毗邻。相传始建于明代，后来年久失修，至20世纪90年代，只剩几堵断墙、一片瓦砾。洲林丽华女居士目睹兰若荒废，黯然神伤，发愿重新修复。1993年3、4月间动土复建，施工中发现旧寺遗址有一巨石，上刻"咸元洞"、"林伯禄初开"等字；巨石下复有一石板镌"梧桐"两字；附近石崖也有题刻，可惜因风雨剥蚀，漫漶不清。至2001年，梵宫已经落成。今为比丘尼道场，有比丘尼为住持。

大佛寺

在同安区洪塘镇石浔村，相传创建于明末，具体年份无考。历代均有修葺。"文化大革命"中圮毁。1992年秋，旅港乡人吴焕章返乡，倡议复建，由是成立机构，得到新加坡吴水池、香港吴文水及启明寺的响应与捐助。吴焕章又自费往台，发动洪塘石浔旅台乡亲捐款，吴金璋等踊跃认捐，加上本地及厦门善信的大力支持，仅用半年时间即筹募20多万元人民币，并于1993年春动工兴建，是年仲秋落成并举行开光庆典。厦门南普陀寺方丈妙湛和尚应邀出席。新寺三开间，大门上悬挂吴焕章所立"大佛寺"匾，殿内雕梁画栋，富丽堂皇。寺前及寺右空地铺设石埕，十分整洁。寺无僧人住持，由管委会管理。

西竺寺

在集美区高浦。相传创建于明末清初，具体岁月无考。清嘉庆十三年（1808年）、民国2年（1913年），曾两度重修。主祀观世音菩萨。旧寺前后两进，中间设置天井，雕梁画栋，秀丽精巧，其中寺前一对蟠龙石柱与守门双狮系里人高云香捐献；两侧廊心墙镶嵌的云龙凤虎白石浮雕由嘉庆九年武举人高腾飞捐造。埕前尚有一方莲花池，寺东侧为僧伽寮房，环境清幽静穆，香火十分旺盛。"文化大革命"中，寺宇被拆毁。1990年3月，居士施心丽、陈玉全、杨素月等人发起重建西竺寺倡议，聘请南普陀首座宏辉老和尚为主持，开悟为监院，带领国内外弟子重新修建。第二年10月重新规划，重加版筑，改为二进，临街为二层楼宇，左右各建一座前两层后三层，古今结合、中西合璧的楼房，以为僧伽生活和寺院董事会活动用房，临街店铺则出租生息。天王殿三开间，歇山重檐，殿匾摹刻赵朴初为南普陀寺书题"天王殿"三字，黑底、金字，四周环饰蟠龙金框，十分醒眼。天井两厢，分设文殊殿、普贤殿与地藏殿、伽蓝殿，二楼为大雄宝殿。后落殿堂，供奉观世音菩萨。1999年10月落成开光。21世纪初，住僧7人，由释开怀住持。

金山寺

据清《同安县志》记载:"在仁德里马鞍山之阳,一名'后镇'。殿宇高旷。祀慈济真君,有祷辄应。寺前为厦岛必经之道。国朝邑令徐名觐重修中殿。乾隆三年,唐令孝本捐资复兴后殿。壬午年(按:清乾隆二十七年,1762年)里人建文昌祠于其右。"余未详。今废。

佛国寺

在同安区妙高山上。清末民初释会机创建。会机法师,南安朴兜乡人,俗姓吕。清宣统三年(1911年),因了悟世间无常,于南安杨梅山雪峰寺披剃出家,受戒于佛化法师,得法于喜庆禅师,与会泉法师为法门兄弟。妙高山地处同安、南安二邑交界,山间有十八盘古道,会机法师经常往返其间,常见妙高山头佛光闪烁,遂发愿要在山上建造佛刹,以弘法利生。不久,募建小寺于妙高山,命名为"佛国寺"。民国22年(1933年),收受宏辉为徒。翌年,下山受聘为梵天寺住持与同安佛教会会长。

"文化大革命"中,寺毁,仅余断壁残垣。20世纪90年代中叶,其徒宏辉老法师,为纪念其落发祖庭,决心募化重建,得到当地信众支持。宏辉上人以90高龄漂洋过海,募集巨资,重建佛国寺,于1996年10月动工,1999年中秋告竣。

新寺卜于旧址东北。下垒台基,殿宇五开间,四面环廊,屋盖重檐歇山,端庄典雅。殿中供奉宏辉上人由新加坡请回的释迦牟尼玉佛,故大殿称为"玉佛宝殿"。殿之左右各建一座两层楼房,以为住僧寮房斋堂。楼、殿之间,筑垒围墙,中辟圆形门洞。寺右院中,竖立《妙高山佛国寺重建碑记》、《宏辉上人事略》、《捐资芳名碑》碑刻三通。21世纪初尚无僧人主持,由当地群众代管。

佛心寺

佛心寺原称佛心堂,系同安前民军旅长叶定国为其夫人邵氏别居奉佛而建。堂在同安区莲花镇,莲花村外绿野平畴之间。环境幽静,堂院为近代闽南常见的民间大宅院。两进三开间,前院厅房院为住众生活起居之所,后院两层楼房,作为供佛殿堂。邵氏名婉,晚年长斋奉佛,皈依厦门会泉长老为师,法名"本觉"。堂建成后,邵氏即与其养女林鸳鸯及3名使女进住,并于民国25年(1936年),恭请会泉长老主持佛像开光典礼。会泉见佛堂环境清净宽敞,宅后有成片蔬菜果园,门前有数亩可耕农田,大可按泉州朵莲寺等三大女众丛林模式扩建为出家菜姑共住持修农禅的寺院。此议深得邵氏赞许,乃由大师亲笔题匾改为"佛心寺",并聘请朵莲寺执事红姑等三位菜姑来寺任监院,负责掌理寺务。此后,漳、泉两地菜姑纷纷来寺住褡,最多达20多人,诸多女众以农禅持修,和乐相处。

抗战期间,民国27年(1938年),日军占据厦门,时局紧张,与厦门一水相隔的同安,更是人心惶惶,佛心寺住众也相继撤入内地,住持红姑也往内地另建道场。至民国30年,寺中仅住开因等5位当地菜姑,以开因任监院管理寺务,并由其率众从事农耕生产。民国32年,邵氏生西,开因姑更成为掌理全寺一切产权的主持。民国37年,厦门南普陀寺开授三坛大戒,开因姑又亲自带领全寺住众前往受戒,以全面提高住众梵修戒行素质。

1951年,佛心寺宅院被地方小学及农技站借用,仅留三间厢房作为五位菜姑宿舍。后因年轻菜姑与外来学校师生杂居相处诸多不便,至1952年,开因姑与住寺诸女众相率离寺他就。

开因离寺后,即到厦门万石岩住褡,随后进入为出家女众合办的"群华"纺织厂工作,自食其力。数十年来始终坚持独身不嫁,长斋奉佛不辍。

80年代初,全面落实国家宗教政策。开因姑自工厂退休后,即住万石岩侧小屋。时万石岩仍被其他单位占用,开因姑四处奔走,要求市各有关部门支持回收万石岩。后得市佛教协会支持,特别是得到其师父、新加坡佛教总会会长宏船大师的全力援助;终于1982年全面回收寺岩。回收后,其师宏船法师又调汇巨资,交由开因姑主持重修扩建殿堂楼院。闽南佛学院复办后,宏船法师建议增设女众部,并以万石岩作为女众部校舍。

开因姑以古稀高龄,在为万石岩奔忙外,仍念念不忘其出家祖堂佛心寺。时寺仍被占为民居。1995年,开因会同其师兄开悟法师,为回收佛心寺而奔走于厦门、同安之间。经再三请求有关部门支持,直至1999年,才得以全部回收寺权。2000年,聘请闽南佛学院比丘尼释竺冰法师住持寺院,共住比丘尼11人。竺冰住寺后,便带领住众开展宏法利生活动。每月初十举行消灾延寿药师法会,并于初一、初十礼请厦门市第三医院医生和退休的名医义务来寺坐堂,开展义诊施药活动。

佛圣寺

在海沧区吴冠西艺。1997年,由杨健福、郭慈眼二位居士出资,改建为佛圣寺,交由四位比丘尼管理。

白莲寺

在同安区泗洲村。20世纪90年代菜姑林丽华募建,为菜姑修持道场。今有老菜姑住持。

第二章 院

院,旧时与"寺"同为官署名称。佛教称禅寺内附属建筑为院,作为退居方丈或老年法师静养的居室,称为别院、上院或内院,如南普陀寺后的兜率院。后来一些由丛林禅寺建于寺外的小寺,对外称"某寺",实为大寺的属院,称下院、支院或外院,如鸿山寺一度曾为南普陀寺的下院。另外还有一些够不上称寺的独立小寺院,不足以称"寺",而以"院"为名。

岛 内

觉性院

在湖里区禾山小东山下,始建于后唐,陈氏家族入迁鹭岛,建为佛院,是厦门历史上最早的宗族自建佛院,并用于祭祀祖先的祠堂。元末毁于兵燹,明成祖永乐年间(1403—1424年),僧圆镜禅师拓建佛院规模。据清乾隆版《鹭江志》记载:"是院近薛岭,原极广大,常住僧九十余人。寺两座相连,不下普照。今尽坏,只存数间祀佛而已。"清末光绪二十六年(1900年)庚子,南院喝云派有益大师云游南洋群岛,募资重建。20世纪30年代末、40年代初释善琳为院住持。释善琳皈依清修法师,历任妙释寺住持。院占地685平方米,院僧躬耕陇亩,清苦修持。"文化大革命"期间,当地农民就佛院旧址建砖瓦厂。

20世纪80年代初,全面落实国家宗教政策后,该院由吴喜姑向市佛教协会申请协同落实宗教政策,就旧院址复建小佛堂住修。共住女众多人,后因管理不周,与当地群众发生多方矛盾。2003年10月,市佛教协会组织与当地政府相关部门反复协调,派南普陀寺监院界象法师住持。

正悟院

《泉州府志》记载,在厦门岛中。确址未详。五代僧徒焕建。宋明道初(1032年)一度改称"灵龟院"。宋末复改今名。清乾隆年间(1736—1795年)尚存,后废。

大观院

在思明区将军祠路。原址在旧将军祠37号。相传始创于明武宗正德年间(1506—1521年)。后废,清初水师提督、威略将军吴英重建,以为白鹤岩下院,后复废。光绪年间(1875—1908年)一度依将军祠内前殿为道场,民国16年(1927年)新建堂院,原住僧,后改为菜姑道场。28 年吕毛治任住持。吕毛治中年出家奉佛,皈依万石岩会泉法师。40 年代住有菜姑 3 人。建国后,院舍有 500 多平方米,仍住菜姑 4 人,由瑞竹姑住持。1958 年并寺,菜姑离散。"文化大革命"中被厦门开元橡胶制品厂占用,1986 年寺宇被拆毁改建厂房,而以院前临街 3 套相连商品房交易补偿,计 200 余平方米,遂因地制宜,因陋就简,开辟为祇园梵宇。前"殿"奉西方三圣,后"殿"为大雄宝殿,"院"左功德堂乃旧院遗构,即建于民国 28 年的院舍,水泥结构,门框上楣镌刊"本然寺"三字,左右题刻一联云:"入门莫道禅关小,进步方知法界宽"。住有比丘尼 3 人,都是福安人,常住居士若干人,由释智法住持。今复被全部拆毁。

资福院

在湖里区金山山麓。《鹭江志》云:"……就近洪水桥,去城二十余里,在平地处。寺前宽坦,据传郑成功尝阅兵于此。"《厦门志》卷二"分域略""金山"条下注称:"中有资福院,俗呼'后院'",没有指明为哪家大寺的"后院"。是院废于清末。

法海院

在鼓浪屿西隅"三丘田"。其地负山临海,舟船可直抵其下。清乾隆二十八年(1763 年),虎溪岩僧瑞晃开建,改称"瑞晃庵"。《鹭江志》称,"旧为天妃庙……今寺僧募筑十数间,有楼有亭,颇觉宽敞。"嘉庆十四年(1809 年),福建水师提督王得禄改建为"三和宫",复祀天上圣母妈祖,仍由虎溪岩派下僧达礼、达上两人住持。道光初王得禄卸任后,住僧改"三和宫"为"法海院",恢复为佛教寺院,栋宇垣墉,崇宏壮丽,院后悬崖壁立,有王得禄《重兴鼓浪屿三和宫记》碑刻,镌工精绝。清末民初废为民居。

岛　外

观音院

观音院(寺)位于梵天寺左侧,属大同镇碧岳村,原大轮驿道口。始建于梵天寺同时,属梵天寺七十二院之一。顺治十一年,迁建庆丰门外存恤院于观音院右侧,归院管理,后毁。

观音院历史上曾几经兴废,至今仍存,改院为寺。20 世纪 90 年代中,寺年久失修,寺宇倾危,同安佛教协会会长厚学长老及副会长叶大椿居士等发起重修,由当地善信集资重建,现由比丘尼住持。

明觉院(泗洲院)

原名泗洲院。旧志称在感化里桐岗山,即今同安区大同镇田洋前宅村西。后唐时建。宋代一度改祀太乙仙姑,称明觉院。后复奉佛。清乾隆十四年(1749 年),贡生陈秉礼捐资倡修。岗上旧有四望亭,亭中磐石桌椅俱备,树木阴翳,清丽幽静。"文化大革命"中废,周围辟为龙眼林,郁郁葱葱,院宇仅存护厝一椽。

报恩院

又称"南洋院"、"南院"。在同安区汀溪镇褒美村斗拱山南麓。相传始建于唐,为同安"三

座半院"之一。供奉三宝佛祖、观音菩萨及十八罗汉。院舍时毁时建。清乾隆年间（1736—1795年），邑绅叶守菜在院读书重兴。光绪年间（1875—1908年），里人与乡侨共同筹资修建，有山门、前后殿、钟鼓楼以及寮房斋堂诸筑。时有住院僧伽13人，过着清苦的农禅生活，并规定每年春、秋，僧人到乡里各户募化，弥补寺院生活之不足。民国初，同安民军旅长叶定国曾经修葺，寺中仍住僧人修持弘法，香火颇盛。"文化大革命"中院毁。1983年，乡人自发筹资修复后殿。殿宇坐落于斗拱岩文山南洋寨下，院左旧有石洞，右有凤山庵，周围重峦叠嶂，苍松翠柏，景色怡人。今无僧人住持，由村民管委会管理。

佛岗院

在同安区大同镇碧岳村九曜山之南麓，佛子岗上甘露亭之西南侧（即今同安广播电视台之南侧）。唐末五代，有河南佛林叶氏族人随王潮入闽徙居于此，故号为"佛子岗"。后叶氏八世祖叶益娶南宋外宗女赵环娘为妻，人称"叶郡马"。咸淳六年（1270年），赵环娘入佛岗院持斋诵经礼佛。自此，佛岗院遂为郡马府负责管理。明初，一度改为叶氏家庙。明清时期，有武僧入住，与梵天寺钟楼武僧同宗同派，过往甚密，经常相与切磋武艺，并在九曜山与佛子岗之间的"断谷坑"架设铁线桥，演练武术。叶姓子弟及溪边沿岸农家青年成群结队拜佛岗院武僧为师，练武之风勃然兴起，佛岗院遂成为同安武林圣地。直到20世纪抗日战争期间（1937—1945年），仍有武林高手在此教徒学艺。抗战胜利后，叶氏家族委派叶山管理佛岗院，佛事则由有姑、清姑二位菜姑主持，清姑还将原在家中奉祀的齐天大圣和观音菩萨带入院中供奉。院宇坐乾向巽，前后二进，砖木结构，总面积160平方米。前进为山门，两侧檐墙各辟圆窗。后进为佛堂，供奉华严三圣。佛龛前案桌祀韦陀、伽蓝，大厅两侧雕塑十八罗汉。堂前左右为走廊。院东护厝，为菜姑生活区（俗称"释仔宅"）。院前有三株大榕树，柯叶榜布，羽盖成阴，树下设置石桌石椅，供香客游人休憩。1958年"大跃进"，古院大厅及前进被拆毁，院前古榕被砍伐，只剩菜姑居住的释仔宅。"文化大革命"狂飙乍起，释仔宅难逃厄运，毁损殆尽。唯有院中华严三圣、观音菩萨塑像被信众藏匿，方免于难。后被暂时安置于郡马府玄坛宫，受善信顶礼膜拜。佛岗院院址时沦为生产队的自留地。1991年8月，同安叶姓海内外宗亲组成佛岗院筹建组织，准备复建。

石室禅院

在海沧区霞阳，即文圃山三魁岭玳瑁山下，旧属漳州海澄。肇始于后唐同光三年（925年）（另一传说建于唐垂拱二年，686年）。宋治平二年（1065年）一度扩建或修建（院址周围尝出土阴刻有"治平二年建"字样的花岗岩柱形建筑构件）。元元统二年（1334年），释晦庵重建梵宫殿宇，雕塑佛像，复起盖僧寮云房23间，有赀产田地30余石。明天顺八年（1464年）重修。成化年间（1465—1487年），因其地过于荒僻，人迹罕至，院宇逐渐倾圮，鞠为牧场。院僧遂于旧院三里外，购置民地盖一仓屋以居，人称"石室仓"（后衍为寺院名号），先后由净众寺僧释月山、释大蒲及开元寺僧住持。明中叶，寺院田租赋税典入宦门，因劣绅盘剥、豪佃逃租，加上官府横征暴敛，寺僧穷于应付，几不能支。其地旧属龙溪县，嘉靖四十五年（1566年）析置海澄县。隆庆三年（1569年），知县李霁全力支持释云轩于院旧址复建禅宇，并委派僧纲司协助。释云轩踏勘旧址，见故墟茂荆宿莽，一片荒凉，引为自责。于是捐献金币，其诸徒孙释智炳、释广仁等矢心殚力，亲自参加清理场地，搬运木石，鸠工庀材，构山门，建法堂，筑廊庑，砌围墙，复于东偏架筑层楼,屹如雄峙,寺貌焕然一新。是年秋八月经始,五年(1571年)辛未冬十一月竣工。与此同时,以四百余金赎回前任住持典当的寺田,又以百余金解除附院佃户杨某的租佃关系。此时,寺业完璧归赵,石室禅院再次兴复。鼎盛时有殿宇三重,僧舍64间,田地200余亩。清道光年间(1821—1850年)曾经重建。光绪二十三年(1897年),霞阳一带时疫流行,乡人诣院祈祷,众生赖安。院舍因年久失修,风雨剥蚀,行将倾圮,光绪二十七年,社人杨本湖等倡修。民国6年(1917年)孟秋,台风袭击,佛殿损毁。缅甸侨商杨章英慷慨捐资,函请霞阳族长代董其事,8年动工,10年落成,殿亭严翼,旧貌新颜。20世纪60年代,只存大殿及两边厢房,佛像及大钟大鼓荡然无存,殿宇内外被农民占用作牛棚草房。80年代落实政策归还寺院,恢复宗教活动,1991年,住持释正实积极劝募,霞阳植德堂公司及海内外善信捐资重修。禅院筑于玳瑁山坡上,一抹粉墙,中间突起,辟为山门,两边围墙各开一个疏窗,中架棕黄色竹节琉璃柱,粉墙底线与眉子铺墁镶砌红砖,十分雅致。山门门楣石镌"石室禅院",左右门框题刻:"石磬金桂幽静禅,室馨玉兰清香院。"头尾嵌藏"石室禅院"四字。大门由10级台阶踏步交通上下。大殿坐南朝北,依山面海,单檐硬山顶,殿门内收,两边门楣一书"兰若",一书"菩提";两厢门楣则分题"水流花径"、"关松度云"。大殿两边的雕刻与绘画完全不一样,一反同形平衡旧习,打破单调、沉闷气氛,十分罕见。东边走廊斗拱雕饰飞天仙女,西边则雕刻印度大象,张口露牙,十分夸张。东边廊板浮雕夔龙,西边则雕镂花草。梁上彩画,东边为道教典故,西边则为佛教故事。大殿主梁,东边彩绘镶金,西边则全用金色描画。殿后山坡有两株菩提树,与殿前两株玉兰树两两相对,羽盖成阴,绿意婆娑,更加增添禅院的清香与幽静。石室禅院周围尚有"高山天湖"、"试剑石"、"高山飞瀑"、"仙人足迹"、"观音崖"、"石旗石鼓"诸胜。2001年,政府批拨土地25000平方米用于修建,并由政府批准建设规划,现正在建设之中。今禅院住有僧伽8人,菜姑4人,由释忠明住持。2000年成立慈善功德会,举办各项社会公益事业。

圣果院

在集美区祥桥镇豪山西麓。相传肇建于后唐五代(923—936年)。为闽王王延政子孙移民同安所建,院右侧有闽王祠。初名"泗洲院",后因院中龙眼树腊月结果,因名"圣果院"。元乡耆王西畴重新捐租120石以作香灯之费,并构祠于院西,同时购置田地30亩以为寺产。时人张仲复为碑记之。明邑人刘汝南、康尔韫皆读书其间,后高蹈出尘,金榜题名,为岩寺增光。由于圣果院广有田产,一度大盛。据院现存两方石碑记载,这些田产,明代中后期曾被寺僧盗卖,院因之衰落。今无僧人住持,由管委会管理。

普慈院

在同安区大同镇东山村一岗阜之上。旧为比丘尼院,传说五代时院中钟声与王城中钟声相应,故名其阜为"应城山"。宋朱熹为同安主簿时,尝于附近大石上题刻"应城山"三字。明嘉靖间(1552—1566年),潮州知府李春芳、按察副使刘存德亦曾书题。院旁一石表面有字,漫漶莫辨,清康熙四年乙巳(1665年)忽豁出"天太平丙午"五字。康熙五年,岁次丙午,全县五谷丰登。乾隆时已废。

定琳院

据清《同安县志》记载:"在仁德里苎溪。林壑深秀。"即今集美区后溪镇坂头水库林场,土名"石兜"。唐司勋员外郎石琚未仕时,尝隐居其地。其子石赓,宋皇祐元年(1049年)进士,历湖南提点刑狱、广西转运判官。后改为祇园,名定琳院,内奉观音菩萨、清水祖师、保生大帝。近千年来时废时兴。清乾隆五十六年(1791年)一度修葺,五十九年又被风雨摧毁。嘉庆四年(1799年),里人吴廷恩、吴廷信等捐资重修。近代复废,如今已鞠为茂草,荡然邱墟,仅余残碑一通。

广慈院

《闽书》云:在文圃山。山去城西六十里(《泉州府志》作八十里),南濒大海,四望圆秀。宋皇祐元年(1049年)进士、转运判官石赓作《广慈院记》,称其所在文圃山:"土无顽石,木无荆棘,松罗邃幽,翠色如画。深洞长谷,自然天成。"周围佛祠相望,其支院以"云"名者有四所,即云岳院、云峰院、云泉院、云峤院。今俱废。

智门院

在同安区旧城之南古仁得里十一都,距城三十里。宋建,初名"南峰院"。元至元年间(1335—1340年)改今名。明洪武四年(1371年)释法多重修。嘉靖年间(1522—1566年)废。清乾隆二十年(1755年)复兴,并新建文昌祠。今复废。

福船院

在古同禾里六都,距旧城东四十里。宋建。据《闽书》,宋时有《福船院记》,记述其院所在之形势云:"吾泉之山,莫多于西南;其高绝者,莫福船俪也。云开雾卷,群峰列秀,此山峭举独出,势若船矣。乡人奇之,加名曰'福'云。""福船"即"覆船",言山峰之形似,后人易以嘉字称为"福船"。早废。

溪内院

在同安区果园镇辽野村。相传始建于宋,供奉观世音菩萨。传说明初同安天兴寺僧因倡导"息心断臂",自残苦修,被官府禁止,祸及松管院、溪内院,一度被勒令关闭。清初,梵天寺住持无疑尝募资重修。院宇坐南向北,面对铁砧山,三开间上下两落,前为山门,后为佛殿。1995年火灾被毁,1996年重建。

嘉福院

旧志称:"在(同安)县西安仁里深青铺。明洪武间(1368—1398年),僧少翁重建。"余未详。今废。

西园院

在同安区大同镇古庄官田。坐北朝南,面阔五开间,两进。大门上方悬匾即书"西园院",笔力遒劲,为寺院创建人明进士陈健所题。门前"凹寿"左右檐墙雕塑"云龙"、"风虎"。佛堂奉祀释迦佛祖,1991年3月重塑,端身正坐,形象庄严。旧志云,是院为"明进士陈健所筑,崇祀释迦佛祖"。民间传说,陈健创西园院,以供其妹静修。陈健,字时乾,号沧江,明正德十四年(1519年)举人,嘉靖五年(1526年)进士,历官刑部郎中,南安、廉州、南宁诸府知府,为官耿直不阿,不务因循。是院历来长住菜姑,解放后星散,业产原归农业生产队。现大殿尚存,后殿圮废,无人管理。

南风院

据民国《同安县志》记载:"在安仁里天马山腰。明进士康尔韫在此读书。"康尔韫,明万历四十七年(1619年)进士,历官户部郎中、兖州知府。余未详。今废。

化度、慈相、双林三院

在同安区旧城西北四十里龟洋山。据《闽书》记载,其山形状若龟。有化度、慈相、双林三院,始建未详。早废。

第三章 岩（洞）

厦门地区有许多建于山间的小佛院，别称为"岩"。岩意为险要、险峻的岩穴山洞，古人喻指高人遁世隐居之处或隐者。唐韩愈《为裴祖公让官表》谓"伏愿博选周行，旁及岩穴"，即指隐居高士。早年专修禅行的沙门衲子依岩结茅，辟为道场，称之为岩。这些岩居禅僧，时人称之为"岩僧"。北宋诗人张矗在咏金榜山诗中有"场老遗文古，岩僧旧迹存"之句。唐宋间岩僧，以苦修禅行为主，因之遁迹林泉深处，幽居岩壑洞穴之中，不结坛拜像，唯以面壁参悟为主，并以垦耕自食而与世人隔绝。

岩僧独自隐遁山林苦修禅行的生活，至明代有了较大的发展和变化。明代的岩僧不仅专修禅行，而且发展成为禅、净双修。也就是除参坐修禅外，还兼修净土宗的诵经念佛，故此必须在岩外另选佛堂以供参拜。同时岩僧也不再孤身独住，而是收授门徒共住，因而有山岩殿堂寮舍的建筑。

有明一代，厦门本岛从五老、玉屏，以至洪济诸山，方圆仅数十里，却建起14座山岩。与此同时，岛内称寺者仅有无尽岩改建的"普照寺"及鸿山寺两座寺院。这些山岩大都在旧岩洞外侧，就其不同地势营建殿堂院舍。这些山岩均发展成为不同宗门派系子孙传承的佛教道场。

20世纪80年代以来，随着地方上寺院建设的发展，有些山岩或佛堂都以改寺为荣，纷纷自改为寺，有的在岩之后加个"寺"字，如虎溪岩寺、万石岩（莲）寺、天竺岩寺、白鹿洞寺等等。这些岩寺并存，名称均不相符。有些山岩自有其辉煌的历史，如虎溪岩自明代池显方始称玉屏寺，而后又改称为岩，以至开山祖师元飞和尚建岩宏法数百年来宗门派系一脉相承，不断至今，堪称为厦门地区山岩之典型。历史上彻底改称岩寺者，如天界寺前身醉仙岩，原主祀九仙。乾隆间月松禅师改称天界寺。又如金鸡亭改称"普光寺"，不仅彻底去旧立新，而且殿堂建设已具梵寺规模，自应列入"寺"目。

岛 内

 **云顶岩**

初名"方广寺"，后改寺为岩。在思明区洪济山上。其山挺拔耸秀，一峰峭绝，嘉禾山脉发源于此，为岛中诸山之冠。寺岩周围有黯济岩、留云洞、一片瓦、风动石、星石诸胜。绝顶有观日台，鸡鸣时遥望东方，朝日如火轮从海中跃出紫涛苍雾间，瞬时霞光万道，沐浴人寰，令观赏者叹为奇观。"云顶观日"列为厦门八大景观之一。山上多崖刻，其中"天际"题署"洪武十四年

五月望日",为厦门本岛题刻之最早者。相传寺建于明初,为吴村社吴某所建。据明隆庆年间(1567—1572年)泉州府同知丁一中,名宦洪朝选、叶普亮、刘存德、池浴德诸人诗刻,明中叶云顶岩有"阆苑""僧衲"。清康熙三十八年(1699年)前后,释天泽为寺主。时峰山何廷凤购买方广寺山地,葬其先大夫于云顶岩之南,见岩侧两庑尽倾,主动捐资建造僧舍,以右三间为禅房,左两间为何氏平时诚心礼佛与清明祭扫先祖往来居所。至同治年间(1862—1874年),寺宇倾圮不堪,有曹洞宗性桑上人驻此,化缘更为修葺。民国21年(1932年)秋,厦城同发营万铺君独资修筑岩前石路。民国27年5月,日本侵略者占据厦门,当日军登陆禾山时,住寺爱国僧人觉仪眼见国土沦丧,悲愤填膺,悬梁自缢,以殉国难,里人哀其忠烈为刻碑纪念。20世纪30年代末、40年代初,释妙轮主持寺务,时岩住有僧侣2人、居士1人,以农禅为生。

解放后为军事重地。住僧被迁走,妙轮因之还俗,住山下西林村,仍旧坚持独身奉佛,农耕自食,临终前要求村人将其墓碑面向云顶岩。梵宇今已倾危,无人照管。

万寿岩

一名"山边岩"。旧志称"在阳台山之东,自太平岩越山二里许"。据清万寿岩住持普荫隐树氏所撰《万寿岩记》,万寿岩始创于明初。永乐十三年(1415年)乙未,有法号"月照"禅师见是岩清幽僻静,形胜颇佳,乃芟荆剪棘,辟成梵刹,而文人墨士争游其间。正统七年(1442年),有人在岩内摩崖上镌刻"无量寿佛"四个大字,日久风化,清康熙四十四年(1705年)太学生马世杰重镌。为岛内最早石刻之一。左有石洞,名"一片瓦",乾隆《同安县志》称"石洞颇明亮,塑普陀山一座"。明嘉靖六年(1527年),吴楷有诗咏之。嘉靖末叶(1562—1566年),抗倭名将俞大猷、戚继光协同作战,尝游万寿岩,互相唱和,题诗于石壁,皆成胜迹。清康熙癸卯(二年,1663年)"迁界",厦岛房屋尽被劫灰,岩寺鞠为茂草。康熙二十九年(1690年),六松和尚偕同复续禅师挂锡石洞,栖迟半载,缘遇左都督陈大勋大发婆心,倡举募众重兴大殿、妆塑佛像、整理亭洞,不一年,法门焕然,废而复兴,士民僧众往来不绝。康熙五十四年,六松和尚应台湾姚镇台之请东渡,传其徒释普荫住持,时岩宇损坏,墙壁倾圮,香火冷淡。释普荫率徒众饮水茹蔬,甘受清苦,坚持农禅,同时积蓄应人间诵经礼忏之资,修葺岩宇。五十八年修山门、筑垣墙、铺石埕。六十一年翻盖洞宇,妆塑宝相。乾隆二十三年(1758年),释普荫继序曾徒孙释本乾将《万寿岩记》刻于崖壁。本乾之后,清末传至真常上人,再度修葺。万寿岩因周围松林郁茂,轻风掠过,松涛澎湃,有"万寿松声"之誉,列为鹭岛八大胜景之一。民国10年(1921年),住持释妙宏四处募化,另筑佛堂。25年,释本工住持万寿岩,本工法师民国9年皈依真常和尚,10年赴福州鼓山法雨寺受具足戒。20世纪30年代,弘一大师曾在此住修,并在山岩上题刻"潮音洞"三字。40年代初,岩有僧侣3人,菜姑1人,居士1人。岩宇面积920平方米。建国后,殿堂拆建为部队营房,尚待收复。山崖又有著名书法家欧阳桢"阳台夕照"、华侨书法家黄仲训"万寿松声"诸石刻,弥足珍贵。

寿山岩

在思明区虎园路半山塘,旧时地当城东里许,一半居市一半居山,故别称"半山堂",后衍为地名,讹称"半山塘"。明正德年间(1506—1521年),里人韩侯创建斯堂。万历四年(1576年),里人陈维美与释鹫峰、释了非二禅师募资扩建为梵刹。民国初,岩宇颓废,有悟道和尚力为经营,得以重兴。民国25年(1936年),许宣平、蔡吉堂等居士在寿山岩组织成立"中国佛学会厦

门分会"。37年,蔡吉堂、许宣平、虞愚等建太虚大师舍利塔,于右任先生题写塔碑,1984年迁建南普陀寺后五老峰上太虚台上。20世纪30年代末、40年代初,释悟道住持岩寺,时占地810平方米,殿宇建筑面积178.5平方米。后被消防队占据,遂渐荒废。解放后,改建为厦门白鹭宾馆。

日光岩(莲花庵)

又称"晃岩"。在鼓浪屿区龙头山麓,即今晃岩路60至62号,俗呼"岩仔顶"。岩始建于明,具体岁月无考。初名"莲花庵",岩后有"莲花庵"石刻,岩洞口横梁上雕刊"明万历丙戌年冬重修"九字。万历丙戌,即万历十四年,公元1586年。时仅有石室一间,由出家女众在此住修。至天启三年(1623年),据福建巡抚南居益登临日光岩题诗"……岩际悬龙窟,寰中构蜃楼。……因逢彼岸僧"诗句可知,此时日光岩不单单有"岩际悬龙窟"的石室,还在岩上构筑"蜃楼",而且住锡的已是"彼岸僧"——比丘。

清乾隆二十五年(1760年),台湾举人石国球之族兄石济灼与友人曾永钧、李瑞怀、林钟岩、林国桢等建"旭亭"于莲花庵后,石国球为作《旭亭记》,盛称日光岩旖旎风光:"四顾山罗海绕,极目东南第一津,水光接天,洪波浴日,皆为梵刹呈奇。"又据侨居厦门的龙溪诗人黄日纪《癸未仲秋同莲士、晋侯、中美泛舟鼓浪屿游日光岩》、《乾隆二十八年九月重至日访球上人留题方丈》二诗诗题及"屋角窗窥凌海席,寺前门对隔江楼"诗句,此时日光岩莲花庵已改称"寺",寺中有"方丈",球上人即为岩寺住持。乾隆四十五年正月,兴泉永道道尹俞成过日光岩访瑞球长老,作诗两首题刻崖壁。此时上人黄发庞眉,年纪已老,身体尚健(其时行脚杭州方回)。道光年间(1821—1850年),楼亭倒塌,寺宇倾危。寓居鹭岛的长乐人林鍼发心重修寺宇,又翻建东西两厢房,并在石室前建一座拜亭。其亲笔题刻"鹭江第一"四个大字,与鼓浪屿现存最早崖刻、明万历元年(1573年)泉州府同知丁一中的"鼓浪洞天",民国福建巡按使许世英的"天风海涛"赫然镌刻在岩东悬崖绝壁之上,成为日光岩一道亮丽的人文胜迹。光绪初年(1875—1885年),僧六湛住持日光岩,曾对寺宇进行重修。

民国15年(1926年),住持僧清智对岩宇进行全面翻修拓建,在西厢翻建大雄殿,奉三世尊佛,东厢建僧舍楼房。25年,一代高僧弘一法师曾在东厢寮房闭关养静,并为楼房题匾,称"日光别院"。在此之后,释清智也入禅房闭关。30年代末,东厢僧舍失火,西厢侧殿堂屋宇倾危,善信集资改建为"念佛堂"。40年代初,寺有僧伽6人。

建国后,1962年,旅菲侨僧善契法师募资重修,扩建佛殿、藏经阁和一座三层楼房。"文化大革命"中,岩寺被鼓区电容厂占用,殿宇、佛像、法器多被破坏。

1984年,日光岩重归佛门,并定为对外开放寺院。在政府有关部门、领导及海内外十方善信的大力支持下,由菜姑谢黎华主持,并由李明利居士负责寺岩复建工程,对寺院建设进行精心规划、精心设计、精心建设,今圆通宝殿(即"莲花庵")、大雄殿、弥陀殿、藏经阁(芝绦楼)、钟楼、鼓楼、山门、法堂、客堂、斋堂、僧舍一应俱全。为配合旅游,增建旅游平台、小卖部和茶座。至1999年9月,总体规划改造完成,全寺用地面积2858平方米,建筑面积2325平方米,寺前庭院遍植花木,环境优美净雅。

圆通宝殿,坐西向东。原为巨岩嵌空的石室,今"殿"前建一拜亭,石洞外表俨然"殿堂",三开间,歇山顶,屋盖铺设绿色琉璃瓦,洞岩之上,安置一尊白石观音立像,供善男信女顶礼膜拜。

大雄宝殿,在圆通殿之右。弥陀殿,在圆通殿之左。两殿一南一北,相对而立,建筑规制、样式相仿,都是三开间二进深,屋盖橥皿顶四坡,反字飞檐,室内装饰藻井。大雄殿之左为弘一大师纪念室,即日光别院遗址。

大雄、弥陀两殿之前为鼓楼和钟楼,重檐歇山,绿瓦红柱。钟楼之下为地藏殿,鼓楼之下为伽蓝殿。

藏经阁,又名"芷绛楼",在弥陀殿之左上方,"晃岩"崖刻所在巨岩之后,耸然特立,凌然飘逸。

岩寺山门有三,一在南,三开间,高大雄丽,气宇轩昂;一在北,单开间,造型清雅,英姿临风;一在东,名"解脱之门",窈然深藏,虽设常关。

日光岩寺建筑群精巧玲珑,色彩绚丽,周围自然景观和人文景观十分丰富,每日游客如云,川流不息。

日光岩原住菜姑6人。2003年,4位年轻菜姑落发为比丘尼。现住比丘尼4人,菜姑2人,居士2人。

虎溪岩

在思明区东北隅的玉屏山麓。相传古时山谷中有一石洞,洞中有虎,称为虎洞,洞下潺潺流水汇成小溪,故称"虎溪"。虎溪山上,林木蓊郁,岩壑幽邃,怪石嶙峋,鸣泉清澈,其中"虎溪夜月"列为厦门八大景之一。虎溪岩始建于明神宗万历(1573—1620年)后期。当时厦门有一名士林懋时,他爱石成癖,自称"石痴",为爱此山巉岩耸立,奇峭岩峣,即荷锄锸,亲自入山开凿岩穴。先凿建山背的"白鹿洞"和山前的"棱层室"、"摩天洞",并亲自书刻"棱层"、"摩天"四个大字,分别刻在两个洞口上。据《厦门志》记载:明万历间,另一名士池显方在玉屏山上建"玉屏寺",他在自撰《虎溪岩记》文中谓:"乙卯(1615年)冬,余寻幽至此(虎溪),欣赏奇观,因建刹,名玉屏。左为大雄阁,棱层洞,夹天径,后为石室,上为飞鲸石,右为六通洞、宛在洞。"文中又说,当时视师海上的秣棱(南京)将军胡真卿,在山腰建"啸风亭",并谓其所以称为"啸风"者,"从虎名也,亦将军自寓也"。

玉屏寺毁于明末清初的厦门战乱,康熙四十年(1701年),福建水师提督吴英,捐俸谋建虎溪岩,延聘晋江籍的元飞和尚来寺主持营建。元飞和尚为黄檗山万福寺赴日本传教的隐元和尚第四代徒孙,以元飞和尚为第一代算起,几百年来该派法系绵亘相传不息。至今已传至十六代,其中至第十二代会泉传下"宏、开、向、上、宗"字辈,现"开、向"字辈为最多。

元飞和尚主持重建虎溪岩寺,经十余年经营,先后重建大雄殿、啸风亭、垂云楼、渡虎桥以及登山石径和寺前石围。建成后,改玉屏寺为虎溪岩。

据文献记载,虎溪岩重建后曾先后六次举行传戒大法会。清雍正九年(1713年),元飞和尚应厦门提督兰廷珍之请启建三坛传戒大法会,兰廷珍夫妇同时皈依元飞和尚。乾隆五年(1740年),再次应请举行,各地前来受戒的四众弟子多达数百人,极一时之盛。此后,其弟子瑞峰也于乾隆九年、十二年、十四年先后举行过三次传戒弘法大法会。乾隆四十九年,海屔寺开山祖佛敏和尚也应地方官绅之请,在虎溪岩开坛传戒。

世宗雍正十二年(1734年),厦门海防同知李璋再次重修虎溪岩殿宇,并扩建准提阁、弥勒楼和"供佛泉"、"飞鲸石"。

宣统元年(1909年),虎溪岩主持善温和尚将虎溪岩交给他的门徒会泉和尚主持。会泉是当代一位杰出的高僧。在厦门与转逢、太虚等名师,积极倡导开展佛化教育活动。民国21年(1932年)即在虎溪岩创办"虎溪莲社"和"楞严学会",同时并扩建印月楼和僧舍楼房。民国26

年,抗日战争爆发,印月楼被日机炸毁。会泉和尚和弘一法师移住万石岩,在石岩洞居室,自题"殉教室"以示爱国殉教的宏愿。民国27年6月,厦门沦陷,会泉避居鼓浪屿。后辗转至新加坡弘法。虎溪岩由其徒孙开慧、开教主持。

1949年建国后,寺务由僧宏辉住持。1958年岩寺为部队借驻。1966年爆发"文化大革命",岩寺佛教设施被毁坏净尽。

20世纪80年代初国家全面落实宗教政策,部队撤离寺岩。虎溪岩由厦门市佛教协会接管。1985年,会泉门徒、新加坡华僧宏船捐资重建,先后建成大雄宝殿、弥勒殿、啸风亭、棱层洞、宏船法师纪念楼以及山门、道路、围墙、车库等,并由其徒开正主持。1985年中秋节,政府正式宣告虎溪岩为开放寺院。同年农历十月十八日首次举办"大悲法会"。1986年农历十一月十五日又举办一连四天的普利法会,吸引海内外众多佛教信徒前来参拜。

随着厦门市进一步对外开放,虎溪岩成为海内外众多善信和旅客朝拜、旅游的胜地,因之日益发达旺盛。

太平岩

在思明区万石植物园西南麓。是岩初为道教宫观,始建于明万历年间(1573—1620年),中祀玉皇大帝,称"太平观"。明末清初,郑成功据金、厦两岛抗清,尝以太平岩为闲暇时读书之所。郑成功东渡,遂毁。清乾隆初年(1736—1745年),南普陀寺住持如渊和尚募资复建,辟为莲花道场,佛宇禅房,左右数椽。并于岩前大石上镌刻"极乐天"三字,改太平观为"太平岩",并于偏殿保留奉祀玉皇大帝的"天坛"。嘉庆年间(1796—1820年),举人林云青倡修。同治元年(1862年)正月,佛堂火灾,榱栋几案俱成灰烬。岩寺董事职员倡修缮完。十年,重邀李永仁、康超英、叶如衡诸居士集资修复。清末民初,寺岩再度废弛。20世纪20年代初,南普陀寺住持转逢和尚南渡星洲,募集资金翻修。民国23年(1934年),富商、居士蒋以德添建一大殿于寺左。40年代初,南普陀寺执事释转岸任住持,因出国募化,寺务交由女弟子瑞孟姑主持。不久,复由万石岩会泉法师女弟子李宏绸接手代理。时岩寺有僧侣1人,菜姑3人。抗战胜利后,转岸法师自海外归来,继续修葺。民国37年,旅居菲律宾华僧性愿和尚捐资创办"觉华女子佛学苑",由弟子陈珍珍主持教务(建国后,佛学苑迁往泉州复办)。建国后,菜姑李宏绸主持寺务。50年代中期,太平岩与妙清寺女众联合创办莲友棉纺厂,自救自养。1958年,寺岩为驻军接管。1965年底,驻军撤防,重修后交厦门市佛教协会,由佛协委派菜姑进住。时隔一年,"文化大革命"爆发,住寺菜姑被逐离寺,岩寺遭受严重破坏。1975年,寺岩由市园林管理处收管,改为"茶人之家",对外营业。2000年8月,在圣辉大和尚的支持下,世澄法师自筹资金,并与园林管理局达成协议,正式恢复对太平岩寺的使用权,僧伽正式入住,并举行隆重的观音菩萨进殿仪式。倚山为圆通殿,坐北向南。两边为走廊,东侧廊边用房作寮房精舍。最前面为"茶人之家"旧门厅,上下两层,原为营业厅,今仍为游客休憩品茶之所。岩寺环境优雅,巨岩重叠,林木葱郁,山径高崖夹道,狭窄如带。岩前四块巨石天然叠合,状如笑口大开,上镌"石笑"二字。侧峰复有数方巨岩,形态酷肖大象朝拜。山中崖石,多名人题刻。2001年制订岩寺建设规划,正组织实施。现有僧伽6人,释世澄为住持。

白鹿洞

白鹿洞在虎溪岩山后,玉屏山的南侧。洞与虎溪岩同时为明代林懋时开拓。据《厦门志》

记载:"白鹿洞左右多崩崖立石,中有亭树掩映,旧建有大观楼、宛在洞、接因亭。乾隆间又开拓六合洞、朝天洞、御山亭。"

白鹿洞名称的来源,据传,洞初开拓时,在这里建阁奉祀理学家朱熹。因朱熹尝在江西庐山建白鹿洞讲学,遂取名白鹿洞。后人在石洞中雕造一只白鹿,加以美化,因此有"白鹿衔烟"的传说,列为厦门"小八景"之一。

白鹿洞创建于清康熙四十四年(1705年),开山祖师为苇老和尚。在此之前,明尝建有义学,清初"迁界",鞠为茂草。康熙三十三年,威略将军吴英为水师提督,为奖励文教,建造文昌殿,复构萃文亭,增置学舍为教学之所。不久,绛堂渐虚,遂为琳宫梵宇。乾隆十六年(1751年),代理水师提督倪鸿范倡学,乃逐僧徒,迁佛像,拆殿宇,建玉屏书院。道光四年(1824年),洞僧永瑞上人募集资金重建大观楼,施主自为《重修白鹿洞序》。清末民初,书院衰落,佛教再兴,先后重修、扩建寺宇,由觉斌和尚住持。后觉斌就任南普陀寺都监,由妙廉继任。建国后,1958年部队借住寺宇,曾对寺宇进行重修。1988年由旅居香港的元果法师集资兴修,扩建殿堂楼阁,新塑诸佛菩萨金像,铺砌石级、石栏,装修楼台亭阁,寺容寺貌,焕然一新。现住僧众十余人,俨然为一庄严宏伟的佛教道场。

白鹿洞后悬崖石壁上有许多摩崖石刻,大都出自名家手书,其中有"明天启癸亥(1623年)十一月二十日广陵朱一冯以督师剿夷至此"和"天启癸亥晋阳赵纡督师到此"的两行石刻,具有重要的历史资料价值,为史学界所重视。

万石岩

即万石莲寺。在狮山山麓,现万石植物公园内。狮山是厦门著名风景区,山间怪石参差,峰顶万石挤立,恍若朝天玉笏,故有"万笏朝天"胜景之称,列为厦门小八景之一。漫山奇石巉岩掩映在苍松翠柏之间,若人若兽,蹲伏扑击,千姿百态,各具形象。岩下幽壑清溪,鸣泉滴翠,尤以"小桃源"洞更为奇绝。洞深约半里,内有石凳石床,可容数十人,中有清泉流注,叮噹声响不绝,石上有"水鸣韶"题刻以志景实。每当阴湿季候,深涧幽洞,云雾蒸腾,奇峰怪石飘忽在云雾之间,若隐若现,另有一番奇幻景色。故又有"万石锁云"的雅称。

万石岩的始建年代,向有建于中唐的讹传,于史无稽。后人据清高宗乾隆三年(1739年)兴泉永道按察使司朱叔权的《示禁碑》考证,确认为建于明末。碑文载称:"查万石一岩创自明季,乃僧维信师祖向定远侯募地建盖。"定远侯是明末拥兵驻镇厦门岛上的郑联,总部设在狮山山麓。郑联在厦门拥兵自重,横征暴敛,恣害百姓。明末唐王隆武二年(清顺治七年,1646年)八月中秋,被郑成功诱杀于万石山下。由此可见僧维信的师祖乞地开建寺宇,当在郑联被诱杀前的几年间。然而,在万石岩山上,却留下不少万石建寺前的诗文题刻。从这些题刻中,透露了万石造寺前已有道教的宫庙。明世宗嘉靖(1521—1565年)诗人黄克晦在题石诗中写道:"结伴遥寻太乙家,巍峨万石映彩霞",说明明代中期的万石岩,不仅已成为文人墨客结伴游咏的胜地,而且在山上已有道人修真的道观(太乙家)。

万石岩开建后不久,一度毁于兵燹。清康熙二十二年(1683年),施琅在复建南普陀寺的同时,又重建万石岩。此后又经寺僧多次重修。民国22年(1933年),会泉和尚住持万石岩,对寺岩进行全面翻修扩建,并创办"万石佛学研究社",招收闽、粤、台各地学僧60多人来寺修学。25年,陈嘉庚胞弟陈敬贤夫妇捐献巨资欲就佛学研究社扩办敬贤佛学院。筹备就绪,正准备招生开课,因抗战爆发而作罢。

民国27年(1938年)厦门沦陷前夕,会泉和尚离厦出国,岩寺由其门徒新竹主持。抗战期间寺宇失修。胜利后一度修葺。37年,旅菲侨僧性愿和尚倡议在岩寺中开设"大觉佛学社",由印顺法师主持,讲授佛学,参加修学僧伽20多人,后因印顺出国停办。

新中国建立后,万石岩一度被借为解放军营房。1979年驻军撤离后,由会泉门徒、旅居新加坡华僧宏船募集巨资,委托妙湛、宏辉、开因姑,对寺岩进行全面翻修扩建,新建的有山门、大雄宝殿、伽蓝殿、会泉法师纪念堂以及讲堂、院舍等,总建筑面积达6500多平方米。1984年落成时改称为"万石莲寺"。宏船法师回国亲自主持开光典礼,并延聘南普陀寺方丈妙湛兼任主持。1985年闽南佛学院复办后,增设女院部,招收各地尼僧和部分菜姑入学,经宏船法师倡议,将女院部附设在万石莲寺内,常住女院部师生100多人。1996年,女院部方迁往新建的紫竹林寺。

新中国建立后,狮山万石岩辟为植物公园,山坡上遍植珍木异树,名花奇草,山间聚水成湖,湖上池亭水阁点缀其间,使万石胜景显得更为绮丽清奇。万石莲寺的梵宇琳宫,耸立于绿树、白石、碧水之间,宛若缀在碧螺髻上的一颗闪烁辉亮的红宝石,格外伟丽庄严。

岩寺一度由宏船法师女弟子开因姑负责。现聘比丘尼释向佛为监院,有常住比丘尼5人,菜姑5人,居士2人。

中 岩

又称"云中岩"。在思明区万石植物园内,因处万石莲寺与太平岩之间,因名。传说始建于明代,岁月不可考,有僧不知名号,未详所自,隐居中岩,岩栖涧饮,修定其中,鹧鸪翔飞依集。后僧不知所终,里人因号"鹧鸪岩"。后有僧人建招提于岩前,称"云中岩"。清康熙五十三年(1714年),僧释果老重兴中岩。康乾盛世,有僧愿翁住山,能诗,与鹭岛雅士互相唱酬,一时文风甚盛。据《嘉禾名胜记》记载:"此时岩之山门题'欢喜地'三字,有石当户,镌'玉笏'两字。古榕盘屈,状者蟠龙,拾级而登,俯临绝壑。"道光五年(1825年),因寺宇年久倾颓,成立董事会重新修葺,因蚁患,遂中辍。十九年,堪舆家安溪驷岭林嘉缠妙手回春,以改造环境的办法根治蚁患,"措改水路,开消山杀,不数日而蚁尽消",寺成,辟二道山门,过万石岩寺海会桥,匾曰"中岩";拾级而上,至岩前,又一山门,上题"放开眼界"。光绪四年(1878年),山僧绍觉重修第一道山门,于门柱集晋人句题联云:"结庐在人境,流心叩玄扃",徇山寺空灵意境之纪实。民国元年(1912年)壬子孟秋,中岩董事邀集老年诸友成立老年会,每逢星期日,登临远眺,以娱暮年。11年,会所倾颓,老年会捐资修筑,并添置产业,为岩寺斋粮与老年会日常经费。13年,会泉法师倡修中岩佛堂寮舍,其皈依弟子蒋以德热烈响应,捐资襄赞。后弘一法师来厦讲律,释会泉延住万石岩,计划修葺中岩静室供弘一法师修治律学,因厦门岛沦陷而未果。20世纪40年代初,会泉法师徒弟宏寿同时主持万石岩、中岩寺务,住有比丘1人、菜姑2人。解放前后,寺后草木稀疏,岩石裸露,景况萧然。后来佛宇禅房尽塌,植物园草草搭盖几间房屋。90年代,中岩重兴。先是由万石岩寺筹资,由开因姑及海外华侨卜希南等赎回。1994年,由宏船法师徒弟广载捐献巨资,南普陀寺方丈妙湛和尚倡议重修,并委派释向觉主持重修工程。1995年,由释开悟法师发心对寺庙进行全面复兴扩建。现有大雄宝殿、地藏殿、龙华三会殿、祖堂、功德堂、综合楼、僧舍、三宝塔,总建筑面积1200平方米,承蒙杨宝治、王鹭洲、郭胜泉、罗尔平等护持。大雄宝殿左"玉笏"与岩之左下方"澎湖阵亡将士祠碑",1984年被公布为厦门市第二批文物保护单位。岩寺民国以来住持有释会泉、释宏寿、释宏船、释宏念、释开进、释宏辉等。现住有僧侣3人,居士3人,由释开悟住持。

紫云岩

旧名"达中庵",在思明区万石植物园内天界寺之东侧。始创于明,初为小庵,后建如来佛殿,有人复于岩后建文昌阁,增祀梓潼帝君,改称"紫云岩"。其地道路曲折,岩前有石门如关隘,舆马不能通,传说郑成功据厦时尝于后山樵溪建双墩石梁桥,明永历七年(即清顺治十年,1653年)岱洲余宏于桥畔巨岩上题刻"樵溪桥"。据旧志记载,岩"下有小洞,洞中泉清而冽。洞左有蛟洞。旁有果岩。岩前原有放生池,僧道皎镌'慈湖'二字。岩后有碧莲寺。"明末清初风光甚好,为人们游览休闲的一个景区。以后一度荒废,清乾隆中叶以后被人们重新发现和开发。乾隆三十二年(1767年)孟秋,著名诗人黄日纪偕友人游山题诗紫云岩佛殿旁,诗云:"忆昔重阳节,曾同此处游。分携一弹指,再到五经秋。……"三十六年辛卯,南湖郑君扬游览郑成功读书弈棋、位于樵溪附近的洞穴,挥笔写下"琴洞",惜以凭吊民族英雄。四十一年,里人张维寅、张维珪兄弟更建文昌阁。嘉庆十三年(1808年),廪生苏学浩、贡生苏迪元、董事曾必庆捐资重建,更扩旧规,并塑文昌帝君,翰林院庶吉士苏廷玉为记,盛称"鹭岛名区,比户奉佛"。同年,里人郑光沂(号翠峰)捐资辟筑山径,路成,于岩壁镌刻"紫云得路"。道光十九年(1839年),善信林西园、陈琼琚以殿址多蚁蛀,将岩宇迁徙左旁,募资重建前殿,堂皇可观。咸丰五年(1855年),陈琼琚邀同李开端捐资修建正殿、禅室,七年,在文昌阁旧址新营一阁,匾曰"凌云",仍祀梓潼帝君,左构一亭,称"洽然亭",加上阁右古塔"干霄"巍然耸立,高出峰巅,气象更加峥嵘浩莽。民国19年(1930年),董事陈家瑜倡议重兴,迎义俊法师主持寺务,未半年复由静通法师继理。释静通民国8年皈依从大和尚,入浙江天童寺受具足戒,历任紫云岩住持并南普陀寺执事、副寺。20世纪40年代住有僧侣3人、居士2人,有寺田245亩,辟有游泳池一方,建同善纳骨塔一所、火葬场一所,一度归大乘佛教会直接领导。解放后,殿堂大部荒废,古榕纵横,磐石重叠,山路崎岖,车马难行,旧时诸筑仅剩大殿,面积232平方米。1958年为驻军使用。1991年归还产权,至今使用权尚未移交。

白鹤岩

旧志称白鹤岭"在中岩西北,去城东里许。常有鹤栖其上,故名。旧为大道,筑石为门,建石亭于门右。亭南为白鹤岩。明岛上有能诗者过此,得'野云度岭疑归鹤,涧水流霞想落花'句,由是得名。"岩中有赤合洞、朝天洞、衔山亭。明时有挥尘和尚挂瓢住锡,称开山一世祖。清初,福建水师提督吴英重建,并收大观院为下院。乾隆五十一年(1786年),住僧吉祥上人募资重建。同治元年(1862年)一度续修。20世纪30年代末、40年代初,弘愿法师皈依弟子释智净为寺住持。时寺占地604平方米,寺后及左右两侧树木葱郁,寺仅房屋一栋,大三开间,中为殿堂,两侧为僧舍禅房。周绕围墙。围墙正对佛殿处堆砌半圆凸起,题塑"白鹤岩"三字,下开圆窗,十分雅致。岩下为成片稻田,因有"白鹤下田"雅号,为昔日厦门之"景外景"。"文革"中,驻军部队建174医院,拆毁殿堂改建为医院食堂,遂废。

碧山岩

在思明区巡司顶2号。始建于明季。清乾隆年间(1736—1795年)有小宇数椽,奉祀观音大士。后有僧慈惠渐次扩建。旧有泉水淙淙,为厦门名泉之一,道光九年(1829年),药酒酿造商"万全堂"于岩后山石上题刻"碧泉"二字。至清末,岩宇兼祀药王、吴真人、财神。光绪元年(1875

年),岩下炮局火药库爆炸,殿宇倾塌,药途行业值年炉主郑贻谟、福首胡浩然、洪向荣等主持重修。十九年复于岩西建新楼一栋,并葺山门、治庖厨。民国十六年(1927年)复倾颓,富商、居士蒋以德捐资修筑。28年,住持法达法师西归,无人住持,遂由菜姑黄智海管理寺务。黄智海,职业女子中学毕业,皈依日光岩清智和尚。岩宇兼奉药王,日常经费由参药公会补助。至"文化大革命",尚有大殿、前埕、护厝达数千平方米,被居民占用。至2001年,仍有18户居民居住其间。旧岩有崖刻数方,于今尚存。2002年,市佛教协会收回产权,准备由诚信法师筹资重建。

天竺岩

在湖里区莲岳路北侧仙岳山上。归属禾山仙岳社。岩宇肇建于清康熙末年(1712—1722年),因独峙孤岭,隐藏深山,人迹罕至,毁建传承未详。清末,漳州南山寺僧转密上人挂锡于此,苦力经营,鸠工重修,住寺坚持农禅双修。20世纪30年代初,妙释寺住持善琳法师重建、扩建殿堂寮舍,占地面积300余平方米。善琳上人归西后,其弟子正明法师继承衣钵。抗战胜利前夕,岩寺毁于战火,夷为废墟。

1998年,旧塘边社村民在半岭土地公祠之旁建一小寺,也称"天竺岩"。

1999年,南普陀寺僧明德筹建天竺岩寺,组织"重建天竺岩寺筹建委员会",向海内外佛教界人士募集资金,拟建大型寺院,现先建"观音殿"和僧舍及接待室等,后因建寺资金被建筑承包商卷走潜逃,未能开建。

石泉岩

在南普陀寺后山原"无尽岩"右侧。旧志记称:"在城东二里许。有石穴如门,可容出入。内有泉从穴中出,石刻'磊泉'二字以此。又有镌于侧曰:'孤嶂何年留铁骨,寒泉终古结冰心'。去磊泉数丈,又有一泉曰'小石泉',名'冽泉',与石泉隔一山,味同而流少,僧取以售焉。"岩上有佛宇,始创沿革俱不详,早废。

岛　外

留月岩

在同安梵天寺后山上。始建未详,传为梵天寺七十二庵之一。后废。今拟重建。

在同安区果园镇(一作五显镇)北辰山。《闽书》云:"北辰山,去城东北二十五里,取高拱北辰之义。上有岩,岩侧有十二龙潭。潭侧有二漈,东鸣则风,西鸣则雨。"岩寺相传建于唐,奉祀释迦牟尼佛及忠惠尊王。每逢二月十二日香会,供养香客数以万人。山岩旧为祈雨道场,每遇干旱,县官即率僚属登山祷雨。今"十二龙潭"岩崖上留有朱熹手书"仙苑"与明清欢呼歌颂祈雨灵应的石刻数方,1982年公布为同安县文物保护单位。

出米岩

在翔安区内厝镇(一作巷东镇)三魁山主峰下,距古道店头铺数百步。是岩峰峦突兀,气势磅礴,树木蓊郁,风光绮秀,寺宇掩映于万绿丛中。岩寺创造于北宋中期,奉世尊佛,称"世尊佛祖庙"。

传说南宋末,宋幼主帝昺南奔,尝驻跸于此,因粮草断绝,佛祖施法为宋军送粮,令石穴涌粮以供食用,多少人出多少米,不多也不少,遂称"出米岩"。出米岩周边帝昺行经之地的传奇性人文景观,尚有三忠宫村、五议洞、御罗石、宝盖峰、饮马池、朝拜铺、王朝山、御座石、圣经桥、御尚山、御踏石诸胜。1990年重新整修扩建。今庙为三开间三进深,砖木结构建筑,前后三殿。前殿供奉弥勒佛,两侧侍立四大金刚;中殿供奉三宝佛,两边排列十八罗汉;后殿供奉南海观世音菩萨,两旁为护法神韦驮和伽蓝。新建山门为三重檐歇山顶楼阁式建筑,双龙戏珠,檐牙高啄,上书"出米岩古庙",沿途有"慈恩"、"慈善"二亭,供游客远眺休憩。宫前广场平坦宽阔,足供万人活动。出米岩香火十分兴旺,游人香客络绎不绝。今无僧人住持,由村民组织管理委员会管理。

斗拱岩（栖隐院）

在同安区汀溪镇褒美村斗拱山上。原名栖隐院,传说建院时,凿池得螺,山因名"螺山",转称"罗山"。其地重岗叠翠,一度为文山茶场场部,20世纪80年代恢复重建。为同安境内第一座奉祀清水祖师寺岩。属梵天寺下院,每年到梵天寺进香一次。传说颇为灵应,旧时虽僻处深山,道路崎岖,但仍香客不绝,以后四处分灵。岩宇坐北朝南,二进三开,屋盖悬山顶,前檐装饰十八罗汉和弥勒,主脊堆塑人物、动物、植物等形象,色彩绚丽。据有关文献记载及遗存覆盆柱础石质形制印证,是岩建于北宋初年。现由褒美村委会负责管理。

龙池岩

在角美镇潘厝村后山,旧属同安。北宋崇宁间(1102—1106年)处士石蕡于此结庐读书。因岩前有池,相传其中有神物变化飞腾,故名"龙池岩"。未详何时衍为佛家祇园。明卢歧嶷《重兴龙池岩记》称"其山则谢空而峙,烟霞舒敛,有拱顾蹲踞之势;其江则万顷茫然,昼夜波翻,有奔腾激怒之声……天近藤萝,水在树杪;龙池鉴光,古榕垂盖",周围"怪石如虎、如屏、如鼓之状,皆十八奇之胜者,诚大观也"。万历八年庚辰(1580年),释普辉募缘重建,历五载而成。20世纪90年代,由善扬法师募资重建,并开辟盘山公路至岩前。现住僧尼7人。

龙池岩旧属原同安县管辖,20世纪80年代末,原龙海海沧镇划归厦门管辖,龙池岩与白礁宫作为交换划归龙海市管辖。

香山岩

在翔安区马巷、内厝、新店三镇交界处,离城东20公里。旧名"荒山",明正统年间(1436—1449年),同安知县朱徽登游揽胜,改称"香山"。佛岩始建于宋高宗建炎、绍兴年间(1127—1162年),据《闽书》记载,其巅有石如香炉,云气袅袅如烟。周围奇峰怪石环绕,有三狮、六虎、七麒麟。历代均有修葺,其中有文字可考的有明洪武丙辰(九年,1376年),清康熙(1662—1722年),嘉庆(1796—1820年),道光甲午(十四年,1834年),同治丙寅(五年,1866年),光绪戊寅、丁亥(四年,1878;十三年,1887年),民国21年(1932年),1962年。岩前有狮球石,石后刻有"南安林平勋重兴香山岩,缘银四十两。"明清全盛时期住寺僧众多达200余人。"文化大革命"期间,岩寺文物古迹多遭破坏,劫后仅余清光绪丙子大钟一口,石雕狮子一对,有释圆寂、广修、觉苑、长英、长珠、长禄诸法师塔墓以及散布周围的古岩寺建筑石构件。20世纪80年代以来,十方善信踊跃集资,建造万善宫,雕塑释迦牟尼、弥勒佛、观音菩萨、清水祖师、四大金刚、十八罗汉诸佛、菩萨像。1992年重修岩寺前落。寺宇建筑群建于台地之上,中为三开间门楼,

歇山翘脊，装饰华丽，门上悬竖匾"香山岩"，门联嵌"香山"两字云："香宇森严清水慈济防患御灾赫赫英灵照日月，山门壮丽祖师善利降祥赍福巍巍厚泽派乾坤。"门楼左右各有一列护厝。台地之下，有池二方，称放生池，也称日月池，中以坝桥互相间隔沟通。岩后山麓石崖刻有宋理学家朱熹手书"真隐处"三字，已被凿坏。近现代清念法师、盛求法师、福音法师，菜姑春枝姑、鸳鸯姑、释常和、释常楷、释常晋等相继住持。今由岩寺管委会管理。

太华岩

在同安区莲花镇莲花山上。莲花山峰峦耸秀，状若莲花，岩寺即在山巅摩崖之下。宋朱熹书题"太华岩"三个擘窠大字于崖壁，盖取"华岳莲花"之义，是目前同安境内保留年代最早、字径最大、雕工最精的摩崖石刻。传说始建于宋，有前、中、后三殿。清咸丰四年（1854年），寺僧和山下村民一道参加"小刀会"，积极反抗清政府统治，遭到清兵的残酷镇压，岩寺因此荒废，尚存墙基、台阶、佛座、石柱、柱础以及石磨、石碾、石槽，透露出岁月的沧桑与古远的历史。2000年，后埔村村民自发集资在岩寺遗址台基上重建殿堂，三开间，单檐歇山。岩寺今尚无僧人住持，由村管会管理。

清水岩

在翔安区旧城东30里东大帽山之阳白云山上。宋绍兴三十一年（1161年）建，奉祀昭应慈济大师（清水祖师）。传说营建中忽有童子身披袈裟高踞危崖之上，对人说："岩成之后，当名'龙归'。"言讫不见。人于其所坐石下发现一股甘泉，汩汩涌流，遂名之"圣泉"。宋邱葵有《游清水寺》诗云："上人栖息地，仰见佛庄严。乱藓缄新甃，闲花覆古檐。梧山青入眼，榕树紫垂髯。独步秋祠晚，云间月一镰。"今废。

铜钵岩

在同安区莲花镇后洋花厝山上。岩石峥嵘，树木婆娑。环境秀丽。岩宇两进三开间，1984年重修。佛堂正中供奉观音，左、右分奉定光、昭应三尊石佛。石佛刻于宋开禧元年（1205年），雕工精细，形象生动，1984年7月公布为同安县文物保护单位。殿左后侧有石洞，旧为山僧静修之所，颇宽敞，时有微风自洞中吹出。洞前有古榕一株，浓荫蔽日，又有石鼓一枚，形制颇古雅。岩宇为当地村委会管理，无僧尼住持。

慈云岩

在同安区新民镇禾山村前山社西圣水泉山。据《泉州府志》记载，岩寺建于宋端平年间（1234—1236年）。初，豪岭康氏"十处士"以为寓游之所，号"慈云洞"。端平元年建寺，祀释迦牟尼佛，即以年号"端平"命名，称"端平岩"。后处士子侄康荣改称"慈云岩"，延沙门住持。刹下有井，其泉从石中涌出，名"圣泉井"。其东麓盘石上有孔穴，深尺余，积水不涸，称"圣水"，旧传与海潮相通。康氏筑亭其上，名"圣水亭"。明光禄少卿蔡献臣尝游，记云："端平岩三面皆山，独背有村落田地。而邑西山峭立其后，前拥小西山，望之甚秀拔……兹山径路崎岖，不减西山，而盘迂巉岩岑蔚之趣胜之，其西南峰叠石及塔下诸石尤奇。"

明永乐年间（1403—1424年），岩寺由释性庵住持，香火甚旺，四方衲子云集，据传有僧99人，以致一时香灯不继，斋粮匮乏。乡耆康训奴慨然割舍附岩前后良田30余亩（田在今豪山前格水库内,犹称"和尚田")为寺产,并捐资增建莲宫,重新圣水亭,肇建慈云塔,修葺左右桥道。至是,寺宇粗具规模,有天王殿、大雄殿、观音殿、寿石殿、圣果院、钟鼓楼、慈云塔。

嘉靖年间(1522—1566年),兴起一股与佛结缘、入山读书之风,山下举子纷纷在岩寺周围造石室,办学堂,一时山中书声琅琅,生气盎然。随后慈云岩石书房出了林一材、柯凤翔、康尔韫三名进士,使岩寺声誉鹊起。

环岩大石壁立,有明解元、进士、湖广提学刘汝南,广东潮州知府李春芳数方题咏,以及未详年代岁月的《劝念阿弥陀佛》诗刻:"五浊恶世弥婆婆,寿命须臾苦恼多。慈父释尊频指示,早修净业念弥陀。""比丘法藏昔修因,誓度群生脱死生。今号弥陀居极乐,欲生彼国但称名。""往生身现宝莲中,形貌端严具五通。上下中三分九品,华开迟速在修功。""人身难得法难逢,念佛持斋不费工。快便这回如磋过,茫茫业海恣飘蓬。"1984年7月,慈云岩摩崖石刻被列为同安县第二批文物保护单位。

清乾隆初(1736—1737年),同安旱。知县唐孝本延请慈云岩释晓诚主持祷雨法事,在豪山祈雨道场,传说释晓诚率僧众跌坐炎蒸中,水浆不入者数日,果然感动上苍,获大雨如注。直至光绪年间(1875—1908年),岩寺香火依旧兴盛不衰,时人题寺壁诗:"青松古柏传钟声,丹鹤白云绕塔影。林康乡贤寒读处,李刘诗韵醉游人。"可资印证。

清末民初,慈云岩被山火焚毁,幸存诸佛分奉刘塘、土楼、前山三社,后又在慈云塔内设坛,奉祀观世音石佛,一直延续到"文化大革命"。

"文化大革命"后期,有人在岩寺遗址建一小宫,奉祀释迦三宝,由阳翟村刘雪花住持,香火逐渐兴旺。1978年以来,有热心人数次筹谋兴复未果。1999年,禾山村民组织"豪山慈云岩修复理事会",向有关部门申请修复重建。今有菜姑六七人住岩修持。

白云岩

在同安区新民镇(一作祥桥镇)大西山上。大西山郁然穹窿,远望曲折蜿蜒如游龙,又名天龙山。岩宇建在山阿,高峻深邃。岩前有一洞号"紫云",右有二井,号"龙潭圣泉",水源丰富,涓涓不绝,建亭保护,亭联云:"西岳长流水,东陵不老泉"。据清乾隆四十五年(1780年)贡生陈德辉《重建白云岩碑记》:兹岩为大西山麓居民邵时通创建,邵时通为岩寺檀樾,自号"西山"。元末兵燹,岩寺废圮。明永乐四年(1406年)修葺完备。入清,遭遇回禄之灾,初尚余数椽,遮蔽风雨,日久倾圮殆尽,荡然无存。雍正年间(1723—1735年),知县唐孝本封山育林,乾隆四十一年(1776年),知县任震远严禁乱砍滥伐山林,为白云岩寺复建营造优美环境。邵时通裔孙、举人邵文英立志恢复祖迹,召集同族合议,筹措资金,于原址重建,并在岩左圆通阁旧址构筑文昌祠,以为读书人肄业之所。乾隆四十一年动工,四十五年告成。20世纪40年代至60年代,释传石、释传来相继为岩寺住持。"文化大革命"中遭受破坏。1984年依原样修复。1993年重塑佛像。白云岩形势雄奇,不少名僧多葬于此,今存有明洪武初(1368—1370年)泉州开元寺德翁上人塔、正统元年(1436年)漳州南山寺龄庵上人塔、弘治年间(1488—1505年)云鉴暨诸禅众普同塔、正德年间(1506—1521年)古文智元祖合葬墓塔等。今寺岩辟为旅游区,由管委会管理。每日游人如织,香火兴盛。

灵鹫岩

在同安区西南旧仁德里苎溪,去白虎岩五里。建于明或明以前。明诗人池显方有咏灵鹫

岩诗云:"白虎与斯地,双岩五里中。溪光开别境,树影覆真空。往代碑遗址,天然石作宫。前峰仍有洞,幽窈更无穷。"入清废。

白虎岩

在集美区第二农场后山,奉地藏菩萨。始建于明建文二年(1400年)。据《泉州府志》云:其地"石壁十余仞,空窍玲珑。东有石湖约十里,可通往来。旧有白虎为害,岩僧能制之。一日,僧骑虎归,入洞偕化。"清《同安县志》载:邑人周尔发、林嘉采有题咏;崖壁镌"壁立朝天"四大字,系万历八年(1580年)徽州休宁潘桂所书。岩下有田数亩,年可收谷二十余石。珩头人舍入寺中。寺今为当地村民组织管理。

普陀岩(狮子岩)

又称"圆觉寺"。在翔安区新店镇垵山山头村。相传创建于明嘉靖元年(1522年),供清水祖师。岩寺屹立于狮山岩主峰之上,坐西向东,神座下有泉一眼,涓涓涌出,流入天井,大旱不涸。周围草木苍翠,奇石林立,环境幽雅。寺柱联云:"山耸普陀界上李杨鲜如许,庙崇清水炉前园浦景培月"。故老相传,岩寺创始人为理学名家林希元。先是,林希元建"艮斋"读书室于狮山顶,为了搞好各乡宗姓之间团结,联合周围山头、许厝、门崎、炉前、杨厝、浦南、东界、桂园八保,发动乡人于山麓建寺,规定每年一保轮流负责正月初六日庙会及组织当年各种宗教活动,遂成定例。

20世纪40年代末,为了建设刘五店港口码头,普陀岩周围石头被大量开采,寺岩一度荒废。1981年,旧八保乡有识之士呼吁修复普陀岩,并成立修复普陀寺董事会。东界村华侨、董事会董事长许扬名率先解囊以倡,并不辞劳苦,亲自带领众耆老跋涉八保进行劝募,主持岩寺土木建筑。寺院落成,香火鼎盛。1994年初,台湾圆觉寺僧果孝法师前来朝拜,见岩寺风光秀丽,乃佛门圣地,发愿募缘修葺,并恢复"艮斋",扩建药师塔,建观音殿于杨厝村,造地藏王殿于洪厝李仔宅,连同普陀岩圆觉寺组成一个风景小区。现由当地村民组织管委会管理。

安福岩

原称安福院,俗称"前岩",在同安区五显镇明溪村北山麓。明天启二年(1622年)进士、御史黄仲晔(一说为明进士董仲华,查《福建通志》、《泉州府志》、《同安县志》诸志及《明清进士题名碑录》,有明一代,同安县、泉州府、福建省乃至全中国,董氏进士无董仲华其人。据考当为黄仲晔之讹)之四女,人称黄四小姐始筑,以为修持之所。原奉清水祖师,光绪八年(1882年)举人黄垂昆、贡生黄农重修。清末废。20世纪70年代末,当地社队于此构筑石楼二层,每层9间,准备安置上山下乡知识青年。落成之时,运动中止。80年代,村民将石楼底层中间辟为殿堂,仍祀清水祖师神像,并加建拜亭、戏台。楼宇坐北朝南,正面视野开阔,景象万千;背倚万仞山崖,奇石连缀,毕肖"蜈蚣",独具形胜。今由明溪村民组织管理,香火颇旺。

清泉岩

又名"后山岩"。在翔安区新店镇上美村(一作祥梧村)。始建于明末,原祀玄天上帝。清嘉庆十八年(1813年),安溪蓬莱清水岩清水二祖师惠应真人"灵应",乡人遂分其香火入宫奉祀,并扩建斋宇,改称为"清泉岩",改奉惠应真人为主祀神,并祀玄天上帝、注生娘娘。时,释国来入寺为住持,后来释梦师继为寺主。抗战期间(1937—1945年),宏辉法师、盛求法师接踵挂锡。抗日战争胜利后,先是清念法师,后是盛求法师主持寺务。1950年,盛求法师南渡新加坡。1958年人民公社化,为耕山队队部,后建农场,"文化大革命"期间,岩宇被毁。1981年,旧九保乡乡民决议修复清泉岩。是年奠基,1989年落成,香火颇盛。现由村管委会管理。

雪山岩

俗称"后岩",又名"牛皮岩",其山曾因积雪,因名"雪山"。在同安区五显镇(一作果园镇)三秀山左,鹅髻山东。明天启、崇祯间(1624—1644年),释休歇于是岩结庵修行,有茅屋二间。释休歇与著名诗人池显方、理学家黄文炤交情甚笃,池显方有《牛皮岩访休歇上人》诗,黄文炤有《雪山顶上叩僧休歇》诗。清初,黄文炤隐居雪山岩,今读书楼、莲花湖等遗迹尚存。岩寺奉祀三宝佛祖,配祀黄文炤。仁祠建于崖壁之下,摩崖怪石嶙峋,岩前平地一方,又前为莲花湖,如今湖面干涸,已被茅草掩没。岩右稍西复有芹菜湖、鲍湖,周围树木葱茏,杂草丛生。寺宇面阔8米,进深15米,后进(包括黄文炤读书楼)为20世纪70年代明溪耕山队重修。石构寺门系明清原物,门框高2.21米,宽0.26米,上镌楹联云:"智慧风高百亿须弥双足踏;菩提愿广河沙含识一肩挑。"联语蕴含禅理,气势恢宏,书法字迹遒劲,笔力雄浑,相传为黄文炤撰书。

石佛洞

又称"石佛寨",在同安区莲花镇沃溪村石沃口,相传始创于明代。洞据古道边山崖上,另一侧为山涧小溪,巨石重叠,流水潺湲,水口筑坝建塔,环境优雅。洞穴天然,正面镌一大"佛"字,下面安置一大一小两尊石佛,新近重加修饰,锃亮眩目。洞口两侧垒筑石柱,洞穴上方添加屋檐,遂成单间单进岩室梵宫。洞之右有亭翼然,崖壁上则有清同治元年(1862年)副贡生陈柏芬"小武陵"题刻及安乐村"公议"石刻,为研究古代同安乡村社会生活的文物资料。

寿石岩

又称"岩内宫"、"龙泉寺"。在集美区后溪镇圣泉山上,志称"在端平岩之右,绝崖峭壁,一石廓然天成,巨穴中可容百余人。前环小筑数间,野树源泉,风景幽绝。"岩宇依天然山洞而建,始建年代不详。据山石题刻,明崇祯十七年(1644年)住山僧通瑛,清雍正十年(1732年)寺僧实山、徒际焕两度重修。洞中有天然泉水,水质甘美,常年不涸,洞壁行楷题镌"夹酣泉"三字。岩寺周围石壁尚有"蟠龙山庄攻"、"寿石岩"等摩崖石刻。1990年2月,被集美区人民政府公布为第一批区文物保护单位。岩寺今由比丘尼释常海主持,常住女尼4人、菜姑3人,均以农禅为生。

石峰岩

在海沧区钟山山阿。始创于明末,德士无余、远泉肇建。其地层峦叠嶂,奇峰嶙峋,林木蓊郁,鸣泉清漱,又有青嶂大"佛"、龙潭荷香、沁水亭、映水洞、隐圣、月岫、心石诸胜,尤以"隐圣"为最。"隐圣"巨石嵌空,自成天然岩洞,岩际平直,上镌"隐圣"两个大字,两旁题刻冠头联语"隐妙慧光照法界,圣英教化度众生。"岩壁又有清人雪斋蔡钟题写的"四壁悬崖处,无从动斧斤;天然古洞里,栖月与栖云。"诗刻。洞口宽敞,后人筑垣障蔽,开门留窗,象形日月,遂成造型奇特的石头小屋。岩寺建于高台之上,筑栏围护,山门大开,台基下复一台地,两侧构建寮房僧

舍，高低错落，别成景致。因年久失修，萧寺凋零，屋宇危倾，亟待兴复。1995年成立岩寺筹建处，现住僧多人。

翟峰岩（斗拱岩下院）

在同安区汀溪镇褒美村。祀观音菩萨、普庵祖师。据村民介绍，该岩由文山斗拱岩分灵，年代当在清道光二十年（1840年）或道光之前。岩宇前后二进，前为山门，门柱镌刻里人叶凌云道光庚子（二十年）季秋题联云："神号有灵施宏仁于不朽，民也咸福仰妙法之无边。"后即为祀殿，殿柱联为"普遍十方一道灵光绵佛岭，庵分两地千秋定慧镇文山"；佛龛联为"斗香焚柱通金阙，拱拜祷求礼玉泉"。山门前檐、屋脊及大殿主脊粘贴装饰三组十八罗汉与弥勒彩色瓷雕人物群像；天井两侧廊壁雕塑彩色"云龙"、"风虎"浮雕，使整座建筑色彩绚丽，气氛热烈。

晃　岩

始建未详。据清《同安县志》记载："晃岩寺，在慈汀保端山。未建时，山下人夜见放光，万树俱明，以《经》称佛光晃煜，故名。"明季，厦门名士池显方尝隐是岩。今在汀溪水库库区内，已废。

第四章 庵堂（林、精舍）

庵堂，一般为佛教出家女众主持的道场。《释氏要览》云："草为圆屋曰庵……西天僧俗，修行多居庵。"厦门地区尼庵后来或改或废，至清代后期不复再见。尼庵绝迹原因与闽南佛教女众削发出家为尼的稀少有关。近代女众出家，多不披剃落发现比丘尼相，她们只要投拜僧伽为师，由其引导受戒，就可以出家住寺，带发清修，因此，"尼庵"名称也随之消失。

堂，亦称斋堂。宋季以来，僧众多有建堂奉佛修行，近代发展成为带发出家女众菜姑住修场所，又称"菜堂"。厦门地区斋堂的建造，盛行于清末民初。当时除本地佛教菜姑建堂外，还有一些是兴化、福州一带先天、龙华、金童等外道教派传播者所营建的。那些外教的女传道者亦称"斋姑"。她们设立斋堂，进行传道活动。由于她们的修持形式与佛教基本相似，同样独身、持素、礼拜佛祖妈——老母娘娘，诵念《心经》，因此不仅吸引许多佛教女信徒投拜其门下，甚至有些原来已拜师受戒的出家菜姑也受其影响，转而与其同住。她们可以直接吸收徒众，称为"拜菜母"、"收菜仔"，不须投拜僧人为师。因而风行一时，到处建立斋堂。据民国初年统计，先天派的斋堂有广福堂、印（应）月堂、莲苑堂、习德堂、福和堂、功德堂；龙华派的斋堂有修德堂、心德堂、源德堂、龙华新堂、慈佛安定堂；金童派的斋堂有慎戒堂、海月堂、顶释堂等等。民国15年（1926年）以后，先天、龙华、金童等外道教派受会泉、太虚诸大师广弘佛教正信法门的感化，接受佛教会组织的审定和约束，先后皈依佛教，一些外教斋堂还主动改称佛寺，如庆福寺、进明寺、莲苑寺、海月寺、功德寺、佛顶寺、顶释寺等。据20世纪30年代统计，厦门本岛有斋堂40余所；1953年有31所，菜姑住众159人。历经1958年"并寺"和"文化大革命"浩劫，大部分堂宇被接管、占用或拆建，至1990年仅存10所，其中较具规模、住众较多的为净莲堂、庆福堂、普愿堂。

另有一些菜姑住持的斋堂不以"堂"称，而名之为"林"、"苑"或"精舍"。如妙法林、正信林、菩提苑、妙觉苑、莲苑精舍、遍照精舍等。

岛 内

龙湫亭

复称"龙湫寺"，在旧时禾山桥头，即古二十一都虎山山麓，离城二十余里。旧有亭，亭前有孔穴名"龙湫"，为禾山一带读书人会文之所。传说明隆庆四年（1570年），塔头诸生林奇石因乡试路过五通，梦中与观音大士吟咏唱和，是科高中解元，遂修庙宇供奉。民国初年火灾，寺僧化募新建。民国26年(1937年),转解和尚皈依弟子释瑞铸任主持,30年往南洋昭南岛云游,寺务由释悟道住持。时有住僧2人,寺院占地近1100平方米,现由秀凤姑住持。

观音亭

在思明区大同路旧10号。旧志云:"在西门外。清顺治二年(1645年)里人杨国勋捐筑,祀观音大士。"传说灵应异常。民国初,外道龙华宗据为传教之所。初为南海信忠法师住持,迨后14年,继席者为释通大。20世纪30年代末、40年代初,由一俗家人看庙,建筑面积不足8平方米。

荷 庵

原在思明区中山公园东门一带,即旧妙释寺南,今动物园前、儿童公园内。清乾隆《鹭江志》称:"在城北门外岳庙前池中。……始为民书屋,僧冽博购之……"始建于清初。其时荷庵所在地为魁星河与东岳河交汇口的一个小岛,大可一亩,植竹为垣,形似荷叶,人称"小瀛洲"。一庵环水,万木萧疏,峰横翠黛,岸满芦花。庵中有照心池,四围澄澈,纤尘不染,烟霞舒卷,水月清虚,有石桥交通内外,环境十分幽静。

荷庵住僧青灯古佛,灌园植蔬,农禅双修。因土壤肥沃,精耕细作,所出蔬菜特别鲜嫩,人称"荷庵菜",为城中居民所喜爱,每日上市,转眼便抢购一空。

乾隆年间(1735—1796年),厦门著名诗人黄日纪、黄莲士、黄云鹰、薛起凤、陶元藻在此结社,吟咏唱和。黄日纪游荷庵诗云:"邂逅相邀水寺游,飞尘不到小瀛洲。波中云影流春思,总付诗人笔底收。"陶元藻咏荷庵云:"烟水周遭净土凭,大光明界我初登。数弓小圃蔬兼竹,十笏闲房佛瑟僧。过雨寒沙移旧迹,隔墙秋嶂见高棱。白玻璃内天花影,悟彻真空即上乘。"黄莲士咏照心池云:"鹭洲城外望涟漪,开土荷庵浸碧池,天上明月当静夜,松关禅定已多时。色空参后浑无别,诗景悟来最与宜。自是文心通佛性,惟应说与远公知。"

道光中(1821—1850年),福建水师提督总兵官刘起龙镇守厦门,其母崇信佛教,入荷庵清修,僧人因此星散。

同治、光绪年间(1862—1908年),厦门了闲社购置荷庵,以为崇奉吕祖、扶乩占卜的活动场所。

光绪三十年(1904年),南安雪峰寺住持佛化应厦门广善堂的邀请,率徒在荷庵启建七七四十九日水陆大法会,与会缁素人山人海,盛况空前,以至压断石桥。

20世纪20年代初,荷庵复为了闲社遗老所据。时社中有将荷庵卖给日本人建东本愿寺之议,激起附近居民的强烈反对。恰值厦门堤工处计划开辟公园,原定虎溪岩下,佛教居士冯重熙负责规划设计,遂改址荷庵一带建设中山公园。至是庵废。

观音亭

清道光《厦门志》载:"在南门外,祀观音大士,俗称'桥亭'。戒行僧文远焚修坐化之所,塑像佛座旁……"未详废于何时。

通津亭

在旧神前街外关帝庙前,奉观世音。清道光年间(1821—1850年)尚存,后废。

印（应）月堂

现在思明区溪岸路 167～169 号。堂原址在旧市区后路头，为首创者李仙记私宅。民国 22 年（1933 年），是堂斋姑卢秀成迁建斋堂于虎园路李仔山，会泉法师赐匾称"印（应）月堂"。27 年卢秀成继任住持，时堂有斋姑 4 人，堂所近百平方米。1957 年因建设厦门宾馆需要征用，改易今址。堂原为普通商住合一民居，二层，约 50 平方米，住有菜姑 2 人。历经 40 余载，年久屋坏，于 2001 年底拆毁复建，改为钢筋混凝土结构楼院。今堂有菜姑 2 人，住持王美彩。

功德堂

在思明区溪岸路 2 号，清建。清季外道先天派据为传教。后殿宇残破不堪。董事黄连榜等推选女居士徐富住持。后徐富出家，皈依佛教，受菩萨戒。民国 15 年（1926 年），厦门"路政改易"，功德堂部分被毁，遂鸠资于余地建造大雄宝殿，改堂为寺。徐富一直任住持。时有菜姑 6 人。建国后为居民占用，今待迁住户复建。

源德堂

在思明区溪仔墘 10 号。建于清光绪二十年（1894 年），为普祝女居士独资创建，专供妇女修持，门下甚众，一度为外道龙华派传教场所，后归向佛门正信。20 世纪 30 年代末，吴一妹任堂主，有斋姑 5 人。吴一妹皈依龙华新堂堂主瑞庆。建国后堂废。

慈佛安定堂

在思明区厦港菜园角 20 号。建于清光绪年间（1875—1908 年），为外道龙华派静修之所。民国以后，一度信徒甚众。胡敬犹为是堂创建者，历任堂主。后皈依正信法门。20 世纪 30 年代末、40 年代初有斋姑 4 人。靠南洋华侨信众接济维持生计。建国以后废。

海月堂

在思明区草埔尾 16 号。始建于清光绪年间（1875—1908 年）。初为菜姑修持之所，民国以来渐变为专供一般老人奉佛终老之地，门下信徒甚众。陈招为本堂创始人，初为外道先天派传教者，后皈依佛门，受菩萨戒。至 20 世纪 40 年代初已历半个多世纪，时寺中有菜姑 7 人，所有经费全由各信徒轮流维持。后废。

顶释堂（寺）

在思明区释仔街 14 号。始建于清光绪年间（1875—1908 年），初仅一小堂，为女众道场，属外道龙华派。民国 7 年（1918 年），本地居士吴清海鸠资重修，改称"顶释寺"，并依本宗推派为寺主。民国 30 年（1941 年）调查登记时，占地 325 平方米，住居士一人。后皈依正信。1999 年重建，改为现代四层楼房，建筑面积 247 平方米。一楼为功德堂，供奉地藏王菩萨；二楼为大雄宝殿；三四层为寮房僧舍。现住有僧伽 2 人，菜姑 1 人，居士 1 人，释果利为住持。

进明堂（寺）

在思明区黄厝溪头下 4 号。原为外道先天教传教之所。始建于清光绪年间（1875—1908

年),民国初年改称为寺。第一任主持为杨张玉姑(一作陈张玉姑),福州人,民国9年(1920年),富商居士蒋以德捐资重修,可惜不久即遭回禄之灾,仅存信众施邦彦所献"神灵感化"题匾一方及刻有蒋以德捐献的窗框数副。民国12年杨张玉姑逝世,由其皈依弟子苏东来继承。苏东来也是福州人。至20世纪40年代初,寺中住有斋姑7人,寺院占地面积584平方米。后皈依佛教,由萧木笔、陈爱痛等相继住持。1993年一度重修,依旧保持闽南传统砖木结构的建筑风貌,古色古香。山门改造为钢筋混凝土仿原木构造,屋顶门柱额枋全用"原木"组构,上悬"进明寺"寺匾,柱嵌著名书法家丰子恺之女丰一吟撰书联语:"进入佛门增添福慧,明昌般若具现慈悲",匾联雕镌于黑岩,上镶金箔,十分耀眼。现由比丘尼释普端住持,向新加坡居士林等佛教界人士募集巨资拟全面翻修扩建,于2001年3月20日举行奠基仪式。拟建五层主殿,包括地藏殿、念佛堂、观音阁、大雄宝殿,两侧建钟楼、鼓楼以及寮房等等,后因捐资尚未到位,至今仍未完成。今寺住有比丘尼5人,菜姑7人。

慎戒堂

在思明区同安路1号。建自清季,为本岛唯一一所外道金童派堂所,信徒甚众。创办人吴古井,自任堂主,后皈向佛门正信。20世纪30年代末有斋姑3人。近年废为民居。

惠感堂

在思明区后海墘打索埕。清末民初建。直至20世纪90年代初尚有住众修行。今废。

修德堂

在思明区美仁前社95号。创建于民国元年(1912年),由张和尚居士募建。初为外道龙华堂在厦门传教的主要基地,20世纪40年代初驻有斋姑4人。后皈依佛门。至1990年尚有住众2人。近年旧城改造拆毁,遂废。

心德堂

在思明区出米岩35号。民国10年(1921年)由洪普长居士独自创建,为一般妇女静修之所,传播外道龙华派教义。洪普长自任住持。后皈依佛教,受菩萨戒。20世纪30年代末、40年代初住有菜姑3人。建国后废。

庆福堂(寺)

在思明区思明南路457号,即旧熟肉巷巷内。始建于民国14年(1925年),初由朱昌麟居士与高珊瑚、陈昌修、林昌馨等集资兴建,共推陈昌修任主持。朱昌麟临终立遗嘱把堂所交付高珊瑚母女主持。高珊瑚后皈依正信佛教。抗战期间(1937—1945年),高珊瑚迁往江头广福寺住持,委托其女弟子陈少华主持堂务。后传陈智闻主持。旧有平屋七八间,古旧残破。1991年,陈智闻女弟子菜姑汪心量发愿重建,得到海内外佛教信徒鼎力支持,改称"庆福寺"。今寺宇坐东北向西南,为现代三层楼房,占地436平方米,总建筑面积700多平方米,仅在房顶加饰琉璃屋顶与外檐。一层为大雄宝殿,二层佛堂,奉祀西方三圣,三层精舍禅房。近年在楼房东侧加盖一层,匾"海藏楼",辟为藏经之所。心量姑于1993年寺落成后,发起组织"佛光书画社",礼聘妙湛和尚为社长。平日与厦门书画界人士颇有往来,经常在寺中举行书画活动,并义卖书画,所得款用于社会慈善事业。净堂多点缀名人字画。今寺中有菜姑5人,常住居士3

人。

龙泉宫

在旧厦门市区草仔垵海滨，后迁开平路12号。民国15年（1926年）由惠安西门龙泉宫分炉镇此。民国24年，董事何鉴奎等捐资创建，供奉观音大士。20世纪30年代末，陈清意任住持，有居士1人、菜姑1人。陈清意全家持斋念佛，以致弃商奉佛。建国后住菜姑瑞竹等3人。"文化大革命"中由开平居委会征用，临街开作店面营业。1988年回收，因宫庙陈旧，暂由南普陀寺职工住管，拟重修。

净莲堂

在思明区将军祠40号，即大观院之后左侧。民国18年（1929年）由菜姑吴开性、胡性清合建，23年落成，以为出家菜姑共住静修、研究佛学之所。胡、吴二人于是年订立合同契约，约定堂所为本堂所有，住持人采用选贤制，以有道贤明居之，不分派别，不论自他，并请转尘和尚、性愿法师暨全厦诸山长老为证。铭刻石碑，嵌于廊壁，以示后人莫将吴、胡合建堂院作为私产之争。吴开性早年投拜比丘尼宏定法师，道心坚定，有乃师艰苦创业精神，与同参胡性清联袂同往香港、越南等地募资修建净莲堂，建成后又将堂所献为十方所有，如是不为己私的宽广胸怀，在出家菜姑中实属难能可贵。40年代初，觉斌和尚皈依弟子许莲瑞主持堂务，有菜姑2人。后由菜姑汪秀珍住持。"文化大革命"中堂所为工厂占用。1983年退还产权，时旅居海外的原住堂菜姑黄注姑筹措资金，与汪秀珍合资复建。建成后又违背吴、胡两姑创业者的意愿，另立地产继承权及同住公约碑，规定新堂"重建，皆我派师兄弟合资所建与子孙共住梵修之所，他派不得侵占。业权居住永属我派徒子孙传承掌管"。净莲堂总面积389平方米。新建堂所占地217平方米，建筑面积390平方米。平面"同"字形，正中两层重檐歇山，主脊中间装饰葫芦，楼下三拱门，左右墙壁上嵌镶民国23年契约碑与1992年公约碑。正中明间客厅奉祀渡海观音，瓷质，形象庄严。二层设大雄宝殿，三开间。左右两侧为寮房斋堂，左侧挑出阳台，安装铁罩。今住比丘尼、菜姑若干，住持郑盛姑。

莲远堂

一作莲苑堂。在思明区公园东路114号。民国20年（1931年）8月由周淑卿、杨幼莲、林桂三人合力创建，为鹭江先天派中最有力斋堂。后皈向正信佛教。30年代末，林桂任堂主，时有斋姑7人。林桂自幼出家，皈依苏昌莲女斋姑。建国后尚住菜姑2人，后废。

佛顶堂

在思明区天祥街88号。民国21年（1932年4月）由林玉兰女居士独资创建，为妇女修道之地，一度尝为外道先天派传教场所。林玉兰自为住持。后改称为寺，皈依佛门。林玉兰尝为功德寺徐富皈依弟子。20世纪30年代末、40年代初有菜姑3名。"文化大革命"被占用，1993年厦禾路改造时拆迁。

妙法林

在思明区励志路1号。民国23年（1934年）由越南华侨侯妙音女居士与其女弟子（转逢和尚的皈依弟子）苏志忍共同募建。由志忍姑住持，住众7～8人。20世纪40年代初，觉斌和

尚皈依弟子苏碧芬(法名妙严)接任住持。40年代后期,住众菜姑胡镜冰、镜清等参加中国共产党地下革命活动,将妙法林作为中共闽中厦门工委以佛教活动为掩护进行革命活动的联络据点。建国后,两位菜姑继续参加革命工作。1959年殿宇为房管部门接管改为民居。1982年回收。是年3月,厦门市人民政府以其曾为中共闽中厦门工委机关所在,列为第二批市级革命文物保护单位。1985年,新加坡观音寺斋姑苏碧芬(原在妙法林出家)和吕依莲等合捐人民币20多万元,翻修重建殿堂,并从泰国请回玉佛坐像供奉。其堂匾"妙法林"及殿楹联"即得往生极乐世界,则能成就圆满大悲"均为近代高僧弘一法师手迹。现住比丘尼4人,菜姑2人,尼师释法净为住持。

延寿堂

旧在市思明区虎园路12号之二,俗称李仔山。占地面积400多平方米。民国24年(1935年),居士庄本福、郑普会二人合资创建,专供出家菜姑修持。庄本福为虔诚佛教信徒,皈依南普陀寺方丈会泉法师,在泉州开元寺受菩萨戒。时有斋姑3名,房屋面积52.5平方米。后传其徒、释转岸侄女俭治姑。俭治姑1957年西归,再传其徒向志姑。向志姑俗姓张,单名韭,原籍惠安,民国38年(1949年)皈依虎溪岩新德老法师,并投拜俭治姑,入住延寿堂。

1957年,厦门市广播电台扩建(今属厦门宾馆),延寿堂一带被征用,先迁后路头"相公宫",因庙宇狭隘陈旧,不久被台风损毁。人民政府复拨本部巷10号民居交换。今堂宇为二层水泥楼房,曲尺形,涂饰白灰,楼前为窄长庭院。一层正堂为圆通宝殿,奉观世音菩萨;二层为大雄宝殿,奉西方三圣。1998年,向志姑年老体弱,遂将堂务交由其徒慧忍姑主持。慧忍姑早年皈依承天寺瑞耀法师,后入延寿堂拜向志姑为师,1990年闽南佛学院第二届本科毕业,1996年厦门卫生学校口腔科专业毕业。延寿堂日常除举行各种佛教活动外,还开设口腔义诊部,慧忍姑自任医师,开展义诊活动。2001年有女众8人。

普愿堂

在思明区靖山路33号。始建于民国30年(1941年)。旧在大同路,菜姑妹姑在自家住宅楼上建一佛堂,以为自修道场。其养女向勤自幼相随在堂中持素奉佛,立志出家贞修。后来妹姑卖掉大同路私宅,购置今址重建,并接受其他菜姑共住同修。妹姑逝世后,由向勤主持堂务。1966年"文化大革命",堂宇由房管部门接管。80年代初回收重修。1988年由香港善信林钰焜等捐资翻建,堂宇焕然一新,现住菜姑8人。

正信林

在思明区妙释南里6号。民国31年(1942年)12月,南普陀寺住持觉斌和尚率众募建,以为女居士修持道场。释宏定皈依弟子吴抱治(法号"一清")为第一任林长。"文化大革命"初废弃。

莲苑精舍

在思明区霞溪路巷20号。20世纪50年代初建。住持菜姑陈菊,原在妙释寺作义工,后皈依寺之住持出家,解放后遂自建精舍住修。为纪念其师引导,故名"莲苑"。直至21世纪尚有住众清修。

岛　外

畏垒庵

在同安区大同镇北镇街文庙之东旧大同书院中,今废。据清王懋竑《朱熹年谱》,宋绍兴二十七年(1157年),朱熹同安县主簿任满,住同安候代,"馆陈氏者数月,命友生之嗜学者与居,名其室曰'畏垒庵'。陈氏世为医,名良杰"。朱熹以庚桑子之居"畏垒"自嘲,名其读书室为"畏垒庵"。明成化十二年(1476年),同安知县张逊重建大同书院,以朱熹寓居旧名"畏垒庵"匾其祠。后出家人以其中一室为念佛道场,亦称"畏垒庵"。今废。

承汉阁

在同安区大同镇东山。始建于元或元以前。奉准提菩萨,属密宗。民间传说明代正德皇帝朱厚照游江南,尝夜宿此寺。寺内旧有"万岁万岁万万岁"竖匾一方,寺傍胡同名称"御车巷",皆因此(编者按:正德皇帝耽乐嬉游,尝微行江南,但未曾入闽,传说有误。宋幼主南逃尝过同安,疑为帝昺之讹)。

寺宇皆平屋,有"阁"之名而无"阁"之实,坐东向西,面阔三大间,前后两进。前为山门,后进佛堂,堂前连缀拜亭,中间庭院宽敞。抗日战争期间(1937—1945年),房屋大部坍塌,只剩佛堂和居室一间。1953年,居士吴树义、叶大椿倡修,恢复旧制,增建厨房。1955年以后,驻守菜姑陆续参加工作。"文化大革命"中,佛像遭毁,寺匾被砸。1981年重新梵宫,再塑宝相。1992年,80多岁高龄的韭菜姑及其徒弟二人住寺修行。1998年复建拜亭,修葺山门。

贞素堂

原在同安旧县治东双溪书院,即明侍郎蔡复一故宅中。传称蔡复一为其孀居亲属长斋奉佛提供的住修场所。今废。

妙建庵

在同安区大同镇西安桥南。始建于明代。据旧志称"与水南宫、元坛宫为官司往来憩息之所"。现由村管会管理。

花厝佛堂

在同安区莲花镇花厝,明代建。今废。

大德堂

大德堂始建于清康熙二年(1663年),原为明代遗臣黄其晟(原名仲晔)的府第。黄其晟,天启二年(1622年)进士,官至内阁中书,东都御史,崇尚佛教。明亡后,追随永历帝在广西抗清,后被清兵俘虏。当其被捕生死不明时,他的夫人就将府第改为斋堂,称大德堂。带女儿、儿媳等女眷入堂奉佛清修。后来,大德堂便成为黄氏家族所属的斋堂,并以黄府所遗的家产作为斋堂产业,代代相承,由其家族出家的菜姑主持,直至20世纪40年代末,还住有菜姑20多人,后废为民居。

东龙堂

位于翔安区新店镇吕塘村,明末清初建,为一农家大院式建筑,供奉释迦文佛、观音菩萨。20世纪80年代新加坡华僧印实法师出资翻修。现住持为宏辉法师女弟子开福姑。

松柏林观音堂

在同安区大同镇松柏林街。始建未详。奉观音大士,为附近居民岁时清供、日常礼拜之所。原先未有僧人住持。清雍正十三年(1735年),乡人陈允雄募金69两,买堂右民宅改筑僧舍,延请僧人住堂;而将店厝出租以充香火费。明确规定店厝不许贴借典卖,并立石为据。乾隆四十一年(1776年),乡耆张太封、邑庠生王彪等募集资金400两,再次重修,举人庄光前为作《重建松柏林观音堂碑记》。光绪二年(1876年),与上次重修已时隔100年,乡绅、州同知王启丰、中书王启珠、监生王启彭伯仲倡议再度重修,立匾为记。"文化大革命"中废,堂中珍藏古洞观世音菩萨像遗失,传说流落新加坡。中共十一届三中全会以来,海内外善信非常关注观音堂的兴复,新加坡同安会馆主席孙炳炎、监委主席李金泉、新加坡东南亚教育研究中心主席王秀南、新加坡佛教居士林秘书长李木源以及旅居新加坡同安籍侨胞,台湾台北市金玉禅寺(从观音堂分炉的寺院)僧伽善信对观音堂都很关怀,积极募集资金支持复建工程。1994年10月,同安县朱再兴副县长亲自主持办公会议,落实归还观音堂有关事宜。同月,县宗教局、佛教协会、大同镇政府牵头组织修复观音堂理事会。佛堂坐东向西,面阔5米,进深13.4米,辟三拱门,单檐翘脊,装饰华丽。近代以来,清念大师、厚学和尚诸名僧相继住锡,后改为菜姑住持,复建后成立观音堂管理委员会主持堂务。现有一尼众住持。

不二堂(观音宫)

在翔安区马巷镇人民会场对面。以宫奉观音大士,又名"观音宫"。又据2001年《观音宫重建记》云:清马巷厅照磨龙相清以母病危,诣宫祈祷护佑,遂康复痊愈,献匾"不二堂"以赞灵应,后人因以之为宫宇名号。宫始建莫详,宫内旧物可识岁月者唯一石柱,上刻"乾隆甲午年"(即清乾隆三十九年,1774年)。然而是年究竟是始建年份或重修时间,因无其他史料佐证,无从断定。旧宫狭小简陋,面积仅30平方米左右,每遇佛诞节日,里里外外,人山人海,拥挤不堪。2000年,宫前旧市场拆迁,马巷各界热心人士自发组织筹建理事会,发动捐款。四方善信闻风响应,共募集资金44.5万元,购置、拆除宫后宫右两栋楼房,扩建面积达298平方米。是年农历四月动工,越年八月落成。新宫五开间,重檐歇山,大殿之上复构重楼,中为大雄宝殿,两侧为钟楼鼓楼,楼宇之前,新凿喷水莲花池一方,四面环栏,中立石雕观音菩萨像。今宫无僧人住持,由地方组织管理委员会管理。香火极旺。

清居堂

在翔安区马巷镇山仔尾。民国33年(1944年)马来西亚华侨林摘花(出家法号莲果)创建。莲果姑原籍马巷巷东店头村人,嫁与巷东下沙溪村蔡某为妻,婚后携带子女往马来西亚槟城与夫团聚。其夫为船工。不久,夫死子亡,遂看破红尘,拜槟城极乐寺广通老和尚为师,皈依佛教,持斋修行。她在槟城摆烟摊,为人洗涤衣服,为医院清洗产包,含辛茹苦,积累银圆2000

元,于民国 32 年年届七旬时回国。莲果姑肩挑一担观世音菩萨像和琉璃灯行李担,漂洋过海,重归故里。一到马巷,即购地建堂。资金不敷,四方募化。堂宇落成,便赴莆田梅峰寺受具菩萨戒。1954 年礼聘厚学法师登堂弘法。1959 年七月初七莲果姑示寂。1960 年厚学法师延请马来西亚马六甲慧慕姑回国接任。清居堂为同安梵天寺下院。旧时中为殿堂,两边厢房护厝分别为禅房精舍、客堂、库房、浴室,环境幽雅。"文化大革命"后恢复正常宗教活动,在厚学法师的大力支持下,改建为二层楼房,楼下供佛祖释迦牟尼,楼上供观音大士。2001 年再度重修,整治一新,堂上金碧辉煌,整洁雅致。现由 3 位僧人住持。

南泉堂

据清《同安县志》记载:"在同禾里六都,俗名'草埔宫'。供奉清水祖师。其神甚灵,有祷辄应。岁正月往彭岩进香,四方从者以数千计。"余未详。今废。

坡山庵

又名"东庵"。在同安区旧城南翔风里西埔。始建未详。旧志盛称是庵庙貌"甚庄严壮丽"。后迁西柯镇上山头,供三尊佛,由村民管理。

大明庵(寺)

在集美区西滨村莲花山,旧称大明庵。历史上时有兴废。20 世纪 60 年代,生产队占为仓库。旧存一大殿,为清末建筑。"文化大革命"后由泰国归侨捐资新建二层僧舍及斋堂,改称"大明寺"。由释宏辉挂名主持,现住有出家僧众 4 人。

灞上禅堂

在同安区大同镇西安路西亭宫后。始建未详。原奉观音菩萨,会泉法师尝驻锡讲经。堂前旧有一对宋代婆罗门石塔,"文化大革命"中,一移梵天寺,一移梅山寺。禅堂 20 世纪 90 年代初在旧城改造时被拆,改建为西安商业城,现仅存碑记一段。

下店宫

在同安区洪塘镇石浔村。始建未详。供奉观世音菩萨,无僧尼菜姑住持。今为村老人会活动场所。

第五章 住僧宫庙

宫庙,原为道教及民间信仰奉祀神灵的庙宇。厦门沿海崇尚鬼神迷信,因此举凡码头、街巷、村社都有奉祀各种神祇的宫庙。据清道光《厦门志》资料统计,厦门本岛共有各类宫、庙、殿祠70多所。如把遍布街坊里奉祀"挡境"小神庙计算在内,神庙总数达100多所。许多神庙以祀海神天妃和医神吴真人为主,祀天妃和吴真人的宫、庙共42所,占总数40%以上。这些祀神的宫庙,除较大的宫庙有所属的社里公推老人负责香火外,一般都没有专人管理。

清中叶以来,厦门有些寺僧为追求香资收入,选择香火旺的宫庙进住,自任住持,并经营成为派系所属的子孙宫庙,代代相传。其中有文字记载的、最早的是虎溪岩派寺僧意藏于乾隆末进住朝天宫,此后,有释达昆经营前园宫,释达广住持西庵宫,释证远入住丹霞宫,释证容进住潮源宫,释证幢入居东岳庙,释妙悟经营回龙宫,释心与住持灵应殿。这些宫庙,以后都成为虎溪派下世代相承的子孙庙。至20世纪30年代前后,以上宫庙大部分改由菜姑住持,如丹霞宫、西庵宫、东岳庙、灵应殿等由菜姑普新、木耳等主持。

岛　内

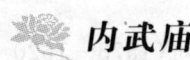

内武庙

在思明区内武庙街32号,养真宫之左侧,坐西北向东南。庙肇建于明洪武年间(1368—1398年),与厦门中左所城并古,为鹭岛奉祀关圣帝君之首庙。万历年间(1573—1620年)一度重建。旧庙在所城西门内,清康熙年间(1662—1722年),靖海将军施琅修建所城时,捐银70两,迁建今址。嘉庆二十四年(1819年)重新翻建,道光元年(1821年)五月告成。光绪二十五年(1899年)再修。民国23年(1934年),蒋以德居士再度修葺,并在庙内创办义学,门前有以"义学"冠头联,曰"义之至上谁若夫子者,学而有成岂唯春秋乎"。佛家以关圣皈依佛陀,奉为伽蓝护法尊神。清道光年间(1821—1850年),僧心明一度住庙,20世纪30年代,释觉净等二人又复住庙。旧庙大部为平屋,占地300多平方米,"文革"中庙被工厂占用,殿堂神像及各种设施均被毁坏。1997年,厦门市宗教局与佛教协会拨内武庙为居士林林院基地。时庙宇殿堂破败不堪,后落仍为工厂占用,历经周折,方由居士林出资赎回产权,并于1997年年底动工翻修前殿。前殿翻修后,又于殿后新建四层楼苑,总建筑面积1000平方米,于1999年竣工。又新塑诸佛菩萨及关帝圣像等30多尊,添置各种设施,共耗资300多万元。资金来源采取边建边募形式,得到海内外十方善信的捐助。庙外墙体全为清水砖砌筑,上下左右开4个透窗,透雕龙凤鹿鹤吉祥图样。前殿前为弥勒，背向为韦驮，正中供奉关帝圣君。殿后功德堂。后面二楼为居士林林院与客舍，三楼为大雄宝殿，顶层设经院讲堂兼作藏经阁。全庙新塑诸佛菩萨圣像，工艺精湛。经院珍藏《大藏经》及其他典籍经书近千卷。门前石狮、前殿龙柱、三楼大雄宝殿外墙八骏、殿中诸佛基座花鸟人物等精雕细刻，为当代石刻中精品。居士林的建成，结束厦门居士半个世纪有"林"无"居"的历史，开创林众自有集修行善的林院。居士林落成开光之际，诚聘中国佛教协会副会长、厦门南普陀寺方丈圣辉大和尚，厦门佛教会会长理文大师为传法导师。圣辉大和尚亲临居士林院，为居士众开授"三皈五戒"。

城隍庙

在思明区城隍庙街2号，即古城西南隅，与武庙相连。祀城隍之神。明洪武二十七年（1394年）江夏侯周德兴创建。清初一度修葺，嘉庆元年（1796年）又复修建。道光年间（1821—1850年），僧妙良住庙。民国17年（1928年）路政变更，蒋以德居士独资重修。20世纪40年代初，释智寿为庙住持，时庙住僧2人。释智寿自幼出家，曾在漳州南山寺受具足戒。"文革"中旧城改造拆毁，1982年由福建省民俗协会及厦门市历史协会倡议，由两会合办的台胞民俗咨询会主任吴天发负责异地重建一小庙于南华路侧。

前园宫

在思明区本部巷2号，旧志称"在大担山后"。相传始建于明成化年间（1465—1487年），奉祀天上圣母妈祖、大道公吴真人，历代兴废不一。清嘉庆年间（1796—1820年），有比丘释弘贵、释达昆相继住持。清末民初，外道龙华派斋姑住宫传教。民国23年（1934年）遭火灾。不久，信徒集资重建，改为钢筋混凝土结构，三开间两进，殿堂颇宽敞。后废，改为民居。宫前旧有戏台，今拆建为居民大楼，旧宫除水泥剥蚀之遗构外，尚余柱联"无力放生须戒杀，有心为善莫欺天"。现由佛教协会回收产权，拟复建未果，仍为民居。

地藏寺

即原东岳庙。在中山公园北门内2号。旧时坐带溪，面仙洞。明万历年间（1573—1620年）太常寺卿池浴德舍施建造，祀东岳大帝并十殿阎罗。清嘉庆年间（1796—1820年），虎溪岩僧释证幢、释弘法相继进住。同治十二年（1873年）腊月曾经修葺，光绪十年（1889年）己丑再修。民国19年（1930年），厦门海军堤工处建造中山公园，划归园内，遂依佛寺规制重新改造，正中山门三开间，左右各一间，飞檐翼翼，脊饰优美。三进两庭，严严整整。山门前有池一泓。寺庙由菜姑住持。厦门沦陷后，由大乘佛教会委派南普陀寺执事广印上人为住持，易名为"地藏寺"。释广印民国25年投拜瑞枝法师，在福州鼓山涌泉寺受具足戒，为大乘佛教会教化部讲师。40年代初住寺僧伽2人。"文化大革命"后旧城改造时被拆毁，20世纪90年代群众就地建一小庙，现无人管理。

福茂宫

在思明区福茂宫街13号，即后海墘内柴市。相传明嘉靖年间（1522—1566年），有安溪卖布小贩赁居于此，家奉清水祖师，屡显灵应，因为立庙。后兴废不一。厦门沦陷后，由释宗守法师进住。释宗守民国13年（1924年）在莆田梅峰寺受具足戒。抗战胜利后由菜姑住持。建国

后,菜姑在宫中组织福茂净业社、莲修团,后并入同戒会。"文化大革命"初与其他庙宇一道作为公产被接管。1976年,被仪表厂拆建为厂房大楼。

圆山宫

在厦门港圆山宫巷33号。主祀吴真人,复祀妈祖。宫建于明代(一说始建于宋,祀安府建王),清乾隆十八年(1753年)、光绪三十年(1904年)屡次重修。清中叶,每月朔望读法于此。民初,居士蒋以德在此开办"养正义学",成绩颇佳。有僧西藏住宫,宫中复有佛画像21幅。旧址仍存。

养真宫

在思明区养真宫街32号,内武庙居士林之右。宫始建于明万历十七年(1589年),原祀保生大帝吴真人和妈祖。清康熙二十四年(1685年)曾经重修。光绪二十二年(1896年),厦门"了闲社"董事聘请漳州南山寺僧佛乘和尚来宫住持,佛乘和尚进住后将大殿原祀吴真人及妈祖神像移进后院,改神殿为佛殿,供华严三圣和观音菩萨。后"了闲社"董事提出意见,要求在殿前塑奉吕先祖(纯阳)神像,以为他们扶乩活动之用。民国初年,宫由佛乘和尚弟子转道和尚继任住持。因养真宫香火收入丰厚,遂同时列为漳州南山寺和泉州开元寺下院,把每月收入所得分为三份,一份供住宫日常费用,另两份分别上交南山、开元两寺,作为斋粮之需。此后养真宫便成为喝云派下子孙相承的下院。由开元、南山两寺各派僧人住持。转道之后住持有瑞苗、广周、传晓、传声等等。

建国后,1958年厦门并寺,养真宫住僧又集中到南普陀寺,宫被当地街道占用。"文化大革命"中宫内诸佛菩萨圣像及法器均被毁坏。1987年,佛教协会收回产权,并拨给佛教居士林为林址,但仍为当地幼儿园借用。1990年幼儿园撤出,由居士林进住。1995年市佛教协会指派僧人能元法师进住,改拨内武庙为居士林新林址。1997年,能元法师对宫殿楼舍重修扩建,并在前殿后增建一三层后殿楼堂。1996年改称能仁寺,至2000年重新扩建完工,2002年举行落成开光大典。至此,养真宫、能仁寺重修一新,香火旺盛,成为僧人与信众们修行念佛的一个理想道场。

塘边宫

又名"云岫庵"。在禾山塘边社57号。传说明万历年间(1573—1620年)金门会元、传胪许獬建(一说崇祯间,即公元1628—1644年,误。许獬才高命夭,37岁即英年早逝,时为万历三十九年),供奉观音菩萨。清嘉庆年间(1796—1820年),为菜姑道场。同治十三年(1874年)九月,董事林恩等鸠资重修。民国期间(1912—1949年),菜姑星散,当地玄门道士王荐主持宫务。"文化大革命"中,宫被毁。1984年,当地村民复建平屋三间,仍主祀观音,有菜姑3人入住。

朝天宫

一名"上宫",又称"林孝女祠"。在思明区大同路旧67号。祀妈祖天后。肇建于明天启间(1621—1627年)。清初,靖海侯施琅平台,相传途经此地,军中乏水,祷于神,乃淘于庙,泉流涌出,足供四万人之用。又在征台鏖战中,得神灵助战。凯旋,捐俸、劝募重建。清廷尝派钦差

致祭,盛极一时。清乾隆年间(1736—1795年),虎溪岩寺僧释意藏住宫,增祀佛菩萨。建国初旧城改造拆毁。

雷音殿

在思明区厦禾路278号,清道光年间(1821—1850年)尚在后崎尾小屿中。始建于明,祀五行神(即五福大帝)。清季有僧人住庙,光绪三十三年(1907年)重修殿宇时,于殿左添建释尊佛堂,供奉释迦文佛,庙右修桥头妈祖,改称"雷音寺"。清末民初,邵胜义居士捐献白玉文佛一尊。民国17年(1928年)为路政处所毁,后由里人重构枋皮厝一间,以存其旧。20世纪30年代,释真禅、释妙理师徒相继主持寺务。释妙理民国24年投拜真禅法师。时有僧伽2人。寺拥有众多妇女信众,每逢初一十五;香火十分旺盛。后废,废殿残构仍存旧址。

福海宫

在厦门港金新街(后以宫为名,即称福海宫街)旧20号。相传始创于明末,清乾隆四十年(1775年)一度重修。初祀天后,道光以后增祀保生大帝。民国22年(1933年),蒋以德居士翻建。宫址高出地面,宫宇颇宏敞,宫前围护木栅栏,留有宽大庭院,周边多有露天摊贩,是附近居民休闲的场所。宫中兼祀佛像。20世纪40年代以前尝有僧人住宫。今废。

朝宗宫

在思明区厦港沙坡头10号。始建于清初,奉天上圣母、太上老君,并祀四海龙王及风云雷雨诸神。民国29年(1940年),僧宗守募资重建,增祀释迦佛。后由两名菜姑管理宫务。2000年由当地群众集资重建一小庙,无人住持。

普佑殿

在思明区普佑街52号,旧时称"后路头"。祀清水祖师。建自清初,乾隆二十二年(1757年)重修,嘉庆十一年(1806年)复修,道光二年(1822年),里人黄养和等鼎力修葺,咸丰九年(1859年),董事购买殿左曾家旧屋,改筑洋式房屋两间,出租生息,以充香灯之资。清末民初,僧人释元静住庙,后由菜姑主持。厦门沦陷,菜姑四散。"文化大革命"初被接管为民居。

武西殿

在思明区鱼仔路5号。清康熙年间(1662—1722年)建,奉祀玄天上帝。传说水涨之时祈祷最为灵应,人称"水返上帝"。殿中兼奉佛像。20世纪40年代以前尝有僧人进住。今废。

朝源宫

旧志作"潮源宫"。在旧厦门市区晨光路,即寮仔后海滨。清乾隆年间(1736—1795年)建。祀天后。道光、同治间(1821—1874年),释证容、释弘仪、释弘范相继入宫住持。民国24年(1935年),因厦门堤工处改建海堤码头,将潮源宫迁建于晨光路侧。厦门沦陷期间,豪绅林滚占地建楼房,又将潮源宫再迁建同文顶,挖山建妈祖庙。现归厦门佛教居士林管理,每月集中居士在此念佛讲经。

丹霞宫

俗称"故宫",在旧厦门市区丹霞宫12号,即古城西门外右营游击衙左,原并祀天后、吴真人。始建于清嘉庆十四年(1809年)十一月。虎溪岩僧释弘胜、释征远相继住宫为主持,宫中兼奉佛祖。民国中由菜姑住持。建国初厦门佛教居士林成立后,以宫作为居士林众念佛住修之所。"文化大革命"中废为民居。

和凤宫

在旧厦门市区和凤宫4号,即旧志所云凤凰山下岛美路头后街,民国以后其地因宫而名。清道光(1821—1850年)以前并祀吴真人、天后二神,后改祀清水祖师。宫始建于明,清初毁于兵火,康熙二十八年(1689年)重修,乾隆四十一年(1776年),里人李天观以洋商经营假借是宫为议事所,改建旧观。嘉庆、道光年间(1796—1850年),洋商又多次修建。民国27年(1938年),僧善尧入宫住持。28年,由大乘佛教会派法师释齐明接替。释齐明为西净和尚弟子,民国4年在宁波弥陀寺受具足戒,历任宁波宝圣寺住持。后废。

灵应殿

在思明区灵应殿13号,清道光以前建,原祀池王爷。道光以后,僧心与入殿住持,改奉释迦文佛为主。光绪初(1875—1884年),释仁德入住,一度香火兴旺。光绪中重新修葺。20世纪40年代,住僧演南。建国后改为同文中学院舍。在院舍留有数间房作为菜姑奉佛住地。

龙潭宫

在西山社。始建于清道光十五年(1835年)乙未五月。祀玄天上帝。民国16年(1927年),蒋以德居士重建拜坛。20世纪30年代末,转一和尚门徒释瑞悟入宫住持。今废。

寿山宫

在思明区吴厝巷19号,清道光年间(1821—1850年)建,祀吴真人,光绪年间(1875—1908年)重修,增祀天后。民国19年(1930年)5月,万石岩会泉法师剃度弟子、甘露寺住持释宏定尼师入住,改为斋堂,并重新修葺。建国后,由菜姑陈彩凤住持,住众5人。"文化大革命"初被工厂占用,宫宇斋舍拆建为厂房。

太平殿

在思明区厦港南大埕38号。清咸丰四年(1854年)建,奉观音大士。传说昔曾化身示现。同治、光绪两朝鹭江官宪尝诣庙行香悬匾。解放前有僧侣、菜姑住殿。今废。

昭福宫

在旧厦门市区土地巷18号。祀奉圣主公、大府爷。建于清光绪年间(1875—1908年),香火盛旺一时。民国中,僧存池进住。抗战期间,厦门沦陷,居民四散,宫庙收入不够维持,遂离去,由里人轮值管理。今废。

福寿宫

在本岛西山社打铁路头左边,始建于清,原祀吴真人、天后二神。毁于台风。民国17年(1928年),蒋以德居士重建,改祀玄天上帝,并延僧人住持。宫中兼祀佛像。今废。

武圣庙

旧称"外武庙"、"外关帝庙"。在旧厦门市区模范村30号,即旧神前街。坐海向街。始建于清,屡遭回禄,数度废兴。同治年间(1862—1874年),僧安仁住庙。民国15年(1926年)旧城改造,为路政处所毁,旋即重修。28年改为斋堂,觉斌和尚皈依弟子李妙法姑入住为住持,时有斋姑3人。35年,庙董敦请南普陀寺举荐主持人,觉斌和尚女弟子妙宽姑被举为住持。今废,改建厂房。

西庵宫

旧志称在西城内,祀天后、吴真人。始建未详。清嘉庆年间(1796—1820年)有僧人释达广住宫。建国初厦门居士林曾在此创建"西庵莲社",定期组织念佛法会。今废为民居。

福河宫

在思明区福河街57号。始建及祀神未详。由菜姑住持。"文化大革命"初被作为公产接管,并由房管部门承租两户人家居住。现住菜姑1人,与民户同住。

回龙宫

旧址在厦门港海边,祀龙王。始建于清中叶,具体岁月失详。废于清末。据《虎溪岩祖字簿》记载:清嘉庆、道光间(1796—1850年),虎溪岩派下僧释妙悟入宫住持。同治中(1862—1874年),又有僧人释智性住宫。

附一：厦门市现存寺院(含住僧宫庙)一览表

寺院名称	地　址	始建年代	住众(人)				备注
			僧	尼	菜姑	居士	
寺							
南普陀寺	思明南路515号	五代	145				旧称"普照寺"
普光寺	思明区莲前大道	明洪武(1368—1398年)	20			1	旧称"金鸡亭"
天界寺	思明区万石植物公园内	明万历十一年(1583年)	3		10	6	旧称"醉仙岩"
华严寺	思明区南溪仔墘9号	明万历四十四年(1616年)	7			7	
鸿山寺	思明南路305号	明万历(1473—1620年)	15	2		17	
紫竹林寺	思明区金榜南路1号	明末		254			称"宝山岩"，又名"董内岩"
佛光寺	思明区文屏路1号	明末	2		1	9	
启明寺	思明区曾厝垵龙瑞山麓	明末		7		4	原为土地庙，称"东宫"，后改为莲花道场
涌福寺	思明区文屏山庄后	清嘉庆四年(1799年)	4			2	
妙清寺	思明区新华路墙顶巷28号	民国14年(1925年)			10		旧在古城西路141号，1983年迁今址
甘露寺	思明区虎园路2号	民国18年(1929年)			8		
弥陀寺	思明区石顶巷48号之二	1956年			5	4	旧在乌石铺，1992年迁今址
雪峰寺	湖里区仙岳路369号	1989年			6	4	
观音寺	湖里区仙岳路1279号	1994年	6				
梅山寺	同安区大同镇碧岳村梅山西麓	唐		15	4	5	
天兴寺	同安区大同镇碧岳村	唐					初名"黄佛寺"，今易址改建，由当地村民组织管理
梵天寺	同安区大同镇大轮山麓	后唐	14			27	
拱莲古寺	同安区洪塘镇东宅村	后唐					俗称"五里宫"，由当地村民组织管理
真寂寺	海沧区天竺山麓	后唐		1			正重建中
甘露寺	翔安区大帽山杜田	唐					由当地村民组织管理
盈岭古寺	翔安区小盈岭	宋					旧称"盈岭大士寺"，由当地村民组织管理

续表

寺院名称	地　址	始建年代	住众（人）				备　注
			僧	尼	菜姑	居士	
寺							
云塔寺	海沧区大岩山	宋					又称"大岩寺"，后由居士管理
大佛寺	同安区洪塘镇石浔村	明末					由当地村民组织管理
华峰寺	同安区西柯乡坑内村美人山北麓	明			1		又名"华岩寺"
西竺寺	集美区高浦	明末清初	7				
佛国寺	同安区妙高山	清宣统三年（1911年）					由当地村民组织管理
佛心寺	同安区莲花镇	民国		11			
佛圣寺	海沧区吴冠乡西片255号	1997年		8	3		
白莲寺	同安区洲村	20世纪90年代		1	5		
龙门寺	海沧区天竺山	未详					旧为真寂寺上院退休长老住修
共计（座）	30						
岩（洞）							
云顶岩	思明区洪济山	明初					初名"方广寺"。建国后部队驻防无僧人住持
日光岩	思明区晃岩路62号	明	4	2	2		原为"莲花庵"又称"晃岩"
虎溪岩	思明区虎园路玉屏山	明万历后期（1602—1620年）	16			13	曾称"玉屏寺"
太平岩	思明区万石植物公园内	明万历（1573—1620年）	6				
白鹿洞	思明区白鹿路5号	明	14	1	1	2	
万石岩	思明区万石植物公园内	明末		5	5	2	又称"万石莲寺"
中岩	思明区万石植物公园内	明	3			3	又称"云中岩"
天竺岩	湖里区莲岳路仙岳山	康熙末年（1712—1722年）					因建设资金被骗在建工程中断
北山院（岩）	同安区果园镇北辰山	五代					当地村民组织管理
斗拱岩	同安区汀溪镇褒美村斗拱山	北宋初					原称"栖隐院"。当地村民组织管理
出米岩	翔安区内厝镇散魁山下	北宋中期					由当地村民组织管理
龙池岩	角美镇潘厝村后山	北宋	7				今属龙海市
香山岩	翔安区马巷、内厝、新店三镇交界	南宋初					当地村民组织管理

续表

寺院名称	地址	始建年代	住众(人) 僧	尼	菜姑	居士	备注
岩(洞)							
太华岩	同安区莲花镇莲花山	宋					当地村民组织管理
铜钵岩	同安区莲花镇后洋花厝山	宋					当地村民组织管理
慈云岩	同安区新民镇禾山村圣水泉山	宋端平年间(1234—1236年)					又称"端平岩"。当地村民组织管理,拟重建
白云岩	同安区新民镇大西山	元					当地村民组织管理
白虎岩	集美区第二农场后山	明建文二年(1400年)					当地村民组织管理
普陀岩	翔安区新店镇垵山山头村	明嘉靖元年(1522年)					又称"狮子岩"、"圆觉寺"。当地村民组织管理
安福岩	同安区五显镇明溪村北山麓	明季					俗称"前岩"。当地村民组织管理
清泉岩	翔安区新店镇上美村	明末					又称"后山岩"。原祀玄天上帝,清中叶改奉清水祖师。当地村民组织管理
雪山岩	同安区五显镇三秀山左鹅髻山	明末					俗称"后岩",又名"牛皮岩"。当地村民组织管理
石佛洞	同安区莲花镇沃溪村石沃口	明					又称"石佛寨"。当地村民组织管理
寿石岩	集美区后溪镇圣泉山	明			4	3	又称"岩内宫"、"龙泉寺"
石峰岩	海沧区钟山	明末	4				
翟峰岩	同安区汀溪镇褒美村	清道光二十年(1840年)前后					斗拱岩下院。当地村民组织
共计(座)	26						
院							
觉性院	思明区禾山小东山下	后唐		5			
大观院	思明区将军祠路	明正德年间(1506—1521年)		3			旧院在旧将军祠37号,殿堂已拆,待处理重建
报恩院	同安区汀溪镇褒美村斗拱山南麓	唐	1			2	又称"南洋院"、"南院",曾为梵天寺下院。当地村民组织管理
观音院	同安区大同镇碧月村	后唐					现由比丘尼住持
石室禅院	海沧区霞阳文圃山三魁岭下	后唐同光三年(925年)	8		4		

续表

寺院名称	地址	始建年代	住众(人)				备注
			僧	尼	菜姑	居士	
院							
圣果院	集美区祥桥镇豪山西麓	五代后唐					初名"泗洲院"。当地村民组织管理
西园院	同安区大同镇古庄官田	明					无人管理
溪内院	同安区果园镇辽野村	宋					当地村民组织管理
共计(座)	8						
庵堂(林、精舍)							
龙湫亭	思明区禾山桥头	明隆庆以前	2				复称"龙湫寺"
印(应)月堂	思明区溪岸路167—169号	清咸丰年间(1851—1861年)		2			最初在旧市区后路头,原为首创者李仙记私宅,民国中迁虎园路李仔山,1958年改易今址
顶释堂	思明区顶释仔街14号	清光绪年间(1875—1908年)	2		1	1	后改称寺
进明堂	思明区黄厝溪头下4号	清光绪年间(1875—1908年)		5		7	后改称寺
庆福堂	思明南路457号	民国14年(1925年)		5		3	现改称寺
净莲堂	思明区将军祠40号	民国18年(1929年)					
妙法林	思明区励志路1号	民国23年(1934年)		4		2	1982年列为厦门市第二批文物保护单位
延寿堂	思明区本部巷10号	民国24年(1935年)		8			旧在市区虎园路12号之二,1958年建厦门宾馆,遂迁今址
普愿堂	思明区靖山路33号	民国30年(1941年)		8			
莲苑精舍	思明区霞溪路20号	20世纪50年代初		1			
承汉阁	同安区大同镇东山	元或元以前		3			
妙建庵	同安区大同镇西安桥南	明					当地村民组织管理
东龙堂	翔安区新店镇吕塘村	明末清初		1			
松柏林观音堂	翔安区大同镇松柏林街	未详					当地居民组织管理
不二堂	翔安区马巷镇人民会场对面	未详					又称"观音宫"。当地居民组织管理
佛心堂	同安区莲花镇白沙仑	20世纪30年代		11		2	现称"佛心寺"

续表

寺院名称	地　　址	始建年代	住众（人）				备注
			僧	尼	菜姑	居士	
庵堂（林、精舍）							
清居堂	翔安区马巷镇山仔尾	民国33年（1944年）	3				梵天寺下院
坡山庵	同安区西柯镇上山头	未详					又称"东庵"。旧在同安城南翔凤凤里西埔。当地村民组织管理
大明庵	海沧区西滨村莲花山	未详	4				今称"大明寺"
下店宫	同安区洪塘镇石浔村	未详					今为村老人会活动场所
共计（座）	20						
住僧宫庙							
内武庙	思明区内武庙街32号	明洪武年间（1368—1398年）					清道光年间（1821—1850年）僧人入住。现为厦门市居士林林址
城隍庙	思明区城隍庙街2号	明洪武二十七年（1394年）					清道光年间（1821—1850年）僧人入住。"文革"中拆毁，现移建于南华路，无人管理
养真宫	思明区养真宫街32号	明万历十七年（1589年）	8		2	2	清光绪二十二年（1896年）僧人入住。现改称"能仁寺"
塘边宫	思明区禾山塘边社57号	明万历年间（1573—1620年）			3		又名"云岫庵"。清嘉庆年间（1796—1820年）为菜姑道场
朝宗宫	思明区厦港沙坡头10号	清初					民国29年（1940年）僧人入住 2000年重建 当地居民管理
朝源宫	思明区晨光路	清乾隆年间（1736—1795年）					旧志作"潮源宫"。清道光、同治年间（1821—1874年）僧人入住。现为居士林管理
灵应宫（殿）	思明区山仔顶同文中学内	清道光或道光以前					清道光以后僧人入住。建国后占为同文中学校舍，留有数间供几位菜姑住修
福河宫	思明区福河街57号	未详				1	菜姑住持。"文革"中一度被接管
共计（座）	8						

附二：厦门市已废寺院（含住僧宫庙）一览表

寺院名称	地　　址	始建年代	备　　注
寺			
妙释寺	思明区中山公园内	明	南普陀寺下院,建国后废,拟重建
海屿寺	思明区厦门港"打石字"下海滨	清乾隆十四年(1749年)	已废
新福寺	思明区九竹巷64号	清宣统二年(1910年)	"文革"中废
清莲寺	思明区豆仔尾93号	民国10年(1921年)	已废
慈恩寺	思明区禾山茂后社西村农场	民国22年(1933年)	已废
资福寺	同安县城南	宋天圣间(1023—1032年)	明代废
净隐寺	确址未详	宋	南宋初尚存
章法寺	未详	宋	宋末元初尚存
开年寺	同安旧城西北	明万历四十八年(1620年)	早废
金山寺	同安仁德里马鞍山之阳	明清	已废
共计(座)	10		
岩			
万寿岩	思明区阳台山	明永乐十三年(1415年)	一名"山边岩",建国后为驻军营房,殿堂已拆毁,待回收
寿山岩	思明区虎园路半山塘	明正德年间(1506—1521年)	又名"半山堂",建国后拆建为宾馆
紫云岩	思明区万石植物公园内	明	旧名"达中庵"。建国后驻军以为营房,殿堂大部荒废。1991年归还产权,使用权未移交。
白鹤岩	思明区旧城城东	明	清初为大观院下院,建国后拆建为宾馆
碧山岩	思明区巡司顶2号	明季	"文革"中被占用。今产权收回,拟重建
石泉岩	思明区南普陀寺后山,原无尽岩右侧	未详	早废
留月岩	同安区梵天寺后山上	(宋或以前)	已废.拟重建
清水岩	同安区大帽山农场	宋绍兴三十一年(1161年)	已废
灵鹫岩	同安区城西南,旧仁德里苧溪。	明或明以前	入清后废
晃岩	同安区汀溪水库	未详	又称"晃岩寺"。已废
共计(座)	10		
院			
正悟院	未详	五代	清乾隆后废
资福院	湖里区金山山麓	未详	俗呼"后院"。清末废
法海院	思明区鼓浪屿"三丘田"	清乾隆二十八年(1763年)	原称"瑞晃庵"。清末民初废

续表

寺院名称	地　址	始建年代	备　注
岩			
明觉院	同安区大同镇田洋前宅村西	后唐	原名"泗洲院"。"文革"中废
佛岗院	同安区大同镇碧岳村九曜山南麓	唐末五代	"文革"中废为自留地。拟重建
普慈院	同安区大同镇东山村	五代	比丘尼院。清乾隆间废
定琳院	集美区后溪镇坂头水库林场	北宋	清末废
广慈院	海沧区文圃山	北宋	已废
智门院	同安区旧城南古仁得里十一都	宋	初名"南峰院"。清乾隆以后废
福船院	同安区旧城东同禾里六都	宋	早废
嘉福院	同安区旧城西安仁里深青铺	明以前	明洪武重建。后废
南风院	同安区旧城西安仁里天马山腰	明	已废
化度、慈相、双林三院	同安区旧城西北龟洋山	未详	早废
共计(座)	15		
庵堂(林、精舍)			
观音亭	思明区大同路旧10号	清顺治二年(1645年)	已废
荷庵	思明区中山公园东门一带	清初	20世纪20年代初辟建中山公园，后废
观音亭	思明区旧城南门外	清乾隆以前	俗称"桥亭"清道光年间尚存，后废
通津亭	思明区神前街外关帝庙前	未详	清道光年间尚存，后废
功德堂	思明区溪岸路2号	清	建国后废为民居。待迁复建
源德堂	思明区溪仔墘10号	清光绪二十年(1894年)	建国后废
慈佛安定堂	思明区厦港菜园角20号	清光绪年间(1875—1908年)	建国后废
海月堂	思明区草埔尾16号	清光绪年间(1875—1908年)	复称"海月寺"。建国后废
慎戒堂	思明区同安路1号	清季	废为居民
惠感堂	思明区后海墘打索埕	清末民初	20世纪90年代废
修德堂	思明区美仁前社95号	民国元年(1912年)	至1990年尚有住众，近年旧城改造拆毁，易地建观音寺。
心德堂	思明区出米岩35号	民国10年(1921年)	建国后废
龙泉宫	思明区开平路12号	民国15年(1926年)	原在草仔垵海滨。1988年回收拟重修
莲远堂	思明区公园东路114号	民国20年(1931年)	一作"莲苑堂"。"文革"中废
佛顶堂	思明区天祥街88号	民国21年(1932年)	1993年厦禾路建设征用迁建
正信林	思明区妙释南里6号	民国31年(1942年)	"文革"初废

续表

寺院名称	地　　址	始建年代	备　注
庵堂（林、精舍）			
皇渡庵	同安区仁德里苏营南	唐	早废
畏垒庵	同安区大同镇北镇街旧大同书院内	宋	已废
贞素堂	同安区治东双溪书院内	明	已废
花厝佛堂	同安区莲花镇花厝	明	已废
格思堂	同安区城厢三甲后街	清顺治年间（1644—1661年）	清末废
大德堂	集美区鼎尾村	清康熙二年（1644—1661年）	已废
南泉堂	同安同禾里六都	未详	俗名"草埔宫"。清废
灞上禅堂	同安区大同镇西安路西亭宫后	未详	20世纪90年代拆毁
共计（座）	24		
住僧宫庙			
前园宫	思明区本部巷2号	明成化年间（1465—1487年年）	清嘉庆年间（1796—1820年）僧人入住。解放后废为居民，拟重建
福茂宫	思明区福茂宫街13号	明嘉靖年间（1522—1566年）	民国27年（1938年）僧人入住。"文革"中废
地藏寺	思明区中山公园北门内2号	明万历年间（1573—1620年）	即原"东岳庙"。清嘉庆年间（1796—1820年）僧人入住。建国后废
朝天宫	思明区大同路67号	明天启年间（1621—1627年）	一名"上宫"，又称"林孝女祠"。清乾隆年间（1736—1795年）僧人入住。建国初拆毁
圆山宫	思明区厦港圆山宫巷33号	明	清中叶僧人入住，旧址仍存
雷音殿	思明区厦禾路278号	明	清季僧人入住。建国后废
和凤宫	思明区和凤宫4号	明	民国27年（1938年）僧人入住。
福海宫	思明区金新街20号	明末	20世纪40年代以前僧人入住。今废
普佑殿	思明区普佑街52号	清初	清末民初僧人入住。"文革"初被占为民居
武西殿	思明区鱼仔路5号	清康熙年间（1662—1722年）	20世纪40年代以前僧人入住。今废
丹霞宫	思明区丹霞宫12号	清嘉庆年十四年（1809年）	俗称"故宫"。宫成，僧人即入住为住持。"文革"中废为民居
福仁宫	思明区二王街2号	清嘉庆年间（1796—1820年）	20世纪40年代以前僧人入住。今废
灵惠宫	思明区斗西路65号	清道光以前	清道光以后僧人入住，今废

续表

寺院名称	地　　址	始建年代	备　注
住僧宫庙			
武昭殿	思明南路"后路头"	未详	20世纪40年代以前僧人入住。建国初废
威灵殿	思明区山仔顶	清道光或道光以前	20世纪40年代以前僧人入住。建国初废
龙潭宫	思明区西山社	清道光十五年(1835年)	20世纪30年代末僧人入住。今废
寿山宫	思明区吴厝巷19号	清道光年间(1821—1850年)	民国19年(1930年)尼僧入住。"文革"初被占为厂房
太平殿	思明区厦港南大埕38号	清咸丰四年(1854年)	1949年以前僧人入住。建国初废
昭福宫	思明区土地巷18号	清光绪年间(1875—1908年)	民国期间僧人入住。今废
福寿宫	思明区西山社打铁路头左	清	民国17年(1928年)重建,僧人入住。后改为厂房
武圣庙	思明区模范村30号	清	清同治年间(1862—1874年)僧人入住。建国后改为厂房
福水宫	思明区沙坡头街80号	清	民国中僧人入住。建国后废
宝海宫	思明区溪头社	未详	又称"宝海堂"。20世纪40年代以前僧人入住。建国初旧城改造拆毁,遂废
西庵宫	思明区旧城西门内	未详	清嘉庆年间(1796—1820年)僧人入住。"文革"中废为民居
回龙宫	未详	未详	清嘉庆、道光间(1796—1850年)有僧人入住。后废
共计(座)	25		

第六章 四众弟子
第七章 宗门法系
第八章 佛门规戒
第九章 弘法利生

第六章 四众弟子

佛教徒向来有"四众弟子"或"七众弟子"之称。"四众",指的是出家男女二众和在家男女二众。出家男众称"比丘"或"比丘僧",俗称"和尚";出家女众称"比丘尼"或"尼僧",俗称"尼姑"。也有人把比丘、比丘尼与出家初级阶段的沙弥、沙弥尼和式叉摩那(将进入沙弥尼的学法女),统称为"出家五众",连同在家二众合称为"七众弟子"。实际上,后出家三众都是比丘僧(尼)的过渡阶层,可以不必另列,故一般统称为出家二众。只是,在近代闽南佛教史上却出现一类全国仅见的出家女众,她们不披剃落发,不受比丘尼戒,而同样出家住持寺院,过独身、持斋、修禅的尼众生活。闽南地方将这类的出家女众通称为"菜姑"。

在家二众,梵语称男众为"优婆塞",称女众为"优婆夷",意译为清信男、清信女或近事男、近事女,以其能亲近、奉事佛、法、僧三宝,通称为(男女)佛教居士。

第一节 僧 尼

隋、唐以来,历代统治者对佛教徒的出家都有严格的规定,不仅出家年龄、资格和名额有一定的限制,有时还要通过考试甄选,并在指定的寺院受戒后,由政府登记入(僧)籍,颁发度牒,才能算为正式合法的僧尼。此一度僧给牒的制度直至清乾隆三十九年(1774年)才宣告废除,从此僧尼可以任意收徒度众,政府不多过问,因而开始出现滥收徒众的流弊,使僧尼的素质大大降低。

近代,佛教徒要求出家,只要到寺院投拜一位比丘僧作为依止师父,由其按佛教规仪给予剃度落发,并以依止师的宗派世系辈分排序赐给法名,从此便成为该派系传世的出家弟子。佛教徒出家后就得舍弃家庭,住寺修道学佛,依止师对所收的弟子负有教育和抚养的责任。

初出家称为沙弥(尼),此后还得通过一定的仪式受三坛大戒,所谓三坛大戒就是初坛受沙弥戒(十戒);二坛受具足戒,即比丘戒250条或比丘尼戒348条;三坛受菩萨戒,受戒时还要举行"爇顶"仪式,就是在头顶上烧灼12点香疤,以表示要苦修菩萨行,立舍身救度众生的誓愿。受戒"爇顶"的习俗,据传始于元代,只在汉僧中施行,并非佛教的传统。因此,1983年中国佛教协会通过决议,公布废止此一陋习。

三坛传戒法会,通常由大丛林寺院举办。民国37年(1948年)厦门南普寺就曾举办"千佛三坛大戒"法会,礼请菲律宾性愿和尚为坛主,并邀请一代高僧虚云、圆瑛、盛慧为三师,印顺、清智、转圣等法师为七尊证师。一时高僧大德满堂,十方戒子云集,来自全国各地求戒的比丘200多人、比丘尼50多人、男女居士600多人,是厦门佛教史上空前的一次盛会。

厦门当地出家人人数甚少,寺院住僧大都来自内地,而以泉州所属的惠安、南安籍为多。据民国20年(1931年)思明县佛教会资料统计,全市92名僧众中,原籍泉州一带的就达48人,而厦门本籍出家的仅只4人。又据建国后1955年资料统计,在66名僧众中,来自泉州各县的有34人,省内其他地区的19人,外省籍11人,厦门本岛籍的仅2人。

近代出家僧众,以来自农村的农民居多。这些出身农民的僧众,文化程度都不高。据1955年厦门佛教会资料统计,在66名寺僧中具有中等文化程度的只有11人,而这11人中有一大部分还是出家后进佛学院学习才取得这个程度的。一些早年出家的僧众基本上都是文盲。他们出家后,除了跟着师父学习经忏唱念外,对于深奥的佛学经论则一无所学,也了无所知。但也有一些僧人出家后却能精修苦学而成为德学兼备的法师。如近代闽南知名的高僧会泉、性愿、转逢、转道、瑞今等人,他们出家后通过自我勤苦修学经典,四处拜师参学,终于成为德学双修的一代名师,他们不仅到处广弘佛法,足迹遍及海内外,还在厦门发起创办佛学院,提倡僧伽教育,为提高僧伽素质,振兴中国佛教做出了重大的贡献。

建国至80年代初叶,除50年代初有个别在家居士要求出家外,30多年来不仅未见有人出家,相反却有一些中青年僧人被迫还俗。留住寺院的僧侣也均已渐趋老化,厦门佛门僧界一度呈现断层的危机。

80年代初,国家重新落实宗教政策,允许佛教徒信教、出家自由,开始有一些还俗僧人重新返回寺院。1985年,厦门闽南佛学院复办,有一些知识青年男女要求出家,进入佛学院修学。据1992年统计,厦门本岛有比丘僧270人(其中学院学员103人)、比丘尼146人(大都是来自外地的佛学院女众班学员)。厦门僧学界开始走向繁荣发展的新阶段。

近代以来,闽南地区几乎没有当地女众削发出家的历史记录,却盛行女众带发修行的"菜姑",并以此取代削发出家尼僧的地位,闽南披剃出家的尼僧竟成"凤毛麟角"。20世纪30年代初,会泉和尚曾剃度一位尼僧,法名宏定,成为近代闽南第一位本籍尼僧。另一位原籍厦门的比丘尼方莲,原是厦门一位虔诚的女居士,20年代初往缅甸仰光朝礼大金塔,后侨居槟榔屿投拜道阶和尚削发出家,此后即在南洋各地弘法,受到各地佛教信徒的尊崇。民国22年(1933年),曾一度回厦门南普陀寺参拜名师,并带回一批女弟子拟安排到各地佛学院学习。越年仍返南洋群岛弘法传教。

80年代以来,厦门南普陀闽南佛学院复办后,有不少来自省内外的尼僧来学院求学。开始,厦门佛教内外的缁素人士视为稀罕,久之习以为常。有些原来出家的菜姑受其影响,亦要求削发披剃。1984年,有一位1937年即已出家的老菜姑要求落发为尼,法号"开香"。1986年又有一位年轻的菜姑,年前入闽南佛学院就学,与外地尼僧学员同住万石岩,虔诚拜求释向观法师为其披剃落发,法名"常品"。1987年,厦门佛教居士、著名大书法家罗丹逝世后,其继室周桂珍发心削发为尼,出家后即受比丘尼戒,入妙清寺住修。近年有不少厦门本籍女众削发出家为尼,开当代厦门佛教界女众削发出家的风气之先。

闽南佛学院复办后,初在万石莲增设女众部,招收各地比丘尼及闽南带发出家的菜姑入院学习。光头圆顶的尼师与绿鬓青丝的菜姑同窗共修,融洽无间。受其影响,部分菜姑及个别女教师相继落发出家。如厦门大学外语系一位女生,毕业后受聘在闽南佛学院教授外语,不久自愿落发出家,法名广普。

1996年,闽院女众部迁入紫竹林寺新校舍后,拒绝接受带发出家的菜姑入学,一些坚持学习的菜姑只好落发。此外,有些早年带发出家住持寺院的老菜姑,如同安梅山寺住持雪姑,也在80多岁高龄才削除满头银发现比丘尼相。同安寿石岩老菜姑常海,也在70岁高龄披剃为尼。还有厦门几位中老年女居士相邀落发出家,并合资购建海沧佛圣寺住修。据2000年统计,厦门地区近年闽南籍落发出家女众达40多人。由闽南尼师住持的女众寺院就有厦门本岛的启明寺、进明寺,同安的梅山寺、佛心寺、寿石岩以及海沧的佛圣寺等6座。由此,闽南女众落发出家的风气大升,结束长期以来闽南女众只有带发出家的菜姑、没有落发尼僧的历史。

第二节 居 士

在家奉佛的佛教徒,要通过投拜一位比丘僧作为皈依师,由他按《三皈仪轨》在佛前履行"皈依三宝(佛、法、僧)、摄受五戒(不杀生、不盗窃、不邪淫、不妄语、不饮酒)"的仪式,才能成为佛教在家二众弟子。皈依三宝是佛教居士不可或缺的规仪。男、女居士皈依三宝的实质,就是在佛前立下誓愿要终身奉侍三宝,毕生持戒、修禅、礼佛,永不信奉其他外道邪教。

明、清以来,厦门曾有过不少知名的在家奉佛居士。如明天启年间(1622—1629年)名士池显方,他不求功名显达,热衷于参禅学佛,曾在玉屏山自建玉屏院(即后来的虎溪岩)持修,延请僧人论经说法,长期与炉香经卷为伴。他的兄长池显京晚年辞官归来,受其影响,也跟着学佛潜修。

在家居士为佛教护法,除在家修禅学佛外,对于斋僧施赈、建寺塑佛都很热心。厦门许多寺岩的兴建,都得到在家居士的大力支持。富有人家则独资营建,成为寺岩的檀樾主。如明初厦门陈氏家族捐山献地建普照寺,于是南普陀寺世代把陈姓家族奉为檀樾主。有的则发起倡募,合资共建。例如,清乾隆间(1736—1795年),厦门名士黄日纪发起,协助月松和尚改建天界寺。同治间(1862—1874年),居士陈逢义募集巨资重修鸿山寺。近代蒋以德独捐巨资新修南普陀寺大雄宝殿及法堂,捐建妙释寺念佛堂,扩建金鸡亭(即普光寺)。此外,还兴建许多宫庙,如内武庙、前园宫、福海宫、美仁宫,并改内武庙、前园宫等为佛堂。延僧住持,同时开办义学。新加坡、香港钟氏家族钟法海、钟明辉等捐资人民币650万元支持闽南佛学院女众部紫竹林新校部的建设。当代大居士南怀瑾劝募女弟子李素美与其弟李省吾献捐50多万美元,新建南普陀寺大禅堂。以上事迹,均见诸碑版载记,世代传扬。"古寺不废,佛灯长明",在家佛教居士的热心护法起了重要的作用。

在家居士有组织的活动始于唐代。其社团组织称"义邑"或"法社"。义邑或法社均以诵经拜佛和开设斋会为主要活动。唐末,义邑改为"社邑",并开始依附寺院,逐渐归入寺院僧团为中心的佛教团体。及至明代,在家居士已不再有自身的宗教活动组织。不同阶层的在家居士均依附于寺院僧团,学佛修禅以求自了。或斋僧供佛,修造寺院以求福报。及至清末,才又开

始有佛教居士的组织。佛教居士从同治间(1862—1874年)的南京彭绍升居士创设莲社,组织在家佛教居士开展念佛会和放生会等传统佛教活动开始,居士组织便在全国各地发展兴盛起来,逐渐成为佛教界中的一支学佛、弘法的强大组织。

清末民初,社会上掀起一股"庙产兴学"的风潮,错误地认为寺庙是传布封建迷信的风源,僧尼是不劳而获的社会蛀虫,提倡逐僧尼而用庙产办学校,使佛教濒临绝灭的危机。当时,国内一些具有远见的法师、佛教居士,通过佛教组织,发起开展佛教改革、护法保寺的佛化运动。他们通过组织念佛会、讲经会、宣传队等形式,宣扬佛学理论,弘传正信佛教,反对迷信活动,积极推行佛教改革,转变社会对佛教的误解和指责,以求达到护教、兴教的目的。

民国初年,厦门居士受其影响,开始兴起居士佛教活动。民国13年(1924年),以居士蔡吉堂、叶青眼等为首,发起组织"闽南佛化新青年会",以鸿山寺为会址,开展佛化宣传活动。他们创办《佛音月刊》,组织"佛化新青年世界宣传队",积极宣扬佛教哲理,传播佛学思想,提倡正信佛教,反对迷信活动。佛化青年会的组织活动,揭开厦门佛教史上居士佛教活动的新篇章。他们的活动,对厦门的佛教改革,振兴厦门佛教以及促进厦门佛教会的诞生,都有重要的作用。

由于有各界知识分子参加佛教居士活动,厦门佛教界掀起一个又一个修研佛学的热潮。例如,居士界组织中国佛学会厦门分会,开展佛学研究,出版《人间觉》佛教月刊,修研佛学,传播佛学思想。

民国27年(1938年)5月,日本侵略者占据厦门,本岛居民扶老携幼到公共租界鼓浪屿避难,一时弹丸小岛人满为患,除寺庙、教堂作临时难民收容所外,大部分难民不得不露宿郊野街头。本岛许多居士如马乾骅等亦避居鼓浪屿,他们与当地居士善友联合起来,遵循一代高僧弘一法师"念佛不忘救国"的教导,开展爱国救亡活动。他们纷纷创办以念佛救国为宗旨的小群团组织,如蔡善解居士组织的"晃岩念佛会",苏谷南、马乾骅居士组织的"地藏法会"。他们除组织念佛讲经外,还募资救济难民,开展施医义诊及收埋死难难民等义举。在整个厦鼓沦陷期间,两岛居士组织念佛持修小群团,开展佛化宣传,如开展佛教家庭调查,组织街头宣传队、篮球队、演剧队等多种形式的弘法传教活动。

抗战胜利后,佛教居士除调整扩大组织(如李鸿光组织妙香精舍等继续修学)外,还于民国37年(1948年)由许宣平、蔡吉堂、罗丹、虞愚等恢复战前佛学会组织,每逢星期六集会研习佛学理论。

建国后,厦门居士佛教再度活跃。在家居士除坚持奉佛弘法的正常佛教活动外,还积极参加社会活动。如1951年,厦门佛教界举行"反对美国扶助日本"示威游行,佛教居士发动全市信徒5000多人参加,队伍阵容的壮伟和庞大,居厦门社会各界游行队伍之冠。在"抗美援朝"运动中,众多居士踊跃捐献,在短时间内就捐款1000多万元。

1952年,厦门佛教居士以妙香精舍为主,联合晃潮精舍等居士小群团组织,成立厦门市佛教居士林,开展有组织的学佛修持弘化活动。1952年至1958年间,参加居士林活动的居士达1000多人,下设10个助念组。居士林的主要活动为每星期集会诵、修、学,结合讲习经典,举办佛诞法会和其他普利法会,组织参加政治学习,协助居士组建佛化家庭,并破除迷信,开展爱国爱教等活动。

"文化大革命"的十年动乱中,许多平时参加宗教活动比较突出的在家居士,都受到不同程度的冲击,如蔡吉堂、柳正松家藏的佛教经典和佛像、法器均被没收或销毁,但他们大都能坚持个人持修不辍。

80年代初,国家全面落实宗教政策。随着宗教活动的恢复,厦门居士佛教也再度活跃起来。开始,由于集会场所缺乏,只在厦门佛教协会的统一领导下,依附寺院,参加各种持念法会和各项社会活动。1989年养真宫回收后,由佛教协会调拨给佛教居士作为恢复组织居士林的会址。

1997年,佛教居士林迁址内武庙,开建居士林林苑,并进一步巩固组织,开展弘法利生等活动。

第三节 菜 姑

"菜姑"是闽南带发出家奉佛女众的俗称。闽南人把茹素称为"吃菜"、"持斋"。"斋"、"菜"闽南语音相近,又因素食以植物菜蔬为主,故以"菜"为主称。闽南将持斋奉佛称为"吃菜",进而又把"吃菜"的男女佛教居士尊称为"菜叔"、"菜姆",并把终身不嫁带发出家的女子统称"菜姑"。

汉传佛教规定,凡女子出家都要削除青丝,以示舍爱绝俗,清除一切烦恼,终身奉佛。而菜姑却是"已断尘缘求解脱,犹盘云髻入空门",为闽南独具一格的非尼非俗的佛门出家女子。

由于带发出家,不合佛门规制,其出家规仪只是投拜一比丘僧(尼),履行皈依三宝仪式,并接受《梵网戒》和《菩萨戒》,便可进住寺院,缁衣素食,终身奉佛净修。

20世纪20—30年代间,有些初到闽南地区的大德法师,如弘一、太虚诸大师,乍见非尼非俗的菜姑住持寺院,大为疑惑不解,后经考察,发现所有住寺菜姑,均能自觉恪守佛门清规,如法如仪地修禅学道。弘一大师曾经亲临号称"女众丛林"的泉州朵莲寺考察,发现住寺菜姑群体,不仅一如住寺僧尼,坚持上殿过堂,朝夕课诵打坐,还能坚持农禅生活,自耕自食,劳动所余,则赡养一批孤寡老人及残疾弃婴儿童,因而大加赞赏,并与当地法师研究,欲以佛教弟子法称为俗称"菜姑"正名。

民国22年(1933年)冬,弘一大师曾为"梵行清信女"正名,并起草《梵行清信女讲习会缘起》:

"南闽无比丘尼,常人谓为憾事,宁知是固非佛意耶?律谓女人出家,佛本不许,以若度者,正法减半。其后便自剃度发,阿难尊者三请,佛令依八敬法,乃许出家。像季以还,尼行八敬法者,殆所罕闻,乖违佛制,摧坏大法。南闽无比丘尼,非憾事也。

南闽女众习佛法者,恒受三皈五戒,为清信女。亦有并断正淫者,别居精舍,有如僧寺,俗云菜堂,称女众曰菜姑。其贞节苦行,精勤课诵,视比丘尼殆有过之。所缺憾者,佛法大纲罕能调解,文字知识犹有未足耳。

昔年性愿老人深鉴于是,颇欲集诸女众,施以诲导,乃助缘不具,卒未成就。癸酉(1933年)岁晚,余来月台(泉州承天寺)随喜佛七法会,复为大众商榷斯事。承会泉、转尘二长老欢喜赞叹,乐为倡助,并嘱不慧为出规则,以资率循。爰据所见,粗陈其概,未能详尽耳。"

闽南佛教"菜姑"群体的形式与发展有其深远的社会历史根源。唐宋以来,佛教即在闽南

地区盛行,其中女众信徒特多,更有一大批长斋奉佛的女教徒。但在众多的女教徒中绝少有落发出家的尼僧,出现这一奇特现象与闽南地区崇尚儒家伦理道德,推行封建礼教有密切关系。闽南的漳、泉二州,向来有"朱子(熹)过化、礼义之邦"的称誉。自南宋以讫明清,数百年来,朱子之学盛传不衰。朱熹在初任同安主簿时就极力反对女子出家为尼,提出"民欲为僧尼者,禁之"。其后在任漳州知州时,更是一再严申禁止女子落发出家。从此以后,代代相传,形成风气,把女子落发出家,视为违背伦理道德伤风败俗的悖逆行为。因此,数百年来在闽南一带,几乎见不到有女子削发为尼的记录。

然而,封建礼教虽禁止女子落发出家,但又鼓励妇女苦守清节,长斋奉佛。如明代同安进士陈健曾建西园(佛)院供其寡妹留发出家净修。清末武状元黄培松,晚年也曾为其二夫人善室和寡媳莲辉建正心堂,让其离家奉佛。民国初年,泉州举人曾遒为其守寡的外孙女建造慎斋堂住修奉佛,后来慎斋堂成为菜姑共住的道场。诸如上述儒仕名宦之家自建佛堂供其女眷离家奉佛的例子,在闽南地区随处可见,其中最典型的是同安灌口鼎尾村的大德堂。

明遗臣黄其晟,为其寡女四小姐于前岩建"安福院"。后将府第改为斋堂称大德堂,由其家族出家菜姑住持。

民国初年,同安莲花白沙仑民军旅长叶定国为其妻晚年长斋奉佛特建佛心堂供其住修,后改佛心寺。

将家居的佛堂献为斋堂,厦门本岛也不乏其例,如普愿堂,原为在家女居士宋妹姑于居家楼上自创的佛堂,民国32年(1943年),宋妹姑典卖居屋,斋堂迁建靖山路,仍以"普愿堂"为名,并成为佛教菜姑共住的道场。

从在家女居士的自设佛堂或另建佛堂精舍与家人隔开,独自净居清修的不离家的"出家",至邀集女教友合住共修,以至将自建的佛舍堂宇献为清修女教徒集体梵修的场所,为闽南向来绝少出家女众提供带发修行的依止之所。

闽南"菜姑"群体的形成和发展,首先是闽南广大妇女挣脱封建礼教重重压迫,进入空门,终生奉佛,把带发出家视为脱离苦海、追求自我解脱的唯一出路。

据对20多位中老年菜姑的身世进行侧面了解,其中约三分之一是早年丧偶而不容再嫁或不愿再嫁的青年寡妇,另一部分是倍受家庭酷虐的童养媳和婢女,再有些是在不合理的婚姻制度下受尽折磨的妇女。在20多位菜姑中,惠安东部沿海地区的妇女约占一半以上。惠东地区陋俗,女子成婚后要长住娘家,只有在特定的节日才能在夫家过夜,有的甚至结婚十几年还不认识自己配偶的真面目,要等到身怀六甲才允许回夫家长住。有些晚育或不育的妇女就只能长住甚至老死在娘家,不能与丈夫过正常的夫妻生活。

惠东妇女素以勤劳能干著称,她们不论在夫家和娘家,都是家庭的主要劳动力。除操理一切家务外,对一些本应男人干的重活,如开山种地以及讨海、捕虾、夯土建屋等也都由女子承担。

这些精神上、体力上倍受摧残的惠东妇女,解放前因无法忍受苦难的现实生活折磨,往往成群结伴集体投海自杀以求解脱。近代以来,随女子带发出家风气的形成,于是带发出家终生奉佛,成为封建礼教重压下惠东妇女追求解脱的另一出路。

据不完全统计,厦门地区中老年出家住寺菜姑中,惠东籍约占70%以上。

上述倍受生活折磨的妇女一旦皈依佛门出家,都能严守佛门清规,专诚奉佛,厉行苦修,并能勤苦劳动,坚持农禅生活,同时以生活节余广行善事。

厦门菜姑,住居郊野山寺的以农耕为生,如甘露寺、寿山岩、进明寺等;住居城区寺堂,或做手工副业或为人做工,如海月堂、西方堂、妙法林等。源德堂的菜姑,还曾以替人洗衣服维持生活。20世纪50年代初,以妙清寺和太平岩寺的菜姑为主,发起创办"联友"和"群华"纺织厂,织造毛巾、袜子等产品,容纳50多位菜姑,生产自给。

80年代初以来,厦门被辟为经济特区,社会经济迅速发展,佛教信徒大量增加,海内外善信往来频繁,这些因素促使佛教寺院经济生活发生重大变化,一些居于城镇市区的菜姑住寺大都香火兴旺,收入较为充裕;一些菜姑寺院还适应信众的要求,举办各种类型的法会等宗教活动,以增加收入。过惯清苦生活的中老年菜姑,都将生活节余的储蓄用于寺院建设。如同安承汉阁老菜姑韭菜姑,将自己多年来一点一滴的个人储蓄用于重修"文化大革命"中被破坏的殿堂。集美寿石岩落发出家的常海尼师也将自己历年生活节余和向亲友借贷的一砖一石,陆续用于兴建寿石岩,并带领女众开山种地,卖菜维持苦修生活。还有一些较大规模的菜姑住寺,除了利用生活节余的储蓄之外,还得到海内外善信的捐施,对寺院进行较大规模的重修扩建,如同安梅山寺,厦门本岛妙清寺、甘露寺、弥陀寺等。此外,另有一些居住小堂院的中老年菜姑,平日香客稀少,又无其他经济来源,至今仍过着清苦净修的生活,如延寿堂、印(应)月堂、净莲堂等。

厦门地区的菜姑,大部分来自农村的劳动妇女,她们具有闽南农民朴素、勤劳、诚信等优良品质,大多数文化素质偏低。据1955年对147位菜姑的调查统计,其中文盲、半文盲(初小程度)的达125人,文化程度最高的是初中水平,仅9人。由于文化程度偏低,对正信佛教和佛学理论的接受能力差,往往把正信佛教活动同杂神迷信活动搅混在一起。有些菜姑挂着佛教徒的名号住持神庙,宣扬鬼神迷信,当外道神教一度在厦门盛行时,有部分菜姑不自觉地被拉入神坛参与活动。但是,这些菜姑因有坚定的佛教信仰,多能迷途知返,后来还把外道斋姑引入佛门。

由于菜姑文化偏低,佛教界有些善知识对提高菜姑的文化水平和正信佛教的理念十分重视。性愿和尚,一向对菜姑教育甚为关怀,民国37年(1948年),倡议设立专门学校,吸收菜姑入学,对她们进行文化知识和佛学知识教育,提高她们的文化素质和佛学修养,并主动承担全部经费,委托其皈依弟子陈珍珍负责。经过一番筹备,闽南第一所为佛教菜姑设立的"觉华女子佛学苑",终于在厦门太平岩创办起来,并开始招生,由陈珍珍总理校务,并亲自授课。陈珍珍原为泉州培英女子中学和开元儿童教养院教师,知识渊博,修持严谨,对佛学深有研究。她虽不出家,但终身不嫁,为弘扬佛法、培育佛教人才奉献毕生精力。80年代以来,仍以古稀之年为创办泉州佛学院奔忙不息,她的高行崇德,深得广大学员的尊崇,也受到海内外佛教界的高度评价。受她教育培养出来的女众学员,毕业后大都成佛教界的人才。

80年代以来,对于新吸收出家菜姑的文化程度要求比较严格,出家后大都送往闽南佛学院或泉州佛学苑就学,菜姑的文化素质和佛学水平均有显著的提高。据厦门佛教协会1992年调查资料统计,在24位中青年菜姑中,有大专文化程度的3人、中等文化水平的16人、小学程度的5人。在新一代菜姑中,已不再有文盲的存在。

闽南佛教新型的"菜姑"群体的形成和发展十分缓慢,直到清末民初才有较大的发展,并开始得到佛教社会的认可和重视。据20世纪30年代初"思明(厦门)佛教会"的资料统计,当时厦门岛内有8所菜姑的住寺,住堂菜姑总数为21人。

30年代是厦门地区出家菜姑发展兴盛的时期。其原因:首先是社会上反对女众出家的风

气已经转变,出家菜姑得到佛教社会的认可和支持;其次,是厦门佛教界开展"佛化运动",开展正信佛教的宣传活动,促使许多外教斋姑皈依佛教,并带动一些外教信女出家。此时,在厦门已开始出现菜姑向社会募资兴建佛堂。如20世纪30年代初菜姑胡性清等,募建净莲堂;妙香姑募建妙香林;陈妙卿开建妙清寺。至民国28年(1939年),厦门岛已有菜姑住持的寺、堂19所,菜姑80多人。抗战胜利后,出家菜姑和菜姑住寺又有较大的发展,至50年代初统计,全市有菜姑住持的寺、堂31所,菜姑总数159人,大大超过当时全市出家僧人的住寺数(僧寺21座,住僧总数77人)。

新中国成立初期,厦门本岛佛教寺院住众情况略有变化。据1955年统计,住僧寺院从原来的21座降剩14座,住僧也从77人降至60人。菜姑住寺从原来的31座增至35座,但人数却从159人降至147人,其中有些原来住僧的寺岩改由菜姑住持,如太平岩、寿山岩、鸿山寺等。时同安为县级建制,故未统计在内。

1958年以后,经过并寺,菜姑人数锐减,及至"文化大革命"中,大部分被遣送回籍,自谋生路。

80年代以来,国家全面落实宗教政策,部分被遣回籍的中老年菜姑又复归佛门,重兴斋堂、寺院,并新吸收部分女众出家。

厦门本岛菜姑住持的寺院有日光岩、万石岩、甘露寺等16所。原同安地区菜姑住持寺院的相对较少,只有梅山寺、承汉阁、东龙堂以及海沧佛圣寺等7所。

90年代以来有些菜姑落发为尼,把原来菜姑住持的寺院改为尼众住持或请尼众共住,其中改为尼众住持的有厦门本岛的启明寺、进明寺,原同安地区的梅山寺、寿石岩、佛圣寺以及佛心寺等。

据2000年厦门佛教协会统计,厦门地区菜姑住寺(岩、堂)26所,菜姑113人。新出家菜姑为数甚少,现有菜姑年龄大多趋于老化,中青年菜姑比例仅占三分之一。

第七章 宗门法系

汉传佛教宗门法派，基本上存在着两种不同概念的派系。

其一是依据佛教《经》、《律》、《论》三大典籍中的主要经典，分别创立不同持修佛法的法门宗派，按现代术语可称之为"学术流派"。如依《经》为主的"天台宗"（又称法华宗）、"贤首宗"（又称华严宗）；依《戒律》为主的"南山律宗"；依《论》为主的"三论宗"、"法相宗"（又称唯识宗）；综合《经》、《论》学说，通过持修实践，倡修念佛方便法门的"净土宗"；以参修心法为主的"禅宗"；以修诵真言咒语为主的"密宗"（又称真言宗）。如是种种，统称为大乘佛法"八大宗"。

其二是以上例大乘八大宗门为主，按各自宗门派下弟子衍传流布，自成宗派，有如俗家族姓图谱。其中较大宗门，一脉相承不断，历史悠久，衍传支派繁多，流布地域宽广。如禅宗一门，自初祖达摩开宗后，传至五祖弘忍，其弟子六祖慧能、神秀又分立南、北禅派。其后南禅一宗又分为南岳怀让、青原行思两派。两派后裔又各分临济、沩仰、曹洞、云门、法眼五宗。如是分派，虽制定昭穆字序传承，但往往一支昭穆未了，中间又横生支脉，昭穆相承。这些支脉时断时继，如近代在厦门地区传承的临济、曹洞、云门三宗，难以一系上承本源。

第一节 大乘八宗

八宗划派，依据《经》、《律》、《论》为序分述如下：

一、天台宗（法华宗）

此宗为陈、隋时代智顗所创立。其晚年住天台山著书立说，学者称他为天台智者大师，所立宗派称为天台宗。此宗以《法华经》为所依，又称法华宗。智者大师以后，历唐、宋，经灌顶、湛然、法智诸大师相继传承，发扬光大，并远播东邻，是汉传佛教最发达宗派之一。

二、贤首宗（华严宗）

此宗为唐初杜顺所创立。智俨继承杜顺法系，法藏从智俨研究《华严经》，完成了一宗的理论体系，武后尊他为贤首大师，故有贤首宗之称。贤首宗以《华严经》为所依，又称华严宗。

三、律宗（南山宗）

此宗以《戒律》为所依，名为律宗。戒律是僧尼共同遵守的法规。印度律典有五部，我国翻译四部，其中以《四分律》一部最为盛行。南北朝以来，慧光、道洪、智首等已开始研究，到唐代的终南山道宣，集其大成，故又称律宗为"南山宗"。一直到现在中国出家僧尼受戒和日常生活实践，还是传统地依照道宣这派行事，故律宗又通于各宗。此宗经当代弘一大师专门研究，著作《四分律诠释》，并多次在闽南各地广传律法，故佛教界人士尊称他为当代佛教律师。

四、三论宗

此宗以印度的中观学派龙树所著《中论》、《十二门论》及其弟子提婆所著《百论》为依据，故名三论宗。三部论著自鸠摩罗什翻译后，经他门下道生、昙济等相继研究，传承不绝。后来僧朗到江南，又传栖霞山慧诠。到隋代吉藏始完成三论宗的理论体系，世称"新三论宗"，吉藏以前的三论宗为古三论宗。

五、法相宗（慈恩宗）

此宗继承印度瑜伽学派，是唐代玄奘法师自印度取经回来，在陕西西安慈恩寺翻译成《唯识论》，以此为依据，再经过其弟子窥基在慈恩寺对该论进行全面系统的整理，完成"唯识"的理论体系。世称窥基为慈恩大师，称其学派为慈恩宗。此宗依《解深密经》说明诸法事相，又名法相宗。

六、净土宗（莲宗）

此宗以称念阿弥陀佛名号求生西方极乐世界为宗旨，故名净土宗，俗称"念佛法门"。净土宗成立，以东晋慧远大师在庐山集道、俗123人结白莲念佛社为始，又称莲宗。而建立此宗理论体系的则为善导，宋人奉善导为净土宗二祖。历代以来，净土宗教义在佛教四众弟子中发生了很大的影响。近代印光法师被尊为莲宗十三祖。

七、真言宗（密宗）

此宗以《大日经》和《金刚顶经》为所依。以真言（咒语）、手印、仪轨等方式，以达即身成佛。以身、口、意三密相应为宗要，故名密宗。密宗成立于唐玄宗开元时代，由善无畏、金刚智和不空等在长安建立。五代后开始衰微。现在西藏所行密宗和唐代所传部系不同，称"藏密"或"喇嘛教"，唐代密教称为"唐密"。

唐德宗贞元年间（785—805年），日本僧人空海大师，乘遣唐使官船来华参学。海上遇飓飘至福建长溪（霞浦）海岸，当地渔民将其救起，护送至福州，暂住开元寺。后由官府派人护送至长安，进青龙寺参释慧果大师修学真言宗。学成回国后，在日本弘传真言宗，成为日本佛教真言宗开宗祖师。1000多年来，真言宗仍在日本佛教中盛传不衰。民国初年，日本真言宗开教士（僧人）神田惠云、岩崎闻号等，先后来厦门、泉州等地，设布道所（本愿寺）传教，及至抗战胜利后方撤回日本。

八、禅宗

禅是梵语"禅那"的音译,意为"静虑"。用静坐思维方法,以期彻悟自身,故名禅宗。五世纪时,达摩从印度来到我国传法,住河南嵩山少林寺,成为中国禅宗初祖。传至五祖弘忍门下神秀、慧能二大弟子,分为南、北两宗。慧能在广东曹溪南华寺弘传禅法,弟子尊为禅宗六祖。慧能门下,又分为南岳、青原两系。南岳一系发展为临济和沩仰二家;青原一系发展为曹洞、云门、法眼三家,合称五家宗派。

以上八大宗门流派的开始形成,始于南北朝以来,因佛教经典大量翻译,其中有些大德高僧,根据不同法门经论,分别进行专修求证,并将精研持修的实践心得,著书立说,传授门下弟子。复经其法嗣弟子不断深入修研,充实完善。至唐代中期,各大门派学说先后确立宗门法派。由此在佛门四众弟子中,形成一片持修禅门佛法的热潮。各门派弟子在持修学佛热潮中,又参修其他门派学说,互参引用,使各门派逐渐失去独立存在的趋势。

如南山律宗所依据的戒律,发展成为不同门派所有学佛者共同遵守的佛门法规;又如三论、法相二宗,也成为各派学者持修佛法,验证佛说客观存在世界"真空假有"和"无常苦空"的理论根据。此外如法华、华严诸经论,也成为净土宗等其他宗派必修的经典。直至明代莲池大师提出"禅净双修"以来,汉传佛教所有教徒和寺院,共同以"禅净双修"为依归。现代各寺院持修佛法,早、晚课诵、念佛和晚间参坐修禅的法规,就是以"禅净双修"为主的具体表现。近代以来,佛教寺院举行各种大型法会,往往分设华严坛、法华坛、净土坛、药师坛等坛口,同时分别举行念诵诸宗经文。再如大法会圆满后,施放蒙山焰口,就是按照密宗规仪结印、开放蒙山,念动变食等真言咒语,施赐鬼食。现代闽南高僧转逢和尚,曾行脚西藏参学,归来厦门后,发愿运用密宗蒙山施食,要施放千台"焰口"。后退居南普陀后山,每晚都要施放一台蒙山,作为持修佛法、济度群生的善行。

第二节　闽传南禅

六祖慧能分立南禅后,其弟子怀让、行思又分立南岳、青原两派。南岳怀让弟子马祖道一得法后,曾到福建建宁和江西临川一带传法。后居江西洪州(今南昌)开元寺立门传教,门下弟子众多,有88位善知识之称。其中不乏闽籍弟子,最负盛名的有怀晖、怀海、希运、灵祐、义存等。

怀晖,泉州大同场安集里(今厦门集美)人,俗姓谢。早年出家,云游各地参学,后往江西投马祖道一门下学法。学成后远游齐鲁、晋、豫等地名山。元和三年(808年),唐宪宗慕名请其到长安,住章敬寺,多次请其进宫论禅说法,尊为上座。元和十年(815年)圆寂,宪宗赐封"大觉禅师"(后有传)。

怀海,福建长乐人,俗姓王。怀海承接马祖法乳,尽得心印,主张农禅并举,制订丛林制度《百丈清规》。

希运,福唐州(今福清县)人,早岁投本州黄檗山出家。后进江西马祖门下学法,礼怀海禅师为师。其后于高安鹫峰山下建寺,以旧唐州黄檗寺见称,改鹫峰为黄檗山,后人称之为黄檗祖师。时唐宣宗被贬洪州,曾就黄檗山问法于希运,有宣宗与黄檗祖师观瀑联吟诗句传世。会昌二年(842年),希运应相国裴休之请,潜居钟陵龙兴寺。大中二年(848年),裴休于安徽宛陵建大禅院,迎请希运主持传法。希运又复称宛陵禅院为黄檗寺。大中三年(849年)圆寂于宛陵黄檗寺。时其弟子义玄随侍在侧,得师亲传衣钵。

灵祐,闽长溪(今霞浦)人,就怀海门下学法,得法后,返长溪建寺传教,与其弟子慧寂创立沩仰宗。

义存,南安洪濑人,初依青原派德山宣鉴禅师学法,后返闽州雪峰传法。门下弟子数千人,其中有高丽、日本学者前来听法,闽王审知曾多次请其讲法。其再传弟子文偃、文益分别创立云门宗与法眼宗。

本寂,莆田人,依青原派石头希迁门下洞山良价为师,后创立曹洞宗。

后唐五代,南禅先后创立临济、沩仰、曹洞、云门、法眼诸宗,称为南禅五宗。此后,五宗均在福建盛传一时。迄至两宋,诸宗分别向省外衍传,在福建则时兴时断,其间以临济、曹洞、云门三宗持传最长。现闽南地区,临济、曹洞、云门三宗仍在持传不断。

一、临济宗

临济宗创自义玄禅师。义玄,山东曹州南华人,俗姓邢。希运门下得法后,往河北正定临济村临济寺传教,创立临济宗。后其弟子兴化存奖支系于宋代向闽中发展。

"存奖(?—925年),因慕义玄禅风,前往参学得悟,传法魏府(河北大名)兴化院。其法嗣河南汝州南院慧颙(?—930年)传汝州风穴延昭(896—973年),再传汝州首山省念。省念(926—993年),俗姓林,山东莱州人,初习《法华经》,后参延昭,得其法。历主汝州首山、宝安广教院、宝应院等,名振一时,学者望风向慕,闽人元琏亦属其中之一。元琏(958—1036年),俗姓陈,泉州(今泉州市)人,往首山参省念,得其旨,传法汝州广慧院。闽人杨亿居士为元琏入室弟子。省念的另一弟子善昭(947—1024年)在山西汾州太子院传法,闽人谷泉前往参学。谷泉,泉州(今泉州市)人,'受法汾阳,放荡湖湘',后住南岳芭蕉庵。"(以上参考王荣国《福建佛教史》,下同)。

临济宗禅师入闽传法始于第八代(南岳系第十二代),即首山省念再传弟子、汾阳善昭的弟子楚圆与慧觉门下。

楚圆,俗姓李,全州人。22岁出家,后游方参善昭,获开悟,传法湖南潭州石霜山。其法嗣慧南入闽,传法泉州同安崇胜院(今属厦门市),后移锡江西,开创临济黄龙派。

琅邪慧觉,西洛人。出家药山,后游方参善昭,得其旨。传法滁州琅邪山。慧觉与雪窦明觉同时唱道,时人称"二甘露门"。慧觉奉诏赴汴京,朝官范仲淹、杨亿等多与之交游。其得法弟子显端、洞渊二人入闽。

白鹿显端,生平不详,传法福州闽县白鹿山白鹿寺。凉峰洞渊,生平不详,传法"泉州凉峰",即南安(今南安市)云台山凉峰弥陀寺。其传法年代在北宋仁宗朝天圣至神宗朝熙宁之初(1023—1070年)。

自释显端、释洞渊之后,入闽传法的临济宗僧人尚有首山省念法嗣叶县归省的三传弟子、净因道臻的得法弟子栖胜继超(传法福州栖胜)和长庆慧遵(传法福州怡山长庆寺)、万寿慧寺

（传法建宁浦城万寿寺）、开善道琼（江西信州人，传法建州崇安开善寺）等。

临济宗于北宋仁宗朝（1023—1063年）传入闽中，至南宋高宗朝（1127—1162年）仍有临济禅师在闽传法，均为首山省念的后代。高宗以后，除新兴黄龙、杨歧两派之外，临济宗余绪逐渐衰微，其法脉在福建承传不明。

北宋中期，石霜楚圆门下黄龙慧南、杨歧方会两大弟子分别创立"黄龙派"与"杨歧派"。

黄龙慧南一派订立昭穆二十字："慧正普觉济，圆通湛海清，广演法界性，永远德宏宗。"

其派下入闽传法的有第二代开元子琦（俗姓许，惠安人，人物志有传）、释洪准（桂林人，传法福清延庆院）、释合文（传法福州玄沙）。

第三代有黄龙祖心弟子保福本权（临漳人，传法漳州保福）、东林常总弟子兴福康源（传法福州兴福院）、云居元祐弟子南峰永程（传法泉州云峰）、开元子琦弟子尊胜有朋（俗姓蒋，传法泉州开元寺尊胜院）、承天禧宝（传法晋江承天寺）、云盖守智弟子宝寿最乐（古田人，传法福州宝寿）、玄沙合文弟子广慧达杲（传法福州广慧）、泐潭洪英弟子慧明云禅师（传法泉州惠明寺）。

第四代有黄龙祖心的再传弟子、灵源惟清的弟子上封本才（又称佛心本才。俗姓姚，福州人，传法福州乾元寺、闽县东山大乘爱同寺、鼓山寺）、祖心法嗣泐潭善清弟子雪峰慧空（俗姓陈，福州人，开法雪峰）、万年法一（传法南安延福）；东林常总法嗣泐潭应乾的弟子东禅从密（汀州人，传法福州东禅）、雪峰有需（莆田人，传法仙游万安院、福州鼓山寺、福州雪峰寺）；云居元祐法嗣智清的弟子乾峰圆慧（传法泉州乾峰）。

第五代有黄龙祖心的三传弟子上封本才的弟子普贤元素（建宁人，传法福州普贤）、鼓山祖珍（俗姓林，兴化人，传法福州鼓山寺、晋江承天寺）、鼓山僧洵（俗姓阮，福州人，传法福州鼓山）；东林常总的三传弟子雪峰有需的弟子雪峰忠禅师（俗姓刘，怀安人，传法福州雪峰寺）、鼓山宗泽（传法福州鼓山寺）。

第六代有黄龙祖心四传法嗣西岩宗回（江西婺州人，传法南剑州西岩院）。

正当黄龙派在闽中处于由极盛转向衰微之际，杨歧派开始向闽中发展。

杨歧派正式传入闽中始于第五代，即白云守端支系下的五祖法演法嗣克勤、慧勤、道宁、清远之门下。

其一，克勤支脉。昭觉克勤，俗姓骆，彭城人，宋徽宗赐号"圆悟大师"。其法嗣径山宗杲、玄沙僧昭。径山宗杲（俗姓奚，号"大慧"，别号"妙喜"，宣城人）南宋初一度入闽，结庵长乐洋屿，又移锡泉州小溪云门庵，后移锡浙江径山，创立"径山派"；玄沙僧昭，生平不详，传法福州玄沙寺。

其二，慧勤支脉。太平慧勤，俗姓汪，舒州人，住舒州太平寺，后迁汴京智海、金陵蒋山。其法嗣净众了璨入闽。净众了璨，俗姓罗，泉南人，传法漳州净众寺佛真庵。

其三，清远支脉。龙门清远，俗姓李，临邛人，住舒州龙门寺，以病归蒋山东堂。其法嗣龙翔士珪，俗姓史，四川成都人，别号竹庵，传法福州鼓山涌泉寺。

其四，道宁支脉。开福道宁，俗姓汪，歙溪人，开法潭州开福寺。其法嗣大沩善果一度入闽。大沩善果，俗姓余，江西信州人，先住湖南潭州大沩月庵，绍兴间（1131—1162年）入闽，住持福清黄蘖寺，居十年，复还潭州大沩。

第六代有克勤支脉、其法嗣育王佛智端裕的得法弟子延福慧升（一作"道升"）、清凉坦禅师入闽。延福慧升，俗姓吴，建宁人，传法南安延福、晋江承天、宁德支提山、福州鼓山诸寺。清凉坦禅师，传法福州清凉寺。清远支脉、其法嗣云居善悟的得法弟子中际善能入闽。中际善能，

严陵人,原住龙门云居寺,后徙福州宁德中际香积院。

第八代有道宁支脉孤峰德秀。开福道宁传大沩善果,再传大洪祖证,三传万寿观禅师,四传孤峰德秀。孤峰德秀宋嘉熙年间(1237—1240年)传法莆田囊山寺。

第九代即孤峰德秀法嗣皖山正凝一人。皖山正凝,俗姓李,舒州太湖人,受业黄州双泉,嘉熙初(1237—1238年)入闽,投莆田囊山,参孤峰德秀,执侍五载,尽得其旨,后知藏鼓山,分座雪峰,宝祐年间(1253—1258年)出世闽县钓龙台山,旋迁九仙山万寿寺,咸淳五年(1269年)移鼓山。

杨歧派发展到第四代昭觉克勤时,其门下又分出下属派系——径山宗杲派(称"径山派",又称"大慧派")、虎丘昭隆派(称"虎丘派")。

径山宗杲的法嗣教忠弥光、西禅鼎需、东禅思岳、开善道谦、西禅守净、玉泉昙懿、雪峰蕴闻、竹原宗元等在闽传法。

教忠弥光,俗姓李,闽人,传法泉州教忠晦庵(即南安教忠显庆寺);西禅鼎需,俗姓林,福州人,进士,因读《遗教经》感悟出家,依宗杲,随其移住泉南小溪,后住福州西禅寺懒庵;东禅思岳,宗杲居小溪往谒,得其法,后住福州东禅蒙庵;开善道谦,建宁崇安人,初依昭觉克勤,后参宗杲,随其庵居泉南,后传法建宁开善寺;西禅守净,传法福州西禅寺;玉泉昙懿,绍兴初(1131—1140年)住兴化祥云,后参宗杲,获悟得法后住古田玉泉院;雪峰蕴闻,俗姓沈,江西分宁人,传法福州雪峰崇圣院,隆兴二年(1164年)出山,乾道九年(1173年)诏赐"慧日禅师";竹原宗元,俗姓连,建宁人,久依大慧宗杲,得其法,分座福州西禅寺,后传法建宁竹原。

径山派第三代在闽传法的有弥光支系的法石慧空(俗姓蔡,江西赣州人,传法泉州法石);道颜支系的报恩法演(果州人,传法汀州报恩光孝禅寺);思岳支系的鼓山宗逮(别号"莲庵"。传法福州鼓山)、鼓山知昭(传法福州鼓山);鼎需支系的鼓山安永(俗姓吴,闽县人,传法鼓山木庵)、天王志清(传法福州天王院)、剑门安分(传法南剑州尤溪剑门庵);守净支系的乾元宗颖(传法福州怀安乾元寺)、中际立才(传法福州宁德中际香积院);道谦支系的吴十三道人(传法建宁崇安)。

径山派第四代在闽传法仅二人,即育王德光支系的藏叟善珍(俗姓吕,泉州南安人,传法泉州光孝、晋江承天、福州雪峰,后奉旨住径山)、西禅守净支系的鼓山祖鉴[俗姓许,福州怀安人,参乾元宗颖,淳熙年间(1174—1189年),泉州知州程大昌延住晋江承天寺,迁光孝寺,后移锡福州鼓山]。

虎丘派开山祖师昭隆禅师独传应庵昙华,昙华传天童咸杰(俗姓郑,别号"密庵",福州人),咸杰传第四代枯禅自镜(俗姓高,长溪人,受业晋江法石寺,传法宁德凤山寺,后移锡福州鼓山,终浙江明州天童寺),自镜传第五代愚谷元智(俗姓薛,长溪人,传法泉州晋江法石寺,迁福州怡山西禅寺,终鼓山东庵)。

虎丘派第五代在闽传法的尚有曹原生的法嗣痴绝道冲[俗姓荀,武信人,闽人曹原生出世妙果院时前往参学,得法后,入闽住福州雪峰,时嘉熙元年(1237年)]。

虎丘第六代"破庵派"禅师在闽传法仅一人,即绝岸可湘[俗姓葛,浙江台州宁海人,咸淳八年(1272年)入闽主持雪峰寺,凡十年,谢院事]。

综上所述,临济宗于北宋仁宗朝(1023—1063年)传入福建。至南宋末年,临济宗黄龙派自其开宗法师慧南禅师(在同安传法)起,先后在泉州一带宏法的有凉峰洞渊、开元子琦、南峰永程、尊胜有朋、承天禧宝、慧明云禅师、万年法一、乾峰圆慧、鼓山祖珍。

杨歧派先后在泉州一带宏法的有径山开山祖径山宗杲、延福慧升、教忠弥光、西禅鼎需、开善道谦、法石慧空、藏叟善珍、鼓山祖鉴、枯禅自镜、愚谷元智等。

元代,佛教禅宗宗派大都衰微,只有曹洞宗与临济宗继续流传。临济宗南北方皆有,以南方为著。当时福建境内禅宗流行临济宗,属杨歧派下的虎丘昭隆派系,即其派下的"破庵派"与"松源派"。

破庵派

南宋末,破庵派禅师绝岸可湘入闽住福州雪峰寺,下出妙恩禅师留在闽中传法。

开元妙恩,别号断崖,俗姓倪,全州人。遍参名宿,后往福州雪峰山参谒可湘禅师,受器重,"使分座"。元至元二十二年(1285年),泉州开元寺合120支院为一大禅刹,以妙恩为第一代开山,嗣法可湘。妙恩"语言无华,而人心悦服,丛林法敝,以之具兴"。至元三十年(1293年)年妙恩圆寂。

开元契祖,俗姓张,同安县(今属厦门市)人。虎丘派枯禅自镜的得法弟子愚谷元智驻锡泉州晋江法石寺,契祖随侍,元智奇其材。后外出游方,遍参毕,乃湛伏乡院。至元二十九年(1292年),妙恩请契祖为堂中上座,至敬爱之。至元三十年妙恩去世前,以法弟契祖嗣其位,并代行绝岸可湘禅师之道。契祖善说法语,浑然天成。后卒于延祐六年(1319年)。

妙恩、契祖属破庵派第四代(属临济宗第十八代)。破庵派第五代又有如炤在闽传法。

开元如炤,俗姓蔡,号佛果,晋江人,从泉州开元寺道符出家。妙恩十分器重如炤。既而游方参学,后返本寺。契祖继任住持,传可湘之道,如炤为寺之藏。契祖去世,宣政院命如炤补其席,嗣祖法。如炤于至顺二年(1331年)圆寂。

破庵派第六代禅师在闽传法的有大圭与正友。

开元大圭,俗姓廖,晋江人。初习儒学,后投开元寺礼广漩为师,得度后,侍佛果如炤。后宣政院命主承天寺,坚谢不起,筑室于开元之西,额曰"梦观堂"。大圭学博识端,时人称其为圆机之士,能贯儒释而一之。学者俱宗之。

古梅正友,俗姓丁,江西贵溪人。自幼出家,遍历江淮两浙丛林20余年,后在绝学世诚禅师处开悟。开法于天心,继住建宁府高仰山。东南参学,日满其室。

以上所述二位禅师中,开元大圭属径山师范门下的雪峰可湘一脉;而古梅正友则属径山师范门下的仰山祖钦一脉,为仰山祖钦的三传弟子。

松源派

"松源派"即"松源崇岳派"。崇岳,俗姓吴,处州龙泉人。早年慕出世法,见大慧宗杲于径山,又谒应庵于蒋山。隆兴初年始得度为僧,入闽见木庵,又往参密庵,获大悟,嗣其法。开法于平江澄照,后历迁诸刹,南宋宁宗庆元三年(1197年)奉旨住杭州灵隐。因崇岳别号"松源",后人称其派系为"松源派"。松源派历四传,至元代由大圭正璋传入闽中。

大圭正璋,福州福清人。初礼湖南绝听祝发,继参杭州灵隐东屿德海禅师,获开悟。回闽传法建宁斗峰,重建斗峰禅寺。

护国支系

昭觉克勤的另一法嗣护国景元的六传弟子铁关法枢亦于元代入闽传法。

铁关法枢,俗姓林,温州平阳人。历参名宿,得法于天池信禅师。闻建州山水绝胜,遂荷锡南游。郡将静斋请主天宝山。后移住松溪普载寺。不久,重返天宝。入明,其得法弟子逆川智顺继主天宝。

育天支系

临济杨歧派下育王湛法孙支提澄鉴出自荐福灿(即无文璨)。澄鉴,俗姓张,宁德人。得法于无文璨禅师。初住江西弋阳、上饶等地,后移住漳州净慈、建州白云,学者闻风而至。元至元二十年(1283年),元世祖以宁德支提山寺毁于骚乱,敕赐澄鉴住持支提。澄鉴重兴支提山,历15年而成。

综上所述,元代临济宗传法泉南一带的全为杨歧派下虎丘派之破庵支系。

明清时期,临济宗杨歧派昭觉克勤门下径山宗杲系、虎丘昭隆系以及护国元景的后代法嗣继续传灯。据《福建佛教史》记载:护国元景的六传弟子铁关法枢于元朝中期在闽北瓯宁县(今建瓯市)传法。其法嗣逆川智顺继其法席。智顺,俗姓陈,温州瑞安人。幼年出家,受具足戒后入闽,参瓯宁天宝山法枢禅师。得法后,法枢令其分座说法。法枢去世后,智顺继主瓯宁"天宝"法席。后受请移锡福州闽县白马山东禅寺,又升福州雪峰寺。明洪武初,诏有道僧十人于南京钟山建无遮法会,智顺应征前往,并奉旨升座说法。后朝旨征有道沙门入京以备顾问,智顺被推荐为顾问。不久在京坐化。

智顺在闽传法的年代大致是元末至明洪武初年。此后,因无著名禅师弘法,临济宗在闽中一度沉寂。这一状况延续到明神宗万历末年,虎丘昭隆系的"破庵派"禅师入闽才得以改变。

破庵祖先的法嗣径山师范门下的仰山祖钦、高峰原妙、中峰明本、伏龙元长相继传灯。伏龙元长又传明初的邓蔚时蔚,邓蔚时蔚八传至幻有正传,其门下出密云圆悟、天隐圆修、雪峤圆信,三人各传一方,临济宗出现中兴。其中密云圆悟(属临济宗第三十代)一支在闽中发展兴盛。

圆悟,字觉初,别号密云,俗姓蒋,江苏宜兴人。早年耕樵为业,成年后弃家投龙池幻有正传出家,苦修三年,获大悟,后又历览吴越。幻有正传去世后,圆悟于万历四十五年(1617年)继龙池法席,嗣法正传。后迁天台通玄峰金粟广慧寺。崇祯三年(1630年)春,应福清士绅、僧众之请,住持黄檗山万福寺。同年秋,归住金粟广慧寺,后住浙江天童。圆悟有法嗣12人繁衍全国,其中费隐通容为闽人,曾一度回闽传法。

通容,俗姓何,福清江阴松岗人。14岁出家镇东三宝殿,礼慧山为师,后与慧山住福州华林祖师殿。通容博通经论世典,芳誉宿彰。19岁游方参禅,初参曹洞宗寿昌慧经,便能入悟,又参博山、云门、古卓、憨山诸师,后往吼山谒圆悟,获大彻。明天启三年(1623年)辞师回闽,结庵福州茶洋山,三年后又结庵鼓山别峰。崇祯元年(1628年),通容因圆悟之招,往浙江金粟。后又返回闽中。崇祯三年秋,圆悟自福清黄檗寺回金粟,通容送行至浦城,应人之请驻锡浦城觅马峰,衲子云从,渐成法席。崇祯六年,黄檗僧众、居士致书恳请回福清,嗣法圆悟,继主黄檗山法席。三年后,移锡浙江温州法通寺。

费隐通容下出隐元隆琦与行弥亘信,二人在闽传法。

隆琦,别号隐元,俗姓林,福清灵得里东林村人。幼年家贫辍学,以耕樵为业。泰昌元年(1620年),因慕佛仙之念,投福清黄檗山万福寺,依鉴源禅师剃度出家,时年30岁。后外出游方参学,在浙江嘉兴兴善寺习《法华经》,峡石山碧云寺习《楞严经》,又往密云圆悟处参究多年。崇祯四年(1631年)隐元住持福清石竹山狮子岩寺。费隐通容任黄檗山万福寺住持,以隐元为西堂。崇祯七年(1634年),隐元从费隐通容受印可。费隐通容移锡浙江,隐元于崇祯十年继主黄檗法席。隐元一度移锡长乐龙泉寺,后又回黄檗山。黄檗寺于明嘉靖三十四年(1555年)遭受倭患,寺毁僧散,沦为榛莽之区。隆庆初年,中天正圆禅师结茅故址,矢志恢复。隐元主黄

蘗后予以重建，其规模之大，超过前代，遂成大刹。黄蘗寺在唐宋时即闻名于世，元代衰微。到了明代，圆悟禅师主持黄蘗法席，宗风重振。通容继主，恢张祖道，衲子无远近，望风率至。至隐元住持时，衲履盈室，大振临济之风，中兴黄蘗之道。隐元被誉为"黄蘗中兴之主"。黄蘗寺成了东南沿海一大名刹。清顺治十一年亦即南明永历八年（1654 年），隐元应邀到日本传法，开创日本"黄蘗宗"。

亘信，泉州同安（今属厦门市）人。幼年业儒，于漳州南山寺剃染出家，纳戒于樵云律师。后游方参学，在黄蘗费隐通容处得法。崇祯年间（1628—1644 年），住持南山寺，法席盛于闽南，其间亦一度住持福清黄蘗、泉州承天、延福等寺。清顺治十三年（1656 年）主福州雪峰寺，后又兼主福州庆城寺。顺治十六年卒于福州雪峰寺。

由于隐元隆琦东渡日本传法，其得法弟子大多或随同前往，或接踵而去。隐元一系虽仍有弟子在闽传法，但已非昔日可比。只有行弥亘行一系仍兴盛于闽。亘信下出如幻超弘与南山超元，二人都传法闽中。

如幻超弘，俗姓刘，泉州惠安人。幼习儒业，19 岁为诸生，后因阅《维摩诘经》，生出尘之念。顺治三年（1646 年），清朝下令剃发，超弘抗志独行，辞别双亲、妻子，出家于本县平山寺。后往漳州南山寺依行弥亘信禅师。亘信历住泉郡承天、延福、省垣芙蓉、雪峰、庆城诸寺，超弘鞍前马后，执侍十载，真切精勤，尽得不传之秘。一时禅流争相推重，以为真能扬雪峰（指亘信禅师，因亘信晚年住福州雪峰）之焰者，非其莫属。康熙四年（1665 年），超弘受请住泉州南安雪峰寺。法席兴盛，被誉为闽南一方宗匠。

超元则传法南山，法席亦盛。如幻超弘与南山超元之后，南安雪峰寺、漳州南山寺等尚不乏传灯之人，尤其是漳州南山寺喝云派兴盛，法嗣遍布漳、厦、泉。清初厦门南普陀寺开山慧日、如渊、景峰等就属"喝云"一派。

厦门地区临济宗有两派，均出自黄蘗宗。

一是东渡日本隐元和尚派下第四代元飞禅师所传的虎溪岩派。

虎溪岩派元飞以下昭穆外字为"瑞慧佛意达，证心大善会，宏开向上宗，碧月正当空，妙园常寂照，生佛性融通"。内字为"祖法志怀，德行圆融，福慧善果，正觉兴隆，惟道元净，衍如直通，弘仁广智，明本绍宗"。21 世纪初外字传至"宏"、"开"、"向"、"上"、"宗"辈居多。现代知名德僧有会泉、会机、宏船、宏辉诸大师。会泉被称为现代福建四大名僧之一。派下旧时所属的寺院有虎溪岩、万石岩、法海院（原称瑞晃庵）、海晏寺（今废）、海沧石室禅寺等。

另一派为费隐通容法嗣亘信行弥所传南山喝云派，其昭穆外字为"云苍清修，我若辉慧，如景觉非，悉茂端有，佛喜转瑞，广传道法，普化无为，同证泥垣，融通三德，行大慈悲，拔济含识，圆满菩提，归无所得"。内字为"绍隆祖道续联芳，智慧清净，道德圆明，真如性海，寂照普通，心源广续，本觉昌隆，能仁圣果，常演宽宏，唯传法印，证悟会融，坚持戒定，永纪祖宗"。21 世纪初外字传至"广"、"传"、"道"、"法"字辈居多。近现代著名大德法师有佛化、佛性、喜参、转逢、转道、瑞今、广洽、广义诸大师。派下旧时所属寺院有南普陀寺、普光寺、鸿山寺、天界寺、同安梅山寺等。

二、曹洞宗

曹洞宗系出青原行思。青原行思传石头希迁。希迁极具慧根，机辩敏捷，与马祖道一并称为"并世二大士"。药山惟俨依石头读经坐禅，密领玄旨，传云岩昙晟。昙晟原侍百丈怀海，怀

海归西后,径投惟俨门下,遂得药山心印。传洞山良价。良价,会稽诸暨人,俗姓俞。先从马祖道一的弟子五泄灵默披剃,后游南泉普愿、沩山灵祐诸师门墙,最后依从云岩昙晟,尽得昙晟真谛。"会昌法难",良价开顶风船,于新丰山开山授徒,后转豫章高安洞山,聚众数百,传法弟子有曹山本寂、云居道膺等26人。良价直承石头希迁、药山惟俨与云岩昙晟的禅学理论,并加以总结发扬,提出一整套包括功勋五位、正偏宛转、三渗漏和三路接人等方法、范畴在内的理论思想与修行实践体系。而这一独特体系的展开运用与丰富完善,则由其弟子曹山本寂来完成,其间亲切紧密不可分割。洞山权立五位,善接三根,大阐一音,广弘万品;曹山妙唱嘉猷,道合君臣,偏正回互,因此洞山、曹山连称"曹洞",蔚然成立,名播天下。后人又说"曹洞"一名,即以洞山良价为轴心,上联曹溪,下续曹山,合称"曹洞"。曹山本寂,俗姓叶,泉州莆田人。唐末泉州"多衣冠士子侨寓,儒风振起,号'小稷下'焉"(语出《宋高僧传》)。因受环境熏陶,本寂素修举业,文辞遒丽,富有才法。

青原系最早入闽传法为石头希迁法嗣碎石和尚(青原系第三代),时间当在唐德宗至宪宗两朝之间(780—820年)。

第四代有石头希迁的法嗣大颠宝通的弟子三平义中(即著名的三坪)祖师。俗姓杨,福州福唐人,原住漳州开元寺,武宗灭佛,隐居平和三坪山后,人称"三坪祖师",至今香火鼎盛。还有潭州大川的弟子福州普光(传法福州)。

第五代有石头希迁法嗣丹霞天然的弟子翠微无学门下白云约禅师(传法闽北建州)。

曹洞宗第五、六代从青原系分化出来。良价洞山法嗣华严休静、蚬子和尚入闽传法。休静住福州东山华严寺。蚬子和尚游方闽中,不蓄道具,不循律仪,冬夏唯披一衲,逐日沿江岸采掇虾蚬,以充其腹,暮宿东山白马庙纸钱中,居民目为"蚬子和尚"。闽县东山为曹洞宗率先传布之地。唐代,曹洞宗主要传布于福州。

五代入闽传法的曹洞宗为第三代,只有曹山本寂的得法弟子小溪行传一人。行传俗姓周,清源(泉州)人,参本寂获印,回闽住泉州庐山小溪院(址今地属安溪)传法。

五代福建的曹洞宗于行传之后,再没有名僧传法。曹山本寂一系经四传而绝,而在福建则只经行传禅师一传就过早地衰微而趋于沉寂。

宋代,福建的曹洞宗由云居道膺一系入闽传法而再度发展起来。

曹洞宗第九代禅师出自道膺门下的同安道丕——同安观志——梁山缘观——大阳警玄——投子义青——芙蓉道楷一系。芙蓉道楷,俗姓崔,沂州人。自幼学辟谷,后以试《法华》得度,往谒投子义青,得其法,住汴京天宁寺传法。卒于政和八年(1118年)。其弟子普贤善秀入闽。

普贤善秀,生平不详,传法福州普贤院,时间当在哲宗朝或徽宗朝(1086—1125年)。

继善秀之后第十代为芙蓉道楷的另一法嗣丹霞子淳的得法弟子长芦清了与大洪庆预二位禅师。

长芦清了,俗姓雍,左绵人。18岁试《法华》得度,往成都大慈寺习经论,后出蜀往邓州丹霞山参子淳,得其法。南宋建炎四年(1130年)入闽,卓锡福州雪峰寺,为雪峰寺第十六代住持。四年后退居雪峰东庵,后奉诏移锡他寺。

大洪庆预,生平不详。绍兴四年(1134年)以前卓锡福州雪峰寺。

第十一代有清了的法嗣义初与庆预的法嗣慧深。义初,生平不详,传法"福州龟山"。慧深,生平不详,绍兴初(1131—1140年)在福州雪峰寺任首座。

义初、慧深之后,终宋之世,曹洞宗在闽中法脉承传不明。

综上所述,曹洞宗宋代仅小溪行传一人在闽南泉州一带传法。

元代,曹洞宗多流行于北方,福建未见著名曹洞宗禅师传法,法脉未详。

明代的曹洞宗主要是元代少室福裕的法嗣少室文泰门下的宝应福遇一系相续承传,并传入福建。至是,曹洞宗在福建又重新活跃。

宝应福遇法嗣南京灵谷寺廉禅师下出的正映禅师(属曹洞宗第二十四代)传法闽中。

正映,号洁庵,俗姓洪,江西抚州金溪人,参南京灵谷寺曹洞宗谦禅师。谦禅师以正映为维那。洪武三十年(1397年),正映奉旨住持开元寺,永乐元年(1403年),移锡福州雪峰。远芷亦称远芷秋崖,江西临川人。曾助正映创寺宇。于永乐十六年当山,为雪峰寺第六十九代住持。

远芷之后,这一系的曹洞宗在闽中法脉承传不明。永乐之后闽中曹洞宗兴起的是宝应福遇另一法嗣少室文才一系。

少室文才下出松庭子严、少室了改、少室契斌、无方可从、少室文载、宗镜宗书相续传灯,到宗镜宗书时开始出现复兴。宗镜宗书——禀山常忠——寿昌慧经相续承传,到慧经时,开创明代曹洞宗的"寿昌寺系";宗镜宗书——少室常润——慈舟方念相续承传,到方念时,开创明代曹洞宗的"云门寺系"。曹洞宗在闽开始中兴。曹洞宗的"寿昌寺系"与"云门寺系"相继传入闽中。

其一,曹洞宗寿昌寺系禅师在闽传法。

宝方慧经,俗姓裴,江西抚州崇仁人,参禀山常忠得法。万历三十六年(1608年),慧经受请传法于董岩。不久移锡宝方,又迁寿昌寺(在今江西黎川县)。慧经一生以绍续曹洞宗自任,广接学人。因慧经晚年一直住寿昌寺,后人称慧经这一系的曹洞宗为"寿昌寺系"、"寿昌系"。

慧经法嗣有无异元来、永觉元贤、晦台元镜等。元来、元贤、元镜等人相继传法闽中。

元来,字无异,号大舣,俗姓沙,安徽舒城人。受具足戒后一度入闽,居光泽县白云峰三年。以所得著书,呈寿昌慧经。寿昌以为其非第一义,遂毁其稿,不复示人,潜心宗乘。后参谒慧经,得其法。往江西鹅湖,任首座。后迁博山,不久入邵武,葺广福、宝安二兰若,受化者各数百人。再回博山。明天启年间(1621—1627年),应广西参议曹学佺等数十人坚请,再次入闽住持福州鼓山,说法挥尘踞席,音如潮吼,来集者数千余人。不久又返江西博山。

永觉元贤与晦台元镜均为闽人。元贤,字永觉,俗姓蔡,原名懋清,字闇修,建阳人。宋理学家蔡元定第十四世孙。为县诸生,嗜周、程、张、朱之学。25岁时于山寺读书,听寺僧诵"法华偈":"我尔时为现,清净光明身",惊奇周孔之外,"别有此一大事",遂随本县赵豫斋居士研习《楞严经》、《法华经》、《圆觉经》。40岁父母双亡,离别妻子出家,投江西新城寿昌寺落发。慧经为取法名"元贤"。明万历四十六年(1618年),慧经生西,元贤随无异元来住博山,受具足戒,继而复圆菩萨戒,留居香炉峰。天启二年(1622年)返回闽中,相继住锡沙县双髻峰、瓯宁金仙庵,阅《大藏经》三年,后迁建安荷山。崇祯七年(1634年)受福州诸善信之邀,在鼓山为四众说戒。次年,移居建州净慈庵。冬,泉州张瑞图相国、吕图南侍郎率众延请元贤住持泉州开元寺。翌年秋,归福州鼓山。以后历住杭州真寂、婺州普明、南剑宝善。十五年再度移锡泉州开元寺,不久复还鼓山。清顺治十四年(1657年)圆寂。元贤说法,若天廓云布,机辩纵横。

元镜,字晦台,别号湛灵,俗姓冯,建阳人。早年习阳明心学。万历三十二年(1604年)甲辰,礼虎啸丽空杲公剃落,深究《楞严》"知见无见"之旨,求决宝方慧经和尚。慧经呵为"坠大险坑"。元镜乃知从前所学无用,于是奋极参寻五灯宗旨。万历四十五年,受慧经印记。次年,因

余继泉之请,居东苑静室,间亦来往武夷虎啸城高。慧经去世后,元镜一度受请开法仙亭一枝庵,四众惊服。后归隐武夷山石屏岩,誓不出山。后人誉之为"山中第一禅祖"。

继三人之后,在闽传法的有元来的法嗣道独与元贤的法嗣道霈。

道独,字宗宝,别号空隐,广东南海人。于博山元来处受具足戒,元来去世后,乃应人之请开法广东罗浮,宗风大振。闽中僧众闻其风范乃以雁湖请,道独遂移锡入闽。福州地方官延住怡山长庆寺。

道霈,字为霖,号旅泊、非家叟,俗姓丁,建宁府建安人。家世奉佛,落发后,往参东溪山永觉元贤禅师,习曹洞禅。明崇祯七年(1634年)元贤出住福州鼓山,道霈随侍,后游方杭州,经历诸讲肆凡五年。《法华》、《楞严》、《维摩》、《圆觉》、《起信》、《唯识》及台、贤、性、相大旨无不通贯。清顺治七年(1650年),归事元贤于鼓山,任维那职,并专事参究。后归建宁府广福庵,掩关三载,密自锻炼。顺治十四年再上鼓山。次年,道霈继主鼓山寺。从此弘传曹洞宗旨14年,座下常绕千指。一度移锡白云、开元、广福、镜湖等。康熙二十三年(1684年),重还鼓山。道霈主鼓山法席前后20余年,使鼓山兴盛一时,成为东南大法窟。

道独、道霈之后,在闽传法的曹洞宗名僧,还有恒涛大心。大心,一名恒涛,俗姓宋,莆田人。出家后戒律坚苦,游方至鼓山随道霈习禅。后传道霈衣钵,主持鼓山。晚年兼住雪峰。此外,鼓山尚有惟静道安、圆玉兴五等传法,此后渐次衰微。

其二,曹洞宗云门寺系禅师在闽传法

曹洞宗云门寺系创立的时间与寿山寺系差不多同时。创立者圆澄,俗姓夏,浙江会稽人。得法于慈舟方念。明万历四十二年(1614年)开法于浙江绍兴云门寺,法席兴盛。后人称圆澄一系的曹洞宗为"云门寺系"、"云门系"。圆澄法嗣著名的有明雪、明盂、明方等。其中明方入闽。

明方,字石雨,俗姓陈,浙江会稽人。崇祯十一年(1638年),金陵余大成中丞请住福州怡山,仅一年,迁住雪峰。又历迁建宁府普明禅寺、考亭灵峰禅寺、汀州府灵山禅寺。明方之后,云门系在闽中承传不甚明了。

厦门地区曹洞宗今分两系,均出自江西寿昌派下,一派为性愿大师派系,一派为妙月大师派系。性愿之师为南安石井东庵德山和尚,妙月之师为慧绎十六世法裔厦门朝天宫性坚长老。其字序从"性、觉、妙"之后分两法系,性愿大师派,其字序为"性、觉、妙、真、如",21世纪初传至"如"字辈居多。妙月大师一派,"妙"之下字序为"福、元、常、理、振",21世纪初传至"福、元、常、理"为盛。现代两系名僧有菲律宾国开山祖师性愿大师,被太虚大师喻为"铁罗汉"的妙月禅师,新加坡弘法的元果、常凯法师。然两派上辈支系法脉均未详。性愿派下旧时所属寺院有云顶岩、宝山岩,妙月派下有白鹿洞。

三、云门宗

云门宗与曹洞宗一样系出青原,第二代石头希迁,第三代传碎石和尚、天皇道悟、药山惟俨三人,药山派下创曹洞宗,云门宗则系出天皇道悟。

天皇道悟传龙潭崇信,龙潭崇信传德山宣鉴,德山宣鉴传雪峰义存。义存泉州南安人。家世奉佛,少年出家。会昌灭法,改装儒服,拜谒南岳系著名禅师芙蓉灵训,随侍左右。唐宣宗复兴佛教,义存北游吴、楚、梁、宋、燕、秦,受具足戒于幽州宝刹寺,复巡历名山,扣诸禅宗,突兀飘飘,云翔鸟逝,经曹洞宗师良价禅师指点,投德山宣鉴门下,获印可后返锡瓯闽,创道场于雪峰,

开门传道,名声远播,天下释子,趋之如召,雪峰寺因成江南一大丛林。义存在闽弘法近40年,其得法弟子分灯化俗,有十二支脉,其中韶州云门文偃开创云门一曲,曲调艰深,高古绝唱,禅林中因有"云门天子"之称。

云门宗,亦称"云宗",以云门文偃为宗祖,因文偃住广东韶州云门山光泰禅院,举扬一家宗风,后世取其所居山名而命宗。

文偃,俗姓张,赐号"匡真",苏州嘉兴人。自幼出家,敏质生知,慧辩天纵,勤奋学习,遍览诸经。谒雪峰义存,一番交锋,默相契合,因深受义存器重,密授宗印。后历叩洞岩、疏山、曹山、天童、归宗、灌溪等地,参究玄要,锋辩险绝,声名渐著。后归岭南依灵树如敏,嗣其法席。不久,自立门户,领众开云门山,额曰"光泰禅院"。自此,道风愈显,海众云集,法化四播。文偃禅法,最著为"云门三句",即函盖乾坤句、截断众流句、随波逐浪句,主张万法一如等无异,自他不二法性同,世界即我,我即佛。其家风孤危险峻,简洁明快,言简旨深。文偃知名门徒很多,分布江南各地。

云门宗在闽中开始流传,肇端于第四代禅师。

云门宗最初传入福建的是香林澄远支系与清凉智明支系。

其一,澄远支系

澄远,俗姓上官,汉州绵竹人。参文偃得法,住四川导江县迎祥寺天王院,后迁青城山香林院。其法嗣光祚在随州智门寺弘法。光祚的得法弟子省因禅师入闽。

省因,生平不详,传法泉州云台,即南安云台山荐国报忠禅院。

其二,智明支系

智明为文偃法嗣,传法"金陵清凉"。其得法弟子云豁传法江西吉州。云豁下出的自严禅师入闽。

自严,俗姓郑,泉州同安县人。11岁依本郡建兴卧像寺契缘法师席下出家。17岁得业,游豫章,过庐陵,契悟于西峰圆净大师,即云门宗清凉智明禅师高弟祥符云豁。由此凤慧顿发,遂证神足,盘旋五载。宋乾德二年(964年),自严回闽,经武平,慕恋南安岩石壁峭峻,岩冗嵌崟,因结庵住修。其时汀州尚处在五代末南唐割据下。此后,自严传法于闽西一带。宋真宗大中祥符八年(1015年)卒于武平南安岩。后人尊为"定光佛"。

第五代在闽传法共有三个支系。

其一,澄远支系

这一支系入闽传法的是澄远门下的智门光祚的再传弟子。雪窦重显的弟子。重显,俗姓李,遂宁人。早年出家,参光祚得法,住苏州翠峰寺,后过浙江雪窦山,大振云门宗风。被誉为"云门中兴"。其得法弟子传宗入闽。

传宗,生平不详,传法于泉州承天寺。

其二,师宽支系

师宽为文偃法嗣,住随州双泉山弘法,号"明教大师",为云门宗第二代巨擘。其上首弟子师戒,住蕲州五祖山传法。四祖端与泐潭怀澄是师戒的得法弟子。四祖下出的常委与怀澄下出的象敦入闽。

常委,生平不详,在四祖端禅师处得法,传法福州广明院。

象敦,俗姓刘,福州人。在泐潭澄怀禅师处得法。后回闽,传法于福州雪峰,于北宋仁宗皇祐五年至治平元年(1053—1064年)间任其寺第五代住持。

其三,守初支系

守初,俗姓傅,凤翔人。在文偃处得法,住襄州洞山。其上首弟子良雅住洪州福严,下出湖南潭州智贤。智贤法嗣择要、启涛入闽。

择要,生平不详,在潭州智贤处得法,后入闽,传法于福州侯官广因院。

启涛,俗姓柳,漳州人。嗣潭州北禅崇圣院贤禅师。受请住宁德支提山,后移锡闽城仁王寺。英宗治平元年(1064年)住鼓山。治平三年(1066年)移锡福清灵石山。

第六代禅师在闽传法有五个支系。

其一,澄远支系

这一支系继续有禅师入闽,大都是雪窦重显的再传弟子,但出自不同的支脉。

有兰支脉。有兰禅师的法嗣可遵入闽。可遵,《五灯会元》载其语录数则,未载生平。据《闽书》晋江县"清源山"条载:"可遵,俗姓徐,南安人,微髭碧眼,状如胡僧,而精修无怠,得施利,则缕经帙,缮桥道,构藏殿。"曾于清源山百丈坪修禅。《五灯会元》称其"福州中际可遵禅师"。说明可遵曾传法"福州中际"。又据《晋江县志》可遵传载,宋元丰间(1078—1085年),太守王祖道尝延聘住持开元寺尊胜院。

义怀支脉。义怀禅师有法嗣接、旺、有评、其辩、惟礼、智孜等6人入闽。

接禅师,生平不详,传法泉州资寿院。

智孜,俗姓萧,长汀人,号"禅鉴大师"。宋《临汀志》载:智孜尝住福州闽县白鹿寺,后来移锡故里长汀,传法汀州开元寺。智孜于机法之外,尤长于诗,著有《南山集》。

有评,《五灯会元》本传称之为"泉州栖隐有评"。《泉州开元寺志·建置》载:"栖隐禅院,南唐保大中(943—957年),董思安葬于漳。其妻颖川君与其子全武营是院以荐冥福。先皆甲乙住持。宋为州者改为十方禅院。自然、有评二禅师皆主是刹。"有评禅师所传法的晋江栖隐禅院,后来并入开元寺。

旺禅师,生平不详,传法建宁府乾符大同院。

惟礼,生平不详,传法福州衡山院。

其辩,生平不详,传法兴化军西台院。

其二,师宽支系

师宽支系的怀澄禅师法嗣闽人怀琏下出的慎徽禅师入闽。

慎徽,生平不详,传法福州天宫院。

怀澄的再传弟子、福州雪峰象敦禅师下出的善誉禅师(生平不详)留在雪峰寺传法。

其三,守初支系

守初支系下智贤禅师的再传弟子、福州广因择要禅师的弟子如璨留在闽中传法。

如璨,生平不详,传法于福州妙峰院。

其四,缘密支系

缘密在文偃处得法后,住鼎州德山。其下出的文殊应真——洞山晓聪——云居晓舜相续承传。晓舜住江西南康云居山,其法嗣余禅师入闽。

余禅师,生平不详,传法建州白云崇梵寺。

其五,双泉郁支

双泉郁为文偃法嗣,弘法随州。其下出的德山慧远——开先善暹——智海本逸相续承传。本逸住东京智海院。其得法弟子海印与仲豫入闽。

海印，生平不详，传法福州怀安大中寺。

仲豫，生平不详，传法闽县白鹿山之白鹿寺。

七代禅师在闽传法仅一人，为香林澄远支系下义怀禅师的再传弟子慧林宗本的弟子守恩。

守恩，俗姓丘，福州福清人。往汴京参慧林宗本禅师，得其法，后回闽中。《续传灯录》本传则载，守恩初出世住福州怀安地藏院，后迁太平寺。

第八代禅师在闽传法都出自香林澄远支系下的天衣义怀禅师一门，为义怀的三传弟子慧林宗本、天钵重元、长芦应夫等人的再传弟子。

其一，宗本一脉

宗本法嗣法云善本、本觉守一、净因惟岳都有得法弟子入闽。

思慧，俗姓俞，浙江钱塘人。往汴京参法云善本，得其法。入闽传法于福州侯官雪峰寺。

粹珪，俗姓林，福州人。参秀州本觉寺守一法真禅师，得其法。后返闽，传法于福州怀安越峰罗汉院。

本明，生平不详，得法于本觉守一，入闽传法于福州怀安寿山广应院。

体淳，生平不详，在汴京闽人净因惟岳处得法。入闽传法于福州鼓山。

其二，应夫一脉

长芦应夫法嗣雪窦道荣的得法弟子雪峰大智入闽。大智，浙江鄞县人，生平不详。在浙江明州雪窦山道荣禅师处得法，入闽传法于福州雪峰，宣和三年（1121年）当山，建炎四年（1130年）示寂，寿61。

其三，重元一脉

重元法嗣元丰清满的得法弟子雪峰宗演入闽。宗演，恩州人，在卫州元丰院清满禅师处得法，入闽传法福州雪峰，绍兴十五年（1145年）当山。次年圆寂，寿73。

第九代禅师在闽传法都出自天衣义怀一门，为义怀法嗣慧林宗本与天钵重元的三传弟子。

其一，宗本支脉

宗本——善本——楚明相续承传。楚明住杭州净慈寺，其得法弟子隆禅师入闽。

隆禅师，闽县曹氏子。传法福州雪峰，崇宁二年（1103年）当山，政和二年（1112年）圆寂，寿45。

另外，宗本传崇信，崇信传怀深。怀深传法于东京慧林院，其得法弟子慧邃入闽。

慧邃，生平不详。传法仙游九座山太平院。

其二，重元支脉

重元——清满——宗演相续承传。前已及宗演在福州雪峰传法。宗演法嗣慧舜留在闽中。

慧舜，生平不详，传法福州西禅寺。

从以上所述可知，云门宗第九代有3位禅师在闽中传法，分布于福州、兴化两地。其传法年代大致在南宋高宗朝至孝宗朝。此后云门宗在闽中法脉承传不明。

要而言之，云门宗于五代南唐末传入闽西与闽南，此后渐及闽中大部分地方。云门文偃法嗣澄远、智明、师宽、守初、缘密、双泉郁六个支系的后代相继向闽中发展，而以澄远支系与智明支系最先传入。其中澄远下出智门光祚——雪窦重显——天衣义怀一派在闽势力最盛。北宋的神宗朝至徽宗朝是云门宗在福建发展的繁盛时期。云门宗在福建传至第九代禅师之后，亦即孝宗朝之后法脉承传不明。浙江、江西则传至第十、十一代。福建与之相较，过早衰微。

综上所述，五代两宋泉州一度是云门宗活动的主要地区，后来逐渐衰微，宋末以后，没有出现著名禅师传法弘教。

明清以来，虽偶有云门派云水僧人入闽，在丛林禅寺挂褡，但均未见有住持一方及传承弟子。直至清嘉庆年间(1796—1820年)，方有来自普陀山云门派客僧恒心，初来同安梵天寺挂褡，后因缘来厦门本岛，募资重建慧月寺(室)，并收传弟子愿意。

愿意和尚，原籍同安，在魁星河摆渡为生，一边摇橹，一边口诵阿弥陀佛佛号不辍，人称阿弥陀佛和尚，寺亦改为阿弥陀佛寺。后其弟子六湛重修寺宇，正名为妙释寺。愿意和尚以下昭穆字序为"六、清、善、正、宗"。其徒六持、六密、六善、六湛；清字辈有清桂、清修、清凉、清智。21世纪初传至"善、正、宗"为多。现代有善契、善藏、善琳、善扬诸法师。

近代云门派另一传人释清念，原籍同安大嶝岛。早年往普陀山鹤鸣庵出家，后归住梵天寺，传有弟子印实、印顺。印实后往新加坡宏法。印顺早年在闽南佛学院修学，后移住台湾。对佛教论宗深入研究，著有有关人间佛教等多部佛学论说，海内外佛学界尊为汉传佛教佛学大论师。当代梵天寺住持厚学，初投日光岩善契法师披剃出家，后亲近清念法师，由清念代其弟子印顺收为传法弟子，赐法名正道。云门派下旧时所属寺院有妙释寺、日光岩以及同安梵天寺等。

各派以字序为诸弟子法名，使外人一见字序便知其所属宗派及其辈分。此外，各宗派在佛事规仪上也有不同的信号。如打晨钟的节奏，临济为快十八、慢十八的节奏反复撞打；曹洞则以一下、一下的流水节奏撞打，使外人闻其钟声即知寺院所属派系。

近代以来，各宗门派系为了繁衍本系宗门，常有滥收出家或在家徒众的现象。不同宗派之间，也常见有因争执寺院业权或施主法事而产生矛盾。清末民初，在社会上"庙产兴学"的浪潮冲击下，厦门具有卓识远见的高僧大德，奋起推行革新佛教以自救的佛化运动。在运动中，首先觉察到佛门中封建传统的宗派分立，不仅造成佛教僧团间的不团结，更严重地阻碍了佛教改革运动的开展。因此，把改革这一落后状态作为佛教改革的重点来抓。

民国13年(1924年)，临济派下的德僧转逢和尚，首倡把临济喝云派属在厦门最大的寺院南普陀寺献为十方丛林，改子孙传承为十方选贤制。与此同时，有些原属子孙传承的小地方(寺、岩)，也开始出现互相转换住持或容纳不同法系的僧侣共住。如虎溪岩派的天界寺，20世纪30年代初，转由喝云派的广恩法师住持；虎溪岩派会泉法师为其女弟子宏定尼师开建的甘露寺，后转让云门派菜姑住持；同安梵天寺原属曹洞，后归云门；梅山寺原为临济，后也转让给云门等等。

[本章内容参阅并引用王荣国教授的《福建佛教史》(厦门大学出版社1997年9月版)]

第八章 佛门规戒

汉传佛教寺院,素以清规戒律綦严著称。佛制戒律,祖立清规,旨在规范佛门弟子共住生活仪规,使之能"止恶从善,制妄求真",专心奉佛,求证佛果。

清规戒律的总体要求和目的虽称一致,但规戒的具体由来与持守要求却又各有所重。

佛制戒律,是根据四众弟子的不同品类制定不同的戒规条文,要求佛门弟子随时随地自觉严持信守的佛家法律。

祖立清规,是佛教各大门派的开宗祖师,为规范其门下弟子在集体共住参修时,制定的丛林组织规程和日常行事准则,是住寺僧团共同遵守的寺规。

第一节 戒 律

佛教戒律传入中国,通说于三国曹魏嘉平二年(250年),由昙摩迦罗在洛阳白马寺译出《僧祇戒心》及《四分羯磨》二种戒本为始。

近代高僧释弘一在其《律学要略》中说:"由东汉至曹魏之初,僧人无归戒之举,唯剃发而已。魏嘉平年中,天竺僧人法时到中土去,乃立羯磨受法;是为戒律之始。当是时可算是真实传授比丘戒的开始,后来渐渐地繁盛起来。"

一、戒条

戒条有多种标准分类。以受戒对象分类,即以"七众"为标准,有七种类别(优婆塞、优婆夷、沙弥、沙弥尼、式叉摩尼、比丘、比丘尼)之分。以是否"出家"为标准,便有"出家戒"与"在家戒"之分。"在家戒"有四种:三归、五戒、八戒(八关戒斋)、菩萨戒;"出家戒"有五种:沙弥戒、沙弥尼戒、式叉摩尼戒、比丘戒、比丘尼戒。

(一)在家戒

三归

三归(皈),即归依"三宝"——佛、法、僧。严格说来,三归不算"戒"。但它是一切戒的根本,是信仰佛教的入门,也有戒之实质。受"三归"后,得称"优婆塞(夷)",为"七众"之二,是佛

教的正式信徒。

归依三宝之后，依所受的戒不同，可逐级升高，共有五等六类。

1. 翻邪三归——最初进入佛门。
2. 五戒三归——三归之后加受"五戒"。
3. 八戒三归——六斋日受持"八关戒斋"。
4. 十戒三归——沙弥（尼）受"十戒"必摄受三归。
5. 具足戒三归——比丘（尼）受具足戒，亦必摄受三归。

此外，凡受大乘菩萨戒者，在忏悔与发愿前，也必先受三归，可称"菩萨戒三归"，是上列五等之外的另一类。

受归戒入佛门，"七众"必须诚心信仰礼敬"三宝"，自今以后，决不再皈依天仙神鬼一切诸外道，决不再皈依诸外道典籍，决不再皈依于不奉行佛法者。

五戒

"三归"为入佛之门，"五戒"为佛教一切戒的基本。"三归"之后，再受五戒，就成为真正的优婆塞（夷）——虔诚的在家三宝弟子。

五戒，就是一不杀生，二不偷盗，三不邪淫，四不妄语，五不饮酒。五戒与世俗所尚仁义礼智信为含识所资，与杀盗淫妄酒为道俗所乖渐渐相通。所以本于仁者则不杀，奉于义者则不盗，执于礼者则不淫，守于信者则不妄，师于智者则不饮酒。奉执不杀者不求仁而仁著，不盗者不忻义而义敷，不淫者不祈礼而礼立，不妄者不慕信而信扬，不饮酒者不行智而智明。百家之乡，十人持五戒，则十人淳谨；百人修十善，则百人和睦。能行一善，则去一恶，去一恶则息一刑，一刑息于家则百刑息于国。据《大毗婆沙论》说，此五戒名学处，"是近事者所应学故；又名学迹，若有游此，便升无上智慧殿故；又名学路，此为径路，一切律仪、妙行、善法皆得转故"。又据《弥勒问经·论》说五戒名大施，"以摄取无量众生故，成就无量众生乐故，以能增长种种功德故"。

八戒

佛教的在家戒只有二类——五戒及八戒。两者虽同为在家，功能或性质却大有分别。"五戒"是恒常所持的戒条，是根本大戒，而"八戒"只持一日一夜。若以世俗团体训练教育来譬喻，五戒如日常行为守则，八戒则为定时的短期训练。

八戒，除前述五戒外，加不坐高广大床、不着华鬘璎珞、不用香油涂身熏衣；不自歌舞、不得故往观听；不过中食。此八戒又名"八关斋戒"。关是禁闭的意思，谓禁闭八罪不犯。此戒为俗人受，以一日一夜不犯为期。据《毗婆沙论》说："八戒名近住，谓近罗汉住故；又名长养，谓长养薄少善根有情，令其善根增长故。"所谓高广床，据《阿含经》说："床榻下足，高尺六非高也，阔四尺非广也，长八尺非大也，但过此量者，名高广大床也。"

（二）出家戒、菩萨戒

佛教"七众"，二众是在家人，即优婆塞及优婆夷。其他五众为出家人，包括沙弥、沙弥尼、式叉摩尼、比丘及比丘尼；其中前三者称为"小众"，后二者称为"二众"（亦称为二部僧）。这些"众"之所以有名称与身分的分别，主要就是所受的戒律之种类不同的缘故。尤其出家五众，所受的戒是有等级区别的，因而在身份上也有了级别，以致其在教团的权利、义务、责任也就有所不同。

沙弥（尼）戒

沙弥（尼）是从出家离俗走进清净佛门的第一步，也是从世俗大众毕生追求富贵尊荣、贪求享受的浮华生活，走向离尘脱俗、从事净修苦行的开始。因此十戒中从向来以"不"为戒改为以"离"为主。所谓"离"，就是要抛弃原来俗世种种不良的思想生活习惯。

原来沙弥（尼）是通向正式出家僧尼的考验过渡阶段，因此要求十分严格，在"十戒"之外还规定一系列制约沙弥（尼）思想生活行为规仪。如明智旭《沙弥十戒威仪录要》及清读本《沙弥尼律仪要略》规定，对沙弥（尼）日常生活的行住坐卧、饮食衣着，以至对尊长的进退、应对，等等。如行须平稳前瞻，不得左右环顾，不得摇摆跳跃争路；进入寺门殿堂，不得行走正中，遇尊者须叉手侧立让路；住不处高广大床，坐不跷腿弯腰；卧要右侧吉祥，不得仰天或左侧，睡不得在人先，起不得在人后；不着华饰衣服，不吃非时之食；不得高声谈笑。如是生活细节，都得循规蹈矩而行，不得逾越违规。

比丘戒

《华严经》偈云："戒是无上菩提本，应当具足持净戒。"何名具足？据《决定藏论》说：一者受具足，谓百四羯磨；二随具足，谓从此向后，随一一戒，常持覆护故；三护他心具足，谓比丘一分威仪具足，名护他心；四具足守戒，谓于小罪见畏不犯，若有犯者，悉皆发露故。

比丘具足戒250条，有四波罗夷、十三僧残、二不定法、三十舍堕法、九十单提法、四提舍尼法、百众学法、七灭诤法等。以在家不可阅戒，故从略。

比丘尼戒

比丘尼具足戒348条，其中与比丘戒相同者198条，异于比丘戒者150条，即八波罗夷、十七僧残、三十舍堕、一百七十八单堕、八悔过、百众学法、七灭诤法。以在家不可阅戒，亦从略。

大乘菩萨戒

即三聚净戒：1. 摄律仪戒，谓恶无不离，起证道行，是断德因，修成法身；此戒止是持，作是犯。2. 摄善法戒，谓无不积，即身口意善，及闻思修三慧、十波罗蜜、八万四千助道行等，是智德因，修成报身果；此戒作是持，止是犯。3. 摄众生戒，又名饶益有情戒，谓生无不度，起不住道，是恩德因，修成化身果；此戒作是持，止是犯。初一戒以禁防为体，后二戒以勤勇为体。

修菩萨戒有五种利益：1. 十方佛愍念、常守护；2. 命终时正见、心欢喜；3. 生生处为诸菩萨友；4. 功德聚戒度悉成就；5. 今后世性戒福慧满。

二、受戒

《大戒法本》自曹魏黄初三年（222年）传入许昌，至正元元年（254年），天竺律师昙摩迦罗上书，方兴受戒之事。

天竺祇园，有比丘楼至请佛立坛，为比丘受戒，如来于园外院东南置一坛，这是佛教立坛传戒的开始。佛教传入中国后，北朝刘宋元嘉七年（430年）有天竺僧求那跋摩（功德铠）至扬都南林寺前竹园立坛，为比丘受戒，这是中国佛教史上首次立坛传戒。据《僧史略》，戒坛"本出小乘教。小乘教中，应入僧界法，一一如律，若片乖违，则受者不得戒，临坛人犯罪；今方等法，是大乘教，即不拘根缺缘差，但发大心领纳即得戒，可谓广大平等周遍矣。故称方等"。或名甘露坛，甘露喻涅槃，以戒为入涅槃初门。

三归五戒正范：

1. 敷座请师：由受戒人先准备好尊严的座位。典礼开始，恭请依止师升座。
2. 开导：由依止师解说三归依的义理。

　　3. 请圣：众起立恭请十方常住一切诸佛证明诚恳归依,护法龙天伽蓝圣众等一切善神护戒。

　　4. 忏悔：忏悔往昔业障。

　　5. 受归：三归三结,并发三誓。

　　6. 发愿：发菩提心,愿度一切众生。

　　7. 显益劝嘱：由师说明三归功德,并勉励依教奉行。

　　8. 回向：将受三归功德,回向一切沉溺苦海众生。

　　受归受戒,要真正出自诚心,最重要的是"三结"。所谓"三结",即类似世俗的宣誓："我某甲,尽形寿归依佛。尽形寿归依法。尽形寿归依僧"(说三遍)。之后,再说："归依佛竟。归依法竟。归依僧竟"(说三遍)。是为"三结"。

　　接受"五戒"必须先受"三归",不许可不受"三归"而径受"五戒"。凡曾犯"五逆罪"(杀父、杀母、杀阿罗汉、破和合僧、出佛身血)、"自破净戒"及"破他净戒"者,均不得受五戒。"五戒"可以分受,如自信能守一条就受一条,二条、三条、四条均可,全受当然最好。受一戒,名叫"一分"优婆塞(夷);二戒,名叫"少分";三戒,名叫"半分";四戒,名叫"多分";五戒即"满分"优婆塞(夷)。未受五戒任何一条的,只叫"优婆塞"。若受一戒为"一分优婆塞",破了戒,则成为"无分优婆塞"。

　　求受"八关戒斋"的方式,以单独向出家僧尼求受为原则。但若拘于客观环境,亦可自受,即向佛像忏悔誓愿后持戒。求受的时间,应以是日清晨开始为正规。必要时亦可在中午以前。求受此戒者,必须已受"三归"。至于是否已受"五戒"则不限。如在此之前未受"三归",则可在仪式前段受"三归",接着受"八戒"。

　　沙弥及沙弥尼出家,须有二师：一为"剃度师",亦称为"戒和尚"；另一为阿阇梨(轨范师),且此二师的资格也有限制。一般认为最少不得缺乏两个条件：(1)作比丘尼戒腊满十年以上；(2)通解二部律典。又,比丘不得用为沙弥尼之剃度师与轨范师。且比丘尼度沙弥尼时,戒腊要多二年(即满十二年以上),方合规定。

　　受戒沙弥或沙弥尼有"遮难"即"十三重难"、"十五轻遮"的限制。

　　所谓"十三重难",包括"五逆罪"及生理不健全(黄门、二根)、品行不端(坏内外道、破人梵行、犯边罪、贼心入道等)、非人类(畜生、阿修罗鬼神等)。凡有这13项中的任何一种,未受戒不得受戒,即使受了戒也应灭摈(逐出僧团)。又上有"边罪"一词,乃指曾受戒款未舍戒而犯杀、盗、淫、妄语等之重罪,属于被弃在佛法大海边之人,再来受戒,是为不许。

　　"十五轻遮"是指十五项较轻微的限制,如能改正即可受戒。包括：不是奴仆(主人允许即可)、不是盗贼(距行为千里之外、又改过向善者即可)、不是为躲债(还清欠债即可)、没生癞、白癞等五种病(病瘥亦可)、未得父母许可(父母许可即可)、不是在位官人(辞官或王命允许者亦可)、受戒时不备衣钵、不肯自称名者、不肯称和尚名者、教乞戒而不乞者(以上三项是在授戒礼仪时,师问之项目,如不肯依规定答即不得戒)及衣着不合规度者(穿俗人衣、外道衣饰之类)。

　　此外在年龄限制方面,太小(小于7岁)、太老(超过70岁)不得出家。又60岁至70岁仍可出家,但只能受沙弥(尼)戒,不得受具足戒。

　　出家二众受具足戒一定要在政府指定的丛林禅寺举办的"三坛授戒大法会"上,接受传戒尊师的传授。原来比丘、比丘尼授受"三坛"具足戒时还要在头上烧炙十二道香疤以作证记。受戒后由官府发给"度牒"并登载入僧籍,方称为合法的正式僧尼。

历来开坛授戒的寺院和主坛的高僧大德,都要经地方官府批准认可。现代根据中国佛教协会规定,开坛授戒的寺院及主坛高僧,要报经省宗教领导部门及省佛协会批准。

入清以来,厦门地区自雍正九年(1731年)至乾隆十四年(1749年),虎溪岩曾相继举办五次三坛传戒法会。此后又由南普陀寺喜参和尚举办两次。民国37年(1948年),由南普陀退任方丈性愿和尚主坛开办的三坛传戒大法会,盛况空前,为历史之最。(详见第九章第二节)

三、持戒、犯戒与舍戒

(一)持戒

佛家四众弟子受戒后,按规定都得终生持奉遵守。守持宽严,在家二众与出家二众大不相同。

在家弟子受归受戒后,能否坚持,都根据各自的愿力与根缘,自觉遵守执行,没有人加以监督纠察。

对于出家二众守戒持戒,要时时、处处、事事以戒律严格约束自己,规范自己的日常言行,经常忏悔,除灭戒罪。通过"自恣",坚持戒律,勤修诸善,行成皎洁。

另外,出家僧团每隔半个月集会一次,主要是"说戒"(诵《波罗提木叉经》),警戒僧众严守戒律,要求犯戒者趁机发露忏悔,称"布萨"。

释印顺《原始佛教圣典之集成》云:

> 在佛的指导下,布萨更成为有深刻意义的僧伽(sangha)布萨。发展完成的布萨制度,是这样的:
>
> 1.每月二次,半月(阴历十五)或十四日,二十或(二十九日)举行布萨。
>
> 2.在一定的区域——界(sima)内的比丘,旧住的或新到的,有出席参加的义务。这是名符其实的全体会议,如有人不到就不合法。
>
> 3.如因病而不能参加,应委托同住的比丘,向大众表示:对布萨大会所举行的一切僧事,无条件的完全同意。这名为'与欲'(chandamdatum)。
>
> 4.如"众不清净,不得为说"波罗提木叉。所以如果有过失的,先要悔除清净。"与欲"而没有出席的,也要"与清净",表示自己清净,没有过失。
>
> 大众如法集会,如僧伽有事,先要处理解决。如比丘有所违犯,也要依法处理,或'出罪清净'。

颂戒布萨的规仪,至今厦门地区较大的寺院仍在奉行不辍,特别是圣辉大和尚主持南普陀寺和佛协会后,为了整肃佛门道风,严肃规戒,除南普陀寺、闽南佛学院按期循规颂戒,集众布萨外,还要求全市有条件的寺院都要严肃遵行。

(二)犯戒

出家二众犯戒,要接受惩罚。

如犯波罗夷(断头、他胜、极重)。这是最重的比丘戒,是指犯了淫、盗、杀人、大妄语等四种过错而言,本来不可以忏悔的方法而除罪(惩处),应一律摈出(灭摈)僧团。但初犯淫戒的,如立即向僧团自首(发露)而又表示痛改前非者,虽失去比丘的身分,但仍许不予灭摈。惟须在20位清净比丘(未犯戒之僧人)之前请求忏悔,然后降其身分成为"与学比丘",终身受持(积极的去做或消极的不能做)35件事;其地位在清净比丘之下,沙弥之上,失去僧权(不得参加举发

他人犯戒之羯磨等),且终身要为众比丘作洗厕担粪之类的苦行。

所谓"摈逐"的处罚,等于世俗团体的"开除"、"除名"之类。常以"断头"比喻,即如犯国法处死(永远与社会隔离)是也。依禅门清规制度,摈逐有三种等级:

(1)摈出:逐出寺院,俟其真诚悔过并得批准,仍许回寺。

(2)默摈:虽仍在寺院内生活,但不许与任何人说话,不许参加任何布萨等活动。

(3)灭摈:这是逐出寺门,永不许回的严重处分。程序是集会,当众焚烧他的衣钵,且以藤条或香板责打后,再从偏门逐出。即"犯重焚衣钵,应当集众人,山藤聊示耻,驱摈出偏门"是也。

僧残(僧伽婆尸沙、僧伽提尸沙),是仅次于前者的重罪。此种罪可借忏悔以除去,但程序较复杂。如比丘犯戒,要在20名清净比丘前忏悔。比丘尼犯戒更严重,须分别在20位比丘及20位比丘尼前忏悔。抑有进者,比丘犯此,若覆藏(隐瞒)一日,就要作六夜的"摩那埵"(Man－arha),行"别住法"(单独居住,不得与他人言语),并行35事,服役大众。六夜完毕,即于20位清净比丘中忏悔,才算"出罪",成为清净比丘。比丘尼犯此,则一律作半个月的"摩那埵",再依前述人数出罪。

依据《根本萨婆多部律摄》卷四规定,犯了僧残罪,有六种人只要对一位比丘忏悔,即可除去僧残罪:(1)遍持经藏者,(2)遍持律藏者,(3)遍持论藏者,(4)性情极羞愧者,(5)僧众中最长辈者,(6)大福德人。又据《行事钞》卷下四,有六种人犯僧残罪,且得以"心念"来悔罪的:

(1)上座犯僧残,诸人生慢。依佛言,若一心生念"从今日,更不作",便得清净。

(2)大德多知识(指认识许多僧俗师友。若今所谓有"广大知名度"是也)。

(3)多惭愧,若遣行者,宁反戒(指其性情羞耻心极大,若在20人中忏悔,他会宁可舍戒还俗)。

(4)病重不能胡跪,无力能忏。

(5)住处不满20。道路遇贼死(犯戒人住所附近根本不足20名僧数,若往他处忏悔又会遇到路上盗贼,发生性命的危险)。

(6)众不清净。往至他方,道路遇贼死(犯戒人住所其他比丘也属不清净的,若往他方又会遭危险)。

以上六种人,只要依佛说:"一心生念,如法忏悔,是人清净,得生天上。"便除罪清净了。

不定(偷兰遮)。这是指比丘所犯,而嫌疑未决的罪,严重者责其对人忏悔,较轻者允许自责心悔。

舍堕(泥萨祇波逸底迦)。非法取得的东西在僧团之前舍弃,并且允许他忏悔的一种罪,相当于世俗间没收、罚金等罪。

单堕(波逸提、波逸底迦)。是一种轻罪,只要忏悔便可得到原谅的罪。相当于世俗间的谴责。

悔过(波罗提提舍尼、对说)。与吃饭有关的不法行为,只要自白其过就可原谅。

众学。日常生活中不规矩的行为,只要自己反省即可。

灭诤(止诤)。这并不是一种罪过,而是教团中消除解决争论的一种方式。

(三)舍戒

"舍戒"就是舍弃戒律对自己的拘束。这在佛教来说,是完全自由的,而且对人一说便成,没有任何仪式;与受戒须依一定的仪轨并不相同。

"舍戒"有四种：

1. 作法舍：即自愿依法（规定）舍弃之意。

2. 命终舍：除了大乘菩萨戒是"无尽戒"以外，其他的戒都是"尽形寿"遵守而已，故受戒人逝世自然舍戒。

3. 二形生：指原为男或女，后来身体异变成为"变性人"或"双性人"者。此种情形自然舍戒，应指出家五众而言。在家二众受五戒、八戒，应不发生此问题。大乘菩萨戒连鬼神畜生均可受戒，当然也不发生这问题。

4. 断善根：指对佛法起邪见，如不信因果之类。

这四种"舍"，第一种才是真正的出自个人意志之"舍戒"，其他三种可称为"当然舍戒"。

又舍戒有"顿"、"渐"之分。例如一位比丘，一下子把全部戒舍去，成为俗人（白衣），称为"顿舍"。若只舍比丘的具足戒，仍愿保留沙弥戒，或保留优婆塞的五戒、八戒，名为"渐舍"，即非一次全部把三种等级的戒均舍弃之意。

舍戒的方式甚简单。如属比丘（尼），原则上向出家人一说便成。若无出家人在身边，则向俗人（白衣），甚至外道说亦可。此所谓"开教从缓，不必本众"。

舍戒之后，比丘可以重新受戒，允许七次舍戒再行出家，但比丘尼则一次都不可以。

第二节 清 规

清规是中国禅宗丛林组织的规程和寺众日常行事的准则。东晋道安首创《僧尼规范三例》以后，即随时有在戒律之外别立禁约之举。如支遁立众僧集仪度，慧远立法社节度，乃至梁武帝造光宅寺于金陵，命法云为寺主，创立僧制，用为后范，皆是其例。到了唐代，禅宗盛行，百丈怀海禅师痛感禅师住在律寺内，虽另处别院，但于说法住持，都不能合法。于是他于元和九年（814年）根据禅宗的特性，针对中国社会的实际情况，融会中华传统文化的宗法礼制，折衷佛教大小乘戒律的精神，别立禅居之制：尊长老为化主，处之"方丈"；不建佛殿，只树"法堂"，学众尽居"僧堂"依受戒年次安排；设"长连床"，供坐禅偃息；合院大众朝参夕聚，长老上堂，徒众侍立，宾主问答，激扬宗要；"斋粥"随宜，二时均遍；又行"普请"法，上下均力；事务分置"十寮"，置首领主管等等。这些就成了丛林新例，与律法不同，世人称之为《百丈清规》。因此，"清规"是禅宗特有的内部规范，是广义的戒律，是富有"中国特色"的佛门规制。

一、佛事规仪

丛林佛事虽多，然不出祝厘、供天、拜佛、尊祖四大类，其礼拜规仪俱载《百丈清规》，分"祝厘章"、"报恩章"、"报本章"、"尊祖章"四章记述。

（一）祝厘

佛教自东汉传入中土，得到历代封建帝王的尊奉，圣恩广博。为此，每值皇帝或皇后寿诞，即举行庆祝法会，为皇帝、皇后祈求福佑，称"圣节"，亦名"万寿节"，或称"天寿节"。

逢圣节,寺院即启建金刚无量寿道场。圣诞前三日,书记寮知客即书黄榜预告,不许僧众请假,并由客堂请书记僧用黄纸书写"祝颂"疏文,交由主持于是日早殿宣读,并恭颂《药师咒》以及《华严经》、《楞严经》、《妙法莲华经》、《大方广圆觉修多罗了义经》、《金刚无量寿经》、《仁王护国经》六部大经,敬祝圣寿万岁万岁万万岁。

皇后千秋生日,仪式比较简单,只念诵《金刚经》一日。正日早课前祝圣后,由维那宣读疏文:"……敬祝皇后懿驾千秋,伏愿八方天神来密佑,更资遐算。"

此类佛事,随着封建王朝的覆灭而被淘汰。但后来宗师为适应社会大众的信愿要求,根据斋主的意愿,参照祝厘法会的规仪形式,举办诸如延寿消灾、祈福求安等吉祥法会。如今厦门地区各大小寺岩十分盛行,常年都在5～7次以上。住众较少的寺院,则邀请其他寺院僧尼协助,在本院或斋主家中举行。

(二)供天

1. 国忌

即为已故皇帝、皇后举行祭供活动。因皇帝崇佛,体恤僧众,今虽升天,释子追慕先德,以酬皇恩,故将之列为供天"报恩"之首。

逢皇帝宾天升遐,隔宿客堂即挂牌告示。越日早课,僧众齐诣大殿,念诵《楞严咒》,反复念佛。用黄纸书写皇帝圣位,供于大殿佛前,设香花灯烛果供几筵。正日早课,僧众云集,烧香传炉,住持拈香,维那举香,课诵如常。并于大殿设坛,默诵《金刚经》,由住持拈香上供,维那宣读疏文回向,伏愿先帝"神游八极乘云车风马逍遥,位证中天受玉殿琼楼快乐"云云。

国忌祭奠帝后升天的佛事,同样随着封建王朝的灭亡而废除。

2. 供天

供天法事,十分庄严隆重。法事举行之前,事先将法堂打扫干净,悬挂幢幡,张灯结彩,整备供具。上首设高座,供佛、法、僧三牌位;又于左右两旁铺设香案、桌围、供器,奉供光明会上侍从诸天及三界司事神祗等46牌位,后来又增加天后一个牌位,亦罗列香花灯烛;复于丹墀下中间设天仙位,供物俱同。凡供献素斋面饭,俱要丰盛。

前一日晚止静后,鸣鼓三下,僧众齐集,请斋主拈香,众师严净,发符牒预达诸天。次日五更,忏师洁躬,侍候法堂。鸣鼓三声,僧众齐集,复由斋主拈香,忏师宣读疏文,吁请50牌位,奉佛修斋供天,为祈保何事,望垂天恩,俯纳下诚,施恩示感云云。

闽南民俗,崇尚敬奉天神,每年正月初九玉皇大帝圣诞,家家户户敬备丰盛三牲供品礼祀,平日也在大厅堂(或在大门口)屋檐下悬挂"天公灯",随时敬祀天神。厦门大小寺院为顺应民俗也将供天视为主要佛事之一,不仅每年正月初九玉皇圣诞之日,于法堂摆设丰盛斋供,集众礼拜供祀,而且每当寺院举办各种较大法会时都要另立斋天法坛,在法会举办当天清晨举行供天仪式。

3. 护日护月

以前,凡遇日食、月食,以为天狗咬噬,民间家家户户敲锣打鼓驱逐"天狗",以救护日月。寺院除敲钟擂鼓外,还举行护日、护月法事。僧众闻钟声云集大殿之前,太阳(月亮)开始亏蚀时,库司向日(月)设供,住持拈香,维那举香,僧众齐念"南无日光(月光),遍照菩萨"法号,直至太阳(月亮)重光复圆。然后再度拈香上供,诵念《心经》及《变食真言》、《甘露水真言》等。供毕,维那宣读护日(月)疏文。

现代科学昌明,日食、月食科学知识家喻户晓,寺僧及大众再也没有举行"救护"活动了。

4. 祈晴

久雨不晴,客堂先白方丈,然后挂牌于山门上正中,用黄纸作牌位,上书"南无金刚光焰止风雨经光焰会上佛菩萨"17字,择址设莲座,如法严治坛场陈设。由地方官员拈香,或常住发心祈求,皆务须真心诚意。每日斋粥二时后鸣钟集众读诵《金刚光焰止风雨经》,三日、五日或七日,由僧众轮番引接诵经,谓之"不断轮",每时回向宣读疏文一遍,直至感应,天气放晴,方满散忏谢。大回向焚化疏文。

5. 祈雨

久晴不雨,旱魃为灾,山门上挂祈雨牌。依《大云轮请雨经》文陈设结坛。先选择洁净地方广十二步,以为道场,筑坛其中。东向高一尺,长宽各十步,取洁净黄土涂饰法坛四周。坛中设床,方广二丈,为高座,覆盖青色帐幕,帐幕中设主坛,置僧座一、高桌一,两旁设诵经矮座并矮桌,有几个人参加,就设多少副桌椅,座褥桌帏,皆用青色。主坛东西南北四周各架设一座高桌为副坛,上面亦张盖青色帐幕,桌上设供器及乳糜杂果,分别供龙王一身三头、五头、七头、九头并诸眷属,坛四角各竖青蟠七支,每一面蟠旗下各燃灯一盏,灯前四角各设花瓶,供养鲜花。坛之四周,以草席围合成墙如城,四面开门,每门各图画二条行龙守护,龙首皆向门,蜿蜒其尾,互相勾结;门外亦以草席为屏。作法时,挑选戒行高洁法师一人主坛,两序也选择戒行清净的僧人诵经,又选僧伽二人入坛为侍者,充任添香注水之役。参与法事僧众,一律短褐青衣,头扎白布,薰香沐浴,清心洁身。首先由主坛大法师率众举行净坛、安坛仪式,然后举香拜请诸佛菩萨,然后登坛。主坛大法师登坛趺坐,击鼓振铃,高唱诸天龙王名号,一一召请188位龙王降临,随后读焚祈雨疏文,领众持诵《楞严》、《华严》、《法华》以及《大云轮光明》诸经、咒。昼夜严净,虔诚结愿,诵经不辍,呼号不止,以感召天和,祈求速降甘霖以应祷。

闽南地区经常发生旱灾,地方史志常见有关僧人祈雨的记载,其中最具典型的是安溪清水祖师祈雨应验,后人奉之为神诸传说。

清水祖师,僧名普足,又号麻章上人,俗姓陈,永春岵山人,生于宋庆历四年(1047年),自幼出家,后住永春高泰山修持,平日常到处修桥造路为民造福。宋元丰六年(1083年)安溪大旱,里人慕其道行高洁,延请结坛祈雨,传说立沛甘雨,旱情遂解,邑人奉之为神,遂于安溪蓬莱山为其建清水岩住修。自是麻章上人祈雨神验之声远播十方。地方士绅多次上报朝廷,请求褒封,朝廷派官核实,接连四次敕赐封号,叠加至"昭应广惠慈济善利大师"。

嘉定十年(1217年),泉州大旱,知州真德秀迎请清水祖师神像祈雨,并要参与祈雨群众多带纸帛,如三日不验,即堆积纸帛焚化神像。传说不到三日即大雨倾盆,知州由是笃信其灵,泉属各地也纷纷为其立庙分供。几百年来,闽南各地遇旱,都请清水祖师主坛祈雨。据不完全统计,泉属各县供奉清水祖师道场达30多所,厦门岛也曾有祖师庙4所,原同安县属有祖师宫庙5所。

清雍正年间(1723—1735年),同安大旱,知县唐孝本恳请端平岩僧晓诚法师祈雨。相传晓诚求雨形式很独特,没有繁文缛节,只是一个人合掌趺坐于烈日炎蒸之下,水浆不入口者数日。晓诚事先与唐孝本约定,如某时天不下雨,愿意焚身祭天谢民。至期,果然大雨如注。后来,同安凡逢旱灾,都请晓诚祷雨,传说无不应验。

乾隆十七年至二十一年间(1752—1756年),厦门旱魃为虐,海防同知觉罗四明主持,延请南普陀寺僧拜祷海隅,遥祭龙神,灵验应祷,甘霖叠沛,因创龙王神庙于南普陀寺西偏。

近现代以来,厦门各寺院单独举行祈晴祷雨等佛事活动,已极罕见。但在祈雨法事规仪的基础上,已衍化发展成为诸如祈祷"息灾安民,风调雨顺,国泰民安"等等大型法会。

(三)佛诞

出家人具沙门之形,奉释迦之姓。佛教徒以佛陀为人天之师,将佛菩萨作为供奉和礼拜的对象,将佛菩萨诞辰作为纪念报本、崇拜敬仰和端庄致礼的重大节日,都要举行隆重的佛事活动。

1. 释迦佛诞

四月初八为释迦牟尼佛诞辰。客堂事先挂牌预告,曰:"明日恭逢本师释迦文佛降诞之辰。"是晚,合院大众闻钟声,袒衣持具云集大殿礼佛。住持拈香,维那唱香赞,众人展具,赞佛偈云:"天上天下无如佛,十方世界亦无比,世间所有我尽见,一切无有如佛者。"偈毕,唱"南无本师释迦牟尼佛"圣号,礼拜。

正日早课祝圣,方丈说法。午前启请上堂。午饭后合院僧众闻钟齐诣大殿前,称扬圣号,举行"浴佛"活动,伏愿佛日增辉,法轮常转。最后,将佛圣像各归本位安妥,维那唱《献宝座》,大众齐和。又举《供养偈》,众僧同作梵唱诵。三归依,唱毕,各回本处。是日,念诵《浴佛经》。

十二月初八日,为释迦牟尼佛成道日。客堂预日挂牌。是晚二板礼佛。正日祝圣、上堂说法,与佛诞日同。是日开午梆,佛前上供,众集烧香传炉,住持上香,维那举赞。住持三拜,不收具,长跪献茶、献斋等,皆侍者递送,知客置几上,毕,三拜而立。至念《供养咒》,仍跪。维那出班上香、展具,三拜长跪,合掌作白(文略)。作白毕,一拜,起具复位,举赞,唱云:"腊月八日,觉帝扬灵。菩提场内道初成,夜半睹明星,普救迷情幽暗悉光明。"禅悦藏三称,毕。

2. 药师佛诞

九月三十日是药师佛诞辰。早课,烧香传炉,住持拈香,维那举香,唱赞,举行绕佛活动。毕,唱药师佛号,行十二拜。开午梆,闻鼓声,大众袒衣持具齐诣药师殿,上供,举香,唱赞,三呼"南无药师琉璃光如来"圣号,鸣鱼,念诵《施食经》、《变食咒》、《甘露咒》、《普供咒》。接着,维那宣白词。毕,举《药师赞》:"药师海会,琉璃相光。八大菩萨降吉祥,七佛广宣扬,日月威光功德实难量。"最后僧众再次三呼"南无药师琉璃光如来"圣号,行三拜礼,各回本处。

3. 弥陀佛诞

十一月十七日是阿弥陀佛诞辰。挂牌、集众、上供等规仪与拜药师佛同,诵念经文用《弥陀经》,白词也不同。维那作白毕,举《乐邦教主赞》。最后,三呼圣号,三拜而退。

4. 文殊菩萨圣诞

四月初四日是文殊大士圣诞。挂牌、集众、上供等规仪与拜药师佛同。圣号称"南无大智文殊师利菩萨摩诃萨",经诵《大方广佛华严经》。经文一遍念完,即诵曼殊室利菩萨八字陀罗尼咒108遍。咒毕,诵《变食真言》、《甘露水真言》、《普供养咒》,维那作白。毕,一拜归位,举《文殊赞》:"迹居五顶,身跨青狮。慈云普覆法雨施,妙演毗耶离,七佛之师普化到今时。"最后,三呼圣号,三拜而退。

5. 普贤菩萨圣诞

二月二十一日是普贤大士圣诞。挂牌、集众、上供等规仪与拜药师佛同。圣号称"南无大行普贤菩萨摩诃萨",诵《楞严经》。一遍后接诵"南无大行普贤菩萨"一百零八遍,又诵《变食真言》、《甘露水真言》、《普供养咒》,维那作白。毕,一拜归位,举《普贤赞》:"普贤行愿,福聚无边。如是智慧号普贤,一切悉皆圆,万德庄严利益遍人天。"最后,三呼圣号,三拜而退。

6. 观音菩萨圣诞

二月十九日是观音大士圣诞(六月十九得道,九月十九成道)。挂牌、集众、上供等规仪与拜药师佛同。圣号称"南无大悲观世音菩萨",诵《妙法莲华经》。念完,接诵观音圣号108遍,又诵《变食真言》、《甘露水真言》、《普供养咒》,维那作白。毕,一拜归位,举《观音赞》:"手持杨枝,顶戴如来,跏趺端坐宝莲台,救苦甚悲哀,一念能回无量慈门开。"最后,三呼圣号,三拜而退。

7. 地藏菩萨圣诞

七月三十日是地藏圣诞。早课烧香传炉,住持拈香,维那举香,赞至绕佛毕,拜地藏圣号十二拜。早粥,客堂挂牌,以后规仪与拜药师佛同。三呼"南无大愿地藏王菩萨"圣号,次诵《地藏菩萨本愿经》。念完,接诵唵钵啰末隣陀宁娑婆诃108遍,又诵《变食真言》、《甘露水真言》、《普供养咒》,维那作白。毕,一拜归位,举《地藏赞》:"地藏大王,誓愿宏深。明珠照破铁围城,金锡振幽冥,礼像称名沙界布阳春。"最后,三呼圣号,三拜而退。

(四)尊祖

佛教明性,灵然不昧。尊师重祖,演教扶律,始终不忘祖功宗德,不废历代宗师忌日追享之礼,继继承承,相传不绝。

十月初五日为达摩初祖忌辰,客堂事先挂牌告示云:"明日恭逢达摩老祖示寂良辰,是晚明早课毕,闻钟声齐诣祖堂礼祖,午前上供。"

晚课毕,知客令钟头鸣钟三下。众集祖堂。住持上香,三拜,不收坐具。上茶,退身。三拜,再进前问讯。增茶,复位。三拜,收具。维那云:"展具!"大众向初祖行三拜,回堂。

次日早课毕,再次向初祖礼拜,仪式同上。

中午,闻梆响,知客鸣大钟三下,集众祖堂,住持上香,维那三唱"南无香云盖菩萨摩诃萨",大众同唱和。接着,僧众齐称"南无禅定宗主菩提达摩尊者"法号,连续三遍,接诵《楞迦阿跋多罗宝经》,一遍,又诵《变食咒》十四遍,《甘露咒》、《普供咒》各三遍。念诵过程,住持三拜,不收坐具,进炉前献茶、献食,从东序递供,至住持,一举,随后,住持传递西序至初祖牌位侧,知客捧献几上。献毕,退归原位,行三拜礼,再添香,再归位,复行三拜。众僧念诵毕,住持再拈香说法。毕,维那至中,展具三拜,长跪,合掌作白。作白毕,一拜,起具归位,举赞,众齐声唱道:"拈花悟旨,祖道初兴。绵延四七演真乘,六代远传灯,奕叶相承正法永昌明。"三呼"南无禅定宗主菩提达摩尊者",三拜,起具问讯,各回本处。如住持有事,则由班首代献。

百丈祖师忌日是正月十九日,祭奠仪式类同祭达摩初祖。百丈祖师法号为"南无南岳二世百丈怀海禅祖",赞语为"天下师表,宏绍正宗。虽修妙行住真空,禅律自圆通,百丈宗风万古作磨砻。"

凡遇本寺开山祖忌,知客预先通告,侍者于祖堂悬挂祖师遗像,供献时鲜果菜(所谓"荐时食"),设香烛茶供,仪式类同祭奠初祖。祖号称呼"南无莲池海会佛菩萨",经诵《弥陀经》。诵经毕,大众念"佛"百声,住持拈香说法,维那读祭文。最后,大众礼祖三拜,呼"顶礼和尚",起具,各回本处。

中兴、嗣法、受业师礼仪同此(举办嗣法、受业师佛事须住持自出己财)。其余诸祖不设坛诵经,不一一跪献供,仅上供奠茶而已。入祖堂受大众礼拜者,必须是有功于本寺及以法住持者。

此外,据《百丈清规·报本章》,尚有住持和尚父母忌、礼塔、设斛普荐、扫塔诸祭奠仪式,这里不一一备述。

忌日祭祖活动,后来因历代诸祖牌位众多,忌日难以一一记存,因此除十月初五达摩祖师忌日外,其他诸祖师祭祀改为春秋、岁序节日。凡遇寺院举行各种大型水陆法会,都在祖堂另设祭坛举行普供仪式,堂中除供祀达摩祖师及开山诸祖外,还供祀该宗诸尊师、师祖一级祖宗牌位。各寺院对历代宗师祭奠除普供外,对其直系师尊三代以内的忌日,也进行祭奠。

《百丈清规》为"供天"、"礼佛"、"祭祀召灵"等三种类型的佛事,制定一系列不同的基本规仪范例,诸如规定这三种佛事的基本礼法,确立相应的不同法坛的规格形式,法坛供立不同的佛菩萨,诸天神以及亡灵等牌位,编制不同祝辞内容的唱赞偈念颂文、疏文、回向文等各种格式;诵念不同的经文、真言、咒语等等,还规定不同佛事类型的仪程。例如,从挂牌请众、结坛、净坛、正坛、拈香、礼佛、唱念赞偈礼、请神、上供、读疏、诵念规定的经咒、念佛设坛,以至回向、三皈等规仪程序。上列诸项佛事活动的规仪,经后代宗师的不断充实整理,使之成为全国通用的诸项佛事活动的范本,并规定为举凡出家众进入佛门后必先修学功课,以备云水僧尼到外住褡寺院都要应机随缘,参加各种法事活动。

"供天"、"礼佛"和"祀祖召灵",是汉传佛教寺院开展诸项佛事活动的基础。明、清以来,随着佛教传播的深入发展,原来以寺院僧尼为主的三种佛事活动,逐渐发展衍化为适应广大佛教徒众要求的祈福消灾以及超度先祖亡灵的诸项大小法会活动,如诸佛菩萨圣诞的拜佛祝圣活动,衍化而为拜千佛、三千佛以至万佛的大法会,或礼拜三佛(释迦佛、药师佛、阿弥陀佛)、四菩萨(文殊、普贤、观音、地藏)的七忏法会,以及其他"普佛"或"打佛七"等活动。供天活动发展成为每举办各种法会,都得另外设坛"供天"。"祭祖",发展成为广大信众为超度先人亡灵以及"放蒙山焰口"、施食等普度亡灵的功德法会。寺院举办这些法会,有时选择其中一项,单独举办的小型法会,如从拜七忏中选取其中一项,参拜阿弥陀佛的净土忏,参拜药师佛的延寿消灾药师忏,或拜大悲忏、地藏忏等。又如举行一天的拜千佛或普佛等法会,另有一种综合性的大型法会,如护国安民救灾大法会,祈祷世界和平、国泰民安大法会,其中最常见的是较大寺院举办的"幽明两利水陆大法会"等。这种大型法会综合礼佛拜忏、供天以及超度亡灵等规仪,须设立主坛、内坛、外坛以及诸如净土坛药师坛、楞严坛、华严坛、大悲坛等坛口,一般有3坛、7坛以至多至13坛,会期有7天、21天以至49天不等。

二、组织规则

丛林通常指禅宗寺院,故又称禅林。又以芳香的旃檀树林比喻佛门龙象所住的清净丛林,故又称旃檀林。丛林之中,寺产一切归公,且依一定规矩而容十方来往的僧众。现今的丛林,以其住持传承方式不同,可分为子孙丛林(法门丛林)、十方丛林两种。若广招天下大德高僧为住持,而不由徒弟继承的寺院,称为十方丛林。若师家依法系传法子弟而任住持的,即自己度弟子担任住持的寺院,称为法门丛林,俗称子孙丛林。

初时丛林规模较小,于一寺之中仅有方丈、法堂、僧堂及寮舍。以住持为一寺之主,尊为长老,居于方丈。初不立佛殿,唯建法堂(后世乃立佛殿)。所有禅众尽入僧堂,依戒腊的久近安排位次。又置十务(十职),称为寮舍,每舍有首执一人。其后,丛林建制亦臻完备,禅众亦以集中居住为常,名德住持的丛林,多在千人以上。这些规模较大的丛林,织织完备,内部分工甚细,执法(清规)甚严。方丈之下,基本组织有四,即所谓"四大堂口":1. 禅堂,为丛林的中心。2. 客堂,职司接待客人及内务。3. 库房,掌管收租及购置物品等事。4. 衣钵寮,住持方丈的事务所。或谓四大堂口,是指维那、客堂、库房、衣钵寮。重要事务则由住持会同首座等班首及

四堂口的上首共议进行。此外,有首座寮,以安置上座名宿;有侍者寮,以安置初学新参;有行者寮,以安置杂务行者及童行;有众寮(云水堂),以临时接待过往禅衲;又有茶堂,以安置知事职僧以上的退职人员;有单寮,以安置副寺以下的退职人员;有延寿堂,以安置老病僧人;有庄田,以供禅众从事生产。各堂又各立规约,以资遵守。

寺院领袖一系,除方丈、住持外,通常还有监院、维那与首座,称为"三纲";也有包括都监、监院、知客、僧值、维那、副寺、书记与典座,称为"八大执事"。有的寺院只有一位"监院"作为库房的主管。有些寺院,则是所有的传法弟子都为监院。"正监院"是库房的主管;第二监院是客堂的主管,那就是"八大知客";第三位监院是衣钵寮的主管,那就是"头单衣钵";第四位乃派出去主管一个下院。小寺院则因人任事,一人往往身兼数职。

寺院管理分东西两序,每一个执事都有一个序职。序职中的阶级与列职中的阶级是相并行的,但另有一系列的职称。由僧序而决定其在禅堂中应坐的座位,在行列中应走的位次,以及在大殿举行仪式时应站的地位。

西序以禅堂为中心是住持及诸长老率领全寺住众参修"戒、定、慧"三学的堂院。主要执事为首座,西堂、后堂及诸堂主,首座为西序首领,辅助住持率领僧众修持。住持不在时,由其代替住持开示说法、布萨诵戒以及主持其他法事活动。首座、西堂、后堂诸执事均为德慧双修的长老担任,以其威望足以服众,并能以身作则,辅助住持带领诸众持修梵行。

东序有库房(又称寺务处)和客堂两大堂口,负责全寺的财经管理和住众的生活安排与管约。如南普陀现行的组织制度,主要执职分工如下:

(一)监院为东序首领,在方丈领导下总理寺务,又称当家。为一寺之生产、库房的主管,财务监督、寺院修建均所统理。

(二)副寺即副监院,协助当家,分工掌管寺务,如:财会、采购、保管、修建、寺产、流通等工作。

(三)维那,负责坐禅、上殿、过堂、念诵仪规,寺院一切法务活动的纲领执事。

(四)知客,外应檀信,内调大众,迎纳云水,接待方来,为一寺形象代表。

(五)僧值,又称"纠察",负责执行规约,整肃律行。

(六)典座,统管大寮,调理僧食,管理饭头、菜头、水头等。

每年阴历的正月或七月十六,是新的"期头"。寺内所有的执事们,除了方丈之外,都在初八退职,一星期后,他们的辞职即正式生效。那些有书记的序职及书记以上的序职者,都向方丈提出口头的辞职;那些有低于书记的序职者,同向大知客或维那辞职。当然,方丈早在几星期以前即已考虑人事上的变动,而且业已同长老们、退居方丈、首座和都监都商量过。在初九那天,由方丈所任命的人,其中即有大知客和维那。

在初十和十一,大知客召集禅堂以外各部门所有序职在书记以下的执事,也似方丈一样,接受他们的辞职,或仍请他们继续服务。在禅堂中,维那也以同样的方式处置禅堂执事。

在大知客决定谁应在各部门服务以前,他必须先获得各部门主管的同意。因此,对库房所属的库头们,他必须与都监和监院商议。对衣钵与汤药,他则与方丈商议。对厨房人员,乃与典座商量。

请职的程序和制度,列表如下:
　方丈任命
　　库　房

都监	班首
监院	班首
副寺	书记
书记	书记

客　堂

知客	书记
僧值	书记
书记	书记

禅　堂

|禅堂的班首|班首|
|维那|书记|

维那任命

|悦众|祖师|烧香|
|记录|香灯|香灯|

　　住僧必须有职。在离寺的规例中，不能应用于已有实际服务而退休的人们。任何人已有书记或书记以上的序职者，即可退休，方丈必须给一间寮房，让其安养余年。退休者只要随众上殿、坐堂过香即可。若是年德高长，则可以不参加。

　　寺院常住组织规约有多种。寺庙是僧人住修佛法和修学的道场，是实践佛陀慈悲济世教义的活动场所。为保持寺院清净庄严，约束僧众谨遵佛制，严守戒律，勤修三学，光大法门。为此，古代《禅门清规》为寺院常住组织各大小堂口，制定了一系列《规约》条文。例如，《禅堂规约》、《净业堂规约》、《客堂规约》、《库房规约》、《侍寮规约》、《斋堂规约》、《云水堂规约》以及大众《共住规约》等等。如上诸类规约，根据各堂口的组织机能，制定了各种不同规约条例。如禅堂、净业堂等为住僧参修场所。规约主要条规在于约制住僧在参修中保持静心净念、端庄肃穆、凝重庄严的仪态。例如，规定不准僭位，不得交头接耳，不准左顾右盼，违者罚等条规。至于对职僧办理众事的堂口，所有规约条例大都是针对从首执以下各大小执事，在其职责范围内的规定，如当行不行，或行之不力，甚至行之有失者，则当不同程度的责罚以至解除职务，等等。如《库房规约》，其中对首执监院有如下规定："监院是大众所倚，须发大悲心扶持丛林；弊端要革，利益要兴，不可糊涂过日，只图虚名，所为悖理众劝不从者，罚己出院；监院管何事须总理一切，时时觉察，处处巡行，莫误众事，若众执有事，俱白监院，不白者罚，误事者出院；若监院自专不与两序共议，轻者罚，误事罚己出院。"又如对库房主管库头，也有如下的规定："库头管诸物件，内外出入当与不与者，不应与而私与者倍罚；给发香烛油米果等不照规例私自加减者罚；买卖收租暗中索利者，罚赔出院；一切财物若以公济私及私情挪借，易换不明白者，赔罚；各处应用之物预时置办，应时不齐者，罚；每年粮税串票呈方丈收藏，私藏者罚。"

　　《清规》为常住组织的诸项规约，其中较为主要的是《共住规约》。共住指的是常住僧团组织集居的总称，禅寺集居的僧团组织少者数十名，多至千百人。这些来自十方的僧众，集居必然要有一套规章制度用来制约其思想活动行为。僧众集居，向有"六和共住"之称。所谓"六和"即"身和同住、口和无诤、意和同悦、戒和同修、见和同解、利和同均"。《共住规约》以"六和"精神为纲，对僧众可能违反或破坏"六和"精神生活行为，一一订立规章条文予以约束，并标之为《共住规约》。后来许多丛林禅寺，综合各堂口规约中有关主持以下大小职僧的办事规章

制度,归纳列入《共住规约》,通称为《丛林共住规约》。如南普陀寺于1924年改制为十方丛林时,就曾制立《南普陀寺丛林共住规约20条》。1989年,中国佛教协会曾制定两种佛门规约(则),颁发全国,一为《汉传佛教寺院管理规则》,另一种为《汉传佛教寺院共住规约》。上颁的《共住规约》,除加进爱国、爱教和奉公守法诸内容外,其中大部分是根据整理《清规》条款与现代寺院情况而制立的。2000年,圣辉大和尚又根据中佛协的两件规约(则)及南普陀寺的实际情况制立一部更为完整严密的《南普陀寺规章制度》(见附后原文)。

《禅门清规》,除为常住组织制立《规约》外,还对僧团集体参修诸法事,创立了一系列规仪法则。其中有传授"三皈五戒"以至沙弥戒、具足戒等戒法的规仪以及收度弟子的"剃度规仪"。过去年代,对于收度出家僧尼,政府另有一套法制禁限,如年龄、出身、文化程度以及限定名额等等。因此《清规》对收度僧尼规定:剃度前必须对求度者的家庭身世、思想品质,特别是对其要求出家的愿力与根缘等等进行全面的考查认为合格者方准为其剃度。有的还在正式剃度前,留寺以行者身份参与寺务劳动,以资考验,然后按剃度规仪给予落发,并传授《沙弥十戒》。

此外,还有住寺僧众净修戒、定、慧三学等诸项功课的规仪。如早晚课诵、参坐、半月颂戒布萨、结夏结冬以及岁时年节斋供等规仪。结夏、结冬是根据酷暑严寒,住僧不宜外出的节令,集中全寺住僧进行集体参修等诸项仪式,结夏结冬,又称"结制安居",结制期间规定住僧不得外出,外僧不予接待,结夏自四月十六日至七月十六日止,为期三个月。在此期间,集体梵修,以诵经、念佛和学律为主,直至七月十五日举办盂兰盆会后解夏。结冬一般自十月十六日起结制,至越年正月十六日解冬为止。结制期间,以参坐打禅七为主。禅七一般简称为打佛七。闽南厦门地区,向来夏无酷暑,冬无严寒,因此一般寺院都不特别举行结夏结冬。近年来唯有厦门紫竹林寺闽南佛学院女众部学员利用暑假举办结夏净修。其他寺院虽不特别举办结冬仪式,但却利用冬季举办打佛七法会,一般佛七以一七至三七为主。各寺院打佛七,不单是为住寺僧尼自我参修,而且容纳在家二众参加共修,如佛教居士林恭请本林导师指导,于每年十一月十七日举办弥陀佛七坐禅参修。其他寺院日常参修,如早晚课诵、参坐、半月颂戒布萨等等规仪,至今仍为各寺院沿用不辍。

有关本章的两个文件,见附文。即(一)1924年《南普陀寺十方常住规约二十条》、(二)2000年《南普陀寺规章制度》。

第九章　弘法利生

弘法利生是佛教徒的宗教活动,包括讲经说法、举行法会、创办佛教刊物、组织经书流通以及举办各种慈善事业等。

第一节　讲经说法

佛教传入中国2000多年,其所以持传不息,佛灯常明,端赖历代僧人执经传教,代佛说法。法师讲经一向被认为是代佛宣教,规仪十分庄重严肃。首先由四众弟子拜请法师登坛,法师登坛说法必须如法如仪,依经取义,层层释义,务使听众欢喜信受。法师通常讲授的大部经典有《楞严经》、《法华经》、《华严经》、《金刚经》、《地藏经》、《弥陀经》等,小部经典有《八大人觉经》、《普门品》、《四十二章经》等。

"说法"的仪式与讲经不同。一般比较大禅寺的方丈和首座,在上殿过堂时经常应机说法或说戒,启示座下弟子如法参禅修学,以求正确地理解佛教真谛,达到大彻大悟,领会感受自觉觉他的菩萨精神和度己度人的人生价值。

近代以来,一批受西方思想文化影响的知识分子,标榜新文化运动,在对陈旧的封建文化思想进行全面抨击的同时,对传统的佛教思想信仰也进行了严厉的批判。他们指责佛教愚弄人民,把正觉的佛教视为传播封建迷信的风源,把传播佛教文化的僧尼说成是不劳而获的社会蛀虫,从而在全国一些地方掀起一股驱逐僧尼,没收庙产以充办学堂的风潮。面对此一严峻形势,激起全国佛教界一批具有远见卓识的缁素人士的深刻反省。他们意识到佛教导致社会的诟病与诋毁,除了客观存在的因素外,其主要原因还在于佛教自身的因循守旧、固步自封,在于佛教讲经说法的内容和形式严重脱离社会现实生活。民国初年,以太虚大师为首的一批高僧大德有鉴于此,呼吁全国佛教界为护法护教开展佛教改革运动,对传统的经院式讲经形式进行改革,提出讲经方式及讲经内容的现代化,要求讲经说法要与社会潮流以及广大信众的思想实际相适应,改革封闭式的经坛讲经和诸多繁琐的仪轨,提倡走出山门,深入群众,面向社会,利用学校教室、礼堂以及广场搭台等展开通俗化的讲经活动,使广大听众都能理解和接受。

民国16年(1927年),太虚大师莅任厦门南普陀寺方丈,大力倡导和推行佛教改革,要求

南普陀寺和闽南佛学院积极对外开设"人间佛教"讲座,由寺院和学院法师用通俗的语言轮流宣讲。听讲者有不少是厦门大学的师生、社会知识分子以及各阶层人士,收到较好的宣扬佛教的社会效果。太虚大师以身作则,多次亲自到厦门大学及其他中、小学进行宣讲,受其教化者不计其数。

民国20年(1931年),思明县(厦门)成立佛教会,开设每周一次定期念佛讲经法会,聘请大德高僧轮流宣讲经论,其中最受欢迎的有会泉法师、性愿法师、会机法师,还有瑞今、瑞等、广义、清念、印实诸法师。

会泉法师精于经学,对《楞严经》、《圆觉经》、《金刚经》等大经有全面深入的研究,善于根据不同听众的特点,随机应变,以通俗诙谐的风趣语言诠释义理,使听众都能欢喜信受。民国27年(1938年),他多次应请为厦门监狱犯人说法,以度生济世的大悲心,讲述人世善恶因果佛理,使囚犯受到感化,萌生向善之心。

会机法师学问渊博,淹贯儒释经义,讲授《六祖坛经》、《楞严经》、《金刚经》、《起信论》,深入浅出,娓娓动听。

性愿法师戒德庄严,宣讲佛经教理,口若悬河,辩才无碍,通俗易懂,深受信众推崇。

20世纪30年代以来,不少外地高僧大德往来闽南讲经说法,如圆瑛、弘一大师。

高僧圆瑛曾应厦门佛教界人士邀请,来厦讲经弘法。民国19年(1930年)在妙释寺开讲《金刚经》。有一天,圆瑛法师正整衣升座准备开讲,突有歹徒用蛋壳注满沥青向座上抛掷,法座和法衣皆受溅污,顿时群情激愤,有些人急起要追捕歹徒,座上圆瑛法师却镇定自若,挥手止众安静,反躬以"宿业"自责,拭净溅污后,又复升座宣讲,温静一如平素。听众为其宽宏度量所感动,赞叹不已。

弘一大师极少讲大部经典,也不按传统经院方式讲法,而是采取随缘应机,借题发挥,在开示中深切人生时俗,导以佛家醒世觉迷之化,感人甚深,信众受益匪浅。大师精研《南山律》,对出家众大都以讲律说戒为主,如《随机羯磨》、《大盗戒》、《四分律》等。对一般信众则以讲《人生之最后》等人间佛教之论说。特别是晚年,大师归纳在闽南弘法十几年的因缘,讲述编撰《闽南十年之梦影》。

以通俗化讲经形式宣传佛教,在闽南佛教界产生极大的震撼,厦门、同安有条件的寺院群起仿效,纷纷举办定期或不定期的讲经法会,延聘会泉、会机、清念和印实诸位法师开讲。从此,通俗化的讲经说法形式,在闽南佛教界沿袭成风。抗战期间,厦门佛教界在开展通俗讲经弘法活动的同时,结合抗日宣传,举办各种类型的"念佛不忘救国"的念佛讲经法会,以唤醒民众的抗日意识。

共和国成立初期,结合宣传抗美援朝,宣讲大乘佛教义理,呼吁维护世界和平,反对侵略战争,并动员佛教缁素人士捐款、捐物以实际行动支援前线志愿军的抗美战争,得到人民政府和社会各界人士的赞扬。

20世纪80年代以来,国家全面落实宗教政策,大多寺院忙于恢复重建,对讲经弘法活动有所忽略。90年代中叶,厦门市佛教协会有鉴于此,联合闽南佛学院举办"人间佛教系列讲座",每星期由佛学院法师和南普陀寺法师释本如、诚信、道簧、了法、济群等轮流开讲,结合生活实际,阐述佛教济世利生的要义,收到良好的社会效果。

此外,一些有条件的寺院,如普光寺、鸿山寺、同安梵天寺、佛教居士林等等,也经常举行定期或不定期的念佛讲经法会。

厦门在家二众是厦门佛教弘法活动的另一支生力军。民国15年(1926年),厦门佛教居士成立"闽南佛化新青年会",组织"佛化新青年世界宣传队",面向社会,深入群众,宣传正信佛教,反对迷信活动,将弘法活动大众化,让广大信众受到佛化教育。

佛化宣传活动主要是采用群众喜闻乐见的通俗讲演形式,在城镇、街巷,以及寺院等人口较为集中的地方,宣传佛教思想的正确理念,批判鬼神迷信的愚昧无知,使人们正确认识到正信佛教是按照佛陀的教导,依经、律、论三藏,修持戒、定、慧三学,以断除烦恼而成佛,正确认识客观世界存在的"苦、空、无常、无我"的本质,从而正确对待人生,以达终究的人生解脱。

第二节　法会活动

佛教寺院弘法利生活动的另一种形式是举行各种类型的利生法会。20世纪80年代以来,厦门各地大小寺院,都热衷于举办各种有十方善信参加的利生法会,其中有寺院自定的每月(或半月)举行一次的定期法会,如"大悲法会"、"地藏法会"、"千佛(万佛)法会"、"拜忏法会"等等。另有较大寺院每年或半年举行的定期或不定期大型法会,如"拜万佛"、"拜七忏"以及幽明两利的"水陆大法会",祈祷世界和平、国泰民安"大法会"等等。

一、修持法会

(一)诵经禅修法会

此类法会大多数在较大的寺院中集中四众弟子集体举行。如诵大部经典《法华经》、《华严经》、《楞严经》等。诵经一般集中在大殿或法堂进行,诵完一部大经少则三五天,多则七天,甚至更长时间。参禅打坐法会通常选择在冬天进行,少则七天,多则三个月,甚至更长。以上两类法会,南普陀寺改为十方丛林后,每年按例举行一二次,其他住众较多的寺院或联合几个小寺院集中举行。

(二)念佛法会

此类法会有定期或不定期两种。20世纪30年代初,厦门佛教会定期组织群众性的念佛法会,在妙释寺念佛堂进行,每次参加者多达数百人,甚至千余人,法会期间经常邀请著名法师轮流讲经说道。其他寺院也都各自举行规模大小不同的念佛法会,一般一个月一次或两次。20世纪80年代,大小寺院先后开放,都把组织群众性的念佛法会作为主要的弘法活动,如鸿山寺组织的大悲法会,固定会员多达5000人,每月的农历十四举行。普光寺、观音寺,同安梵天寺、梅山寺及其他寺院都定期或不定期地举行念佛法会。

(三)传戒法会

传戒法会是佛教为其四众弟子传授戒律、仪式较为隆重的法会。一般寺院没有资格举行此类传戒法会,只有经过官府批准,或由官府指定的十方丛林、大型寺院才有资格传授戒法。主持传戒仪式的传戒师,必须是德高望重的高僧大德。

据文献记载,厦门地区历史上举行过传戒法会的有虎溪岩与南普陀寺。虎溪岩开山祖师

元飞和尚曾应厦门提督兰廷珍之请举办两次三坛传戒大法会。此后，其弟子瑞峰和佛敏禅师又于乾隆年间先后四次举办开坛授戒法会。

南普陀寺开坛授戒始于清乾隆后期，由如渊和尚的法嗣佛颜法师主持。光绪二十九年（1903年），南普陀寺住持喜参长老延请宁波天童寺净心大师来寺开堂授戒。光绪三十一年，喜参和尚亲自启建传戒大法会。民国37年（1948年），南普陀寺为庆祝性愿法师60大寿，举办三坛千佛传戒大法会，即以寿星、退休方丈性愿法师为坛主，礼聘高僧虚云禅师和圆瑛大法师为尊敬师。有来自全国各地的比丘（尼）300多人、闽南各地在家二众700多人前来受戒，盛况空前，规模宏大，为厦门佛教史上传戒法会之最。

20世纪90年代以来，厦门普光寺每年农历四月初八至十六为在家二众举行传授五戒及菩萨戒法会。另外有一种小型的传戒法会，由本寺住持僧作为传戒师，仪式相对比较简单。建国后传授三坛大戒，规定需经过省级以上有关政府宗教领导部门和佛教协会批准方可进行。

二、喜庆吉祥法会

此类法会一般是在国家盛大庆典以及佛菩萨圣诞日举行。清及清以前，每逢国家盛大节日，以及皇帝寿诞和皇帝、太子大婚，皇太后寿辰等日，诏令全国各大小寺院举行庆典大法会。清雍正五年（1727年）十月，虎溪岩住持元飞和尚应福建水师提督蓝廷珍之请，为清世宗50岁生日举办"万寿大庆法会"。民国以来，每逢国家庆祝盛大喜事，有些寺院也自发地举行庆典法会。如抗战胜利时（1945年），厦门南普陀寺举办盛大的为庆祝抗战胜利、祈祷世界和平以及超度抗战阵亡将士和死难同胞的大法会，集中闽南各地高僧大德诵经、礼忏，历时一月之久。共和国建国50周年大庆（1999年），南普陀寺也举行隆重法会，祈祝国泰民安、风调雨顺。

佛菩萨圣诞吉日，大小寺院都举办形式不同、规模不一的庆典法会。如四月初八（农历）释迦圣诞日，各寺院除举行浴佛仪式外，还结合举办念佛、拜千佛（万佛）、诵经法会，普光寺则结合举办传戒等各种法会。还有观音圣诞举行大悲忏，地藏圣诞举行地藏忏等法会。

三、普利（水陆）法会

此类法会有大、中、小三种不同规模。大型普利（水陆）法会一般在大寺院举办，设五坛、七坛，另加内坛。小型普利法会一般为三天，大中型法会则需七天、二十一天、一个月，乃至七七四十九天不等。大型普利法会一般几年，或者十余年，甚至数十年才举行一次。

近代以来，厦门本岛稍具规模的寺院都曾举行过大中型的普利法会，如清代中、后期的乾隆、光绪年间，虎溪岩及南普陀寺、妙释寺、荷庵等都曾举行过多次的大中型普利法会。清光绪三十年（1904年），南安雪峰寺和尚佛化上人在荷庵举行的大法会，盛况空前。是年，佛化应厦门广善堂的邀请，率领徒众在荷庵启建七七四十九日水陆大法会。荷庵四面环水，里里外外，人山人海，蜂拥人流竟将一座桥梁挤断。在抗战初期厦门本岛沦陷后，由厦门避居鼓浪屿的佛教界人士在日光岩发起举办为期49天的地藏大法会，祈祷世界和平、超度抗战阵亡将士及死难同胞，盛况空前。民国34年（1945年）11月，厦门佛教会要求各寺院举办追悼抗战阵亡将士和罹难同胞法会。南普陀寺启建庆祝胜利普利大法会，祈祷世界和平，超度阵亡将士和死难同胞，为期7天，参加人数多达3000余人。

1998年5月27日至6月4日，南普陀寺启建一次水陆大法会。同年9月5日，又举行盂兰盆法会。2002年5月28日至6月4日又举行一次。这次水陆大法会规模盛大，仪式庄严，

八坛具备。外坛设有"华严坛"、"法华坛"、"楞严坛"、"大坛"、"诸经坛"、"净土坛"和"延寿坛"等七坛,内坛则依《水陆仪轨》如法修持,普渡众生。整个法会期间除诵经、拜忏、礼佛念佛之外,还举行放生以及焰口、施食等法事活动。

20世纪90年代以来,厦门市大小寺院,以及佛教居士林等宗教活动场所都定期或不定期地举办各类普利法会,有的每月举行,组织广大信众参加诵经拜忏。其中具一定规模和影响力的有普光寺、鸿山寺和同安梵天寺等寺院,每次举办法会参加人数都多达数百人,甚至上千人。

2003年7月10日,南普陀寺举行规模盛大的"海峡两岸暨港澳佛教界为降伏非典国泰民安世界和平祈福大法会"。先是6月11日,全国政协常委、中国佛教协会常务副会长、厦门南普陀寺方丈圣辉大和尚率两序大众,为举办祈福大法会特具文疏,呈告"南无本师释迦牟尼及十方三世一切佛刹极微尘数诸佛法僧"。6月16日为文记述祈福大法会之缘起,并向海峡两岸暨港澳佛教界诸大德长老发出邀请书,敬请两岸四地大德高僧法驾光临。

圣辉大和尚的倡议,得到海峡佛教四众弟子的热烈响应,届期纷至沓来,汇聚一堂,共同为祖国统一、世界和平祈福。盛况空前,影响强烈。

是日,大陆佛教界中国佛教协会会长一诚大和尚,副会长圣辉大和尚,副会长兼秘书长学诚大和尚,副会长戒忍、明生、觉醒,副秘书长照诚诸长老,丛铭、蓬俊忠、陈文尧诸居士等高僧大德及四众弟子5000余人;台湾佛光山开山大师星云和尚,台湾中佛会净良和尚,台湾世界佛教僧伽总会护持会主任委员、中国佛教协会特别顾问郭俊次博士等佛教界代表60余人;港澳佛教联合会会长、香港正觉莲社社长、观宗寺法住和尚、觉光长老,香港佛教联合会副会长、香港菩提学会会长、西方寺住持永惺长老,澳门佛教总会理事长健钊上人,香港厦门联谊会理事长陈捷中居士等佛教界代表90多人参加大法会。

法会活动由圣辉大和尚主持,一诚会长与台湾郭俊次博士,香港觉光和尚、陈捷中居士,澳门健钊法师在法会上致词并做开示。

法会启建"观音坛"、"药师坛"和"护国大坛",由一诚、觉光、星云、净良、健钊等两岸四地五位高僧主法,如法如律,以持咒、诵《仁王护国经》之不可思议功德,感应诸佛菩萨慈悲加持,使若圣若凡乃至一切蠢动含灵,普仗良因,均沾法益,永离灾难。祈祷流行于中国大陆、台湾、香港、澳门等地区及全球多国之"非典"疫情早日降伏,患病者早得康复,死于"非典"者早得超生净土,健康者更为祥和幸福,并以此功德回向国运昌隆,人民安乐,风调雨顺,世界和平,正法久住。三个坛场同时进行,佛号和唱诵声此起彼伏,不绝于耳,数千名与会佛教弟子顶烈日,冒酷暑,热情高涨。

祈福法会的完满成功,成为两岸四地佛教关系史上的一大盛事。参加法会的高僧大德和四众弟子纷纷表示,祈福法会充分体现两岸四地人民同宗同祖,骨肉情深,血浓于水,体现两岸四地佛教同根同源,法乳一脉。人们在祈祷降伏病魔的同时,殷切盼望祖国统一、民族复兴的一天早日到来!

此次盛大法会,是香港旭日集团董事长杨钊随喜舍净资举办的。

寺院举行各种普利法会一般都在寺院内进行,有时也被施主请到家中设坛,俗称"做功德"。近代厦门本岛曾有两次在施主家进行的规模盛大的水陆大法会。一次在民国11年(1922年),官绅陈庚居士为其母大办丧事,恭请数百名比丘僧在其府第大办法事,分九个坛口,为期七七四十九天。法会最后一天还同设九台施食焰口,场面壮观,为前人所未见,轰动一时。另一次在20世纪30年代初,厦门知名大善信蒋以德居士为其母办理丧事,在其府中设八

坛水陆大法会,以南普陀寺寺僧为主,并礼请泉州、漳州以及福州等地高僧大德参加,一时长老、法师云集数百人。法会前后连续30天,其哀荣堪称历史之最。事后,蒋以德将办理丧事节余的资金全部捐献给南普陀寺兴建大法堂。并将其母生前供奉的一尊白玉雕琢的释迦涅槃大卧佛,献给大法堂供养。

20世纪90年代以来,不少寺院住僧(尼、菜姑),往往应接俗家弟子聘请到其家中举办各类小规模的利生法会,如诵经、拜忏、拜千佛和超度亡灵等等,少则一天,多则三、五天。有些寺院和出家众还把赶经忏作为主要经济来源,一方面耽误和影响自身修持,另一方面也造成不良的社会影响。

四、祈愿祝福法会

此类法会大至祈祷世界和平,消弭天灾人祸,祷求风调雨顺,国泰民安,小至祈请消灾延寿,身家平安。

民国20年(1931年)春夏之交,全国16省发生大水灾,厦门佛教分会响应中国佛教协会号召,在组织募捐救灾会的同时,举办祈祷息灾法会。36年,旱魔肆虐,厦门佛教会于四、五月连续举行两次祈雨法会,每次参加信徒达3000多人。是年还举行一次祈祷和平消弭战乱的法会。1952年,美帝国主义者挑动朝鲜战争,抗美援朝爱国运动风起云涌,厦门市佛教协会在南普陀寺发起举办"祈祷世界持久和平"大法会。法会从1952年11月25日至12月1日,前后7天。法会中,慈航和尚开讲《普门品》,四众弟子轮流演说,呼吁消弭战争,拯救和平。1995年8月19日,南普陀寺举行祈祷世界和平法会,纪念世界反法西斯战争和中国人民抗日战争胜利50周年,省人大常委会常委王金水,市人大侨务委员会陈慧瑛,市统战部副部长、宗教局局长吴在庆等参加法会。

第三节 佛教刊物

一、《现代僧伽》

《现代僧伽》创刊于民国17年(1928年),以闽南佛学院副院长释大醒、研究部研究长释芝峰等为主编,释太虚为发行人。该刊一贯主张揭露现代中国佛教窳败的黑幕,将中国佛教从死气沉沉的氛围中救转过来,指明一条光明的发展前途,使向上的佛教徒有一个奋斗的目标。刊物指斥当时的佛教寺院大的是"衙门",小的是"商店"、是"旅馆"、是"佛摊"、是"收容所"、是"和尚的小家庭"。诋骂一般僧尼只知念经、拜忏敛财,摆方袍大袖的架子,做住持当家的迷梦。申斥在家居士,男的忙于护产、护住持,或忙于"吃教"、"吃僧";女的忙于布施,供养念佛,或忙于替僧尼做"招待"。指责佛教团体只忙于开会选委员,应付"庙产兴学",呈请政府保护,有时乌烟瘴气,有时敛迹销声。由于针砭时弊,多方指责,言论偏激,受到诸山长老的抵制,视他们是"家丑外扬的败家子"。但更多思想较为进步的佛教徒,对刊物敢于"破旧立新",推行汉传佛教

领袖太虚大师提倡的佛教革新运动,提倡改革僧伽制度,兴办僧伽教育等的构想和言论,给予充分的肯定,视他们为救治佛教"宿疾"的医王,是振兴佛教的"金刚大将"。是刊创办四年后,于民国21年(1932年)第五卷第一期起改刊名为《现代佛教》。北京刘显亮居士在《现代佛教》改名的"祝词"中,称《现代佛教》为痛砭佛教弊病的"大医师"。"祝词"云:

> 前代佛教,受病已久,若不就医,实难下手。病夫造病,讳疾忌医,怕针怕砭,到底执迷。自身受病,竟成沉疴,流行传染,愈病愈多。外感内伤,深入膝理,再不治疗,死而后已。药王药方,发愿转轮,奉佛使命。'金刚大将',群集厦门,以华佗术,用当通神。炮制良方,饮上池水,拔出污泥,免作饿鬼。劝我佛子,补助药资,《现代佛教》,是大医师!

《现代佛教》续办到民国24年,其年释大醒、芝峰等人先后离开厦门,即告停刊。

二、《佛教公论》

《佛教公论》创刊于民国25年(1936年)。由闽南佛教养正院法师广洽、广义、慧云等共同发起,聘请闽南及海外诸山长老、在家居士等30多人为董事,筹募资金,成立《佛教公论》社,推举会泉和尚为社长,瑞今法师为发行人,慧云法师担任主编,广义、广洽二位法师负责社务工作。创刊号于民国25年8月问世。创刊号《发刊辞》申明办刊宗旨"在阐发佛教根本教义,使一般佛教徒认识佛法的真理"。同时表示将矫正以往办刊风格,改变《现代僧伽》刊物对佛教和僧伽现状厉行抨击的态度。在《佛教公论社宣言》中提出要提高僧伽的地位,破除似是而非的佛教思想,对于为法努力的大德长老、护法居士,一律致其景仰,不分门户,以符大乘佛教无我的宗旨。月刊开始发行仅千余份,半年后剧增至数千份。

《佛教公论》发行一年多,至民国26年底,由于抗战爆发,时局紧张,释瑞今、广义诸法师带领学僧数十人,连同《佛教公论》各项文件、印信迁入泉州,月刊也因之暂停。在泉州,瑞今和广义等曾多次谋议复刊,均因经费问题中止。后来商得泉州缙绅、在家居士周伯遒的支持,由周伯遒担任总编,发动各寺院捐助经费,勉强复刊。但仅发行两期,终因经费缺乏又告停刊。

民国34年(1945年)抗战胜利后,广义重返厦门,任南普陀寺监院,随即着手积极筹备《佛教公论》的复刊,经多方联系,得到海内外佛教界人士的支持,终于翌年2月出版复刊第一期。复刊后,开始仍由会泉和尚挂名社长,后改由性愿法师担任,主编为释大音法师和居士吴慧夫(文声)。至四、五期,改由释贤悟、妙解法师任编辑。后贤悟、妙解辞职,仍由释大音和居士刘绵松任主编。虽然战后政局混乱,通货恶性膨胀,经费十分困难,但在各方面的积极支持和办刊人员的共同努力下,仍能按期出版,直至1949年共和国成立前夕才停刊。

三、《人间觉》

《人间觉》是中国佛学会厦门分会主办的佛学刊物。厦门佛学分会于民国24年(1935年)9月正式成立。成立前曾借厦门《华侨日报》副刊为阵地,每周出版一期《佛学周刊》,影响良好。学会成立后,即向国民政府内政部申请登记创办《人间觉》半月刊,获准后于25年8月发行第一期创刊号。杂志登记发行人为在家居士辛清波,编辑有释暮笳、蔡慧诚(即蔡吉堂)、黄慧灯等。

《人间觉》办刊主旨,在于宣传"人间佛教"。刊物内容除一定分量的佛学基础知识外,凡有关人生问题、社会道德修养、佛化家庭建设以至儿童教育都占有相当篇幅。内容丰富多彩,形

式生动活泼,既有浓厚的佛家法味,又切合人间的实际生活,因此受到佛教界缁素人士的欢迎,连日内瓦中国国际图书馆也来函索要收藏。

《人间觉》创刊以后,得到各地佛教界人士的积极支持,稿源财源两不缺,故能逐期按时出版,直至民国26年(1937年)"七七事变"后,厦门战云密布,人心惶惶,办刊人员和作者有的出国,有的迁入内地,风流云散,《人间觉》由是停刊。

四、其他刊物

20世纪20年代以来,厦门佛教界人士先后组织"闽南佛化新青年会"、"思明佛教会"、"中国佛学会厦门分会"、"敬佛会"、"大乘佛教"等,这些群团组织,都有出版自己的会刊。

(一)《佛化新青年》月刊

《佛化新青年》月刊,是厦门最早出现的佛教刊物。民国14年(1925年)由闽南佛化新青年会主办,主要编辑为蔡契诚(即蔡吉堂)、叶青眼,出版几期后改名为《佛音月刊》。创刊主旨为宣扬正信佛教,反对迷信活动,对寺僧和教徒假借宗教名义从事迷信活动的行为,进行激烈抨击,使一些守旧的僧、俗教徒产生反感,加以抵制。后因稿源和经济发生困难,出版10多期后即停刊。

(二)《思明佛教会会刊》

创办于民国20年(1931年)。是年佛教会成立,由教会秘书冯重熙任主编。内容除编发教会文件、通讯和会务活动报导外,还选刊相当分量的佛学基本理论和修持佛法等方面的文章。编者在《发刊词》中对创办刊物的目的意义,提出五点:"其一,使正信者,努力精进也;其二,使浅信而有迷信或外道色彩者,知所以改弦易辙也;其三,使未信者,得所熏习而起信也;其四,使不信者,得所觉悟而知非也;其五,使杂信者,得所辨别而免误认也。"为此,《会刊》一至二辑辟有《论荟》专栏,登载诸如《论世人对佛教的误解及唤起佛教徒的自醒》、《析疑正谬之通俗佛化》、《正信佛教徒自述》、《人生应尝之法味》等通俗化的佛教基本理论文章。但从第三辑起,却改变初衷,删去《论荟》等专栏,专门登载佛教会的各项文告、通讯、会务活动和法界消息等。一些文稿则改在《现代佛教》季刊专栏发表。第四辑以后停刊。

(三)《敬佛》月刊

民国24年(1935年),日本设在厦门的东本愿寺开教师神田惠云发起组织"敬佛会",并创办《敬佛》月刊,由神田自任主编。《敬佛》月刊自我标榜为"家庭修养杂志",以刊载有关家庭修养和浅俗学佛知识的文章为主,并声明"一般社会记事或人身攻击等之惠稿,概不登载"。然而,在创刊号至第3期的杂志中,却连续刊载日本陆军大将松本石根的署名文章《亚细亚联盟之必然性及其意义》,一再鼓吹"大东亚共荣"的侵略谬论。神田惠云利用"敬佛"做幌子,为日本侵华制造舆论的阴谋被揭穿后,受到厦门佛教界内外广大爱国人士的抵制和指责。翌年4月,《敬佛》月刊发行7期后即告停刊。

(四)《大乘佛教月刊》

《大乘佛教月刊》,是厦门沦陷期间由日本人把持的大乘佛教青年会(后改称"大乘佛教会")的会刊,民国28年(1939年)创刊。是年夏历四月初八佛诞日出版创刊号,此后每月出版1期,直至32年下半年停刊。《大乘佛教月刊》在《发刊词》中毫无隐讳地表明自己的政治观点,声称要"打破人我的私见,蠲除国际的痕迹,根据大乘佛教的精神,无内外,无东西,一视同仁的来调和一切,融洽一切工作"。在"创刊号"的一篇署名文章中,露骨地提出:"且中日两国,原系同文同种,兄弟之邦,政见不同,阋墙之斗。"并提出要"将佛陀的大慈悲救世主义和平主义,宣布人海,以消国际相杀之祸,而谋共存共荣之福"。"同文同种"和"共存共荣",是日本侵略者占我国土、杀我同胞、灭我中华的罪恶借口。月刊颠倒是非,美化他们的侵华罪行,称颂它是发扬"大乘"佛教拯救众生的悲愿,为"维持东亚和平秩序"的善行。月刊第九期一篇署名"寿山"的文章,竟然荒谬绝伦地将佛教的"三无漏学"(戒、定、慧)捧出来与汉奸汪精卫的所谓"智深勇沉"并称,称赞汪精卫敢冒天下之大不韪,甘受国人之诛伐的投敌行为,是倡导中日和平、拯救人民苦难的"智深勇沉"的决策;是视"众生之痛苦,即我之痛苦"、"我不入地狱,谁入地狱"的"菩萨行"。《大乘佛教月刊》虽然也发表一些良知未泯的佛教徒所写的超越政治、弘扬佛法的文章,但月刊为侵略者制造侵略舆论,消磨国人的抗日救国斗志的反动实质,白纸黑字,铁证如山,毋庸置辩。

第四节　经书流通

厦门开始出现佛经流通处,是在20世纪20年代初叶,由蔡吉堂、陈得禄两位居士倡办。蔡吉堂、陈得禄年轻时专心致志参究佛学,后经厦门海关林鸿猷居士引进,参拜南海普陀山法雨寺印光大师为皈依弟子,陈得禄法名"契常",蔡吉堂法名"契诚"。印光和尚得知他们有志弘扬正信佛法,建议他们设立佛经流通处,组织发心学佛者互相学习交流。在印光和尚的指导下,蔡吉堂、陈得禄开始筹集资金,向南京金陵刻经处和上海佛学书局购置一批佛教经书,并暂借大同路蔡宅(新合美钢铁行)二楼作为活动场所。当时常来流通处借阅经书和参加佛学研讨活动的有青年居士虞佛心(即虞愚,同为印光和尚弟子)、林纯仁、吴秀峰、王振邦、叶青眼、谭佛果、康殷才、林征德等。此后,流通处的活动日益发展,参加学佛研究的居士也越来越多,其中有陈嘉庚的胞弟陈敬贤,归侨洪子晖、杨振忠以及集美中学的何达安等。民国14年(1925年),新加坡归侨庄汉民、黄谦六以及泉州知名居士苏鹤松(皈依法名苏慧纯)先后来厦门,参与指导流通处的学佛活动,为厦门"闽南佛化新青年会"的组织打下基础。

民国14年(1925年),闽南佛化新青年会成立后,厦门佛经流通处迁移到青年会的会址鸿山寺,并增设佛教图书馆阅览室和赠书处。20年,厦门佛教会成立后,青年会并入佛教会统一活动,流通处迁至南普陀寺,由大醒法师指派专人负责。

20世纪80年代以来,南普陀寺以及日光岩、虎溪岩、梵天寺、居士林等寺院,都先后设立佛经流通处和赠经处,其中以南普陀寺慈善事业基金会规模最大,除赠送经书外,还免费印送佛学理论书籍以满足各寺院及社会上各界人士的需求,从1994年12月至2003年8月,前后十年,累计印赠经书超过500万元。

第五节 慈善事业

慈悲济世,救苦救难,是佛门弟子必备之善愿,也是大乘佛教弘法利生诸善行中的一个重要组成部分。厦门佛教寺院,及佛教团体或教徒,自古以来都把举办慈善事业作为一项重要事务,积极开展赈灾救难、扶贫助残、办教助学、义诊施药、修桥造路、放生护生等慈善活动。

一、赈灾救难

清顺治五年(1648年)八月,清军血洗同安城,屠杀城中百姓五万余人,枕尸塞路。梵天寺僧无疑率徒众以草席裹尸,集中火化,葬于大轮山北,名之"同归所"。九年四月,郑成功攻漳州不下,围而困之,至十月,城中食尽,饿殍数万。围解,无疑又前往收埋遗弃尸体。

民国20年(1931年)春夏之交,全国16个省发生大水灾,厦门佛教会组织水灾救济会,发动四众弟子捐献救济金,不到两个月募集2000余元,由厦门《江声报》社转汇灾区。苏谷南居士捐资救济陕西灾民,陕西省政府主席、著名书法家于右任深为感动,特书一联致谢。

民国26年,抗战初兴,厦门一班青年僧伽在弘一大师指导下,发起组织战地救护团,其中以常凯、瑞今法师为首组织30多人的救护队。厦门沦陷,常凯带队撤入泉州。20世纪40年代初,日本侵略军几次攻占泉州沿海(惠安崇武及晋江永宁)城镇,大肆抢劫烧杀,常凯法师带队,赶往战地,从海上救捞死伤军民数百名。

民国27年(1938年)5月,日本侵略者占据厦门,厦门本岛许多人涌入公共租界鼓浪屿,一时弹丸小岛人满为患,许多难民露宿街头,岛上佛教寺院全面开放,作为难民收容所,寺院出家人和当地居士善友联合起来,开展爱国救亡活动,募集资金赈济难民,收埋死难同胞遗体。蒋以德居士捐献巨资,支援国家抗日。抗战胜利后,佛教会发动会员节衣缩食,捐献物资救济沪宁一带受灾难民。

抗战胜利后,中原地区连年大旱,饥民扶老携幼,四处逃荒。厦门岛上街头路口,常见饥民嗷嗷待哺。时值战后,厦门百业凋敝,佛教缁素人士尚挣扎在贫困之中。刚恢复活动的佛教会一方面向救济机构申请救济物资,救济贫困的教徒;另一方面向南洋各地佛教徒要求救助。在这种情况下,佛教会仍不忘拨出一定款项救济饥民,同时发动会员节衣缩食,捐献物资,救济中原受灾难民。

建国后,特别是1994年南普陀寺慈善基金会成立以来,厦门佛教界做了大量的慈善工作,向全国许多省市受灾地区捐钱捐物,累计达1000多万元。

近年来,全国各地洪灾、旱灾、风灾、雪灾、地震灾害不断,市佛教协会与同安佛教协会发起向寺院与佛教徒募集救济物资支援灾区。慈善基金会除发动会员捐款救灾外,还经常深入灾区考察、慰问,支援灾区群众恢复生产,重建家园,基金会的爱心行动,受到灾区政府和人民的高度赞扬。

1998年夏,长江、松花江以及本省闽江相继发生百年不遇的全流域性的特大洪涝灾害,圣辉大和尚先后多次带领佛教协会诸理事深入灾区慰问灾民,送去一份份厦门佛教界缁素人士

的关爱。在此期间,全市四众弟子捐款240多万元,衣服6万余件,大米5000多公斤。1999年7月,长江中下游再度发生洪灾。圣辉大和尚率领慈善基金会工作人员奔赴湖南灾区赈灾、视察。9月21日,台湾发生大地震,慈善基金会向灾区捐赠赈灾款10万元。10月9日,闽南遭遇12级台风袭击,与厦门市红十字会一起,对厦门受灾最重的五通村、浦口社及同安区后坑村等9个渔村开展联合赈灾,向450个重灾户捐助6万元救济金、200件衣物。同时救助仙游县游岩、五星等村193户无家可归、156名重灾户5.24万元和一批衣服。2003年2月24日,新疆伽狮地区发生6.8级强烈地震,慈善基金会遵照圣辉和尚的指示,开展为地震灾区募捐活动,至3月15日,募集善款3万多元。

据统计,慈善基金会成立将近九年时,赈灾救急资金达900余万元,救助范围除福建省内厦门、漳州、福州、莆田、三明、龙岩、宁德、南平等地区外,还施及江西、云南、浙江、内蒙古、新疆、广西、贵州、湖南、四川、重庆、陕西等省、市、自治区。

二、扶贫解困

厦门佛教四众弟子历来有乐善好施、扶贫解困的传统。

以前,寺院僧尼都能坚持农禅生活,自耕自食,劳动所余,则赡养一批孤寡老人或收容残疾弃婴孤女。厦门妙清寺、甘露寺、延寿堂经常收养一些孤苦无依、无家可归的老人和幼女。寺院对收养的女孩大多从小送进中小学或大学培养,长大后,听任自由选择出家或就业。

妙释寺住持善契法师自民国20年(1931年)以后,每年均于农历年关向粮店预购一批大米,并按寺中分发的米票赈济贫民,誉声载道。南普陀寺方丈妙湛和尚自奉俭朴,经常将自己剩余的钱物布施给穷人,他经常说:"要舍得布施,舍了才得,不舍不得,小舍小得,大舍大得。"晚年,顶风冒雨,慰问孤寡残疾,送钱送物,临终之际,犹心系众生,写下"三门常衍,勿忘世上苦人多"的遗训。

居士吴辰泗心地善良,凡矜孤养老、恤寡济贫、施医赠药、修桥造路、施棺放生、购置义冢、兴修水利、捐资建寺之义举,莫不尽力捐助。大善士蒋以德除了捐资护法、修建寺宇外,还广行善举,每年春节前夕,都购储大量粮食,寄存米铺,赈济贫民过年。太平洋战争爆发,居士苏谷南变卖家中贵重物品,救助难民。

佛教会成立以后,即将慈善救济作为教会的一项主要的工作事务。民国26年(1937年),同安县佛教会创立"养老莲社院",收养一批孤苦无依的老人。抗战期间,厦门佛教会发动四众弟子救济难民。抗战胜利后,百废待举,民生困顿。佛教会除创办"贫病医疗所"外,积极争取救济物质,以救济物资转换粮食9500多斤,赈济贫苦市民1500多人。佛教居士陈成宗等还组织"益同人公会",施医放药,煮粥赈饥,救助城市贫民。

建国后,厦门佛教界缁素人士在佛教协会领导下继续开展慈善福利事业,除赈济省内外灾区外,逢年过节,经常为贫困户献爱心,送温暖,发送粮食、棉被、衣服和过节费。如佛教居士林自20世纪50年代创立以后,对济贫救困善行十分重视,1992年复会后,虽在建设林院时资金十分困难,每年春节前都募采粮食年货、衣服被毯等物资及现金,送给住地附近三个居委会中50户左右的贫困户,至2002年统计,10年来共捐赠物资20多万元。2002年春节,居士林近邻养真宫能元法师采购过节物资2万多元,深入附近50多户贫困户,献爱心,送温暖,并请《厦门日报》记者撰文摄影报导,事后荣获厦门市先进宗教活动场所。

20世纪90年代中叶以来,慈善基金会、厦门市石室禅院慈善功德会、同心慈善会等佛教

慈善组织先后成立,使厦门佛教扶贫解困、救急救难经常化、组织化、制度化,将救济工作提高到一个新的层次。慈善组织对于请求救助的对象,要求他们提出书面申请,并出具当地有关部门的证明,经主管部门审核通过。慈济基金会成立以后,除每年逢年过节访贫问苦,施赈慰问外,还做好下面几件善举。

(一)助老

自1995年开始,厦门市开展"助养特困老人"专项活动,慈善基金会积极响应。这些特困老人,往往是自身已丧失劳动能力,家庭无任何收入,却还要抚养病残家属及孤弱儿孙。如同安区西柯镇西浦村82岁(2000年)林文墙,有两个儿子、四个孙子,几年前长子患肝癌病亡,次子遇车祸去世,日子过得极为艰难;同安区新民镇乌土村徐产水儿子车祸双腿致残,老伴脚掌被车压断,儿媳先天性痴呆,孙子只有6岁,全靠老汉一人养猪、捡垃圾为生。对于这些特困老人(户),通过实地调查落实,并取得地方基层组织证明,由慈善基金会,每人每年发给1200元救助金。救助人数从1995年10人开始,逐年递增,至2003年救助人数达300多人,金额近40万元。

石室禅院慈善功德会、同心慈善会和佛教居士林,也经常关怀孤寡无依的老人,经常给他们送去温暖。

(二)助残

据不完全统计,自1995年1月至2003年8月,慈善基金会资助残疾人医疗费、生活费和支持救助残疾慈善事业900余人次、74.49万元。其中为漳浦、大田、尤溪、厦门4县市200多名白内障患者做复明手术,为宁德地区屏南、周宁、寿宁等贫困县残疾人购买一批盲人拐杖和轮椅,为湖南郴州永兴特殊教育学校聋哑儿童配置助听器,为厦门市思明区培智学校弱智儿童购置康复训练设备。2001年资助湖北浠水县残疾人联合会10万元,修建残疾人康复中心。泉州张嘉滨,"文化大革命"中不幸为流弹所中,腰以下失去知觉,卧床30余年,人称"南方张海迪",慈善基金会多次资助医疗费、生活费,1995年本如法师登门探望,并为之举行专项慈善募捐活动。同安区五显镇下峰村村民李高生,20余年前因意外事故造成高位瘫痪,日子艰难,圣辉大和尚闻讯,委托界象法师专程前往看望,并捐助5000元作为护理和生活费用。

(三)救危济难

慈善基金会成立,即对地方上一些突然遭受危难者进行救危济急。这些遇难者,大都来自外地的工人、大学生或旅客。他们或受工伤、车祸,或患危急重病,一时缺乏急救医疗费用。该会闻知并落实后,根据危难大小,即时给予施救。

1995年,资助心脏病患者谢希兰手术费5万元,捐赠4.8万元为患三度心房室阻滞的悦华酒店员工陈国华安装永久心脏起搏器。

1997年,厦门市民邱惠琴确诊为白血病,医院建议进行骨髓移植手术,因家境贫困,束手无策。慈善基金会捐助3万元(含社会捐款共20万元)。后得知在大陆尚找不到骨髓配对者时,基金会又帮其联系台湾慈济功德会寻求骨髓细胞配对,终于在台湾骨髓捐赠中心找到型号相同的合适捐赠者。2000年7月,基金会再次捐助1万元,使邱惠琴获得第二次生命。

1999年,辽宁抚顺19岁模特儿朱香玉不慎被大火烧伤,烧伤面积高达95%,一个在T型舞台上青春靓丽的美人,瞬间变得惨不忍睹,生命垂危。圣辉大和尚指示慈善基金会为抢救朱香玉进行专项募捐,捐募3万元用于抢救。虽然朱香玉终因伤势过重香消玉殒,圣辉和尚与基金会诸同仁却为朱香玉谱写了一曲爱的挽歌。

2001年,部队军人家属王瑛患尿毒病,经济一时窘迫,慈善基金会及时捐送1万元,解其燃眉之急。

如上救援危难的人数,自1995年至2003年共计800余例,累计费用达150余万元。

三、办教助学

民国2年(1913年),同安居士陈延香与中国同盟会会员陈仲赫联合创办阳翟小学,民国5年出任同安县劝学所所长。民国14年,陈敬贤居士在同安集美开办夜校,又办女夜学,使失学青年与妇女得到教育。大善士蒋以德利用宗教寺庙创办义学,先后在内武庙、美仁宫、前园宫、福海宫、圆山宫等处开办学校,吸收贫苦人家的子女上学。苏谷南居士抗日战争以前担任厦门华侨公会会长,受聘为鼓浪屿福民小学(即今笔山小学)与闽南职业中学董事长、厦门民立小学副董事长。福民小学活动场地狭隘,苏谷南即将自家宅前将近1000平方米的土地捐献出来,作为小学的体育场。他还资助家乡晋江苏厝创办俭德小学(即今群德小学)。民国27年,南普陀寺方丈觉斌法师在寺中养正院创办"佛化小学",招收僧俗弟子就读,成为厦门佛教创办的首家普通小学。30年代,南普陀寺与厦门大学关系密切,有不少厦大贫困学生常来寺中寄住,寺方给予食宿。如民国37年有赖仕长同学等七人借住南普陀寺旧功德堂楼上。赖仕长等参加中共地下党活动,解放后在中央军委工作。1952年,妙释寺住持释正果响应人民政府"全民办学"的号召,将寺后念佛堂辟建为"妙光小学",旅居菲律宾的原住持善契法师寄汇专款支持,优待贫苦儿童免费入读。1950年,南普陀寺将原来佛教养正院改办为"养正义务小学",免费招收附近学童入学,同时,特聘厦大贫困学生前后6人兼课,协助他们就学。

1980年厦门市佛教协会重新成立以后,厦门佛教四众弟子十分关心教育事业。1988年,日光岩寺拨出人民币6000余元,为日光岩幼儿园游泳池建盖顶,以免幼儿受日晒雨淋,是为厦门佛教关心幼儿教育,对幼儿教育事业作贡献的先例。石室禅院释忠明及广普尼师积极开展助学活动,她们深入贫困山村学校,具体了解贫困学生情况,一一给予资助,得到当地群众的极大好评。

1994年慈善基金会创办以来,厦门佛教对教育事业更加关注,在办教助学方面做了大量的工作和巨大的贡献。从1994年12月至2003年8月,慈善基金会捐助教育事业、希望工程累计计742万元,资助四川、重庆、西藏、内蒙古、湖南、安徽、云南、黑龙江、浙江、江西、广西、陕西、贵州、广东等14个省、市、自治区,福建上杭、惠安、福鼎、福安、松溪、建瓯、清流、霞浦、仙游、长汀、武平、大田、顺昌、龙岩、罗源、武夷山、漳平、莆田、三明、南平、连江、建宁、松溪等23个县市,厦门市集美、同安、海沧、思明等区,厦门大学、集美大学、鹭江大学等院校,大、中、小学特困生1万余名,修建各类学校76所,其中建"南普陀希望小学"30余所,修缮校舍57所。

(一)创建"南普陀希望小学"

1996年建2所,分别是云南省丽江县剑川甸南乡和福建龙岩丰乐小学。

1998年建5所,分别是福建松溪梅口希望小学、黑龙江大庆市肇源县古恰乡、福建松溪县下段希望小学、湖南省炎陵县平乐小学和湖北省。

1999年建3所,分别是湖南湘西土家族苗族自治州花恒县道二乡杠扛村、湖南益阳市资阳区民主垸希望小学、安徽省青阳县木镇中心小学。

2000年建5所,分别是湖南省汨罗市特殊教育学校、福建省上杭县溪口乡锦坊小学、福建省仙游县凤山乡东湖小学、江西省石城县丰山乡大琴小学、浙江省永嘉县枫林镇乌弄小学。

2001年建4所，分别是安徽太湖县寺前镇中心小学、湖南省芷江侗族自治县罗岩乡深坑溪村小学、福建大田县文江乡龙门小学、厦门市同安区五峰小学。

(二)资助特殊学校

1. 厦门市同安区聋哑学校。从1995年至2001年，基金会连续4次捐赠该校11.3万元，帮助他们添置教学设备与康复设施，以及助学奖教。

2. 厦门市培智学校。2002年，捐赠该校6.5万元，为60多名弱智儿童购置一批康复训练设备。慰问在校学生，资助特困生。至2003年共计12万元。

3. 福州市盲人学校。2001年，捐赠该校1.2万元，资助8名特困生，并为全校盲童订做夏季校服。

4. 福鼎市特殊教育学校。2002年，捐赠该校4.3万元购置教学与康复训练设备以及资助特困生。

5. 湖南郴州永兴特殊教育学校。汨罗市特殊教育学校建校拨款近30万元。

6. 天主教中南神学院。2001年9月14日，全国政协委员、河南省天主教两会主席、驻马店教区教区长、漯河市政协副主席、漯河市天主教堂刘雅敬神父致函圣辉大和尚，为中南神学院在学的特困生向慈善基金会求助，圣辉亲笔批示："佛教的宗旨就是'慈悲济世，利乐众生'、'无缘大慈，同体大悲'，我们佛教界愿与其他兄弟教派携手并进，共同振兴中华民族的宗教事业。这次天主教刘雅敬神父向我会写来了求助信，我们应义不容辞地帮助他们，因为慈悲是无限的。"慈善基金会遵照圣辉和尚的指示，资助中南神学院10名大学生，每人2500元，计2.5万元，帮助他们完成学业。

此外，受慈善基金会资助的还有福州市连江区特殊教育学校。

(三)资助特困生

1994年，慈善基金会捐助四川綦江佛教希望工程8万余元，资助数百名因交不起几十元学费面临失学威胁的学龄儿童，以后每年资助这项工程2万元。

1995年，捐助"中华绿荫儿童村"5.3万元；资助厦门大学历史系、国贸系、财政系、中文系等数十位特困生，为他们支付学杂费和部分生活费。自是年起，厦门大学、集美大学、鹭江大学等大专院校每年都有一些贫困生得到基金会的帮助。

1996年，捐助重庆佛教希望工程3.18万元，云南希望工程1万元，资助特困生97人次、4.11万元。

1997年，捐助西藏希望工程3.5万元，帮助特困生75人次、6.8万元。

1998年，资助特困生145人次、7.92万元。

1999年，资助特困生600余人次，助学金近20万元。

2000年，资助特困生2155名，助学金额达78.62万元，其中对内蒙古20名、西藏10名、湖南汨罗10名、同安区1名共41名特困生，资助从小学至大学的全部费用。

2001年，资助特困生2456名，助学金88.33万元，其中小学生1691名，38.66万元；初中生561名，18.62万元；高中生32名，1.63万元；中专生68名，7.01万元；大学生104名，22.41万元。

2002年，资助特困生3117名，总金额98.26万元，其中小学生2282名、46.88万元，初中生414名、13.50万元，高中生258名、11.83万元，大学生163名、26.05万元。这当中包括每年固定资助内蒙古20名、西藏15名、湖南汨罗10名，一共45名从小学到高中毕业的特困生

3.5万元;固定资助安徽太湖50名从小学到高中毕业的特困生3.45万元;资助广西贺州市、三江侗族自治县、隆安县、重庆梁平县、四川蓬溪县、陕西宁陕县三省一市六县(市)900名特困生18万元以及江西、山东、湖南、贵州、广东五省特困生15.61万元;资助本省福鼎、福安、龙岩、武夷山、漳平、莆田、三明、南平八市特困生22.32万元;资助本市集美、海沧、同安、思明四区特困生11.89万元。是年3月8日,圣辉大和尚亲自出席在集美大学礼堂举行的"厦门市慈善会、南普陀寺慈善事业基金会捐助厦大、集大、鹭大特困生仪式",并在会上发言,希望受助同学顽强拼搏,与风雨与阳光一起成长,珍惜这个大好的学习机会。以优异的成绩回报社会。受助特困生十分感动,纷纷表示一定会好好把握这一来之不易的学习机会。他们说:"因为除了努力学习,我们别无选择!"

2003年,资助特困生1976名、50多万元。

厦门市石室禅院慈善功德会、同安同心慈善会与厦门市居士林也积极为教育事业作出应有的贡献。

四、义诊施药

厦门佛教四众弟子慈悲为怀,义诊施药由来已久。

南普陀寺僧转道长老素习医术,尤精于小儿科,有"儿科活佛"之称,平居悬壶行医,对贫困者施医赠药。妙释寺愿意老人门下妙月和尚精武术,擅岐黄,对移轮接骨、救治跌打风伤,造诣尤深。平日出游,一禅杖,一药囊,到处行医济世,有求必应,富者酌收药资,贫者免费施治,甚或解囊相助。南普陀寺僧释广空善岐黄,尤精伤科,自制丹膏丸散,施济贫病。普光寺僧释转廷、瑞枝、广树、广坚、广余长年在寺中行医,施诊赠药,救死扶伤,誉满鹭岛。南普陀寺职僧、妙月和尚门徒释元镇、元果尽得妙月精秘,临床诊治多能著手回春,其一生行医济世,遇急症风雨无阻,见贫困则医药并施。元镇弟子、尝任南普陀寺开堂和尚释常凯,从小随师学佛、练武、习医,以治疗骨伤科为主,医术高明,被称为"骨科圣手",医德一如师祖妙月、师父元镇,对贫苦病人一概医药并施。一代高僧会泉和尚门徒宏船长老与释常凯联手创设施诊所,开展赠医施药的慈善福利事业。解放初期,南普陀寺僧释瑞苗、修闻等法师进入厦门中医研究所学医,毕业后,支援山区,分别到缺医少药的山区(大田县、德化县)行医治病。瑞苗法师晚年回厦门南普陀寺再度出家,现仍住南普陀寺。抗战前,厦门一些寺院聘请在家居士医生坐诊,开设义诊所,如南普陀寺、养真宫、太平岩。后停办。1993年妙清寺、1996年养真宫先后成立义诊所,聘请退休医生为患者义诊。妙清寺还备有常用药品,方便患者服用。普光寺则于旧历每月十二日举行义诊,也聘请退休中西医师为患者义务诊病。

居士蒋以德有善必举,利乐众生。有一年,家乡时疫流行,他在广东搜括验方药材,运回厦门,免费供应病人服用,救人无数。许多佛教居士家中都有储备常用药品,随时赠送他人。苏谷南不但居家常备药品随人索要,还经常捐资赞助赠药义诊机构,抗战胜利后捐资重建鼓浪屿医院。居士开设义诊所的有陈成宗"义同仁义诊所",施医赠药,救济贫病患者。陈成宗医生于民国37年(1948年)拜性愿大师为师,落发出家,法名"本宗",住漳州南山寺,设义诊部并收授弟子学医,其中南山寺住持传扬法师就是他传授的弟子,曾在漳州医院工作。

佛教会组织也十分重视施医赠药慈善活动。抗日战争胜利后佛教会开展慈善工作的第一件事就是创办"贫病医疗所",帮助患病的贫苦群众解除、减轻疾苦。以后,厦门佛教会组织结合赈灾扶贫、助残解困,开展义诊施医活动。

1994年慈善基金会成立,不久即设立专门的义诊院,列为慈善基金会下属的一个正式的常设机构。1995年12月19日妙湛和尚圆寂之日起开始义诊活动,二、三年间即设有中西医内科、骨伤科、妇科、小儿科、针灸科、按摩科,以及治疗室、中西药房、心电图室等,聘请名医坐堂义诊,为贫困市民免费治疗。自1995年12月至2003年12月,8年间义诊42万人次,施药107万元。

义诊院自成立以来,一直坚持农历初一、十五和佛教节日在寺院山门口开展义诊活动;定期或不定期出诊,到养老院、孤儿院、残疾人家中及边远贫困地区义诊施药。

1996年春节前夕,义诊院联合市民政局社会福利中心等单位在火车站广场开展"特区人民献爱心"的义诊活动,为返乡民工义诊,前后三天,义诊5225人,施药3.3万元。台湾天良化学制药股份有限公司王子龙、明通化学制药股份有限公司张西城,大力支持慈善基金会的义诊活动,向义诊所捐献"天良牌补中益气汤颗粒"和"明通牌治伤风颗粒"共10万包(值价人民币10万元),作为义诊施药之用。

2000年5月,义诊院组织医务人员远赴闽西革命老区长汀县,为该县庵杰、四都两乡村民义诊,施药2300元。6月底7月初,又先后在闽北贫困山区松溪县谓田、水南两村义诊,诊治病人800多名,施药2000余元。

2001年6月,义诊院法师与医师到漳州龙海隆教畲族乡径内村,为164名村民诊治,施药2000余元。10月,到同安区莲花镇军营村,义诊200多人,施药1800多元。是年12月4日,圣辉大和尚率领慧然、理文、定恒诸法师,和厦门市慈善会常务副会长申素芳,市劳动局副局长、市慈善会副会长洪幼芳及市民政局副局长傅一民走访厦门市仙岳医院、南山疗养院和同安皮肤病防治院,向在那里接受治疗的精神病、麻风病患者表示慰问和关怀,并代表慈善基金会赠送8万元慈善款,希望用佛门的慈爱之心给患者以鼓励和帮助。是月,慧然、普陀、正兴、通达法师受圣辉和尚的委托,和厦门市慈善会常务副会长申素芳到厦门市公安局强制戒毒所,关心和慰问戒毒所的53名正在戒毒的人员,与戒毒人员进行真诚、平等的谈心和交流,并捐款2.92万元,希望他们戒断毒品,找回失去的美好与快乐。

厦门市石室禅院慈善功德会与同心慈善会成立以来,也经常举办义诊施药活动。石室禅院慈善功德会会同莲花医院等单位多次在同安锄山以及杏林、海沧等地开展义诊,诊治病患4000多人次,发放药品5000多元。

五、修桥造路及其他

修桥造路,凿石伐木,易危为安,济人利涉,功莫大焉。爱护生机,珍惜生命,以好生戒杀为宗,全上天好生之德,善莫大焉。至于其他积善行善,济人济世,令诸众生欢喜爱乐之事,力所能及,无不慈悲方便,和衷共济。

(一)修桥造路

宋绍圣三年(1096年),僧智礼主持修建同安城西归德里达川桥,易木桥为石桥。

乾道间(1165—1173年)僧宗寿、淳熙间(1174—1189年)僧慈震相继修葺同安翔风里宏济桥。

淳熙间僧善应倡修同安民安里通济桥。

景定年间(1260—1264年),同安甘露寺僧释妙谦捐钱并劝募修治同安十八弯古道800丈,方便行人。

同安城西和尚桥为古禅师撤旧院改造而成,因名。明崇祯三年(1630年)秋,山洪暴发,溪

涨桥圮,行人往来跋涉沙水中。四年,僧人如应募修,未果。五年秋,知县熊汝霖委托梵天寺僧释正教主持修桥事务,越三月而告成。

清初,同安甘露寺住持释无疑募资重修十八盘古道。

康熙四十年(1700年),福建水师提督吴英谋建虎溪岩,延聘元飞和尚主持寺务。元飞住锡虎溪岩,创筑渡虎桥及登山石径。

嘉庆十三年(1808年),居士郑光沂(号翠峰)捐资辟建紫云岩石径,自题崖壁"紫云得路"。

嘉庆二十年,居士张永标出资修造董内岩至向天狮后石路。修竣,张永标勒石于董内岩之后山石崖。

光绪三十年(1904年),佛化和尚在荷庵启建七七四十九日水陆大法会,盛况空前,荷庵石桥被挤断,居士洪晓春独资重建。

民国初,居士王卓生与陈仲赫、黄竹友共同主持同美(同安县城至集美)公路建设工程。民国16年(1927年)出任同安县首任建设局长,辟建同马灌角(东起小盈岭,经同安县城、集美、灌口,西至角美镇)公路,修建西安桥、南薰桥。晚年关注同安水利建设,倡建马巷鲤鱼坝、长蛇坝、耕云桥、农星桥。

1994年之前,南普陀寺方丈妙湛和尚募捐50万元,支助武夷山天心永乐禅寺修建从山门到大殿的公路。

1995年,资助江西石城县屏山镇山下村建造山下大桥。

1998年,资助顺昌县为德寺整修山洪冲毁的道路。

(二)放生护生

据统计,自1994年12月14日至2003年8月31日,慈善基金会用于放生护生的资金达32.58万元。

1995年,放生护生费用2.18万元,其中观音圣诞放生法会一次即放生5000元鸟、龟、鱼、蛙等类动物。

1996年,厦门市佛教会一部分法师和居士组织到漳州江东桥开展放生活动。是年放生护生费用2.84万元。

1997年,全年放生护生费用3.04万元,包括救助中华白海豚以及购买珍稀动物放生。

1998年,放生护生费用1.73万元。

1999年,放生护生费用10.51万元。

2000年,举行多次放生活动,用于放生护生费用5.92万元。

2001年,举行多次放生活动,全年放生护生费用3.5万元。

2002年,放生护生费用3.5万元。

2003年2月23日、6月1日、6月10日,慈善基金会分别在市区轮渡第一码头和东坪山举行三次放生活动,共放海螺、鳗鱼、沙帽鱼、海虾、虾姑、青蛙、花蛤、螃蟹、沙蛎、鲨鱼、文蛤,松鼠、麻雀、画眉、鹦鹉等毛羽鳞甲之属10余种,价值人民币6800余元。

(三)其他

据统计,自1994年12月至2003年8月,慈善基金会除资助上述各项慈善事业外,还力所能及地支持其他社会公益事业,如举办"国际残疾人日"活动、佛教文化科研活动、'99迎澳门回归活动,修建惠安小岫腰清源庵孤儿院,建设安徽太湖赵朴初陵园,捐助翔安新店镇陈塘回族村和梅山寺安装自来水设备等等,累计101万元。

第十章　社团组织

第十一章　学校教育

第十二章　海外交流

第十三章　行政管理

卷之三

第十章 社团组织

在佛教史上,佛教僧团以集居的丛林禅院为单位,自有一套传统的严密的机构组织和共同遵守的禅林律仪、法规,寺院之间各自为政,从来没有全国性或地区性统一的群团组织。在家佛教居士、信徒,偶或有"社邑"、"莲社"、"念佛会"等会社组织,也只是局限一个地区或寺院作为聚合修持佛法的小群体,称不上社会群团组织。

民国初年,中国社会上兴起一股"庙产兴学"运动,使佛教的生存受到严重威胁,迫使佛教界人士不得不团结起来进行抗争。民国元年(1912年),浙江天童寺八指头陀寄禅禅师首先发起创立"中华佛教总会",并报请国民党当局核准,各省也随着成立佛教分会,使佛教会成为全国性统一的组织。民国11年,"五四"运动中以北京大学生发起组织的"中华全国佛化新青年会",在国内一些地方发展分支组织。厦门即在这一时期建立佛化新青年会和佛教会。20世纪90年代,由于厦门南普陀寺方丈妙湛和尚的倡导,成立中国大陆第一家佛教慈善机构。

第一节 佛教(协)会

一、漳泉永龙汀佛教分会

民国元年(1912年),浙江天童寺八指头陀寄禅和尚发起创办"中华佛教总会",佛教居士李政纲、桂伯华、欧阳渐等草拟《中华佛教总会组织大纲》,报请国民政府核准,随后,福建省也着手成立福建佛教分会,由鼓山涌泉寺本忠和尚主持会务。闽南佛教界在省分会成立不久,即推派释转初、云果二法师晋省与省分会联络,成立"漳泉永龙汀佛教分会",推选南普陀寺住持佛化和尚为会长,在南普陀寺内设立漳、泉、永佛教分会办事处,并在泉州承天寺、漳州南山寺分设办事机构。由于佛教分会只是自上而下的挂牌组织,既没有通过广大佛教徒的充分酝酿,建立强有力的领导机构,又没有经过地方政府的正式承认,得不到应有的保障,加上没有组织经验,更无从开展组织活动,因此当时佛教分会,实际上只是一块空招牌。挂牌不久,就在军阀混战的社会动乱中无形消失了。

二、中国佛教会厦门分会

厦门的佛教会组织正式创立于民国20年(1931年)5月。初时称为"思明县佛教会",23年秋改称"厦门市佛教会"。

思明县佛教会是在厦门佛化运动深入发展的新形势下诞生的。

民国17年(1928年),佛教改革大师太虚应聘来厦门主持南普陀寺和闽南佛学院。随太虚来学院任教的大醒、芝峰等一批年青法师,都是太虚推行佛教改革的积极追随者。他们的到来,把厦门以佛教改革为导向的佛化运动推上新的高峰。在此之前,厦门佛教界已有一批比较先进的缁素人士起来推行佛化运动,如僧界中的转逢、会泉、性愿、瑞今,居士界中的蔡吉堂、叶青眼、王振邦、虞愚、冯重熙、陈定谟、周醒南等。以会泉、转逢为首的僧界人士在运动中首力于以南普陀为主的僧制改革和创办佛学院,发展僧伽教育。居士界中以蔡吉堂、叶青眼等为主,则致力于组织佛化新青年会,积极开展以破除迷信为主的佛化运动宣传。太虚来厦后,进一步将缁素两众佛化活动的骨干力量团结起来,倡议组织佛教会,对厦门的佛化运动实行统一领导。太虚身为中国佛教会主席,要求厦门各佛教团体联合起来,成立一个统一的纳入全国系统的佛教团体。太虚的倡议,得到厦门佛教界缁素人士的支持,经过一番酝酿,民国20年2月在妙释寺召开佛教会筹备会,到会代表37人,公推太虚为主席,讨论通过思明县佛教会章程(草案),推举释瑞今、居士蔡吉堂、冯重熙为筹备会委员,负责向省佛教会和思明县党政部门申请立案。

3月8日,思明县佛教会筹委会在妙释寺召开佛教会成立大会。出席缁素代表81人,当场选举执行委员7人[释大醒、觉斌、瑞今、性愿、居士冯重熙、蔡契诚(吉堂)、虞愚心(虞愚)],候补执行委员4人(蔡栖霞、苏慧纯、林纯仁、释广究),监察委员5人(会泉、转逢、周醒南、芝峰、陈定谟),候补监察委员3人(转解、蒋慧成、庄文洲)。事后又推举瑞今、冯重熙、虞愚为常务委员。

3月15日,佛教会在闽南佛学院举行执监委员就职典礼,仪式甚为隆重。厦门地方党、政、军以及学界、商界、文化界等都派代表参加,并在大会上致祝词。会后,厦门各新闻媒介都作了重要新闻报导。

按照佛教会章程规定,佛教会主要工作事务为:一、整理教规;二、宣传佛教;三、研究佛学;四、举办慈善;五、辅助公益;六、其他关于佛教应兴应革事宜。

佛教会成立后,即着手开展整理教规,宣布:"按现行法令,凡寺院僧众,非经当地佛教会登记者,不能享受政府保护之权利。"要求各佛教寺院和部分住有佛教徒的宫庙,限期向教会申请登记。全市登记的寺院17座,宫庙9座,登记会员总数217人,其中僧众145人(包括闽南佛学院师生68人),住寺庙菜姑39人,在家佛教居士33人。佛教会根据寺院、教徒的登记情况,分别审核归档,指定专人管理,对一些重点的或有问题的寺庙进行实地查勘。发现违反教规,如寺僧犯戒饮酒吃荤,或容留游客在寺院酗酒赌博;寺僧与女人混住;佛菩萨像与鬼神杂像混祀等,则立案调查处理,明令申禁,限期纠正。个别严重违法犯戒的,则由佛教会公告开除会籍,并申报公安部门驱逐。同时制定寺庙法规,要求住寺僧众共同遵守。在整理寺庙教规的调查中,发现有几座女众的庙堂崇奉先天外道,责令她们抛弃外道,皈归正信。由于佛教会在整理教规中对一些小寺岩的整顿要求严格认真,受到抵制和反对,如联合抗纳应缴佛教会年捐,以至造谤阻挠破坏佛教会执行事务等。然而,尽管工作中出现阻力,但整理教规行动仍旧大刀

阔斧地进行。经过整顿,厦门寺院僧众的精神面貌为之改观,出现积极向上的新气象。

宣传佛教,研究佛学是佛教会另一重要任务。教会成立不久就分别设立"思明县佛教会演讲会"和"念佛会"。两会均设在妙释寺内。演讲会规定每星期二、五两天为会期,请知名法师或居士轮流向广大群众公开演讲,宣传佛教基本教义,听众不限于佛教徒,任何人都可以随缘听讲。念佛会参加对象大都为佛教会缁素会员,每星期日集会念佛。念佛仪式后有法师或居士讲演佛学知识,后因参加人数较多,又在鼓浪屿日光岩设分会。此外还设立经书流通处、佛学图书阅览室,出版佛教会会刊,进行广泛宣传。

举办慈善公益事业方面:民国20年(1931年)夏秋之交全国发生大水灾,遍及16个省,佛教会响应中国佛教会的救灾号召,组织"佛教会水灾救济会",向佛教界募捐救济金,在不到两个月时间内就募集到大洋2000元,送交厦门《江声报》社转汇灾区救济灾民,同时举办祈祷息灾法会。此外如保障佛教利益,协助云顶岩维护产权,募建妙释寺念佛大礼堂等,佛教会均不遗余力,以助其成。

民国22年(1933年)6月。佛教会进行换届改选,推选释觉斌、大醒、瑞枝,居士蔡吉堂、陈永梁、蔡慧寿、陈定谟等7人为执行委员,释清智、唐继华等5人为候补执行委员,释转逢、性愿、许宣平等3人为候补监察委员,并推举释大醒、觉斌、蔡吉堂为常务委员,冯重熙仍任秘书,常住办公。后大醒坚辞常务职务,改选陈永梁充任。

23年(1934年),太虚连任南普陀寺住持任满,离开厦门。随太虚南来主持佛学院的大醒、芝峰等一批被称为现代化的僧伽也相继离去。佛教会就在这一年进行换届改组。教会组织改为理事制,名称也随厦门地方的政制改为"厦门市佛教会"。推选释瑞今、本妙、宏亮、善契、广究、慧云(林子青)、常惺等人为理事。以瑞今为理事会主席,慧云兼秘书。新一届理事新人多、出家人多、闽南人多。前届执委除瑞今外,一个不留;原来积极推行佛化运动的在家居士委员一个不留;外省人除常惺外一个不留。

25年(1936年)11月,厦门佛教会再次换届改选,充实理监事人选。当选理事有释瑞今、慧云、善契、宏亮,居士马乾骅、周子秀、陈周钦等7人,候补理事释宏船、广义、觉斌,居士辛清波等4人;监事有释会泉、常惺、转岸、清智,居士苏谷南等5人,候补监事释转物、了智等2人。并推举释瑞今为理事长,释慧云、马乾骅为常务理事兼秘书。创办《佛教公论》会刊。民国27年,厦门沦陷,大部分理、监事疏散入内地或出国,佛教会自然解体。

民国34年(1945年)抗战胜利后,泉州、漳州佛教部门分别指派释广心、瑞今、广义等复员回厦门,负责接收沦陷期间的佛教组织事宜。沦陷时期由日本人把持的大乘佛教会理所当然地被列为取缔、接收对象。是年11月,以释广心等为首组织缁素佛教徒24人作为发起人,向国民党厦门市党部申请恢复厦门市佛教会,批准后,组织厦门市佛教会筹备委员会。翌年2月在妙释寺召开会员大会,选举理、监事人员,市政府社会科派员临场监选,当场选出释广心、瑞今、广义、善契、宏亮和居士严笑棠、王振邦、陈成宗等8名理事;选出释清智、智普和居士王卓生为监事。事后推选释广心为理事长,王卓生为监事长。佛教会理事会下设慈善、宣传、会计、文书、庶务等5个股,分别举任陈成宗(慈善)、马乾骅(宣传)、释善契(会计)、广义(文书)、觉星(庶务)等为股长,2月21日在南普陀寺法堂举行理监事宣誓就职典礼。

佛教会复建,正名为"中国佛教会福建省分会厦门支会"。民国36年(1947年)改称"中国佛教会厦门市分会"。佛教会成立时,登记会员122人,至第二年统计,全市登记会员已达1000多人,其中大半为女众信徒。

战后厦门,百业凋敝,民困财竭,佛教会虽然也因经济困难未能全面开展活动,但仍竭其所能,为"弘法利生"做出相应的贡献。在慈善工作方面:创办"贫病医疗所",争取救济物资,施放救济粮食。民国35年(1946年)春,以救济物资转换粮食9500多斤,发放赈济贫苦市民1500多人。同时发动会员节衣缩食,捐献物资救济沪宁一带受灾难民。在弘化工作方面,除巩固发展妙释寺和日光岩两处念佛会,坚持每周念佛和讲演佛法外,还多次发动组织法会。如民国34年11月,要求各寺院举办追悼抗战阵亡将士和罹难同胞的法会。翌年4、5月间,举办两次祈雨法会,每次参加信徒达3000多人。民国36年,举办祈祷和平、消弭战乱的法会等。

民国36年(1947年)3月,厦门市佛教分会发起组织闽南佛教联谊会,以促进闽南各县佛教界的团结往来。经往来联系协商,达成共识,于是年5月6日在泉州开元寺召开成立大会,参加大会的有闽南10个县市的代表200多人,在会上推选释转尘(泉州)、广义(厦门)、妙灯(南安)、常凯(晋江)、觉圆(惠安)、妙慧(永春)、陈延香(同安)、释理性(莆田)、清亮(仙游)、释慈航(龙溪)等10人为联谊会干事,释常凯(兼主任干事)、广义、妙灯为常务干事。在成立会上,还以联谊会的名义通电国防部,请示免除汉僧服兵役的法令。

1949年,中国人民解放军挺进福建,厦门市佛教会部分理事或返回内地或云游出国,群龙无首,佛教会遂告瘫痪。

三、厦门市佛教协会

建国初期,厦门军政部门对佛教界正常宗教活动不加干预,因此,各寺院住僧和教徒保持安定,照常静度宗教生活。1951年春,中共厦门市统战部召集原佛教会部分理事成员和佛教界代表会。会上,申明中共和人民政府保护宗教的政策,提出原来佛教会要重新登记恢复组织,并组织佛教徒参加抗美援朝爱国运动。会后,由原理事长释广心召集留在厦门的旧佛教会理监事职员开会研究,决定先成立厦门市佛教会筹备委员会申报登记。同时,在筹委会名下成立"抗美援朝厦门分会佛教支会",推举释广心为会长,释传声、善契、觉星、静通、居士王卓生、柳正松、林祖文等7人为委员,以一套人马,两兼其事。

两会成立后,领导全市佛教徒认真学习政治时事,参加各项社会活动。如1951年"三·八"妇女节,发动组织教徒1400多人参加游行,参加人数之多居全市各单位之首。同年4月7日举行厦门市佛教界"反美扶日"示威游行,参加的佛教男女信徒达5000多人,阵容壮伟,声势浩大,为前所未见。此后,如参加"五一"劳动节大游行、庆祝西藏和平解放游行以及庆祝国庆、拥护"亚洲及太平洋区域和平会议"等多次大游行中,佛教界的队伍常以人多势壮见称,得到领导部门和各界人士的好评。此外,如动员教徒制定"爱国公约",拥护谛结和平公约签名,抗美援朝捐献等爱国运动,90％以上的佛教徒都能自觉地踊跃参加。

1952年,根据新的形势发展要求,筹委会提出建立和健全机构,将原来的理事制改为委员制等建议。是年9月中旬,在南普陀寺召开委员扩大大会,邀请部分会员代表参加,举行选举,选出委员20名。9月28日通过名单,实行改组:

主任委员:释二埋

副主任委员:释广心、会觉,居士蔡吉堂

常务委员:释觉星(兼秘书)、正果、静通,居士王卓生、吴琼珠(女)

佛协会改组后,至1956年又进行一次人事调整,除主委、副主委人选不变外,常委、委员作如下调整:

常务委员：释二埋（主委兼）、广心、会觉，居士蔡吉堂（以上副主委兼），释觉星（兼秘书）、正果，居士柳正松、许宣平、吴琼珠（女）等9人。

佛教协会经过调整，积极地领导全市佛教徒开展政治时事学习，组织参加各项爱国活动和政治运动，动员缁素人士生产自救和佛教修持。

政治学习，要求寺院住众和佛教团体建立学习制度，使之成为经常化，学习内容有中共中央和人民政府各项方针政策和国际、国内时事。如国家《宪法》、全国政协《政治纲领》及历次政治运动的有关文件等。在学习"三反"文件时，佛教协会分成三组学习，首先由二埋法师讲演"盗戒释相"，使佛教徒从遵守"不盗戒"中去领会"三毒"的罪恶；在学习"镇反"有关文件中，结合批揭反动会道门披着"宗教外衣"进行反革命破坏活动的罪行；学习"土地革命"文件，在提高认识的基础上，南普陀寺主动把80多亩田地献给当地农会，然后与农民一样分得15.3亩田地自耕自食。在学习国际形势中，大部分佛教徒都深刻认识到维持世界和平的重要意义。为此，佛教协会决定在南普陀寺举办"祈祷世界持久和平"大法会。法会从1952年11月25日至12月1日，为期7天。法会中，由慈航老和尚开讲《普门品》，二埋、广心、会觉等7位法师和蔡吉堂、陈瑞清等8位居士轮流演说，从佛法和世法中，阐述消弭战乱、拯救和平的重要意义。同时，积极动员各寺院庵堂住众开展生产节约运动，尽量做到自食其力。

在家佛教居士，在佛教协会的带领下，也将原来分散的学佛小团体联合起来，于1952年组织成立厦门佛教居士林，开展学佛弘教，学政治，并积极参加社会上各项爱国运动和政治运动。

以下为建国后厦门市佛教协会历届工作情况：

第一届

1958年，佛教协会召开第一届会员代表大会，进行改选换届。这是建国后第一次召开的会员代表大会，在此之前佛教协会人事调整都是以委员扩大会名义，邀请部分会员代表参加改选。此次改选，直接原因是慈航、二埋两位法师（慈航、二埋1952年接受广心和尚聘请来厦住持南普陀寺）离厦北上，加上厦门市寺院实行并寺，许多住僧和菜姑纷纷离去，部分佛教协会委员在政治运动中受到冲击，等等原因，佛教协会陷于半瘫痪。通过代表大会讨论通过，佛教协会改委员制为理事制，并修改会议章程，选出理事19人，成立理事会：

名誉会长：释广心

会长：释会觉

副会长：释正果

第二届

1962年10月24日至11月3日，厦门市政府宗教事务处在南普陀寺召集佛教协会理事和佛教界人士代表举行座谈会，回顾1958年大跃进以来的工作问题，要求对佛教协会进行整顿，巩固健全组织。会后，通过第二届会员代表大会进行改选，充实理事人选25名，其中：

名誉会长：释广心

会长：释会觉

副会长：释正果

1958年以后，由于并寺集中，出家男女二众人数锐减，留下来的都是一些年高德厚的僧伽和菜姑，稳定他们的思想情绪，安排他们的生产自救，坚定他们的信仰修持，是调整后佛教协会主要工作之一。在家居士二众佛教徒，通过开会座谈学习，提高思想认识，继续在家修持。不久，"文化大革命"爆发，佛教界又受到一场巨大的政治冲击，佛教协会也由此解体消散。

1979年,中共和人民政府拨乱反正,重申并全面贯彻落实宗教政策。11月,厦门市有关领导部门召集佛教界人士开会,学习党的宗教政策,同时宣布首先开放南普陀寺,恢复佛教徒正常的宗教活动。又对恢复佛教协会组织进行研究,决定先成立厦门市佛教协会筹备委员会。筹委会成员:

  代会长:释厚学(正职暂缺)

  副会长:蔡吉堂、李觉星(兼秘书长)、释妙湛(兼副秘书长)

  筹委会成立后,由于厦门市大部分出家二众在"十年动乱"中星散流离,至1979年,全市仅南普陀寺有常住僧众13人,其中6位为还俗后回寺,仍未落发复原僧相。在家佛教徒也在"动乱"的冲击中疏散消沉下来。基于这一情况,佛教协会筹委会的主要工作为:组织全市佛教徒学习中共十一届三中全会的各项文件,提高政治思想认识,肃清"江青反革命集团"的流毒;协调回收被其他部门占用的寺院,帮助安置陆续回归寺院的出家二众,组织恢复佛教养正院;接待国外佛教界人士来厦门参观访问,等等。厦门佛教,通过几年的"拨乱反正"、调整充实,开始出现新的发展趋势。至1985年,佛教协会筹委会认为,恢复组织佛教协会时机已经成熟,当即拟定复会方案,报请宗教领导部门批准。

  第三届

  1985年11月8日至10日,在南普陀寺召开厦门市佛教协会第三届会员代表大会。到会代表63人,审议通过筹委会的工作报告和佛教协会章程,制订会员爱国公约,选举佛教协会理事会人选,建立理事会领导机构常务理事会,领导机构成员:

  会长:释妙湛

  副会长:居士蔡吉堂,释见性、厚学、弘诚

  副秘书长:居士柳正松、吴昭仁,释诚信、了法

  常务理事:释妙湛,居士蔡吉堂,释见性、厚学、诚信、了法、悟光,居士李觉星、柳正松、吴昭仁、谢黎华(女)、吴琼珠(女)

  理事会于1986年3月召开第二次常委工作会,对具体工作进行明确的分工,分立3个工作组:

  秘书组:由李觉星、吴昭仁共同负责,增聘李建群、曾全民为秘书;

  宣教组:由柳正松负责;

  总务组:由释悟光负责。

  自1985年佛教协会第三届代表大会以来,佛教协会团结全市佛教徒认真学习政治时事,保持佛教界的安定团结;协助政府继续落实宗教政策,维护寺院产权,修建寺院,加强寺院管理,指导开展正常的宗教活动;协助复办佛学院,发展僧众教育;开展中外佛教界友好往来等方面,做了大量的工作,取得了一定的成就。

  1. 组织会员认真学习政治时事和各项有关政策、法令,提高会员对宗教界如何支持四项基本原则,发扬爱国主义精神,使宗教工作同社会主义相适应,为社会主义两个文明建设服务等方面的认识,保持佛教界的稳定和团结。

  2. 协助政府贯彻落实宗教政策。1979年以来,厦门市党政领导部门在贯彻落实宗教政策方面做了许多工作,也收到很大的效果,佛教协会和佛教徒受到各界人士的尊重,协会有10位成员分别被选为省、市、区各级人民代表和政治协商会议委员,大大地提高了佛教徒的政治地位。佛教建设事业受到政府各部门的关心和支持,但也有一些历史遗留下来的问题,给具体

落实宗教政策带来麻烦,其中最突出的是寺庙房产产权问题。由于1958年的并寺,有不少寺庙房产被其他部门或个人占用或拆建,按照宗教政策,这些产权都应归还佛教部门所有。但在回收过程中,有时却受到占有者种种的阻难。佛教协会在政府有关领导部门和人大、政协等的大力支持下,提出有力的证据,反复交涉,据理力争,甚至诉诸法律。至1990年,落实解决寺庙产权或回收使用的有龙泉宫、佛顶寺、华严寺、功德寺、鸿山寺、弥陀寺、日光岩、妙清寺、三宝佛殿、西庵宫、福茂宫、寿山岩、延寿堂等13所。此外还对被拆建的白鹤岩等索赔拆迁费3.9万元,回收租金2.4万元。同时,将厦门市原属佛教所有的寺院房地产统一向房管部门登记,办理所有权契证,由佛教协会统一保管,确保佛教寺院产业权益的稳定性。

3. 帮助寺院建设。厦门住有出家二众的寺院庵堂共有25座,其中有些古寺,位于风景旅游点上,而且大多年久失修,破败不堪,有损厦门特区形象。1986年以来,政府先后拨款300.7万元支持寺院建设;加上有些寺院自筹资金570多万元,对虎溪岩、天界寺、鸿山寺、金鸡亭、日光岩、白鹿洞、华严寺、妙清寺、甘露寺、普愿堂、净莲堂、养真宫等12座寺院庵堂进行全面翻修改建,寺庙的修建既为保存厦门佛教历史文物、完善厦门佛教基本建设做了贡献,也为发展厦门特区旅游事业添了光彩。在这些寺院建设过程中,佛教协会都予积极配合,参与规划设计,协助落实征地用地和寺院房地产业的权属登记。

4. 促进寺院改革,加强寺院管理。在佛教协会第三届会员代表大会上,有会员代表就加快寺院建设,促进寺院改革,加强寺院管理提出意见,认为厦门特区是中外交流的窗口,以南普陀寺为主的各个旅游点上的寺院,不仅是中外旅游的热点,也是中外佛教交流的中心,加速对这些寺院的建设和管理,不仅对国内佛教界具有积极的意义,对世界佛教界也将产生深远的影响。倡议恢复南普陀寺十方丛林的管理制度,要求妙湛和尚尽早升座就任方丈。佛教协会根据代表意见,向各级领导部门和省佛教协会提出升任妙湛为南普陀寺方丈,改革"南普陀寺管理委员会"为十方丛林管理制的倡议。这个倡议,得到各级领导部门和上级佛教协会的重视。经过领导部门反复研究,决定恢复南普陀寺十方丛林规制,授任妙湛和尚为方丈。1989年4月,佛教协会举行三届十一次常务理事会,着重讨论研究方丈升座的各项筹备工作,成立"方丈升座临时办公室",下设总务、接待、后勤、保卫等工作组,专人负责,分头筹备。是年10月8日,在南普陀寺隆重举行了方丈升座典礼。

1990年,省、市宗教领导部门又就撤销"南普陀寺管理委员会"、改革完善南普陀寺十方丛林管理制度问题进行研究协商。由于体制改革涉及方面较广,一时难于解决落实。后经国务院宗教局赤耐副局长会同中国佛教协会、省宗教厅、省佛教协会等派专人专程来厦,会集厦门市宗教局领导和厦门市佛教协会代表、南普陀寺方丈等,进行认真研究,反复协商,在理顺关系、统一认识的基础上,一致同意撤销"南普陀寺管理委员会",由寺院方丈、首座、监院和企业主要负责人组成寺务委员会,采取民主集中的统一领导形式。寺务委员会一手抓寺院的行政管理和住众学僧的律仪规制,一手抓为旅游业服务的企业经营管理,将南普陀寺办成既是佛教庄严道场,又是旅游服务热点。一边是寺院的270多位住僧、学僧,行仪尊严,坚持早晚上殿过堂课诵,学习行持;一边是五彩缤纷的旅游服务网点,热情接待宾客,服务周到。两者相得益彰,博得中外佛教界和旅游界人士交口称赞。

厦门其他各寺院,在佛教协会的统一指导下,也以南普陀寺的龙首是瞻,改革管理制度,提高管理水平,重视僧尼仪表的庄重严肃,保持寺院环境的洁净庄严,清除庸俗的迷信设施,开展正常的佛教活动。

5. 开展对外友好往来活动。历史上,厦门曾经是中外佛教交流的发祥地。近代以来,从厦门出国往海外弘传佛教的僧伽和佛教界知名人士,遍布港、台地区,南洋各国以至日本、美国。随着厦门特区对外开放的深入发展,有些旅外华僧、侨僧和佛教界人士往来频繁,他们或回国寻根,参拜祖庭,或组团朝礼国内佛教名山圣寺。厦门是海外侨僧和佛教界人士出入国门必经的落脚点,而佛教协会住地的南普陀寺更是他们必到的接待站。此外,有些友好国家的佛教代表、官员以至国家元首来厦门参观访问,或从厦门出入境,南普陀寺也是他们必来参观的胜地。于是接待海外往来的贵宾,并与之建立友好联谊关系就成为佛教协会的主要任务。1985年以来,佛教协会先后多次接待来自新加坡、马来西亚、泰国、菲律宾、朝鲜、日本、美国等国家及台湾、香港等地区佛教界的高僧大德和佛教团体。在接待中,佛教协会本着爱国爱教的精神,向他们介绍中国开放改革的成就,厦门特区经济建设的飞跃发展,以及贯彻落实国家宗教政策以来,厦门佛教事业发展的新形势,以加深他们对建设社会主义新中国的理解,增强他们对建设和发展佛教事业的信心。

20世纪90年代以来,许多海外华僧和佛教界知名人士,就是本着这个信心,捐献巨资,为厦门佛教建设做出了重大的贡献,如新加坡华僧宏船、广洽、广净、常凯、妙华、静晖;马来西亚的广余等捐资重建虎溪岩、万石岩、金鸡亭、白鹿洞等寺岩。香港佛教界知名的老居士南怀瑾及其弟子捐献巨资新建南普陀寺大禅堂。还有许多佛教徒或佛教团体捐赠汽车、藏经、珍贵的佛像以及其他设备。厦门市佛教协会会长妙湛还多次应邀到新加坡、美国、香港等国家和地区参观访问。副会长蔡吉堂应邀出访新加坡时,受到当地佛学界盛大欢迎,并响应蔡吉堂的劝募,集资捐助闽南佛学院兴建太虚图书馆。在与海外佛教界友好交往中,协会成员始终站在中国佛教徒的立场上,保持中国佛教的尊严,做到不卑不亢,对一些来自海外披着佛教外衣的外教邪道,佛教协会则给予坚决抵制。如1989年10月,佛教协会接到省有部门的通知说,台湾有一位比丘尼率领20多人要来南普陀寺朝礼,要求佛教协会配合南普陀寺做好接待工作。这个尼师未到之前,先派她的弟子来联系,要求南普陀寺举行欢迎仪式并设坛让其讲经。到厦门的当天,佛教协会组织代表去机场迎接,却发现那个自称为当代"佛陀"的清海无上师,身穿白袍,头戴皇冠,手执龙头拐杖,在其随行弟子伏地跪接中昂首傲然走过来,她的弟子们还拿着一迭名为《即刻开悟》的经书,准备散发。佛教协会代表认为,这个"尼师",打扮不伦不类,行动迷迷颠颠,显明是神道邪教,不是正道的佛教徒,决定不予接待,明确通知他们,不许在厦门任何寺庙讲演传道和散发书刊,有效地制止了外来邪教在厦门的传布。

第四届

1992年,佛教协会进行换届改选,5月8日在南普陀寺召开第四届会员代表大会,出席代表76人,在会上审议第三届理事会的工作报告,修改协会《章程》和佛教徒《爱国公约》,选举新的理事和领导人,选举结果:

会长:释妙湛

副会长:释见性、居士蔡吉堂、释厚学、释诚信

秘书长:释诚信

副秘书长:释了法、释道篑、释定恒、释果修(女)、居士柳正松

第四届佛教会在总结上一届工作经验的基础上,一方面进一步地落实党的宗教政策,一方面加强僧人队伍的自身建设和寺院的综合管理。

1992年7月,佛教协会召开全市寺院住持会议,学习贯彻中国佛教协会制订的《中国汉传

佛教寺庙管理办法》、《中国汉传佛教寺庙共住规约》以及《厦门市寺庙庵堂守则》,提高寺院管理人员的政策水平。

在落实宗教政策过程中,通过佛教协会的各方努力又收回一批寺院产权,其中有中岩、董内岩(后改名紫竹林)、修德堂、佛顶寺、雪峰精舍、三宝佛堂、云顶岩、紫云岩、碧山岩、印(应)月堂、延寿堂、前园宫、内武庙、妙释寺、太平岩、顶释寺、妙清寺、庆福寺等等。

在领导厦门佛教界开展弘法工作方面,佛教协会不遗余力。如协同南普陀寺和闽南佛学院定期在每周日上午举行佛学知识讲座,面向社会各界人士讲演"正信佛教"、"人生佛教"等系列专题,以提倡正信,反对迷信,收到极好的社会效果,为净化人心、净化社会尽一份责任。

本着佛教"不为自身求安乐,但愿众生得离苦"的济世精神,在佛教协会的统一领导下,厦门佛教界做了大量的慈善工作,向全国许多省受灾地区捐钱捐物,慰问孤寡,救济贫困,义诊施药等,据不完全统计,几年内共向社会捐献慈善款400多万元。

佛教协会还加大与外界佛教界的相互交流力度。一方面积极组织法师团和参访团走出去弘法和进行交流,先后组团对新加坡、马来西亚、泰国、香港等国家和地区进行弘法和参访。同时热情欢迎和接待不少来自不同国家和地区的佛教团体,其中有台湾佛教徒组织的"能仁全国斋僧团"一行64人来厦门举办"千僧斋",台湾香光女众佛学院院长悟因尼师等4人来闽院交流教学经验,香港佛教住法学院院长霍韬晦居士等多人来闽参观交流,泰国副僧王一行来厦参观考察佛教寺院以及台湾佛教界导师印顺和香港著名佛教居士南怀瑾先生等等。

第五届

1997年9月12日佛教协会在南普陀寺普照楼举行第五届代表大会。大会推选理文法师为会长,释厚学、安景、郑子兴居士为副会长,释定恒为秘书长。

佛教协会团结全市佛教徒,坚持走与社会主义社会相适应的道路,坚持爱国爱教为民奉献的方向。大力提倡"人间佛教"思想,发扬中国佛教农禅并重、学术研究、国际交流三大优良传统,结合厦门佛教界的实际情况,主要做了这几个方面的工作。

1. 坚持爱国爱教的大方向,领导全市佛教徒站在揭批反动邪教"法轮功"的最前线,与全市人民一道自觉地维护来之不易的安定团结的大好局面。

2. 参政议政,服务社会。佛教协会的市人大代表和政协委员们以高度主人翁精神,积极为政府献计献策,在市人大、政协两会上累计递交各类提案十余件。

本着佛陀"无缘大慈、同体大悲"的精神,积极参与社会公益事业。1998年,在闽江地区和长江、松花江等地相继发生百年不遇的全流域性特大洪灾时,圣辉大和尚先后多次带领佛教协会诸理事深入灾区慰问,给灾民送去一份厦门佛教界缁素人士的关爱。在此期间,佛教协会发动全市佛教徒捐献慈善款240多万元、衣服6万余件、大米5000多公斤,义务接诊病人2000余人次。电视、报刊等媒体多次对南普陀寺、南普陀寺慈善基金会、同安梵天寺、普光寺、天界寺、启明寺、养真宫、妙清寺和市佛教居士林等大力开展社会慈善工作的单位给予了宣传报道,赢得社会各界人士的一致好评。

3. 加强自身建设,认真发挥职能作用。佛教协会多次选送市内部分寺院的年轻僧人骨干参加中青年爱国宗教人士读书班和寺庵执事人员培训班,提高寺院管理人员的个人素质,加强佛教协会的自身组织建设。

4. 认真做好寺院房产的回收和管理工作,在政府有关部门的大力协助下,先后办理并领取妙清寺、弥陀寺、前园宫、日光岩、天界寺、庆福寺、顶释寺等寺院的房产契证。同时又协助多

个寺院进行申请批地、规划及重修工作。

5. 学修并重，培养德才兼备的合格人才。1997年在礼请中国佛教协会副会长圣辉大和尚为南普陀寺方丈兼闽南佛学院院长之后，在圣辉大和尚言传身教的统理下，南普陀寺两序大众上殿过堂如法如仪，禅堂、念佛堂秩序井然，上下呈现一派"讲团结、讲修持、讲因果、讲发心、讲奉献"的新气象，道风学风有根本性好转，教务教学蒸蒸日上，整体综合素质明显提高，令海内外佛教界人士无不欢喜赞叹。在圣辉大和尚的领导下，除了开设预科二年、本科四年的学制外，还增设研究生教育，聘请北京大学、中国人民大学、中国社会科学院和厦门大学的著名教授和专家前来讲课。闽院的教学质量大大提高，继续为中国佛教事业培养和造就更多的高层次优秀僧才。

6. 积极开展海内外的联谊活动。1997—2001年，佛教协会接待新加坡、马来西亚、法国、日本、泰国、韩国、荷兰、丹麦等国家和香港、台湾地区的佛教界友好团体和个人，以及各国领导人的来访，并先后协助南普陀寺认真做好中国佛教协会在南普陀寺举行的"佛教在二十一世纪"的大型演讲法会，以及韩国佛教界青年僧人体验寺院生活参访团等重大接待工作。在认真做好迎来送往工作的同时，佛教协会领导人也多次应邀前往海外参观访问。其中，随中国佛教协会组团首次赴欧洲7国考察；两次赴新加坡参加"迎千禧祈祷"温馨慈善夜和"跨世纪温馨晚宴"；以及组团赴新加坡参加为纪念宏船法师圆寂十周年而启建的水陆法会等。

第六届

2001年6月19日厦门市佛教协会第六届代表大会于南普陀寺普照楼召开，出席会议的正式代表80人，是由厦门市佛教界经过民主协商产生的，代表全市各个寺院和佛教团体，具有广泛的代表性。大会选举新一届理事会。大会代表一致恭请中国佛教协会副会长、南普陀寺方丈圣辉大和尚俯任第六届佛教协会会长，释定恒法师为常务副会长，诚信、理文、安景、界象等法师和郑子兴居士为副会长，则悟法师为秘书长，法云、能元、浩宇、法源（女）、开敏（女）等法师和曾全民居士为副秘书长。同时成立咨议委员会，选出主任释厚学法师，副主任释见性、圆智、了法、慧然、济群等法师，委员为释宏辉、瑞苗、向学、常钦等法师和林开因姑、郑梦星居士等。

附：厦门佛教协会各届负责人名表

一、思明（厦门）县佛教会负责人（1931—1934年）

职　务	姓　名	备　注
主　席	释太虚	中国佛教会会长兼
执　委	释大醒	
	释觉斌	
	释瑞今	
	释性愿	
	冯重熙	
	蔡吉堂	
	虞　愚	
候补执委	释广究	
	蔡栖霞	
	苏慧纯	
	林纯仁	
监　委	释会泉	
	释转逢	
	释芝峰	
	周醒南	
	陈定谟	

二、厦门市佛教会负责人（1934—1936年）

职　务	姓　名	备　注
会　长	释瑞今	理事会主席
理　事	释本妙	
	释宏亮	
	释善契	
	释广究	
	释慧云	兼秘书

三、厦门市佛教会负责人（1936—1937年）

职 务	姓 名	备 注
理事长	释瑞今	上届连任
常务理事	释慧云	兼秘书
	马乾骅	兼秘书
理事	释善契	
	释宏亮	
	周子秀	
	陈周钦	
候补理事	释宏船	
	释广义	
	释觉斌	
	辛清波	

注：因抗战爆发，本届为期一年自动解体。

四、厦门沦陷时期大乘佛教会（青年会）负责人（1938—1945年）

职 务	姓 名	备 注
名誉会长	谢长祺	大乘佛教青年会
顾 问	神田惠云	日本佛教传教士
	释觉斌	
会 长	施范其	
副会长	蔡契诚	即蔡吉堂
庶务长	辛清波	
教化部长	释慧童	
计划部长	周鸣志	代马乾骅
社会部长	林川田	
妇女部长	吴锁云（女）	
宣传部长	释广印	
会计部长	陈春亭	

厦门沦陷时期大乘佛教会

职　务	姓　名	备　注
会　长	卢用川	伪厦门市政府秘书长
副会长	施范其	
	释觉斌	
常务理事	神田惠云	日本佛教传教士
	北原癸己男	日本佛教传教士
	岩崎闻号	日本佛教传教士
	蔡契诚	即蔡吉堂
	施静鸣	
	傅书院	
理　事	金馥生	
	马乾骅	
	柯克明	
	洪　涛	
	叶保三	
	黄金标	
庶　务	辛清波	
教化部长	释慧童	
社会部长	林川田	
妇女部长	吴锁云（女）	
计划部长	陈锡辉	
会计部长	周鸣良	

五、中国佛教会厦门支会负责人(1946—1949年)

职　务	姓　名	备　注
理事长	释广心	抗战胜利后第一届
监事长	王卓生	
理　事	释瑞今	
	释善契	
	释宏亮	
	严笑棠	
	王振邦	
	陈成宗	
宣传股长	马乾骅	
会计股长	释善契	
文书股长	释广义	
庶务股长	释觉星	

六、厦门市佛教协会首届负责人（1952—1956年）

职　务	姓　名	备　注
主委	释二埋	建国后首届委员制
副主委	释广心	
	释会觉	
	蔡吉堂	
常委	释觉星	兼秘书
	释正果	
	释静通	
	王卓生	
	吴琼珠（女）	

七、厦门市佛教协会第一届负责人（1958—1962年）

职　务	姓　名	备　注
名誉会长	释广心	改委员制为理事制，与中国佛教协会体制接轨，并作为建国后正式佛教协会第一届。
会长	释会觉	
副会长	释正果	
秘书长	释觉星	
常务理事	释妙湛	
	谢黎华（女）	
	吴琼珠（女）	

八、厦门市佛教协会第二届负责人（1962—1966年）

职　务	姓　名	备　注
名誉会长	释广心	
会　长	释会觉	
副会长	释正果	
秘书长	释觉星	
副秘书长	释妙湛	
	释善见	
常务理事	释厚学	
	柳正松	
	林祖文	
	吴开意	
	吴琼珠（女）	
	谢黎华（女）	

九、厦门市佛教协会筹委会负责人(1979—1985年)

职　务	姓　名	备　注
代会长	释厚学	
副会长	蔡吉堂	
副会长兼秘书长	李觉星	已还俗成为在家人
副会长兼秘书长	释妙湛	
理事	释振祥	
	释传声	
	罗　丹	
	黄秋声	
	柳正松	
	陈秀雀(女)	
	谢黎华(女)	

十、厦门市佛教协会第三届负责人(1985—1992年)

职　务	姓　名	备　注
会长	释妙湛	
副会长	释厚学	
	释见性	
	释弘诚	
	蔡吉堂	
秘书长	李觉星	
副秘书长	释诚信	
	释了法	
	柳正松	
	吴昭仁	
常务理事	释悟光	
	谢黎华(女)	
	吴琼珠(女)	

十一、厦门市佛教协会第四届负责人(1992—1997年)

职　务	姓　名	备　注
会　长	释妙湛	
副会长	释见性	
	释厚学	
	释诚信	
	蔡吉堂	
秘书长	释诚信	副会长兼
常务理事	释了法	
	释定恒	
	释安景	
	释德辉	
	释能元	
	释道黉	
	释果修	
	释普愿	
	释胜定	
	柳正松	
	谢黎华(女)	

十二、厦门市佛教协会第五届负责人(1997—2001年)

职　务	姓　名	备　注
名誉会长	释圣辉	中国佛教协会副会长兼
	释见性	
	释诚信	
会　长	释理文	
副会长	释厚学	
	释安景	
	郑子兴	
秘书长	释定恒	
副秘书长	释妙藏	
	释法源(女)	
	郑梦星	
常务理事	释济群	
	释慧然	
	释能元	
	释法云	
	释常钦	
	释法清	
	释上端	
	谢黎华(女)	
	曾全民	

十三、厦门市佛教协会第六届负责人(2001年—　　)

职　务	姓　名	备　注
会长	释圣辉	中国佛教协会副会长兼
副会长	释定恒	
	释诚信	
	释理文	
	释安景	
	释界象	
	郑子兴	
秘书长	释则悟	
副秘书长	释法云	
	释能元	
	释浩宇	
	释法源(女)	
	释开敏(女)	
	曾全民	
咨询委员主任	释厚学	
副主任	释见性	
	释圆智	
	释了法	
	释慧然	
	释济群	
常务理事	释普端	
	李明利	
	谢黎华(女)	

四、大乘佛教会

大乘佛教会成立于厦门沦陷时期的1940年,是由日本侵略者一手操纵、拼凑而成的官办佛教社团。伪市长李思贤一度兼任会长,直接插手佛教会活动。他们标榜所谓"政教合一"。借口宣扬大乘佛教中之和平、忍辱方便、无我等精神用以来掩饰其侵略罪行,欺蒙软化中国人民反侵略斗争的意志。

民国27年(1938年)5月,日本侵略者占据厦门后,原在厦门传播日本教的日僧神田、岩崎和撤回日台的教徒纷纷卷土重来,他们为了发展各自教堂的实力,分别拉拢原厦门佛教界人士参加他们的活动。厦门沦陷前,许多来不及疏散内地的佛教徒都逃往鼓浪屿避难。日军登陆后,神田、岩崎组织一部分日、台佛教徒潜入鼓浪屿,宣传日本的所谓"政教合一"、尊重佛教、优遇教徒的政策,招诱佛教徒返回厦门,组织大乘佛教会。

厦门大乘佛教会,初称"大乘佛教青年会",正式成立于民国27年(1938年)9月1日。首届选举名誉会长谢长祺,顾问神田惠云、释觉斌,会长施范其,副会长蔡契诚,庶务部长辛清波,教化部长释慧童,计划部长马乾骅,社会事业部长林川田,妇女部长吴锁云,宣传部长释广印,会计部长陈春亭。会所设在妙释寺,后又在局口街17号设立办事处。教会成立不久,在驻厦日本海军特务部直接干预下,重新组织理事会,修改会章,推举卢用川(伪厦门市政府秘书长)为正会长,施范其、释觉斌为副会长,日本僧人北原祭己男、神田惠云、岩崎闻号以及蔡契诚、施静鸣、傅书院为常务理事,金馥生、马乾骅、柯克明、洪涛、叶保三、黄金标为理事,改陈锡辉为计划部长,周鸣志为会员部长,取消宣传部并入教化部。理事会改组后,28年1月在妙释寺召开第一次会员大会,出席人员1500多人,日伪当局的海军部、特务部、驻厦门总领事馆和市政府长官均出席参加。

民国29年(1940年)1月,大乘佛教青年会改名为"大乘佛教会",并在妙释寺召开周年纪念暨第二届会员大会,据称会员总数1263人,按其教会章程规定,会员分为3类:一、普通会员,即一般信仰大乘佛教的信徒;二、赞助会员,指对教会有"特别缘故"的会员。所谓"特别缘故",即为日伪当局指派负有特殊任务,随时监视教会活动的"特殊会员";三、名誉会员,按会章解释是指地方上对教会有较大捐助贡献的人士。又据另一统计资料表明,在普通会员中,住寺僧众112人,菜姑116人,正式皈依佛教的居士108人,四众佛教徒合计336人,占总数的四分之一强。其余普通会员,日、台籍的佛教信徒约占三分之一。绝大多数普通会员,不少人是利用日伪当局对佛教徒和教会的"优容"政策,为保障自己身家性命安全而加入的。大乘佛教会会员众多,社会活动频繁,是沦陷时期厦门规模最大的社团组织。

日伪当局为标榜所谓"政教合一",大乘佛教会一成立,便推派伪厦门市政府(维持会)秘书长卢用川为会长。民国29年(1940年),李思贤就任伪厦门市长后,即一直兼任佛教会正会长,李思贤为表示对教会的重视,教会每次理事会开会都亲自参加,直接插手领导,使佛教会成为半官办的社团组织。

日伪当局所以对佛教特别优容和重视的实质,是利用佛教会以宣扬佛教大乘救世精神的和平、忍辱、方便、无我、大公等为借口,大肆鼓吹"本大和平,以弭互仇之念;力行忍让,以弭侵霸之征;体达真理,齐兴平等之观;大公无我,消灭国际之争"(见大乘佛教会演讲队的《宣言》)。他们利用这些似是而非的佛教宣传掩盖侵略者的罪恶,美化投敌者的丑行,并以和平忍让来腐蚀、化解人民仇敌爱国的意志,基于这个不可告人的目的,佛教会一成立,便以宣传"佛化"作为

首要任务。如民国28年1月组织千人游行宣传;组织宣传队深入禾山各乡社进行宣传;市内设养真宫、福海宫、东岳庙、养元宫、新南旅社等5个固定布道所,分别集会轮流宣讲"大乘佛";组织念佛会,每星期于妙释寺念佛堂集会念佛和讲演;另外还创办《大乘》佛教月刊,组织演剧队、体育队等,通过这些活动,来加深反动宣传的效果。在教会社会工作方面,还组织平民避寒所,收容无家难民住宿;设立奉茶站,发放赈济粮食,创办日语讲习所等。佛教会的种种活动,都是在佛教徒"弘法利生"的幌子下进行的,蒙蔽一些正直的佛教徒,使他们不自觉地参加活动。

五、同安县佛教(协)会

同安县佛教会始创于民国24年(1935年),由县长黄元秀倡议、牵头组建。聘请厦门南普陀寺方丈会泉法师担任会长,同安梵天寺住持会机法师为副会长,主持佛教会日常工作,会址即梵天寺。

民国27年(1938年),厦门沦陷,会泉往南洋弘法传教,会机南渡安南(今越南)、星洲(今新加坡)、怡保、槟城(今马来西亚)讲学弘法,佛教会无人主持,停止活动。

民国35年(1946年),抗战胜利,佛教会恢复组织活动,梵天寺住持清念法师出任会长,盛求法师为副会长。

中华人民共和国成立后,成立新的佛教徒爱国团体和教务组织,称"佛教协会"。1952年举行第一届选举,有会员350人,代表35人,选举委员13人。清念法师任会长。是年底,清念法师出国,梵天寺继任住持厚学法师代理会长。

1962年举行第二届换届选举,有会员400人,代表38人,选举委员13人。梵天寺住持厚学师为会长,妙金为副会长。

1966年"文化大革命",佛教协会停止活动。

1992年10月,佛教协会恢复组织活动,举行第三届选举。有会员4000人,代表50人,选举委员13人。厚学法师蝉联会长,梅山寺住持释心清、居士叶大椿为副会长,叶大椿兼任协会秘书长。

第二节 居士组织

一、闽南佛化新青年会

闽南佛化新青年会,组建于民国13年(1924年)2月,地址设在厦门鸿山寺,是厦门佛教史上最早出现的居士佛教社团组织实体。

佛化青年会,是秉承北京中华佛化新青年会的组织而创立的。北京佛化青年会,于民国11年(1922年)春创立时,原为北京各大学研究佛家哲学的20多个青年组成的,总干事是北京大学学生张宗载,原称"北京平民大学新佛化青年团"。是年7月,张宗载和该会《佛化旬刊》总

编辑宁达蕴两人去武汉佛学院向太虚大师求教,并在武汉开展宣传活动,受到广大佛教界人士的欢迎,经太虚大师建议要他们从学校团体组织扩大到社会去,正式改名为"中华佛化新青年会"。

民国12年(1923年),厦门佛教界反对地方政府征收"迷信捐",交涉无效。释会泉、转逢乃会同厦门佛教青年居士蔡吉堂、叶青眼等联名电请中华佛化新青年会派人支援。当年年底,张宗载和宁达蕴亲自赶来厦门,协同厦门佛教界人士向思明县政府交涉,终于获得豁免"迷信捐"的胜利。事后在张、宁两居士的极力鼓励下,闽南佛化新青年会于13年2月2日在厦门鸿山寺成立,参加新青年会主要居士有蔡吉堂、叶青眼、庄汉民、王振邦、陈得禄、黄谦六、杨振仁等人,僧众中释会泉、转逢、转道、性愿、会机、觉斌等也积极参加他们的佛化宣传活动。

青年会的骨干分子叶青眼、庄汉民、王振邦,曾在南洋参加孙中山组织领导的中国同盟会。辛亥革命前,他们先后回国在厦门、泉州一带进行革命活动。叶青眼在辛亥革命成功后,功成身退,继续从事教学工作,并亲近闽南名僧会泉法师学佛,后皈依当代高僧印光大师,成为闽南佛化新青年会主要发起人之一。青年会另一发起人王振邦,是辛亥革命光复厦门的主要策划者和组织者。厦门光复后,他不求名位,洁身隐退,行医济世。同时与叶青眼一道皈依佛教,由积极的革命者,转化成虔诚的佛教徒。庄汉民也是一位从热诚的革命者转而皈依佛教的居士,他亲眼目睹辛亥革命后,许多革命党人蜕化变质,争权夺利,国计民生无人过问,于是意志消沉,心灰意冷,一度准备投五台山削发出家,未果,因与叶青眼等同道皈依佛教,参加组织佛化新青年会,积极宣传大乘佛教的救世精神,追求净化人间,改造社会的理想。

"以大乘佛教救世的精神,宣传佛法,普济人类,使真自由、真平等、真极乐世界实现于人间社会",是佛化新青年会所定的宗旨。在青年会的宣言中明确地提出:要"振其开天门之金刚手,执其关地府之文殊剑,十力四无畏,精进勇猛,以扫除一切说神请鬼之妖教流毒,而使宇宙间真、善、美之圣谛,圆满显露于人世。"因此,青年会一开始便把宣传正信佛教列为首要的任务。设立讲演会,出版《佛音》月刊,创办经书流通处,组织"佛化新青年世界宣传队"等。

佛化新青年世界宣传队,其所以标示"世界"的因由,是在青年会初建立时,叶青眼等曾立下宏愿,要像当年宣传革命一样,立足厦门,遍及闽南,面向全世界,首先着眼于南洋群岛。开始,宣传队除在厦门本岛开展宣传活动外,还到泉州、漳州等地深入宣传。仅民国13年的宣传就有如下记录:

1. 在厦门南普陀寺讲演一次,由张宗载、宁达蕴两居士主讲,会泉、性愿配合。
2. 在厦门中华中学讲演一次。张、宁主讲。
3. 在厦门总商会讲演一次,讲演者释圆瑛。张、宁两居士,还有庄希泉居士联合主持。庄希泉,祖籍安溪,清光绪十四年(1888年)出生于厦门,曾就读于厦门东亚书院,早年追随孙中山从事实业救国,加入同盟会。民国元年,任中华实业银行南洋总分行协理。中华银行是建立民国后第一家银行。孙中山任名誉董事长。民国10年,庄希泉被新加坡殖民当局驱逐出境。回归厦门,与夫人余佩皋创办厦门女子师范学校,积极支持佛化新青年活动。
4. 在厦门女子师范学校演讲一次,主讲张、宁,余佩皋配合。
5. 在漳州宣传讲演,县立第一高小学校一次,县立第二高小学校一次,省立第二师范一次,驻军联军司令部一次,主要讲员为张、宁两居士和释性愿、广通等。
6. 在泉州的宣传讲演:在泉州承天寺讲演3次,主讲张、宁和释性愿;华侨女子公学一次,开元寺一次,泉州南大街露天讲演一次,在泉州主讲,除张、宁居士,性愿外,还有郭寅恪和释会

机等。通过宣传活动,在泉州成立"最新东方伦理学研究会",承天寺也因此创办一所佛化学校,由释会泉主持。

7. 在惠安县城讲演两次,主讲张、宁二居士。是年10月,惠安县成立佛化新青年会,并建立一所佛化学校。

8. 在晋江安海讲演两次,仍以张、宁为主讲,释性愿配合。

根据民国14年(1925年)《中华全国佛化新青年会小史》记载,全国除北京的佛青总会外,只有6个地方有佛化新青年会的组织,即福建的厦门、惠安,武汉、太原、绥西、四川,6个中闽南就占了两个,再就《小史》中报导的各地佛青会的组织和活动来看,其中会员的数量和素质最高,活动规模和成果最大,组织最健全,均推闽南为首。如佛青世界宣传队,在全国佛青中是唯一的宣传组织,14年,张宗载与释会泉和叶青眼等联系,要求能带闽南佛青世界宣传队到日本、台湾以至南洋各地宣传佛化,后因经费和会员的组织未能解决,难以成行。

闽南佛化新青年会成立后,经过一年多轰轰烈烈的活动后,一些主要的骨干会员如叶青眼、庄汉民、王振邦、庄希泉等均先后离开厦门,会务活动开始疏冷下来,活动范围也缩小在厦门本岛内。至民国20年(1931年)思明县佛教会成立,佛化新青年会即归并佛教会。

二、中国佛学会厦门市分会

中国佛学会厦门市分会,民国24年(1935年)筹备,发起人为蔡吉堂、许宣平、辛清波、虞愚等居士。在筹备阶段,借厦门《华侨日报》版面,每周出版一期《佛学周刊》的专栏,在佛学界产生很大的影响。

佛学会正式成立,主要会员有蔡吉堂、辛清波、许宣平、虞愚、黄秋生、黄子翚、罗丹等,推举许宣平、蔡吉堂为正副会长,会址就暂设在大同路蔡吉堂府中,每周集会一次,以讨论研究佛学理论为主。学会成立后,即向南京国民政府内政部申请登记,出版会刊《人间觉》半月刊,获准登记证号为"警字5664号"。这是厦门市多种佛教刊物中获取内政部登记批准的第一家。登记发行人为辛清波,编辑释暮笳、蔡契诚(吉堂)、黄秋生等3人,首期创刊号在25年8月5日问世。

佛学会创办一年多,后因抗战爆发,厦门时局紧张,相当一部分会员离开厦门,学会和会刊遂同时停闭。厦门沦陷后未再恢复。

34年(1945年)抗战胜利后,厦门佛学分会在全国佛学总会迁回南京复会后,于36年初恢复组织,址设寿山岩,仍以许宣平为会长。学会成员以旧会员为主,每星期六集会念佛讲经,邀请妙香精舍诸居士参加,有时也请其他法师或居士来讲演佛法。37年,先后延请丰子恺居士和法航法师来寿山岩讲演。法航讲经后,佛学会和妙香精舍50多名居士,举行集体皈依法航法师仪式。是年,佛学会发起集资在寿山岩侧建造太虚大师纪念塔,安奉大师舍利,表达对太虚在厦门弘化的永久纪念。

1950年,佛学会再度恢复,并与妙香精舍相互配合活动,仍以寿山岩为会所。1956年厦门佛教协会改组,佛学会并入协会。

三、厦门佛教居士林

厦门佛教居士林正式成立以前,厦门民间即出现过许多佛教居士组织,其中较著名的有晃潮精舍和妙香精舍。

晃潮精舍源于晃岩念佛会,民国28年(1939年)由日光岩清智法师的皈依弟子蔡善解、陈善琛、胡善宜等八位师兄弟发起组织,在鼓浪屿开展念佛救国、救济难民等活动。后来组织不断扩大,人员增多,于30年改为"晃潮精舍"。蔡善解出生于基督教家庭,皈依佛教后,曾与马乾骅居士在鼓浪屿举办宗教辩论会,宣传佛教,并在释迦佛诞组织佛教居士环岛高诵佛号,以报佳音。1952年,晃潮精舍并入厦门市居士林。精舍20多年坚持弘法利生活动,是厦门市组织最为巩固、坚持最久的居士群团组织。

妙香精舍创立于抗战胜利后,创始人李鸿光。李鸿光原籍福州,在厦门妙香路开设"万有记"食杂铺。他出生于佛教家庭,在其三楼建一佛堂,早晚净修,称"妙香精舍"。后组织邻近居士共修,规模逐渐扩大,经常组织居士参加寿山岩佛学会诵经念佛、研修佛法等活动。

1952年以李鸿光、柳正松为主,并以妙香精舍为基础联合其他居士小群团组织创办厦门佛教居士林。

"厦门佛教居士林"成立之初,会员总数即近2000人。第一届会员代表会,讨论通过居士林组织《章程》,选举理事,建立理事会,推选李鸿光、柳正松为首届正副林长,同时聘请著名老居士周幼梅为名誉林长。居士林活动场所,最初借用丹霞宫,丹霞宫被回收后,转租周宝巷民房,最后迁至外清虞朝巷9号,一直没有自己所有的固定活动场所。居士林分成10个助念组,其余会员分散组织活动,如王兆丰、廖碧溪居士于1953年在新华路设立西庵莲社,每星期四集会念佛;王水树于福茂宫成立福茂净业社,后来福茂净业社又与莲修团、莲谊团合组同戒会,有会员200多人,定期集会修持念佛。这些分散的小集体,原则上是在居士林统一领导下进行独立修持活动的。

居士林的宗旨,是团结全市在家奉佛的男女居士,遵循佛陀"庄严国土、利乐有情"的教导,发扬爱国爱教的精神,坚持正信佛教,认真修学佛法,以建设"人间佛教"、"弘法利生"为己任。1952年居士林成立时,正当厦门开展抗美援朝爱国运动,居士林积极发动会员及群众参加,当年"三·八"妇女节,发动1400多名佛教徒参加游行,人数之多居全市各单位之首。此外,历次爱国示威游行,参加的男女居士都在2000人以上,如为抗美援朝献金、救济灾民捐款,在家居士均能各尽其力,踊跃捐输。

推行"人间佛教"建设,是居士林主要工作活动之一。宣弘正信佛教,革除迷信陋习,提倡建立"佛教家庭"。在家庭中,不搞迷信活动,如不做普渡,不拜鬼神,不相信算命卜卦、阴阳风水,不参与外教邪道扶乩、跳神等活动。提倡居家奉佛行善,生活朴素勤俭,爱国守法,多行善事。

组织在家居士修持学佛。除每星期三集会诵经念佛和讲演佛学外,还经常举办各种法会,如息灾法会、普利法会、佛诞日的礼忏、拜千佛、打佛七和盂兰盆会等。

随着居士林活动的发展和会员的增加,1954年3月进行第二届改选换届,充实理事人选,除正副林长连选连任外,增聘李博用老居士为名誉林长。1957年,居士林又进行第三届改选,但不到一年,由于历史的原因,宗教活动受到限制,居士林组织活动停止。

厦门佛教居士林自1958年以后,停顿30多年。直到1989年,由老居士蔡吉堂、柳正松倡导,召集郑子兴、杨少如、陈善琛等10位居士为发起人,筹备恢复。经讨论研究,制定《章程》和《工作细则》,制定具体规划,报请市佛教协会转呈市宗教领导部门审核批准。佛教协会决定拨出养真宫作为居士林林址,并委托柳正松负责修建。在修建过程中,得到南普陀寺、普光寺、虎溪岩、妙清寺、天界寺、普愿堂等寺院及海内外诸善友的大力支持,捐助资金、捐献法器,养真宫

修葺一新,并将神庙改建成为庄严的佛教道场。养真宫改建整修完善后,1990年9月向海内外佛教界宣布,厦门市佛教居士林正式恢复组织活动,受到海内外佛教界缁素人士的称誉和祝贺。

居士林开始恢复活动时,以原来10位发起人为基础,进行改选和建立理事会领导机构,经过几年来的组织活动,至1993年认为时机已经成熟,即报请佛教协会和宗教领导部门批准,召开第四届会员代表会,成立新的领导班子:

名誉林长:蔡吉堂

林　长:柳正松

副林长:郑子兴　杨少如

秘　书:郑梦星

委　员:许炳辉　黄奕全　张茂植　陈善琛　林嘉景

代表会通过修订《章程》,提出建立三个办事机构,即事务组、法务组和财务组,以健全组织,更好地开展工作。

1995年,市佛教协会指派僧人进驻养真宫,另批拨废旧的内武庙为居士林的新林址。时内武庙仍被工厂占用,在市宗教局关怀和大力协助下,经陈丽婉居士等人反复与有关部门交涉,最后由居士林出资赎回产权。

1997年,柳正松林长以年老告退,居士林进行换届选举。经林员代表大会推选聘请柳正松为名誉林长,郑子兴为林长,杨少如为常务副林长,全面负责领导林务工作。并选郑梦星为副林长兼秘书长,推选郑子兴、杨少如、郑梦星、曾金龙、林嘉景、许炳辉、黄奕全、张茂植、陈盘、陈丽婉(女)等9人为理事,增聘潘柏轩为理事,组成理事会。理事会把重建内武庙,兴建林院作为首要工作。

内武庙肇建于明初,与厦门建城并古,为厦门首庙,祀关圣帝君。佛家以关圣曾皈依佛陀,奉为伽蓝护法尊神。今以佛教居士林而得关圣护法,当是因缘殊胜。惟庙宇殿堂,几经拆改失修,早已颓败倾危,翻修拓建已成当务之急。

居士林迁入内武庙后,以常务副林长杨少如为主筹集资金,设计施工全面负责,分期进行翻建,首期为主拆建圣殿,而后翻建殿后层楼林院。楼院以大雄宝殿为主体,顶层设经院讲堂,中层为办公厅及套间宿舍,下层设立功德堂与餐厅、伙房等生活设备。殿堂金装玉塑诸佛菩萨圣像30多尊,其他钟磬鼓乐以及生活器具,无不一一置办无缺。凡此基建及诸设施,自1997年冬启动,1999年末全部完成,为期两年,总耗资数约近300万元。起废庙而成崇殿杰阁,空四壁以实镂玉雕金。工期之短,耗资之省,识者均赞为白手创业之奇迹。

工程启动时,林中历年粒积资金不及所需十之二、三,诸执事毅然决策,采取边建边募同步进行,圣殿拆建,殿堂暂迁后院,法务与募资并举。经过努力,此工程深得海内外诸方善信的乐助捐施,多则上万,少则百十,涓滴汇注,积源成流,终使资金源流不绝。主理基建执事,更是珍惜众善涓滴所输,精打细算,分毫不滥,务使纤厘所施尽化为基建砖瓦。如是开源节流,是艰苦创办佛教事业得以快、省而好之基本保证。

基建初成,开创鹭岛首座居士道场,结束厦门居士数十年来有"林"无"居"的历史。为引导林众清修净行,特敦聘中国佛教协会副会长、南普陀寺方丈圣辉大和尚,厦门佛教协会会长理文法师,瑞苗老法师及其高徒广宗法师为传法导师,圣辉大和尚还亲临林院,为居士众开授"三皈五戒"。在诸导师亲切指导下,林居诸众,除坚持每天课诵外,还经常举办定期或佛诞节日等

不定期的弘法利生法会,每月举行一次千佛法会,每周三晚举行礼忏仪式,每周日下午举行念佛仪式。又恭请法师来林开设讲坛。又组织助念团,为林友送终助念。此外,还多次组织林友赴诸名山进香,朝圣参学。

"慈济社会,利乐众生",是居士林主旨之一,在艰难建林中,仍多次发动林众捐资献物赈济灾区灾民。每年春节,还为近邻六七十户贫困家庭及本林困难户献爱心、送温暖,发送粮食、年货、棉被和过节费等。林院建成后,又同发宏愿筹建慈善大院。

居士林的活动在全市佛教界产生良好影响,岛外有些地区要求成立分林。如海沧诸多佛教居士要求组建厦门居士林海沧分林,并向有关部门申请批拨三亩余土地作为兴建林址基地,与市居士林筹划、设计基建蓝图。筹划设计林院及老人安养院,并开始募集基金。

2002年11月3日,居士林召开林员代表大会,进行理事会换届选举,会中推选第六届理事17名。推举林长郑子兴、常务副林长杨少如、副林长兼秘书长郑梦星,同时组织常务理事会,以郑子兴、杨少如、郑梦星、曾金龙、潘柏轩为常务理事。

11月7日,居士林举行建林50周年大庆及新任林长、理事就职典礼。省、市宗教领导部门及省、市佛协会领导亲临指导。参加庆典大会的;有来自台湾、香港等地的佛教居士界诸善友,其中台北居士会90岁高龄的邱老会长、台湾周易学会会长萧木通应邀亲临祝贺;晋江市、安海、深沪等兄弟林也组团参加盛会;霞浦居士林及浙江宁波居士林也发来贺电、贺仪以示祝贺。

第三节　慈善组织

一、厦门南普陀寺慈善事业基金会

1994年12月14日在南普陀寺方丈妙湛和尚的倡导下,经海内外各界的共同努力正式成立,为中国大陆第一家佛教慈善机构,即以佛教界人士发起的,政府批准的,具有法人资格的慈善团体。1995年加入中华慈善总会,为其创始会员,并被聘为该会的"特邀理事"。

"勿忘世上苦人多"、"无缘大慈,同体大悲"、"慈悲济世,造福人群"是南普陀寺慈善事业基金会(以下简称"基金会")的精神理念;"立足本省,面向全国"是基金会布施救助,开展慈善活动的范围。

基金会团结和动员教内外各界人士关心和支持慈善利生事业,造福社会和一切利生事业。凡愿意奉献爱心,实践佛陀慈悲济世者,不分教内教外,不分种族、信仰、国籍,均可加入基金会。至2002年年底,共有会员2.5万余人。会员每年交会费120元。基金会每年召开一次会员大会,并定期给会员邮寄基金会的会刊;每年农历二月二十一日普贤菩萨圣诞日免费为会员举办祈福消灾千佛法会;每月初一、初十、二十晚上在南普陀寺大雄宝殿举行共修法会;不定期组织会员朝礼名山胜地或参加一些慈悲工作。

基金会不化缘,提倡"我为人人,人人为我"互助友爱精神,发心慈善,奉献爱心,造福社会全凭自愿。资金来源分为三部分:一是会员的会费,二是社会捐助,三是其他正当的慈善资金

收入。基金会基金在国家银行设立专用账户。所有捐赠、资助、援助及其他收入的慈善基金,均存入账户。

基金主要应用捐助希望工程、赈灾救急、扶贫济困、关爱资助老弱病残、修桥补路、施药义诊等慈善福利事业,坚持不违背因果,专款专用原则。对于救助对象不分种族、地区、信仰和身份,一视同仁,一律平等对待,也不附带任何条件和宗教方面的要求。

基金会对于资金处理与运用,原则上收到多少捐出多少,即当年收到的钱,当年就运用到受助的对象上。经办手续完整,管理严格。基金会捐助,一般要求受助方提出书面申请,并出具当地有关部门的证明,基金会相关部门主管审核后,提交办公会议研究通过,最后由基金会工作人员将捐助钱物发放到位。捐助项目完成后,还要进行考核验收。认真做到每一笔资金的运用全程都有经手人、证明人、审计人和财务主管签字。全年的收支情况定期通过基金会刊物《慈善》和季报向会员和社会公布。基金会四众弟子把实施慈济工作当作一种修行,积极主动,大公无私,任劳任怨,不计报酬,把捐助人的爱心传递给受助者,并在纾难解困、扶危济艰的过程中,使受助者感受到佛陀的慈悲,心灵得到净化,并从中学会布施,进而帮助更多的人。许多受助者事后申请加入基金会,成为基金会的会员。

从1994年12月至2003年12月,基金会慈善救济活动内容丰富,救助范围遍及全国各地,累计施资达2503万元。其中赈灾救急、扶贫解困、资助病残921万元,义诊15万人次,施药107万元;捐助教育事业、希望工程834万元,资助大、中、小学特困生25万余名,修建学校79所;印赠经书605万元;护生放生36万元。

根据基金会章程,南普陀寺班首、执事会议为基金会最高领导机构。设会长一人,副会长四人,秘书长一人,副秘书长四人。会长由南普陀寺方丈兼任,副会长、秘书长、副秘书长均由会长任命。基金会实行会长负责制,副会长协助会长工作,秘书长主持日常事务,副秘书长协助秘书长工作。设立办事机构为会长室下属办公室,办公室直辖三处一院(慈善处、流通处、赠送处、义诊院)。基金会各部门的主要负责人均由僧人担任。至2002年,增设审计室、宣传室、档案室、文印室等机构,计有工作人员31名,其中比丘4人,尼僧10人,其余为护法居士或热心慈善事业的社会人士。

1994年12月,妙湛和尚出任首届基金会会长。1996年10月,圣辉大和尚继任基金会会长,继续推动南普陀寺的慈善事业持续、蓬勃发展。

二、厦门市石室禅院慈善功德会

初名"厦门市石室禅院慈善小组",成立于2000年3月。不久正名为"厦门市石室禅院慈善功德会",是以"慈善济世、行善助人"为宗旨的慈善团体。会址设于厦门市海沧区霞阳石室禅院,会员大都为厦门地区佛教四众弟子,经全体会员民主选举,推举石室禅院住持忠明法师为慈善功德会理事会会长。为监督理事会工作,审核年度决算,监察财务支出,功德会同时成立监事会。

慈善功德会秉承佛陀慈悲济世精神,关怀人间行善助人,致力开展资助贫困学生、贫困地区的教育,推广中国传统文化,推广社区义工服务,关怀孤寡老人,收集民间富余物品济助贫困地区,开展义务环保工作,义诊施药,佛学沙龙及心理学讲座等。

截至2002年12月,慈善功德会从各种渠道募集慈济资金,资助贫困学生700余人次,金额17.44万元;资助贫困家庭300多人次,金额11.16万元;会同莲花医院等单位在同安锄山

以及杏林、海沧等地开展义诊活动,义诊病患 4000 多人次,发放药品 5000 多元;发动会员积极收集旧衣物 3 万公斤,济送陕西、广西、湖北、青海及本省一些贫困地区;坚持每年春运期间组织会员义工到火车站开展送温暖活动,为返乡老弱病残旅客提行李、倒开水,义诊施药;坚持每年年终组织会员到一些特困家庭进行慰问,赠送年货和慰问金,每年过节,如中秋、端午、重阳等,到弱势群体家中进行慰问;经常性地开展环境卫生、植树绿化以及放生活动。

慈善功德会还创办会讯《菩提园》,宣扬佛法,传播"感恩、净心、惜福"理念。图文并茂,深受缁素弟子欢迎。

第十一章 学校教育

闽南佛教界,历来没有为出家僧众修学专设的经堂学院。一般佛教徒出家后,由依止师传授佛门规戒、日常课诵经文和佛事经忏唱念。大多数僧侣文化水平不高,对于佛学经义、教理所知无多。

民国初年,厦门兴起革新佛教的佛化运动,在运动中,对于加强寺僧的佛学文化教育,提高僧伽的素质,成为佛教界缁素人士共同关心的要务。民国13年(1924年),转逢和尚献南普陀寺为十方丛林后,遂与首任方丈会泉和尚发起创办闽南佛学院,建立福建第一所新型的佛教教育高等学府。其后10多年间,厦门又先后创办南闽佛教养正院、万石佛学研究社。抗战胜利后,又开创觉华女子佛学苑。

第一节 闽南佛学院

闽南佛学院(以下简称"闽院")开办于民国14年(1925年)。自创办至今已近80年,可分为三个时期:从民国14年至22年为创办发展时期。此后,由一代高僧太虚亲自主持领导,革新教育、教学,严整校风,使闽南佛学院开办不久即蜚声全国,成为近代中国佛教教育的重点院校之一。第二时期为厦门沦陷时的第一次"复办"。闽院虽称"复办",由于师生不愿当沦陷区的"顺民",无心教学,以及日本侵略者的种种限制,没有多大的建树。第三时期是1985年以来的第二次复办,由于得到地方党政领导部门和海内外佛教界的重视和支持,学院从规模设备、师生阵容以至教育教学质量,都达到前所未有的最高水平。

民国13年(1924年)冬,首任南普陀寺方丈会泉和转逢和尚,接受刚从安徽佛教学校毕业归来的释瑞今、释广津的建议,决意在南普陀寺创办佛学院以振兴佛教,受到厦门佛教界缁素人士的积极支持,当即聘请原在安徽办佛教学校的释常惺来厦门协助筹办。经一段时间的筹备,于民国14年(1925年)中秋正式招生开办,公推会泉、常惺为正副院长。初分专修、普通二部,后增辟小学一部,移漳州南山寺开办,称"南山学校"。

民国16年(1927年),首届专修部学僧毕业。是年会泉方丈三年任满,力荐太虚大师继任方丈兼闽院院长。是年冬,太虚因病往上海就医,少数学僧发动学潮。太虚闻讯,即派大醒、芝峰、寄尘三法师及时制止。

17年(1928年),修改院章,整顿校规,明确提出"以造就佛教住持僧宝、弘法利生为宗旨"的办学方针。18年冬,将英文成绩较好的学僧集中,另组锡兰留学团,团址设漳州南山寺,改南山学校为闽南佛学院第二院。19年,设立研究部,以为品学兼优应届毕业学僧继续深造之所。

民国22年(1933年),常惺继任南普陀寺方丈兼闽院院长。25年,常惺去任,由性愿法师代理。

翌年,战云密布,局势紧张,国民革命军197师占驻南普陀寺,构诬当家瑞枝为汉奸,将其枪杀,并抢走寺院存款白银2000余元,闽南佛学院学僧大部分疏散回藉,学院因此停办。

民国27年(1938年)5月,厦门沦陷。29年,由日本人把持的厦门大乘佛教会发起倡议,呼吁"复办"闽南佛学院,经报请日伪当局批准后开始筹办。推派释觉斌往上海聘请释大醒重返厦门担任院长职务,同时在江苏高邮善因寺设立招生处。学院于民国30年9月正式复课。太平洋战争爆发后,局势紧张,师生无心教学,第一届学僧翌年即草草结业,大醒返回江苏高邮,由当家块然法师接任。不久,块然也离开厦门返回原籍淮阴,改由会觉继任,闽院得以继续开办,勉强维持至民国34年日本投降,即告停办。此后经历40年方才恢复。

1980年在全国佛教代表会上,有几位早年在闽南佛学院毕业的与会代表提出复办闽南佛学院的倡议,得到大会代表的热烈支持。1981年,中国佛教协会赵朴初会长来闽视察,向福建省、厦门市党政部门有关领导提出对复办闽南佛学院的期望,受到领导的重视和支持。当年,即批准南普陀寺先行复办佛教养正院。1983年,新加坡佛教总会会长宏船老法师率团回国朝礼名山,对闽院的复办甚为关怀,在北京访问时,与赵朴初会长商谈支持闽院复办的具体问题,得到赵朴初的嘉许,并亲题学院名匾敦促其成。南普陀寺住持妙湛和尚在各界的热情支持下,加紧筹备,1984年先行挂匾招生,1985年5月举行正式复办的开学典礼,福建省和厦门市党政有关领导亲临参加,并作热情洋溢的讲话,对佛学院的复办,给以高度的评价和深切的期望。中国佛教协会赵朴初会长、新加坡佛教总会会长宏船以及上海、浙江、广东等省佛教协会、全国各省市佛教学院纷纷发来贺电贺词,赵朴初在电文中称颂:"今日法苑重辉,作育僧才,伫见龙象辈出,慧灯永续,法门有庆。"宏船的电文称:"继佛法,传慧炬,复兴佛学院;过千山,渡万水,重结三宝缘。"广东省佛协会云峰会长还以加急电报祝颂称:"重光法苑,声誉远扬。后起有继,佛道隆昌。五老峰下,奕叶流芳。爱国爱教,永作栋梁。"

闽院第二次复办,在规模设备、教育设施和教学改革等方面,都远远超过创办时期的盛况,并跃居当代佛教院校的前列,特别是分设男、女院部,兼收尼僧学员入学,更为全国佛教院校之首创。

一、学制课程

闽南佛学院于民国14年(1925年)6月制订、17年修订的《章程》明确规定闽院学僧学制三年,三级课程分三年教授,即一年级(称"丙级")读第一学年课程;二年级(称"乙级")读第二学年课程;三年级(称"甲级")读第三学年课程。

第一学年设置佛学、国文、外国文、数学、历史、地理、科学、三民主义、艺术、体育、行持、服劳12门科目。

佛学　佛学概论,各宗派源流,律学大意,因明学概要。

国文　语体文,文言文,文法,文学史。

外国文　日文,英文。

数学　算术,珠算。

历史　本国史,印度佛教史。

地理　本国地理。

科学　自然科学,社会科学。

三民主义　三民主义

艺术　书法,音乐,图画。

体育　体育。

行持　布萨,修净,习禅。

服劳　体力工作。

第二学年设置佛学、国文、外国文、数学、历史、地理、科学、哲学宗教、三民主义、艺术、体育、行持、服劳13门科目。

佛学　律学大意,俱舍学大意,成实学大意,四论学大意,唯识学大意。

国文　语体文,文言文,文学史。

外国文　日文,英文。

数学　代数。

历史　本国史,世界史,本国佛教史。

地理　本国地理,世界地理。

科学　自然科学,社会科学。

哲学宗教　心理学,伦理学,中国哲学大要,人生观的科学。

三民主义　三民主义。

艺术　图画,音乐。

体育　体育。

行持　布萨,修净,习禅。

服劳　体力工作。

第三学年设置佛学、国文、外国文、数学、历史、地理、科学、哲学宗教、教育、三民主义、艺术、体育、行持、服劳14门科目。

佛学　律学大意,禅学大意,净土学大意,天台学大意,贤首学大意,密学大意,佛典汛论,大乘宗地引论。

国文　文言文,文字学。

外国文　日文,英文。

数学　几何,三角。

历史　世界史,自由史观,僧伽制度沿革史。

地理　世界地理,佛教行化地域形势。

科学　自然科学,社会科学。

哲学宗教　西洋哲学大要,印度哲学大要,人生哲学,世界各种宗教大要,大乘与人间两般文化。

教育　教育原理,教授法,佛教研究法,寺院管理法,佛教教育各论。

三民主义　三民主义。

艺术　图画,音乐,梵曲,建筑,雕刻。

体育　体育。

行持　布萨,修净,习禅。

服劳　体力工作。

章程还明确规定:"上列科目,每周教授三十六小时,时间分配,于每学期学前配定。惟每日有二小时修持(上殿)、习禅(坐香),和一小时体力工作。"

首届学僧因文化程度参差不齐,多数小学程度,只好分为"专修"、"普通"两部。"专修"取文化程度较高者,学制两年,"普通"取文化程度稍低者,两年后留院升学。至于文化程度太差的,则另立小学部,应机摄化。

民国17年(1928年),正式确立三年学制和每学年的修学课程,闽院教学走上正轨。

民国19年(1930年)春,太虚法师倡议闽院设立研究部,以为学僧研究深造之所,指定释芝峰为研究长,释大醒为副研究长,并从甲级班应届毕业生中选出释宝忍、宽苍、默如、西莲、华清、慧童、戒德、今怀、心道、道闻等10名品学兼优的学僧入研究部修学,由芝峰引导研究《成唯识论》。

民国30年(1941年)闽院第一次复办,开设大学预科一个班级,学制二年。

1985年,闽院第二次复办,分设男、女两个院部,设预科班、本科班、研究部三个层次。男院部设南普陀寺本部,女院部初设万石莲寺内,1995年迁紫竹林寺新院部。

预科班:考取具有初中文化程度或同等学力,并有一定佛学知识的僧、尼入学,其中一部分从养正院毕业生中升转,学制两年,毕业后已具有高中文化程度的升入学院本科班。

本科班:接受本院预科班毕业生,学制两年,毕业后,择优选取部分信仰坚定,品学兼优,能严持佛教律仪,有志修学深造的学员进入研究部,继续进修。

研究部:从事佛教各宗经论的专门研究,安排专业导师带领,修学期限不作硬性规定,可兼任学院初、中班级老师,边教边学,要求每年撰写1~2篇有较高水平的专著或论文,提供学术界研究讨论。

1997年圣辉大和尚接任学院院长,对学院学制、科级进行改革,以适应当代佛教的需要。改春季招生为秋季招生;将养正院与预科班合二为一,学制为两年;本科班学制增至四年;把研究部改为研究生班,学制为三年。另于2001年闽院首开中国佛教教育培养外国佛教留学生之先河。

佛学院教学教材的编排和课程科目的设置,在全国还没有统一标准的教学大纲和教材的情况下,由学院根据佛教教育的目的和特点,自行编订。闽南佛学院的学科设置,分设政治思想课、社会文化课、佛学理论课三大科目。

政治思想课:按中共中央(1982年)19号文件提出:"造就一支政治上热爱祖国、拥护党的领导和社会主义制度,又有相当宗教学识的年轻宗教职业人员队伍"的要求,具体编制包括爱国主义、社会主义、党的基本路线、民主与法制(包括统战、民族、宗教等有关的具体政策、法规)等为基本内容的教材。

社会文化课,分设中文、中国史、哲学、外语等科目,以中文为主课,预科班的语文与外语课,采用高中的语文和英语课本。本科班,中文课以古代汉语为主,外语课采用新概念英语教

材。中国史和哲学课,均采用普通大专教材,有《中国通史》、《中国哲学史》、《西方哲学史》、《政治学原理》以及法律等。

佛学理论课,在全国佛教院校还没有统一标准教材时,由闽南佛学院自行编选,教材分预科、本科、研究生三个层次,"八宗(禅宗、净土宗、天台宗、华严宗、法相宗、律宗、三论宗、密宗)并重,五明(因明、语明、医明、工巧明、内明)兼顾。"

预科班:《佛学概论》、《百法明门论》、《大乘起信论》、《唯识二十论》、《金刚经》、《印度佛教史》、《南传佛教史》。

本科班:《因明》、《十二门论》、《摄大乘论》、《中论》、《楞严经》、《六祖坛经》、《解深密经》、《传法心要》、《菩萨戒本》、《中国佛教史》。

研究生班:《华严》、《禅定学》、《唯识》、《三论》、《天台》等佛学,与儒学6个专业及宗教学原理、佛教文献学概论、中国古典名著选读、外语、文史专题讲座5门公共课。采用学分制,通过三年的学习,修满30个学分,通过论文答辩,达到普通高校硕士研究生水平。

二、教学设施

闽院初建,设于南普陀寺之西侧,自成院落,有礼堂一座三间,讲堂两处三间,禅观堂、教务处、事务处、图书馆、阅报室、会客室、研究室、院长室、主任室、学监室、教授室、会计室、庶务室、书记室、印刷室等办公用房,以及餐室、储藏室、学僧宿舍(13间)、洗濯处、经行场(各一)、厕室等,共计四十余间,多数旧式新装。

图书室有藏书7278册,其中《频伽藏续藏》一套1154册,《万有文库》一套2005册,有关佛学书籍598册,其他书籍3521册。后来时有购置与收藏。"文化大革命"中,图书被抄一空。

1985年第二次复办,分设男、女两个院部。男院部设南普陀寺,仍寺西旧院址。女院部初设万石莲寺。

复办后不久,即对男院部旧有校舍进行翻修扩建,新建拓建方丈楼、太虚图书馆、学院教学楼、学僧宿舍楼、法师楼(寮舍)、供师生参禅修持的大禅堂,建设总面积相当原来的一倍以上。

1995年在宝山岩旧址新建紫竹林女院部校舍,建有山门、大雄宝殿、功德楼、教学楼、常住办公楼、图书大楼、师生宿舍楼以及配套设施斋堂、大寮、客堂等等,总占地面积17800平方米,建筑面积10000平方米。校舍处于风景秀丽的金榜山名胜区,依山面水,林木茂密,芳草遍地,环境幽雅。

为了提高教学水平与效果,2001年9月,学院男女院部分别配置电脑室,现拥有电脑53台;各处室和法师个人也都配备电脑,并且都上了国际互联网,供打印文件、查找资料、获取信息、提高通讯、办公管理等使用。还配备投影机、实物展示台、DVD、录像机等先进设备,以辅助教学及各种大型活动使用。

闽院图书"文化大革命"散失,复办以后重起炉灶。1989年男院部太虚图书馆、1998年女院部紫竹林寺图书馆相继落成,大量购置收藏典籍图书,至2002年,仅《大藏经》即有7种版本9套,太虚图书馆收藏各种书籍25000多册,其编目均已存入电脑,方便读者检索查阅。

三、学僧

根据闽院章程,闽院学僧年龄应在18~25岁之间的出家比丘或沙弥,志愿求法弘法,文化程度初中毕业以上(或同等学力),身体健全、品行端方,无不良嗜好者,同时需要本院相知之诸

方大德或佛教团体介绍或出具证明,方予录取。在校期间,免交学杂费,膳宿及学用品均由校方提供,每月发放津贴以供零用。每年招收30名。

民国14年(1925年)秋开办,首届招收学僧74人,大部分籍隶江苏,与释常惺同乡,岭南、闽南籍的学僧占少数。文化程度多属初小。

民国17年招收新生30名。

民国18年,在院学僧人数大增,多达90多名,学僧籍贯除福建本省籍外,还有江、浙、川、陕、冀、鲁、鄂、豫等10多个省份。

民国26年,国民党军队占驻南普陀寺,学僧星散,闽院停办。自民国14年至此,12年间共培养学僧200余人。

民国30年,闽院第一次"复办",在江苏高邮善因寺设立招生处,招收江苏籍具有高中文化程度的学僧24名,另收闽南学僧4名,浙江籍学僧2名,一共30名。

民国31年,会觉法师继任院长,招收第二届新生25名,其中江苏、浙江籍16名,厦门2名,汕头1名,另有在家佛教居士6名。

1985年闽院第二次复办,向全国招收比丘学员。万石岩增设女众学部后,也向全国招收比丘尼众,同时兼收闽南籍出家菜姑入学。1997年,鉴于带发出家菜姑与削发出家尼众在持修生活上有一定的差距,因此停止招收菜姑,将不愿落发的在校菜姑学员调转泉州女子佛学苑修学。

1997年圣辉大和尚接任院长,进行学制改革,正式成立研究生班,从本院毕业生中遴选品学兼优的学僧入院深造。同时还接受国外本科留学生,首批接受越南男众留学生一名女众留学生四名,第二批为泰国女众三名。

闽南佛学院招生条件为,年满18岁或30岁以下,出家2至3年以上,曾在丛林禅院参学过,具有高中或相当于高中文化程度,有一定佛学知识,熟悉早晚课诵,并能遵守丛林规矩,持有所在寺院和佛教协会介绍证明方可报考。通过佛学、文化和禅行考查及格,择优录取。

闽南佛学院复办后17年来,共招收九届学僧(养正院早两年复办为十一届)计323人。这些学员来自全国21个省市(自治区),其中福建本籍较多,约占1/3,外省籍依次为广东、湖南、辽宁、浙江等省。来自全国各地的学僧,进院后,大都能积极向上,认真修学,严格遵守丛林法规和学院各项守则,但也有小部分入学动机不纯,经不起学院严肃学习生活的考验,中途辍退;还有极个别人因屡犯校规而被学院除名,如初期养正院有学僧50多名,升入中级班仅30多人,到本科班时只有20多人。此一情况,较多发生在男生部。女生部情况较好,坚持至本科毕业的人数较男生为多。一般而言几经考验淘汰,留下来的大都是素质较为优秀的人才。

复办后17年,佛学院共毕业八届[含佛教养正院(预科班)、本科班和一届研究生班],共培养学僧654名(男众229人,女众425人)。

现在学预科男、女众学僧102人,本科二年级男、女众学僧138人,本科四年级男、女众学僧76人,研究生5人。

四、教师

闽院授课教师自创办至今多采用法师与居士相结合。法师除专职教师外,自院长、副院长、教务主任、事务主任、学监,一般都兼授功课。居士多聘请望重资深、德学兼备、富有教学经验的专家学者担任。

民国14年(1925年),闽院首届学僧分设普通科和专修科两部,副院长释常惺负责专修科,教务主任释蕙庭负责普通科,学监释自安兼授佛学,参加教学的法师尚有释达如(讲授中国历史)、粹华(讲授佛学)、亦幻(讲授国文)、满智(讲授佛学)、会觉(讲授佛学)。同时聘请厦门大学文学士叶长青、邵尔章,厦大国学教授丁山,中华革命党福建支部长叶青眼以及臧贯禅等居士讲国文,厦大哲学教授陈定谟讲授自然科学及伦理学,邵尔章兼授日文。

民国16年(1927年),太虚大师接任院长,多次为学僧作专题讲学,先后开讲《大乘与大乘各宗》、《佛学之宗旨及目的》、《僧教育要建立在律仪之上》、《现代僧教育的危亡与佛教的前途》、《西洋哲学与印度哲学概观》、《真实义品》等。20年,太虚以佛学教授太少,遂抽调本院研究部成绩优秀的研究员担任助教。前后相继担任教学工作的研究员有释西莲、宝忍、默如、戒德、心道、慧童等人。以后本院优秀毕业生留院当教员遂为定例,成为闽院师资的主要来源。

太虚主持院务期间,闽院教学工作大部分由法师承担,有释常惺、弘一、觉三、大醒、芝峰、笑溪、寄尘、印顺、瑞今、度寰、墨禅、宏渡、寂颖等10多人,聘请居士任课只有少数,如延聘陈定谟讲授伦理学,聘厦大助教徐淮光教授英语、数学、社会学,厦大教育学院学生虞愚讲授论理、国文、常识、唯识哲学、书法等课,日本神田惠云教授日文。

民国22年(1933年),从太虚离任至26年闽院停办,在闽院授课的教师有释常惺、弘一、大醒、觉斌、慧童、慧云(林子青)、仁性、仁开、默如、宝忍、戒德、静贤、寂颖,以及虞愚与神田惠云等。

民国30年(1941年)第一次"复办",在院教师有释大醒(院长)、块然(代院长)、会觉、慧童、印明,以及黄硕瑞、林韶心、辛清波,日本人神田惠云、野村三郎、岩崎闻号等。

1985年第二次复办,在筹备复办过程中,始终把延聘优秀教师列为重要工作议程。通过多方面联系,终于从北京、四川、江苏、辽宁等7个省市,聘到10多位德高望重、品学兼优、具有丰富教学经验的法师和居士来院任课。他们之中,有30年代开始讲经弘法的老法师,有专研律学、戒行庄严的律师,有50年前闽院毕业的高材生、老校友,有40年代在东方文教研究院毕业的法师,还有对性、相二宗深有研究的老居士。此外,还吸收闽院复办后第一届本科毕业的后起之秀,形成老中青三结合的教师队伍。

复办初期,先后在学院担任佛学课的法师、居士达40多人,其中老法师10人,老居士2人,中青年法师28人(其中女尼师13人)。

闽南佛学院2002年有法师55人(任课法师36人),教师19人(导师级3人,讲师、副教授、教授16人)。

所有任课教师,大都能在课前认真备课,编写讲义,在教学中,不断改进教学方法。在几年的教学实践中,改变过去说教式、注入式等旧的教学方式,采取灵活、生动的启发式教学,把课堂教学和课外活动有机结合起来,如开展讲演会、辩论会,开辟"学习园地",创办《闽南佛学院学报》刊物等。通过这些活动,巩固加深理论学习,锻炼讲经说法能力。教授佛学课的法师,更能以身作则,积极带领学僧参加早晚课诵、半月诵戒、修禅以及"结夏"、"佛七"等修持活动,引导学僧把佛学理论学习与律仪修持实践相结合。

闽南佛学院的办学经费全部由南普陀寺负责,根据南普陀寺的经济情况,给予闽院法师、教师以相当的待遇,法师、教师生活稳定,大部分能安心工作,认真教学。

闽南佛学院历年任职任教法师一览表

法名	性别	籍贯	职务	任职时间	备注
会泉	男	福建同安	院长南普陀寺方丈	1925—1928年	曾任虎溪岩、万石岩、泉州承天寺住持,后南渡新加坡。有传
常惺	男	江苏如皋	副院长、院长、南普陀寺方丈	1925—1928年 1933—1936年	杭州华严大学毕业,历任江浙、安徽等佛学院讲师。有传
觉三	男	湖南衡山	训导主任、代院长	1925—1933年	湖南师范毕业,历任安徽佛学院监院、讲师。有传
广津	男	福建泉州	事务主任(兼交际)	1925—1933年	安徽佛教学校毕业
自安	男	江苏高邮	佛学教员(兼学监)	1925—1928年	安徽佛教学校毕业
达如	男	湖南湘乡	讲授中国历史	1925—1928年	湘乡中学毕业
粹华	男	湖南湘乡	佛学教员	1925—1927年	武昌佛学院毕业
亦幻	男	浙江温州	国文教员	1925—1927年	武昌佛学院肄业
广箴	男	福建南安	事务主任	1925—1927年	安徽佛教学校毕业
满智	男	四川	佛学教员	1925—1927年	武昌佛学院毕业
会觉	男	湖南浏阳	佛学教员代院长南普陀寺方丈	1925—1927年 1943—1945年	武昌佛学院毕业
广甫	男	福建龙溪	庶务	1926—1934年	闽院专修部毕业
蕙庭	男	江苏如皋	教务主任	1926—1930年	南京支那佛学院毕业,历任九华山、玉山佛学院院长,镇江超岸寺主持
转逢	男	福建南安	训育主任	1927年	南普陀寺住持,首倡将南普陀转为十方丛林。有传
太虚	男	浙江崇德	院长南普陀寺方丈	1927—1933年	历任武昌佛学院等佛学院校院长,中华佛教会会长。有传
大醒	男	江苏东台	事务主任兼代院长南普陀监院南普陀寺方丈	1928—1932年 1941—1942年	武昌佛学院肄业,《太虚全集》主编。有传
芝峰	男	浙江乐清	教务主任、研究部研究长、佛学教授、南普陀寺监院	1928—1933年	武昌佛学院毕业,《现代佛学》主编。有传
含虚	男	河南信阳	庶务	1928—1932年	武昌佛学院肄业
因遐	男		书记	1928—1933年	
笑溪	男	江苏如皋	讲授因明学兼会计	1928—1931年	安徽佛教学校毕业,闽院专修部毕业
寄尘	男	安徽合肥	讲授三民主义兼学监	1928—1933年	武昌佛学院肄业,历任合肥佛学院教务长
印江	男		庶务	1928—1931年	
今怀	男		庶务	1928—1931年	
觉斌	男	福建南安	事务长南普陀寺监院	1929—1932年	历任白鹿洞住持、南普陀寺方丈。有传

续表

法名	性别	籍贯	职务	任职时间	备 注
度寰	男	安徽怀宁	讲授因明俱舍	1930—1932年	籍贯一作江苏扬州。南京支那佛学院肄业,闽院首届毕业生
墨禅	男	浙江台州	体育教员(兼会计庶务)	1930—1933年	武昌佛学院肄业
弘一	男	浙江平湖	讲授戒律、书法	1931—1936年	日本东京美术学校毕业,当代高僧。有传
止安	男	江苏淮安	会计(兼庶务)	1931—1934年	闽院第三届毕业生
印顺	男	浙江临海	讲授佛学	1931年	闽院毕业生,历任鼓山佛学班、武昌佛学院教授,后东渡台湾。当代高僧
恒怀	男	台湾	庶务	1931—1933年	闽院第二届毕业生
慧童	男	浙江讲受贤	首兼学监	1932—1938年 1940—1944年	汉口华严大学法界学院肄业,闽院第二届毕业生,研究部研究员
宏渡	男	江苏扬州	学监兼授佛学	1932—1933年	武昌佛学院毕业,南京法相大学肄业。历任杭州僧学院教员
西莲	男	江苏盐城	讲授俱舍、印度佛教史	1932—1933年	高邮放生寺毕业,闽院第二届毕业生,研究部研究员
寂颖	男	山东藤县	日文讲授	1932—1933年	闽院第三届毕业生
窥谛	男	江苏盐城	学监	1932—1933年	九华山佛学院毕业
谈玄	男	湖南零陵	图书管理员	1932—1933年	闽院第二届修业僧
映霞	男	浙江温岭	庶务	1932—1933年	武倡佛学院肄业
默如	男	江苏东台	讲授国文兼成实	1932—1934年	常熟法界学院、杭州僧学院肄业,闽院第二届毕业生,研究部研究员
宝忍	男	湖北	讲授因明、唯识	1932—1934年	杭州僧学院肄业,闽院第二届毕业生,研究部研究员
戒德	男	江苏江都	讲授唯识学	1932—1934年	常熟法界学院、杭州僧学院肄业,闽院第二届毕业生,研究部研究员
心道	男		讲授佛学	1932—1934年	闽院第二届毕业生,研究部研究员
应体	男	贵州贵阳	学监	1932—1935年	宁波观宗寺毕业,闽院第三届毕业生
静贤	男	浙江平阳	讲授佛学	1933—1934年	武昌佛学院肄业
雪生	男	浙江	图书管理员	1932—1935年	闽院肄业
慧云	男		讲授佛学	1933—1937年	即林子青,后还俗为居士
仁性	男		讲授佛学	1933—1937年	
仁开	男		讲授佛学	1933—1937年	
守一	男		教务主任	1935—1937年	
块然	男		代院长	1940—1944年	南普陀寺监院
印明	男		讲授佛学	1940—1944年	

续表

法名	性别	籍贯	职务	任职时间	备注
源明	男		职员	1940—1944年	
宗如	男		职员	1940—1944年	
大云	男		职员	1940—1944年	
妙湛	男	辽宁丹东	院长南普陀寺方丈	1980—1995年	厦门市佛教协会会长、福建省佛协理事会会长、中国佛教协会常务理事、咨议委员会副主席。1980年南闽佛教养正院先行复办，1985年闽院复办后并入
见性	男	福建仙游	副院长兼授戒律	1980—1986年	南普陀寺首座，厦门市佛协咨议委员会副主任
智敏	男	上海	讲授俱舍论	1982—1985年	同济大学毕业，历多所佛学院教务兼授佛学
心月	男	四川重庆	讲授佛学	1982—1987年	
明心	男	四川	讲授法相宗	1983—1984年	
诚信	男	浙江	常务副院长、南普陀寺监院兼授佛学	1985至今	闽院毕业生。厦门市佛教协会副会长
圆智	男	辽宁	教务长、教导长、副院长兼授中观	1986—2001年	中国佛学院毕业。厦门市佛协咨议委员会副主任
永定	男	江苏	讲授金刚经、周易	1984—1991年	后往香港弘法
圆拙	男		副院长	1985—？年	
梦参	男	黑龙江	教务长兼授佛学	1985—1987年	青岛湛山寺佛学院毕业，尝赴美国弘法
修文	男	江苏	教务主任兼授佛学	1985—1986年	焦山佛学院毕业
惠庄	男	江苏	教研主任兼授唯识论	1985—1989年	法名又作"惠庄"。焦山佛学院毕业，历任岭东佛学院教务长
圆真	男		讲授佛学	1985—1986年	中国佛学院法师
向上	男		佛学教员	1986年	
宏觉	男	浙江	讲授菩提论	1986—1988年	后往美国弘法
德辉	男	福建	讲授佛学	1986年	厦门市佛协常务理事。后往香港弘法
安景	男	浙江	讲授佛学	1986年	普光寺住持、厦门市佛教协会副会长
弘树	男	广东	讲授佛学	1986年	后往香港弘法
佛悦	男		讲授佛学	1987年	
了法	男	浙江	教务长、图书馆馆长兼授俱舍论、戒律	1985年至今	闽院届毕业生。厦门市佛协咨议委员会主任
定恒	男	福建	监学	1987年	闽院毕业生。观音寺住持，厦门市佛协副会长
普愿	女	福建	女众部监学	1987—1995年	

续表

法名	性别	籍贯	职务	任职时间	备注
界净	男	福建	讲授印度佛教史	1987—1989年	中国佛学院毕业。后往美国弘法
海如	男	河北	讲授真常唯心论,教务长	1988—1999年	中国佛学院毕业
贤心	男	福建福安	教务主任兼授唯识论	1989—1991年	闽院88届毕业生
昌愿	男	广东	讲授楞严经	1989—1992年	闽院第一届毕业生。后往美国弘法
达义	男	广东	讲授佛学	1989—1992年	闽院第一届毕业生。后往美国弘法
德雄	男	福建	讲授佛学概论	1989—1990年	闽院毕业生。后往香港弘法
文精	女	广东	讲授唯识论	1989—1991年	闽院第一届毕业生。后往美国弘法
果戒	女	辽宁	讲授戒律	1989—1990年	闽院第一届毕业生。后往澳大利亚弘法
济群	男	福建	讲授唯识论、戒律研究生导师	1989年至今	中国佛学院毕业。厦门市佛协咨议委员会副主任
湛如	男	黑龙江	讲授中国佛教史	1989—1991年	中国佛学院毕业,留学日本,后在北京大学任教
成敬	男	吉林	讲授佛学知识、唯识论	1989—2003年	闽院第一届毕业生
果慧	女	吉林	讲授佛学基础、楞严经	1989—1998年	闽院第一届毕业生
胜定	女	福建	讲授印度佛教史	1989—1997年	闽院第一届毕业生
果修	女	吉林	女众部副教务长兼授佛学	1989—1994年	闽院毕业生
果传	女	吉林	女众部副教务长兼授中国佛教史	1989—1996年	闽院毕业生
性空	女	湖南	讲授佛学知识	1989—1997年	闽院第一届毕业生
法慧	女	江西	副教导长兼授遗教经	1989—1999年	闽院第一届毕业生
明证	女	湖南	讲授二时课诵	1989—2001年	闽院第一届毕业生
净意	女	陕西	讲授唯识论	1989年至今	闽院第一届毕业生
文通	女	广东	讲授戒律	1989年至今	闽院第一届毕业生
道䶮	男	福建晋江	副教务长兼授中国佛教史	1989—1997年	闽院第一届毕业生。厦门市佛协副秘书长。后往菲律宾弘法
普进	男	福建长汀	讲授佛学基础、楞严经	1991—1993年 1999—2002年	号传发。闽院第二届毕业生。1993—1999年南渡新加坡弘法
法清	男	福建诏安	讲授佛学	1991—1993年	闽院第二届毕业生。尝赴巴西弘法
传明	男	广东惠来	教务室主任、副教务长兼授禅宗、戒律	1991年至今	闽院第二届毕业生
法源	女	黑龙江	副教务长兼授俱舍戒律	1991年至今	闽院1990年毕业生。厦门市佛协副秘书长
乘刚	女	辽宁	讲授佛教史	1991年至今	闽院第二届毕业生

续表

法名	性别	籍贯	职务	任职时间	备注
竺冰	女	江西	讲授天台宗	1991—2002 年	闽院第二届毕业生
终宜	男	湖南	讲授佛学知识	1992—1998 年	中国佛学院毕业。尝赴新加坡弘法
慧然	男	黑龙江	副教务长、办公室主任兼授唯识论	1993—1999 年	中国佛学院毕业。曾在福建、广东佛学院任教。1999 年至今任厦门市佛协咨议委员会副主任
明禅	男	湖南	副教务长兼授佛教史	1993—1994 年	中国佛学院毕业
仁慈	男	甘肃	教务主任兼授中观	1993—1997 年	闽院第三届毕业生,尝赴新加坡弘法
妙真	男	辽宁	教务主任兼授唯识论、真常唯心	1993—1997 年 2001 年至今	岭东佛学院毕业,留校任副教务长。
智德	男	四川	讲授唯识论、因明学	1993 年至今	闽院第三届毕业生
持念	男	湖北	讲授佛学知识	1993—1997 年	闽院第三届毕业生。后往澳大利亚弘法
果利	男	河南	讲授佛学知识	1993—1996 年	闽院第三届毕业生。后往新加坡弘法
印能	男	河南	学报编辑部编辑	1993—1997 年	闽院第三届毕业生。南京大学博士生
慧明	男	浙江	讲授佛学	1993—1999 年	闽院第三届毕业生
戒斌	女	福建	副教导长讲授中观	1993 年至今	闽院第二届毕业生
道清	男	福建	讲授中国佛教史	1993—1997 年	闽院第二届毕业生
道邻	女	黑龙江	讲授禅宗	1993 年至今	闽院第二届毕业生
浩宇	男	福建福鼎	教务长兼授中观	1993—2002 年	福建佛学院、中国佛学院毕业。厦门市佛协副秘书长
悟源	女	浙江	办公室副主任兼授真常唯心	1993 年至今	闽院第三届年毕业生
界象	男	福建福鼎	办公室主任	1994 年至今	中国佛学院第六届毕业生。厦门市佛协副会长
戒贤	男	福建福鼎	讲授唯识论	1994—2002 年	闽院本科毕业生,福建佛学院毕业
高铭	男	湖南	办公室代主任、兼授佛教史	1995—1998 年	闽院第三届毕业生
恒持	女	福建	讲授净土宗	1995 年至今	闽院第三届毕业生
向学	男	福建福鼎	研究生导师,讲授三论	1995—2002 年	中国佛学院研究生
了然	女	吉林	讲授天台宗	1995 年至今	闽院第四届毕业生
圣辉	男	湖南	院长、南普陀寺方丈	1996 年至今	中国佛学院研究生,历任全国政协常委、中国佛协副会长、福建省佛协名誉会长、九华山、中国佛学院副院长
宗泽	女	黑龙江	讲授真常唯心	1996 年至今	闽院第四届毕业生
本相	女	广西	讲授佛教史	1996 年至今	闽院第四届毕业生

续表

法名	性别	籍贯	职务	任职时间	备注
法尊	男	青海	副教导长兼授藏传佛教	1996年至今	福建佛学院毕业
衍田	男	江西	讲授佛学	1996—1997年	闽院第四届毕业生
常海	男	湖北	教务室主任讲授佛学史	1997年至今	闽院第四届毕业生
能显	男	浙江	讲授佛学	1997—1999年	闽院第四届毕业生
印普	男	河南	讲授佛学	1997—1999年	闽院第四届毕业生
证性	男	四川	讲授藏传佛教	1997—2002年	闽院第四届毕业生
达慧	男	浙江	讲授基础佛学	1997年至今	闽院第四届毕业生
中观	男	黑龙江	讲授天台宗	1995年至今	闽院第四届毕业生
超波	女	湖南	副教导长兼授唯识论	1997年至今	闽院第五届毕业生
明禅	女	四川	讲授南传佛教	1997年至今	闽院第五届毕业生
续智	女	四川	讲授藏传佛教	1997年至今	闽院第五届毕业生
则慧	女	浙江	讲授中观	1997年至今	闽院第五届毕业生
广普	女	福建	讲授英语	1997年至今	厦门大学进修班
能贤	女	湖北	讲授唯识学	1997—2001年	闽院第五届毕业生
界慈	女	福建	讲授净土宗	1997年至今	闽院第一届毕业生
慧光	男	福建南安	讲授电脑	1997年至今	福州大学电器系本科生
灵正	男	广东	讲授净土宗	1998年至今	中国佛学院毕业
传清	男	广东	讲授印度佛教史	1999—2000年	闽院第二届毕业生
佛慈	女	吉林	讲授三论、佛教史	1999年至今	闽院第六届毕业生
宗仁	女	福建	班主任	1999年至今	闽院第六届毕业生
则悟	男	浙江	教导长	1999年至今	闽院第六届毕业生
净心	男	吉林	办公室副主任	2000年至今	闽院第六届毕业生
德煌	男	福建	讲授戒律	2001年	闽院第三届毕业生
传法	男	辽宁	讲授佛教史	2001年至今	闽院第七届毕业生
圣智	男	江西	讲授英语佛学基础	2001年至今	闽院第六届毕业生,大学英语(CET)六级
文贤	男	辽宁	讲授禅宗	2001年至今	闽院第七届毕业生,第一届研究生毕业
法缘	女	湖北	讲授禅宗	2001年至今	闽院第七届毕业生,第一届研究生毕业
禅慧	女	河南	讲授净土宗	2001年至今	闽院第七届毕业生,第一届研究生毕业
慧雪	女	河南	讲授戒律	2001年至今	闽院第七届毕业生,第一届研究生毕业
明静	男	安徽	讲授唯识论	2002年至今	福建佛学院毕业

说明:本表根据学院档案资料,并参考虞愚、释寄尘《厦门南普陀寺志》、台湾释如斌《近代中国佛教教育事业之研究》等整理而成。

闽南佛学院历年任职任教居士一览表

姓名	性别	籍贯	职务职称	讲授科目	任职时间	备注
叶长青	男	福建闽侯	厦门大学文学士	国文	1925—1926年	
丁山	男	安徽	厦门大学国学教授	国文	1925—1926年	
叶青眼	男	福建晋江	鼓浪屿英华学校教师	国文	1925—1926年	中国同盟会会员、中华革命党福建支部长、闽南佛教新青的会骨干
臧贯禅	男	山东	未详	国文	1925—1926年	
邵尔章	男	江苏南通	厦门大学文学士	日文兼国文	1926—1927年	一作邹尔章
陈定谟	男	江苏昆山	厦门大学哲学教授	自然科学及论理学	1926—1930年	美国芝加哥大学哲学硕士,思明佛教会监察委员
徐淮光	男	浙江山阴	厦门大学文学士、助教	英语、数学、社会学	1928—1930年	籍贯又作浙江新昌
虞愚	男	浙江山阴		论理、国文、常识、唯识哲学书法	1928—1933年	厦门大学心理学系毕业生、武昌佛学院研究生、思明佛教会执行委员、常委,参与发起组织中国佛学会厦门市分会
神田惠云	男	日本	日本真宗西本愿寺开教使	日文	1931—1934年 1940—1944年	又作神田慧云
任文涛	男		教务主任		1940—1944年	
野村三郎	男	日本		日文	1940—1944年	
岩崎闻号	男	日本		日文	1940—1944年	
黄硕端	男			体育	1940—1944年	
林韶心	男			音乐	1940—1944年	
辛清波	男		日语翻译		1940—1944年	
许长庵	男	福建晋江	高级教师,厦门市教育学院教研员	语文	1984年至今	大学本科毕业
蔡吉堂	男	福建厦门	副院长		1985—1996年	法名慧诚,俗名契诚。中国佛协理事、福建佛协副会长、厦门市佛协副会长
吴昭仁	男	福建厦门	院长办公室主任	政治	1985—1995年	南普陀寺管理委员会负责人,厦门市佛协副秘书
吴源俊	男	福建同安	副教务主任厦门一中教员	中国近代史	1985—1999年	厦门大学本科毕业
王良海	男	福建	中共厦门市委党校教员	古汉语	1985年至今	福建师范大学毕业

续表

姓名	性别	籍贯	职务职称	讲授科目	任职时间	备注
许国栋	男	福建	厦门大学讲师	中国通史	1985—1992年	
陈进坤	男	福建	厦门大学副教授	中国哲学史	1985年	
吴雪飞	男	福建	厦门双十中学教员	语文	1985—1994年	厦门大学法律系本科毕业
金一贵	男	福建厦门	厦门教育学院心理教育研究室主任	书法与修养	1985—2002年	中科院专业心理学毕业，兼修美术书法专业
李觉星	男	福建永春		梵呗	1985年	厦门市佛协秘书长
顾兴根	男	上海	佛学研究专家	唯识论	1985—1986年	
单培根	男	浙江	佛学研究专家	因明学	1986—1995年	
田光烈	男	贵州	西安、南京大学教授，中国高级佛学研究员	法相、唯识	1986—1999年	支那佛学院学员，金陵刻经处研究员
顾康年	男	上海		禅宗	1986—1987年	
郭载忠	男	上海	厦门大学国际贸易系副教授	英语	1986—2001年	厦门大学毕业
张必仁	男	福建	厦门八中教员	语文	1986—1995年	
苏怡和	男	福建	厦门十二中教师	英语	1987年至今	上海外语学院毕业
张之江	男	上海	厦门大学生物系教师	书法	1988—1996年	上海复旦大学毕业
方兴	男	辽宁	上海社科院研究院员、上海佛学院副院长	楞严经	1989—1994年	
吴琼华	女	福建南安	厦门大学职工，八级技术员	打字员	1989—2000年	
周晋安	男	福建南靖	厦门鹭江大学讲师	英语	1990—2002年	美国南卡莱纳大学硕士生。后移居美国
李亦麟	女	上海		中国近代史	1990—？	华东师范学院毕业
林淑端	女	福建	厦门鹭江大学讲师	英语	1990—？	
连心豪	男	福建	厦门大学历史系副教授	历史	1990—1993年	
何乃川	男	福建泉州	厦门大学教授工会副主席	中国哲学史	1992年至今	厦门大学中文系毕业，复旦大学进修
陈恬	女	福建厦门	厦门鹭江大学教授	写作	1992—1994年	福建师范大学中文系毕业
许锡昌	男	福建厦门	厦门大学中文系教员	古文观止、古代汉语	1993年至今	厦门大学中文系毕业
陈茂同	男	福建惠安	厦门大学中文系资料室主任	古典文学	1995年至今	厦门大学毕业

续表

姓名	性别	籍贯	职务职称	讲授科目	任职时间	备注
陈锦希	男	福建惠安	厦门大学政治系工会主席	政治时事	1995年至今	中国政法大学本科、中国人民大学研究生毕业
李诗彬	男	福建厦门	厦门青少年宫教师	书法	1995—2000年	1990年举办个人书法展
刘清泉	男	福建	厦门大学人文学院教授	科学思想史	1995—1999年	厦门大学本科毕业
林天乙	男	福建晋江	厦门大学历史系教授	中国通史	1995—2001年	福建师范大学本科毕业
薛锡振	男	福建福清	厦门大学中文系副教授	写作	1996年至今	福建师范大学本科毕业
陈炳煌	男	福建厦门	院办公室副主任		1996年至今	转业军人
吴锡光	男	江苏镇江	中共厦门市委党校副教授	语文	1997—2001年	扬州大学哲学系毕业
郑明鲁	男	福建泉州	厦门大学教授	西方哲学史	1997年至今	北京大学哲学系毕业
汤闽生	男	山东	厦门教育学院主任、高级教师	历史	1998年至今	福建师范大学历史系毕业
詹石窗	男	福建厦门	厦门大学宗教学研究所教授	古代哲学经典研读	1999—2001年	厦门大学本科毕业，四川大学博士
哲世伦	男	辽宁锦州	厦门大学外文系教授	日语	1999—2000年	吉林大学外语系毕业
潘世锋	男	福建惠安	厦门教育学院中学教研室副主任	政治	1999年至今	福建师范大学政教系毕业
许尔生	男	广东汕头	厦门一中教员	语文	2001年至今	福建师范学院本科毕业
吴洲	男	江苏南京	厦门大学讲师	宗教学概论	2001—2002年	南京大学博士生毕业
王集旻	男	山东青岛		英语	2001年至今	山东大学本科毕业，厦门大学外文学院研究生
刘泽亮	男	湖北	厦门大学哲学系教师	四书	2001—2002年	武汉大学博士生
许振福	男	福建安溪	鹭江大学社科系教师	写作	2001年至今	厦门大学汉语本科毕业

说明：本表根据学院档案资料，并参考虞愚、释寄尘《厦门南普陀寺志》、台湾释如斌《近代中国佛教教育事业之研究》整理。

闽南佛学院历届研究生导师一览表

姓名	性别	籍贯	职务职称	讲授科目	任职时间	备注
杨曾文	男	山东即墨	中国社科院世界宗教研究所研究员、中科院佛教研究中心主任、中国社科院研究生院教授博士生导师	禅宗	1999—2002年	第一届研究生导师
方广锠	男	江苏邗江	社科院世界宗教研究所佛教研究室副主任、中国佛学院客座佛教研究中心副主任、敦煌学研究中心主任	印度佛教史	1999—2002年	第一届研究生导师
方立天	男	浙江	中国人民大学哲学系教授、宗教研究所所长、博士生导师,中国宗教学会副会长、中国哲学史学会副会长,中国佛协佛教文化研究所特约研究员	华严	1999—2002年	第一届研究生导师
楼宇烈	男	浙江嵊县	北京大学哲学系教授、北京大学哲学系东方哲学教研室主任、博士生导师,北京大学宗教研究所所长,大学学术委员会委员,北京大学哲学系副主任	中国佛教史	1999—2002年	第一届研究生导师
王雷泉	男	上海	上海复旦大学哲学系教授、上海复旦大学博士生导师	天台	2002年至今	第二届研究生导师
赖永海	男	福建	南京大学哲学系教授、南京大学博士生导师、南京大学中华文化研究院院长、南京大学佛教与宗教教学研究中心主任	华严佛学与儒学	2002年至今	第二届研究生导师
陈兵	男	甘肃武山	四川大学宗教学所研究员、四川大学博士生导师、中国佛教文化研究所特约研究员、西藏大学兼职教授	禅定学	2002年至今	第二届研究生导师
释济群	男	福建福安	中国佛学院毕业,厦门市佛协咨议委员会副主任	唯识论、戒律	1999年至今	一、二届研究生导师
释向学	男	福建福鼎	中国佛学院研究生	三论宗	1999年至今	一、二届研究生导师

五、教育管理

闽院创办时,即根据佛院教育为培养德学兼备、悲智俱全僧材的宗旨,制定一系列健全行政组织管理和相应的规章制度,初办时,其原则规定如下:"本院由南普陀常住全体组织,关于教务(兼指学院行政),院长一职,即由南普陀寺住持担任。学院院务及一切应兴应革事宜,均由院长总理主持,但得开教职员会议议决通过。院长不在院时,院长职务则由副院长行使职权。院设教务主任、训育主任、事务主任各一人,由院长聘任,商承院长分理教务训育及事务等事。学监、会计、庶务、交际、书记、图书管理员,皆由教务主任商得院长同意聘任之。各科教师,亦由教务主任与院长会商延聘。"

同时制定学院的训育方针,要求学僧特别注重"一、慈悲喜舍;二、和谐合聚;三、劳动勤苦"。在思想上"认识佛教为人生之唯一归路;认识佛教为指导民众之佛教;认识佛教应该为社会谋利,作济世事业;打破一切封建思想,根据佛陀'慈悲喜舍'的精神,建设适合时代及人生需要的新佛教。"在行动上"养成有目的,有方法,有步骤的行动;破除自私自利安养尊荣个人的把持地盘(寺院)的恶习,养成'和谐合聚'有纪律的团体(即'僧'之义)习惯。"在生活上"革除旧时'衣来伸手,饭来张口'之懒惰习惯,养成'一日不作,一日不食'的'勤苦'生活;锻炼刻苦耐劳的体魄,做'我不入地狱,谁入地狱'的'劳动'工作。"

学院采用谈话、讨论、讲演、开会多种形式,对学僧进行思想教育,纠正错误,解决问题,统一意志,增强团结。同时,通过制定《共住规约》、《礼堂规则》、《讲堂规则》、《自修室规则》、《寝室规则》、《斋堂规则》、《图书馆规则》、《门禁规则》、《会客规则》《告假规则》、《劝惩规则》、《学僧礼仪》以及《记功》、《记过》、《功过之赏罚》、《出院》等条例,规范学僧行为。

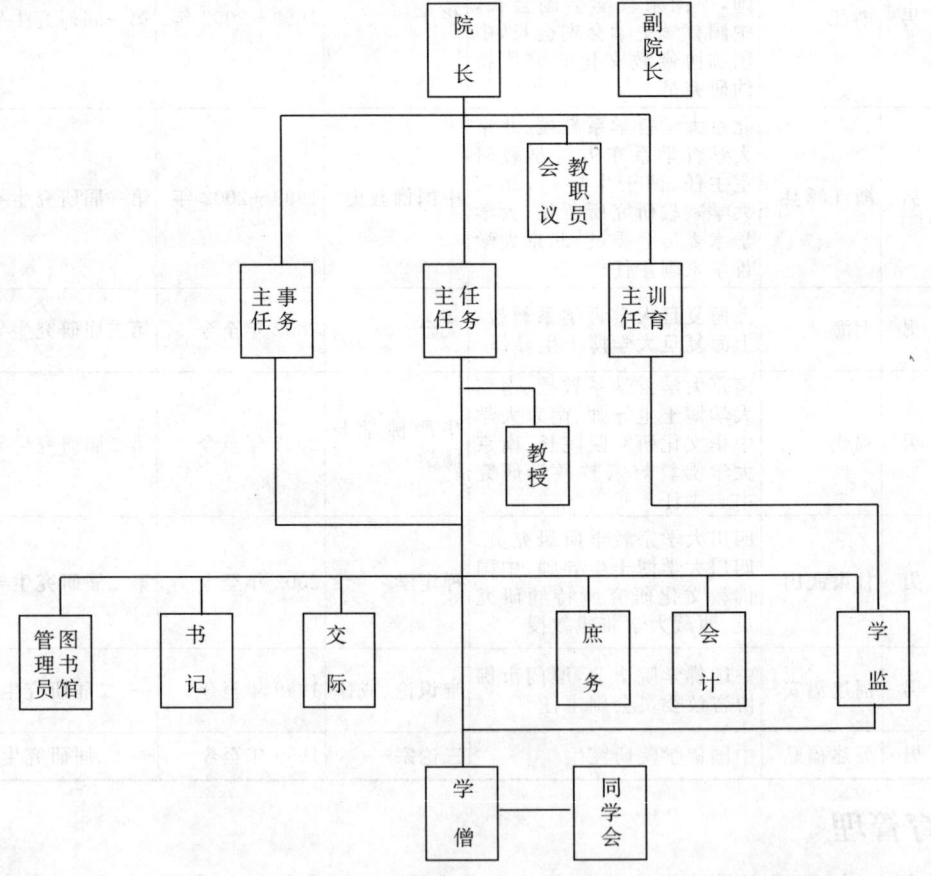

闽院建立初期管理机构设置略图

以上由寺院僧团为主的组织领导,在处理学院具体问题时难免有些偏颇。1927年冬,新任方丈兼院长太虚大师在沪养病,而原副院长常惺又往外地讲学,有些外地学僧乘机煽动反对常住学潮,一时难以控制,急请太虚大师回院处理。大师乃派释芝峰、大醒、寄尘等赶赴厦门,进行说服工作,调走为首滋事的二名学僧,而对其他参与的学僧,或遣送回籍,或动员自动离校。事后及时整顿校规。

太虚主持院务,强调僧伽教育要建立在律仪之上,主张注重僧伽律仪训练,严格生活管理,并为此作专题讲学,题目即为《僧教育要建立在律仪之上》,他说:"僧本身之约束,全在于律仪。而律之内心,则惠舍、坚忍、勤勇、定慧、敬德、救苦、慈悲、报恩诸德行。这种种善行,皆为律仪内涵之精神要素,故菩萨戒以摄善法为本质,契之于一心,施之于四体,谓之依律仪戒;发之于世间,行之于社会,谓之饶益有情戒。今之为学僧者,起心动念,行之营谋,不可不本于此!"

1985年,闽院复办,重新确定以弘一大师制定的《悲智》训语为闽院院训。文曰:

有悲无智,是曰凡夫。悲智具足,乃名菩萨。我观仁等,悲心深切,当更精进,勤求智慧。智慧之基,曰戒曰定。如是三学,次第应修。先持净戒,并习禅定,乃得真实,甚深智慧。依此智慧,方能利生。犹如莲华,不着于水,断诸分别,舍诸执着。如实观察,一切诸法,心意柔软,言音净妙,以无碍眼,等视众生,具修一切,难行苦行,是为成就,菩萨之道。我与仁等,多生同行,今得集会,生大欢喜。不揣肤受,辄述所见,倘契幽怀,愿垂玄察。

闽南佛学院的行政组织:根据实际需要,以事立人,因材任用,机构力求精简,用人重在务实。人事由基层提名,领导核准。设院长1人,全面负责院务;副院长2人,协助院长工作;教务长1人,主持全院教学事务;下设办公室、教务室、教研室分掌具体工作。

办公室,设主任1人,负责行政事务管理,并兼任训导,室下分设庶务、财务、医务3个小组。

教务室,设主任1人,处理日常教务工作,下设《学报》编辑组、打字印刷组、图书管理组,并指导学生会工作。

教研室,设主任1人,负责指导"文化课"、"佛学课"、"班主任"等3个教研组,具体研究教育教学工作的改进和提高。

1997年圣辉大和尚继任学院院长后,对学院的行政组织进行改革,设院长1人,常务副院长1人;另有院长室,领导办公室、教务处、教导处工作。办公室,主任1人,副主任2人(女众部1人);教务处,教务长1人,副教务长2人(女众部1人),负责教学事务;教导处,教导长1人,副教导长2人(女众部1人),负责学僧规戒;两个图书馆(男女各一人)。

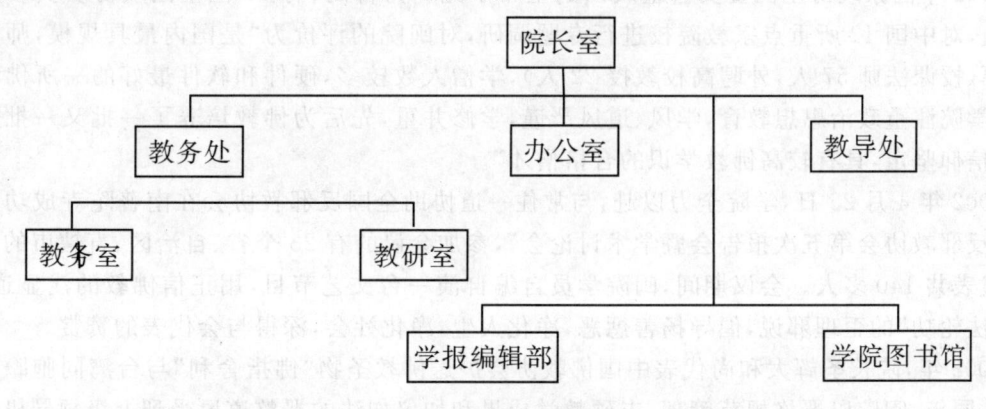

佛学院现有机构设置略图

闽院复办后,学院领导班子十分重视狠抓学风和道风建设,以"修学并重、学用结合"为办学宗旨,除日常要求学僧必须坚持上殿、过堂、修禅、念佛外,还制定有关政治、学习、生活等各项《守则》和奖惩制度,要求学僧严格遵守。

1997年圣辉大和尚担任院长以来,坚定不移地贯彻党的宗教政策以及中国佛协的办学方

针,继承和发扬闽南佛学院的办学传统,坚持"学院丛林化、学修一体化"的办学宗旨,注重培养爱国爱教和德、智、体、劳全面发展的跨世纪合格僧才,积极地开展教学改革,树立良好的学风、道风。

六、教学成果

闽院自创办以来,即以培育僧界英才闻名于世,从闽院毕业的学僧精英荟萃,高僧辈出,当代一些著名的佛教泰斗,如台湾的印顺法师,马来西亚的竺摩法师,已故新加坡宏船长老、广洽老和尚、演培大师等,都出自闽南佛学院。创办时期12年间共培养出200多名出色僧才。

长江后浪推前浪。1985年复办以后,闽院培养出来的学僧大多数成为中国佛教界寺院管理、佛教院校、佛学研究机构、佛教管理机构以及佛教学术研究机构的中坚力量和接班人。如释广献现任广西柳州市佛教协会会长、西来寺住持,常智任湖北大冶寺住持、市佛教协会会长,则悟任厦门市佛教协会秘书长、闽南佛学院教导长,唯静任湖南湘潭佛教协会副会长兼秘书长、龙山大杰寺监院,惠琳现任泉州市、晋江市佛教协会副秘书长,净心为厦门南普陀寺知客、衣钵师。还有一部分学僧毕业后走出国门,走向世界,参访游学,弘传佛法。

闽院不仅在教学上取得优异的成绩,而且在诸多方面表现显著,尤其第二次复办以后更为突出,深得各级政府和国内外佛教界缁素人士的一致好评。

2000年4月,受中佛协委托,闽院成功地承办"佛教在二十一世纪的使命"大型演讲比赛会,参赛的有来自全国各地佛教界优秀人士近100人。闽院女众部学僧果彻和男众部学僧正满分别获得大会比赛的第一名和第八名,得到中佛协和大会评委会诸山长老、佛学专家、学者的高度称赞。

学院因坚持把"爱国爱教"、"庄严国土"、"讲正信、讲因果、讲奉献、讲修持、讲戒律"作为培养合格僧才的指导方针,2001年12月在福建省宗教院校政治思想教育工作会议上得到省民族宗教厅的表扬和肯定。

2002年国家政协全国委员会组成以副主席丁光训为首的、有18位全国政协委员参加的调研组,对中国12所重点宗教院校进行专题调研,对闽院的评价为"是国内最具规模,师资力量雄厚(授课法师57人,外聘高校教授22人),学僧人数较多,硬件和软件最好的一所佛教院校","学院注重政治思想教育,学风、道风严谨,学修并重,先后为佛教培养了一批又一批爱国爱教、信仰坚定,具有较高佛教学识的合格僧才"。

2002年4月25日,学院全力以赴,与常住一道协助全国反邪教协会在南普陀寺成功召开"全国反邪教协会第五次报告会暨学术讨论会",参加会议的有23个省、自治区、直辖市的五大宗教代表共140多人。会议期间,闽院学员自编自演一台文艺节目,用正信佛教的浅显道理,批驳"法轮功"的歪理邪说,倡导扬善惩恶,净化人生,净化社会,深得与会代表的赞赏。

2002年,院长圣辉大和尚代表中国佛教协会护送佛教圣物"佛指舍利"与台湾同胞瞻仰与供奉。同年,闽院以严格规范管理、丰硕教学成果和如仪如法的严整道风受到上级领导机关的重视与信任,委派院部组织护法二团,护送佛指舍利赴台供奉,闽院派出以教导长则悟法师为团长,挑选20名品学兼优的学僧组成护法团,前后26天,全体团员行持严谨,具足威仪,忠于职守,不负众望,不辱使命,圆满完成神圣使命,向台湾同胞充分展示大陆佛教新一代僧人的风貌,深受两岸各界人士的赞扬,促进两岸佛教界的友谊和人民间的交往。

为庆祝泰国国王75岁生日,应泰王国的邀请,将供奉在北京西山八大处灵光寺的中国国

宝"佛牙舍利"赴泰供奉76天。这不仅是佛门盛事,也是中泰两国友好交往的一件大事。在泰供奉期间,泰全国各地400多万人次前往参拜,盛况空前。闽南佛学院奉国家宗教局和中国佛教协会之命,由闽院图书馆馆长了法法师担任领队,并从全院近三百多名学僧中严格挑选出19名在校学僧组成"中国'佛牙舍利'赴泰供奉护法三团",于2003年1月30日,由厦门前往泰国执行为期25天的"佛牙舍利"在泰供奉的护法任务。由于全体护法成员深感责任重大,深知有幸为"佛牙舍利"担任护法是一生中难得修来的缘分,在了法法师的带领下,全体护法成员克服异国他乡的水土、气候和生活习惯所带来的诸多困难和不便,圆满地完成神圣的护法使命。由于该团表现突出,护法有功,在此次参加"佛牙舍利"赴泰供奉的三个团队中,闽南佛学院护法团荣获国家宗教局和中国佛教协会授予"优秀护法团"的唯一殊荣。受到泰国外交部长接见,深受泰方佛教界及各方人士的好评。

闽院是目前中国唯一一家有能力接受外国留学生的佛教院校。2001年5月首先接受四位越南比丘尼来闽院女众部就学。2002年10月泰国佛教界又选派三位女众来闽院出家接受大乘佛法的修学。在中、韩、日三国佛教黄金纽带的相互交流中,先后接受两批来自韩国的僧人参访团在闽院参学、体验生活,进一步促进中韩两国佛教界的相互交流。

第二节 其他院校

一、南闽佛教养正院

南闽佛教养正院(为避免与闽南佛学院的"闽南"相混,故称"南闽"),是一所以培养佛教主持僧宝为主的院校,与闽南佛学院同附属于南普陀寺,院址均设在南普陀寺里,最初是各自独立的两个院校。

南闽佛教养正院(以下简称"养正院")创办于民国23年(1934年),招收的对象几乎全是闽南籍的学僧。原来闽南佛学院创办以来,所招收学僧基本上都是来自江、浙、川、鲁等地的外省人。如民国18年,在全院60多名学僧中,本省籍只有一名,闽南本地籍的却一个都没有。至23年,竟连一个福建籍的学僧也都没有。全院44名学僧中,最多的是江苏籍23人,其次是浙江籍6人,四川籍4人,台湾、山东、河北各2人,其余5名分别是云、贵、湘、冀、豫等省籍。办在闽南的佛学院,却没有一个闽籍的学僧,不能不说是中国佛教教育史上的一大奇事,造成这一怪现象的原因是复杂而又多方面的,其中主要原因之一是当时闽南佛学院从院长、教职员以至学僧,几乎清一色全是外省人。闽南一般僧人文化水平较低,由于语言不通,听课和学习交流都有困难。此外,有些思想比较守旧的寺僧,不愿意送自己的门徒进宣扬佛教革新的学院就学。因此,使许多有志向学的闽南僧人,只好对着近在咫尺的闽南佛学院望门兴叹。养正院创办的动机,完全是为了解决闽南僧人就学难的问题。

养正院是在当代高僧弘一大师的关怀授意下创办的。民国23年(1934年)冬,弘一第三次卓锡厦门,正赶上参加常惺就任第四届南普陀寺方丈兼闽院院长的升座典礼。在与常惺的

谈话中,得知多年来闽院一直没有闽南学僧的情况,当即授意常惺,能不能在南普陀寺另设一所专为培养闽南籍初级学僧的院校。事后,常惺将弘一的建议,与觉斌、瑞今、广义相议,得到瑞今等师的赞同,随即开始筹备。翌年夏,常惺偕瑞今到晋江草庵,向弘一汇报创办初级院校的筹备情况,受到弘一的嘉许,并由弘一亲自书匾题名为"南闽佛教养正院"。

养正院于民国23年(1934年)正式开学,推举瑞今主持院务,慧云、广义、本觉等为佛学教师,广洽为监学,并聘请厦门大学高文显居士、刘锡亨等兼任语文、历史教学课程,首届招收闽南学僧40多人,分甲、乙两个班级上课。由于师生都是闽南本籍人,彼此相得,融洽无间。弘一每次来厦门,都要到养正院巡视,并多次为院生讲学。如民国25年1月,在养正院开讲《青年佛徒应注意事项》,勉励学僧要"惜福、习劳、持戒、自尊"。弘一曾就倡办佛教养正院的用意,写信给释瑞今,谓:"弘一提倡办小学(养正院)之意,决非为养成法师之材。……弘一提倡之本意,在令学者深信佛菩萨之灵威;深信善恶报应因果之理;深得知为何出家及出家以后就作何事,以造成品行端方、知风纯正之学僧。至于文理等在其次也。"养正院根据弘一的指导思想,始终把佛学教育放在首位,而以世学的文史为辅。

养正院和闽院共处南普陀寺内,在寺院常住的统一管理下,两院教师之间互相尊重,往来无间,彼此院规严肃谨密,平日颇能和洽相处。不久,南普陀寺方丈兼院长的常惺任满换届,会泉和尚再度选任方丈兼院长后,即对两院进行整顿,充实教学力量,加强领导,提高学僧津贴,整顿院规院风,使两院的教育、教学质量得到发展和提高。

民国26年(1937年)春季,养正院首届学僧毕业,续招新生入学,全院学僧数增至60余人。不久因抗日战争爆发,大部分学僧纷纷疏散内地,养正院由是停办。抗战期间一度在养正院的基础上开设佛化小学,后又并入闽南佛学院。

抗战胜利后,释广心、广义分别从漳州、泉州复员来厦门,对南普陀寺进行整顿,广心被推选为方丈,养正院也即随之复办。释宏宽任教务主任兼副院长。教师有释慧童、贤悟等。初期招学僧40多人,后发展至60多人。分高、低两个班级。高年级除以佛学为主外,兼授教育部部颁初中课本,英文和社会科学均聘请厦门大学学生兼任。

新中国建立后,养正院再次停办,时有思想比较开放的寺僧,认为在新时代到来之际,佛教徒必须顺应时代的进步,发扬佛教"利乐众生"的精神,多做一些对人民有实惠的公益事业,因而倡议就养正院的设备开办养正义务小学,免费招收附近儿童入学。此举得到南普陀寺常住和佛教界人士的赞同,乃报请市教育局批准,于1950年春季开始招生,正式开办。养正小学设初小高小两个学段4个班级,校长由寺方指派专人负责,报请教育部门正式任命,教师大部分聘请社会人士和厦大学生兼任。1951年,厦门大学附属小学停办,附小大部分生员并入,但经费却由于南普陀寺供应不足而产生困难。教育局批示组织校董向社会募资(教育局部分补助)。至1951年,原倡办学校负责人离开后,养正义务小学即由教育局接办,改称东沃小学,并与南普陀寺脱钩。

受南普陀寺创办养正义务小学的影响,妙释寺也于1950年创办妙光小学,聘请苏石声为校长,向社会延聘曾庆寿等为教师。办学经费全部由妙释寺负责,免费招收学生入学。将妙释寺念佛堂改为教室,同时在深田路武圣殿另设分校。1953年因经费困难停办。

1981年,落实宗教政策,东沃小学从南普陀寺迁出,佛教养正院随即复办。至1985年,养正院归并闽南佛学院,作为学院附设的初级文化班,招收具有初中文化程度的僧、尼入学,学制两年,学习成绩特优的可跳级超前升入学院预科班学习。

养正院社会文化课分设中文、中国史、哲学、外语等科目,以中文为主课,采用普通初中课本。佛学理论课教材由闽院自行编选,有《佛教入门手册》、《佛教三字经》、《唯识三字经》、《佛遗教三经》、《劝发菩提心文》、《法苑丛读》、《佛典》选读、《早晚课诵》、《药师经》、《地藏经》、《十善业道经》、《沙弥律》、《戒律学讲座》等。

二、万石佛学研究社

民国21年(1932年),原南普陀寺方丈会泉和尚退居后住锡虎溪岩寺,创办"楞严学会",后又于22年在万石寺创办"万石佛学研究社",会泉自任讲师,讲授《楞严经》、《金刚经》、《阿弥陀经》。先后有来自广东潮汕和台湾学僧60多人入社修学。25年,厦门著名侨领陈嘉庚的胞弟陈敬贤居士夫妇捐献巨资,拟就佛学研究社基础上,扩建为敬贤佛学院。因抗战爆发未果,研究社随之停办。

抗战胜利后,民国37年(1948年),侨居菲律宾的释性愿返厦门开坛授戒,并在万石岩开办"大觉佛学讲社",由印顺法师主持讲席,有各地学僧数十人就学,1949年新中国建立前,印顺出国后,讲社因而解散。

三、觉华女子佛学苑

觉华女子佛学苑,创办于民国37年(1948年),首由释性愿筹资倡办,委托释广义具体负责筹备,商借太平岩为学舍,聘请原泉州儿童教养院女教师陈珍珍居士主持教务,招收闽南女众出家菜姑入学。教学内容以佛学为主,兼学一般文化知识。

闽南佛教,女众出家住持菜姑为数甚多,她们一般文化程度都较低,对于学佛与佛学知之甚少。因此,开展女子佛学教育,早为佛教界人士所重视。民国21年(1932年),思明(厦门)县佛教会即发起筹办"闽南女子佛学院",其筹办发端文告称:"闽南竟无尼众,了为缺点,女界修行者,率栖身外教斋堂。……即有皈依内教者,舍木鱼清磬外,迄无修学,即以入佛是何因缘,真修具何目的?究亦莫名其妙。"因此,该会决定筹办女子佛学院,拟定以寿山岩为院址,并推举释大醒和冯重熙居士具体负责筹办,后以主持院务、教务的女众佛教徒人选缺乏而中止。

民国35年(1946年),抗战胜利后,菲律宾侨僧性愿和尚专函委托释广义筹办女子佛学院,开始仍以院址难定,女教徒教务人才难求而一再迁延。直到37年性愿回国在厦门开授三坛大戒时,商聘其皈依女弟子陈珍珍主持教务,觉华女子佛学苑方得以如愿开办。

觉华女子佛学苑首届招生40多人,由陈珍珍主持组织教学,成绩显著。许多学员后来到海外开拓佛教道场,如开莲姑创建新加坡金兰庙和珞珈山庄,创办三宝风油厂,木耳姑创建新加坡海印寺;缘姑创建菲律宾马尼拉宝藏寺,文莲姑创建马尼拉宿燕寺,桑莲姑创建观音寺,元敬姑、正义姑合建海印寺,妙宗姑、妙树姑合创莲花寺,净音姑创建天莲寺,乌髻姑创建圆通寺,妙静姑、心莲姑合建灵鹫寺,慕姑创建天竺寺;合吉姑建马来西亚大善和堂;妙静姑兴建美国玉佛寺,后落发为比丘尼,法名"瑞妙"。

1950年,佛学苑迁往泉州百源寺续办。1958年停办后,陈珍珍随带部分学员徙居南安石井清水岩,以业余形式进行教学。1980年,陈珍珍不辞老弱病躯,积极组织复办泉州女子佛学苑。现在泉州佛学苑,已成为福建省一所以培育女众佛教人才为主的佛教教育院校,出其门墙的女众学员,大都成为女众住持寺院的骨干人才。

第十二章 海外交流

厦门佛教与海外的交流往来,同厦门海外交通发展有着紧密的关系。厦门海外交通的发展,始兴于明末清初。特别是郑成功据厦抗清时期,将厦门开拓成为海外贸易的基地,商船除经常往来东南亚诸岛国外,还从厦门开辟一条直通日本长崎的航线,日本黄檗宗佛教的开山祖师隐元和尚及其法嗣多次往来日本长崎,就是从厦门乘郑氏商船出入的。

厦门最早去南洋传教的僧人,见于文字记载的有虎溪岩衍派的第四代僧人如珠、如宜。如珠,字佛寿,是虎溪第三代祖师慧灯的法子,"出居安南(越南)国"。如宜,字佛宾,也是虎溪第三代祖师慧船和尚的高徒,"出居三宝垄"。他们的出国时间没有具体的记载,但从与他们同辈师兄弟的生活时代估算,其出国年代应不迟于清乾隆中期。

早期从厦门出国南渡的僧人和其他佛教徒,散布星、马、泰、缅和越南等地。近代,厦门开埠后,海外交通进入全盛时期,闽南华侨出国形成高潮,许多僧人随着出国大潮,通过厦门走向世界,远赴五大洲,尤其是东南亚各国弘传佛法;境外佛教界人士也通过厦门频繁往来,厦门逐渐发展成为中外佛教交流的窗口。特别是改革开放以后,厦门被辟为经济特区,与台、港、澳地区以及东南亚各国贸易往来更是频繁,缁素间除了交流外,海外人士对厦门佛教的振兴和建设事业做出了巨大的贡献。

第一节 新加坡和马来西亚

1946年以前,新加坡和马来西亚同属马来亚。1946年新加坡从马来西亚分出,1965年独立为新加坡共和国。新加坡和马来西亚地处东南亚,濒临马六甲海峡、南海、苏禄海与苏拉威西海,与泰国、文莱、印度尼西亚毗邻,自古以来是欧亚海上交通枢纽,是海上丝绸之路的重要港口。

据《泉州市华侨志》记载,唐代马来亚沙捞越的桑多邦已出现包括泉州人的华人聚居区。宋代,赵汝适《诸蕃志》已记载泉州至马来亚吉兰丹、佛罗安、登流眉的航线、航程。明代正德年间(1506—1521年),葡萄牙殖民者攻占马六甲,闽南人移居马来西亚日渐增多。18世纪起,开

始有成批的泉州人移居马六甲、吉兰丹等地。19 世纪初,新加坡开埠,不少华侨从马六甲、槟城和印尼廖内移居新加坡。

据目前所知,最早去新加坡的闽南籍僧人是转道、转岸、瑞等诸师,转道法师民国 2 年 (1913 年)南渡新加坡募化创建闽南僧人第一座寺院普陀寺,先后由转道、转岸、广懿、广周任住持。普陀寺建立后,南渡新加坡的闽南僧人越来越多,又相继营建龙山寺、普济寺、普觉寺、普照禅寺等 20 多座寺院。

龙山寺,先由转道请瑞等为住持,后由转逢、广洽、广净继任。

普觉寺,始由转道请圆瑛住持,在寺中开讲《大乘起信论》。圆瑛离去后,转道将该寺交由宏船住持。在宏船主持下,规模不断扩大,同时兴办施诊所和文殊中学。

普济寺,1949 年由原南安县小雪峰寺转解和尚开建,自任住持,并先后聘请广洽、广净和妙灯主持寺务。1979 年,原普济寺住地升旗山扩建货运码头,寺被征用,乃迁至直落古楼住宅区原女子佛学院,将院舍改修为寺院。因规划内该地区不许建寺,乃暂名为"普济佛学研究院"。妙灯任职普济寺后,当家一职转请广余担任。

普照禅寺,前身为芽笼三巷普照精舍,1943 年闽南僧人从厦门南普陀寺祖庭请来香火供奉;1968 年广玄法师为住持,改称禅寺,迁直落古楼路;1972 年再迁惹兰沙央路;1982 年三迁樟宜罗郎马利甘路,原为民居,广玄法师含辛茹苦,几经修建,渐成规模,寺院二层楼宇,一楼前为大雄宝殿,后为大悲殿,二楼则为禅堂、僧寮,巍峨壮丽,庄严肃穆。

此外,还有 20 世纪 60 至 70 年代以来闽南籍僧人自建的寺院、精舍。如广洽和尚自建苍葡院,常凯自建伽陀精舍,广义创建华严精舍,晴晖兴建普明寺等。

所有旅居新加坡弘法的闽南籍僧伽,大都从厦门出国,其中绝大部分与厦门南普陀寺等寺院有直接关系。如:

转道和尚 清末应南普陀寺住持喜参和尚的邀请,住寺襄理寺务,在南普陀寺倡建放生池,后退居养真宫。宣统二年(1909 年),云南虚云和尚特来厦门约请他上北京协助迎请《藏经》,请《藏经》回滇后,民国 2 年(1913 年)往新加坡,住金兰庙,适值金兰庙主刘金楞与人争地,劝说双方罢争,将地布施建佛寺以种功德,双方同意献地,遂与瑞等、转岸合建普陀寺。此后,又在新加坡募建几座寺院。

释瑞等 拜南普陀寺转武和尚为剃度师,南渡新加坡。回国后任南普陀监院,协助转逢和尚筹建大雄宝殿,佛殿建成后再度往新加坡弘法,后在南洋又捐巨资助建南普陀寺大悲殿。

释转岸 民初从厦门出国往新加坡弘法,回国后重修厦门太平岩,并任该岩住持。

释宏船 南普陀寺首任方丈会泉和尚的弟子,曾任万石岩寺监院,为太虚和尚赏识。后在新加坡广弘佛法,曾发起组织新加坡善信捐献巨资重修万石岩寺和虎溪岩寺。热心佛教教育事业,为闽南佛学院的复办奔走,并拨万石岩寺为佛学院办女众班部。

释广洽 民国 16 年(1927 年)先后担任南普陀寺书记、副寺、堂主职务,后往新加坡任龙山寺住持,曾任新加坡佛教总会会长。

释常凯 曾就学于万石岩佛学研究社。民国 36 年(1947 年)南渡,初居马来西亚槟城妙香林寺。翌年应南普陀寺邀请回厦门襄助启建千佛三坛大戒,任引礼师,会后复返新加坡弘法、行医,自建伽陀精舍。先后担任新加坡佛教总会总务主任、副会长、会长职务,并倡办《南洋佛教》月刊,自任发行人。

释妙灯 妙灯法师,祖籍莆田,11 岁就漳州南山寺披剃出家,并在该寺附设的南山学校读

书。16岁往泉州承天寺受具足戒,此后,先后在泉州承天寺、南安雪峰寺、泉州开元寺等任监院诸执事。

妙灯　自幼只在南山学校受五年的初级教育,深为自己文化程度不高难于研读佛学经典为憾。于是发奋刻苦自学。数十年来,除深修净业和应付执事日常事务外,经常手不释卷,孜孜苦学,从广泛阅读一般通俗的佛学书刊入手,以至精研佛教经论,并涉及相关的古典文学等书籍,每当学有所得,便发之为文或诗词,以志其感受。

1958年,一度住裼南普陀寺,后得到星洲华僧广义、广余诸师协助,经由厦门出国,初住马来西亚槟城妙香林,不久应广洽法师之请到新加坡龙山寺任监院,后任普济寺监院。

1996年,妙灯法师应选为新加坡佛教总会会长。大师就任后,对该会属下举办的弘法利生活动,特别是各项社会慈善公益事业尤为热心支持,成为星洲以至世界各地佛教团体所共尊仰的长老之一。

晚年,由其弟子法云法师精选大师多年来弘法宣传的各类文章、讲说经典文章及诗词等作品,编集为《净意室杂集》,刊印出版行世。

现在大师已届九秩高年,仍孜孜不倦地为弘法利生及为佛教文化建设事业贡献一切。

释广玄　皈依南安雪峰寺瑞等法师,复礼南普陀寺转逢上人为戒师。民国35年(1946年)南渡,住锡马来西亚槟城极乐寺。1951年移古来普照禅寺,任监院。1956年徙居新加坡,历住龙山寺、普陀寺、福海禅院。1968年开山直落古楼路普照禅寺,1972年又创建西澳柏斯普照寺。1982年新加坡普照禅寺迁至樟宜罗郎马利甘路,在各界信众的鼎力支持下,将原来普通民居翻建为规制完备的鹿苑祇园。

广玄性洒脱,不拘小节,平生不苛求庄严威仪以自尊,而能平易近人以悦众。同时,又兼习《周易》地理和星相之术,以顺应广大俗信所求,因而受到海内外广大信众的推崇。其收入全都用于慈济普施善行及广造寺院道场,而自己仍坚持缁衣布衲、清淡素食以自乐。20世纪90年代中,募集巨资在其出生地龙海港尾太武山左侧,购得岠崎坡地两百余亩,大兴土木;营建寺宇殿堂,又以其父皈依佛教法名瑞成为名,兴建瑞成幸福院,收容孤苦老人及儿童,又兴建念佛净土村、休闲静养院等佛教慈善建筑群。为纪念自己出身祖庭南普陀寺,仍以南普陀寺旧名"普照寺"命名。建成后委托其徒传直、传誌主持管理。

释广义　民国23年(1934年)任南普陀寺书记,南闽佛教养正院教师,参与倡办《佛教公论》月刊。抗日战争期间,避居泉州,民国34年重返南普陀寺任都监兼事务主任等职,后在新加坡募建华严精舍住修。

释广净　民国37年(1948年)任南普陀书记、副寺、堂主等职,后往新加坡任龙山寺当家。

还有抗战初期厦门南普陀寺退院住持会泉、转逢两和尚也先后到新、马弘法。转逢和尚一度住持龙山寺,会泉在马来西亚,徒众为建妙香林供其安养。

觉华女子佛学苑毕业的菜姑有开莲姑、木耳姑、慧灯姑、依莲姑、合吉姑等人南渡新加坡弘法。开莲姑创建新加坡金兰庙和珞珈山庄,经营三宝风油厂;木耳姑创建海印寺;慧灯姑任报恩寺监院;依莲姑协助广洽法师兴建薝葡院,兼任弥陀学校教师。

50年代以来,从厦门去新加坡的僧人,逐渐发展成为新加坡汉传佛教的主力。1950年,宏船、常凯等倡议成立新加坡佛教总会。总会历届会长、副会长都由闽南籍僧人担任。佛教总会广泛团结新加坡全国大部分的华僧和佛教界人士,永久会员和普通会员达数千人。此外还有113个佛教团体会员。总会实际上成为新加坡全国佛教最高的领导机构,带领着全国佛教徒

开展各项弘法活动。如：组织定期佛学讲座；创办佛教学校文殊中学、菩提学校和佛学班；倡导所属寺院团体会员创办社会福利慈善机构，如养老院、慈幼院等；协助政府开展"肃毒"运动，举办"佛教肃毒辅导组"；成立佛教施诊所；建立蔡厝港佛教义冢山。在弘扬佛教文化方面，还创办《南洋佛教》杂志月刊，每逢节日庆典，举办富有佛教特色的盛大文娱游艺演出等。

新加坡是南北传佛教的集汇点。北传佛教以华僧为主，南传佛教有来自印度、泰国、斯里兰卡、缅甸、越南、柬埔寨等国家的僧伽和教徒。各国僧伽和教徒在新加坡向来都是各自开展传教活动，互不往来。佛教总会认为各国僧伽同为佛教传人，应该团结起来，共同为维护佛教、促进世界佛教的发展而努力。1965年，由佛教总会宏船、常凯等发起组织"新加坡世界僧伽联合会"。联合会成立后，推选宏船为会长，常凯任秘书长。越年，倡议南北传佛教徒联合举办庆祝"卫塞节"（释迦佛诞日）大会，同时向政府提出申请，要求将每年五月十五日的卫塞节定为全国公共休假日，被新加坡政府采纳。

马来西亚与新加坡，历史地理紧密相连，新、马两地的闽南籍僧人经常往来无间。

马来西亚由闽籍僧人创建的寺院，在槟城有极乐寺、三慧讲堂、双庆寺、妙香林；吉隆坡有圆通寺、观音亭、鹤鸣寺，此外还有巴双的龙华寺，怡保的东莲小筑等。

从厦门出国往马来西亚弘法的僧尼有：

释圆瑛 曾在厦门弘法，民国初年往马来西亚，一度任槟城极乐寺住持，后转付法子释白圣。

释会泉 民国27年（1938年）往新、马弘法，初居新加坡龙山寺讲《金刚经》和《六祖坛经》。次年移居普觉寺。29年受棉兰信众邀请，至苏岛佛学社讲法五个月，后人在棉兰建菩提精舍纪念。是年秋往槟城，与太虚同住极乐寺，后应请在广福宫讲经，又移住观音寺讲《地藏经》。31年在槟城双庆寺开讲《楞严经》。其皈依弟子林炳照夫妇在槟城建妙香林供其静修。32年，会泉在妙香林圆寂，后人就妙香林为建舍利塔。1949年，释广义应邀往槟城住持妙香林，后由广余继任。

方莲尼僧 厦门人，原为诚信的佛教女居士，早年出国往仰光朝礼大金塔，后在槟城极乐寺拜道阶老和尚为剃度师，削发为尼。此后往来南洋群岛间说法度众，深受华侨界女众信徒的尊崇，30年代初曾组织女众弟子往印度朝礼佛教八大圣迹，深感印度没有一座中国佛寺可供华僧朝参驻足之处，乃积极筹备要在鹿野苑附近建一座中国传统寺院。民国25年（1936年），方莲随带女弟子6人回国访问，曾决定在厦门建造女众道场，并已购买地皮，不日兴建，后因抗战爆发未果。

释竺摩 闽南佛学院毕业僧，抗战前夕往马来西亚，后任马来西亚佛学院院长。

还有觉华女子佛学苑毕业生合吉姑主持马来西亚大善和堂。

从厦门出家旅居新、马的侨僧，他们对祖国的佛教建设极为关怀。抗战前后，厦门、泉州一带寺院的重修扩建，如南普陀寺重修大雄宝殿、大悲殿、法堂；泉州开元寺的重兴和承天寺的重修，新、马的缁素人士，都积极捐献巨资，乐助其成。

20世纪80年代以来，新、马的僧伽和佛教界人士，对祖国振兴佛教，重建寺院更是全力支援，如宏船重建厦门万石岩、虎溪岩，泉州承天寺、庆莲寺；常凯、元果重修厦门白鹿洞、泉州崇福寺；广余新建厦门金鸡亭普光寺；晴晖新修扩建惠安平山寺，并协助重修泉州开元寺和承天寺；妙华重修厦门鸿山寺大雄宝殿和寮房；广净更是经常回国，捐献巨资并受委托鼎力协助厦门、泉州各寺院的新修扩建，此外，还支持复办和创办闽南佛学院、泉州佛学苑，并募集巨资，支持出版《弘一法师全集》等。

80、90年代期间,新、马华僧和厦门僧众相互往来十分密切。1987年1月,南普陀寺方丈妙湛和尚应邀率团赴新访问。新加坡宏船老法师更是多次来厦。1991年1月5日,妙湛和尚与明旸法师一道代表中国佛协前往新加坡参加宏船老法师圆寂传供赞颂大法会。圣辉大和尚任南普陀寺方丈以来,加强与新加坡佛教界的友好交往,曾多次率团前往访问。1997年12月,圣辉大和尚率领理文法师、定恒法师一行多人参访新加坡(此行还到日本、香港等地)。1999年,圣辉大和尚应邀赴新加坡光明山普觉禅寺参加短期出家众传戒法会,任传戒和尚。2001年1月,圣辉大和尚率厦门佛教界人士一行8人应邀参加新加坡各宗教联合举办的"跨世纪温馨晚宴"。90年代至今,新、马几乎每年都邀请厦门闽南籍僧众前往协助举办各类佛事活动,每次都在10至20人间,如养真宫住持能元曾多次带领法务团应邀去新、马。

至2003年8月,闽南佛学院法师往新加坡弘法的有普静、浩宇、仁慈、向学、果利等。

第二节　菲律宾

菲律宾是东南亚岛国,也是闽南华侨比较集中的国家。明代,闽南人纷纷移居菲律宾南部的苏禄、棉兰佬,中部的怡朗、宿务和北部的马尼拉、大港等地。

菲律宾华侨把在家乡的佛教信仰带到侨居地。清末民初,有些闽南籍的僧人,如释妙月、云果等为募资修建寺院,利用乡侨关系,常至菲律宾募化,作短暂的停留。据传,清光绪十八年(1892年),有一位泉州籍僧人去菲律宾募化,随带一尊观音像供养,回国时,把这座佛像留给一位信佛的华侨,让其安奉家中奉祀。附近华侨多数信奉观音,常相率来就观音菩萨像问事礼拜,祈安求福,逐渐成为香火中心,后就所居的路夏义街建佛堂祀奉,称为路夏义街佛祖堂。此后有一班具有正信的佛教徒,常借佛祖堂聚会念佛,并组织成立旅菲中华佛学会。佛学会在吴江流、翁振文等居士的热心倡导下,募集资金,在马尼拉布那拉街购置地皮,筹备兴建佛寺。民国25年(1936年),延请国民政府考试院院长戴季陶奠基,创建大乘信愿寺,成为菲岛第一座佛教寺院。然而有寺无僧,难以弘教,乃于26年由旅菲中华佛教会吴江流等居士为代表,来厦门礼聘南普陀寺代住持性愿和尚,赴菲岛住持信愿寺。

性愿和尚应聘主持菲岛首刹信愿寺,擘划经营,扩建殿宇,塑造佛像,购置藏经,使菲岛佛教开始具备佛、法、僧三宝。此后,又陆续延聘厦门、泉州僧众往菲助化,性愿也被誉为开拓菲国佛教的开山祖师。

民国37年(1948年),性愿60大寿,应厦门诸山长老和信众的要求,返回南普陀寺开授千佛三坛大戒。

民国35年(1946年3月),性愿和尚即以"久留外域,心力不支,应事休息,经集诸护法信众,商陈告退",并推举瑞今为信愿寺住持。时瑞今在厦门任《佛教公论》月刊社发行人,接性愿和尚聘函后,与厦门妙释寺住持善契同时申请往菲,却由于菲岛入境手续一时难办,又值性愿要回南普陀传授三坛大戒,故延至37年才赴菲接任信愿寺第二任住持。

瑞今接任信愿寺住持后,1949年初夏,该寺木构殿宇被邻居大火延烧焚毁,唯大殿佛像竟得完好无损,观者叹为奇迹。瑞今即发起重建,越年竣工,为二层宫殿式的钢筋水泥建筑结构。

民国34年(1945年),性愿和尚在马拉闷社创建华藏寺,从信愿寺退居后,即着力拓建华藏寺,并倡议合信愿、华藏两寺为统一领导的十方丛林。1958年,制定两寺统一行政领导章程规约,并聘请原厦门闽南佛学院导师印顺为两寺首任上座。1961年,首任上座期满,改选性愿复任。任中,性愿圆寂,公推瑞今为第三代上座,瑞今连任三届12年后(按规定上座连任不得超过第四届),于1974年聘请新加坡宏船继任上座,连任三届,1986年宏船告退。瑞今再度出任,以德高望重,虽已逾三届,僧众仍尊奉为上座。

两寺的寺务组织,上座之下设立三纲座首,即:"事主",主理寺务;"法主",负责弘法;"藏主",主管财务。各座首分工负责,以辅佐上座执行"内修外弘"诸事务。

菲律宾的佛教寺院,开始都集中马尼拉市内,后来随着新市镇的开发,逐渐向市郊区和各镇市延伸,如宿务、纳卯、三宝颜、描戈律等,凡华侨集居的大市镇,都有寺院的分布。至1988年,全菲总计佛教寺院27所,其中首都大岷区18所,其他各省市9所。在大岷区,由僧伽主持的有信愿寺、华藏寺、普陀寺、隐秀寺、普济寺、崇福寺等6所;比丘尼住持的有宿燕寺、宝藏寺等2所;菜姑住持的有莲华寺、观音寺、灵鹫寺、圆通寺、天莲寺、海印寺、文殊寺、天竺庵等8所;此外有罗汉寺、清香寺则是在家居士私人创建的梵修道场。分布在其他岛市的佛寺有,碧瑶市的普陀寺、宿务市的佛光寺、普贤寺(原为定慧寺,后释唯慈择地重建,改称今名),纳卯市的龙华寺、三宝颜的福泉寺、三宝寺,描戈律的法藏寺,独鲁曼市的南华寺,甲万那端市的灵峰精舍等。

菲岛寺院和信众的大量增加,深感到寺务管理和弘法人才的不足,因此50年代以来,陆续招聘一批厦门和泉州的闽南籍僧侣入菲助化,其中有如满、善契、印实、妙钦、觉定、广纯、善戒、妙戒、心理、瑞耀、传贯、道律、传海等10多人。近期又有闽南佛学院法师道赟、果利等。此外,还有菜姑30多人。至90年代初,全菲共有僧众30多位、菜姑50多人(部分是在菲岛收度的徒众)。10多年来,菲岛许多年轻的菜姑,相率往台湾学院修学,他们在台湾接受正规的佛化教育,并受台湾众多削发出家比丘尼的影响,有些菜姑发心落发,现比丘尼相。现在全菲已有削发出家的比丘尼10多人。

菲律宾的佛教群团组织有:"世界佛教徒友谊会菲律宾分会"和"佛教居士林"。

世界佛教徒友谊会菲律宾分会,成立于1953年,会址设在信愿寺,分会会长瑞今和尚。该会对外代表菲律宾佛教,与世界各地佛教组织保持联系。1953年以来,曾由瑞今多次组团往世界各地参加"世界佛教徒友谊会"、"世界僧伽大会"、"世界华僧大会"等国际性佛教会议,与世界各地的佛教团体进行佛化交流。对内则团结全菲佛教界缁素人士,开展弘化和各项慈济活动。

菲律宾佛教居士林,是团结菲侨在家奉佛居士的组织,林址设在马尼拉怡干洛街。每月有定期的念佛会和佛学讲座,并经常参加各佛寺的各种法会和各项弘法、慈济等活动。

性愿、瑞今、正宗等在菲律宾,以信愿、华藏两寺为中心,开展各项弘法传教活动。如:定期举行"共修法会",每星期日上午集会念佛和修持;每年正月和七月,分别举行"千佛法会"和"普利法会";逢诸佛菩萨诞辰节日,举办各种纪念性法会。

以殊胜因缘,举办各种特殊大型法会。如1979年10月,信愿寺万佛塔落成,举办开光大典,启建三千佛法会七天,由释宏船率领新加坡诸僧来菲主持。1984年,瑞今和尚80寿诞,传

授三坛大戒,并启建水陆道场大斋巨型法会,邀请新、马、港、台各地高僧大德数十人来菲襄助主持法会,盛况空前,为菲岛开教以来最隆盛的一次殊胜大法会。

举办星期日佛法讲座,创办信愿静修班,每周日上午举行佛学座谈会,研讨佛学理论,下午念佛、讲经和静坐修持。

每周二、五晚上,在DWXX—1026电台播音,广播《佛陀法音》,宣讲佛法。1983年增设三宝颜分播站,1984年又增设宿务市分播站,法音广播站由正宗主持,将讲经内容印制录音带向各地发行。

采用各种形式,广结善缘,开展弘法活动。60年代中,由释广范倡导组织佛教精进音乐团,排演《观音得道》、《杨贵妃》等剧目,在马尼拉市各地巡回公演,深得各界好评。1971年夏,以董云卿、王晴霞、庄少智等居士为主干,组织"佛教青年活动中心",聘请瑞今、妙钦、正宗等为导师,举办周日青年虔袱会、儿童佛学班、学生佛学讲座,编印青少年念诵本,以探访、慰问等方式,深入家庭布教,宣传传教教理,印送多种佛教书籍,赠送佛像、念珠、佛坠等物,以广结善缘,有时还应聘到各大学、社团、学术机构介绍佛学。1981年,活动中心改组为"信愿合唱团",以歌唱佛曲引导青少年信仰佛教。主办暑期儿童佛学班,1986年又改组合唱团为"青年佛学社",继续开展各项青年弘法活动。

举办佛学讲习班,提高年青僧、尼、菜姑的佛学理论水平。自1985年起,每年暑假在信愿寺开办讲习班,聘请释自立、传印和大陆的陈珍珍居士等为讲师,讲授主要课程有:佛经讲解、梵呗实习、专题探讨、佛学常识及文史知识等。正修学员大都是来自各寺院新出家的男女青年,约30多人,此外还有旁听生40多人,多数为知识青年和侨校教职员。

创办佛教学校,优待贫苦青少年入读。民国36年(1947年),旅居马尼拉华侨刘胜觉居士发起,联合佛教界热心教育的侨胞创办"马里拉普贤中学"。不久又在宿务市创办普贤中学分校,聘请出家人主持校务,以学风良正,为菲律宾佛教界和华侨社会所重视。1960年,信愿寺创办能仁中学,现有学生1000多人。1971年,华藏寺创办乘愿纪念学校,现有学生500多人。三宝颜市福泉寺主办观音学校。

创办各种慈善机构,矜孤养老,恤寡济贫,施医赠药,救急解困。1956年,信愿寺发起组织佛教岁暮慈赠会,向热心公益的佛教徒募捐慈善基金。每年岁暮天寒时节,往安老院、孤儿院、贫民窟、儿童感化所、精神病院、难民营、监狱等处慰问,赠送物品和救济金。1976年,华藏寺收容年老无所依归的孤苦妇女,让其安度晚年。1978年,宿燕寺创办文莲施诊所,每星期二免费为贫民施医赠药,施诊对象,不分种族、信仰,一视同仁,救人无数。信愿静修班诸善友发起,举办菩提念佛会,每月三次到华侨养老院、妇女养老院慰问布施财物。开示佛法,引导老人念佛修持。1984年,组织菩提福利会,募集资金,对国内外开展施赈救灾活动,慰问并施赠物品给孤儿院、安老院等慈善机构。

在菲律宾弘传佛教的出家僧尼和菜姑,绝大部分是由厦门出国的,其中有许多人曾在厦门常住寺院,或执教、就学于闽南佛学院的师生,如信愿寺、华藏寺的几代上座性愿、瑞今、印顺、宏船和其他寺院的主持或执事善契、广范、妙钦等,他们与厦门的关系密切。性愿和尚在抗日战争胜利后,曾多次寄汇巨资和药品分送厦门各寺院,支援各寺院建设,并在厦门创办觉华女子佛学苑。民国37年还在南普陀寺启建传授千佛三坛大戒法会。瑞今、宏船、善契等对厦门各寺院建设也常予大力支助。他们在菲岛弘法所传授的在家二众弟子和广大的信徒,大部分是闽南的华侨,这些教徒、信众,出入国门都要到厦门各寺院参佛、拜祖或观光,并对厦门佛教寺院建设做出巨大的贡献。信愿寺正宗法师为厦门弥陀寺的重建募资20万元。

第三节 缅甸

缅甸是东南亚中南半岛国家，与中国相邻，其首府仰光，是闽南华侨聚居地之一。缅甸有89％的居民信仰佛教。清末民初，有不少闽籍僧人前往拜塔礼佛，宣扬汉传佛教。又有许多旅缅华侨皈依佛教，组织居士佛教团体，举办学佛、弘法等法务活动。抗战初期，太虚大师组织"国际访问团"访问缅甸，号召以佛教群团组织为核心，开展抗日救国宣传，呼吁旅缅四众弟子募集资金救援祖国难民。

民国22年（1933年），以厦门籍佛教居士曾双堂、陈步埒、丘贻厥等为首，在慈航和尚的引导下，发起建立"仰光中国佛教学会"，组织旅缅佛教信徒学习佛教经典，举办各种法会以及开展佛教宣传等活动。翌年11月创办"佛学义务学校"，由曾福安、曾海音、丘登富主持，讲授佛教经典。24年11月，又于仰光百尺路成立"佛教青年会"。青年会除组织佛教法务活动外，还发布通电回国，向国民党当局提出"停止内战，一致对外"的呼吁，同时在侨居地佛教信徒中展开"念佛救国"的宣传。随后又发展组织"佛教妇女促进会"，由林妙香、陈秀莲、陈金宝主持，联络华侨各界妇女，宣传"佛学救国"，举行义卖，劝募救国救民义捐，支援祖国。迨至日寇南侵，仰光沦陷，佛学会主要成员，一部分回国参加抗日战争，大部分避居山芭，学会因之自然解体。

民国34年（1945年）抗战胜利后，原佛学会成员陆续返回仰光，36年由林妙香、陈金宝、曾海音发起复办佛学义务夜校，讲授佛学和普通文化课。37年10月，佛学会恢复组织，推选丘贻厥、陈广治为正副主席，丘登富为秘书，继续组织教徒修学佛教经论。1949年10月1日新中国诞生，仰光中国佛学会特意在藏经楼上升起一面五星红旗，以示庆祝，因之被誉为旅缅爱国侨团。

佛学会长期以来，以佛学义务夜校为中心，广泛组织当地华人信徒，讲授佛教经论，举办各种法会，宣扬汉传佛教。1965年，缅甸当局取缔外侨办学，佛学义务夜校转以讲经形式继续坚持，并吸收部分失学的华人儿童，进行普通中文教学。

1989年，鉴于老一辈佛学会主要负责人曾双堂、曾福安、丘贻厥等先后逝世，乃对佛学会人事进行调整，推选杨允钦、叶孙绸、黄再玉为正副主席，任命戴炎鼎为秘书长。

仰光中国佛学会自创办以来，历届所有负责人和主要骨干人物，除胡肯堂、黄再玉分别为漳州和安溪籍外，其余均为厦门人。他们既是佛学会的主干，同时也是"旅缅厦门联合会"的负责人或主要骨干，有的还担任地方政府要职或主持其他群团组织。如丘贻厥（厦门新安人），原为缅甸立法会议员、市政厅财政厅长、华商商会会长、华侨中学董事长，他既是政府的要员，又是当代缅甸华侨、华人的爱国领袖，在华人社会中著有声望。又如秘书长戴炎鼎，原籍厦门市区人，曾任缅华互助会（原称"缅华店员联合会"）主席、缅华慈善公会秘书长、旅缅厦门联合会秘书长等职务，1989年中华人民共和国40周年国庆大典，应邀回国观礼，曾返厦门祖籍寻根问祖，并朝参南普陀等厦门各寺院，与厦门佛教界人士交流弘法传经学佛经验。

第四节 日　本

日本为亚洲东部岛国，与中国隔海相望。日本有相当一部分国人信仰佛教。

福建与日本的佛教交流可追溯至唐代，唐代文献即有天宝十二年（753年）"泉州超功寺僧昙静，随鉴真和尚东渡日本弘法"的记载，北宋熙宁三年（1070年），日本僧人成寻入宋求法，就是与泉州人坐宋船来华的。南宋嘉定十年（1217年），侨居泉州开元寺的日僧庆政和尚回国时，曾带回一部福州鼓山版《大藏经》，清初，居日本的木庵和尚弟子铁文翻刻这部《大藏经》。清末，厦门南普陀寺向日本请回一部藏经就是这部《大藏经》的日本翻刻本。

明代后期，中国商人与日本的私贸往来甚为活跃，泰昌元年（日本元和6年，1620年），中国商人刘宽在日本削发为僧，法号真圆，将"三江"帮帮首欧阳云台在长崎的别墅改为佛寺，名为东明山兴福寺，又称"南京寺"。崇祯元年（日本宽永4年，1628年），闽南僧人觉海在长崎紫山建福济寺，又称"漳州寺"。崇祯八年（日本宽永11年，1635年），福州崇福寺僧超名在长崎圣寿山建崇福寺，又称"福州寺"。以上三寺，合称为长崎"唐三寺"（日人称中国人为"唐人"）。福济寺从第一代至第六代住持都是闽南籍高僧，按代序为释觉海，漳州人；蕴谦，泉州人；慈岳，晋江人；东澜，永春人；喝浪，晋江安海人；独文，安溪人。

成批僧人从厦门出国去日本传教的，是清初隐元和尚及其法嗣，在日本创建新黄檗宗佛教。日僧先后来厦门传教的，有清末和民国初年的日本东、西本愿寺教派的大谷魁耀、神田惠云和岩崎闻号等。

一、华僧东渡弘法

隐元和尚是开创日本佛教新黄檗宗的始祖，此后黄檗宗成为日本佛教的盛宗，据资料统计，现在日本有黄檗宗万福寺的分寺500多座，教徒2500多万人。

隐元和尚原为福清黄檗山万福寺的方丈，是临济三十二世正宗的得道高僧。清顺治九年（1652年），隐元及其嗣法弟子木庵，同时得到日本长崎福济寺住持蕴谦（木庵师弟）和兴福寺住持逸然的来信，恭请他们东渡日本弘教，木庵即派弟子灵臾从厦门乘船去长崎了解情况。灵臾回国汇报后，翌年，又接到蕴谦和逸然的促行请束。隐元、木庵再次派遣大眉和灵臾去日本详察，并与蕴谦、逸然具体联系。大眉等回国后，详细介绍日本朝野人士和民间敬奉佛教的情况以及从厦门航海东渡的过程，同时带回蕴谦诸僧敬请的诚意。隐元闻报后，遂决意东渡。

顺治十一年（1654年）五月十九日，隐元一行30多人到泉州，在开元寺款留5日后，木庵亲自护送至厦门，住醉仙岩（天界寺），并与驻守厦门的郑成功取得联系，由郑成功派船护送赴日。六月二十一日，隐元及其法嗣30人乘郑氏商船出发，木庵遣侍者雪机一路随侍，至七月初五日安抵长崎，受到长崎"唐三寺"僧众和教徒3000多人的热烈欢迎，尊称之为"古佛西来"。是年，隐元即在兴福寺过冬，此后往来于"唐三寺"之间弘教。

越岁三月，隐元遣雪机回国，召请木庵赴日助化，木庵以"万里师命难违"，乃于六月二十六

日带弟子慈岳、喝禅、定深、道和等同行东渡。当晚到达安平(安海)，由其俗姓宗亲吴善友备船护送出国，七月初九日抵达长崎。

隐元和木庵在日本，初时分别住持长崎福济寺、大阪普门寺。顺治十八年(1661年)，隐元决定在日本京都筹建新黄檗山万福寺，得到德川将军家族的支持，愿为该寺檀樾，于是以隐元为开山祖的日本新黄檗山万福寺终于建成。

由隐元任首居方丈，是为日本黄檗宗初祖。康熙三年(1664年)，隐元退居松隐院，木庵受命继任方丈，为黄檗宗第二代祖师。康熙十二年(日本延宝元年，1673年)，隐元和尚示寂，日本后水尾太上法皇颁赠"大光普照国师"谥号。

木庵，俗姓吴，晋江人。16岁入泉州开元寺出家，后遍参大江南北高僧大德修禅学法，清顺治五年(1648年)登黄檗山礼隐元和尚为师，八年(1651年)受隐元嗣法，成为隐元法统继承人，是为临济宗正传三十三世。木庵受任日本黄檗山第二代住持，住寺17年，不断扩建万福寺殿堂、楼阁、亭院，特别是康熙六、七年(1667—1668年)间，日本大将军赐银2万两和西域大木，在本山新建天人师殿(即大雄宝殿)、天王殿、斋堂、钟鼓楼等，使之成为当时日本规模设备最大最完整的寺院。木庵又应诸弟子的请求，在万福寺开授四期的三坛大戒。每期开戒，有来自日本各地的缁素受戒弟子达500余众至1000多众。此后，万福寺由木庵法嗣弟子相承传衍的住持共20代、19人次，延至清光绪七年(日本明治14年，1881年)，在木庵示寂后197周年时，日本明治天皇追赠万福寺二世木庵"慧明国师"尊号。

同时随隐元、木庵先后东渡日本的黄檗宗僧众50人，其中闽南籍僧人就有20多人。

这些随从隐元、木庵从厦门出国东渡的黄檗宗僧人，在当时的日本都是名重一时的黄檗高僧，他们不仅精修禅法，德高望重，而且全都擅长书法、绘画和诗词。隐元、木庵、即非的墨书，被称为"黄檗三笔"。隐元书法气品高，禅品浓，有文人风；木庵书风雄厚浑圆；即非书法润达雄健，三人各具特色，又一脉相承，东渡前在国内即已著闻。木庵的书画和诗偈被称为"三绝"，其他旅日黄檗僧人亦都以书法或绘画见称。如蕴谦，善书法，题偈尤佳；大眉以草书见胜；雪机能诗善画；慈岳善草书并以七绝诗闻世；大鹏擅长写意画，尤善画墨竹，并长于篆刻，著有《印章篆说》一书传世；悦山出国前便以善书著闻，在日本黄檗书风中有较高的声誉，有"书悦山"之称。他如，东澜善竹书；独文工书法；喝浪善水墨画，具有大线条写意特色；忍仙书画兼精，尤长于山水画。清初，黄檗僧人的善书能画，在日本兴起一股"黄檗书风"，后人称为"黄檗文化"，一度在日本文化界中产生重大的影响，他们在日本留下许多题写的楹联、匾额、碑铭、语录、序跋、诗文、赞偈和画卷，被作为"黄檗文化"的珍宝，收藏在日本各地的黄檗宗寺院，部分为日本名家或博物馆所珍藏，此外还有范道生的佛像雕塑和书画。

范道生，字石甫，晋江安海人。道生善书画，尤精于雕造佛像。隐元东渡后，对日本原有佛像的雕造感到不尽如人意，经蕴谦介绍，于顺治十七年(日本万治三年，1660年)特邀范道生赴日造像。初到时，寄寓长崎福济寺，为福济寺和兴福寺雕造佛像，两年后应召至万福寺塑十八罗汉、弥勒、达摩、观音、伽蓝、韦驮诸佛像。道生造像重于写实，极富逼真感，被列为万福寺瑰宝。翌年，又塑隐元生像，像高1.61米，栩栩如生，安置于开山堂，为万福寺一宝。道生留传日本遗墨颇多，近代出版的《黄檗文化》、《黄檗美术》和《黄檗遗墨帖》中，都有道生传世的书画。

木庵在日本嗣法弟子共53人，其中铁牛、慧极、潮音、悦山、慈岳、铁心、铁眼、月耕、云岩、宝洲等被称为"木庵十哲"。木庵在日本除住持黄檗祖庭万福寺外，还有江户的瑞圣寺、南岳山的舍利寺、大觉山的方广寺、松代象山的惠明寺、万德山的广济寺、长继山的千年寺、天王山的

高用寺、雄山的常休寺、三河大好山的永福寺和冰明寺等,均以木庵名下为开山的黄檗宗寺院,木庵成为隐元所开创的日本黄檗宗紫云派之祖。后来,紫云派又由木庵的法嗣发展为十一个支派,即:铁牛的长松派、慧极的圣林派、潮音的绿树派、悦山的慈福派、铁文的别峰派、慈岳的大潜派、喝禅的法林派、铁心的紫云下派、梅谷的吸江派、碧峰的慈照派和宝洲的宝藏派。木庵的紫云派是日本黄檗宗中嗣法最多的一个派系,自清初到现在的300多年来,一直盛传不衰。

厦门佛门中也有一支传自隐元和尚的黄檗宗支派,即虎溪岩派。清初重兴虎溪岩寺的初祖释元飞,他的师祖隆瑞是隐元和尚的传法弟子,隆瑞的法孙道建是元飞的师父,据此上推,元飞是隐元和尚第五代的嗣法重孙。

元飞,俗姓童,晋江人,14岁拜道建为师,道建是重兴福清黄檗宗资福寺的高僧,号"不动和尚",元飞后住泉州崇福寺,受正哲和尚嗣法,康熙四十年(1701年)受驻厦威略将军吴英的礼聘,来厦门住持,重兴虎溪岩寺,后世尊为虎溪岩开山始祖。其后,元飞的法嗣在厦门盛传,除历代相承继法虎溪岩外,还先后由其法嗣开拓创建鼓浪屿三丘田瑞晃庵、天界寺、海蜃寺等,自元飞和尚始传厦门黄檗宗派,至会泉和尚为第十一代。

日本、厦门禅门中黄檗宗派同根连祖,但历史上却没有发现有以宗派亲系相互交往的记载,直到中日恢复邦交后,日本黄檗宗佛教界人士才多次组团来闽南友好访问,首次访问在1979年12月,由日本黄檗宗会议长吉井鸠峰为团长,率领"黄檗宗友友好访中团"一行20人,到福清黄檗山谒祖、拜塔后,又访问泉州大开寺和厦门南普陀寺。1983年,日本黄檗宗访问团第二次来华访问,由黄檗宗总务长盛开了道为团长,一行20人访问泉州和厦门。1984年12月,又有日本黄檗宗青年僧人会16人来华偈祖,他们从上海来厦门、泉州,转往福清万福寺谒祖拜塔,最难得的是他们之中,还有人能用闽南方音唱念佛经。2000年秋,有日本黄檗宗祖庭万福寺总务长等三人由福清黄檗山资福寺住持悲升法师陪同到厦门虎溪岩寻根问祖。他们回国后还寄来隐元和尚法像以及日本黄檗宗的历史资料。

二、日本佛教在厦门

近代以来,佛教净土真言宗教派,曾先后多次来厦门和泉州、漳州建立教堂传教。

日本佛教,原由中国传入,到了德川时代(中国的明末清初),日本把佛教奉为国教。日本佛教有好几个教派,其中净土真宗教派最为发达。净土真宗以本愿寺为主,后来又分为东、西两个教派,即本愿寺派(西派)和大谷派(东派)。清光绪二十二年(1896年),日本真宗大谷东教派僧人大谷魁耀等,通过日本驻厦总领事,来厦门和泉州,开设教堂传教。

日本佛教传入厦门,最初租用山仔顶一座民房作为布道所,称为"真宗大谷教本愿寺布教所"。他们传布的真宗教教义和崇奉的佛菩萨,基本上和中国佛教相同,规戒却比中国佛教宽放,允许出家的教徒吃荤、结婚。因此,一开始倒也吸引一些信徒入教,后来由于强划虎头山下为租界,激起厦门人民的反日高潮。日本领事为制造侵略借口,竟于光绪二十六年(1900年)八月二十四日唆使日本大谷僧人,放火自焚本愿寺布教所。起火时,因群众和官兵抢救及时,仅烧燃一间租用的空房。但日本兵舰上的水兵,却在放火后两小时内,运上两门大炮,抢占虎头山顶,把炮口直对城区,挟迫清政府答应他们的无理要求,日本士兵也在大街上横冲直撞,气势汹汹,因而激起厦门人民极大的愤怒,纷纷群起反抗,清兵及下级军官也义愤填膺,请求抵抗,胡里山炮台长赖启明命令将一号大炮炮口对准鼓浪屿日本领事馆,准备随时开炮轰击,英、法、美、德等国领事,为了遏制日本势力在厦门的扩张,也急忙出面干涉,迫使日军不得不于九

月九日撤兵。经此事件后,日本在厦门的本愿寺也受到人民唾弃而销声匿迹。日本侵略者在厦门人民的英勇斗争中,阴谋未能得逞,乃改变策略,千方百计收买民众。他们从台湾和日本大量移民来厦门,并与厦门士绅交朋友。一度灭迹的日本东本愿寺开教师又开始在厦门活动起来。光绪三十二年(1906年),日本西本愿寺教派和天理教教派也先后进入厦门传教,只是厦门民众对日本教派都怀有敌意和戒心,很少人参加他们的活动,仅有一些日籍、台籍的移民和商户与其往来。

民国建立后,厦门人民又掀起两次反日大潮。一次是窃国大盗袁世凯与日本签订《二十一条约》,另一次是"五·四"反帝、反封建的新文化运动,在全国声势浩大的反帝风暴中,在厦门的日本三个佛教教派都先后撤回日本或台湾。

20世纪30年代初,日本东本愿寺教派开教师(僧)神田惠云再度来厦门传教。最初租蕹菜河东亚旅社为教堂,民国24年(1935年),教堂迁至水仙路台湾公会议员吴锁云(女)开设的新南旅社四楼。翌年在白鹿洞山下建本愿寺达观园。神田惠云对汉语汉学有一定研究,也有相当的佛教修养,更善于交际。他除团结在厦日、台籍各界人士外,还积极与厦门地方士绅和佛教界人士交往。民国23年6月,神田在厦门发起组织"敬佛会",越年秋又创办《敬佛》会刊。

敬佛会通过《敬佛》月刊,标榜建设佛化家庭,净化人间,称月刊为"家庭修养杂志",但实际正如驻厦日本领事本毅在敬佛会开幕式《祝辞》中所称:"进而咸浴日华两国一文化之恩惠",以此来宣传所谓"中日亲善,共荣共存"的侵华舆论。由于厦门人民素有仇日反日的斗争传统,除极少数亲日的上层人物参加敬佛会活动外,所有敬佛会的成员,都是台籍、日籍的居厦人士。"七·七"事变后,全面抗战开始,神田和大部分的日、台籍人士,都随着厦门日本领事馆关闭而撤回台湾或日本。民国27年(1938年),厦门沦陷后,神田等又卷土重来,并成为沦陷期间组织厦门大乘佛教会的中坚分子。

民国25年(1936年)7月,日本东本愿寺大谷派开教师(日僧)藤井草原、好村春辉和留日华僧墨禅、谈玄等,在日本东京成立"日华佛教协会"。是年11月,藤井草原从台湾来中国大陆访问,首站先到厦门。藤井毕业于日本大谷大学,对中国佛教颇有研究,曾在上海住锡多年,结识太虚、常惺、芝峰等人,在日本属佛教新运动的倡行者之一,颇有名气。他到厦门,闽南佛学院和闽南佛学分会曾请他演讲,在佛学院演讲题目为《论日本佛教之现状并对中国佛教将来之希望》,在佛学会演讲题目为《死生问题之探讨》。

民国25年(1936年),日本大阪震东佛教居士林领袖福田宏翁,通过日本外务省赠予厦门南普陀寺一部价值数千元的佛经《大藏经》。这部大经共1000册,是日本佛学名家高楠顺欠郎博士汇集佛教大部分经典编纂而成的,经文图帖并茂,每百册编为一组。震东居士林福田宏翁发愿赠送5部给国内外佛学机构,1934年已送一部给武汉武昌佛学院,赠送南普陀寺闽南佛学院的为第二部,因为部头大册数多,分批运来厦门,由驻厦日本领事馆转交南普陀寺。

厦门沦陷期间,神田惠云的东本愿寺教派和岩崎闻号西本愿寺教派,在厦门佛教界中颇为活跃,开始他们各树一帜,拉拢教徒,后在日、伪当局的操纵下统一起来,建立大乘佛教会,联合统一活动,使厦门佛教呈现畸形的繁盛现象。沦陷初期,即民国29年前后,厦门大乘佛教会曾多次组织缁素人士到台湾、日本参观访问。

民国34年(1945年)8月,日本投降后,神田等日本佛教徒先后回国。

20世纪80年代,国家落实宗教政策后,先后有不少日本佛教界缁素人士来厦参访。如1993年5月,南普陀接待日本高野山大学佛学院教授武内孝善、高野山高等学校佛学教长备前有隆以及西山茂之议长等。1995年由中佛协"茶禅协会"在南普陀寺举办日本茶道迎春座谈会,日本茶道里千家夫妇应邀参加盛会。

在与日本友好交往中,1997年12月圣辉大和尚带领理文法师、定恒法师一行多人应邀对日本进行访问。参观日本多座寺院,并与日三同道进行多方位交流,促进相互间的了解。在中佛协会长赵朴初的倡导下,中、韩、日三国佛教界建立起相互交流、相互学习的"黄金纽带",圣辉大和尚作为中方首席代表多次率团赴日参访,为中日佛教的友好交流夯实牢固的基础。

第五节 其他国家

一、美国

美国在西半球北美洲南部,原为印第安人居住地,16世纪起,欧洲移民相继进入。1776年,美国摆脱英国殖民统治,宣告独立。200余年来,不断吸纳欧洲、非洲、亚洲和太平洋岛屿移民,形成一个由移民和移民后裔组合的国家。

厦门与美国佛教界的交往,是20世纪80年代以来才发展起来的。汉传佛教在美国的传播,盛行于第二次世界大战以后。开始有些中国的僧尼,随着旅美华侨到美国华人比较集中的城市,建造寺院,奉佛弘教。如纽约的大觉寺、法王寺、光明寺,旧金山的万佛城、观音寺,洛杉矶的雪峰精舍,三藩市的法雨精舍。在美国建寺的,有一大部分是从南洋群岛辗转迁徙美国的闽南籍僧尼,如洛杉矶雪峰精舍尼僧净化,原在厦门妙清寺出家,后往越南传教,1975年旅美,在洛杉矶建雪峰精舍。90年代初,回国捐资重建妙清寺,寺建成后亲自主持开光典礼。觉华女子佛学苑学员妙静姑徙居美国,在侨居地兴建玉佛寺,后落发为比丘尼,法名"瑞妙"。此外,到厦门参观访问的有美国华僧妙峰、妙因和尼僧诚明等,他们曾经多次往来。

近年来,厦门佛教协会和闽南佛学院,多次应邀赴美弘法、参观,如1987年,南普陀寺方丈妙湛,应其弟子旭朗的邀请往旧金山万佛城参加万佛法会和开光典礼。此外应邀赴美弘法和参观的有厦门佛协副会长诚信、闽南佛学院副院长见性等,原佛学院教务长梦参以及教师宏觉、界乘、昌愿、弘树,僧尼文精、演启、界静、达文、智三、能仁、能悟、演密等人,还到美国定居弘法。

2003年7月10日,美国法雨寺住持梦参、监院宏觉二位法师,应邀参加由中佛协副会长、厦门南普陀寺方丈圣辉大和尚发起的两岸四地佛教界降伏非典国泰民安世界和平祈福大法会。

二、泰国

旧名暹罗国,中南亚中南半岛中部国家。居民绝大多数信仰佛教。宋元时期,有一些闽南工匠和商人便已侨居泰国,后来经常有人随贩粮船舶移居泰国。

民国初年,厦门菜姑开胜、胜清联袂南渡,往泰国募化,创建净莲堂。旅泰闽籍佛教徒与闽

南佛教界保持密切联系,经常往来,凡举行重大佛事活动,多邀请厦门或新加坡闽籍僧人前往主持或开讲佛经。

近十年来,厦门佛教界与泰国交往频繁,如1993年泰国副僧王一行来访。1994年11月,南普陀寺方丈妙湛受中佛协委托率团护送佛牙赴泰国供奉,受到泰国僧王智护尊者和善信的热情接待。1999年11月,泰国上议院议长米猜、立初潘一行多人参观南普陀寺。2002年10月,泰国王室公主诗琳通参访南普陀寺,受到圣辉大和尚和两序大众的热情接待,并在大雄宝殿为泰国贵宾诵经祈福。

泰国华人、佛教徒许木水(祖籍泉州安溪)捐献人民币200万元,在厦门集美区建观音堂一座,并于2002年10月3日送他的三位女儿来闽南佛学院女众部学习,并要求落发出家。经国家外交和宗教有关部门批准,由中佛协副会长、南普陀寺方丈圣辉大和尚为其剃度落发,赐法名果辉、果圆、果蒂,并送进闽南佛学院女众部修学。闽南佛学院接受外国留学生,特别是由德僧亲自剃度外籍弟子,是近百年来中外佛教交流史上仅见的一大盛事。

2003年1月,厦门闽南佛学院奉国家宗教局、中国佛教协会之命,组成以了法法师为团长,由在校学僧界淞等19人参加的"中国佛牙舍利赴泰供奉护法三团",与其他两个团队一道前往泰国执行为期31天(1月30日至3月1日)的护法任务,荣获国家宗教局、中国佛教协会授予的"优秀护法团"殊荣。

三、斯里兰卡

旧名锡兰,南亚岛国。公元前3世纪曾是佛教文化中心之一,大多数居民信仰佛教。早期移居锡兰的闽南人多做苦工,后转营小杂货、小百货,大都生活在社会底层,笃信释迦佛陀。因年代久远,资料缺乏,于今尚未发现早期厦门与斯里兰卡宗教往来的记载。

民国28年(1939年),太虚大师组织"国际访问团"到锡兰,宣传抗日,发动旅居锡兰的佛教四众弟子支援祖国抗战。

2003年,斯里兰卡阿斯羯国际佛学院同意接受厦门闽南佛学院选派应届本科毕业生5人赴斯留学一年。闽院经过精心挑选,决定派遣道峰、通德、达因、悟性、界淞5名学僧留学。7月19日,以中国佛教协会副会长明生法师为团长,云南省佛教协会秘书长陆昭明和闽南佛学院常务副院长诚信法师为副团长,国家宗教局政法司院校处副处长李革、中国佛教协会国际部喻臻和云南省佛教协会教务部副主任康南山等为团员的护送团,从厦门出发,经泰国前往斯里兰卡。21日,代表团抵达斯里兰卡首都科伦坡。当晚,阿斯羯利寺国际佛学院举行有花园寺长老及阿斯羯利寺副长老等大德法师、教授60多人参加的欢迎仪式。22日晚,阿斯羯利寺国际佛学院举行研讨会,学院院长蒙格拉博士及主管教学的教授、讲师与代表团及中国驻斯里兰卡使馆官员,具体探讨留学学僧的学习课程安排,深入讨论和研究中斯两国佛教今后的发展与交流。在斯期间,代表团还朝礼佛牙寺、花园寺,参观访问斯里兰卡佛教部、佩拉德尼亚大学,看望在智增佛学院、凯拉尼亚庙佛学院留学的云南上座部五比丘。

四、韩国

全称"大韩民国",亚洲东部国家。多数居民信仰佛教。唐五代中韩即有僧人往来,北宋中期与泉南关系密切。2000年,在中国佛教协会会长赵朴初的倡议下,中、日、韩三国佛教界建立起相互往来的"黄金纽带",三国佛教界人士互相学习,进行友好交流。圣辉大和尚曾经率团

前往韩国访问。与此同时,韩国佛教界人士也频繁到中国大陆参访。2000年6月,以春光团长为首的韩国佛教界青年参修团一行14人来厦门在南普陀寺体验生活10天。9月,韩国曹溪宗又派出以性正法师为团长的比丘尼14人,来南普陀寺紫竹林女众部体验生活,前后9天,其间早晚随众上殿、过堂、念佛、打坐参禅,还在南普陀寺大禅堂和念佛学堂与常住和闽院学僧共修。在其体验生活期间,先后到市佛协与闽院、基金会以及厦门部分寺院进行参观和交流,加深对中国佛教和寺院僧众的认识和了解,有力地加强两国佛教界间的相互友谊。

五、越南

旧名安南,东南亚中南半岛中部国家,与中国接壤。居民主要信奉佛教。宋代,闽南一带民众前往占城渐多。明初,不少闽南人随三宝太监郑和往占城,一部分居留其地。后来,许多人随运粮艚船移民越南。乾隆年间(1736—1795年),虎溪岩僧如珠到安南弘法。民国初,菜姑陈妙卿前往越南筹募资金,创建妙清寺。侨居越南的闽南籍僧人与厦门佛教界关系密切,有重大佛事活动,经常邀请厦门僧人前往襄助。2001年秋,闽南佛学院接受越南派遣留学生释勇莲等四位比丘尼,编入闽院女众部本科班修学。2003年夏,释勇莲等完成学业,分别回国或转其他院校继续深造。她们对在闽院二年的学习与生活十分留恋,对闽院师生对她们的关怀表示终身难忘。

六、印度尼西亚

简称"印尼",东南亚国家。闽南人移居历史最早、人数最多的国家之一。华人、华侨大都信仰汉传佛教。清乾隆年间(1736—1795年),虎溪岩僧释如宜"出居三宝垄",在印尼弘传佛教。以后一些闽南出家的僧尼和菜姑经常到印尼各地弘法和募化。20世纪90年代以来,印尼有些佛教寺院举行重大佛事活动,都来厦门邀请佛教界高僧大德前往协助,而厦门的一些寺院佛堂的兴建和修复都得到印尼的华僧和菜姑的捐助。

附:港台地区

一、台湾

厦、漳、泉闽南地区,是台湾移民主要祖籍地。现在台湾民间流行的语言,仍以闽南方言为主。明末清初以来,闽南大量移民涌向台湾,他们把在祖籍地的宗教信仰带到台湾衍传下来。据台湾当局1987年统计,全台湾登记的佛教寺院共1157座,其中,认同泉州安海龙山寺为祖庙的台湾龙山寺就有441座。在台湾最早的龙山寺,是建于清初顺治十年(1653年)的鹿港龙山寺,由泉州僧肇善奉请安海龙山寺观音菩萨往台倡建。而规模最大最有影响的是建于乾隆三年(1738年)的台北艋舺龙山寺,曾经多次重修扩建。最大一次大修是在民国8年(1919年),由从厦门往台的释福智(晋江人)倡修,请泉州名建筑师傅聚发和他的养子王世南精心设

计,全面新修扩建,成为全台最为华丽的佛寺。

台北另一古老的佛寺剑潭寺,原名观音寺。据传说,创建观音寺的是厦门僧人华荣,他于康熙初年,从厦门奉请一尊木雕观音菩萨像去台湾,行经八芝兰的大直山东麓时,忽然有一条红蛇挡路,以为神灵显圣,就在当地搭建茅亭奉祀这尊观音菩萨,称为"观音亭"。此后声名远播,香火鼎盛,信众集资将茅亭扩建为壮丽的寺院,改称观音寺。日本占领台湾期间,将寺院迁建于北势湖附近,改称为"剑潭寺"。

明末清初,郑成功据厦抗清时,有一批明朝的遗老遗少避乱流入厦门。他们深怀国破家亡之痛,有些人即遁入空门,削发为僧,如林英、李茂春、张士郁等,这些人在厦门出家后,又随郑氏东渡台湾,他们在台湾虽栖身山寺,却与流寓台湾的明朝遗臣时相往来,由于他们的气节和文才普遍受到人们的尊崇,对始兴的台湾佛教有很大的影响。

台湾佛教是随着大陆的多次移民而发展起来的,与闽南的大批移民关系更为密切。长期以来,厦门与台湾的佛教交流往来频繁。民国初年,厦门会泉和尚多次应聘前往台湾讲经说法。民国元年(1912年)7月,会泉首次应邀往基隆月眉山灵泉寺,开讲《金刚经》、《心经》和《大乘起信论》。9年,再次受聘往台,在大同山龙湖庵讲《金刚经》,后又应请在超峰寺讲《大学之道》。12年,第三次应聘去台湾龙湖庵主讲《唯识论》、《心经》和《地藏经》,同时为数十名在家男女居士皈依授戒。22年又两次东渡。3月,在龙湖庵开讲《金刚经》和《起信论》,并为台湾僧尼传授唱念梵呗和拜万佛、做水陆法会及法事规仪。10月再度赴台主讲《地藏经》,并主持启建台湾佛教史上第一次的水陆大法会。法会后又为100多名在家男女居士传授三皈五戒,盛况空前,轰动全省。此行有20多位台湾僧人随其来厦门,进入他主办的"万石岩佛学研究社"修学。

会泉和尚多次赴台弘法,促进了厦门、台湾两岸的佛教交流,自此相当一个时期,两岸佛教界人士往来无间,关系密切。

1949年以后,海峡两岸形成对峙局势,30多年间,两岸佛教之间的直接往来基本断绝,但旅居新、马、菲、港的原厦门佛教界人士,仍与台湾佛教保持密切的联系,如广洽、印顺等从南洋间道入台弘法;瑞今、宏船、演培、元果等,均多次赴台弘法或参与佛事活动。

1988年以来,台湾当局放宽政策,台湾佛教徒开始组团回大陆朝山拜祖或旅游观光。近年,厦门佛教协会多次接待回大陆朝山、拜祖、寻亲、旅游、弘法的台湾佛教团体或个人,通过交往,增强了两岸佛教的相互了解和友谊,促进两岸佛教文化的交流,并为促进祖国的统一做出了重要的贡献。

1992年7月,台湾佛教徒组织"能仁全国斋僧团"一行64人,来厦门举办"千僧斋",拉开当代海峡两岸佛教界紧密交往的序幕。是年8月,台湾香光女众佛学院院长悟因尼师一行4人来厦与闽南佛学院交流教学经验。此后悟因尼师多次光临,并为闽南佛学院女众部在紫竹林的建校捐资200万元人民币。台湾前后来厦的佛教界著名人士,还有台湾圆光学院教务长惠空法师、佛学大师印顺长老。特别是在2002年10月台湾大德圣严法师率领一个由500人组成的"大陆佛教圣迹巡礼团"参访南普陀寺,受到圣辉大和尚和厦门佛教四众弟子的隆重欢迎,这一事件堪称两岸佛教界友好交流的一大盛事。是年台湾中坜圆光佛学院如悟法师带领该院第15期毕业生参修团来厦参访佛教寺院,并与闽南佛学院以"现代僧教育"为主题举行专题座谈会。

1999年12月,同安梵天寺住持厚学老法师偕长净法师前往台湾慰问地震受灾同胞,同时

拜会其师印顺长老。

2002年,圣辉大和尚代表大陆佛教界护送佛教圣物"佛指舍利"赴台供奉,并由闽南佛学院学僧20名组成护法二团前往,圆满地完成护送任务,进一步加强两岸佛教界间的友谊和人民间的交往。

2003年6月11日,全国政协常委、中国佛教协会副会长、厦门南普陀寺方丈圣辉大和尚率两序大众,发起倡议"海峡两岸暨港澳佛子,会集南普陀,以佛法之'无缘大慈,同体大悲;观众生苦,发菩提心',聚僧尼一千,居士一万,设护国坛、药师坛、普门坛,同诵《仁王护国经》、《药师经》、《普门经》",举行为降伏非典国泰民安世界和平的祈福大法会,台湾佛教界热烈响应。7月10日,台湾佛光山开山大师星云长老、台湾中佛会净良长老、台湾世界佛教僧伽总会护持会主任委员、中佛会特别顾问郭俊次博士、台湾佛光山教育院院长慈惠法师(女)、台湾中华佛光总会署理会长慈容法师(女)、台湾南华大学教授依空法师(女)等60余人出席大法会。郭俊次博士代表台湾佛教界在大会上发言,他说:在非典侵袭两岸四地的非常严峻时刻,海峡两岸人民"大家'同病相怜',没有仇恨,只有恩爱。两岸同胞,相互关心,互相加油,情同手足,血浓于水,关怀之情,祝福之语,溢于言表。中国人'关照'中国人,非常感人"。充分肯定圣辉大法师大发慈悲,大行愿力举办这次大法会是一个"创举",非常重要,非常有意义。台湾中台禅寺住持释惟觉致电大法会,其电云:"大陆福建省厦门南普陀寺方丈、圣辉大和尚道鉴:欣闻贵寺订于本年七月十日,为海峡两岸人民共同抗非典成功,并为不幸死难同胞举办消灾祈福暨超荐大法会,本寺亦秉持佛陀圣教,以慈悲心、平等心、至诚心,祈求三宝慈光加被,众生苦海永离,海峡两岸早日和平统一。逢此殊胜因缘,特申贺忱,并祝法会顺利,圆满成功。"

二、香港

香港佛教始兴于清末民初。清道光二十二年(1842年),清政府将香港割让英国后,香港逐渐形成为现代化的商业港口,各国商人、游客云集,内地移民骤增,香港佛教随之活跃兴盛起来。香港佛教具有社会性的组织活动则始于民国5年(1916年),由旅居香港具有佛教正信的内地商人潘连徽、吴子芹、卢家昌、罗学敏等发起组织"佛教学会",后又设立极乐院,每周举行一次佛教演讲,民国9年由佛学会发起礼聘太虚大师赴港举办规模宏大的讲经法会。此次法会影响甚广,其后,香港佛教徒日益增多,遂着手组织佛教居士林,设立佛经流通处,创办佛教报刊,组织佛学研究机构,并营建寺院庵堂。抗战胜利后,大陆有许多出家二众到香港弘教,其中从厦门出国的著名僧伽有印顺、演培、元果等,他们或往来港、台、星、马弘传佛教,或在香港建立寺院精舍住修。

20世纪80年代以来,香港佛教又有飞跃发展,据有关资料统计:香港地区的寺院精舍,1956年以前还不到40所,至1960年发展到165所,到1990年已有寺宇、精舍400多所,出家僧尼3000多人,佛教团体200多个,男女佛教徒占香港总人口70%以上,约有460至470万人。

香港的佛教组织,具有地区代表性的有"香港佛教联合会"。它不仅负有香港地区佛教的内联工作,还是"世界佛教联谊会"香港地区活动中心,负责香港佛教与世界各国佛教的外联工作。"香港佛教僧伽协会",是香港僧侣组织,同样也是"世界僧伽协会"的分支组织。"香港佛教居士林",是全港性在家佛教徒组织,很有影响力。此外,由于香港的特殊地位,斯里兰卡和韩国等国家的佛教组织和寺院,也在香港设有分支机构,如"南韩佛教香港分会"等,在香港进行传教活动。

香港的佛教文化教育甚为发达,由佛教组织兴办的佛教院校,在二次世界大战前有"东莲觉苑女子佛学院"、"凌云寺佛学院"和"东普寺佛教研究所"等,战后又建立"能仁书院"(香港佛学最高学府)、"华南佛学院"、"栖霞佛学院"、"菩提佛学院"。此外,还有佛教组织创办的面向社会的研究所、大专学校、中小学和托儿所共73所。

在宣弘佛教方面,民国19年(1930年)以来,香港佛教界曾先后创办《佛学季刊》、《华南觉音》、《人海灯》、《香海佛社》、《无尽灯》、《香港佛社》等刊物。但发行期数均不多,唯有后来香港佛教联合会创办的《香港佛教》经久不衰,发行量最大,流通面最广。还有释洗尘创办的《因明》佛学杂志,学术性强,颇受海内外佛教学术界的欢迎。此外,香港还有四座颇具规模的佛教图书馆,其中"志莲图书馆"藏有藏经和有关佛教史、志、传、理论、艺术和研究工具书等六大类图书10000多册,其他如"中华佛教图书馆"、"宝筏图书馆"、"香港佛教图书馆",藏书也颇丰富,对佛教文化的传播有很大的贡献。

香港佛教界对兴办社会福利事业甚为热心,共创办有500多位病床的佛教医院1所,佛教安老院和老人安乐中心等5所,慈幼院一所,青年康乐营1所。这些福利机构,基金充裕,建筑设备齐全,环境优美,服务良好,对弘法利生,有较大的贡献。

厦门和香港,历来为闽南众多华侨出入国门的两大桥头堡,两地之间形成一条中外经济文化交流的纽带。厦港两地的佛教通过这个纽带往来频繁、关系密切。20世纪20年代以来,从厦门出国必经香港,并以香港为中心往来星、马、菲、印以及台湾等地的佛教界人士,难以计数,其中知名高僧如太虚、转逢、转道、会泉、性愿、广洽、瑞今、印顺、宏船、竺摩、演培、元果等,都曾多次往来香港以至南洋各地弘法。太虚于民国9年(1920年)从厦门去香港弘法,在香港佛教界产生重大的影响。16年,太虚在厦门南普陀寺方丈任内,在会泉法师的大力支持下,经香港远至英、美、法、德、荷、比等国参观访问,受到各国佛学界的盛大欢迎,香港学术界多次报导太虚访问欧美的行迹。出入经过香港时,均受到隆重的接待,并恭请他讲演访问欧美的经过和各国佛教情况。此外,如印顺、演培、竺摩、元果、宏船、常凯诸法师,多次往来或建精舍于香港,在港布道弘教,受到香港佛教界的尊崇和敬仰。

80年代改革开放以来,国家全面落实宗教政策,东南亚各国和台、港地区的佛教界缁素人士往来更为频繁。大部分早年出国旅居东南亚和港台地区的侨僧、华僧均纷纷回大陆朝山、拜祖、访问、参观,捐献巨资修建祖庭和其他寺宇,有的还在内地收授男女出家徒众,安置在闽南佛学院修学,以培养海内外佛学接班人。近年来,又有闽南佛学院二批毕业生应聘往香港住持寺院或入佛学院任教,其中有净松、德辉、达常、戒胜和悟光等人。

80年代以来,厦门南普陀寺等寺院成为香港佛教界人士往来内地必先朝拜的胜地,有些热心的海外佛教徒,还为厦门的佛教建设做出重大的贡献。如港台著名老居士南怀瑾与其弟子李淑美、李省吾捐献巨资40万美元,为南普陀寺兴建一座恢弘壮伟的大禅堂。李秀丙、施联辉和王震居士夫妇等,为南普陀寺等寺院和闽南佛学院捐赠两辆汽车、大批经书和各项教学设施。

改革开放以来,厦门佛教僧众前往香港参访弘法也日益增多,南普陀寺素食部应邀赴香港作示范表演,由于烹调技艺精湛,轰动一时,载誉而归。1989年南普陀寺方丈妙湛和尚等五人应香港佛教总会觉光法师邀请赴港访问。1993年9月市佛教协会秘书长诚信法师和闽院教务长了法法师应邀前往香港参访(此行还到新加坡、马来西亚、泰国等国)。1998年1月,圣辉

大和尚应邀前往香港为志莲净苑大雄宝殿诸佛菩萨圣像开光。近年来厦门各寺院与香港佛教寺院和缁素人士的交往十分密切，如白鹿洞寺与香港福慧精舍竞相往来；养真宫住持能元法师多次带众往香港参加法事活动；香港佛教居士林陈碧玉女士与厦门佛教居士林友好往来并为居士林的修建捐资；华严寺住持悟光法师同时在香港任明论讲堂和天星精舍住持，从事讲经弘法活动。

2003年3月28日至4月8日，南普陀寺组织以则悟法师为团长的30人法务团，参加香港大屿山莲池寺启建的水陆法会，并选派闽南佛学院研究生正满、本科应届毕业生演梁等10位学僧住锡莲池寺，担任监院等职务，为期一年。

5月8日至14日，香港旭日集团董事长杨钊居士喜舍净资，在南普陀寺启建"祈祷世界和平国泰民安降伏'非典'病魔(SARS)水陆法会"。

6月，闽南佛学院与厦门大学筹备创办"厦门大学佛学研究中心"，香港福慧寺、弘法寺住持净雄法师十分关注，表示要长期资助，香港旭日集团董事长杨钊居士闻讯，十分高兴，专门派代表参加"佛学研究中心"揭碑典礼，表示要捐资100万元，资助研究中心开展活动。

7月10日，香港佛教四众弟子热烈响应圣辉大和尚"海峡两岸暨港澳佛教界为降伏'非典'国泰民安世界和平祈福大法会"的倡议，组织近百人的代表团，香港佛教联合会会长、香港正觉莲社社长、观宗寺法住和尚觉光长老，香港佛教联合会副会长、香港菩提学会会长、西方寺住寺永惺长老，宝莲禅寺住持初慧上人，香港佛教联合会总务主任、宝莲禅寺监院智慧法师，香港佛教联合会秘书长、香海正觉莲社副社长区洁名，中联办协调部处长高闽，联泰国际集团主席、世界舜裔联谊会常务委员会主席陈守仁居士；新富证券有限公司董事长、香港厦门联谊会理事长陈捷中居士，厦门厦顺铝箔有限公司董事长、香港、厦门联谊总会监事长陈成秀，香港诺林投资有限公司董事长、香港厦门联谊总会副理事长林华国，香港丰州投资有限公司董事长、香港厦门联谊总会名誉会长林龙安，明发集团(香港)有限公司主席、香港厦门联谊总会名誉会长黄焕明等高僧大德与知名人士踊跃参加。香港佛教联合会会长释觉光致贺辞，盛赞大法会是"新的世纪中国佛教史上的一大盛事"，呼吁两岸四地缁素弟子"继承爱国爱教的优良传统，提倡开放和包容，谋求合作，增进团结，共同发展"。香港厦门联谊总会理事长陈捷中高度评价圣辉大和尚发起的"缘结两岸，情牵四地"的祈福法会，意义深远，功德无量，认为它"彰显了爱好和平与关怀众生的人间佛教精神"，对由自己美丽的故乡国际花园城市厦门承担这次会务感到由衷的高兴，"这份光荣和自豪，应该属于佛陀……属于全体厦门人民。"

第十三章 行政管理

中国官方对佛教僧尼实行管理,始于十六国后秦弘始七年(即东晋义熙元年,405年)。时姚秦王朝佛教鼎盛,长安僧尼数以万计,非常杂滥,后秦高祖姚兴设置"僧正"、"悦众"、"僧录"等官位,令僧人任职,管理全国僧尼事务。

南朝宋武帝永初年间(420—422年),初设僧主位,后各地皆设僧正或僧主,管理当地僧尼。

梁武帝任《十诵》名家法超为都邑僧正,并欲自为白衣僧正。命法超撰《出要律仪》十四卷,分发境内,通令照行。同时极力倡导《涅槃》等大乘经的禁断肉食,并作有《断酒肉文》四首,严令僧徒遵守。

陈代诸帝效法梁武帝。陈文帝任僧人宝琼为京邑大僧正。陈宣帝命国内初受戒的沙门一齐习律五年。

北朝北魏道武帝信奉佛教,任赵郡沙门法果为"沙门统",令绾摄僧徒。文成帝以罽宾(今克什米尔)沙门师贤为"道人统";后又以凉州沙门昙曜继任,复称"沙门统";至昭玄进称"沙门都统",实行一元化的僧官制,以统御僧团。孝文帝太和十七年(493年),更定僧制47条。

北齐文宣帝置昭玄寺,设大统一人、统十人、都维那三人,令管理佛教。

西魏文帝则建立大中兴寺,以道臻为魏国大统,大立科条,复兴佛法。

北周武帝废斥佛教。其后宣帝恢复佛教,选择有名望的沙门,须发冠服,在寺行道,并命智藏等长老为菩萨僧,任寺主。至于民间禅诵,一概不加干涉。

隋文帝统一中国,改变周武帝毁灭佛法的政策,允许人民志愿出家,修复毁弃寺院。建国初年,仿北齐制度,设置昭玄大统、昭玄统、昭玄都统及外国僧主等僧官,以管理僧尼事务,隶鸿胪寺。地方僧官则有统都、沙门都、断事、僧正等。开皇二十年(600年),诏颁"形象"保护法,规定凡有敢毁坏偷盗佛及天尊像者,以不道论;凡以沙门而毁佛像、道士而坏天尊像者,以大逆不道论。隋炀帝也笃好佛教,一方面大造寺宇,设无遮大会,度男女为僧尼,铸刻佛像,缮写佛经;另一方面对佛教实行限制,如令无德的僧尼还俗,规定寺院按照僧尼的数量保留,其余一概拆毁,造成因僧废寺的现象。

唐初,高祖李渊在京师聚集高僧,立十大德,管理一般僧尼。武德九年(626年),令每州留寺观各一所,后因皇子争位未及实行。《新唐书·志第三十八》云:"唐置诸寺观监,隶鸿胪寺,每寺观置监一人。贞观中,废寺观监。上元二年,置漆园监,寻废……初,天下僧、尼、道士、女官,皆隶鸿胪寺,武后延载元年,以僧、尼隶祠部……后复置左右街大功德使、东都功德使、修功

德使，总僧、尼之籍及功役。……会昌二年，以僧、尼隶主客……至六年废，而僧、尼复隶两街功德使。"并规定："道士、女官、僧、尼，见天子必拜。凡止民家，不过三夜。出逾宿者，立案连署，不过七日，路远者州县给程……两京度僧、尼、道士、女官，御史一人莅之。每三岁州、县为籍，一以留县，一以留州；僧、尼，一以上祠部……"唐代，僧尼出家归政府掌握，经审查合格后，尚需缴纳一定税钱方得度，然后由祠部发给度牒，作为身份凭证。《佛祖历代通载》卷十二："天宝五载（746年）丙戌五月，制天下度僧尼并令祠部给牒。"僧尼以此可免除赋税、劳役。据《中国历代职官辞典》，唐文宗开成中（836—840年），设左右街僧录，后因置僧录司，专掌佛教事。州府则由司功参军事管理。《二十六史大辞典·职官编》云："司功参军事，唐州府所置七曹参军之一，掌官吏之考课、选举、祭祀、佛道、学校及表疏、书启等事，大略犹中央之礼部、吏部，及太常宗正、光禄、鸿胪诸寺与国子监之职掌。"

五代十国，北方列朝对于佛教多因袭唐代旧规，例行诞节诣寺行香、斋僧、僧道对论、赐紫衣师号、度僧等事，但对僧尼的管理比较严格。其管理机构，后梁属祠部，后唐设功德使。度僧严禁私度。后梁、后唐、后晋均明确规定，愿意出家者须入京师比试经业，同时禁新建寺院。后来因功令松弛，寺僧浮滥，直接影响国家赋税、兵役，因而招致周世宗废佛。后周显德二年（955年）五月，周世宗下诏，令诸道府县镇村坊，非敕赐寺额者悉废之，所有功德佛像及僧尼，并腾并于合留寺院内安置。天下诸县城郭内，若无敕额寺院，只于合停废寺院内择留一所；边远州郡留两所。今后并不得创造寺院兰若。禁止私度僧尼，只两京、大名府、京兆府、青州各处置戒坛。僧尼出家必须通过严格的读经考试。止绝舍身、烧臂、炼指、钉截手足等残害肢体以及戏弄道具、眩惑流俗的行为。寺院因之废除过半。

南方裂土割据，势均力敌，大体相安。各国帝王多有浓厚的宗教信仰，对于佛教的造寺（以福建为例，下同。福建在闽王王审知统治时期，增建寺院267所，后改属吴越，27年中又增加221所）、造塔（闽王父子兄弟相继建造佛塔，如王审知在泉州建万寿塔，在福州建报恩定光多宝塔；王曦在福州建崇妙保圣坚牢塔）、造像（闽王审知冶铜铁三万斤铸释迦、弥勒诸佛像）、写经〔闽王室后唐同光元年（923年）一年即写金银字藏经五藏〕、度僧（闽王延钧后唐天成三年〔928〕一年即度民二万为僧），不断促进佛教发展。据《福建通志》记载，闽王国还设置左右街大功德使，专门负责管理宗教事务。

宋代一反后周世宗政策，对佛教实行保护，以加强国内的统治力量。建隆元年（960年），宋王朝一建立，即下令停止寺院的废毁，并由中央政府度童行8000人，派遣沙门行勤等157人去印度求法，差遣内官张从信往益州（今成都）雕刻大藏经版，促使佛教传播。宋真宗时期，放宽度僧名额。到宋神宗时（1068—1085年），因年荒、河决等灾害频繁，国家财政困难，需用赈款，采取发放度牒征费。原为权宜之策，后来继续执行，数量渐增，流弊益彰。徽宗政和七年（1117年），鼓励僧徒"归心道门"，赐度牒紫衣。重和元年（1118年），禁士庶妇女入僧寺。宣和元年（1119年），诏佛改号"大觉金仙"，余改"仙人"、"大士"。僧为德士，尼为女德，命易服饰，称姓氏。寺为宫，院为观，即住持之人为知宫观事。所有僧录司改作德士司，左右街道录院改作道德院。而德士司隶属道德院。天下州府僧正司并为德士司。又诏许德士入道学，依道士法，强令佛教和道教合流，使佛教受到很大打击。北宋亡，恢复原状。南宋，政府益加注意对佛教的限制。高宗时（1127—1162年）停止额外的度僧，僧尼数目自然减少。

宋代，道释籍帐除附，初属鸿胪寺负责，专门职能部门有：在京寺务司及提点所，掌京师诸寺葺治之事；左、右街僧录司，掌寺院僧尼帐籍及僧官补授之事。中兴后，废鸿胪寺不置，并入礼部。南宋寺院僧尼由礼部之祠部管理。《宋史·职官三》："祠部郎中　员外郎　掌天下祀典、道释、祠庙、医药之政令……凡宫观、寺院道释,籍其名额,应给度牒,若空名者毋越常数……岁终校全失而赏罚之。分案五,置吏二十有一。"

元世祖忽必烈崇奉喇嘛教,在即位之前,即邀请西藏地区名僧帕思巴东来;即位后,奉为帝师,命掌理全国佛教。帕思巴圆寂后,其系法嗣世代为帝师。终元之世,每帝必先就帝师受戒,然后登位。元代管理佛教的机构,最初设总制院,即以国师为领导,后又设功德使司(简称"功德司")。至元二十五年(1288年),总制院改称宣政院,扩大管理职权,而且在各路设行宣政院,代替功德司的事务。僧官如僧录、僧正、僧纲等也都由宣政院管辖。天历二年(1329年),正式罢免功德司归宣政院。至顺二年(1331年),又撤消行宣政院,另于全国设立广教总管府十六所,掌管各地僧尼事务。元统二年(1334年),革罢广教总管府,复立行宣政院于杭州。

元代,一度规定每寺住僧人数,将大量田地分配给寺院。各寺都设有总管府、提举司或提领所经管业务。同时,寺院还从事商业和工业。政府对于寺营的工商业,有时禁止,有时命其纳税。

明代政权建立之初,有鉴于元代崇奉喇嘛教的流弊,转而支持汉传佛教各宗派,因此喇嘛教在内地渐衰,而禅、净、律、天台、贤首诸宗逐渐恢复发展。明太祖朱元璋早年僧侣出身,对于佛教有意加以整顿。洪武元年(1368年)即在南京天界寺设立善世院,命僧慧昙管领佛教,又置统领、副统领、赞教、纪化等员,以掌全国名山大刹住持的任免。三年,又召集各地僧者,规定寺院为禅、讲、教(包括依瑜伽教修行及应赴佛事等)三类,要求僧众分别专业。对于僧人发给度牒,废除过去计僧卖牒的免丁钱,并命各地沙门讲习《心经》《金刚经》《楞伽经》三经。僧尼寺院初属礼部祠祭司籍领。洪武十五年,仿照宋制从中央到地方设置各级僧司、僧官。《明史·职官三》："僧录司。左、右善世二人(正六品),左、右阐教二人(从六品),左、右讲经二人(正八品),左、右觉义二人(从八品)……僧、道录司掌天下僧道。在外府州县有僧纲、道纪等司,分掌其事,俱选精通经典、戒行端洁者为之。"《明史·职官四》："府僧纲司,都纲一人(从九品),副都纲一人。州僧正司,僧正一人。县僧会司,僧会一人。……俱洪武十五年置,设官不给禄。"僧官主要任务是监督僧众行仪及主管考试等。洪武二十五年,僧录司各僧官按级给俸,最高的月给米十石,最低的五石。并制定僧服色别,严格区分禅、讲、教三类。十七年,采纳礼部尚书赵瑁的建议,规定每三年发度牒一次,并加考试,不通经典者淘汰。二十四年,命各州府县只许保留大寺观一所,僧众集中居住,限各府不得超过40人,州30人,县20人。规定男子非年达40岁以上,女子非50岁以上者不准出家。复发布《申明佛教榜册》,通告全国,防止僧俗混淆,规定僧人诵经仪式和施主布施金额。又命各府州县的僧官,负责调查本地杂处民间的僧人实数,要求集中居住。二十五年,通知全国各级僧司编造僧伽籍册,拟颁布各寺,使互周知,名为《周知板册》。后以执行手续过烦而中辍。

明末,僧道度牒免费发给,但考试限制很严,私度因而激增。景泰二年(1451年),因救济四川、贵州饥荒,采纳朝臣建议,实行收费发牒制度,凡僧道纳米五石者,给以度牒。以后相沿成习,直到明末。

清朝对于佛教政策几乎完全继承明代。其宗教管理仿照明初的僧官制度,在京设立僧录司,所有僧官都经礼部考选,吏部委任。各州府县僧官,则由各省布政使司遴选,报送礼部审批委任。《清史稿·职官一》："礼部……祠祭……籍领史祝、医巫、音乐、僧道,司其禁令。"同安县在梵天寺设僧会司管理佛教事务。

明初,崇祯五年(1632年),规定各庙僧、道由僧录司、道录司负责管理。凡熟悉经义、恪守清规者,给予度牒。顺治二年(1645年),宽免僧道度牒不必纳银。禁止京城内外擅造寺庙佛像,造寺须经礼部允许。已有寺庙佛像亦不许私自拆毁。不许私度僧尼。对于僧道,一律官给度牒。三年,严禁白莲、大成、混元、无为等教,以其烧香礼忏,煽惑人心,命都察院、五城御史、巡捕衙门,及在外抚按等官,如遇各色教门,即行严捕,处以重罪。九年,上谕僧道"已领度牒者,务宜恪守戒规,穿戴本等衣帽,各居本寺庙敬供神佛。如未领度牒私自为僧道、尼僧往来者,及僧道、尼僧假装喇嘛穿戴衣帽往来者,定行治罪。其知情不报之僧道、尼僧亦一体治罪"。要求"理藩院确定京城附近寺庙居住喇嘛之徒弟数目,不许越理藩院所定数目,私自为其徒弟"。规定"妇女或叩拜喇嘛,或叩拜寺庙观宇,必随本身丈夫同行,不许妇女私自叩拜喇嘛或寺庙庵观,如违治罪"。

康熙四年(1665年),从户部议,对惑世耗民的异端僧道,勒令还俗,驱使开垦新荒。规定各省僧道给予度牒,应照前额定数,每府40人,每州30人,每县20人。凡无度牒僧道须按定例治罪。十三年,定僧录司、道录司员缺,及以次递补法。十六年,诏令僧录司、道录司稽察设教聚会,严定处分。二十五年,立法定例:僧道杀师立斩。二十六年,严禁僧道以邪教惑民。42年,规定凡扩建庙宇与民间田庐有关者,永行禁止。五十年,以寺庙太多,占据百姓田庐,且易于窝藏逃亡罪犯,无益民生,有旨日后严禁增建寺庙。

雍正十三年(1735年)九月,重申禁止各地擅造寺观神祠。

乾隆元年(1736年),礼部遵旨议定清厘僧道,颁行度牒之法。要求各地登记戒僧、全真道士年貌、籍贯、梵修处所,整理造册,取具印给,汇送礼部,重新发给度牒。嗣后情愿出家者,必先请度牒,方准簪剃受戒。规定不许招受年少生徒,妇女必年逾40,方准出家,年少者严行禁止。高宗弘历一度密谕各省督抚渐次减少僧道。乾隆十年六月,传谕以宽裁汰僧道:"若去一僧道,则多一力田之农民,则善政也。但朕复思之,彼游手坐食之人,习于安闲,若迫令改业,受手胼足胝之劳苦,其势有所不能。不过市井添无数游惰生事之辈,转不若收之寺观中,尚羁縻也。因命督抚转饬所属,从宽办理。但又不可错会朕意,以为崇高佛老。"《中国佛教·清代佛教》称:"乾隆三十九年六月,准御史戈源奏请,通令取消僧、道的度牒制度。"一直延续到清末。清末,清政府为激发传统士大夫的卫道精神,维护思想统治,决定没收一部分佛道庙产以兴儒学,引起佛教界震动,纷纷奋起抗争。光绪三十三年(1907年),因中国佛教领袖敬安上书,佛学界著名人士章太炎、释曼殊等撰文驳斥,逼使清政府收回成命,重申保护佛教,并由学部颁行章程,准许各省、府、县设僧教育会,凡僧众自行办学者,庙产可予保全。

民国元年(1912年)3月,国民政府临时大总统孙中山在回复李证刚(一作李政纲)等成立佛教会立案信中,赞同弘扬佛法,令准予立案。4月,"中华佛教总会"于上海留云寺举行成立大会,寄禅任会长,孙中山复信,公开表示国民政府全力保护佛教。4年,北洋政府颁布《管理寺庙条例》31条,通令全国寺庙教堂办理登记,予地方官以侵占寺产之权。佛教界呼吁取消,太虚和尚撰文反对,条例因之未付实行。17年8月,南京政府公布寺庙登记条例18条。11月,南京政府公布《神祠存废标准》,各地占寺逐僧加剧。18年1月,内政部议决公布《监督寺庙条例》21条。11月,立法院通过修订《监督寺庙条例》13条。20年,国民政府公布维护寺产之令,规定对侵夺寺产者依法办理。22年9月,内政部公布《寺庙兴办慈善事业实施办法》。23年8月,内政部下令禁止盂兰盆会。25年1月,公布《寺庙登记规则》。同年6月,中央民众训练部公布《修订中国佛教会章程草案》。32年11月,内政部公布《寺庙兴办公益慈善事业实

施办法》，中国佛学会理监事会议反对。33年，蒋介石命孔祥熙、白崇禧、何明华、太虚、于斌为五大宗教理事，设立陪都宗教联谊会。34年12月，内政部、社会部训令依法组织中国佛教整理委员会，太虚、章嘉、李子宽等任常务委员。36年8月，国防部批准僧尼可以救护伤兵代服常务兵役。37年1月，政府公布"废止寺庙财产兴办公益慈善事业实施法案"。民国时期，包括佛教在内的宗教事务由国民政府社会科、教育科负责管理。

中华人民共和国成立后，1950年5月，全国政协宗教事务组第二次座谈会讨论宗教教务问题，国务院总理周恩来指示政府与宗教只求政治上一致，不求思想一致，各宗教应在教言教。1951年9月，厦门市人民政府成立宗教事务处，负责处理全市宗教事务。是年土地改革运动，寺庙田产按土改法重新分配。1952年10月，中共中央主席毛泽东接见西藏致敬团，声明"共产党对宗教采取保护政策"。1953年，中国佛教协会在北京广济寺成立，中国佛教会成立后，成为协助中共中央、人民政府保护佛教宗教信仰自由，管理寺院僧尼的工作机构。1958年，中共中央、人民政府号召佛教界僧尼积极参加社会主义建设，支持大跃进。

1966年"文化大革命"席卷全国，佛教受到巨大破坏，中国佛教协会被迫停止工作。地方宗教工作也受到冲击，机构解散。1972年，中国佛教协会恢复工作。1979年4月，厦门市恢复设置宗教事务处，编制7名。1984年4月，中国佛协公布《关于汉传佛教寺庙剃度传戒问题的决议》。1985年8月，厦门市宗教处批准厦门本岛南普陀寺、万石岩、虎溪岩、天界寺、日光岩、启明寺、同安梵天寺7家为开放寺院。11月，厦门市恢复成立佛教协会。1987年2月，中共中央统战部部长阎明复在中国佛协第五届全国代表会议上郑重声明，共产党的宗教政策不因中央人事变更而改变。1991年1月30日，中共中央总书记江泽民邀请赵朴初等各宗教团体五位领导人到中南海作客，指出"政治上团结合作，信仰上互相尊重"是处理同宗教界朋友关系的原则，明确表示"宗教政策一定会保持稳定性和连续性"。是年6月，厦门市成立宗教事务局，为正县级机构，是市政府负责宗教事务的工作部门，内设办公室、业务一处、业务二处，编制10名。1992年，厦门市佛教协会制订《厦门市寺庙庵堂守则》。1993年10月，中国佛协第六届全国代表大会通过《全国汉传佛教寺院管理办法》、《全国汉传佛教寺院共住规约》等。1994年7月，中国佛协公布《全国汉传佛教寺院传戒实施暂行办法》。1996年1月，厦门市宗教事务局与民族事务委员会合署办公，实行两块牌子一套工作机构，列为市政府成员单位，晋升为副厅级单位，内设办公室、宗教一处、宗教二处、民族工作处，编制13名。2000年1月13日厦门市十一届人民代表大会常务委员会第22次会议通过《厦门市宗教活动场所管理规定》。（全文附后）。

附：厦门市宗教活动场所管理规定

(2000年1月13日市十一届人大常委会第22次会议通过)

第一章 总则

第一条 为了保护正常的宗教活动，维护宗教活动场所的合法权益，有利于宗教活动场所的管理，遵循宪法的规定及有关法律、行政法规的基本原则，结合本市实际，制定本规定。

第二条 本规定所称宗教活动场所，是指在本市行政区域内开展宗教活动的寺院、教堂、清真寺、宫观及其他固定处所。

设立宗教活动场所，必须进行登记。

第三条 宗教活动场所的合法权益和该场所内正常的宗教活动受法律保护，任何组织和个人不得侵犯和干预。

第四条 在宗教活动场所进行宗教活动应当遵守法律、法规和国家有关规定。任何组织和个人不得利用宗教活动场所进行破坏国家统一、民族团结、社会安定、损害公民身体健康和妨碍国家教育制度的活动。

第五条 宗教活动场所必须坚持独立自主、自办教务的原则，不受国(境)外组织和个人的支配。

第六条 市人民政府宗教事务部门是宗教活动场所的行政主管部门。区人民政府负责宗教事务的部门在市宗教事务部门指导下，按规定职责对宗教活动场所进行管理和监督。

市、区有关部门应当按照各自职责，协同做好宗教活动场所的管理工作。

第二章 登记

第七条 设立宗教活动场所，必须具备下列条件：
(一)有固定的场所和名称；
(二)有经常参加宗教活动的信教公民；
(三)有信教公民组成的管理组织；
(四)有主持宗教活动的宗教教职人员或者符合宗教规定的人员；
(五)有管理制度；
(六)有合法的维持本场所正常开支的经济收入。

第八条 设立宗教活动场所，应向市、区宗教事务部门提出登记申请，并提交符合本规定第七条要求的资料和证件。

第九条 宗教事务部门应当在收到完整的申请登记材料之日起60日内，依照本规定和国家有关宗教规定予以登记、临时登记或不予登记。对不予登记的应书面说明理由。

第十条 宗教活动场所终止、合并、迁移以及变更登记内容的，应事先向原登记机关办理手续。

第十一条 宗教活动场所具备法人条件的，登记时应同时办理法人登记。

第十二条 宗教活动场所须按规定接受宗教事务部门的年度检查。

第三章 管理

第十三条 宗教活动场所应当成立管理组织。宗教活动场所管理组织享有下列权利：
(一)根据本教教规、教义安排本场所的宗教活动；
(二)依照管理制度管理本场所的人员和事务；
(三)管理、使用本场所的财产和收入；
(四)申请兴办社会公益慈善事业和自养企业；
(五)按照国家的有关规定，在本场所内经营销售宗教用品、宗教艺术品和宗教书刊。

第十四条 宗教活动场所管理组织应当履行下列义务：
（一）接受人民政府有关部门的指导和管理；
（二）教育场所的人员和信教公民爱国爱教，遵纪守法，维护祖国统一和民族团结；
（三）保护宗教活动场所内的建筑设施、园林绿化、文物古迹和风景名胜，做好治安、防火、卫生等工作；
（四）按规定申报办理本场所常住人员和暂住人员的户口登记，并报宗教事务部门备案。

第十五条 新建、重建、改建和扩建宗教活动场所，应当符合城市规划，在征得市宗教事务部门同意后，按有关规定办理立项、建设等审批手续。

第十六条 宗教活动场所可以接受信教群众自愿捐献的布施、奉献、乜贴。

第十七条 在宗教活动场所内举行专项庆典、法会等大型活动，必须在举办的30日前报市宗教事务部门，经批准后方可举行。

第十八条 在宗教活动场所内不得传递、散发和销售非法入境、非法印制的宗教书刊和宗教宣传品。

第十九条 在宗教活动场所内不得进行算命、看相、测字、跳神、驱鬼治病等活动。

第二十条 非本市宗教教职人员到本市宗教活动场所举行或者主持宗教活动的，应由该场所报市宗教事务部门备案。

第二十一条 宗教活动场所与国（境）外宗教界开展友好往来，应当坚持独立自主、相互尊重、互不干涉、互不隶属的原则。

宗教活动场所因对外交往需要，邀请国（境）外宗教组织和个人来访或者应邀出访，应当报经市宗教事务部门同意后，按有关规定办理审批手续。

第四章 保护

第二十二条 宗教活动场所合法使用和管理的土地、山林、房产和其他合法财产受法律保护，任何单位和个人不得侵占和破坏。

第二十三条 因城市建设需要拆迁寺院、教堂、清真寺、宫观等宗教活动场所的，应事先征询宗教事务部门意见，与被拆迁人协商，按照原规模、性质、用途就近予以重建，或者妥善安置和补偿。

第二十四条 宗教活动场所位于公园、风景名胜区内的，公园、风景名胜区的管理机构应为该宗教活动场所的人员和居士的出入提供方便。

第二十五条 在宗教活动场所管理的范围内设立商业、服务性网点，或者进行商品销售、展览等活动，必须经宗教活动场所管理组织和宗教事务部门同意。

第二十六条 在宗教活动场所内拍摄电影、电视片，应当征得宗教活动场所管理组织和宗教事务部门同意后，到有关部门办理手续。

国（境）外组织和个人在宗教活动场所内拍摄电影、电视片和新闻采访，按国家有关规定办理。

第二十七条 任何人进入宗教活动场所，应当遵守宗教活动场所的有关规定，尊重宗教传统习惯。

第五章 罚则

第二十八条 宗教活动场所有下列行为之一的，由宗教事务部门责令改正，并按下列规定予以处罚：
（一）违反本规定第十二条规定的，给予警告，情节严重的，撤销登记；
（二）违反本规定第十七条规定的，给予警告，情节严重的，责令停止活动；
（三）违反本规定第十八条规定的，没收非法的宗教书刊和宗教宣传品，有违法所得的，没收违法所得。

第二十九条 未依法登记为宗教活动场所，而以宗教活动场所名义进行宗教活动的，由市宗教事务部门提请市人民政府依法予以取缔。

第三十条 违反本规定，侵害宗教活动场所合法权益造成损失的，应由侵害方依法赔偿。

第三十一条 违反本规定，触犯《中华人民共和国治安管理处罚条例》的，由公安机关依法处罚；构成犯罪

的,由司法机关依法追究刑事责任。

第三十二条 当事人对行政处罚决定或其他具体行政行为不服的,可以依法申请行政复议或者依法提起行政诉讼。

当事人对行政处罚决定逾期不申请行政复议,也不提起行政诉讼,又不履行的,由作出行政处罚决定的部门向人民法院申请强制执行。

第三十三条 国家工作人员违反本规定有徇私舞弊、滥用职权、玩忽职守的,依照规定给予行政处分;构成犯罪的,依法追究刑事责任。

第六章 附则

第三十四条 本规定的具体应用问题由市人民政府负责解释。

第三十五条 本规定自2000年3月1日起施行。

第十四章 僧伽传

第十五章 居士（菜姑）传

卷之四

第十四章 僧伽传

唐

释怀晖

泉州大同场安集里（今属厦门市集美区）人，宅在文圃山麓下良才山。俗姓谢。其先晋时入闽。唐天宝十五年（756年）生。早岁出家，受具足戒后四出云游。贞元初（785—787年），禅宗南岳系马祖道一在江西临川、南康一带传法，怀晖慕名前往参学，顿明心要，遂为马祖得法弟子。时佛学家彭城刘济十分敬重怀晖，经常一起切磋禅学，互相推证。

后怀晖隐居山东徂徕山，又寓齐州灵岩寺（即今山东长清灵岩寺），复移住定州（今属河北）柏岩，又称"百家岩"。是岩泉石幽奇，风景秀丽。日久，不耐门徒寺务请问繁杂，遂避居山西中条山，专心修行禅法。不久，道俗请学禅理者闻风而至。先前据山传法僧人自愧躅迹，退避蒲津（今山西永济市）。

元和三年（808年），唐宪宗诏命入长安章敬寺，住毗庐遮那院。每岁召入麟德殿讲论禅门法教，推居上座。平时居上院，为人说禅，朝寮名士日来参问，参学之徒如云。

元和十年（815年）冬示疾，十二月十一日圆寂。明年二月，门人智朗、志操等奉全身葬于灞桥北原，敕谥"大宣教禅师"（又作"大觉禅师"）。立碑于寺门，著名诗人、时为岳阳司仓贾岛为作碑铭，铭曰："实姓谢，称释子。名怀晖，未详字。家泉州安集里，无官品，有佛位。始丙申，终乙未"云云。

五代

释栖岑

同安（今厦门市同安区）人。俗姓陈。唐大顺二年（891年）生。生而粹美，幼不食荤。

天复二年（902年），栖岑年12岁出家，依泉州开元寺净土宗报恩院慧老宿，得度禀具，复从同寺以清辩著名的高僧清凉精舍释叔端学"毗尼俱舍"，全部继承其真传。

五代后梁贞明中（915—921年），栖岑开张讲席，至者如云。栖岑倡道，口若悬河，滔滔不绝，其辩锋如高屋建瓴，势不可当，听者无不快意惬心，淋漓酣畅。刺史王延彬因此特地为其扩建堂院，以容听众。不久，又在开元寺西创院以居栖岑，院未落成而于后唐长兴元年（930年）圆寂。其嗣子王继勋成其父志，取院名"报劬戒律之院"。

栖岑居报劬院大门不出、二门不迈者20年，深入钻研律学。有一日，一伙被追捕得走投无路的盗贼涌入方丈室。栖岑正禅坐，安然不动，晓以祸福，为之说教。群盗幡然有悟，纷纷丢下兵器而去。

五代末，清源军节度使留从效为栖岑请表，赐紫衣，号"阐教大师"。宋建隆三年（962年），留从效去世，统军使陈洪进继任清源军节度使兼知泉州州事，以栖岑正僧管内听，并延请宣讲《西方观上生经》。因栖岑道行高洁，当时公卿大夫受其"三归八戒"者比比皆是。

宋开宝五年（972年）八月十一日端居而化，世寿82岁而僧腊66年。门人为建舍利塔于佛迹山。

释栖霞

同安人。泉州开元寺报劬院僧栖岑之弟。为同寺净土宗奉先院之鼻祖。性情清淳，与世无争，以道自高，为兄栖岑所友爱。

栖霞早岁历游诸高僧大德门下，学成归来，不显山不露水，呐呐然混处于众僧之中。过了很久，才自己建庵修行，而且选择寺西北无人问津的旧奉先院。

栖霞性清淡，平时不喜居积，日常只有斗升之储。人们见他如此清苦，经常邀请他用斋，但他都借口"受别请"婉转拒绝。州刺史王继勋听说他坚持苦节，主动提出要为他翻修院舍，赠送粮食。栖霞一一辞却，说："毋以财货为子孙累。"只有布衣居士蔡仁机施舍给他一块足糊余口的"种斛之田"，方不辞受之。

有一日傍晚，一个头戴包笠的客人到他院中借宿，环顾其居，寒色满座，遂解囊中金钱赠送给他。栖霞随手置诸床下。这位客人离开7年后复来，准备再送给他一些钱。栖霞笑着说："不要，不要！你先前惠赠的钱我还分文不动哩！"拿出来一看，上面蒙盖了厚厚的一层灰尘。客人感慨万千，说："如此道人，有谁能用金钱打动他呢？"仍俯取旧金而去。

宋

释自严

泉州同安（今厦门市同安区）人。本姓郑。年11岁弃家依建兴卧像寺沙门契缘为童子（据《禅林僧宝爵》，《临汀志·仙佛》则云"依本郡建兴寺契缘法师席下"）。17岁得业为大僧，游豫章（今江西南昌），过庐陵（今江西吉安），拜谒西峰耆宿云豁禅师（号圆净）。凤慧顿发，盘桓五载，密契心法，得证神足。云豁为云门宗第四代传人清凉智明禅师高弟，云门嫡孙也。自严则为云门开宗祖师文偃的三传弟子。

宋乾德二年（964年），自严回闽。至武平，见南安岩石壁峭峻，岩冗嵌谾，窈窕虚明，洞穴天成，因结庵于此。其地旧多蛇虎，自严住锡后，皆不为暴。四方信众闻风争相敬事，参谒请学，络绎于道。

旧例，每年岩寺需向官府缴纳布匹，附近民众代为输缴。自严心中不忍。一年，自严写了一张纸条,请求官府宽免,夹在布束之中。知州欧阳程[咸平四至六年(1001—1003年)任汀州知州]一看大发雷霆,将自严逮捕。

大中祥符初(1008—1010年),云游南康(今属江西)盘古山。时井无水,自严于薄暮举杖三敲,诘旦而水涌出。传说南朝梁武帝天监年间(502—519年),波利尊者自西土来山中,曾有忏言:"后五百岁有白衣菩萨自东方来居者,定光佛也。"至是人们以自严为"定光佛"而验也。居三年,复还武平南安岩。

大中祥符四至六年间(1011—1013年),汀州知州赵遂良崇信佛教,于郡斋结庵念佛,延请自严入住相伴。赵遂良以自严诸事题奏,朝廷即颁赐"南安均庆院"额。

关于自严施法消灾、解厄、启智诸异迹,民间传说纷纭,且示人多以偈陀,带有神秘色彩,使人莫识其旨,因此,后人益信其为"定光佛"。

大中祥符八年(1015年)正月初六,自严集众宣称:"吾此日生,今正是时!"言讫,遂右胁卧而化。敕赐"定光圆应普慈通圣大师"。

释法周

字觉元(《开元寺志》本传字作"觉先")。同安(今厦门市同安区)人。俗姓王。生八年出家泉州开元寺文殊院为僧,持经诵习于释行钦门下。老师每日教授《楞严经》逾千言,法周勤学苦读,不落半步。年12岁剃度,14岁受具足戒。法周自小养成勤快谨慎的生活习惯和工作作风,从不偷闲懒惰,学业比同辈人更加出色。17岁时即领受多位老师的教授,一有疑问便虚心请教,遍穷教义,融会贯通,成为一名知识渊博的学者。

法周前后三次应诏入朝讲论《净名经》、《法华经》、《楞严经》,宋太宗赵炅听了,都很满意,颁赐紫衣章服,师号"文慧禅师"。淳化三年(992年),复归泉州开元寺文殊院。寺中大德释定诸、怀曜纷纷作诗贺其荣归。

咸平初(998—999年),宿翰任泉州知州,十分尊崇礼敬法周,委任法周为僧正,负责管理泉州一州七县的佛教事务。一日,宿翰诣寺拜访法周,俩人并肩相引行于大雄宝殿前台阶踏步上,见其下石庭有数茎青草,宿翰指问道:"古人云'紫云盖地,凡草不生。'因甚而今却有?"法周随口应声回答:"地因培客土,凡草有时生!"宿翰为法周才思敏捷所折服。

不久,法周移住西郊龙兴(《开元寺志》本传作"兴龙")寺,虽春秋已高,却不妨其职。天圣元年(1023年)三月十九日,以石门山塔成,跌坐告众入灭。阇维有舍利,与其骨合葬。

释惟慎

晋江人。高僧慈明楚圆之弟子,住锡泉州开元寺。戒行洁清,尤邃于理。宋天圣中(1023—1032年)游京师,刚到开封,翻头又回泉州。里人、新科进士曾公亮(后历官至门下侍郎兼吏部尚书,封鲁国公)说:"阙下无禅侣,如何驻得君。"惟慎应声回答:"敢言知己少,性本类孤云。"

泉州知州郎简推荐惟慎住持西山广福院事,推辞不赴。时同安东北大罗山改栖霞院(今汀溪斗拱岩)为禅院,未有师表。同安知县葛源寻访惟慎,礼致驻锡。惟慎欣然受聘,屦杖而往。葛源更加敬重。惟慎遂为改禅后罗山栖隐院第一任住持。

释文翠

里籍乡贯未详。宋治平年间(1064—1068年)栖隐嘉禾屿五老峰山麓(今厦门本岛南普陀寺藏经阁后后山下)。其地为五代僧清浩住修所建泗洲院旧址,大石嵌空,其下虚敞。文翠穴洞而居,参禅静修,改泗洲院为无尽岩。时尉滕翔赠文翠诗云:"海翻波浪绕危峰,无尽岩前世界空。不是灰心求佛者,片时难耐寂寥中。"

释慧南

一作惠南。信州玉山(今江西玉山)人。俗姓章。宋咸平五年(1002年)生。大中祥符五年(1012年)出家于本州定水庵智銮,天禧四年(1020年),落发后受具足戒,时年19岁,后到各地参访游学,先后师事庐山归宗自宝、栖贤澄石霙、泐潭怀澄、福岩审承等高僧大德,又与丛林奇士云峰文悦、芭蕉谷泉相友善。景祐三年(1036年),坚请入石霜慈明室,蒙其印可。随后又作短期游学,遂入闽开法于同安崇胜院。

初受请日,提唱:"智海无性,因觉妄而成凡。觉妄元虚,即凡心而见佛。便尔休去,将谓同安无折合,随汝颠倒所欲?南斗七,北斗八。"又曰:"五湖衲子,一锡禅人,未到同安,不妨疑著。"一次上堂,曰:"撞钟钟鸣,击鼓鼓响。大众殷勤问讯,同安端然合掌。这个是世法,那个是佛法?咄!"

不久,移住庐山归宗寺,因寺失火遭罪入狱,出狱后主临济祖庭黄檗寺。治平二年(1065年),应洪州知州程师孟之聘入主黄龙寺(又名崇恩院,在江西修水黄龙山),法席盛极一时。在此期间,开创"黄龙派",为临济宗自五代以来第一位影响巨大的弘法大师。

熙宁二年(1069年)三月十七日午时,端坐示寂。谥"普觉禅师"。

释道隆

泉州同安(今厦门市同安区)人。泉州开元寺慈恩院首座。宋政和三年(1113年)十一月的一天,道隆回家探亲,临行,将平时持诵的《莲花经》7册收藏在日常藏书的地方,空隙处充塞一些杂布,并亲手封缄坚牢。四年正月返回慈恩院,即将打开时只见函匣布满白蚂蚁,填塞的杂布腐蚀殆尽,而经书却完好无损。周围的人听说有此奇事,都跑过来围观,同声称异,都说:"如果不是首座平日好修勤诵,哪里会出现这样的奇迹呢?"同院师兄弟释普光与喜欢作诗的僧众都乘兴题咏记异。同寺清果院年逾80的著名诗僧释有朋得到这个消息,商借经书观赏,建议道隆专门制作一个函椟来收藏,以体现是经殊胜,并嘱咐不要让凡夫庸子随便触摸,答应专门为此事作序记之,以信来者。

释子琦

惠安人。俗姓许。儿时即老成端重,依泉州开元寺释智讷出家。年甫及冠试经得度。子琦淹贯群籍,尤其精通《楞严经》《圆通经》。后游方江淮,初参可真,又参慧南,尽得其道。宋熙宁二年(1069年),慧南去世后,五祖法演命子琦分座说法。后历居多山,均成丛席。

元丰年间(1078—1085年),泉州知州陈俏驰书礼聘子琦,请他开法同安罗山泉州开元寺外院兴福寺(即前之栖隐院,今汀溪斗拱岩)。升座,有僧问:"有佛处不得住,无佛处急走过,离此二途,请师直道。"子琦回答:"但得雪消去,自然春到来。"僧又问:"凭么则截断两头,归来稳坐?"子琦回答:"不动一句,又作么生。"僧说:"大罗山顶依青嶂,挂月峰前看白云。"子琦答:"心不负人,面无惭色!"未期月,继主惠安大中寺、泉州承天寺。

崇宁中(1102—1106年),以泉州知州潘珏奏请,赐紫衣,号"昭觉大师"。政和五年(1115年)八月廿九日迁化,塔于泉郡北山悟空院之东。

释无着

比丘尼,法号妙聪。泉州同安(今厦门市同安区)人。俗姓苏。宋丞相苏颂孙女(一说苏颂女,误)。为南岳下十五世径山宗杲大慧普觉禅师法嗣,住平江府(今江苏苏州)资寿寺(一作资寿庵)。年三十许,厌世浮休,脱去缘饰,咨参诸老,已入正信。

一年,无着依其师径山处度夏,值大慧禅师升堂讲法。大慧举"药山初参石头,后见马祖"因缘。无着听后,豁然省悟。于是声闻四方。隆兴改元,状元、中书舍人张孝祥知平江府事,劝勉鼓励无着在资寿寺讲经弘法,并亲自出席聆听演说。

无着参禅说法,藻辞温雅玄妙。

孙应祖师

同安县明盛乡仁德里孙盾(今属厦门市集美区)人。另一说安溪太湖岩张道源。其母怀孕六个月早产。自小颖异,咿唔学语时就比同龄人聪慧,乡里人都对他另眼看待。

长大后,孙应皈依佛教,四出云游参访,至太湖,结庐静修。终日木鱼贝叶,古佛青灯,忏悔前愆。修行数十载,道行高深,远近皆以"神僧"目之。孙应总是笑着说:"我不过是平静地依据事理推测而已,哪里谈得上神不神的。众生追逐名利,迷了心窍,所以往往理之至浅者,反昧而不明,哪里有什么智愚之别哉!"

孙应所居茅屋仅容膝,十分窄小。晚年筹建一座寺宇,杉料均购自远方,运输十分困难。孙应运用法术,让那些杉木浮于寺前池塘。因此,就用"浮杉岩"名其寺额。后来香火兴盛不绝。

孙应圆寂时世寿97岁。明代敕封为"惠应祖师"。

元

释契祖

同安嘉禾(今厦门本岛)人。俗姓张。生于宋绍定三年(1230年)。宋末祝发为僧。宝祐年间(1253—1258年),随侍泉州法石寺释元智。元智法号愚谷,系临济宗杨岐派下虎丘派枯禅自镜得法弟子。元智十分赏识契祖材学。

宋末元初,契祖外出游方,时值战乱,参访归来,即潜伏乡间小院静修。

元至元二十九年(1292年),泉州大开元禅寺开山祖师妙恩禅师钦慕契祖,委托西禅寺比丘尼释净淑敦请契祖为开元寺堂中上座,兄弟相称,十分礼敬。有一次,契祖病了,妙恩馈送药资。契祖婉谢,作偈曰:"政坐虚消人信施,生身受此铁围殃,镕铜热铁都吞了,那更教人入镬汤。"由此,妙恩更加敬重他。

至元三十年三月十五日,妙恩举荐契祖以自代,为大开元禅寺二世祖。越三日妙恩归西。

契祖住持大开元禅寺长达28年,达官贵人来泉州,必定诣寺拜见。元帝久闻其名,颁赐予"佛心正悟"之号。

契祖善说法语,浑然天成,生动活泼。如说"腊八":"半夜娘生眼豁开,狼忙便走下山来。看来只个星儿事,搅得乾坤作一堆。"说"重阳":"今朝重九节,篱根菊又开。诸方不说陶潜,即说孟嘉,开元无可说者,归堂吃茶!"

时寺有真首座,有能颂声丛林间,以卜隐颂,要契祖作偈。契祖随口而道:"自断胸中更没疑,行藏那许鬼神知。直饶天下藏天下,未是羚羊挂角时。"真首座听了,十分叹服,自此无话。

延祐六年(1319年)八月廿二日,契祖无疾而终,寿90。全身塔在于西山。

释即空

同安人。自构一堂,名为"水月",住修其中。辟谷十余年,每日仅食枣果、栗子、松实。后坐化西归。遗躯至清乾隆年间(1736—1795年)尚存。

明

释觉光

同安大嶝人。俗姓宋。生于元末。早年出家。居同安天兴寺,与其师倡修苦行,断臂燃指供佛,人称"断臂和尚"。后地方官以其倡导断臂燃指为邪行,驱逐出寺,流放鹭岛。初居宋僧文翠旧日祇园无尽岩,于摩崖石刻"息心断臂"四字,以自明心志。后四出募化筹建法宇。时人以其自断手臂之修苦行为大德高僧,竞相捐输。觉光募得巨资,于明洪武十八年(1385年)乙丑就无尽岩下拓建普照寺,同时购置田产,招集僧众共住。是为厦门本岛第一座殿堂毕具增建的佛教寺院。

释了住

号法纯。平海卫(今属莆田市)人,住兴化梅山。依漳州闲寂首座剃发,受具足戒。开创平和栖云岩,徒侣丛集。又弃,孤隐芹山,六年不出。一年,随侍首座往泉州坐夏,来而复往,四经同安。同安信众久闻其名,相率皈依,并于同安梅山寺大殿旁创筑精舍,恳留了住居止。了住遂留同安弘法。将示灭,七日前叮咛告众,闭目而化。后人为建塔于漳州南山寺侧。

释笑堂

同安湖头村人。明永乐年间(1403—1424年)住太武岩。时其门下二徒有事赴京,临行之际,笑堂作诗送别。诗云:"客路逢秋急惨凄,吴歌楚些听如迷。海天一色雁双去,山月半规猿自啼。心动故园频入梦,诗逢好景易成题。孤霞落骛西风外,更向何山去托栖。"他的两个徒弟也都有诗名。

吴 容

同安人。少游吴地(今江浙一带),后看破红尘,削发为僧。平时认真钻研医术,治病救人。后还泉州,遂以方药济世。生平廉恕,视金钱如粪土,一丝不苟。泉州名士解元李光缙为其作传。

释达宗

同安浯洲人。少出家,能诗,学辟谷之术。同乡卢若腾未显达时,达宗即十分赏识他。达宗曾对卢若腾说:"公为牧马侯后身,若改号'牧洲',再加马名,当得第。"卢若腾如其言,崇祯十三年间(1640年)果中进士,后历官凤阳巡抚。达宗每次见到卢若腾,都十分高兴,热情接待。对一般香客,则崖岸自放,十分高傲,人们背地里称他为"傲和尚"。

有一天,达宗闲游,经过一个池塘,池畔有两个儿童在放鸭子,见到达宗,拍手大叫:"傲和尚来了!傲和尚来了!"达宗一声不响,蹲下身子,抓起鸭子掷了好远,鸭子拍着翅膀,浮海而去。儿童一见大哭,牵着达宗的衣裾哀求。达宗大笑,说:"还你鸭子!"儿童一看,不知什么时候鸭子又回到原来的地方。

一次,达宗登上浯洲啸卧亭,环顾四方,指着东方说:"不周一甲(12年),海中当生一大都会!"达宗所指"大都会"即台湾也。后来郑成功驱逐荷兰,收复台湾,台湾经济发展,人口剧增,日益繁荣,俨然一"都会"也。

清初,达宗端坐而化。

释明任

厦门本岛人。俗姓杨,字愧斯。初住安溪,后居厦门半山堂。堂在城东里许,一半居市一半居山,故名。后改称"寿山岩"。明任善行、草大字,工诗。

清

姚翼明

字兴公,浙江平阳人。官兵科给事中。明亡,在海昌组织反清起义,失败后逃亡海上,出入风涛危险中,不屈不挠,毫不气馁。后依鲁王朱以海。清顺治三年(1646年)与鲁王乘槎泛海入闽,僦居鹭岛东岳庙。旋鲁王迁南澳,翼明遂入洪济山为僧,法号未详。终日娱怡文咏。后归平阳。著有《南行草》。

涂仲吉

字幼安,号德公。漳州镇海卫(今漳州海澄。一作漳浦)人。明季名臣黄道周门生,万历年间(1573—1620年)国子监太学生。崇祯十三年(1640年)春,明毅宗朱由检以南京兵部右侍郎、江西巡抚解学龙荐举江南按察司照磨黄道周,推奖备至,无端以"持相朋党"莫须有罪名削解、黄二人之籍,逮下刑部狱,并株连20多人。仲吉时在南京,闻讯投艄而起,赴阙上书。崇祯帝诏杖长安门外,下锦衣狱,论戍。后遇赦,历翰林院待诏。清顺治二年(1645年),明唐王朱聿键入闽,号监国,授仲吉御史。翌年秋,清兵入闽,唐王出奔,仲吉以世事无常,遂祝发为僧(法号失考),蛰居厦门,与同安名士纪许国相往来。六年,将卒前夕,忽梦天上有人召修国史,明日,以忧愤呕血而亡。

陆昆亨

里居乡贯失考。明锦衣卫。清顺治三年（1646年）八月二十四日，清兵攻克延平。昆亨护卫唐王朱聿键出奔，二十七日至汀州。翌日，清兵破汀州，唐王被俘，昆亨死里逃生，脱奔厦门，遂削发为僧（法号未详）。年80圆寂。

谢元汴

字途野，广东澄海人。明崇祯十六年（1643年）进士，官兵科给事中。明亡，隐姓埋名，韬光晦迹，遁居厦门，削发为僧，法号待考。

释无疑

同安人。戒行端严。

清顺治五年（1648年）五月，郑成功率部攻取同安，以前明吏部主事叶翼云为同安知县，举人陈鼎为教谕。八月十六日，清军合师围同安。城破后，郑成功部将邱缙、林壮猷、金作裕等皆巷战牺牲，叶翼云、陈鼎亦不屈被杀。清军因同安坚守不降，竟屠杀百姓五万余人，枕尸塞路。无疑率其徒释达因等七人亲自以草席裹尸，背往城外火化，于大轮山北掘地10余丈见方合葬，名之为"同归所"。

顺治九年四月，郑成功率兵20万攻漳州，久攻不下，遂围而困之。至十月，城中食尽，死者数万。清都督金砺率骑兵来援，围解。无疑又偕其徒前往收埋遗弃尸体。

后无疑隐居大帽山，重兴同安甘露寺，为住持长达25年之久，募资重修十八盘古道。终于甘露寺。

释亘信

讳行弥，同安（一作漳州）人。明万历三十一年（1603年）生。幼年业儒，长于漳州南山寺剃染出家，纳戒于樵云律师。后游方参学，在福清黄檗费隐通容处得法。

崇祯年间（1628—1644年），住持漳州南山寺，法席盛于闽南。其间一度应隐元禅师之请住持黄檗寺、泉州承天寺、南安延福寺等。

清顺治十三年（1656年）住持福州雪峰寺。是年夏，从雪峰入支提，僧众留居支提寺结夏。亘信于山寺检阅藏经整整三个月。至冬，复请结制开戒。此时，发生山寇骚扰，地方不靖，遂回福州。后又兼主福州庆城寺。

顺治十六年于福州雪峰寺示寂，终年57岁。

临济宗黄檗派由于隐元隆琦东渡日本传法，其得法弟子大多或随同前往，或接踵而去。隐元一系虽仍有弟子在闽传法，但已非昔日可比。只有亘信一系兴盛于闽，其得法弟子如幻超弘为闽南一方宗匠，南山超元传法漳州南山寺，他们的法嗣遍布泉、漳二州。厦门南普陀寺清初的景峰就属临济"喝云"一派。

林 英

字云又，福清人。崇祯年间（1628—1644年）岁贡。积学负文名。任昆明知县，时有"神明"之称誉。清顺治三年（1646年），明永明王（即桂王）朱由榔被明旧部推为监国，旋自立，建元永历。林英为兵部司务。顺治十八年（即明永历十五年，1661年），永历帝失败，流亡缅甸。

康熙元年（1662年），林英剃度为僧，从云南遁至厦岛，旋入台湾。后事未详。

刘子葵

失名，以字行世。惠安人。清顺治五年（1648年）四月，子葵积极参与郑耀星反清起义。七月，起义失败，子葵被官府追捕，家属被拘禁，万不得已遁入空门，削发为僧，携一瓢一褐逃亡鹭岛。随后准备南下端州（今广东肇庆一带）投奔南明抗清队伍，鹭岛名士纪许国为文送其行。永历帝朱由榔擢为永川知县。就任一个月，有黄应杰据惠州背叛，子葵坚守永川县城，阻止黄应杰北上，惠州府所属各县得以保全。后以抗拒驻军扰民，愤然辞职，遁居潮州深山。后来，再度披缁入厦，复谋搭乘商船绕道海南岛转赴广西，投奔南明政权。纪许国亦为文送之。后因桂林梗阻，引还途中遇寇被害。

纪许国

字安卿，同安后麝人。清顺治四年（1647年）随其父纪文畴徙居鹭岛。纪文畴博学多才，唐王时为中书舍人，擢翰林院待诏。纪许国崇祯十五年（1642年）举人，明亡后闭门著述，忠愤忧愁之意，一寓于诗文，日取父兄遗著闭户编辑。后来，许国投迹空门，落发披缁，携一瓢游行五岳。同里林霍为序以送其行。

释超全

俗姓阮，名旻锡，字畴生。世居厦门。生于明天启五年（1625年）。明末清初厦门名士。其父阮伯宗，字一峰，万历以后承袭嘉禾千户所百户。旻锡少年丧父，家贫，泛海经商，孝养其母，仍好学不辍。

崇祯十七年（1644年），李自成农民起义军攻陷北京，清兵乘虚入关，旻锡正当弱冠之年，眼见国破家亡，慨然舍弃举子业。后师事南明唐王小朝廷吏部尚书、文渊阁大学士曾樱研习性理之学。曾樱字仲含，号二云，峡江（今属江西）人，万历四十四年（1616年）进士，崇祯四年尝任福建参政，兵巡兴泉永道，倡开海禁，勤政爱民，廉洁奉公，深受泉州人民的爱戴，历官至工部侍郎；唐王时应召入闽为阁臣。清顺治三年（1646年），唐王失败，曾樱徙居鹭岛，旻锡列其门墙。

旻锡又通过著名学者曹学佺的荐引，结识名士杨能元、池显方（字直夫），相与切磋学问，讲习道义，过往甚密。

旻锡所学知识面广，举凡道藏、释典、诸子百家、兵法战阵以及医卜方技杂艺，无不融会贯通。

顺治八年（1651年）二月，清巡抚张学圣侦知郑成功远出，派兵攻下厦门。十六日夜，曾樱自缢。旻锡与其友陈泰冒险背负曾樱尸体，偷渡出海，殡葬于金门岛上。

康熙七年（1668年），旻锡出游，踏遍名山大川，北抵京华，前后十数载。后遁入空门，落发为僧，法名"超全"。晚年以教授生徒自给。人们对超全的民族气节十分钦佩，将他与宋郑思肖（号所南）、谢翱（字皋羽）相类比。所著有《夕阳寮诗集》、《诗论》、《诗韵》行世。三山林佶评价他的诗作"冲微澹远，一以正始为宗"。

康熙四十六年（1707年）示寂，世寿83岁。

释宗标

字良准，号观幻，俗姓林。同安人。清顺治九年（1652年）生。宗标天生长眉，从小厌食腥辈。幼年时,有一个和尚见他面相奇特,以为释貌梵相,十分器重。

康熙七年(1668年),宗标入开元寺为僧。旋往福清黄蘗寺受戒,礼拜广超禅师为师,即授以拂。未几广超寂化,宗标为建塔治丧。复归泉州开元寺,隐寺中清居寮静修,潜心研究宗乘30余年,从学者云集。

康熙四十七年,福清绅士恭请宗标住持黄蘗寺。期满告归。六十年,于法云斋阁开坛说法。

雍正二年(1724年),福清当政及诸信众再请宗标住持黄蘗寺,道望益隆。九年,泉州士绅迎请宗标回归开元寺住持戒坛。时年已逾七旬。

雍正十二年圆寂,世寿83岁。所著《语录》八卷,为佛门所宗。翰林院编修、左春坊中允林之浚为之作序。

释明光

号上中,厦门人。少业儒,以生计兼作商家贸易中介,奉养寡母。母殁出家,入泉州开元寺涌幢庵(《同安县志》作开元寺准提阁)为僧。勤奋学习,参验考究佛学诸经。闲暇喜吟咏,为诗清灵幽静,远离尘俗。复擅临池,尤工草书,学苏州祝枝山,时人以其书艺出入于东晋王羲之、王献之二王之间。时同寺僧释如寿精于楷书,与明光齐名,人称"明光草,如寿真"。晚年常与名士阮旻锡相唱和。阮旻锡为其选辑诗作300余篇,编为《偶然草》,缙绅苏埙、陈镇峰为之作序,刊刻行世。

释如寿

同安人。泉州开元寺僧,与释明光同时人。博通内典,工书,善摹元书画大家赵孟頫书法,行楷皆圆转遒丽,端雅可人。能诗,和婉有致,有诗集传世。

释雪芝

厦门人。与释明光、释如寿同时同寺为僧。工草书,善画兰。其画作兰石蕙圃,淡浓疏密,曲尽其妙,名播远近。后入武夷山。

释晓诚

同安端平岩僧。蛰居岩中数十载,戒行独异他僧。清雍正年间(1723—1735年),唐孝本为同安知县。有一年六月大旱,唐孝本恳请晓诚祈雨,欣然应承。相传晓诚求雨形式很独特,没有繁文缛节,只是一个人合掌趺坐于烈日炎蒸之下,水浆不入口者数日。他事先与唐孝本约定,如某时天不下雨,愿意焚身祭天谢民。至期,果然大雨如注。后来,同安凡逢旱灾,都请晓诚祷雨,传说无不应验。

释元飞

字石龙,俗姓童,晋江人,生于清康熙十一年(1670年)。自幼厌荤茹素。14岁时游览福清资福寺,向往寺院僧伽清净生活,留连不归,遂拜道建和尚(号"不动")为师,剃度出家。学习经文,过目成诵。康熙二十九年诣黄蘗山万福寺,礼浑古和尚受戒。后闻泉州崇福寺正哲和尚道学深湛,遂往拜门下。有一日忽闻雷声霹雳,顿然感悟,信口吟诵曰:"个事不从字与文,一归何处说纷纷。而今劈破虚空后,卸却肩挑二百斤。"哲老见其灵悟有得,遂传衣钵立为嗣法弟子。

康熙四十年（1701年），驻厦门福建水师提督吴英，迎请元飞来厦门住持重建虎溪岩。当时岩寺仅存三间寮舍，元飞进住后，发愿重兴岩宇。经20多年营运，先后募建大雄殿、垂云楼、大悲殿、一啸亭、伏虎洞以及丈寮僧舍，使虎溪岩成为厦门一大寺院。雍正五年（1727年）应提督蓝廷珍等的议请，就虎溪岩举办规模盛大的万寿大庆法会，此外又先后于雍正九年、乾隆五年（1740年）举办三坛授戒盛会。

元飞性纯孝，在岩侧建报恩室奉养生母，并祀其父，母丧后与其父合葬于寺侧。乾隆四年（1739年），武安（今属河北）人董石虬作诗赠元飞云："奉母逃禅，移父合迁。一坯黄土，甚大因缘。礼佛庐墓，敬孝双全。我知如是，是所当传。"时虎溪岩下荒冢暴棺累累，元飞劝冢主子孙改葬归祀，无主者代为收埋，并列祀于报恩室。

雍正十三年（1735年），元飞应龙岩知州张廷珠和漳平知县傅维祖的邀请，卓锡东宝山石云寺开坛授戒，盛况空前。晚年就山岩闭关精修，偶有吟咏，诗句多深涵禅机法理，经常与地方政要和士绅互相唱和。著有《谚银》十卷行世。乾隆七年（1742年）七月圆寂，享年73岁。后世奉为虎溪岩开山祖师。

元飞，收度弟子4人，长徒瑞峰，嗣法住持虎溪岩，曾应厦门诸士绅之请，于乾隆九年（1744年）、十二年、十四年，就本岩举办弘法传戒大法会。次徒瑞光，于鼓浪屿三丘田创建瑞晃庵（后改称"法海院"）。

释佛颜

字如华，号青松道人。俗姓王。南安县人。生于雍正四年（1726年）。早年出家，嗣法于南普陀寺如渊和尚。平生诚笃清高，参究内典，尤多吟咏，与地方名士黄仕简及诸士绅交往，并应其要求，就南普陀寺开坛授戒，宣弘妙法，深得佛教界缁素人士的赞誉。曾新修兴嶝山保宁寺，为该寺的开山祖。乾隆五十四年（1789年）圆寂，世寿六十四岁。

胡文远

广东潮州人。住厦门城南门观音亭。独自修行，不度弟子。预知殁期，事先与相识者一一诀别。至期，自披袈裟坐化。周围的人亲眼目睹文远西归的场景。

释知坚

同安人。清乾隆年间（1736—1795年）住太平岩。道行深邃，能未卜先知。临终前，预知死期。其日于岩中宴请生平挚友知己者七人，却交代知事设置八个客位。其徒不解，问："七个客人都已到齐，何用增设席位？"知坚说："马上又有一个客人到。"大家刚坐定，果然来了一位不速之客。宴中与挚友告别曰："我就要西归！"说完，转身离去。大家以为知坚在开玩笑，都不相信，讵料知坚才及禅床，便即坐化示寂。

释景峰

景峰和尚为临济宗三十九世传人。先为漳州南山寺报劬禅院住持。继承黄檗宗"喝云"一脉，法席兴盛，学者奉为楷模，为喝云派中兴之祖。晚年，景峰移主厦门南普陀寺，多所兴建，道望蔚然，深得缁素敬信。清乾隆五十年（1785年），漳浦蔡新大学士致仕，告老还乡，钦敬景峰，亲题"方丈"一匾赠送景峰。光绪二年（1876年），其徒孙释非劣、曾孙释省己、元孙释远茂等为建塔于无尽岩下。1982年12月，其远孙、星洲龙山寺释广洽、广净重建新塔，雪峰居士林子青为作《景峰老和尚塔铭并序》。铭曰："喝云一脉，南院发祥；近三百载，祖道弥昌。景峰先祖，继往开来；普陀说法，声响如雷。经之营之，楼阁参差；人天瞻仰，道俗皈依。云仍顶礼，一瓣心香；缅怀德化，山高水长。"

释佛敏

号如难，俗姓杨，漳州海澄人。生于清康熙五十三年（1714年）。早年拜瑞晃庵住持释慧林为师。平素为人严谨诚朴，不苟言笑，勤修梵典，朝夕课诵不辍。曾重修扩建瑞晃庵方丈禅堂。乾隆十四年（1749年），在虎头山下海滨募建海屃寺。是为该寺开山祖。乾隆二十七年，台湾知县夏瑚设太平船，专运流寓台湾兵民的棺骸来厦门，借海屃寺寄厝。官府则拨款委托寺僧监管。

乾隆四十九年（1784年），佛敏应地方官绅延请，就虎溪岩开坛授戒，得到诸方戒子和善信的欢喜信受。乾隆五十八年于虎溪岩圆寂，世寿79岁。

释达中

法号通庸，自号"不偏老衲"。俗姓杨，晋江人。生于乾隆九年（1744年）。本习儒，以蹭蹬场屋，屡试不爽，于乾隆四十八年就虎溪岩僧意藏剃度，后嗣法于晋江海印寺本溥和尚门下。乾隆四十九年接受乡进士陈为揖（查无此人，疑为陈为舟之讹，陈为舟，乾隆三十三年举人）诸乡绅的邀请，就任晋江龟湖庵住持。后应其师释意藏之召重返厦门，居醉仙岩。嘉庆十二年（1807年），募资重建天界寺，又于天界寺右建文昌阁、天界寺右下侧改建达中庵（后改紫云岩）。平居严持戒行，闭户参修佛典，偶有吟咏，契含禅机，著有《刻玉集》一卷行世。嘉庆二十一年（1816年）圆寂，僧腊33岁，世寿73岁。

释法相

同安梵天寺僧。清嘉庆年间（1796—1820年）住持金门后浦北镇庙，平时自学医书，练习拳术。虽武艺高强，但深藏不露。一日，偶归梵天寺，路过西安桥，遇到一个拳师。这个拳师为市井无赖，游手好闲，玩世不恭，缠着要法相与他比试角艺。法相再三推辞。拳师以为法相胆怯，步步进逼。万不得已，法相乃出手与之比较，一战而胜。拳师恼羞成怒，决心报复。一天，法相在市场上买菜，拳师出其不意，乘其不备，突然出手，用铁锤猛击法相头颅。法相顿时伏地，即刻归西。凶手逃窜台湾。后潜回同安，知县李振青擒捕归案，处以极刑，为法相雪恨。

释佛乘

龙岩永定县人。俗姓苏。生于清道光十四年（1834年）。由于家境贫寒，8岁即卖身梨园学戏，受尽酷虐打练。同治元年（1862年），年28岁，潜到厦门南普陀寺依有情和尚披剃出家，法名"佛乘"，后于浙江台州因明寺受具足戒。随后在江浙一带朝山行脚，拜师参学。同治十一年返回厦门南普陀寺。当时，师父有情和尚已移锡住持漳州南山寺。光绪元年（1875年），佛乘应师召移锡漳州南山寺，协助住持寺务。时南山寺屡遭兵灾，殿宇倾危，萧墙冷落，部分堂院沦为灾民避难所。佛乘进住，即通过汀漳龙道尹，请其为佛门护法，妥善安置难民，并以此发动四方善信，募资整修寺宇。同时派其弟子喜昌南渡出国募化，得到海外诸善信的捐施，募集数千元,对寺宇殿堂进行全面翻修,南山寺因此焕然一新。嗣后,佛乘又先后恭请佛学和符济二长老来南山寺开坛传授三坛大戒。近代闽南名僧如会泉、转道等皆出其门下,使一度衰落的南山喝云祖堂得以宗风重整;闽南佛教也由之起衰振盛,是皆佛乘大德有以致之。

光绪二十五年(1899年)七月,佛乘圆寂于南山祖堂,世寿66岁,僧腊38春秋。

释喜参

法名性悟,字喜参,以字行世。原籍安徽省青阳县。生于清道光二十八年(1848年)。因避战乱,随族人流寓闽南。幼习梨园,托迹戏班。光绪三年(1877年),至漳州南山寺谒见住持佛乘和尚,由于同经梨园从艺,出身雷同,因缘感悟,觉人生如戏场,乃请求佛乘和尚为其剃度。佛乘乃就其师兄佛日和尚像前代为落发收度,赐法名性悟,字喜参,时年30岁。越年,受命往宁波天童寺依佛源和尚受具足戒,后又朝礼江南诸山长老参修学法,学有所成。光绪八年返南山寺,深得佛乘和尚器重,授以监院重任。喜参不负众望,致力经营,井然有序。

光绪十九年(1893年),厦门佛教界人士慕名延请喜参来厦门住持鸿山寺。经两年多的募化擘划,寺宇重兴,殿堂修葺一新。

光绪二十一年(1895年),喜参应请移锡南普陀寺。当时南普陀寺因法席乏人,梵宇失修,门墙倾败,古寺落寞,鱼磬消寂。喜参入主后,即发宏愿整修门庭,重振宗风。乃邀集地方士绅及诸方善信共谋恢复,先后重修大殿、祖堂、禅院、寮舍,并新建普同塔和放生池。至光绪二十七年,梵宇殿堂毕具,古刹焕然重光。光绪二十九年,乃亲往宁波天童寺延请净心大师来南普陀寺开堂授戒。后来闽南名僧如性愿、妙月等均于此圆戒。光绪三十一年,再度启建授戒大法会,闽南名僧转逢、转解、转博诸师,皆为此期戒子。两次授戒法会,促使闽南道风日盛,名僧辈出,功德无量。

宣统三年(1911年)六月初八日,喜参于南普陀寺圆寂,世寿64岁,僧腊35春秋。塔于本寺开山塔左。1982年12月,释广洽、释广净重建新塔,雪峰居士林子青为作《喜参老和尚塔铭并序》。

释佛化

名如幻,同安灌口人。俗姓林,生于清道光十三年(1833年)。咸丰六年(1856年),师事存真堂居士茹素学佛。后居城东雪山岩住修多年。又移住漳浦大帽山天湖庵安居修持,力耕自给。光绪三年(1877年),转住海澄龙池岩,于栖贤楼聚徒讲学演法,收居士能辉为徒。光绪十一年率同弟子能辉往漳州南山寺投拜佛乘和尚,请求剃度为僧。佛乘视其年高德厚,不便收为弟子,乃就其先师有情和尚像前代为剃发,以师兄弟见称,取名如幻,法号佛化。佛化出家后第二日,其弟子能辉也在佛前削发,依佛化为师,法号喜敏。同年佛化与其徒喜敏同上福州鼓山涌泉寺受具足戒。后仍返南山寺辅助佛乘掌理寺务。

光绪十六年(1890年),佛化应南安士绅的恭请,率其徒喜敏往南安住持雪峰寺。发愿重振百丈宗风,倡导农禅生活,日间率众上山耕作,夜间坚持课诵不辍,并经常集众开堂说法,清规严谨,慕名求法者往来不绝。全盛时,住众达百余人。光绪二十年,得海内外诸善信乐捐净财,修建殿堂楼院,重妆佛像金身,梵宇琳宫焕然一新,道风因之日盛。

光绪三十年(1904年),佛化应厦门广善堂的邀请,率徒众来厦门荷庵启建水陆大法会,盛况空前。宣统三年(1911年),南普陀寺喜参和尚以年老告退,礼请佛化继任住持。此时,佛化已登七九高龄,仍坚持二时禅诵不缺。两序僧众受其感召,俱皆勤于禅修不怠。是年秋,雪峰寺众为庆祝佛化七九大寿,为其开坛传戒,全省各地求戒的四众弟子共481人,法会历时18天,盛况为近代所罕见。

中华民国元年(1912年),浙江寄禅和尚发起组织中华佛教总会,各省闻风竞设分会。闽南佛教界缁素人士亦随之相应组织"漳泉汀龙永佛教分会"公推佛化为会长,就泉州承天寺、厦门南普陀寺和漳州南山寺分设佛教分会办事处。

同年十月初八,佛化略感不适,当日即于雪峰寺圆寂,世寿80岁,荼毗后,诸弟子为其建塔于雪峰慧泉古刹西侧,圆瑛和尚为其题赞曰:

"深究万殊归一本,韬光匿彩少人知。

忽然悟彻无生理,讲易谈禅世所师。"

中华民国

释转初

讳海明,字转初,号道复,别号滋莲,以字行世。俗姓王,南安四都人。生于清同治十年(1871年)。光绪二十二年(1896年)于南安雪峰寺依喜松和尚剃度出家。翌年往漳州南山寺受具足戒。后返雪峰寺,助佛化和尚掌理寺务。继受喜敏和尚衣钵,为临济宗四十三世。

光绪末年,转初为募资重修岩寺殿堂,往南洋星、马募化,得到南洋诸善信支持,归建雪峰大殿及东西楼。又重修慧泉寺、太湖岩、古玄洞、石室岩等寺宇。

民国元年(1912年),浙江宁波寄禅和尚创立中华佛教总会。福建随之成立佛教分会。转初闻风响应,立即赴省联络,筹设"漳泉汀龙永佛教分会",推举佛化和尚为分会长,并于泉州承天寺、厦门南普陀寺、漳州南山寺设分部办事处。同年,转初又在承天寺创办"鹦哥山僧伽研究社",受任为该社主任。

民国2年(1913年),厦门南普陀寺创办旃檀学林,转初应聘任林长兼教务主任,主授《佛教三字经》、《心经》、《弥陀经》、《金刚经》和《童蒙集》。四年受聘往黄山成敬堂讲经。9年,转初50大寿,发愿朝礼佛教四大名山。朝山归来后,即于南安三公山麓创建涌莲寺。转初能诗,有《诗集》二卷。

民国10年(1921年)七月安详圆寂于南安雪峰寺,世寿51岁。临终留有遗偈云:

"舍却凡躯得意秋,宿生罪障垢无留。

口称圣号莲身坐,伴与弥陀极乐游。"

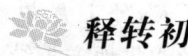 释觉三

字契林,俗姓刘,清光绪十三年(1887年)出生于湖南衡山一个望族大家庭,俗家兄弟18人,他居最小。三十二年于南岳祝圣寺从妙现和尚出家。同年,从师叔妙见和尚受具足戒。翌年侍师祖佽云长老朝礼南海普陀山,嗣至四明七塔寺参学。不久,复返南岳祝圣寺随侍师祖专修禅净。后又就天然法师研读文学词章。民国初年,湖南地方兴起一股毁寺逐僧风潮,湘中僧侣惶惶不可终日。觉三为之慨然喟叹,认为佛教如此衰败,非提倡僧伽教育,培育僧才,不足以

振弱起衰。于是即往长沙,进僧师范学校肄业,旋又转入法政学院学习。民国7年(1918年),外出云游,至安徽安庆迎江寺,驻锡多年。11年,迎江寺创办佛教中学,聘请常惺法师为主讲,任觉三为学监。斯时闽南学僧瑞今和广津即在佛教中学就学。

民国13年(1924年),南普陀寺筹办闽南佛学院,经瑞今、广津介绍,前往安庆聘请常惺来寺协助筹办,觉三亦随常惺应聘来厦,就任闽南佛学院学监兼训育主任职务。与此同时,南普陀寺也聘之为堂主。觉三仪态庄严,不苟言笑,但对学僧却又关怀备至,因此深得学僧的敬畏和爱戴。

民国16年(1927年),太虚就任南普陀寺第二届方丈兼闽院院长,议决将原学院附办的小学部,由觉三等负责迁往漳州南山寺独立建校,称南山学校,觉三住持校务。建校伊始,曾遇到不少困难阻抑,觉三殚精竭虑,艰苦经营,使学校得以顺遂发展。18年,觉三为筹募经费偕同瑞今法师赴台湾弘化,在台湾奔劳不息,积瘵成疾。回漳州后,医药罔效,病势日益沉重,终于民国十九年3月在南山寺圆寂,世寿43岁。

释了识

法名传心,字了识。俗姓柳,晋江人,民国元年(1912年)生。父母均业医,了识随习其术。

民国16年(1927年)游历厦门,与万寿岩了智上人接谈,遂生出家之想,恳求皈依座下。了智谦谢,请了识拜其师定贤和尚为师,愿与之为同门昆季。了识遂依定贤落发染衣,而对了智仍尊以师礼。了智则对之严格教管,无少宽假。

起初,了识一度想学习经忏规仪以应俗,被了智训斥一顿:"初始出家,何无志气!如果仅想学习这些,还是趁早还俗!"了识知道错了,诚恳地忏悔谢罪。

了识受具足戒后,了智指派他随侍兴慈法主。了识秉性聪慧,口才又好,从学数载,淹通教义,辩锋敏捷,登座演讲,深入浅出,妙尽渊旨。一时僧英如林,很少有人可以与之相抗衡者。

后来,了识深入研究观宗意旨,他参访谛闲、摩尘诸老宿名僧。曾辑录《十界十如略释表》,由观宗学社刊印发行。

民国21年(1932年),弘一大师驻锡万寿岩讲律学,了识与之相识,意气相投,深相契合。是年底,了识肺病卧床,病中读弘一《人生之最后》讲演稿,遂将一切放下,屏除医药,专诵佛名。第二年,弘一在厦门万寿岩、泉州开元寺等寺开讲律学,了识抱病往听,同时钻研《根本说》、《一切有部》诸律书。学习后,更加严持戒检,坚持逾午不食,每日念诵义净三藏所传《食罢发愿文》、《华严十回向品》、《自誓受菩萨发愿文》等,作为平常的功课,刻苦研读,无有懈倦。是年六月疾剧,于泉州开元寺戒坛自誓受梵网菩萨戒。八月回厦门万寿岩,与世长辞,世寿22岁。

临终,了识自知沉疴不起,恳请弘一大师为撰《病中发愿偈》云:

> 稽首释迦尊、阿弥陀如来、观音大势至、地藏菩萨等,我婴诸病苦,数月缠绵,今发誓愿,自利利一切,若寿命将尽,愿早生西方,速证无生忍,普利诸含识。若寿命未尽,愿即获轻安,誓以此残生,舍身护正法,弘演毗尼藏,广宣净土宗,普救众生苦,勤修诸福业,所获胜功德,悉回施含灵。惟愿诸众生,皆先成佛道。虚空界无尽,我愿亦复然。仰叩三宝尊,证明垂摄受。

释瑞山

法名寂精,字瑞山,俗姓柳。惠安人。清光绪三年(1877年)生。自幼茹素蔬食。光绪三十二年，南安雪峰寺转初法师往惠安讲演《阿弥陀经》，瑞山闻法发心出家，遂依转初剃染。

受具足戒后，游学江浙，三觐普陀，并礼五台、九华诸胜。尔后归卧南闽，水边林下，闲云野鹤，疏旷豁达，高蹈息止。

瑞山熟悉禅宗故事，每以远名利、勤念佛化导后进。晚岁常居万寿岩。有一年，一伙强盗明火执仗入岩抢劫。瑞山临危不惧，置之度外，泰然跌坐称诵佛号。群盗遍巡寺宇，竟不及师舍。瑞山幸免于难。

民国21年（1932年）十月，弘一律师挂锡万寿岩，瑞山与之一见如故。而其超然物外，俊秀飘逸，动止闲适，有异于常人的风仪，使弘一深致敬礼。

翌年四月初，瑞山示微疾。同寺了智上人与瑞山相处多年，友爱厚笃。得病后，互相探视。是月十三日，瑞山对了智说：我们数载道侣，再过三日，就要永别了。了智劝他专意净念，无须恋世。于是，瑞山归心极乐，乃大欢喜，遂屏绝医药，一心念佛，祈向安养。万寿岩诸上人一起资助称念，昼夜不懈。十六日凌晨六时，安详往生，寂后犹顶门温暖，容采朗润。世寿57，僧腊28。

释心灿

法名传正，字心灿。俗姓叶。台湾岗山郡湖内庄人。清光绪二十四年（1898年）生。弱冠之岁，入打鼓岩元亨寺礼开专和尚为师，披剃出家。

民国13年（1924年），心灿跨海至厦门，入南普陀寺敬贤佛学社，亲承性愿法师。不久，随侍法师移锡泉州承天寺。翌年，往福州大雪峰寺禅堂，修习禅定。后任是寺斋堂行食，苦节卓绝，众口称赞。

民国19年（1930年）返回厦门，住锡万寿岩。清智和尚复兴妙释寺，心灿往司香灯事。时弘一大师常至妙释寺随喜念佛，因相结识。23年正月，弘一创讲律会，在厦门妙释寺、万寿岩、南普陀寺与泉州开元寺巡回演讲，心灿始终参与，负责标点整理行事钞资持记20册，并抄录科文。心灿工作庄敬有恒，每日正襟危坐，认真抄写，点画端严，毫末不苟，一连数月方告完成。23年仲夏，律会罢讲，心灿亦因过度劳累病倒在床。初听从弘一劝导，摒弃医药，专持佛名，精进不懈，病情一度好转，身心安宁，容采焕发。讵料不久复病，日渐沉重，旋归台湾，居大岗山超峰寺，于是年十二月二十日安详而逝，春秋三十有七。弘一为作往生传，称心灿"在俗即奉佛茹素。出家而后，异于常伦，昔讲律会中，多积学聪辩之士，师处其间，沉默谦冲，不露圭角，随众进退，碌碌无所表建。人或以是轻之。而居心诚实，罔谙机巧，出言朴质，有似讷涩。事上以恭，不事谄谀。交友以敬，不生妒忌。从善如流，无有疑贰。闻过则喜，未尝瞋怨。自甘淡泊，远离权门。严护威仪，莫敢发逸。高风贞节，旷世希见。人谓师愚，岂非其愚不可及耶。余与师识，未及三载，于其心迹，知之独详"云云。

释本妙

法名广演，一字白云。俗姓未详。厦门同安人。清宣统二年（1910年）生。幼年丧母。民国16年（1927年），游厦门万寿岩，亲近真常长老，因从剃染。明年，受具足戒。18年，参访兴慈法主，一见如故，深相契合，遂即依止，常侍讲席。

本妙根性聪慧，随侍兴慈法主未久，遂能精通教义，辩才无碍，有如老宿。

未几，万寿岩真常和尚示寂，护法缁素恭请本妙住持万寿岩。时会机法师筹谋复建同安梵天寺，本妙积极参与，劳瘁致疾，遂于民国25年二月七日谢世。本妙先二日预知时至，事先遗嘱后事，至时端坐念佛，含笑迁化。历四时余，顶门犹温暖。春秋二十有七。著有《心经论解》一卷。弘一大师为其作传。

释法空

俗姓陈，讳今实，别号隐樵。惠安人。清光绪四年（1878年）生。光绪十九年，时16岁，在仙游枫亭会元寺落发为僧。后移锡福州鼓山涌泉寺。

法空平时经常诵习《金刚经》《法华经》，胁不著席，食不逾午。严冬之际，屏除冠履，自制苦行，超过一般人的忍耐程度和承受能力，修行日见精进。法空喜武术杂技，精知物性，抚摩虎犴，若玩掌珍。时人以其善弄30余斤重的飞铍，称之为"飞铍和尚"。

民国7年（1918年），法空南渡马来西亚槟榔屿，募建观音寺。时槟榔屿为英属殖民地，闽粤侨商习称"槟城"。其地商贾云集，十分繁盛，但没有消闲娱乐的地方。法空相中极乐寺前的一片空旷地，以为可以营筑苑囿，供人游观，于是发下宏愿，筹备开发。是年法空买彩票中大奖，于是靡资巨万，搜求海内外珍禽奇兽，创办动物园，并亲自驯服禽兽，表演马戏。英国女王生日，请他表演。法空技艺绝伦的飞跋和精妙的马戏，轰动全马。自此，法空的动物园成为槟城的旅游热点，"海南诸粟散王，乃至欧美名士，游庇能（即槟榔）者，悉踵师门，展谒礼敬"。（弘一法师《法空禅师传》）由是，法空声誉鹊起，遍及万国。

法空以慈悲为怀，凡侨居国水旱灾害、兴办教育等慈善事业，无不慷慨解囊，无私捐助，经常受到报纸的表彰。

民国20年（1931年），法空将一般动物就地放生，满载珍禽异兽回国，驻锡厦门妙释寺。法空因寺院豢养禽兽，以及自我折磨修行之"奇行瑰节"，受到僧众的反对。此时省城福州要办动物园，法空遂留下老虎、狮子、猴子、白孔雀等数种，其余赠送给省政府，并协助动物园培训驯兽马戏人才。

法空工书法。居厦时以墨妙颁致诸山，得之者珍逾拱璧。民国22年尝为太虚大师书写《南普陀寺水池区建筑记》，镌于五老峰兜率院巨岩上。

民国25年（1936年）三月，于妙释寺示疾迁化，春秋五十有九。弘一大师为撰《法空禅师传》，赞曰：

　　一人首出，万类归依。化及禽兽，恩洽蛮夷。人谓菩萨，亦云力士。随机所见，称名致美。如天覆物，若海朝宗。化迹昭垂，忆劫攸崇。

释常惺

名寂祥，亦名优禅，字常惺，以字行世。江苏如皋人。俗姓宋。生于清光绪二十三年（1896年）。宋家皈依佛教，长年吃斋奉佛。

常惺少年时，依慈母学《大学》《中庸》，聪颖过人，忆诵不爽。12岁依福成寺自诚和尚出家。自诚见其聪明好学，着意命他入学读书。17岁毕业于如皋师范学校。民国4年（1915年），进上海华严大学亲近月霞和尚。后又迁往海潮寺继续就读。同年，在南京宝华山受具足戒。5年，学禅于天宁寺，究明心宗。6年夏，往四明观宗寺依谛闲和尚修习天台教观。此后数年间，博览诸经，修习止观，融会贯通。后来他曾自述所学过程说："惺初学华严，继习天台、唯识、禅、律。最近研习密乘，融会观之，不免为门庭所囿蔽。"

民国8年（1919年），兴福寺创办法界学院，常惺应聘任学院教师，专讲华严教义。11年，应安庆迎江寺竺庵和尚聘请，赴安徽主办佛教学校，并亲自授课。13年夏赴庐山出席世界佛教联合会。后随太虚和尚至光孝寺讲《维摩诘经》。

民国14年（1925年），常惺应聘来厦门南普陀寺，协助会泉法师创办闽南佛学院，就任学院首任院长。在筹办过程中，从撰写《闽南佛学院缘起》、擘建院舍、聘任教师、招收学僧以至安排授课计划等事务，都是亲自主持、亲自过问、亲自动手，终使学院于是年中秋正式开学，并逐步走上正轨，成为福建唯一正规化的佛教高等学府。

民国16年（1927年），会泉法师就任南普陀寺方丈期满卸任，转聘太虚大师为继任方丈兼学院院长。常惺遂辞卸闽院教学职务，应云南佛教界人士之请，前往讲经。当时云南正发生中法战争，常惺积极组织佛教弟子往战地救护伤员。受其爱国爱教精神的感召，有数千名善信因之皈依佛教。

民国17年（1928年），常惺随侍松和尚修学密法，并受密教灌顶，准备赴西藏学密。太虚闻知，急函挽留，因未能成行，仍回闽南佛学院助教。20年受聘任光孝寺住持，并创办光孝佛学研究社，又兼北平方寿寺住持。22年，太虚连任方丈和院长任期已届，离任返沪。常惺再次受聘任厦门南普陀寺，闽南佛学院。至25年任满离厦返沪。

民国25年（1936年），中国佛教会改组，常惺出任佛教会秘书长，共谋振兴中国佛教大业。由于多年来为佛教事业奔波，心力交瘁，致患肺病。27年11月24日在上海宝隆医院逝世，世寿43岁。盛年早逝，为中国佛教界一大损失，闻者无不为之惋惜悲叹。

释觉斌

法名复文，原籍南安。俗姓陈。生于清光绪二十三年（1896年）。陈家三世长斋奉佛。其父及兄妹俱出家，一时闻者，叹为稀有。当觉斌尚在母胎时，其母即在佛前发愿说，倘若得生男儿，当舍其出家为僧。后果生觉斌，乃应愿在其3岁时送至紫帽山古玄寺拜性行法师为师，为其披剃落发，收为小沙弥。宣统二年（1910年）14岁，奉师命往福清黄檗山受具足戒。从此梵行清修，日益精进。

民国8年（1919年），觉斌发愿行脚朝山礼佛，精修苦行。曾两次朝礼山西五台山，三次拜参安徽大九华山。此外又遍参三江诸多名山古刹，如杭州天目山、宁波天童寺等，礼参诸名师大德，修学禅净经论。历3年多，始返厦门，就任白鹿洞住持。

民国16年（1927年），太虚大师南来膺任南普陀寺方丈，觉斌受聘为闽南佛学院事务主任兼南普陀寺监院。由是得以亲近大师，从其学习佛化经论。20年，厦门成立"思明佛教会"，觉斌被选为理事兼常务执行委员。觉斌为人宽和谦逊，任事精明认真，经管财务经济，涓滴归公，厘毫不爽，深受学院师生和两序大众的钦服与信任。

民国22年（1933年），太虚方丈（院长）任满引退，翌年7月创办"南闽佛教养正院"，觉斌兼任两院事务管理，事务繁多，但由于善于调度排比，使之井然有序，条理分明，杂而不乱。

民国26年（1937年）抗战爆发，时局紧张。闽院、养院相继停办，大部分师生疏散撤入内地。觉斌以诸务缠身，未能随众内撤。厦门沦陷后，一度避居不出。27年9月，日伪当局利用日、台籍佛教徒，拉拢部分厦门佛教界人士组织"大乘佛教会"，并通过佛教会劝说觉斌住持南普陀寺，并推选他为佛教会顾问（29年改选为副会长）。觉斌虽勉强出任，但忧国忧民之心忡忡，经常托病深居云顶岩或白鹿洞。28年夏曾以《居山》为题吟诗一首以志怀。其诗序云："余近因事忧扰,百感丛生,觉病魔日作,聊咏《山居》诗以遣之,并慰平生之愿。"诗中有句曰:"三界如火宅,红尘日茫茫。……讽经有龙听,静坐无畏床。……山河有败坏,佛日胜天长。"从这些诗句中,可以看出他处身"山河败坏"、红日尘劫的茫茫沦陷区中,如居火宅的忧患焦虑的情怀,以及只能静坐无畏床头,无可奈何地诵经以求自我解脱的心境。民国30年春,南普陀寺准备复办闽南佛学院,要他出任院长。为避开这些烦扰,他极力推荐大醒以代,并亲自去上海迎请大醒来厦就任。

此后,终因忧郁成疾,撒手西归。于民国31年(1942年)2月圆寂,世寿46岁。

释弘一

俗姓李,幼名成蹊,学名文涛,字叔同,别号息霜。祖籍浙江平湖,书香门第,宦族世家。清光绪六年(1880年)出生于天津。幼时天资颖悟,7岁攻读《文选》,琅琅成诵,人多异之。光绪二十四年19岁时奉母携眷南迁上海。居沪时,参加袁希濂在城南草堂组织的"城南文社",所作诗赋名冠一时。后移居城南草堂。光绪三十一年四月,母王氏夫人逝世,深感人事无常,改名李哀。从此了无挂碍,乃得独行其志。于是东渡日本留学,进东京美术学校,潜心于文艺,擅长诗、词、书画、金石、音乐。后又研究新剧演技,遂和同学组织"春柳社"话剧团体,公演法国小仲马的名剧《巴黎茶花女遗事》,亲自饰演茶花女,悉臻神妙,名震一时。宣统二年(1910年)学成后归国,任高等学堂图画教员。民国元年(1912年)春,弘一应上海《太平洋报》聘为编辑,加入南社。通过编辑画报宣传革命,成为南社巨子。在此期间先后到浙江、南京等地任教,假日组织"宁社",陈列古书、字画展览,提倡艺术。

民国5年(1916年)冬,弘一在好友、著名作家、出版家夏丏尊住处看到一本《断食修养法》,便决意一试,趁暑假入杭州西湖虎跑寺"习静",进行断食体验。在断食期间临摹碑刻,并写"灵化"二字以作纪念,依此因缘,对佛法渐生信心。7年夏,弘一依杭州虎跑寺了悟和尚为师,剃度出家,法名演音,字弘一。同年9月到杭州灵隐寺受具足戒。从此,开始僧伽生涯,时年39岁。

弘一出家后,念佛诵经,治学至勤,以戒为本,先后修习《灵峰毗尼事义集要》、《宝华传戒正范》,深感不得式体,发心扶律。民国9年,弘一到浙江新城贝山,得《弘教律藏》三峡,并求到《南山戒疏》、《羯磨疏》、《行事钞》和《灵芝记》等有关律学著作,潜心研究。越年正月,在杭州攻读《四分律》,因戒相繁杂,常人难以记诵。为使初学者容易看懂,乃用列表撮记方法编录。3月,到温州庆福寺闭关安居,从事编写《四分律比丘戒相表记》,亲自以端楷书写,历时4年,始告完成。

民国17年(1928年)11月,弘一拟赴泰国弘法,途经厦门南普陀寺,偶遇在温州相知的芝峰和尚,遂居留厦门。住厦期间,为闽南佛学院撰写《悲智》训语,又为太虚和尚撰写的《三宝歌》歌词谱曲,后同太虚和尚往南安小雪峰寺小住。

21年(1932年)10月,弘一重返厦门,在妙释寺念佛会上讲《净土法门大意》。11月由性愿和尚礼请住万寿岩著《地藏菩萨圣德大观》一卷。12月到妙释寺讲《人生之最后》,告诫佛教徒:"在病重到临终时,应将一切家事及自己身体悉皆放下,专意念佛,一心希冀往生西方,切勿询问遗嘱,亦勿亲谈杂话。"12月2日,太虚和尚住持南普陀寺6年期满,继任住持常惺和尚升座。弘一参加升座典礼。后又移锡妙释寺,在寺中手书晋译《华严经》中"戒是无上菩提本,佛为一切智慧灯"一联赠予常惺和尚。22年正月初八,在妙释寺开讲《随机羯磨》。十二日讲《改

过实验谈》,以自己50年来修省改过的实践为例,劝诫佛弟子自我修省应"一学、二省、三改",指出出家人应"虚心、慎独、宽厚、寡言,不文已非,不复己过,闻谤不辩、不嗔"。又开讲《四分律含注戒本》及《戒相表记》。叙述自己弘律本愿说:"甚愿得有精通律义之比丘五人,能令正法住于世间,则余之弘律责任即竟。故余于讲律时,不欲聚集多众,但欲得数人发弘律之大愿,肩荷南山之道经。以此为毕生之业者,余将尽其绵力,誓舍身命而启导之。此次在妙释寺讲律,实可谓余弘律第一也。"五月初三日为藕益大师诞日,弘一为诸学者撰写《学律发愿文》,阐明学律弟子应发四愿:"一愿学律弟子等,生生世世,永为善友,互相提携,常不舍离。同学毗尼,同宣大法,绍隆僧种,普利众生;二愿弟子等学律及弘律时,身心安宁,无诸魔障,境缘顺遂,资生充足;三愿当来建立南山律院,普集多众,广为弘传,不为名闻,不求利养;四愿发大菩提心,护持佛法,誓尽心力,宣扬七百余年湮没不传之南山律宗,流布世间。冀正法再兴,佛日重耀。"同时,又撰写《地藏菩萨九华事迹图》。23年2月,应会泉和尚和常惺和尚之请,重返南普陀寺,在寺讲《大盗戒》,并一再嘱咐瑞今和尚创办佛教养正院,以培育初学僧侣。亲自训示青年应注意四项,即"惜福、习劳、持戒、自尊"。弘一以为"振兴教育首在德行。佛门无论何宗何派,各有所长,不宜分别。而每一宗派学者,于善恶因果报应,必深信无疑,自勉勉人。"同时又校对南山三大部。4月至7月结夏安居。8月25日在南普陀寺后山兜率院作《一梦漫言跋》、《华山见月律师行脚略图》,并作跋。是月,弘一55岁生辰,其门下弟子、画家丰子恺为造像纪念。弘一手书一联:"愿尽未来,普化法界一切众生,备受大苦;誓舍身命,弘护南山四分律教,久住神州。"并题跋书赠广义和尚。11月移居万寿岩,开创念佛堂,宣讲《弥陀经》三日,编《弥陀义疏撷录》一卷。二十四年元旦,弘一带病从晋江草庵到厦门南普陀寺。3月1日在寺讲《四分律含注戒本》。读万均所著的《为僧进一言》,认为很好,即书华严偈联:"开示众生见正道;犹如净眼观明珠。"并加跋寄奉万均。5月间,亲自写信通过日本在上海的书局,自日本请得大小乘经万余卷,加以整理,编成《佛学丛刊》第一辑,由上海世界书局出版。

民国26年(1937年)正月初,弘一在闽南佛学院讲《随机羯磨》,又在佛教养正院讲《十善业道经》及写字方法。6日,在南普陀寺功德楼讲《随机羯磨》。《随机羯磨》文字繁缛、深奥,为使初读者容易读懂,乃精心编写《别录》,提纲挈领,以适应初学者修习。2月在南普陀寺佛教养正院讲《闽南十年之梦影》,并刊登在《佛教公论》第九期。后收入《晚晴老人讲演录》。4月11日移居万石岩。5月22日,厦门在中山公园举办第一届全市运动大会,并以大会收入所得救济灾民。筹备委员会请弘一代为谱写运动大会会歌,弘一欣然应允,亲自作词谱曲。翌年转鼓浪屿了闲别墅讲经,后移居泉州温陵养老院。

民国28年(1939年),弘一法师六旬初度,丰子恺为他画《续护生画集》60幅和佛像1000尊奉寿。弘一收到画集,跋云:"己卯秋晚,续护生绘就,余以衰病,未能为之补题,勉力书写,聊存遗念可耳。晚晴老人。"是年夏,广洽和尚在新加坡为祝其寿辰,请名画家徐悲鸿为弘一作油画像。

31年(1942年)5月,弘一自感一天比一天衰老,或将不久于人世,但仍为信众讲经,并为人书写联文,为出家众传授沙弥戒。10月2日又为转道、转逢二位法师书写楹联。下午即感身体发烧。3日食量遂减。4日复为学生写字。5日食量减去四分之三,又照常写字。6日整天断食,只饮开水,医药悉被拒绝。7日叫妙莲法师抵卧室写遗嘱。8日嘱临终助念等事。9日整天不开口,独自默念佛号。10月10日上午,为居士黄福海写座右铭一幅。下午写"悲欣交集"四字交妙莲法师。至13日因医生王振邦恳请服药及进牛乳,后说《十诵戒文》。是晚7

时45分,呼吸微弱,8时正,遂吉祥西归,终年六十有三。

弘一升西后,第二天早晨缁素弟子焚香献花礼拜。15日辰刻入龛。午刻送龛于承天寺安座。至20日晚8时,在化身窑火化。其遗骨分两处建舍利塔:一置于泉州清源山弥陀岩,一置于杭州虎跑寺。

释会泉

法名明性,号华藏,别号印月。俗姓张。同安小西门人。生于清同治十三年(1874年)。父张善碛,世代业农,家境贫寒。会泉7岁丧父,后随母徙居厦门,靠其母为人帮佣为生。他自幼天性孝友,看到母亲辛苦操劳,很不忍心。稍长,即与其兄做小买卖补贴家用。光绪十三年(1887年),会泉的母亲也因积劳去世。会泉遭此变故,遂萌生出世思想,乃于光绪十八年投拜厦门虎溪岩善温和尚为师,削发出家。出家后第二年,即往漳州南山崇福寺依佛学和尚受具足戒。

光绪二十年(1894年),会泉往江、浙朝参诸名山大德,学佛修禅。先后在宁波天童寺、南海普陀山、镇江金山寺、焦山定慧寺以至大通、兖州等地,亲近江、浙名僧谛闲、幻人、通智、月霞诸法师,听他们讲演《楞严经》、《法华经》和贤首宗《五教仪》。特别是得到八指头陀寄禅和尚的启示,多次进天童寺禅堂和金山寺大堂苦修禅定。会泉在江、浙勤修苦学7年,至光绪二十七年方回厦门南普陀寺,襄助喜参和尚开堂传戒。事后,又往南安小雪峰寺随侍其法祖佛化和尚,学习《易经》和佛学经典。在雪峰寺修学三年后,又于光绪三十一年再去天童寺听道阶法师开讲《弥陀蒙钞》、《唯识三十论》、《因明论》。同年复至杭州灵隐寺听慧明和尚讲《金刚经》。越年,回天童寺修禅。在此期间,得与当代佛学大师太虚、圆瑛同参,并发愿共同为振兴中国佛教而献身。

光绪三十二年(1906年)秋,会泉重返闽南,致力于"弘法、兴教"活动。开始在泉州襄助承天寺创办水陆大法会,历时49天。在会上讲演佛法,得到泉州各界人士的赞扬。第二年,应南安小雪峰寺邀请,开讲《楞严经》,闽南僧众数百人前往参学听讲,盛况空前。

宣统元年(1909年),会泉于厦门虎溪岩创办"虎溪莲社",开设佛学讲座。宣统三年,辛亥革命胜利后建立中华民国,会泉再次到宁波与太虚、圆瑛晤谈,共商振兴中国佛教大事。

民国初年,政治革新,社会上一批具有革命思想的青年,提倡教育救国,反对封建迷信,到处毁神像,拆神庙,倡议清寺产办学校。闽南佛教亦深受影响,毁寺逐僧之事,时有发生。当时,会泉正住持泉州承天寺(兼安海龙山寺住持),他一方面创办"优昙初级学林",对僧俗进行初级佛学教育;另方面又倡导寺僧生活改革,提倡"一日不作,一日不食"的《百丈清规》,开展农禅活动。同时鼓励泉州庆莲寺、朵莲寺等菜姑住众的寺院,建立农作自食法规,并在泉属各佛寺推广,蔚然成风。

民国13年(1924年),转逢和尚倡议将南普陀寺献为十方丛林,实行选贤制度。会泉此时有"闽南僧中巨擘"之盛誉,众望所归,遂被选为丛林首届方丈。他就任后,即着手整顿寺规,发展寺务。会泉素抱振兴中国佛教宏愿,认为振兴佛教,首在挽救佛门颓风,弘扬佛学正信。而挽颓树正,最重要的在于提高寺僧素质。以此,在住持南普陀寺期间,即著力于加强僧伽教育,整肃佛门法规。他在寺中除日常开示法要外,还经常组织讲经论法,亲自主持打七参禅、放参念佛。对于丛林法规,更能严于律己,以身作则,因而使住众精神面貌焕发一新。

民国14年(1925年),会泉与南普陀寺原住持转逢法师拟议创办僧学院,并着手筹办。筹办中,诸如办学经费的筹集,教学设施的措置,教授法师的延聘,学院章程的制定,以及对外招

生等事务,无不亲自擘划,争取诸山长老和各界人士的支持。学院筹办时,即聘请当代佛学大师常惺为副院长,而会泉则亲自主理院务(兼任院长)。南闽佛学院的创办,吸引海内外众多的学僧纷纷前来就学,进而成为福建僧伽教育的中心。

民国16年(1927年),会泉首任方丈任期将满,决意让贤引退,乃与转逢和尚相议,极力推荐太虚和尚来寺继任方丈和学院院长职务。

会泉毕生致力于僧伽教育和佛化教育。早在民国3年住持泉州承天寺时,即创办"优昙初级学林",僧俗兼收,有学僧40多人。从南普陀寺退位后的第二年,又协助创办"漳州南山佛化学校",民国21年在厦门虎溪岩开设"楞严学会",同年12月,又到潮州协助创办广东"岭东佛学院",民国22年在万石岩开设"佛学研究社",有来自台湾、潮、汕等地的学僧60多人进社就学;同年又协助弘一法师倡办南普陀寺"南闽佛教养正院",吸收初级学僧入学。

在会泉积极倡导兴办僧学的影响下,闽南各地较具规模的寺院,也纷纷开办各类学院、学林、学苑或佛学研究会,会泉对各地设立的学院或研究会(社)都给予热情的支持,或派人协助组织教学,或亲自前往讲经授课,使闽南佛教宗风大振,学风日盛。

会泉在倡导兴办僧教育的同时,还到处奔走,弘扬佛法。自光绪三十年以来,经常往来厦、漳、泉各地讲经说法,先后多次在厦门半山岩、南安雪峰寺、泉州承天寺、漳州南山寺以及南安慧月精舍、碧云寺等处,开讲《楞严经》、《金刚经》、《般若心经》、《大乘起信论》,各地缁素听众均达数百人以上。民国21至22年,两度应邀在广东潮州开讲《楞严经》和《金刚经》,受到潮、汕佛教界人士的赞扬。

光绪二十七年(1901年),南普陀寺喜参和尚开传三坛净戒,延聘会泉为陪堂,并负责戒期中一切事务。从此以后,泉州开元寺、小雪峰寺和承天寺(两次)开坛传戒,都延请会泉分别担任传戒的开堂、教授、羯磨等要职。其中,民国20年,泉州开元寺为重兴寺院功勋卓著的转道法师开传戒大法会,聘请会泉为教授阿阇黎。时转道和尚因病未能出席,由会泉代为说戒。

会泉曾多次到台湾弘扬佛法,首次去台为民国元年(1912年)七月,受聘在基隆月眉山灵泉寺开讲《金刚经》、《心经》以及《地藏经》,同时为在家男女佛教居士传戒。最后两次去台均在民国22年。3月间,在台湾龙湖庵开讲《金刚经》和《起信论》,后又在台湾僧尼间传授各种唱念和拜万佛、做水陆法会及诸法事规仪。同年10月再次往台主讲《地藏经》,并主持开设台湾历史上第一次的"水陆大法会",会上为在家二众传戒,盛况空前,轰动全省。

民国27年(1938年)厦门沦陷,会泉拒绝日本占领军胁请担任伪职,避居鼓浪屿,后又辗转南洋新加坡。先后在新加坡龙山寺讲《金刚经》和《六祖坛经》。29年,应荷属棉兰信众邀请,在棉兰佛学社讲经3个月,信受听众甚多。后人在他讲经的地方,建一座菩提精舍,以作永远的纪念。此后,他又在星洲的广福宫、观音堂等处讲授《金刚经》和《地藏经》。31年,会泉以69岁的高龄,仍在双庆寺为广大信徒开讲《楞严经》。他的皈依弟子林炳昭夫妇受其感动,捐献巨资,为他建一座妙香林寺,作为他晚年息足传经的道场。

会泉精于经学,善于词令,巧有辩才,每当讲经说法,亦庄亦谐,并能根据不同听众的特点,随机契理,融会贯通,间或杂以通俗诙谐的风趣语言,使听众都欢喜信受。民国27年(1938年),会泉曾多次应请在厦门监狱为罪犯说法,他以度生济世的大悲心,用具体生动的语言,讲述人世善恶因果的佛理,使数百名囚犯受到感化,萌生向善之心。

会泉曾在厦门和泉州等地,住持重兴大小寺院多所。对于这些寺院,不论是十方丛林或地方小庙,都以振兴弘法道场为目的,从不把它视为自我或子孙的私业。在首届住持南普陀寺任内,十方献资收入达16万多银元,他始终廉俭自守,分文不沾,全部用作创办僧学院经费和扩建寺院基金。他先后在南普陀寺扩建放生池、天王殿和殿侧功德楼。住持泉州承天寺任内,亲自四出向各界募化,兴修大雄宝殿,重建文殊殿、一尘禅堂、功德堂和放生池。他在住持这两座丛林任内,虽为兴办僧学、发展寺院竭尽心血,但任期一到,随即拱手让贤引退,将福泽留给后贤。他在厦门住持重兴虎溪岩和万石岩,都把它作为四方僧尼修学的场所,开设楞严学会和佛学研究所。此外,他还积极协助圆瑛和转道和尚重兴泉州开元寺,创办"开元慈儿院";大力支持重修安海龙山寺,兴建晋江庆莲寺和朵莲寺,并协助这些寺院创办义学和养济院、养老院等慈善机构。

会泉先后剃度门徒有:宏扬、宏西、宏识、宏宣、宏念、宏圆、宏聪、宏船、宏定(近代闽南地区第一个比丘尼)等人,这些门徒大都能继承会泉和尚衣钵,致力于弘法利生。其中,宏识长期在云南弘法,度众达数百人。宏船和尚更成为现代海内外知名的佛教大师,曾被选任为新加坡佛教总会主席,20世纪80年代以来,对国内振兴佛教的建设事业做出重大的贡献。

会泉毕生修学严谨,除读经著述外,对于书法更有讲究。他把临池练字作为日常必修课,虽在百忙中也要抽空写上几字,孜孜不息,数十年如一日,终于练出一手好字,自成一家,时人把他与弘一、太虚并称为近代僧界中三大书法大师。

民国32年(1943年)正月,会泉和尚于马来西亚妙香林圆寂,世寿70岁。临终时还安详写偈与众告别,偈曰:

　　真性露堂堂,僧界设隐藏。婆娑难久住,极乐是家乡。
　　吾今赋归去,汝等勿忧愁。不久乘愿至,度尽心方休。

其遗体火化后,获得舍利子80余颗。事后,他的徒众们在马来西亚妙香林寺和厦门南普陀寺分别建造舍利塔,以志纪念。遗著有:《金刚经集讲》、《金刚经讲要》、《普门品集讲》、《弥陀经疏钞集讲》、《起信论科要》、《佛学常识息知录》等,这些著作已由其徒众编纂《全集》出版。

释会机

俗姓吕,名用。法名明真,字会机,以字行世。南安朴兜人,生于清光绪元年(1875年)十一月廿七日。平素钻研儒、释二家经论教义,融会贯通。以时运乖戾,眷属接二连三相继离世,觉悟世事无常,遂发心出家,于宣统三年(1911年)往南安杨梅山雪峰寺拜谒佛化长老。适值会泉法师在寺讲论《楞严经》,会机即于寺披剃,法名明真,字会机,与会泉为法门兄弟。是年,得戒于佛化。后得法于寺之喜广禅师。

会机乐山居。妙高山地处同安、南安二邑交界,山间有十八盘古道,盘旋峻险,会机经常往返其间,见山头佛光闪烁,发愿要在山上建造佛刹。不久,即募建一寺于山上,名为"佛国寺"。又在金门顶兰乡创建"金刚寺"。

民国23年(1934年),受聘为同安县佛教会会长兼梵天寺住持。主持修葺金刚殿、钟楼。时学中、本愿、本妙诸师在寺,讲经说法,四众称赞。

民国27年(1938年),抗战爆发后,会机出游安南(今越南)。不久,新加坡佛教界电邀会机赴星洲弘法,旋往怡保,住虚空洞,接引许多佛教信徒,以道风粹美,远近景仰。

不久,接受马来西亚槟城佛学院的聘请,为学院学僧讲授《楞严经》、《起信论》及《五灯会元》等。时有林桂玉居士延聘会机住持洪福寺,遂于寺中讲论儒家的《大学》、《中庸》之道。

会机学问渊博,淹贯儒释经义,除到处讲法外,还著书立说,所著有《金刚经注》、《楞严经疏》、《起信论讲义》、《禅宗法宝》、《明心镜》、《禅家不夜城》及《大学中庸讲解》等。在编著《法华经疏》时,积劳成疾,遂养疴于直落吧巷山上。林桂玉、林广培二居士恭请会机至双庆寺疗养,讵料世缘告终,于民国32年(1943年)农历五月十九日归寂,世寿69岁。在槟城极乐寺荼毗后,灵骨安奉于是寺莲池塔。

释转道

讳海青(一作"海清")。原籍晋江桐林人。俗姓黄,世代务农。生于清同治十一年(1872年)十一月。自幼聪明颖悟,13岁时,听到僧人宣讲《六祖坛经》,欣然有感。后往南安大盈仙迹岩当炊事,接近佛教。第二年随人往海澄太岩听佛化和尚开讲佛经,遂兴出家意念。

光绪十七年(1891年)正月,经其父母同意,随父及善友多人往漳州南山寺,礼喜修和尚为其披剃出家。五月,其母病逝,回里奔丧。越岁十一月,往南山寺依佛化和尚受具足戒。

转道事亲至孝,经常回家省视其父。光绪十九年六月其父逝世。归葬后,感到父母和恩师均已去世,了无牵挂,遂云游大江南北,朝礼诸山参学。初赴镇江金山寺参谒隐儒和及赤山、法忍法师,居约三年。又至扬州高旻寺参禅,与一代高僧虚云同参。其间曾与圆瑛、会泉二师一道就学于天童寺通智和尚与谛闲大师座下,习天台教观。后长住高旻寺7年,足不下山,参禅磨砺,深有所得。一年,偶于冬夜观月,口占诗偈寄悟曰:

皓月光中绝万缘,一声剥落竟忘然。了知恁样平常事,云自青山月挂天。

光绪三十年(1904年)春,发愿行脚朝礼佛教诸名山。先至阿育王寺拜舍利塔,旋赴五台宝华寺参礼清一禅师,后又遍历大足、终南、峨嵋、九华、普陀诸名山,前后三年余。三十三年返厦门,住金鸡亭年余,又奉父母骨灰归葬漳州万松关侧,并就近在瑞竹岩住修。

宣统元年(1909年),厦门南普陀寺住持喜参和尚将闭关梵修,礼请转道来厦代任住持。在此期间,拓建放生池于南普陀寺前,颇具规模,期年建成后,退居厦门养真宫。

宣统二年,一代宗师虚云和尚从云南来厦门,邀请转道陪他上北京向朝廷请领《藏经》。到京后,山重水复,几经周折找不到门路,后通过一位相识的内监与大内通融,才得柳暗花明,如愿以偿。领到《藏经》后,转道又协同虚云一路护送至云南。虚云和尚感激转道竭诚协助之功,在鸡足山为其启建传戒大法会,以示报谢。

民国2年(1913年),转道从云南转经南洋回到厦门,时值南普陀寺创办旃檀佛学苑,因经费缺乏,请他复返南洋募化。转道不辞劳苦,于是年秋再度出洋。至新加坡,适遇其师侄与一刘姓商人发生争地纠葛,转道出面斡旋,劝说刘氏舍地建造佛寺以种福。刘闻其教,愿意献地建寺,纠纷于是自行化解。转道遂与转岸、瑞等二师合力募建普陀寺。是为闽南僧人在星洲首建之第一座佛寺。

转道素习医术,尤精于小儿科,为方便为人诊病,乃移往天福宫悬壶行医,对贫困者则施医赠药,因而有"儿科活佛"之称。于是声誉远播,归信徒众日多,收入颇丰。他自奉俭朴,略有积蓄,常施赠海内外诸山寺院供众资用,或惠济社会慈善公益事业。

20世纪20年代前后,闽僧南来新加坡弘教者与日俱增,转道久思在星洲拓建一座丛林禅寺以安来众,后得郑雨生居士献地,胡文虎诸善信捐资,遂于光明山营建普觉寺,是为星洲第一座迎纳十方僧众共住的大丛林。民国11年(1922年),寺建成后,即在寺中启建大法会,礼请圆瑛法师开坛讲演《大乘起信论》,星、马缁素人士云集,盛况空前。法会中,听到闽南来僧谈及

泉州大开元寺因年久失修,殿宇倾危,行将就废,遂发重兴古刹之大愿,当即得到圆瑛和尚及其师弟转物法师的支持和协助。翌年,三人相继回国,接受泉州开元寺檀樾主黄抟扶的敦聘,转道为大开元寺住持,圆瑛为都监,转物为监院。

转道进住后,即以长年粒积之净财数万元作为修建古刹基金,于民国13年(1924年)开始翻修大雄宝殿,檀樾始祖黄守恭裔孙紫云黄氏诸乡贤闻风竞相捐资助建,海外巨侨黄秀烺、黄奕住、黄仲训相继捐献巨资,重修东西塔、大山门、戒坛、法堂以及其他堂院僧寮。历数年之营构,终使千年古刹重光,梵阙琳宫,金身宝相,倍加宏伟庄严。民国20年,厥功告成,泉州各界缁素人士为感大德,特恭请转道就新建戒坛传授三坛大戒,四方求戒之七众弟子达750多人,连护戒缁素人士数百人,构成开元戒坛数百年来所未有的千人大盛会。旋又倡办开元慈儿院,收容社会上无依孤儿,供其衣食,教之读书学艺。数十年来,收容教养使之自立谋生之孤儿千余人。为解决慈儿院经费,转道又复南渡,在新加坡各地建立董事会,募集基金,存储生息,细水长流,使慈儿院经费得以常年不缺。

民国16年(1927年),转道回国到漳州祭扫先人坟墓,目睹南山寺祖庭被洪水冲溃,满目荒凉,遂捐献巨资重建。同时又协助创办"南山佛化学校",由觉三和尚住持校务。嗣后即与其徒至印度朝礼佛教圣地。翌年返新加坡,当地佛教界人士公推为"中华佛教会"会长。民国18年,代表新加坡佛教会参加在缅甸召开的世界佛教大会,再度朝礼仰光大金塔。20年,与其徒寂英在柔佛新山创办"转道学园",发行《佛教与佛学》刊物。23年,倡导组织"新加坡佛教居士林",自任导师,组织男女居士念佛禅修。后又于27年创办"英文佛教会",引导侨生参修外文佛学。转道晚年安居星洲,致力于弘扬佛教和济世行医。32年10月21日圆寂于普陀寺,世寿七十有二。

释妙月

法名腾朗,字妙月,别号铁罗汉。俗姓邵,名丕恩。晋江安海邵厝村人。清光绪九年(1883年)生。父邵盘公,母张氏,世代务农,家境贫寒。少时随父母流落安海,栖身旧武庙。

妙月赋性倔异,浪漫不羁,年幼入塾即不受老师约束。光绪二十四年(1898年)15岁时,因久病不愈,奉母命入洋南斋堂持斋奉佛,身体遂渐康复转健。是年冬至厦门,初投龙湫亭出家未就,嗣从朝天宫性坚长老披剃,礼觉明上人为度师。翌年,依南普陀寺喜参和尚座下受具足戒,后嗣法于妙释寺愿意长老。妙月精读《金刚经》,嗣曹洞正宗。

光绪二十七年(1901年),妙月感双亲垂暮,生计维艰,虽六根清净,而孝心未泯。为就近侍养,仍回安海,住关圣古庙开云水堂,以垦荒、化缘、为人治病所得,奉养父母及供往来衲子挂褡食宿。

光绪三十四年(1908年),妙月双亲相继去世,孑然一身,了无牵挂,复赴厦门听聪玉法师开讲《楞严经》,颇有心得。后由祥辉和尚举荐往晋江紫帽山鸡冠岭普照寺。妙月住锡普照寺,日间垦荒种地,夜晚诵经礼佛,闲暇苦练武术。

妙月年少即好拳技,先学于江湖拳师,后多方求教各派名师,兼收并蓄,既得少林武艺真传,又融其他宗派拳技于一炉,自成一家风格,其千锤百炼练的"铁沙手",更是海内闻名。妙月体魄雄壮,常袒胸露臂,童头髡手,状如伏虎罗汉,一代高僧太虚和尚赠之"双拳铁罗汉,十亩老农禅"诗联。"铁罗汉"之号遂不胫而走。

民国10年(1921年),妙月受聘任泉州崇福寺住持。同年,厦门陈文中居士聘为国术教师,并任厦门精武体育会负责人。25年,厦门市举行运动会,聘为国术比赛裁判。

妙月既精武术,又擅岐黄,对移轮接骨,救治跌打风伤,造诣尤深。他自己采集草药,炼制丹膏丸散。平日出游,一禅杖、一药囊,到处行医济世,有求必应。富者酌收药资,贫者免费施治,甚至解囊相助。

妙月十分重视农禅生活,奉百丈大师"一日不作,一日不食"为座右铭,经常训示徒众:"出家人应以自耕自食为资生第一根本办法,勿以经忏佛事作为自家儿终身职业。"自己则身体力行,躬耕陇亩,数十年如一日。

妙月接主崇福寺,寺宇因年久失修,破败不堪,遂立志重兴。他应菲律宾福记船务公司吴阿云居士邀请,南渡菲律宾,一边募化、一边行医,粒积巨资,重修大殿、天王殿、法堂、禅堂、客堂、库房、五观堂、祖堂、报恩堂及钟鼓楼等,使千年古刹恢复旧制,焕然一新,被誉为崇福寺中兴之主。

民国33年(1944年),妙月因操劳过度,圆寂于泉州崇福寺。世寿62,僧腊46。著名书法家罗丹为其舍利塔作《泉州崇福寺妙月和尚舍利塔铭》。2000年,崇福寺复兴,其法门裔孙释常觉为塔铭石碑建造碑亭,以妙月名、字为号,称"朗月亭"。泉州市人民政府副市长周焜民为撰书匾额柱联,联语云:"别传教外拳鸣太祖派,本性行由望重南禅宗。"

妙月遗有拳术及医道文稿,徒孙释元镇编为《少林太祖拳》三卷、《伤科经络疗法》一卷行世。

释太虚

名淦森,法名唯心,号太虚。俗姓吕。浙江崇德(今并入桐乡)人。生于清光绪十五年(1889年)。光绪三十一年16岁,入苏州小九华寺披剃为僧。出家后即往宁波天童寺依寄禅和尚受具足戒。嗣往永丰寺就歧昌和尚学经。越岁复住天童寺修禅学佛。时与闽僧圆瑛、会泉为同参,相与参究禅学。

宣统元年(1909年),随寄禅和尚参加江苏省僧教育会,并在南京从杨文会居士学《楞严经》,后又就苏曼殊学英文。三年赴广州弘扬佛法,被推为白云山双溪寺住持。

民国元年(1912年),国民政府建都南京,太虚从广州返南京创立中国佛教会,第二年并入以寄禅和尚为会长的中华佛教总会,太虚被选任《佛教月刊》总编辑。不久,寄禅和尚逝世,太虚在其追悼会上提出进行"教理革命,教制革命,教产革命"的佛教"三大革命"口号。撰文鼓吹"佛教复兴运动"和改革旧的僧团制度。由于他的"佛教革命"言行,受到一些守旧派的反对,乃辞去月刊总编职务,转入普陀寺闭关潜修佛学。闭关二年间,深研佛学法相唯识诸宗经论,旁及中、西哲学诸论著,法学精进,深有所得。民国5年出关后,即赴台湾、日本考察佛教,进行讲学。

民国7年(1918年)从日本回国后,在上海与陈元白、章太炎、王一亭诸名士创设"觉社",主编《觉社丛书》。翌年改《觉社丛书》为《海潮音》月刊。月刊持续办了30多年,从未中辍,成为中国存在时间最长、普及影响最广的佛教刊物。

民国11年(1927年),太虚受聘任湖南大沩山寺住持,随后于武昌创办武昌佛学院,招收缁素佛教青年入院修习佛学,培育一批德学兼备的僧伽人才。12年夏,往庐山大林寺住持暑期佛学讲习班,并发起筹办世界佛教联合会。翌年夏,佛教世联会正式成立,太虚被选为首任会长。14年往山西朝礼五台山,应山西都督、省长阎锡山之请,在太原宣讲佛学。同年10月,

率领中国佛教代表团出席在日本东京召开的"东亚佛教大会",并考察日本佛教。自日本回国后,又应邀前往新加坡弘法。

民国16年(1927年),南普陀寺首届方丈会泉法师任期届满,极力推荐太虚继任方丈和闽南佛学院院长,当即推举转逢和尚为代表,往上海敦聘太虚来厦就任。是年5月,太虚应聘来南普陀寺就职。由于他经常外出弘法,议定请转逢和尚为都监,在他外出时代为掌理寺务和学院事务。17年,太虚往南京讲学,并筹备创设中国佛学会。是年秋,会泉法师鼓励并资助太虚出国考察讲学,遍历英、德、法、荷、比、美诸国,宣讲佛学。并应法国学者建议,在巴黎筹设世界佛学苑,开中国僧人跨越欧美弘传佛教之先河。

民国18年(1929年),太虚游历欧美各国归来后,即来厦亲自主持南普陀寺和闽南佛学院事务,并倡议组织思明(厦门)佛教会。在厦期间,积极推行佛教僧制改革,宣扬《建设现代中国僧制大纲》,以倡导"对三宝之诚信产生僧格;以六度之修学养成僧格"。嗣又通过佛教会的组织力量,对厦门一些规戒废弛的寺岩进行整顿。同时又对闽南佛学院的学制和教学内容进行改革,增设研究生部,分立专修科系,由研究生员自由选修。还亲自为学僧讲学,要求学僧要"学行"双修,讲论《僧教育要建立在律仪之上》。并先后开讲《佛学之宗旨与目的》、《学僧佛学纲要》,又以《现代僧教育之危亡与佛教之前途》为题,极力反对士大夫经院式的法师传法的僧教育方式。鼓励学僧要以振兴佛教、昌明佛法为己任,养成刻苦耐劳的体魄和清苦淡泊的志愿,为兴教献身而勇猛精进。闽院经太虚大师的亲自教诲和整顿,院风院貌焕然一新,进而使学院成为全国一流的典型的佛教高等学府,蜚声中外,造就一批德才兼备的名僧大德。闽院毕业的学僧,遍布海内外,有的从事佛学研究,成为国内外知名的大法师,如印顺论师等;有的住持名山巨刹,成为振兴佛教的栋才,如竺摩大师等。至今有些住持丛林禅院的高僧,犹是当年受太虚大师亲自教诲的学僧。

太虚在厦门,还经常应各界的邀请,到处讲学,如多次应邀赴厦门大学演讲,主题有《佛学在今后人世的意义》、《世界亚、欧、美佛教之鸟瞰》;为厦大心理学会讲《梦境》,为哲学系师生讲述《唯相、唯识学概论》等。此外,还为双十中学开讲《民国与佛教》;应鼓浪屿武荣中学之请讲述《释迦牟尼的教育》;于中华中学讲《欧、美佛教概况》;为厦门青年会开讲《新青年与救国之道德》;还在蔡吉堂居士的涌莲精舍,多次开讲《唯识十三论》等经学论著。

民国22年(1933年),太虚连任南普陀寺两届方丈(兼院长)任满,引退返沪,但仍与厦门佛教界保持密切的联系。24年再度卓锡厦门讲学,在佛学会和闽南佛学院,开示论题为《佛学会与实现佛化》、《佛化与现代中国》和《法师与学僧应如何爱护学院》等。鼓励佛学会众会员,要把研究佛学与实现佛化人间的行为结合起来,为振兴佛教做贡献。谆谆教诲学院师生,要爱国爱教,树立为国家为佛教的兴亡而献身的精神。

民国26年(1937年),抗战爆发,太虚为抗日救国奔走,呼吁全国佛教徒行动起来,投入抗日救国运动。并首先发表《电告日本佛教徒书》,要求日本佛教徒以佛教"和平止杀"的精神,制止日本帝国主义的侵略战争。同时又通电全国佛教徒,播讲《佛教与护国》的论述,动员组织"佛教青年护国团",积极参加救护工作、宣传工作以至地下斗争工作。并响应"航空救国"和"伤兵之友"等抗日爱国活动,募资捐款支援前线。28年,发起组织佛教"国际访问团",远赴缅甸、印度、锡兰以及星、马各地,宣传抗日救国,发动各地华侨、华人和广大佛教徒、佛教团体,积极支援祖国抗战。32年,与于斌、冯玉祥、白崇禧等著名将领和宗教界首要人物组织中国宗教徒联谊会,呼吁全国各宗教团体和全体宗教徒团结起来,一致抗日。因其积极参加抗日救国活动，抗战胜利后的1946年元旦，国民政府授予宗教领袖胜利勋章。

太虚为现代中国佛教爱国、爱教的僧伽楷模，他不仅为爱国护教做出重大的贡献，而且对培育僧才，整顿僧制更不遗余力。太虚一生创办或主办的僧教育学院有：闽南佛学院、武昌佛学院、世界佛学苑、重庆汉藏教理院、西安巴利三藏院、北京佛教研究院。创办佛教刊物有《海潮音》月刊和《觉群周报》等。组织佛教团体有世界佛教联谊会、中国佛教会、中国佛学会、中国宗教联谊会、世界素食同志会等等。抗战胜利后，受任为中国佛教整理委员会主任、国民精神总动员会设计委员等职。主要著作有《整理僧伽制度论》、《释新僧》、《新的唯识论》、《法理唯识学》和《真现实论》等等。后由其门下弟子编辑《太虚大师全书》行世。

民国36年(1947年)3月17日，太虚于上海玉佛寺圆寂，荼毗后得舍利子300余颗。厦门分得舍利多颗，37年由其皈依弟子蔡吉堂、许宣平、虞愚等为建舍利塔于虎园路半山堂。1984年迁建于南普陀寺后五老峰山顶太虚台上。太虚台前亭后塔，亭中立一石碑，高约2米，上镌当代画家丰子恺为太虚大师造像。造像法相庄严安详，神态栩栩如生。像下有书法大家虞愚题铭，铭志大师住世大德。

释瑞等

字寂平。生卒年俱不详。漳州海澄白水宫人。俗姓陈。因看破世缘，发心出家，投南普陀寺依转武上人座下，脱白披剃。未几，往兴化广化寺忏摩，得具足戒位。后往南洋参学，颇有声誉。数年后回国，仍归南普陀寺，历监院。

民国9年(1920年)，瑞等率寺僧人代表专程至北平(今北京市)，诚邀转逢和尚出任南普陀寺住持，并鼎力协助其重建大雄宝殿。工程竣工后，飘然南渡弘法，于名于利，无动于衷。

瑞等性好施，人所不及。民国17年秋，南普陀寺大悲殿毁于火，重建工程浩繁，需款钜万。瑞等云游南洋，四处募缘，不时寄汇巨款供输，使大悲殿得以顺利建成，厥功甚伟。

释方莲

比丘尼。生卒年俱不详。厦门鼓浪屿人。未出家前是一位虔诚的优婆夷。20世纪20年代初，方莲往缅甸首都仰光朝礼大金塔。后侨居槟榔屿，投拜道阶和尚削发出家。此后，即在南洋各地弘法，受到各地佛教信徒的尊崇。民国22年(1933年)，方莲回厦门南普陀寺参拜太虚、会泉、常惺、转道、转逢诸名师，并带回一批女弟子，安排在闽南佛学院等僧院学习。23年返回南洋群岛弘法传教。

中华人民共和国

释清智

法名通达，字清智。南安石井区许山村人。生年不详。农历二月十五日为其生日。早年依妙释寺六湛和尚剃度出家，为云门宗弟子。六湛清光绪初年(1875—1885年)住持日光岩，清智遂以日光岩为祖庭。民国15年(1926年)，清智住持日光岩，四出募化，对岩宇进行全面翻修拓建，将西厢翻建为大雄殿，东厢建僧舍楼房。25年，一代高僧弘一律师即在东厢寮舍闭关养静。随后,清智也入禅房闭关。是年,清智被推举为厦门市佛教分会监事。35年,清智又任厦门佛教支会监事。37年,南普陀寺举办千佛三坛授戒大法会,盛况空前,清智荣聘为七尊证。清智一生传法度人,有徒弟善契、善兴、善学、善诚、善相、善戒、善仪、善扬、善导等10人。1951年圆寂于妙释寺。

释宏定

比丘尼。俗姓陈,闺名文娥。祖籍南安石井,其父早年往台湾谋生。清光绪四年(1878年)五月初四生于台湾台南。及笄出嫁,随夫旅居缅甸仰光,学裁缝手艺,为人制衣为生。

宏定夙具慧根,在仰光结识祖国前往朝拜圣迹的出家女众,十分仰慕她们的志操和风范,萌生出家之想。光绪三十二年(1906年)一度随善友到厦门朝山礼佛。20世纪20年代初,其父母离异,母亲在仰光出家,对宏定触动很大。30年代中叶,宏定家庭又发生变故,同时听说其父返回南安故乡,因专程从仰光回乡寻父,未遇。时厦门会泉法师应邀在南安石井慧月精舍讲经弘法,宏定前往听讲,感悟殊深,决意削发出家为尼。会泉未允。宏定追随至万石岩。会泉以闽南风俗女众"出家"多带发住寺奉佛,婉言劝告宏定不要落发,可随众循俗带发清修。宏定长跪不起,坚请会泉为其剃削青丝,消除烦恼,以求专心侍佛。会泉最终为其感动,破例为她剃发,收为第一个,也是唯一一个落发的女弟子,赐法名"宏定",赞扬其意志坚定。

闽南地区削发的比丘尼极其罕见,而且也没有供比丘尼挂单常住的寺院。圆顶僧袍现比丘尼相的宏定一开始出现就受到世俗偏见的非议,宏定置之度外,坦然自若。

宏定出家初住万石岩,与带发修行的菜姑同住外院,因现男性比丘相,常被人误认为男女混住;万石岩比丘也以与孤身女众相处而加排斥。宏定秉性耿直刚烈,孤处寺中与男女二众难以相容,经常发生纠葛,几次离寺到处挂单,均不受接纳,最后只好寻觅一处已残败不堪、香火冷落而又无人居住的神道宫庙——寿山宫暂为栖身之所。寿山宫在市区吴厝巷,原奉祀吴真人、天后。宏定在宫左一间仅能容膝的小屋安顿下来,天天诵经念佛不辍。附近居民见宏定生活清苦,虔诚奉佛,深为感动,信众日渐增多,香火日渐兴盛。宏定遂募资修葺,变神道宫庙为佛教道场。

寿山宫地处闹市,环境喧杂,影响静修,宏定决意另觅僻静之处建造祇园斋堂以避嚣清修。与同修菜姑、原万化堂住持林芹菜合资,购置天界山左侧山阿一片山地建造石屋三间为小佛堂,因堂后有泉一泓,清泌可口,足供饮用,因名"甘露堂"。后改建平屋,渐成规模,改称"甘露寺"。从此宏定与诸同参斋姑开山种地,闭门静修,农禅自给,道业精进。

民国20年(1931年),泉州开元寺为转道和尚启建三坛千佛传戒大会,宏定秉承师命前往受具足戒。

20世纪40年代,宏定历游南洋各地,参学弘法。

宏定一生收度多位带发出家的女弟子,其中有开意姑(俗名招治姑)、吴开胜姑、秀雀姑、雪姑等。她们在宏定的感悟和教化下,道心坚定,精勤修学,道德双馨,后各弘化一方。开意姑在厦门市区深田路自创正信林,住修弘教;秀雀姑重兴华严寺;雪姑修复并扩建同安梅山寺;吴开胜姑与同修汪秀珍不辞劳苦,远赴香港、越南募资开建净莲堂,以为出家菜姑共住、实行选贤制的十方道场。

1951年11月2日(农历十月初四),宏定圆寂于甘露寺,世寿73岁。

释大醒

法名机警,又名随缘,别号哭庵。俗姓王(《厦门南普陀寺志》作"袁")。江苏东台县人。生于清光绪二十五年(1899年)。早年毕业于东台师范学校。因阅读佛教经典,顿兴出世思想,乃于民国13年(1924年)往扬州天宁寺从让之和尚出家。是年秋,即往武昌进太虚大师主办的武昌佛学院修学。在武院,与迦林、寄尘诸同参组织"新僧会",提倡革新僧制,抨击旧制之腐朽落后,受到一些守旧者的反对。14年乃与同参显教、迦林、宏渡、本和等人离开武院,到南京就读于法相大学。是年夏,转上庐山依太虚创设的大林寺庐山学窟参究佛学,并学英语。后又到江浙一带参访名山古刹。为示学佛坚诚,曾三次刺血写经,嗣到南京金陵寺掩关思省。

民国16年(1927年),太虚就任厦门南普陀寺方丈兼闽南佛学院院长。是年底,太虚在沪养病,忽闻闽院学僧制造学潮,即派大醒、芝峰、寄尘等赶来厦门协助处理。大醒等到院后,即深入学僧做说服工作,平息学潮,并整顿院规,新招学僧,同时又着力于学制和教学改革,使学院出现一片蓬勃向上的新气象。

翌年,大醒就任学院副院长兼南普陀寺监院。秋,大醒与芝峰以创办佛学院学刊名义,编辑出版《现代僧伽》月刊。大醒为主编,芝峰为副。该刊虽名为学院学刊,实际上却成为他们推行佛教改革的刊物。其办刊主旨:"在于揭露当代中国佛教窳败的黑幕,将中国佛教从死气氛围中救转过来,指出一条光明发展前途,使向上的佛教徒有一个奋斗的目标"。因此,他们对佛教现状的寺院、僧伽以至居士们进行全面的抨击。如指斥寺院为"衙门"、"商店"、"佛摊"或"和尚小家庭";僧尼只知念经拜忏敛财、装神弄鬼以行诓骗。由于他们过激的言论和对寺僧的多方指责,受到一些闽南地方保守的长老的抵制和反对,称他们为"家丑外扬的败家子",甚至不让自己的弟子进闽南佛学院,怕受他们的影响。但也有一些思想比较进步的佛教徒认为他们是针砭时弊的"医王",给予肯定和支持。由此而形成闽南佛教界新旧两派分立的矛盾。至21年(1932年),在太虚亲自主持下,方改变刊物的论调,并改《现代僧伽》刊名为《现代佛教》。

民国21年(1932年),大醒、芝峰等随太虚的离任同返上海,后相继主编《海潮音》月刊和苏北淮阴的《觉津月刊》。25年往日本考察,回国后写《日本佛教考察记》。

民国30年(1941年)9月,大醒从上海应聘再次来厦门复任闽南佛学院院长。时厦门已经沦陷,日本侵略者为利用佛教宣扬大乘和平救世的教义,宣传所谓"大东亚和平、共荣"的谬论,以软化人民的敌对反抗情绪,因此对佛教和佛教徒采取怀柔利用政策,指令组织大乘佛教会和复办闽南佛学院。但由于厦门原来许多寺僧和佛教徒众都在沦陷前疏散内地,复办闽院,存在师生双缺的困难,故派觉斌亲自去上海聘请大醒来厦住持,并在上海招收一批学僧来厦,勉勉强强挂牌复办。因此,大醒到任未及一年,即感到无所作为而假返上海,不再回院。

民国35年(1946年),大醒随侍太虚住持浙江雪窦寺。太虚圆寂后,大醒主持编纂《太虚全集》,并再次主编《海潮音》月刊。37年转赴台湾。1952年12月于台湾归西,世寿五十有三。

释转逢

字卧莲,法号海妙。俗姓王。南安四都人。生于清光绪五年(1879年)。父亦堆,母胡氏,务农为业,家境贫寒,其胞兄释转初,先出家于南安小雪峰寺。光绪十六年,转逢12岁即随兄学道。时小雪峰寺住持佛化禅师德学兼备,为闽南僧俗所尊仰。见面时,佛化为开示云:凡躯能灭,其中有不生灭之佛性在。了解得此义,方可为僧。并授转逢一偈云:"端坐念佛意新新,

寂寂虚虚净无尘,六个门头光灿烂,通融法界本来人。"

光绪二十二年(1896年),依喜敏大师脱白祝剃。二十六年到厦门南普陀寺从喜参和尚受戒。三十四年与同戒性愿法师结伴参学三江。初参高僧八指头陀寄禅和尚于宁波天童寺,学习禅堂丛林规矩及瑜珈忏法。因修学精进,威仪具足,深受寄禅和尚器重。旋又参学镇江金山江天寺大定和尚多年。再至维扬高旻寺亲近句容和赤山、真如、法忍等首座。后回宁波天童寺任禅堂维那,领众禅诵。不久,又至常州天宁寺参学,冶开和尚授以知客僧值各职服务常住。

转逢和尚遍参江南各寺,复礼山西五台山文殊道场,于丛林生活规制悉皆精熟,体验无遗。清末民初,厦门南普陀寺寺宇残破,荒凉满目,令人凄惨不禁,亟须德僧领导。民国9年(1920年)监院瑞等以转逢道学已成,乃率寺中代表专程北上,邀请转逢归任南普陀寺住持。转逢任住持后,首先募修大雄宝殿,数载落成,香火鼎盛,僧众日增。为了培育佛教人才,乃请性愿法师主办"景峰佛学社"。

南普陀寺原为子孙制寺院,历代住持都是南山喝云一派传承。转逢为了振兴南普陀寺,乃召集全寺大众商议,参照天童寺选贤制度,决定将南普陀寺由子孙制度改变为十方丛林选贤制度。乃订立十方常住规约20条。其中第一、二两条如下:

一、本寺定为十方选贤丛林,住持一席,不拘法派,不分畛域。凡十方僧众有合格者,皆可被选为住持,即本寺原有喝云派下资格相当者,亦有被选为住持之权利。

二、住持资格必须在36岁以上,宗教兼通,行解相应,能说法开导后学,领众参禅、众望相孚者为合格。

民国13年(1924年),南普陀寺依照规约所定,选出会泉法师为首任十方丛林方丈。转逢乃偕新加坡光明山普觉寺住持释转道,共赴浙江南海普陀山朝拜观音。回来后即应聘任南安小雪峰寺住持。15年冬,往漳州南山寺,因病返回厦门,住养真宫养病就医。

民国16年(1927年)春,会泉法师三年方丈任期已满,得常惺法师推荐,依法改选太虚大师继任方丈。转逢被推为南普陀寺常住代表,偕同闽南诸山代表转岸和常惺法师三人,专程赴沪迎请太虚。太虚来厦在南普陀寺就任住持后,因应各省邀请讲经,不能常住厦门,乃请转逢和尚为都监(按丛林规定都监是上辅住持,安抚大众,下匡监院察理常住要务)。

民国20年、25年泉州开元寺和承天寺两次传戒大法会,都请转逢担任"开堂"师,负责教导四众一切戒律威仪。

民国26(1937年)年转逢由南安小雪峰寺来厦,住禾山茂后社,社为爱国华侨领袖陈嘉庚胞弟陈敬贤居士卜居之地。陈敬贤在其地设立佛堂、图书室、讲堂、香积厨、宿舍,招待各处高僧大德。陈敬贤夫人王碧莲,拟在该处建一大雄宝殿,作为南普陀寺第二丛林,请转逢为开山方丈。后因日寇侵华,厦门沦陷,计划未能实现。

民国27年(1938年)5月,转逢偕苏慧纯居士离厦赴香港,戍经越南河内到昆明,又经贵州到四川重庆,上缙云山汉藏教理院访太虚大师,再到峨眉山朝礼普贤大士。翌年5月间回昆明,在云栖寺发现厦门南普陀寺所藏日本《续藏经》。转逢查明这部《续藏经》在抗战爆发后,有人将其运至云南昆明云栖寺,乃向寺方交涉,请出具借条,并将借条寄回南普陀寺。解放后,才由南普陀寺派人到昆明搬取,完璧归赵。

民国29年(1940年)1月,太虚大师率中国佛教国际访问团出国访问,转逢和居士苏慧纯、杨瑞田也随团出访,经鸡足山到缅甸腊戍。后至仰光,即与杨瑞田转赴印度礼佛。在葛伦堡得铸记行主人马铸才之助(马铸才在尼泊尔与西藏拉萨都设有铸记分行),乃只身行脚进入西藏,

经53日始抵拉萨，所历艰险，不亚于昔日法显、玄奘西行求法的遭遇。转逢在西藏铸记分行休息时，得遇厦门闽南佛学院毕业学僧满度，招待住进哲蚌寺（拉萨三大寺之一），并介绍与是寺住持喇嘛多杰格西相识，得其传授密宗奥旨。

是年冬，转逢又得杨瑞田任翻译，离西藏南行入印度，朝拜菩提伽耶释迦教主成道处，鹿野苑释迦佛初转法轮度五比丘处，参观释迦讲经的灵鹫山等佛教圣迹。后再访问锡兰和缅甸等佛教国家，得到佛的舍利数十颗，原拟回国建万佛塔供养，事为新加坡广洽、广净两法师所闻，乃急电请其到新加坡弘法。

民国37年（1948年）3月，转逢先到马来西亚三宝寺，演本法师为开欢迎会，请其开示。后应马六甲延祥招提之请，赴马六甲弘法。最后到新加坡，遂应广洽法师等人之请，任新加坡龙山寺方丈。

1952年夏历五月二十二日，转逢无病念佛圆寂，世寿73岁，戒腊51年，火化后得舍利子甚多。新加坡及马来西亚佛教徒乞求供养。其中晶莹如豆子大者，其徒孙广净敬以银塔供奉，1957年春带回厦门南普陀建塔永留纪念。1975年广洽法师特由新加坡携其灵骨归国，分作两份，一份安于厦门南普陀寺纪念塔内，一份则安奉于苏州灵岩山寺。

1981年转逢和尚百年腊寿，厦门南普陀寺、泉州开元寺、漳州南山寺、南安小雪峰寺等均分别召集佛教徒为其举行纪念会。新加坡广洽法师还为编印出版百岁冥寿纪念集，以作永久纪念。

转逢和尚遗著有密宗《莲舌阿鞭论》及《六字云梯》两书行世。

释圆瑛

法名宏悟，字圆瑛，号韬光。俗姓吴。古田端上村人。清光绪四年（1878年）生。父名吴元云，母阙氏。5岁，父母双亡，由其叔父抚养成人。自幼聪颖过人，读书过目成诵。年甫及冠，顿觉人生如梦，一心舍俗出家，为叔父所阻。光绪二十二年，大病，愈后出家于福州鼓山涌泉寺，礼增西和尚为师。翌年，依鼓山妙莲和尚受具足戒，后随侍妙莲研习律仪，并辅助妙莲重兴鼓山下院白塔寺。半年后又到古田雪峰寺从达本和尚勤修苦行，在寺中当"饭头"（伙房煮饭）杂役，在苦行中修习禅法。

光绪二十三年（1897年）发心往江浙参学，先从常州天宁寺冶开和尚参学5年，旋至宁波天童寺就寄禅和尚修禅6年。宣统元年（1909年）被举为宁波接待寺方丈。

民国13年（1924年）往南洋宏化，结识闽南德僧转道和尚，相约返闽南重兴泉州大开元寺。经多年营构，修复大雄宝殿及戒坛、法堂等殿堂院舍，使千年古刹重现严庄盛貌。后又在寺中创办开元慈儿院，自任院长（后由叶青眼居士继任），收养社会上失养孤儿，供其生活和学习。国民党政府海军部高等顾问、海军上将萨镇冰为题匾称为"婆心法乳"。

是年，厦门南普陀寺改子孙寺院为十方丛林，首届方丈会泉与退居和尚转逢拟就寺中创办闽南佛学院，请圆瑛协助筹办，并聘为南普陀寺首座。圆瑛为代起草学院规划和章程，并多次来院指导。

民国15年（1926年）返福州，应邀在白塔寺讲经，座无虚席。17年应古田雪峰寺退居住持达本和尚邀请，接任雪峰崇圣寺方丈，嗣法于达本和尚，并把福州法海寺回收为雪峰下院。

民国18年（1929年）受聘任宁波七塔寺住持。时中国佛教会成立，圆瑛被选为主席。是年9月，出席在朝鲜举行的世界佛教大会。后又任宁波天童寺住持。20年应福建四众代表的邀请,任福州林阳寺住持。24年在上海创建圆明讲堂,举办楞严专宗学院。

民国19年(1930年),圆瑛应厦门思明佛教会的邀请,在妙释寺开讲《金刚经》。由于圆瑛在闽南佛教界有很高的声望,每次讲经,法堂内外都挤满听众。有一天,圆瑛正整衣升座准备开讲,突有不同教派的歹徒,用蛋壳注满沥青向法座猛掷,黑污四溅,圆瑛袈裟亦被污染。此时座下群情激愤,有些人急起要追歹徒。座上圆瑛却镇定自若,挥手止众安静,反躬以"夙业"自责。旋又拂衣就座,安详温静一如平素。广大信众为其处惊扰仍能安坐如山的涵养和宽宏广舒的胸怀而赞叹不已。

圆瑛德学毕具,禅教兼通,到处弘扬佛法,誉满中外。曾多次应邀到日本、朝鲜、菲律宾、泰国、印尼、新加坡、马来西亚各国弘化。民国27年(1938年)年在槟城弘化时,受聘为极乐寺住持。他每次讲经说法,多劝人念佛行善。常倡导教诲佛教徒应慈悲为本,以弘法利生为己任。而且身体力行,为众僧表率。如在泉州开元寺和宁波天童寺创办孤儿院,募资创办各项社会公益事业。抗战期间,曾到南洋各地募资,赈济难民和支援前线。早在民国20年"九·一八"事变时,圆瑛即以中国佛教会名义通电日本佛教联合会,要求日本佛教徒敦促日本政府停止侵略,维护和平。并电告全国寺院,祈祷世界和平,安民保国。圆瑛爱国爱民的慈悲心怀,还在其自撰联文中表现出来。联曰:"出世犹垂忧国泪,居山恒作感时诗。"抗战期间,由于他为抗日救亡奔走呼吁,民国27年9月在上海被日本宪兵逮捕入狱,受尽刑讯,始终大义凛然,坚贞不屈。后经佛教界人士多方营救方获释放。

民国37年(1948年),厦门南普陀寺举办"三坛千佛传戒大法会",请圆瑛、虚云诸大法师为传戒阿阇黎。十方求戒的佛门四众弟子达千余人,无不感受圆瑛律仪教导而欢喜信受。圆瑛一贯认为,戒律规仪是僧人的生命线,而提高僧人的律仪意识,主要在于加强僧伽教育。因此,他对于发展僧伽教育极为重视。如民国13年支持协助南普陀寺创办闽南佛学院。此后又于宁波创办佛教讲习所,在南洋槟城举办佛教研究会,在上海创设圆明讲堂,开办楞严专宗学院和上海圆明学院等。

解放后,圆瑛以古稀之年仍致力于弘扬爱国爱教,为法为人的弘化活动。1952年8月,应邀参加在北京召开的亚洲及太平洋区域和平会议。回上海组织启建祈祷世界和平法会49天。1953年6月,新中国佛教协会成立,被选为第一任会长。此时他虽感到体弱难支,仍坚持工作,终因积劳成疾,于1953年9月在宁波天童寺撒手西归,世寿75岁。当圆瑛辞世消息在新华社发布后,海内外佛教界人士纷纷来函来电吊唁,并在各地寺院为其举办公祭或追悼法会。

圆瑛主要遗著有《楞严》、《圆觉》、《弥陀》诸经讲义及《一吼堂诗集》,后结集为《圆瑛法汇》出版传世。

释清念

同安大嶝人,生于清光绪二年(1876年)。7岁上书塾读书。光绪十七年,母亲去世,清念悲哀眷念,不能自已。一次,乡间排演布袋戏《唐三藏取经》故事,清念为剧中观音菩萨的大慈大悲、普济众生的威灵神力所吸引感动,因萌出家志愿。十九年,清念偷偷地跟着帆船投浙江南海普陀山鹤鸣庵出家,并于普济寺依慧源和尚座下,受具足戒,志道坚贞。尝患疮,前后四个月起卧维艰。其祖父闻讯赶到普陀山,看到清念痛苦不堪,劝说返俗还乡。清念坚决表示,再苦也不走回头路。

清念疮愈后,四出游学,参访宁波天童寺、药王寺、阇明寺及常州天灵禅堂,复礼拜佛舍利于宁波阿育王寺,遂住锡是寺,任副寺。十余年后返回普陀山普济寺,仍任副寺。清念办事认真,爱护常住财物,清廉自持,受到僧众的信任和称赞。

宣统三年(1911年),清念36岁时,以山中长老举荐,出任普陀山西南隅海滨天后宫住持。是宫建于清光绪年间(1875—1908年),滨海渔民以是宫天后为观世音菩萨化身,非常崇拜,香火鼎盛。广莹和尚因势利导,扩为佛院。而后继者经营不善,亏累钜万,香火日渐冷落。清念誓志规复,正其名为"福泉禅院",筹还积欠,修葺补苴。接手初期十分艰难,每日以番薯为主食,每年冬游化闽南,招引香客。泉州、厦门一带缁素人士多与之相熟。会泉法师同情清念艰辛,率先组织厦门善信到普陀山福泉禅院进香。于是,福泉禅院香火日渐兴盛。在此期间收度印顺(法名盛正)为徒。

清念尝游安南、星洲、小吕宋、台湾,一杖一瓢,淡泊简默,所至募化,俭朴审慎,一门心思都在偿还债务上。因为清偿前任所欠债务,起初几年无所"建树",有人见他已有进账而生活仍然十分俭朴,便怀疑清念将钱财据为己有,布衣粗食是做给外人看的。清念将债务基本还清后,开始着手寺院的建设,先筑石围墙,次则重建大殿、香积厨等,所有建设,精工坚质,焕丽庄严。至此,对他抱怀疑态度的人才没有话说。

抗日战争爆发后,清念将寺务交付其弟子处理,自己南下游化厦门妙释寺、南普陀寺。抗战胜利后,率领弟子印实、盛文、厚学到同安梵天寺、马巷香山岩等寺院住持化度,皈依四众弟子甚多。

民国37年(1948年),南普陀寺为原方丈性愿60大寿举办千佛三坛授戒大法会,邀请清念与其徒印顺法师(原闽南佛学院院毕业生)担任传戒法会羯摩师。法会结束后,清念招印顺回同安梵天寺欢聚,切磋佛学经典。是年,印顺赴香港讲经。

1950年,清念接受新加坡女弟子铜荷姑邀请,南渡星洲海印寺弘法。时清念75岁,犹遍历星马各地讲经弘化,所至都受到缁素人士的尊崇。清念福缘深厚,年未而立,须发皆白,法相庄严,道貌岸然。信旅辄不求而自至,持身恬澹,俭约成性。日称弥陀圣号,以净土为依归。未尝致力于义学,而嘱其弟子盛藏、盛正(印顺)、盛求、盛文游学于闽南佛学院。

1957年1月27日晚,刚吃过晚饭,寂然而化,得僧腊64,世寿82,荼毗于光明山,得大小坚固子甚多。弟子印实奉其舍利子到台湾新竹福严精舍,建塔供奉之。

释慈舟

法名普海。清光绪三年(1877年)九月生于湖北随县。俗姓梁。父母均是皈依三宝的佛教居士。慈舟自幼随父母学佛,稍长,常怀出家之志,只以亲老未能如愿。宣统二年(1910年),父亲逝世,更感人生无常,再求出家,始得其母应允,于是乃礼元照和尚为剃度师,于佛洹寺出家。时年33岁。是年冬,于汉阳归元寺受具足戒。

民国2年(1913年),赴扬州长生寺和金山江天寺参学。翌年秋,进上海佛藏大学(后迁杭州)修学。毕业后又从月霞法师赴武昌中华大学讲《起信论》。7年,慈舟应河南信阳贤首之请,前往开讲《大乘起信论》。从此开始到处弘法讲学,足迹遍及京、沪、杭及武汉等地诸山名刹,并在各地举办佛学教育机构。9年,协助了尘、戒尘二法师在汉口九莲寺创办"华严大学"。12年,应杭州灵隐寺之请,为办"明教学院"。又于常熟兴福寺佐惠宗和尚筹办"法界学院",第二年正式开学。嗣又先后到河南开封、安徽当涂以及镇江、汉口等地开讲《地藏经》、《般若经》、《起信论》、《圆觉经》,并就任苏州灵岩寺住持。

民国20年冬(1931年),应虚云禅师邀请,参加福州鼓山涌泉寺筹办"法界学院",22年正式开学。慈舟留院为学僧讲授《华严经》,至25年春方圆满。后复于福州城内法海寺续办法界学院。25年冬,应邀进住北京净莲寺。越岁,福州法界学院迁往北京。此后直到抗战期间,慈舟一直在华北住修弘法。

民国36年(1947年),慈舟应福建陈大莲居士邀请,再次卓锡南来。初住福州舍利院。嗣因海潮寺和地藏庵的诚请,暂为住持。37年,涌泉寺拟请其复办法界学院,由于陈大莲和邵武双泉寺的一再邀请,乃转赴闽北,于双泉寺结夏,为寺众和四方参学者讲《四分戒本》和《四谛要义》。旋应邀至陈大莲家乡泰宁,住锡天宁寺为四众弟子讲《普门品》。38年春,拟应邀往香港,从泰宁回福州,因时局紧张,香港之行未果,遂滞留福建。

建国后,南普陀寺广心和尚方丈任期满届,荐举慈舟为继任方丈。1953年,慈舟应聘执掌南普陀寺第七任丈席,为寺众讲《梵网经》和《四分律要仪》。后因年老多病住日光岩静养,由释广心、释会觉代为住持寺务,并以释清华、释悟道为都监,襄助管理。1956年,慈舟任丈期满,应北京缁众邀请回京,住锡安养精舍。1957年弥陀圣诞日,舍报西归,世寿80周岁。遗著有《毗尼作持要录》、《慈舟大师自修禅简录》、《慈舟大师开示录》及《普贤行愿品亲闻记》等11部论著行世。

释芝峰

法名象贤,别号止止斋主人。俗姓王(《厦门南普陀寺志》作"石")。浙江温州乐清人。清光绪二十六年(1900年)生。祖辈世代务农。芝峰从小聪颖好学。民国2年(1913年)毕业于乐清县立高级小学。翌年随母舅万定和尚出家于白龙洞。民国4年在永嘉护国寺受具足戒。8年于护国寺创办"时雨僧学校",后因经费不足停办。

民国12年(1923年)入汉口佛教讲习所修学。毕业后转入武昌佛学院进修,亲受太虚大师教诲,与大醒为同窗学侣。芝峰对于佛学以及诗文诸艺均有较深造诣,为武院诸生之翘楚,深受太虚器重。13年,随太虚往泰州光孝寺讲《维摩诘经》,任记录。因芝峰文思敏捷,文笔流畅,太虚许多重要学术论稿,均由其记录整理发表。

民国15年(1926年),芝峰返浙,于永嘉城西普觉寺闭关潜修。越岁出关,于护国寺设立"三家讲舍",聚集浙东一批青年学僧,讲学论道。芝峰善诗文,每当花朝月夕,常与诸师友吟咏于柳岸溪桥之间。17年将离浙南来闽南时,曾写下《留别诸生》诗一首,曰:

恶风暴雨撼潮来,佛化于今实可哀,
为扶沙盘方举手,非同傀儡喜登台。
无穷妙义须深造,大好时光莫浪摧!
此度别离无他虑,百年愿望栋梁材。

诗中不仅以满腔热情鼓励诸生要认真修学,成就僧才,也表达了他为拯救佛教,造就僧才,发展僧伽教育的雄心宏愿。

民国17年(1928年),芝峰应太虚的邀约,与大醒入闽住持厦门闽南佛学院教务。大醒任事务主任兼代院长,芝峰任教务主任兼南普陀寺监院。时闽院分成甲、乙两班,有来自江、浙、湘、鄂、鲁、豫、云、贵、川以及台湾等10多个省市的学僧80多人。芝峰负责佛学主讲,专授唯识法相二宗系教学。由于他博学广识,辩才无碍,讲课时旁征博引,深入浅出,具体生动,博得全院学僧的信受和爱戴。他除教学之外,还与大醒联合主编《现代僧伽》学刊。21 年改刊名为《现代佛学》,由他负责总编,在发刊词中提出"本刊应世旨趣":在于"团结现代僧伽,住持现代佛教,建立现代佛学,化导现代社会"。由于强调"现代",对于旧的、不适应现代的佛教现状,进行强烈的揭露和抨击,受到一些守旧僧伽的反对,讥之为"家丑外扬的败家子","毁佛谤僧的叛教徒"。

民国 22 年(1933 年),太虚蝉联两届南普陀寺方丈(兼院长)任期届满,离厦返沪。芝峰与大醒依太虚共进退,相率离厦,转任上海《海潮音》佛学月刊总编辑。月刊曾因批评密宗在家居士王某为出家僧伽行灌顶礼一事,引起论战。太虚要芝峰保持中立态度,不要介入论争。芝峰则认为此为有悖佛教规仪的大事,不容许"和稀泥"不管。由此与太虚意见相左,愤而引退,返回浙东。后与亦幻在永嘉合设"白潮讲舍",招集部分佛教青年僧众研究佛学。

抗战期间,芝峰与大醒蛰居上海静安寺,从事佛教经论翻译,其中有《禅学讲话》和《南传佛教经典》等译著。

抗战胜利后,一度参与以太虚为主的中国佛教整理委员会工作,担任整委会主办的会务人员训练班主任,并负责起草整委会章程和工作细则。

解放后,由于他的偏执,对新社会的时势格格不能适应,遂卸戒入俗,返回浙东。1959 年逝世于浙东,年 59 岁。

释转尘

俗名奕钵,法名海净,字转尘,以字行。南安六都仁宅乡(今属洪梅镇)人,俗姓黄。生于清光绪二年(1876 年)。品性忠厚,勤劳笃实,人所不及。光绪二十二年,年方 21 岁,即觉世路崎岖,人心浊恶,油然有出世之想,遂投漳州南山寺喜静禅师为师,受具足戒。于是力行佛事,精持梵行,历任南普陀寺监院,努力服务佛教,未尝稍息。民国初年,与同寺瑞等法师共谋重建大雄宝殿,忍苦耐劳,数载落成。

民国 13 年(1924 年),继会泉和尚之后住持泉州承天寺,创办鹦山小学,创办"东方伦理研究班"、"月台僧伽学社"、"月台佛学研究班",建立常月念佛会制度,不定期举行佛学演讲和学术讨论,造就僧材,弘扬教法。民国 23 年至 25 年代常惺和尚住持厦门南普陀寺方丈职位。

转尘一贯积极倡导农禅,身体力行,带领承天寺僧众度过抗日战争艰苦岁月。抗战胜利后,一度南渡新加坡弘法,住锡天福宫。历任晋江县(含今中心市区、晋江市与石狮市)佛教会理事长。

1961 年 1 月 19 日圆寂,世寿 85 岁,塔于泉州清源山赐恩岩。

释性愿

名水云,法名古志,别号栖莲,暮年又号安般、乘愿。俗姓洪。南安华峰乡(今石井古山)人。生于清光绪十五年(1889 年)。父洪朝鸣,母黄氏善顺,均为佛教居士。性愿从小有慧根,7 岁开始素食戒荤。9 岁丧母。光绪二十六年依南安石井东庵德山和尚披剃出家。二十八年在厦门南普陀寺从喜参和尚受具足戒。圆戒后,从水头仙迹岩喜光老人习经,复归南安小雪峰寺常住,亲近复兴闽南佛教的德僧佛化和尚,与近代闽南名僧会泉、转物、转岸、转尘等为同参。

宣统元年(1909 年)与转逢、性知诸僧结伴北上江浙参学,先后驻锡宁波天童寺、南京毗庐寺、苏州圣因寺、镇江金山寺、扬州高旻寺等诸名刹丛林,亲近现代高僧八指头陀寄禅、谛闲、慧

明、净心诸大师,参禅研教,尤于天台教典,颇有心得。经历十载后返闽,先后任泉州开元、承天、漳州南山、厦门南普陀、永春普济诸寺住持、首座等要职。对闽南各大名刹的复兴新建做出许多贡献,并在闽南各道场讲经说法以及兴办佛学研究机构。为弘扬佛教,化导众生,竭尽心血。

民国13年(1924年),南普陀改为十方丛林时,由其起草《丛林规仪二十条》。

民国17年(1928年),弘一大师长住闽南,性愿与之交往密切,对弘一大师的律行及其经学书法,备极崇仰。在学律习经以及书法上深受影响。后发起刊印弘一大师律学遗著和手书佛经,令一代高僧的律学著作和书法墨宝,得以弘扬流布。

民国26年(1937年),性愿在南普陀寺代理方丈任内,受旅居菲律宾佛学居士之恭请,南渡菲岛,就任菲岛首刹大乘信愿寺住持。居任后,即擘划营运,整修扩建殿堂院舍,塑造佛菩萨圣像,购请砂碛版《大藏经》,使信愿寺成为菲国第一座佛、法、僧三宝具备的丛林禅寺。嗣又向国内延聘僧众来菲协助寺务。并以寺院为广弘佛法的佛教基地,经常举办各项讲经弘法大法会,性愿亲自主讲佛经教理,引导广大信众净修佛法,使菲国佛教蒸蒸日上。性愿也由此被誉为开拓菲国佛教的开山祖师。

民国34年(1945年),性愿于马拉闷社开建规模宏伟的华严寺。寺建成后,即倡议联合信愿寺和华严寺为十方选贤制的丛林禅寺,同时亲自聘请瑞今大师为两寺丛林的首任方丈。

民国37年(1948年),性愿60大寿。厦门南普陀寺特发起为其举办千佛三坛传戒大法会,十方求戒四众弟子达千余人,盛况空前。翌年春,在厦门太平岩创办觉华女子佛学苑,专收闽南菜姑入苑修学。并委托其女弟子陈珍珍主持教务。

1962年,性愿于华严寺圆寂,世寿74岁。

性愿住世,善辞章,工书法,戒德庄严,法行双修,驻锡菲岛弘化20多年,兴寺安僧,教化信众,为菲国佛教之发展奠定坚实的基础。同时对国内的佛教建设,也做出重大贡献,如募资修建泉州铜佛寺、南安大慈林等寺院,创办觉华女子佛学苑,兴办多项公益事业等,受到海内外缁素人士的钦仰和敬佩,誉为近代僧界楷模。

释善契

南安石井镇溪霞村人。生年不详。民国12年(1923年)以前于妙释寺依清智上人剃度为僧,为云门宗传人。12年,在浙江宁波天童寺从文质和尚,受具足戒。21年被选举为妙释寺住持,兼任思明县(厦门)佛教会理事,建立妙释寺念佛会,信徒日众。25年,善契于妙释寺大殿后募建念佛堂。是年11月,被选任厦门佛教会理事。

民国27年(1938年),厦门沦陷,善契移住鼓浪屿日光岩,拒不参与由日本人把持的大乘佛教会活动,长住日光岩,一心一意举办念佛会,领导善信修持、弘扬佛陀教义,使鼓浪屿租界佛教空前兴盛。民国28年,善契与觉定、如满、真言诸法师积极为南普陀寺方丈性愿和尚牵线搭桥,由菲律宾华侨出面,邀请性愿赴菲弘法。

民国35年(1946年)抗战胜利后,善契南渡菲律宾,应菲信愿寺瑞今住持之邀,担任当家监院。不久,厦门市佛教支会成立,善契即返厦任支会理事。37年再任佛教会会计股股长,兼任慈善、宣传等职。

中华人民共和国成立后,善契再度飞锡菲律宾马尼拉信愿寺。不久,移徙宿务,着手筹建妙光寺,终圆夙愿。同时负责募款,支持厦门慧正学苑刊印初版《佛教修学要典》。1962年,募

集巨资,扩建日光岩佛殿、藏经阁和一座三层楼房。

善契一生勤俭办道,生活俭朴,在住持妙释寺时,每遇施主馈赠常住水果糕饼,晚饭后即按住众人数公平分配,一一分到寮房,实行"利和同均"。善契持戒严谨,对住众严格约束,不留情面。有一次,见一住众违反戒律,穿着白色内衣,再三警告不听,善契即将墨汁泼上,并责令染成黑色。善契严于律己,凡事以身作则,他经常教导信众说:"持经要持到能背诵方为你所有。"20世纪60年代中叶一年的农历十二月十三日圆寂于菲律宾宿务妙光寺。

释正果

生年、乡贯、出身俱不详。正果为善契和尚徒弟,云门宗传人。常住妙释寺。善契南渡菲律宾,正果接任妙释寺住持。1951年,响应国家号召,将寺后念佛堂辟为妙光小学。是年,正果被推举为厦门市佛教支会副主委,1952年、1956年选为厦门市佛教协会常务理事,1956年任首届厦门市佛协副会长,1962年蝉联副会长。曾被推选为厦门市人民代表、政协委员等职。1958年并寺集僧,正果一度迁住南普陀寺,不久移住日光岩,独栖岩下一间平屋,修持度日。

正果禀性慈祥,喜塑佛像供养。善待信众,以故道场兴盛,度众甚多。1966年农历二月二十七日,因积劳成疾,圆寂于日光岩。

释清华

闽南人,乡贯未详。早年出家,长住南普陀寺。1952年任厦门市佛教支会慈善委员。后来安排看管后山兜率陀院。清华秉性宽仁,六和无诤,修戒定慧,深得僧俗敬仰。旧时厦门习俗,民间丧葬请和尚诵经礼忏。礼毕,丧家封送红包二元答谢,并待以点心茶水。清华为人念经,每携带海青手铃独自前往,功课完毕,仅收受红包,谢绝点心茶水应酬,从来没有要求丧家备办花果食品。这样既安顿孝眷心绪,随顺教化,又节省繁琐礼节,令信众恭敬信乐,称之为无形布道。1966年"文革"开始,农历七月十五日,"红卫兵"闯进南普陀寺,捣毁寺中四大天王、十八罗汉神像。清华出面劝阻无效,悲愤难忍,遂纵身寺前般若池殉教。

释会觉

湖南人,太虚大师首座弟子。性沉默寡言,生活简朴行实。深研佛学,精于唯识,兼通天台、贤首诸宗。诗文俱佳。先后任武昌佛学院、迎江寺佛教学校和闽南佛学院教师。民国14年(1925年)夏,太虚在庐山大林寺设"庐山学窟",以会觉、大醒、满智、迦林为主要学员,专修英文和佛学,以期将来往英、美弘化之用。后任《海潮音》佛教月刊主编。20年应中华大学邀请,前往开讲《唯识研究法》。

民国17年(1928年),会觉应请与满智同来闽南佛学院任教职。不久,即离院外出弘法。21年复返闽南佛学院,任研究生部教师。太虚与大醒、芝峰离开闽院,会觉仍留院协助常惺住持院务,后因体弱多病,较少讲课。

抗战期间,厦门沦陷,会觉仍留居南普陀寺静养。民国32年(1943年),觉斌和尚圆寂后,众推会觉出任南普陀寺方丈兼闽院院长,并于是年去日本考察。33年从日本回国,途经上海,在上海招收学僧16名带回厦门。此时闽院学生已寥寥无几,学僧仅有上海16名、厦门2名、汕头1名。合计不足20人。为补不足,学院第一次招收在家教徒6名,勉强开班上课。但不到一年,即因师生两缺而停办。

抗战胜利后,会觉辞去南普陀寺住持职务,迁住妙清寺。民国35年(1946年)应杭州诸山邀请,在杭州创办武林佛学院,自任院长,替任副院长,演培、妙钦任教师。武院开办2年后,因时局紧张,于37年停办,会觉再度来南普陀寺定居。

解放初,会觉与许宣平居士相议,组织僧众斋姑生产自救,组织妙清寺斋姑成立莲友棉织厂,又为印(应)月堂斋姑组织群华棉织厂。后会觉以年老体衰,退居后院。1956年任佛教支会副主委。1957年南普陀寺住持二埋和尚卸任离厦,僧众又推会觉为住持。1958年,厦门实行并寺集僧于南普陀寺。许多僧人离厦他就,全市寺僧不足20人。同年厦门佛协会进行改组,会觉被选为会长。1962年佛协会再次改选,会觉退居为名誉会长。此后,佛协会已形同虚设,不再开展活动。

1966年爆发"文化大革命",会觉不堪冲击,于1972年农历二月初一日圆寂于妙清寺,世寿80。生前许多著作,未及整理编辑成册,大都散见于《海潮音》月刊和其他佛教刊物。

释广心

法名照正。惠安人。俗姓张。生于清光绪二十六年(1900年)。因举家奉佛,宣统三年(1911年),随父兄到南安雪峰寺出家,父法名瑞都,兄名广戒。广心依其父瑞都披剃为僧。

广心幼年聪颖,天赋敦厚,刻苦好学,曾读过9年私塾。出家后在雪峰寺佛化和尚座下修禅学佛,朝夕无间。民国6年(1917年)年方17岁,开始外出参学。先后到浙江宁波天童寺、观宗寺,江苏镇江金山寺等丛林参禅问道。12年,回厦门南普陀寺依转逢和尚修习佛理。14年,南普陀寺创办闽南佛学院,他即在佛学院讲学,并兼任南普陀寺知客。后到泉州承天寺辅助转尘和尚弘扬佛法。在讲经弘法时能应听众所求,契理契机,善为讲解,得到听众的叹服。

民国26年(1937年),抗日战争爆发。时广心正住持漳州南山寺,寺遭日机轰炸,石佛殿被炸毁。广心发愿,要复兴南山寺祖堂,乃不惮劳苦,到处募捐,率众刻苦经营,先后翻修石佛殿、大雄宝殿、祖堂、功德堂,寺貌焕然一新。并塑造佛像和四大天王,然后整顿祖庭门风,组织念佛法会,宣扬佛法与抗日救国,信众归依者甚多。

民国34年(1945年),抗战胜利后,广心受厦门市佛教界人士及南普陀寺僧众的礼聘,出任南普陀寺方丈,并被选任厦门佛教会会长。在厦门倡导组织居士林、念佛法会。37年,南普陀寺举办"三坛大戒法会",广心住持法会,得到圆满成功,受到佛教界缁素人士的赞扬。

建国后,广心在南普陀寺方丈任期已满,遂退居后堂静修。后回漳州南山寺修养。1966年,"文化大革命"中,南山寺的佛像、文物古迹及其他佛教设施受到严重的破坏,广心亦被赶出山门。后因年老多病,不堪折磨,遂于1967年正月初六日圆寂,享年68岁。

释广空

晋江小沿塘乡人。俗姓郑,名国智,法讳照皆,别号都了。清光绪十三年(1887年)十月初一日生。其父郑通土,务农。母林氏,出身望族。兄弟3人,广空居长;次国叠,号广憨;三国巨,号广德,旅居菲律宾,经商,家道小康,善护佛教。

广空以孝顺闻名乡里,髫龄即随母习农作。祖母与母持斋绣佛,广空因自幼不茹荤。年稍长从事小贩,肩挑背负,穿走城乡之间,家中生活赖之供给。

光绪二十八年(1902年),其母林氏去世,广空以罔极之恩未酬,常怀陟岵之嗟,渐萌出尘之念,嗣于青阳市石鼓斋堂依李勤叔居士习经,并引导国叠、国巨二弟信佛。

光绪三十二年(1908年)夏,因沐雨栉风,劳累过度,竟染重病,八个月后方才痊愈,但体魄虚弱,不能操作,家计日渐困顿,益感人生无常,遂往紫竹寺依止转圆上人。

宣统元年(1909年)九月十九日,观世音菩萨示现圣诞,广空遂于厦门南普陀寺祝发,现圆顶僧相,复还紫竹寺。是年应晋江萧妃(烧灰)村诸董事之请住持灵鹫寺。

宣统三年(1911年),受具足戒于南安洪濑杨梅山小雪峰寺佛化和尚座下。民国三年(1914年),挂褡漳州南山寺,习禅于喝云祖堂。旋入泉州承天寺优昙初级学林,听会泉法师讲演《楞严经》,颇有心得。遂发足参方,三上浙江南海普陀山朝礼观世音菩萨道场,继往安徽九华山朝礼地藏菩萨真身道场,复至山西五台山朝礼文殊菩萨道场,到处请益高贤,开示心要,如逢讲席,谛聆教义。返闽时值瑞今法师讲演《阿弥陀经》,广空虚心求教。其后应善信请求,恭迎丰德法师讲《地藏经》。广空虚怀若谷,每逢同参道友,不论戒腊高低,均礼拜如仪,为季世所稀也。广空栖心净土,熟读印光大师文钞及嘉言录,以念佛法门为自行化他之准则。

民国7年(1918年),与释转博、释转还重修小沿塘西天寺,受聘为住持。12年,与瑞意上人兴复草庵,肇建功德堂、客堂、寮舍。瑞意和尚示寂后,继任住持。时弘一大师四度住锡草庵,广空承事供养,大师为撰"草积不除,每觉眼前生意满;庵门常掩,勿忘世上苦人多"的联语以赠。

1952年,代旅居新加坡转解和尚住持南安雪峰寺,重建大雄宝殿及前楼。

1958年南渡菲律宾弘法,婉拒海外信徒弟侄挽留,归止灵鹫寺,修持静业,为众表率。广空善岐黄及伤科,亲自制诸丹膏丸散,施济贫病,受惠者莫不感德。上人一生常抱慈济之心,排解民间纠纷。谦恭下礼,克己待人,救济公益,不计名利。

1970年农历八月廿五日安详示寂。享世寿84,僧腊62,戒腊60。海外高僧释广义为作略传。

释元镇

名日惠。惠安张坂人。俗姓孙。生于清光绪二十三年(1897年)。世代务农,父母早逝。叔父孙喜生业医,见元镇耕读俱勤,爱而养之,教以医学。民国2年(1913年),元镇年17岁,因病求诊于妙月和尚,受法师禅理熏陶,为其"自觉觉他,自利利人"之道所感动,兼以仰慕妙月耕稼、礼佛、练拳、行医的生活与风范,遂生出尘之志。妙月见其意志坚锐,为之披剃,命礼崇福寺福照上人为师。民国4年,到莆田涵头慈寿寺元智和尚座下,受具足戒。自是刻苦读书,研习内经及法门仪规,并于禅修之余,练习少林拳术,广阅医书,深研正骨奥旨与中医内科学。元镇秉性颖悟,尽得妙月精秘。

元镇一度任职厦门南普陀寺。时有五台、天台,擅长武艺、精通医道的僧人来寺,元镇虚心求教,不耻下问,互相切磋,得以熟谙八仙醉酒拳术;医术也大有进步,临床治疗,莫不著手回春。

后来,元镇住持晋江南岳寺,秉承妙月风范,躬耕陇亩,行医济世。遇急症则风雨无阻,见贫困则医药并施,足迹遍于晋江、南安、惠安、同安等县。先后任石狮泰亨庙、不二庵、鳌溪寺、南宫寺、安福寺、瑞云寺、清龙寺等寺院住持。

民国34年(1945年),元镇继承妙月衣钵任泉州崇福寺住持,创办崇福诊所,整理妙月遗稿。

1977年,元镇圆寂于泉州西门外福清寺,世寿81,法腊64。

元镇上首弟子常凯法师旅居新加坡,创办伽陀精舍,以精通岐黄、正骨圣手和少林拳技驰名星马。当元镇圆寂消息传至星马,当地佛教团体和中医师公会为其举行赞颂大会,新加坡总统夫人特赠花篮,并派代表到会致敬默哀。

释广树

法名照松,字广树。俗姓吴。籍贯未详。民国2年(1913年)生。童真即有异禀,常向佛日。民国15年时年14,在金鸡亭依瑞枝和尚座下披剃。18年,往泉州开元寺就转道长老受无量寿具足戒。其后潜修,兼研医学。1952年任厦门市佛教支会候补监事。不久,入福建中医高级学院深造。毕业后返厦,任南普陀寺监院。1958年,应马来西亚龙华寺广余法师之请,南渡襄助寺务,同时与槟城妙香林相往来。后来,广治法师邀请广树住星洲龙山寺,兼任弥陀学校董事。广树除修持外,一生以医术济世,救人无数。1979年农历三月初一日上午8时,在新加坡龙山寺净室示寂归西。世寿67,法腊54。连日前往念佛者甚众。三月初七日发引至光明山普觉寺,由新加坡佛教领袖宏船法师亲自主持举火,说法荼毗。广树身后余财8600余元,遵其遗教,全部捐献给慈善事业,作为赠医施药基金。

释常凯

法名禅即。俗姓洪。晋江英林人。民国5年(1916年)农历十一月生。其家虔信佛教。民国14年,随其父投拜晋江南岳寺住持元镇和尚为师,以白衣童子随师学佛、练武、习医。16年,在泉州崇福寺由元镇披剃出家。20年,入泉州开元寺依转道和尚座下受具足戒。越年往厦门万石岩佛学研究社进修佛学,得一代高僧会泉和尚器重。24年,负笈云游江、浙、沪、杭等地名山古刹,参师学禅,先后入上海法藏寺、常州天宁寺、镇江竹林寺、杭州弥陀寺、宁波观宗寺等名刹,亲近名僧大愿、静权、宝静等,并就学于南京金陵佛学苑、宁波七塔寺报恩佛学院、上海圆通寺佛学研究社。

民国26年(1937年),抗战初兴,厦门一班青年僧伽在弘一大师指导下,以常凯为首发起组织战地救护队。因常凯精于中医跌打损伤、移轮接骨等医术,故由其亲自组织训练。27年,救护队撤入泉州。20世纪40年代初,日本侵略军几次攻占泉州惠安崇武及晋江永宁城镇,大肆抢房烧杀,常凯带队,赶往战地,从海上救捞死伤军民数百人。

民国33年(1944年),师祖妙月和尚圆寂,常凯一度住持崇福寺。36年,应南洋槟榔屿妙香林住持释开论的邀请,南渡槟城,协助妙香林寺务。翌年,回厦门襄助南普陀寺筹组律仪学会,传授千佛大戒,担任开堂和尚。

民国38年(1949年),常凯再次南渡,驻新加坡锡丹戎巴葛普陀寺,开业行医,并加入新加坡中医师公会。1951年倡办中华施诊所(后发展为中华医院)。1953年在芽笼自建伽陀精舍,开设医务所。医务所以治疗骨伤科为主,对贫苦病人实行医药并施。因医术高明,被誉为"骨科圣手"。1965年发起组织新加坡佛教僧伽联合会。1969年发起创办《南洋佛教》月刊。1986年任新加坡佛教总会副主席,1988年升任主席。1989年当选为世界僧伽联合会副会长。

20世纪80年代以来,常凯多次募资重建泉州崇福寺、厦门白鹿洞等寺院。1989年返乡谒祖,走访泉州、厦门诸名山。

1990年9月,在新加坡伽陀精舍圆寂。世寿75岁,僧腊66岁。有《戒月心珠》、《正骨心要》、《伽陀诗草》、《名山记游》等行世。

释宏船

俗姓朱,名成基。法名本慈,字宏船,以字行。清光绪三十二年(1906年)出生于晋江池店乡霞福村。父朱簪甲,母李旺娘,世代务农。

宏船是独生子,深得父母钟爱,不幸8岁时丧母,遂寄养新店村外婆家。外婆赖素姑是一个持斋念佛的佛教徒,曾募资倡建高山亭庆莲寺。宏船小时候常随外婆到庆莲寺诵经拜佛,耳濡目染,遂萌出家志向。

民国8年(1919年),宏船13岁,常随乡里佛教信徒到承天寺听住持会泉和尚讲经,受到佛学的熏陶,跪地恳求会泉和尚为他剃度。会泉见他心诚,允其所求。从此宏船作为会泉和尚侍者,随侍左右。民国11年,于莆田广化寺依本如和尚受具足戒。

民国13年(1924年),会泉应邀到厦门南普陀寺担任"十方选贤"制的首任方丈,宏船随会泉移驻厦门。宏船到厦不久,其父即追到厦门,把他硬拉回家,迫他还俗。他回家后第三天,趁父亲不备又跑回南普陀。后来,他的父亲见他心志坚定,无可挽回,便把家中良田悉数分给乡亲耕种,自己也到寺院清修,安度晚年。

民国16年(1927年),会泉住持南普陀任满告退,先后带宏船到南安石井慧月精舍和碧云寺,开堂弘法。后又重回厦门,在虎溪岩创设"楞严学会"。同时又改建万石岩,开办"佛学研究社"。宏船受会泉长期的熏陶和教诲,戒行修持和佛学均有较大的成就,乃受命为万石岩监院。他着力整顿寺规,把寺务处理得有条不紊。现代佛学大师太虚和尚到万石岩参访会泉,见宏船行持严谨,年轻有为,欣然题联赞誉:"海上有山森万石,人间渡世仗宏船"。

民国26年(1937年),抗战爆发,宗教界组织抗日救护队,宏船也踊跃参加,由于他工作热情积极,很快被推举为救护队队长。

越明年,厦门沦陷,宏船随会泉南渡新加坡,受到星洲僧众和华侨的欢迎。他们初驻实笼岗的龙山寺,广开胜会,弘扬佛法。翌年,又到缅甸朝礼大金塔,并云游重点寺院。29年回到新加坡,住锡于释转道创建的光明山普觉寺,共建"大悲法会",祈祷世界和平。30年,宏船再随会泉往马来西亚槟城弘法。初于双庆寺讲《楞严经》,后得华侨施助,在槟城创建名刹"妙香林"。32年正月,会泉圆寂于妙香林,宏船便担起妙香林住持的重任。34年,宏船将住持让席于广余师侄,自己返回新加坡普觉寺。32年转道和尚圆寂,普觉寺住持由宏船接任。宏船自住持普觉寺后,苦心经营,规模日见发展,不久就蔚为新加坡巨刹而名闻遐迩。数年之后,还兼任普陀寺住持,寺务也日益发展。并于1969年与释常凯联手创设施诊所,开展赠医施药的慈善福利工作。此后发展至3间施诊所,每月就诊人数达3万多人次。

宏船一生弘扬佛法,不遗余力,在东南亚以及世界各地享有盛誉。新加坡佛教总会成立时,他被推举为首任会长,兼任新加坡僧伽联合会主席,历任东南亚佛教协会主席、世界僧伽协会副会长等职。此外,还受新加坡的佛教文殊中学、普提学校、弥陀学校、南洋大学佛教会、中华佛教会、英文佛教会、法轮会、居士林推举为会长、主席、董事职务。

宏船与菲律宾信愿寺住持瑞今、马来西亚槟城妙香林住持广义、泰国僧王、中国佛教协会会长赵朴初等均有交往。1985年,宏船应泰国国王邀请到泰国弘法,国王请他开堂讲法,并接受泰国僧人提问,他对答如流,国王十分佩服,授予华僧大尊长荣衔,成为至交。

1983年起,宏船应中国佛教协会的邀请,连续三次率领"新加坡光明山普觉寺信徒朝山团"到国内四大佛教圣地朝山进香,受到叶剑英委员长、乌兰夫主席等国家领导人的热情接待。

他对于泉州承天寺、开元寺、庆莲寺、花桥慈济宫、浙江天童寺、厦门南普陀寺、万石岩、虎溪岩、南安雪峰寺、漳州南山寺等处祖庭的修复和重建均给予极大的关注,捐助巨资,并多次亲临巡视。对于南普陀寺闽南佛学院的复办,更是竭力奔走,争取中国佛协会赵朴初会长的支持,使学院得以在1985年复办。复办时,又倡议设女众班,并拨借万石莲寺作为闽院女众班学舍。

1987年秋,宏船又千里迢迢返回故乡霞福村,为其外祖母生前倡建的庆莲寺重修落成和新塑佛像点眼开光。1990年,他已85高龄,再次远涉重洋到泉州承天寺主持重修落成典礼及新塑佛像开光法会。

1990年12月25日,宏船在新加坡光明山普觉禅寺圆寂,世寿85岁,僧腊72春秋。

释广洽

法名照融,又名普润。清光绪二十六年十一月(1901年1月)出生于南安县罗东乡田中村。俗姓黄,名润智,乳名阿礼。父黄籴生,清末贡生,后弃儒从商,经营武夷茶业生意,平生嗜好收藏古董字画,后因积劳成疾,于光绪三十年十二月(1905年2月)逝世。

广洽丧父时,尚未满5岁,幸得慈母潘氏珠娟,劬劳鞠养。惟家道就此中落,经济日益拮据,孤儿寡母相依为命,仅靠变卖余存古董维持生活,苦度岁月。不幸,当广洽10岁时,乡里正罹瘟疫之灾,慈母又复染疫,弃养身亡,所有亲属也相继亡故,10岁孤儿,举目无亲,饥寒交迫,无所依归,惨不可闻。后投依乡里大和佛堂,开始茹素,日间为人帮佣放牛,夜间灯下念佛学经,由此向往出家。17岁时,在本乡复元号药铺当学徒,勉强度日。民国9年(1920年),独自到厦门谋生,因茹素,很难找到合适职业。后经人指点,乃往南普陀寺拜瑞等和尚为师,翌年10月披剃出家。11年,往莆田广化寺从谛真和尚受具足戒。圆戒后返回南普陀寺住修。

民国13年(1924年),广洽应邀往新加坡协助乃师瑞等修建龙山寺,嗣后复返南普陀寺。时南普陀寺正改制为十方丛林,举会泉和尚为首届方丈,广洽在其座下任知宾职务。3年后,会泉和尚任满退居,太虚大师接任方丈,任广洽为堂主兼副寺职务,经管寺中财务达6年之久。任职间,严守常住规约,分厘不爽,深受常住信赖。

民国17年(1928年),弘一大师初次来闽,住锡南普陀寺。广洽敬仰大师德学深厚,即以师礼事之。21年,弘一大师再次南来定居闽南后,广洽与瑞今经常亲近大师,从其学经习律。当大师闻知闽南佛学院专收文化程度较高学僧入学,又且全院师生均为外省籍,语言不通,使闽南当地一般程度较低的青年僧人从学困难时,即嘱托广洽、瑞今倡办佛教养正院。23年养正院创办后,由瑞今担任教务主任,广义等任教师,广洽任学监。弘一见广洽为人诚朴,任事认真,甚为器重,因而与之结下深厚法缘。广洽也由此因缘得以结识丰子恺、夏丏尊等文化名人,并与他们建立淳厚的方外挚交。

民国26年(1937年)抗战爆发后,广洽再度出国,卓锡新加坡。初到狮城,住佛教居士林,受聘为居士林导师,积极协助发动爱国佛教界人士献金支援祖国抗战。28年,亲带各界捐献巨款回国,潜至鼓浪屿。当时厦门已经沦陷,鼓浪屿为万国租界,海外归侨大都从鼓浪屿转入内地,将巨款交与有关组织,带往抗日根据地。民国29年春,高僧印光大师圆寂,广洽作为新加坡佛教界代表,再次回国前往苏州灵岩山参加追悼大会。31年,日寇南侵,新加坡沦陷,许多难民流离失所。广洽参与地方组织救恤会,到处募款集资,救济难民。

民国37年(1948年),厦门南普陀寺举办"千佛三坛授戒大法会",延聘广洽为授戒尊证师。广洽回国参加法会,适值丰子恺携女丰一吟也来厦门,两位书信往来神交十余年之方外挚友,初次会面于鹭江之滨,甚为欣幸。居厦期间,由广洽引导丰氏父女参谒弘一大师生前在厦门的生活旧居。丰子恺亲笔绘画弘一大师在净业洞侧手植杨柳图像,并题句以赠广洽。临别,又画弘一大师法像留念。

1950年,广洽代表新加坡佛教界赴锡兰参加世界佛教友谊会。会后往印度和缅甸参拜佛陀圣迹。1952年,龙山寺住持转逢和尚圆寂。经龙山寺信托和董事部再三推选,举任广洽为住持。广洽接任后,不负众望,著力于振兴龙山寺,兴办教育、弘法以及慈济等各项事业。至1958年连任两届6年期满,即自动引退,荐举广净和尚继任住持。但仍积极协助广净扩建龙山寺喝云祖堂,并全面翻修拓建龙山寺殿堂,妆新佛像金身,使星洲名刹寺貌焕然一新。

广洽自龙山寺退居后,常住自建的苍蒪院精舍修持。在效法菩萨精进不懈外,还不忘于化他,孜孜于兴办弘化教育事业、慈济利生事业以及关心祖国的佛教建设事业。

1955年,继其创办弥陀学校后,又先后参与倡办文殊中学和菩提学校。弥陀学校创办40多年来,广洽经常亲自到校指导,直至90高龄,仍坚持视导不辍。1956年,政府公布认定佛教"卫塞节日",广洽在弥陀学校首先创设慈善部,开展节日布施活动,呼吁各寺院、佛教团体和个人,以及社会热心人士,本佛陀慈悲救济众生的真义,布施财物以济苦救贫,赈灾疗疾。经弥陀学校首倡,其他佛教团体也随之响应,使慈善布施蔚然成为社会的良好风气。仅弥陀学校节日布施筹款,至1990年为止,已募得170多万元叻币,分别施赠各医院、孤儿院、福利所、养老院、施诊所等95个慈善团体。1975年,广洽又发起设立龙山寺福缘念佛会慈善基金,重点支助贫苦家庭,解决其子女就学困难,并帮助寺院僧侣出国留学。此外,他还担任佛教居士林助学基金会委员、佛教施诊所副主席兼第二分所主席。每年还为居士林筹募贫苦老人度岁金。

广洽对于祖国的佛教建设事业,甚为关怀,20世纪80年代以来,多次回国考察闽南各寺院的恢复建设情况,并积极捐献净财,支援建设。如捐资助建闽南佛学院太虚图书馆,在南普陀寺捐建太虚塔及喜参、景峰祖师纪念塔,捐献巨资恢复重建泉州承天寺、开元寺等等。1991年,广洽年届92岁高龄,跌伤住院,一闻说祖国水灾,随即发动龙山寺和居士林筹募救灾款项30万元新币,交中国驻新大使张青汇交灾区,受到祖国政府和灾区人民的高度赞扬。

广洽一贯爱国爱教和尽心弘化利生的高风厚德,受到海内外佛教界的崇仰和推重。从1972年起,即被推选为新加坡佛教总会的副主席和主席职务。后以年老体衰为由,坚持让贤退职。新加坡政府以其慈济爱国之心及为公众服务的精神可嘉,特于1988年8月9日新加坡国庆节,授予新加坡共和国总统的最高奖——"BBM公共服务星章"。

1993年,广洽最后一次扶病回国,在厦门祭扫父母塔墓后,往泉州小住几天,又飞返新加坡。翌年2月24日于苍蒪院圆寂,世寿94岁。荼毗后获百余颗晶莹舍利,分供于厦门南普陀寺、新加坡龙山寺和苍蒪院。

释广义

南安洪濑人。俗姓李,字照圆,号昙昕,别号海外孤僧。民国3年(1914年)生。先世业儒,自幼父母双亡,与祖母戴氏相依为命。广义天资颖悟,年12诵读明代罗伦的《罗状元诗》及《志公禅师劝世文》,感悟人生无常,萌生出尘之想,遂发心茹素奉佛。翌年于南安洪濑玉枕山清水岩礼东林瑞梁和尚为师,披剃出家,法号照圆,字广义。

民国16年(1927年),广义入泉州承天寺月台佛学研究社学习,时值高僧会泉和尚在寺开讲《楞严经》,广义潜心体验,心领神会。20年,圆具三坛大戒于泉州开元寺,戒师为转道和尚。

21年,入厦门闽南佛学院,追随太虚大师研习佛法。因病,转虎溪岩静养,遂入佛学社研究教理,受教于会泉长老。广义因性识聪敏,才智过人,不数年,尽得会泉宗要。

民国22年(1933年)春,弘一大师住锡妙释寺弘法演教,开讲《四分律含注戒本》,广义自始至终专心聆听,并与同时学律诸弟子发愿,生生世世同宣大法,广为弘传。23年,弘一大师倡办佛教养正院,委任广义为院校讲师,努力培植正知正行之僧材。在此期间,与释瑞今、释慧云、居士林子青等共同创办《佛教公论》月刊,大弘教法,纠正时弊,同时协助料理南普陀寺务,多有建树。

民国26年(1937年)"七·七卢沟桥事变"前夕,广义云游江浙,参访天童寺一代高僧净心禅师。战争爆发后,返回福建,历任南安雪峰寺、泉州承天寺首座,复应泉州开元寺聘请,代理方丈兼监院,同时兼任泉州开元儿童教养院董事、花桥善举公所委员等职,积极参与救灾施药、施棺等慈善工作。弘一大师在泉州弘演教法,广义经常担任翻译。

民国37年(1948年),广义受聘担任厦门南普陀寺监院,对复办南闽佛教养正院、重刊《佛教公论》做了许多贡献。

翌年,新加坡龙山寺广洽长老函电交驰,诚邀广义南渡弘法,遂旅锡香港一年许,于1950年到达狮城,被委为龙山寺监院及信托人。时著名高僧转逢和尚住持龙山寺,广义领受严峻楗槌,获益良多。

是年7月,应槟城善信之请弘法于妙香林寺,讲演《地藏菩萨本愿功德经》。因广义精研教理,辩口利辞,于经义诸多发挥,听者踊跃,法缘殊胜,启导信众皈依正信。

1951年,应槟榔屿佛学会邱思仁居士之请,演讲《维摩诘经》,机辩纵横,法雨宏施,闻者无不悦服。越年,代表马来西亚出席在日本东京召开的第二届世界佛教友谊会,往返途经越南、菲律宾、香港,备受各地僧侣善信欢迎。会后,与邱思仁、林忠亿诸居士访问马来西亚新村,慰问各地移民,宣传佛法的慈悲与和平真理,前后弘化数载,使佛学教理深入民间。是年,信徒王谢、西莲发心献地,广义即于槟城北海创办普照法苑,为一般信众提供一个修持念佛道场,在北海传播佛教种子。

1954年,广义出席由缅甸政府住持的世界佛教第二届巴利文藏经修纂大会,接着参加在仰光召开的第三届世界佛教友谊会。1956年,广义组织马来西亚佛教徒朝礼印度佛教圣迹,并出席在尼泊尔加德满都召开的第四届世界佛教友谊会。1957年,广义皈依弟子陈仲发居士(法号普忍)以吉隆坡曾江新村佛教不振,发心创建普明寺,延请广义出任该寺住持,阐扬佛法,改善人心。1958年,广义出席在泰国曼谷召开的第五届世界佛教友谊会,会后,陪同菲律宾佛教代表团访问新加坡。在新加坡,广义应佛教居士林邀请,多次讲演佛经。鉴于初学佛教人士无书籍参考,遂发起复办佛经流通处,向香港、台湾等地请进大量经典,以成本价或低于成本价出售。同时,在居士林中传授八关斋戒,自任阇黎,依照弘一大师制定的仪式举行。1959年,广义代表槟城佛教界出席马来亚佛教会成立大会,于会上提请许多应办之急务,均为会议采纳。是年4月,应吉打佛教会谢敦禄医生之请,演讲《学佛应有的观念》,内容丰富,见识精辟,机感无滞,在座闻法者,俱为之动容。5月,又在吉兰丹讲演《佛教与中国文化传入马来亚的史实》,盛况空前,叹未曾有,时称广义为"吉州传播佛教种子第一人"。

1967年,光明山普觉禅寺宏船法师创办律仪学会,弘传戒法,启建水陆法会,邀请广义协理法务。广义承宏船鼎力帮助,购得直落古楼华严精舍所在地,拟建梵刹,大弘宗乘。然因缘未就,岁月淹留,所愿未圆,遗憾致疾,四肢僵化,行止艰难,寝疾经年,一病不起,卧床近30年,于 1995 年 11 月 8 日 (夏历九月十六日) 安详舍报西归,世寿 81,僧腊 65,戒腊 64。

广义善说法要,人缘荟萃,备受四众崇仰。先后受请为佛教居士林、净名佛学会、观音救苦会、佛青弘法团、法轮社、南大佛学会、凤山寺等佛教民间团体的领导师,菩提、弥陀二校董事,龙山寺、普陀寺、槟城妙香林寺信托人。

释妙湛

法名续林,号妙湛。俗姓褚,名永康。辽宁丹东人。生于清宣统二年(1910 年)十一月十二日。父褚金堂,母黄氏。民国 11 年(1922 年),母因病去世。19 年从丹东师范学校毕业,从事教育工作,23 年任丹东第一小学校长。26 年,因参加抗日救国活动,遭日寇逮捕,受尽折磨。翌年在狱中经难友指点,默持观音圣号,未几获释。妙湛深感持名之恩惠,决志学佛,发心出家。其夙植慧根,颇有胜缘。28 年诣凤城双泉寺依进修老人剃度,同年 10 月,赴北京拈花寺受具足戒于全朗律师座下。腊月负笈青岛湛山寺佛学院,受教于倓虚长老。亲近数载,倓虚长老观其器宇轩昂,动静庄严,知是法器,必为法门龙象,鼓励妙湛行脚参访、亲近诸高僧大德。

民国 31 年(1942 年),妙湛南下扬州,参学于高旻寺来果禅师座下,饱受钳锤,颇有领悟,遂常住为寺之大知客。33 年,朝礼九华山、普陀山诸圣迹。35 年,入江苏镇江金山万佛寺参禅。1953 年,移锡江都直指庵为菜头。1956 年再任扬州高旻寺大知客。

1957 年,妙湛云游入闽,任厦门南普陀寺监院,以其学德备受大众礼敬。1958 年任当家监院,以身作则,带头劳动,开般若池,总是身先士卒,被评为劳动模范。他说劳动是修行,但早晚功课不能缺,要求大家勤做功课,坚持功课、劳动两不误,千万不要忘记出家人的根本。其时因政治运动频繁,出家人随时都有可能受到伤害。妙湛梵行高远,处危不惧,守志护法,常住文物得以保存。

1966 年,"文化大革命"狂飙乍起,南普陀寺钟鼓沉寂,僧徒星散,妙湛被分派寺服务部工作,站柜台卖糕饼。妙湛认真经营小卖部,生意渐好,竟能养活很多人,同时利用工作之暇,热心看护因病住院法兄释传声。虽迫于形势,身着俗服,但始终内持梵行,一心向佛。

1979 年,中共十一届三中全会召开以后,全面落实宗教政策,南普陀寺被列为全国重点寺院,妙湛恢复监院职务。是年 11 月,出任厦门市佛教协会恢复活动筹备委员会副会长。1980 年 12 月,出席在北京举行的中国佛教协会第四届代表大会,被推选为第四届中佛协理事会理事。1981 年 4 月,出席福建省佛教协会第三届代表大会,被推选为省佛协第三届理事会副会长。1982 年,担任厦门市南普陀寺管理委员会主任。1984 年 10 月 1 日,嗣会泉法师为法子,由宏船法师于厦门万石莲寺大雄宝殿代传法卷,居为临济正宗第四十八代法脉传人。1985 年 5 月,闽南佛学院正式复办,任院长;同年 11 月,任厦门市佛教协会会长。1986 年,被推选为福建省佛教协会第四届理事会会长。1987 年 2 月,选为中佛协第五届理事会常务理事。1988 年 3 月受聘,兼任福州鼓山涌泉寺方丈。1989 年 10 月 8 日,荣任南普陀寺第九届方丈,即自 1958 年以后悬缺了 31 年的首任方丈;同年 11 月应聘兼任武夷山天心永乐禅寺方丈。1990 年 6 月,蝉联福建省第五届佛协理事会会长。1992 年 5 月,蝉联厦门市第四届佛协会长。1993 年,任中国佛教协会谘议委员会副主席。1994 年,让贤荐举界诠法师为福建省佛协会长,自己被推举为省佛协第六届名誉会长。

妙湛悲愿宏深,为十方善信所护持,在协助政府贯彻落实宗教信仰自由政策,恢复宗教活动场所,培养佛教人才,兴办僧伽教育,整顿寺院,严整道风,弘扬佛法,开展佛教文化学术研

究,大力支持社会福利救济事业,积极开展海外联谊和国际友好活动等方面,做了大量卓有成效的工作,做出重要的贡献。

20世纪70年代末、80年代初,在妙湛努力下,南普陀寺得到修复和开放,许多因故离寺的僧伽重回寺院,宗教活动得以顺利开展。他主张恢复寺院传统的丛林制度,整顿教团,制定和完善寺院的管理制度,使南普陀寺道风严整,面貌一新。

妙湛矢志重兴道场,八九十年代主持修复南普陀寺道场景点以及虎溪岩寺、万石莲寺、金鸡亭寺、紫竹林寺等寺院;支持协助终南、支提、武夷等道场修路建寺。恢复闽院后,妙湛发愿要建一座禅堂,他认为佛学院必须有一座现代化的禅堂,学僧在课堂或经书上学到的知识,必须在禅堂里得到证实。1989年香港著名佛教学者南怀瑾及其学生李素美、李传洪兄妹成就了妙湛的愿力。

80年代落实宗教政策,一批佛教寺院得以复兴。但妙湛常以法门寥落、僧才奇缺为憾,他认为佛教要发扬光大,就要靠一大批有学识、有修持的僧人来弘扬佛法。因此,培养合格的僧才,已成为当务之急。妙湛强调未来佛教需要像印光法师那样,专一净土宗,巍然不动;像弘一法师那样,高举戒学的旗帜,令正法久住;像虚云、来果和尚那样,坐穿蒲团,发明心地,参究本来面目,弘扬禅宗;像太虚法师那样,整顿僧制,创办教育,提倡人生佛教;像圆瑛法师那样主办教会,忍辱负重,弘宗演教,度化一方;像宗喀巴大师那样,除弊兴利,创立教派。只有培养出一批学修并重的僧才,住持三宝,才能振兴佛教,使佛教后继有人。因此力排阻难,不遗余力地为恢复闽南佛学院、佛教养正院而奔波,终于将闽院办成当前全国佛教界教学条件优良、师资力量雄厚、学生数量最多,在海内外有广泛影响的佛教高等院校。对全国的佛教教育事业,妙湛代表厦门佛教界也给予很大支持,多次捐款给中国佛学院和福建佛学院,并资助黑龙江伊兰民众佛学院、广东陆丰佛学院、岭东佛学院、武昌佛学院、江西尼众佛学院。同时力倡开办中国佛教大学,在1995年5月中韩日三国佛教文化友好交流会上大声疾呼:"佛教大国,一定要有佛教大学!"号召全国诸山长老大德法师、护法居士共襄盛举。

1994年12月,妙湛创办"厦门南普陀寺慈善事业基金会",以发扬佛教"慈悲为怀"、"人溺己溺、济世救困"的精神,大力开展资生事业,捐资助教、施医赠药、赈灾救孤、扶贫济困,等视众生,寻声救苦,受到教内、教外各界人士的一致好评和广泛称颂。

厦门因特殊的地理位置,是中国对外友好往来的一个门户,而南普陀寺则是厦门的一个窗口。妙湛作为国际知名的高僧大德,以南普陀寺为中心,开展佛教海外联谊和国际友好活动。他接待许多来访的外国领导人、贵宾及佛教界人士,多次到国外及港澳地区访问、弘法,参加国际佛教会议,宣传中国的宗教政策,广交朋友,扩大中国佛教在国际上的影响。

妙湛曾以"任劳任怨,委屈求全"八字总结自己的一生。他有观音慈悲的心肠,弥勒宽宏的肚量,普贤无边的愿力。人家称赞他,他不高兴;人家毁谤他,他不生气。逆来顺受,随遇而安。若有人向他求钱求物,他从不拒绝,总是满足别人的要求。但是,他自己生活却十分俭朴,从不计较,有什么吃什么,每天坚持扫地劳动。到83岁高龄,外出开会、办事也不带侍者。他将自己剩余的钱物布施与人,常说:"要舍得布施,舍了才得,不舍不得,小舍小得,大舍大得。"他曾经几度冒着风雨,送钱送物,赈济灾区,慰问孤儿院、福利院,使别人都能得到一份温暖,一份快乐。临终之际,犹心系众生,写下"三门常衍,勿忘世上苦人多"的遗训。

1995年12月19日,泊然示寂于南普陀寺方丈室。世寿86,僧腊56。同月25日于莆田广化寺茶毗,所得舍利,多呈瑞相,四众叹为稀有。著名佛教学者林子青为撰《南普陀寺妙湛和尚舍利塔铭》。

释广安

　　法名照静,字广安。晋江罗溪(今属泉州市洛江区)人。俗姓赖。生于民国13年(1924年)农历六月十五日。广安禀性敦厚,聪颖好学。早年失恃,与父亲相依为命。其父为虔诚的佛教信徒,平时喜爱诵经念佛,广安受其影响,即萌出尘之念。民国25年年仅13,即剃度于南安雪峰寺,礼瑞霜和尚为师。旋奉师命入泉州开元寺随侍转逢长老,学习朝暮课诵及梵呗等。

　　民国27年(1938年)夏,广安赴福州鼓山涌泉寺,受具足戒,从慧宗律师学律。后往闽侯大雪峰崇圣寺亲近增融首座达八年之久,参究向上一着,略有所省,自觉身心轻安。又赴武昌佛学院深造。1949年10月,共和国成立以后,复入中国佛学院学习,德学日隆。

　　1950年,广安任厦门南普陀寺纠察,以身示教,为大众表率,被选为堂主,兼任监院。国家经济困难时期,政府号召"自力更生",广安带众一百余人,坚持"一日不作,一日不食"。寺有30余亩田地,精耕细作,年收稻谷达300余担,闻者叹为稀有。为提高住众文化知识,广安组织大家学教理,潜修行,讲时事,农禅并重。三年届满,遵规告退。

　　尔后历任各丛林执事,莫不恪尽职守,身体力行,躬亲操持。1981年,任泉州市佛教协会副会长、泉州大开元寺监院,念佛布教,度众无数,蔚为一方化主。

　　1983年,广安应菲律宾大乘信愿寺瑞今老和尚邀请,南渡襄助寺务。1986年,复应新加坡广洽、广净二长老之聘,辅佐襄理龙山寺寺务。为培育祖国家乡佛教人才,使佛灯法焰得以相续,广安极力协助广净、妙灯二长老创办泉州女子佛学苑,凡学生所需书籍等,有求必应。

　　1989年,广安为报答转逢长老法乳之恩,兼纪念其在南安雪峰寺剃度、入闽侯雪峰寺清修,于厦门乌石埔创建净宇一所,命名为"雪峰精舍",交其女弟子普愿、普照自修管理。1992年,舍址因经济建设需要被征用,广安不顾年高体弱,来回奔波,重新筹措资金重建于湖里仙岳山麓。寺宇熔裁旧制,别创新格,更显雄伟庄严。

　　1996年,广安回国,继任泉州佛教协会副会长,兼泉州大开元寺监院。因积劳成疾,竟于是年农历六月初三日舍报往生,世寿73,僧腊58。其灵骨塔建于厦门雪峰寺后。

释广净

　　法名照清,字广净,号枣园慕西主人。俗姓程。仙游人。父程相仁,母林氏世代务农,以仁德著乡里。广净生于清宣统二年(1910年),净慧宿植。民国18年(1929年),感浮生如梦,投仙游龙华寺依瑞地上人披缁。20年,于泉州大开元寺依佛门尊宿转道和尚座下,圆具三坛大戒,成大比丘僧。24年,任开元寺监院,护持常住,深受拥护。其后随侍师祖转逢老和尚,认真修学,探源究本,备受钳锤,得以传承。

　　抗日期间,南安雪峰寺乏人掌理,广净遂移锡祖庭,任执监院长达8年之久。任内注重农禅组合,躬耕农作不辍。在闽期间,曾亲近性愿、会泉诸大德,为会泉长老之法孙。尝拜谒高僧太虚大师于厦门五老峰兜率院,许为法器,以为日后必能为佛教成就事业。

　　民国37年(1948年),广净应南普陀寺方丈广心和尚聘请,出任南普陀寺监院,主理财务。翌年,旅居香港。1952年南渡新加坡,应其法兄广洽法师之请,任狮城龙山寺监院,勤勤恳恳数十年如一日管理寺务。其间重建喝云堂、大雄宝殿,增其旧制。自是招提璀璨,香火鼎盛。又创建蒼葡院,兼任住持。

广净身居异邦,心怀故国,见南安雪峰寺祖庭荒寂,力倡修复。又募集巨资修葺泉州开元寺,复建慕西觉苑、同莲寺。十余年间在泉州、厦门、漳州等地集资或力倡修建的寺院达30多座,又协助兴办泉州女子佛学苑,培养大批佛教人才,功德居现代海外侨僧之冠。

广净恪守清规,修学勤谨,日诵《法华经》,雷打不动,终老不辍,佛教界称之为"法华王"。其志行高洁,淡泊自持,超然功名,为僧界楷模。

广净旅居新加坡45载,历任新加坡佛教总会副主席、佛总监察委员会主席、佛教施诊所主席、弥陀学校董事会主席、文殊中学董事会主席等职。

广净虽幼年失学,但对文学艺术饶有兴趣,诵经修禅之余,临摹书法,均有造诣,尤工籀篆。1997年农历七月廿四日,因积劳成疾,医治无效,舍幻示寂于新加坡。世寿88岁,僧腊68夏。其法眷同人迎请灵骨,奉安于泉州清源山千手岩。

释厚学

俗姓洪,名德操。同安新店人。民国7年(1918年)正月初一日生于厦门鼓浪屿。8岁入学,13岁起在家随慈母吃斋奉佛。民国24年18岁在厦门鼓浪屿日光岩出家,投拜善契法师座下披剃。34年,至同安梵天寺,亲近清念上人,由清念上人代其弟子印顺法师收为传法弟子,取法名证道,字厚学。翌年春,往南海普陀山法雨寺,从开轮法师受具足戒。同年秋返回梵天寺,协助清念长老与当家印实法师管理寺务。是年,印实法师南渡新加坡弘法,厚学代理当家监院。1950年,清念上人应新加坡女弟子铜荷姑邀请南游,厚学遂承衣钵为梵天寺住持。

1952年,厚学被推选为同安县佛教协会会长暨厦门市佛教协会常务理事,连任50年。1950年至2002年为同安县(区)政协委员;1960年至2002年为厦门市政协委员。1981年以来任厦门市佛教协会副会长,1982年至1994年任福建省佛教协会常务理事。1988年以来任同安海外联谊会理事。

厚学始终禅心向佛,以保护和复建同安梵天寺为己任。1960年与盛文法师募建功德堂。1966年"文化大革命"爆发,梵天寺毁,佛教道场变成生产农场,禅宇伽蓝衍为囚人监牢。

中共十一届三中全会以后,宗教政策得到全面落实贯彻,梵天寺被列为首批开放寺庙,厚学奔走呼号,于1982年争取政府拨款修复山门,并划定山地111亩作为寺院管理区,以后陆续主持修复、重建念佛堂、拱轮堂、内山门、千佛阁、奎星阁、朱子祠、池头夫人殿、功德堂、钟楼、更衣亭、仰止亭、瞻亭等寺院建筑、道场景点和文物名胜。

为恢复、重建梵天寺,厚学老骥伏枥,壮心不已,不顾年老体衰,于1990年2月、1994年5月、1995年4月三次南渡新加坡,广结善缘,劳苦奔波,发动乡亲、信众踊跃捐资,备尝艰辛,终圆夙愿,得到海外各界热心人士的鼎力支持。1991年,厚学与63位政协委员联名提出恢复重建梵天寺的倡议案,同安县、厦门市两级人民代表大会十分重视,先后分别通过《归还修复梵天寺,落实宗教政策,保护历史文化古迹》的决议,并成立以厚学为理事长的"厦门市同安梵天寺修复理事会"。1993年11月,占据梵天寺多年的看守所搬迁。1994年1月28日,梵天寺修复工程举行奠基典礼,藏经阁、天王殿、金刚殿、大雄宝殿相继动土。在厚学的努力下,1996年6月同安区政府划拨寺前17亩土地修建梵天广场,至1997年9月,藏经阁、天王殿、金刚殿、大雄宝殿、法堂、梵天广场陆续落成。1998年4月,拓建东西连廊;1999年3月,肇建大悲殿。至是年8月,由厚学亲自主持的梵天寺复建工程全部竣工。

梵天新寺崇楼杰阁,雄伟壮观,规制完备,气势恢宏,凝聚了厚学近20年的心血。

厚学精研佛经,普渡众生,提倡"应无所住而生其心"和"随众生缘"等佛理,积极倡导佛教与社会主义社会相适应。平生自奉俭朴,待人慈悲为怀,乐于施舍,为信众排忧解难,关爱贫苦孤寡,热心公益事业,多次捐资支援灾区、造福工程及幼儿园等。

2002年9月25日于同安梵天寺圆寂。世寿85岁,法腊67春秋。

释宏辉

法名本光,字海悌。俗姓李,俗名沧洲。泉州安溪蓬莱路尾里人。清光绪三十四年(1908年)四月生。父李秋兰,母林色娘。6岁就读于本里私塾,10岁辍学。民国8年(1919年)奉父命往印度尼西亚爪哇学商,年仅12岁。23岁回国,未几又复南渡。民国22年,宏辉26岁时重归故土,悟世无常,看破红尘,毅然上同安妙高山,皈依佛国寺开山祖师会机和尚,剃度出家。

民国24年(1935年),奉师命驻锡同安梵天寺,随侍会机禅师左右。翌年会机命其飞锡金门金刚寺。26年"卢沟桥事变",日本侵略者侵占金门,僧尼内迁,栖息厦门万石岩。27年厦门沦陷,复徙泉州承天寺,分掌香灯,此后两赴福州鼓山,先后挂锡福州涌泉寺、宁波天童寺、漳州南山寺、凤霞宫、同安梵天寺、厦门万石岩、石码普边宫、刘店仙殿,萍踪不定。

中华人民共和国成立后,宏辉由刘店迁锡万石岩,协助宏寿上人管理寺务。1953年2月,北上苏州灵岩山寺专修净土法门,深得其旨,戒行日见庄严。是年底回任虎溪岩住持,又移万石岩。时部队进驻,虎溪岩、万石岩划为军事重地,1955年迁徙南普陀寺。1957年复归虎溪岩住持寺务。

"文化大革命"爆发,宗教活动被取缔,宏辉被逼还俗,从事农耕,仍恪守本旨,信愿更趋精进。

1979年,佛教活动渐渐恢复。时有日本佛教访华团莅厦瞻谒南普陀寺,依礼节,需本寺僧侣陪侍参拜。有关部门临时召集僧众6人陪同,宏辉乃当时重披袈裟之六僧众之一。

1980年,宏辉首倡重修南安水头峰山岩寺,受聘为是岩住持。事竣,委其弟子释开觉为监院。

1989年,应新加坡居士林邀请,南渡星洲弘法,期间与宏船法师会晤,上光明山参禅。

1991年,主持兴建杏林西竺寺,任住持,教练四众诵经礼佛。

祖庙佛国寺"文化大革命"中圮毁,1994年附近信众自发复修。宏辉闻信十分高兴,大力支持。为报答恩师法乳,光大恩师宏愿,1997年宏辉以九十高龄漂洋过海,募集巨资,重建佛国寺,并请回释迦玉佛圣像,庄严道场。是年,宏辉以道行高深,众望所归,被南普陀寺礼聘为该寺首座。

2002年初,宏辉发愿开山,于惠安洛阳创建观音禅寺。

宏辉一生昭隆佛种,续佛慧命,广收法嗣,播泽四方,所收徒众有比丘开芳、开正、开哲、开说、开智、开明、开顺、开航、开盛9人,比丘尼开示、开敏、开德、开道、开心5人。

2002年11月9日(农历壬午年十月初五)以世缘告终,示寂于南普陀寺。世寿95,僧腊69。

释善扬

法讳品宣,字善扬,号邀斋。俗姓陈,名水波,南安市石井镇苏内村人。父陈章尚,母邱氏,兄弟三人,善扬居季。民国15年(1926年)生。因家庭贫困,民国27年入厦门鼓浪屿日光岩

做童工。晨钟暮鼓,耳濡目染,遂信向宗门,皈依佛教。

是年三月,大德弘一法师于鼓浪屿了闲别墅讲《心经》,善扬依席闻法,生大欢喜。十一月十四日,弘一大师又在佛教养正院同学会演讲,善扬亦赴会,聆听大师"忏悔"。席间,听人议论赞叹"出家"乃大丈夫之事,遂萌出尘之想。日光岩住持释清智以其齿太幼不许。

民国31年(1942年)九月初四(阳历10月13日),弘一大师于泉州温陵养老院晚晴室安详圆寂。善扬跟随清智法师前往泉州,参加弘一荼毗大典,感悟人生无常,再次向清智上人请求出家。清智见善扬道心坚固,平时劳作之余勤学梵典,将来可成法器,遂于九月十九日在日光岩为之剃度,依宗派法脉为云门宗第45世传人,时年17。

披剃后,善扬住日光岩依师父清智、师兄善契学法修禅。

民国36年(1947年),善扬赴南京宝华山隆昌寺,依融忍老和尚座下受具足戒。随后入上海圆明讲堂依圆瑛法师座下,听讲《大佛顶首华严经》,深有体会。圆瑛法师见善扬刻苦认真,十分器重。是时,圆瑛在圆明讲堂创办"楞严专宗学院",善扬虽中途插班,但努力学习,不甘落后,成绩经常名列前茅。

是年十月,圆明讲堂聘请名僧静权法师讲《地藏经》,善扬每座必到,从不缺席,聚精会神,认真听讲,深得静权法师赏识。

37年(1948年)七月,楞严专宗学院第一届学僧毕业。在毕业典礼上,圆瑛法师亲眼目睹僧界一代新人茁壮成长,十分高兴,赋诗一首:"七十年来如梦幻,几经触目尽非真。出家祈为超生死,说法何曾畏苦辛。太息狂澜今既倒,关心宗教独留神。《楞严》了义今传授,得旨忘言自有人。"并亲笔题赠善扬。圆瑛法师器重善扬,于此可见一斑。

八月,善扬赴扬州高旻寺,亲近高僧来果禅师修禅。高旻禅堂宗风险峻,椎槌恶辣,非苦心卓绝之人不敢轻试。善扬愿力坚固,下定决心,咬紧牙关,立誓经受磨炼,以求明心见性,有个翻身处。

民国38年(1949年)二月十三日,圆瑛大师与赵朴初居士等178人发起"己丑度亡利生息灾法会",前后49天。圆瑛电召善扬参加。法会完成后,因时局紧张,善扬当即返回福建,驻锡厦门妙释寺,随侍清智和尚左右。

新中国成立后,受聘住持同安龙池岩(20世纪80年代末改属漳州海澄)。住山9年,倡导农禅结合,开垦田园百余亩,积极参加"土地改革",山寺百废具兴,受到地方政府的表彰。

1953年8月,善扬与见性法师等6人联袂共登山西五台山,朝礼文殊菩萨应化道场,在菩萨顶文殊殿接受高僧龙海上师摩顶。

1958年"大跃进",宗教界开展社会主义教育活动,佛教寺院合并,各寺僧众集居南普陀寺。善扬遂回厦门,躬耕陇亩,尽心劳役。

1966年"文化大革命"爆发,寺院住僧风流星散,各奔前程。时善扬年富力强,分配到厦门市东风搬运公司做板车运输工,自食其力。善扬虽被逼还俗,但信念不改,不蓄发,持长斋,独身潜修,恪守戒律,诚信专一,无怨无悔。

1979年从搬运公司退休。1980年秋,泉州大开元寺举行全国第一次佛教活动,启建佛七法会。善扬闻讯欣喜欲狂,身着僧衣主动投入,并担任僧值,纠察仪律。法会之后,善扬盛赞这次法会为闽南近30年所未见。

1982年,善扬率其徒释正实、释正盛重上龙池岩。在各级领导的关怀帮助下,收回寺产。时岩宇天摧人毁,倾颓荒废。善扬含辛茹苦,募资重建,先后修复东西楼、大悲殿、祖堂、功德

堂、大寮、普会塔诸筑,新建藏经楼、念佛堂,开辟盘山公路至岩前,垒筑山体护坡,祇园重光,宝坊轮奂。同时,协助祖庭日光岩落实寺产回归及中兴工程。

1987年,善扬应菲律宾侨信礼聘,前往弘法,住持宿务市佛光寺。佛光寺系师兄善契法师创建,为菲律宾第一座云门宗道场。自善契西行,住持乏人,住众四散。善扬采取措施,兴利除弊,护寺安僧,寺院旋即重兴。

1989年,因龙池岩重兴工程,善扬返驾回国。翌年,受泉州大开元寺礼聘,出任监院。期间,协助主持泉州承天寺落成开光大典。1994年仍回龙池岩。

2001年,善扬开始筹划重修大雄宝殿,无奈世缘已尽,竟于2003年农历正月十六日圆寂西归,世寿78,僧腊62,戒腊57。

善扬为人正直,性格狷介,门庭高峻。剃度弟子有释正实、释正盛等30余众,再传弟子不可胜数,枝繁叶茂,中多俊杰。闽南云门宗派法脉因善扬得以中兴。

第十五章 居士（菜姑）传

池显京居士

字致夫，号念苍，中左所（今厦门本岛）人。太常寺少卿池浴德子。明万历三十七年（1609年）由顺天府中式举人，授和州知州，罢革杂税，惩治污吏。因忤贪官巡按崔呈秀，无端罢职。起补湖州府通判，任内督运钱粮入都，沿途兵荒马乱，历尽艰险方始到达。转任怀庆府同知，有人告发显京湖州任上押解钱粮拖延期限，遂被解职去官。显京本性温厚纯笃，经历沧桑后，皈依佛教，晚年更加喜欢谈论佛学，处处以佛家准则为人做官。他一生任职的和州、湖州、怀庆三个州府，都是富庶之区、丰腴之地，但显京一尘不染，每至一地，均袖风载月以归。家居闭门念佛，怀庆归来二年而卒。

林宗载居士

又名釁言，字允坤，号亨万。厦门塔头人。明万历三十七年（1609年）举人，四十三年进士。初令浮梁，为政清明。天启初，以治绩显著擢兵科给事中，历户、刑左右给事中，迁户部都给事。时清兵犯边，军费无度，宗载反复核实，堵塞漏洞，又以议政切中时弊，受到天启皇帝赏识，晋太仆寺卿，摄行太常寺庶务。庄烈帝即位，进太常寺卿。宗载因见朝政日非，急流勇退，疏乞终养。

明末，普照寺（即今南普陀寺）原寺产多入豪右，以致钱粮不足以供国课，岁入不足以供香灯，十分窘迫拮据。宗载一家崇信佛教。其次子林宜杓尝由一曾姓手中取得原普照寺田产一石八斗，因膝下无子，在普照寺佛前祈祷："佛若有灵，使我举一男嗣，我愿以所得寺租入寺。"后果灵应得子，遂将水田交付住持释了蕴。后来，林宜杓去世，田契仍在林家。宗载为鼓励"达官贵人观者同有是心，肯日用羡余充入寺中而无贪诸缘以为福利"，于崇祯十三年（1640年）三月特作《田租入寺志》，刻石立碑，并将原寺产田种壹石捌斗的田段坐落、大小、佃户及岁入租粮一一开列于后。是碑为南普陀寺现存最早的一方碑刻。

不久，宗载逝世，时年70，入祀乡贤祠。著有《观海堂平平编》，邑人、湖广云贵总督蔡复一为之序。

池显方居士

字直夫，号玉屏子。中左所（今厦门本岛）人。太常少卿池浴德子，和州知州池显京弟。明天启二年（1622年）福建巡抚南居益莅临中左所督军抗荷，对显方人品才学十分赏识。四年，显方由应天府中式举人,因见国事日非,遂以母亲年事已高,不参加礼部会试。

显方居乡,优游林下,参禅乐道。万历四十三年(1615年)慕玉屏虎溪风光,并结庐隐居玉屏山麓,建玉屏寺延请高僧大德说法,六时与香炉经卷为缘,与名人雅士相唱和。

显方工诗文,喜山水。早年遍游武夷、秦淮、泰岱,举山川磅礴清华之气,尽缩入毫楮间。晚年流连鹭岛山水,寻幽揽胜,所至皆有题咏,所作空灵飘忽,不可方物。海内名辈如董其昌、黄道周、何乔远、曹学佺皆折节乐与之交。与同安蔡复一尤称莫逆。蔡复一为云贵总督,吟诗作文,一字未安,则鸿雁往返,推敲讨论。

显方著作丰富,有《晃岩集》、《南参集》、《玉屏集》、《澹远诗集》、《李杜诗选》等书行世。吏部郎中、晋江林胤昌序其集云:"直夫冰璞枯骨,畔幅坊身,学绍青箱,韵高白雪,卓乎不可一世"。

黄日纪居士

字叶庵,一字叶三,号荔崖。漳州龙溪人,徙居厦门张厝保。约生于清康熙四十七年(1708年)左右。乾隆初读书醉仙岩。乾隆十二年(1747年)以生员特用中书科中书,十四年迁吏部,十八年调兵部武库司,二十二年秋升任武选司主事。日纪博览群书,学有经济,莅官勤慎,为同僚所推许。值此春风得意、前程似锦之际,讵料椿堂仙逝,遂居家守制。因感悟世事无常,服除,虽官檄频催,竟不复仕。

日纪青少年时即崇信佛教,喜欢谈禅论道。在醉仙岩读书时,与山岩住僧释月松为方外密友,俩人晨夕盘桓,炉香茗碗,说法参禅,质疑辩义。乾隆六年(1741年)相与谋划于醉仙岩侧创建佛教寺宇,以寺后顶峰巨岩有明南京右都御史傅镇从弟傅钺万历二十年(1592年)的摩崖题刻"天界",命名"天界寺"。出仕后,虽燕闽万里,云树迢遥,日纪对天界寺依旧音问不绝,时时供给接济。乾隆二十一年(1756年),一度重修。

乾隆二十五年(1760年),释月松为纪念日纪读书山岩之经历与肇建寺宇之功德,乃仿宋代欧阳修、苏轼寓居圆通寺,寺僧以永叔、子瞻姓氏建"欧亭"、"苏亭"故事,于"天界"题刻巨岩下建一亭子,以日纪之姓为亭名,称"黄亭",并自为《建黄亭小引》刊勒于寺之大殿后摩崖上,以志山门盛事。

乾隆三十二年(1767年),日纪再次捐金购田,以为天界寺固定产业。月松又自为记云:"信官兵部主政荔崖黄公捐银壹佰陆拾两,创置斋田,坐落本寺左边,受种五斗;另铁窟内受种壹斗柒升。大小共拾壹丘,永为寺业,日后不许徒子徒孙典卖他人。住持僧月松谨识。乾隆叁拾贰年拾月吉旦勒石。"

日纪不仅与月松和尚友好,与虎溪岩瑞峰长老、孕上人,日光岩瑞球、惠航二禅师也过往甚密,经常渡水穿云,登门拜访,"频约高僧谈法乘,更邀名士访云山","禅榻联吟兴未休,笋舆重约访林丘","比来悟得长生诀,只向烟霞共探真"。一年重阳节,日纪到日光岩访问惠航上人,作诗纪其事云:"几度相过不厌烦,眼前好景逐时新。江船惯坐榜人识,岩户屡敲山犬驯。说法自来参正谛,交情因久见天真。公能妙悟如支遁,我却谈禅愧许恂。"

日纪闲居鹭岛,辟别墅于凤凰山麓(今定安小学校园一带),时年50。以其地多榕,因称"榕林别墅"。墅中有摩青阁、雾隐楼、得月轩、披襟台、洗心堂、钓鳌亭、漱玉峰、榕根洞、蹋云径、万人石诸胜。日纪工诗文,喜吟咏,慷慨好客,冠盖往来无虚日。又饶山林之趣,经常邀诸同志游览南普陀寺、天界寺、日光岩、虎溪岩、太平岩、白鹿洞、万石岩、紫云岩、荷庵等佛教胜地,礼佛随喜。每至一处,吟诗作赋,必穷日之力而后返。乾隆二十五年(1760年),日纪与好友蔡新、叶廷推同游虎溪,兴之所至,挥笔作《四笑桥记》:"乾隆庚辰,余归田数载,漳浦蔡侍郎葛山、海澄叶进士学海,访余于鹭江,遂同游虎溪。将归,瑞峰长老送别至此。蔡曰:'无过桥,恐大空小空,吼动山谷。'适岩大声号。叶曰:'岂二空耶?'四人相视大笑。余曰:'东林三笑,今日可谓四笑!'遂书之,以名桥。"厦门寺岩多有其题咏,于今皆成名迹。

乾隆四十三年(1778年),日纪在其门徒蔡天任陪同下重游紫云岩。其冬,自题"古凤凰山"于别墅巨岩,时约70余。卒年未详。

日纪著作丰富,所著有《全闽诗隽》、《嘉禾名胜记》、《榕林汇咏》、《荔崖诗钞》、《归田集》等10余种。

唐显悦居士

字子安,号枚臣。仙游人。明天启二年(1622年)进士。累官岭南巡道。丁艰归,值明亡。明隆武元年(清顺治二年,1645年),唐王朱聿键在福州建立南明小朝廷,召显悦为右通政,旋以兵部右侍郎进尚书。显悦知事不可为,力请致仕。清顺治十二年(1655年),全家逃亡鹭岛,隐姓埋名匿居云顶岩,自号"云衲子",终生奉佛,后以寿终。

陈敬贤居士

同安集美(今厦门市集美区)人。爱国华侨领袖陈嘉庚胞弟。清光绪十五年农历十二月十二日(公元1889年1月13日)生。其父陈杞柏、兄陈嘉庚早年旅居新加坡,开设碾米厂。光绪二十一年(1895年),母亲病逝,敬贤当时年仅7岁,常于中夜卧母棺下饮泣。

光绪二十六年(1900年),敬贤得其嫂、陈嘉庚夫人资助南渡,往依父兄。因父兄忙于营生,无暇看顾,常受店中雇员诬告欺凌,由是立志发奋读书。

光绪二十九年(1903年),其父经商失败,破产回国。陈嘉庚另起炉灶,重新开张。三十一年,敬贤辍学协助兄长经营,生意日渐兴隆。翌年因平素体质虚弱,加上过度劳累染上肺病,回乡调养。不久重返新加坡。

光绪三十四年(1908年)回国完婚。婚后不久,庶母平白无故诬陷敬贤"侵占家财",官厅不察,悬赏缉捕,迫于无奈,避居香港。

宣统二年(1910年),敬贤携眷返回新加坡。此时,陈氏事业如日中天,蒸蒸日上。是年,敬贤与兄长陈嘉庚一道在新加坡加入中国同盟会。

民国2年(1913年)至9年,陈嘉庚先后在集美创办中小学和师范、水产、航海、农林、商科等学校。敬贤倾心支持,鼎力协助,鞠躬尽瘁,得到集美学校师生的衷心爱戴,亲切地称他为"二校主"。14年办夜校,又办女夜学,教育失学青年与妇女;复设戒烟所,收填旧厕,重建公厕,改善乡族不良习俗。

孤苦的童年,衰弱的体质,多难的命运,使敬贤觉悟人事无常,世路崎岖,复受太虚大师熏陶,为其感化,遂皈依佛教,并对厦门佛教事业多所贡献。民国19年(1930年),捐资建造南普陀五老峰兜率陀院,是年,复于院左开辟洞室,名"须摩提国";21年,与寂云比丘、苏慧纯居士等一道发心于"须摩提国"洞室后辟建禅室,曰"阿兰若处",供养习禅定大心者;22年,与转逢和尚、苏慧纯诸居士发起供奉弥勒如来,研究慈恩宗教理经义,于禾山茂后社(今属湖里区)创建慈恩寺,以为佛教徒净修之所;24年,与夫人王碧莲捐献巨资,准备扩办万石佛学研究社为敬贤佛学院,后因抗战爆发而作罢。

敬贤学佛,兴趣广泛,据弘一大师《记陈敬贤居士轶事》云:"民国十六年丁卯二月,余在杭州云居山常寂光寺,敬贤居士过谈,所言皆禅理。余劝以净土法门,未能契也。戊辰(抄者按:即民国十七年)以后,余数至闽南,时敬贤方习止观,时时询除瞋习法。因检贤首梵网疏示之,颇为首肯。尔后音问久疏,闻人言其居杭州复习秘密部。甲戌(抄者按:民国二十三年)九月十九日,共存(敬贤之子。抄者按:原注)至南普陀后山石室。余问敬贤近状,彼谓已遵印光法师教导,专修净业矣,余为庆悦。翌岁乙亥(抄者按:即民国二十三年),敬贤来书,谓十数年彷徨歧路,近始一心专修净业,迩来工夫颇能得力。并乞结夏杭州,为彼讲解菩萨律仪。"

民国25年农历正月廿八日(公元1936年2月20日)往生,年47周岁。

吴辰泗居士

又名神赐,法名德畅。南安人。清光绪五年(1879年)生。自幼家贫,7岁丧父,青少年时即随其兄赴南洋经商。辰泗事母至孝,虽身在异邦,至少两年必返乡一次省亲,后来干脆将母亲接至南洋随侍奉养。因其母不惯侨居地生活习俗,辰泗遂放弃职业,偕母回乡,朝夕侍奉,直至其母寿终。

辰泗心地善良,乐善好施,一生所到之处,凡公益之举,如矜孤养老、恤寡济贫、施医赠药、修桥造路、施棺放生、敬惜字纸、捐资建寺、兴修水利、购置义冢等,莫不尽力捐助。

民国18年(1929年),辰泗萌生出世之心,结束国内外商务活动,于厦门市区及鼓浪屿购置产业定居,并皈依佛门为在家佛弟子,专修净土宗念佛法门。时身承临济、曹洞、沩仰、云门、法眼禅宗五宗法脉的高僧虚云大师在福州鼓山涌泉寺为住持,辰泗久仰山斗,闻讯即往布施供养。弘一大师在闽南弘扬佛法,他也热情亲近,承事供养。民国21年(1932年),妙释寺善契法师募建念佛堂,辰泗乐捐银元1000元(相当黄金20两),襄助其成。定居鼓浪屿后,经常参与日光岩寺的弘法利生活动。

辰泗平居与李博用、苏谷南诸居士时相往来。晚年喜颂《金刚经》《药师经》,积年不倦。

民国25年(1936年),陈敬贤居士往西,辰泗与苏谷南、王振邦三佛友合撰挽联亲切悼念,联语云:"平生结善缘,归去预知登极乐;吾辈俱同学,将来效脱凡尘。"

民国29年(1940年),辰泗在鼓浪屿寓所逝世,年62岁。

蒋以德居士

法名"瑞仁"。厦门市区大生里人,原籍惠安县崇武镇五峰社。生于清同治十年(1871年)。其父蒋世华早年出国,旅居印度尼西亚,后来在侨居地另立家室,极少回国。其母为人宽慈和善,长期在家茹素奉佛。以德从小受其影响,笃信佛教,礼南普陀寺住持转逢和尚为度师,受"三皈依"。在家腾出一间房屋,专门供奉观世音菩萨,作为个人修持道场。

清光绪末叶,以德年届而立,与兄蒋以祥协议,自愿往香港谋生,寻求发展,留兄在家中打理家业和侍奉老母。以德为人诚笃,刻苦耐劳,讲求信誉,深得同业和顾客的尊重和信任,因而其所专营的食糖进出口业务越做越好,越做越大,同时拥有香港电灯和自来水企业大量股票,数年之间遂成巨富。后来,他在厦门又创办一家蒋以德药酒厂,并投资与人合股开办泰利轮船公司,将厦门一揽子业务交由蒋以祥掌管,以其所得作为厦门居家费用。

以德事业有成,更加信奉佛教。他在自家居宅之右修造一座佛堂,专供其母住修。同时,倾资支持厦门大小寺院和宫庙的修建。其中由他独资或捐献巨资创建、重建、修葺的寺院建筑有南普陀寺大雄宝殿、大悲殿、法堂，妙释寺大念佛堂，普光寺殿宇僧舍，鸿山寺大殿楼屋，万石莲寺山门，宝山岩（又称董内岩，即今紫竹林寺）殿宇寮房，天界寺殿堂住楼，太平岩大殿，中岩佛堂寮舍，还有进明堂、碧山岩、同安梵天寺，以及由佛教徒住持管理的诸如城隍庙、东岳庙、内武庙、朝天宫、丹霞宫、福茂宫、养真宫、美仁宫、前园宫、圆山宫、龙潭宫、福海宫、潮源宫等道教或民间信仰宫庙。泉州、漳州一带佛寺修建，凡有所求，都热心赞助，而且喜欢独自承担一个项目。

传说以德居留厦门期间，经常到各寺庙参拜礼佛，发现殿宇僧舍或佛像需要修缮，便许愿捐资修葺，向佛祖祷告，并卜"杯"求信，若得"信杯"即解囊助成。有时即在家中向观世音菩萨请示。布施多寡，概不例外，一般先由少数问起，须连续三次信杯，方才确定；如不能连获三杯，自觉承捐数目不够，继续添加，直至连续三杯为信。泉州崇福寺妙月和尚向他募捐天王殿经费，以德从一百元问起，直至五千元才出现三信杯，其数目正好与重建天王殿资金相符，真是无巧不成书！时人称之为"卜杯大善士"。

以德崇信佛教"慈悲为怀"之教条，除捐资修建寺院宫庙外，还广行善举，如创办义学（先后在内武庙、美仁宫、前园宫、福海宫、圆山宫等处开办义学），捐资助学，赈济难民，体恤孤寡，施医赠药等。有一年时疫肆虐，他在广东以巨资囊括当地全部治痧药物，运回厦门，免费供给中暑病人服用，救人无数。每年春节前夕，以德都购储大量粮食寄存米铺，赈济困难户过年。

以德慷慨好施，急公尚义，赢得海内外缁素四众的尊敬。20世纪30年代初，其母病逝，厦门南普陀寺以及闽南各地寺院高僧大德闻讯，不召而集，聚首蒋府，为蒋母举行往生法会；入殓后还为其举办七七四十九天的功德大法会。出殡之日，海内外各界人士万余人参加执绋送葬活动，备极哀荣。为此，其母葬后，以德特将其母生前供奉的玉佛贡献给南普陀寺，供缁素信众瞻仰礼拜。并捐献巨资在南普陀兴建大法堂，把居家佛堂的玉佛安奉于法堂上。

30年代末，以德重返香港，准备将其香港商务移交给长子蒋光标，自己告老返乡，颐养天年。讵料抗日战争爆发，日军侵占厦门。以德捐出巨款，支援国家抗日，发誓厦门不光复，不回鹭岛，绝不在日寇铁蹄下生活。40年代初，日军占领香港，以德亲眼目睹山河破碎，悲愤交集，于民国29年（1940年）年初舍报西归。时年70岁。以德身高体胖，坐化时袒胸露肚，酷肖弥勒，见者无不啧啧称奇。

闽南佛教界人士惊悉以德逝世，在厦门南普陀寺举行诵经回向，深切悼念，寄托哀思。

周醒南居士

又名宗温。广东惠阳人，清光绪十年（1884年）生。早年读书于两广游学预备科馆，毕业后历任广东乐昌阳春师范学校教员、漳州工务局局长。民国19年（1930年）任漳厦警备司令部堤工处顾问、堤工处路政办事处处长。

醒南早年笃信佛教，皈依日本真言宗（东密），并受密教灌顶。到厦门工作，与厦门佛教界太虚、转逢、会泉、觉斌、大醒、芝峰、寄尘诸大德与蔡吉堂、苏慧纯、黄秋声、虞愚等居士意气相投，过从甚密。

醒南参与厦门市政建设，开山辟路，时有将南普陀寺全部山地充为南普陀公园之议，如此议实行，南普陀寺将解体。醒南鼎力维护，以路政处名义出具证明书并附山地图纸，划定地界，明确南普陀寺林园区域，南普陀寺因此转危为安，缁素颂其无量功德。

民国20年(1931年),思明县佛教会成立,醒南被推选为常务委员。21年,改任为第二届佛教会监察委员。

醒南尝为中山公园设计"狮子地球"巨型雕塑,工艺精湛。时人谓之地球即表圆"周",狮子是为"醒"狮,置之南门者示"南"也,乃周醒南之自喻。

醒南后来离任返回原籍,事迹未详。

苏慧纯居士

晋江人。清光绪二十九年(1903年)生。民国12年(1923年)参加"闽南佛化青年会"。17年,南普陀寺观音殿遭回禄之灾,慧纯参与发起募捐重建,带头捐资襄助其成。民国19年建南普陀后山兜率陀院,辟"须摩提国"洞室。民国21年辟建"阿兰若处"禅室,慧纯无不慷慨解囊。民国22年,与转逢和尚、陈敬贤居士共同发起供奉弥勒如来,创建慈恩寺。

民国22年(1933年)编修《厦门南普陀寺志》,释慧心尝为撰《苏慧纯居士小传》,传云:

> 目光炯炯,胸怀落落,具菩萨之心肠,而不稍减其金刚之威力,其惟吾友苏慧纯居士乎?居士晋江籍,年三十,怀大才而气节尤高,遇不平事,辄痛加抨击,不徇私情,惟与人为交,又谦谦无忤,一视同仁,才高而能容人,长计划之才也。居士除研究佛学及护法外,喜治拳术静坐之学,每有所言,其境界已与常人不同,余昭然异之。余与居士缔交于闽南佛化新青年会,迄今将十稔矣。故略知居士之才之长,爰写数语,聊志敬仰。

民国22年以后,慧纯行迹事历未详。

林镜秋居士

同安人。清光绪十七年(1891年)生。《厦门南普陀寺志》主编虞愚亲自撰作《林镜秋居士小传》,称镜秋为商人,喜佛学,善计划,处事勤谨。平日与南普陀寺监院、闽南佛学院事务主任觉斌交情甚笃。民国17年(1928年)葺南普陀寺大悲殿,18年辟后山"阿耨达池",19年建"兜率陀院",开"须摩提国"洞室,21年创"阿兰若处"禅室,镜秋无不积极谋划,踊跃捐输,襄助其成。22年以后行迹事历不详。

王振邦居士

南安丰州人。清光绪七年(1881年)生。其父王鼎卿精岐黄,为闽南著名中医,在厦门开设王慎斋药铺,卖药行医。振邦随父习医。

光绪三十三年(1907年),振邦南渡新加坡,由汪精卫介绍加入中国同盟会,积极参加革命活动。宣统元年(1909年)奉命回厦门开展工作。三年十一月,组织并发动武装起义,光复厦门。

光复后,振邦不求名利,功成自退。他对一些人违背革命初衷,互相争权夺利,甚感失望与灰心,遂看破世事,皈依佛教,日与南普陀寺僧谈法习戒,持斋念经。除此之外,注重医药事业,开设天福堂制药社,精心制药,医药济世。

民国13年(1924年),振邦协助组织、亲自加入"闽南佛化新青年会",设立佛经流通处,积极参加佛化宣传活动。

抗日战争爆发,振邦举家徙居菲律宾。民国30年(1941年)回国,隐居家乡,行医救人,深受乡亲敬重。31年5月,弘一大师病重,振邦随侍左右,精心照顾,直至大师10月13日吉祥西归。

民国36年（1947年）农历三月十七日病逝，终年67岁。

庄汉民居士

名秋霖，字汉民，以字行世。泉州人。清光绪十二年（1886年）生。幼年丧父，孤苦伶仃，13岁即受雇于人，当过商店学徒、木偶戏班杂工等。二十六年，年方15得堂叔祖提携，南渡菲律宾谋生。半工半读，勤奋力学，粗通中西文。后在一艘往来东南亚各埠头的客轮上供职。一次航行中结识中国同盟会领导人孙中山、黄兴，在他们的直接影响下，加入同盟会。不久，转入新加坡《兴中日报》工作。辛亥革命前夕，奉命回泉州，曾谋行刺泉州知府管元善，以张扬革命声势，未果。

泉州光复后，不愿居官，来厦门经营对外贸易，但仍与革命同志保持联系，并积极参与反袁斗争。时袁世凯与日本签订卖国"二十一条"，全国掀起反日高潮，汉民与傅振箕等革命青年在厦门开展反日宣传，组织戏剧演出，募集救国基金。汉民饰演《卖花女》一剧女主角，轰动一时。

民国四年（1915年），厦门反袁起义失败，革命党人密谋刺杀袁世凯爪牙黄培松、黄世金，汉民自告奋勇，负责行刺黄培松，未获成功。

汉民生性耿直，看到辛亥革命后，许多党人腐化变质，违背孙中山先生"三民主义"宗旨，心灰意冷，竟萌出世之想，准备往五台山，遁入空门，以逃避现实，因家庭极力反对未实现。遂同叶青眼、王振邦等人皈依佛教，加入闽南佛化新青年会，成为会中骨干分子。汉民及其佛友曾立下宏愿，要像当年宣传革命一样，弘扬佛法，立足厦门，遍及闽南，面向世界。

民国14年（1925年），汉民重返新加坡。虽身在异国，仍藏匿禅林，潜研佛法。

汉民后半生历尽坎坷，贫病交加。民国38年（1949年）1月在泉州去世，年65岁。

马乾骅居士

法名本经。漳州城厢（今属芗城区）人。清光绪十八年（1892年）生。自幼接受基督教会学校教育，原为虔诚基督教徒，基督教青年会干事，一度担任基督教传道师。

乾骅擅长商业经营管理，年未及冠即畅游商海，16岁时在厦门即被鼎新、合益、益兴三家五金店兼聘为经理。

民国23年（1934年），因其第二子风华正茂而遽然夭折，使乾骅痛感人事无常。时高僧会泉和尚在万石岩佛学研究社讲演《楞严经》、《金刚经》、《普门品》、《弥陀经》、《起信论》、《唯识论》、《百法明门论》等佛家经典，乾骅专心听讲，认真研讨，终于茅塞顿开，幡然省悟，毅然皈依佛门，礼拜会泉法师为度师。后来相继亲近性愿、转逢、芝峰、太虚、大醒诸大德。

乾骅从此热衷佛教教理的探讨，曾一度离家寓居妙释寺与日光岩，深入研究佛教经论。未几，遂发无碍辩才，作广长舌，演说妙法。乾骅讲法，口若悬河，谆谆善诱，繁征博引，举例生动，使听者忘倦，深受教益，往往座无虚席。

民国25年（1936年）任厦门佛教分会常务理事。

民国27年（1938年），厦门沦陷。乾骅回漳州，与祈保亭住持严持法师创办念佛法会，宣讲妙法，盛极一时，引渡不少知识分子皈依佛门。翌年，返回鼓浪屿，与佛友苏谷南倡组"地藏法会"，继续弘扬佛法。每逢旧历初一、十五及星期日，在日光岩念佛讲经并募资救济难民，开展施医赠药及收埋死难难民等义举。

民国29年（1940年），乾骅与日光岩善契法师组织佛教界人士系统学习《大乘起信论》、《金刚经》、《八识规矩颂》、《劝修念佛法门》、《发菩提心文》、《法苑珠林》、《寒笳集》等佛教经论，为弘扬佛法努力不懈。抗战胜利后，在妙释寺弘法。37年，出任佛教支会宣传股长。

乾骅为人仁慈善良，每闻佛友有病，即前往探视，先用温语宽慰，继运禅功，在患者身上行气，使之感觉身心温馨轻松。

1949年，乾骅病逝归西，终年58岁。

王卓生居士

原名道，字笃生，后改名卓生，易字谷青。同安马巷美山湖村人。清光绪二十年（1894年）生。民国4年（1915年）毕业于福建省省立法政学堂，任同安莲河小学教员，后在马巷赵岗自办启明小学。民国7年南渡新加坡，拜谒侨领陈嘉庚，深受器重。时陈嘉庚在家乡集美兴办教育，委托卓生回国协助其弟陈敬贤负责集美学村建设。嗣后又作为陈嘉庚的代理人与陈仲赫、黄竹友共同主持同美（同安县城至集美）公路建设工程。民国16年（1927年）出任同安县首任建设局长，任内辟建同马灌角（即东起小盈岭，西至角美镇）公路，修建西安桥、南薰桥，并组织公路护路队。

卓生秉性淡泊，气质高雅，与陈敬贤气味相投。陈敬贤崇信佛教，卓生受其熏陶，遂对佛学产生浓厚兴趣，潜心钻研，不数年通晓释典，在海内外佛学界崭露头角。他经常参加妙释寺、日光岩、南普陀寺诵经讲法等佛事活动。民国25年（1936年）2月，陈敬贤于浙江杭州弥陀寺生西，卓生受其夫人王碧莲的委托，到杭州处理陈敬贤的后事。

抗日战争胜利后，厦门市佛教界组织佛教会筹备委员会，推选卓生为筹委会监事、监事长。建国后，1951年成立厦门市佛教会筹备委员会，推举卓生为委员，1952年选为首届厦门市佛教协会常务委员。同时被佛教界推选为厦门市第一届人民代表大会代表。

卓生晚年对同安故乡水利建设事业十分关注，他积极倡议建造鲤鱼坝、长蛇坝、耕云桥、农星桥（均在马巷美山湖、赵岗一带），并与中共同安县委书记曹玉昆等深入汀溪、策槽、莲花、锄山等地踏勘考察，规划设计水库建设工程。又承菲律宾侨僧性愿法师的委托，协助筹建南安石井扬子山大慈林寺，规划造林种果，兴办工厂，使海都一带僧尼都能参加劳动，自食其力。

1955年农历正月初四日，卓生舍报西归，年62岁。弥留之际犹念念不忘同安的水利建设，嘱咐随候人员将其一份建议转交给曹玉昆及有关部门。

卓生雅好诗词，经常与诗友互相唱和。著有《百芝室诗集》、《鸿渐集》、《夏云集》等，"文化大革命"中多已散佚。

苏谷南居士

法名福岩。晋江苏厝人。清光绪七年（1881年）生。年轻时离乡背井，南渡菲律宾马尼拉经商。后来故乡发生瘟疫，其父母双亲相继染疫去世，谷南回国奔丧，居家守制。后来，他与华侨朋友投资鼓浪屿的房地产开发事业，在屿东填海造地建房。

谷南笃信佛教，年轻时即拜印光和尚为师，与王振邦、吴辰泗、李博用诸居士均为其在家弟子，称为师兄弟。谷南修持净土念佛法门，长期持斋素食。他深信佛教善恶因果报应学说，认为钱财是身外之物，因而热心地方公益，对各项慈善事业均积极捐输。抗日战争以前，谷南被荐举出任厦门华侨公会会长，先后受聘为鼓浪屿福民小学（即今笔山小学）与闽南职业中学董事长、厦门民立小学副董事长。他将住宅前将近 1000 平方米的土地捐献给福民小学作为体育场。并应聘为泉州开元儿童教养院、泉州开元养老院董事长,捐资赞助泉州花桥善举公所施药局。同时资助家乡苏厝创办俭德小学(即今群德小学),以便乡梓学子就读,居家储备常用药品,随时赠送左邻右舍。

谷南曾捐资救济陕西省灾民,陕西省政府主席、国民革命军驻陕总司令、著名书法家于右任深为感动,特书赠一联。谷南又捐资助印《泉州府志》。他恭敬佛家三宝,对鼓浪屿日光岩寺住持清智法师礼敬有加,是为之得力护法。民国 25 年(1936 年),弘一法师在日光岩闭关清修,谷南随即拜访结缘,弘一挥毫题写"惜衣惜食,非为惜财缘惜福;求名求利,须知求己胜求人"对联相赠。37 年,弘一俗家弟子、著名画家丰子恺从台湾来厦门,谷南会同厦门佛教界人士盛情接待,丰子恺画释迦牟尼佛像以赠。

民国 26 年(1937 年)"七七卢沟桥事变"爆发,日本侵华,谷南举家避居香港,担任香港福建商会与香港福建同乡会合办的救济部副部长,积极救济流落香港的闽籍难民。30 年太平洋战争爆发后,谷南变卖家中贵重物品,尽力资助闽籍难民回乡。

民国 32 年(1943 年),谷南将离港返厦,行前,侨领胡文虎准备设宴为之饯行。谷南闻讯,即对胡文虎谈及某画家生活窘迫,建议将欲为其饯行的筵席之资赞助画家。胡文虎如其言接济画家。后来,画家知道个中缘由,十分感动,想作一画致谢。谷南要求画家以古诗"乍看螳螂去捕蝉,不知黄雀在身边。猎人一射伤黄雀,虎噬猎人井里填"诗意创作。后来谷南常以这幅画劝告世人莫逞强凌弱,以为止恶行善的劝世宣传品。

民国 35 年(1946 年)抗战胜利后,医师林遵行募资重建与谷南、黄钦书 15 年前创办的鼓浪屿医院,谷南不但带头捐资支持,并且鼓动菲律宾、香港亲朋好友解囊襄助。

1959 年,谷南病逝于鼓浪屿寓所,终年 78 岁。

林藜光居士

厦门人。生于清光绪二十八年(1902 年)。厦门大学第三届哲学系毕业生。求学期间即皈依佛教,积极参加闽南佛化新青年会发动的佛化宣传活动,功课之余精修梵文。民国 14 年(1925 年)大学毕业,以优异成绩留校助教。民国 17 年,应俄人刚和泰之约,任北京"哈佛燕京研究所"研究员。23 年旅居法国巴黎,担任东方语言学院教授。民国 25 年丁忧,回国奔丧。居厦期间,曾在厦门妙释寺开讲《欧洲人士研究佛学之一斑》,佛教界 1000 多人听讲,受到教益,轰动一时,后仍回巴黎任教。

藜光一生以复兴佛学为己任,对梵文经典研究孜孜不倦。因努力过度,积劳成疾,于民国 34 年(1945 年)病逝巴黎,年仅 44 岁。其所校订梵文写本《诸法集要经》在法国出版。

苏行三居士

厦门鼓浪屿人。清光绪十四年(1888 年)生。清末民初,行三由英华书院毕业,入南京东吴大学,毕业后仍回英华中学担任英语与体育教员。行三出身基督教家庭,一度为基督教传道师。

民国 26 年(1937 年)抗日战争爆发后,行三南渡菲律宾留学,获生物学博士,在菲律宾马尼拉中正中学任教。他因研究"生命起源"问题,遍读基督新旧约全书,未能获得圆满解释。30 年太平洋战争,日本占领菲律宾,学校停课,行三与友人游览信愿寺,结识是寺住持、高僧性愿和尚。后来在性愿和尚指导下,阅读佛典《华严原人论》,大受启发,昔日疑问,顿然冰释。从此与性愿法师结为方外交,过往相从,互相切磋佛学教义,不久即发无碍辩才,为其朋友演讲佛法。

民国33年(1944年),行三正式礼拜性愿和尚为度师,受"三皈依",为其在家三宝弟子,持斋奉佛。

抗战胜利后,行三返回厦门,先后在妙释寺和日光岩宣讲佛法。行三讲演,征引科学理论,解释佛经教义,深入浅出,明白易懂,许多知识青年受其引导,归入佛门。行三举动引起厦门基督教会的不满,要求他家庭劝彼离开厦门。于是行三又返菲律宾,在菲律宾马尼拉市信愿寺与华严寺继续弘扬佛法。

1952年,行三随同信愿寺瑞今法师,出席在日本东京举行的世界佛教徒联谊会第二届大会。返菲后积极倡导组织世界佛教徒联谊会菲律宾分会。是年,应菲律宾远东大学邀请,为其校师生作三次有关佛法的学术报告,反响热烈。

1953年,行三在信愿寺依性愿和尚为戒师受菩萨戒,成为正信佛教修持菩萨道行的佛教学者。所著有《〈八大人觉经〉讲记》、《〈四十二章经〉讲记》、《佛学浅释》等。其中《佛学浅释》获当代佛学泰斗印顺大师好评,在海外佛教界广为流传。行三后病逝于菲律宾马尼拉,卒年未详。

周幼梅居士

厦门人。生卒年不详。幼梅出身世家望族,其父周殿修,字梅史,清光绪二十三年(1897年)举孝廉,由泉州府学中式。叔父周殿薰,字墨史,与周殿修同榜举人,同文书院山长。幼梅弟周少梅,厦门自来水公司经理。

幼梅笃信佛教,积极参加佛教居士林活动,1952年,佛友李鸿光、柳正松创办厦门佛教居士林,聘请幼梅为名誉林长。居士林最初借丹霞宫开展筹备工作,后被收回。幼梅遂将其后路头周宝巷第宅租借给居士林作为活动场所。居士林成立大会即在周宅召开。

陈延香居士

又名树坛,字澄怀,法号慧香。同安县在坊里阳翟(今属同安区)人。清光绪十三年(1887年)生。祖陈纲,光绪二十四年进士。父为清末秀才,乡村塾师。延香从小随父就读。

光绪三十一年(1905年),其父病故,延香继承父业受聘在灌口、角美一带执教。宣统二年(1910年)在灌口石头乡加入中国同盟会,积极组建青年自治研究会,任副会长。翌年参与光复同安。民国2年(1913年),被推选为福建省议会会员。同年,与同盟会会员陈仲赫联合创办阳翟小学,5年,出任同安劝学所长。9年,受爱国侨领陈嘉庚之聘历任集美学校总务主任、女子小学校长,代理集美中学、集美师范学校校长,积极参与筹建厦门大学。13年,延香主持创办同安公立中学、幼稚园和阳翟图书馆,将家藏图书千余部送给图书馆,同时整理注释同安先贤郑得潇佛学著作《定云楼遗集》,交付上海书社出版发行。是年他又招股开设"仁爱医院"和"公中银行"。17年,参与编修《同安县志》。

民国19年(1930年),福建军阀内部矛盾激化。同盟会老会员、福建省政府参议许卓然是年5月下旬赴同安与教导团团长萧叔萱协商整顿教导团,返回厦门遇刺身亡。延香因其案受牵累,深感世事无常,遂皈依梵天寺住持会机法师。在杭州,延香结识当代高僧弘一法师,一见

如故,与之畅谈佛学。

民国23年(1934年),延香积极参与筹备组织同安佛教会,任执行理事。26年,许卓然一案真相大白,延香沉冤昭雪,更加崇信佛教,当年与陈穿莲居士共同捐资修复同安泗洲明觉院,使千年鹿苑重放异彩,并创立同安佛教"养老莲社院"慈善机构,任董事,收养一批孤寡无依的老人。同时被推举为同安县筹赈会常务委员。性愿法师住持梵天寺,延香与笃信佛教的同安县长黄元秀积极支持重修梵天寺,为修寺与兴学,延香先后四次南渡菲律宾、马来西亚各国募捐筹款,在南洋结识盛求大法师,并与之建立深厚的交情。在筹募集资期间,耳闻目睹被当地人称为"三里路浊"的神仙草(即"一见喜")功效不凡,设法携带回国培植,造福桑梓。

延香平时持斋念佛,与叶采真、陈敬贤等居士时相往来,切磋佛学,不遗余力从事弘法利生活动。

新中国成立后,延香潜心搜集民间验方,整理后贡献给国家。临终,又将收藏的图书、文物献给同安县图书馆和同安一中。

1960年,延香病逝,终年74岁。

叶青眼居士

单名拱,复名耀垣,字文星,青眼为其参加中国同盟会时自取别名,后遂以行世。晋江县城厢(今属泉州市鲤城区)人。清光绪二年(1876年)生于城北孝友里。少时家贫,生计维艰,拾薪治圃协理家务。

光绪十九年(1893年)入泮为邑庠生。后相继受聘为晋江南乡、台湾塾师,三十四年为厦门鼓浪屿英华书院新学教员,并于是年参加中国同盟会,与许卓然、王振邦等共谋光复厦门及泉属各县。

辛亥革命,青眼参与领导泉州光复。中华民国成立后,以为大功告成,夙愿已酬,遂回厦门继执教鞭。窃国大盗袁世凯称帝,"二次革命"爆发。由革命党人廖仲恺推举,革命先行者孙中山亲自委任青眼为中华革命党福建支部长,总部设于厦门。福建反袁斗争失败,青眼避走菲律宾。

民国11年(1922年),青眼回国,任晋江县市政局局长。是年冬,与陈清机等开展破除迷信活动,禁烟禁赌。因时局不靖,市政工程停顿,复携眷南渡,侨居菲律宾马尼拉,创办华侨中学。后因其幼弟不幸溺水身亡,伤感极深,复举家回国,任教于厦门中华中学。

是时青眼年近半百,总觉世路崎岖曲折,人事变幻无常,对佛教渐生兴趣。他与高僧会泉和尚为方外挚友,志趣相投,过从甚密,跟随会泉学佛念经,日渐沉迷,后正式皈依大德印光上人。

民国12年(1923年),厦门佛教界抵制地方政府征收"迷信捐",交涉无效。会泉、转逢和尚会同青眼与蔡吉堂等佛教居士联名电请中华佛化新青年会派人支援,取得豁免"迷信捐"的胜利。

民国13年(1924年)2月2日,由青眼与蔡吉堂、庄汉民、王振邦等佛教居士共同发起,闽南佛化新青年会成立了,会址设在厦门鸿山寺。紧接着开展一场轰轰烈烈的佛化宣传运动,揭开厦门佛教史上居士佛教活动的新篇章。

民国14年(1925年),青眼离开厦门回泉州主持开元寺慈儿院工作,后来相继主持"泉州妇人养老院"、"温陵养老院"、"水灾临时救济委员会"等慈善机构工作,勤勤恳恳,任劳任怨,常以"吾侪得幸免,当为蒙难者稍轻其不幸"自勉与勉人。

新中国成立后,历任福建省文史馆馆员、泉州政协委员、常委。1966年4月归西,世寿91。

李博用居士

法名德博。原籍同安县后溪乡兑山村(今属集美区)。清光绪九年(1883年)生于厦门鼓浪屿。小学毕业后,进入基督教会开办的英华书院就读。书院毕业,因英语水平高,被丹麦人在鼓浪屿创办的"大北电报局"录用,不久,提升为高级职员。清宣统年间(1909—1911年)参加中国同盟会。

博用初信基督教,后来受其密友、慈善家、佛教徒苏谷南的影响,与妻子陈金根同时皈依著名高僧印光大师,博用法号"德博",陈金根法号"德根",双双成为虔诚的佛教徒,经常到日光岩寺礼佛听经,在家则持斋念佛,逢人劝善,淳厚有德。

民国30年(1941年)12月8日,太平洋战争爆发,鼓浪屿沦落敌手,"大北电报局"被日本军方管制。博用失业家居,经常与居士何仰潜一起参加念佛活动。黄尚平居士发起组织地藏法会,博用被选为执事。博用与鼓浪屿日光岩住持清智和尚、天界寺住持传声法师交往甚密,平日常住两家寺岩修持念佛。

博用有子女各二,长子李友三,抗战胜利后移居台湾经营商贸。次子李友九,参加中共,解放后历任中南局秘书长、中央农工部处长、甘肃省委书记。女一曰碧霞,一曰丽霞。1954年,博用年逾古稀,童颜鹤发,蓄留美髯,精神矍铄,被聘为厦门佛教居士林第二届名誉林长。

1966年,博用病逝于北京,终年84岁。其妻陈金根翌年也于台湾归西。1982年,时任国家农业部副部长的李友九从北京奉博用骨灰,其兄李友三也从美国奉母陈金根骨灰相聚厦门,一并安葬于故乡集美兑山,叶落归根,传为佳话。

李鸿光居士

福州人,生于佛教家庭,与其妻均为虔诚的佛教徒。鸿光早年在福州鼓山涌泉寺学习经忏规仪,熟悉各种佛事礼仪。后徙居厦门,在市区妙香路开设"万有记"小日杂店。一楼店面,二楼卧室,三楼自建一佛堂,早晚净修,自称"妙香精舍"。

鸿光为人慈祥和善,善于待人。许多居家善信经常向其请教佛事仪礼,鸿光有问必答,循循善诱。后来逐渐吸纳邻近居士在妙香精舍共修。参修规模逐渐扩大,抗战期间(1937—1945年),众居士一致推举鸿光为妙香精舍堂主。因场所限制,鸿光经常组织居士参加寿山岩佛学会诵经念佛、研修佛法等活动。

共和国成立后,精舍道场不敷使用,一度迁往丹霞宫,旋徙周宝巷周幼梅居士宅第,后移外清虞朝巷9号。1952年,鸿光与柳正松居士发起创办厦门佛教居士林,以妙香精舍为主体,联合其他居士组织如西庵莲社、福茂宫同戒会近1000人。第一届会员代表会选举鸿光为居士林林长。

鸿光热心居士佛教活动,在居士林享有很高声望,一连三届蝉联林长,并任厦门佛教支会宣传委员。

1966年,鸿光病逝西归。

何仰潜居士

又名见龙,法名善性,别号玄文,惠安驿坂人。清光绪十四年(1888年)生。少年时考取秀才。青年时亲近大悟山笔架寺林西法师，接受佛学思想熏陶。

辛亥革命后，仰潜到厦门谋生。民国20年(1931年)，结识佛教居士陈敬贤，一见如故，常结伴至南普陀寺、万石莲寺阅读佛典，并相约游览杭州，参访名刹。

民国26年(1937年)，仰潜举家迁居鼓浪屿。邻居李博用亦为虔诚佛教徒，过往甚密。在李博用影响下，经常到日光岩寺礼佛听经，发愿终生茹素念佛。抗战胜利后，仰潜依日光岩寺住持清智和尚为度师，皈依佛门为在家弟子，受赐法名，专修净土宗念佛法门。

共和国成立后，仰潜积极参加佛教界组织的各项爱国活动。1952年，李博用等在鼓浪屿发起组织"佛教地藏法会"弘法活动，仰潜被选为执事。仰潜能诗工书，晚年采用诗歌与书法等文学艺术创作形式，表达其爱国爱教情怀。

1969年，仰潜病逝，终年81岁。

黄克恭居士

字碧峰，法名慧恭、慧崇。厦门曾厝垵仓里社人。清光绪十五年(1889年)生。早年毕业于厦门中学堂，一生从事教育事业，历任厦门大学附属中学教员、厦门禾山前埔社云梯学校校长、菲律宾宿务市中华中学教务主任。民国35年(1946年)退休回国，定居鼓浪屿。

克恭是一位正信佛教徒，早年皈依高僧印光大师为俗家弟子，受赐法名"慧恭"。民国21年(1932年)复依佛教领袖太虚大师，改法号"慧崇"。克恭认真学习研究佛学唯识宗经论，追随太虚和尚，积极宣传推行建立"人间佛教"，努力不懈。对佛教寺院庵堂的建设及各种善举，均乐捐赞助。曾厝垵上李社有一座启明寺(当地又称"东宫")年久失修，克恭修葺一新，并捐资建置寺产。克恭经常自费印刷佛教经书与其他宣传资料散发传播。

克恭喜吟咏，工书法。民国26年(1937年)元旦，他与蔡吉堂、黄秋声等佛友游虎溪岩寺，在菩提树下，黄秋声口占一律赞颂释迦牟尼佛成道故事，克恭步其韵和之，诗云："身坠黄尘一俗徒，因缘俱会仰浮屠。释尊昔日传心在，慈民今朝应远苏。胜迹重寻同卫护，庸才空愿放驰驱。菩提背景长垂庇，极乐他生诞此图。"表明献身佛教的意愿。克恭经常书写佛经或偈语，赠送佛友结缘。他曾为厦门妙释寺题写"忘我济群生，一心求佛智"联句，字体苍劲有力，博得佛门弟子赞赏。

1958年，厦门寺院庵堂合并，正果法师移锡日光岩，克恭时相过往，访学聆教。晚年时常亲近广心、会觉诸善知识，学习佛法不懈。

1971年往西，年83岁。

蔡善解居士

原名温德，法名善解，以法名行世。祖籍同安西柯蔡店，民国9年(1920年)生于厦门鼓浪屿，其父为基督教牧师。善解尝受基督教洗礼，继承父职为传道师，参加基督教青年会为干事。

一次，善解与原先也为基督教徒的佛教居士马乾骅辩论，被驳得无言以答，对佛教经论教理口服心服，遂皈依佛教，到鼓浪屿日光岩要求清智和尚为他削发，准备出家。后因其家长闻讯赶到寺中阻止而未果。善解即现居士身，受赐法名。然不愿回家，长期居住于寺中三宝殿左寮房，号其卧室曰"碧云轩"。善解蛰居岩寺，潜心阅读研究佛教经论，颇有心得，未几遂发无碍辩才，在鼓浪屿兴贤宫戏台上宣讲佛陀之音，自称为"佛教常识论主"，欢迎听众当场发问，提出质疑，互相切磋，展开讨论。善解以知识渊博，教理贯通，辩锋敏锐，名噪一时，开创厦门居士佛教传教新局面。

民国 28 年(1939 年),与佛友陈善琛、胡善宜等 8 人发起组织"晃岩念佛会",开展念佛救国、救济难民等活动。后来组织不断扩大,人员不断增多,30 年改称"晃潮精舍"。

善解兴趣广泛,多才多艺,先后组织佛门青年居士成立"佛教闪电田径队"、"佛教澎湃游泳队"、"佛教青年话剧团",举行各种形式和内容的比赛活动,丰富青年居士的业余生活,从中弘扬佛法,博得缁素四众的好评。

民国 37 年(1948 年),善解徙居台湾省台南市,继续弘法,终生独身。他曾赋诗云:"感深到处泪栏干,安觅黄金与驻颜。将着袈裟持锡杖,芒鞋天下有青山。"

1980 年 4 月 9 日,于台南寓所逝世,年 61 岁。

李芳远居士

法名照空。永春人,家住厦门鼓浪屿。生于民国 13 年(1924 年)。其家庭其他成员都信仰基督教,唯独芳远奉佛,皈依弘一律师。

民国 27 年(1938 年),芳远时年 15,在永春贻书弘一法师,规劝大师"少参宴会,以养静用功",信中自陈近来生活,如吟诗、赏月、看花、静坐,洋洋千言。弘一览后,十分感动,亲笔回复云:

惠书诵悉,至用惭愧,自明日起,即当遵命闭关静修,摒弃一切。仁者天真灵性,举世莫匹,而不欲沉沦繁华,至堪钦佩,深望今后活泼庄严,为当代第一人耳。

共和国成立后,在全国政协工作。晚年病退回厦门,时与柳正松居士交往论禅,并为柳正松《心经译义》作序。芳远生前收藏不少弘一大师遗墨。

罗丹居士

字稚华,法号慧印。龙岩连城文亨乡人。清光绪三十年(1904 年)生。家庭贫困,14 岁即随父到龙岩当学徒。工余勤奋自学,遍习各种字帖,研读大量诗词,逐渐成才。其书法博采伊秉绶、翁同和诸家之长,并熔颜真卿雄浑开阔与华山曹全秀丽飘逸于一炉,自成一家,人称"罗丹体",年轻时即名重闽西、闽南,风靡东南亚。

民国 19 年(1930 年),罗丹只身独闯厦门,很快在厦门岛上站稳脚跟,创办一家"风行印刷社"。20 世纪 40 至 60 年代,罗丹在厦门所题商店招牌触目皆是,成为一道独特的人文景观。

罗丹因早年备尝艰辛,为性情中人,人间冷暖自知,年轻时即接受佛教思想。融入厦门社会后,他和佛教界知名人士许宣平、蔡吉堂、虞愚、黄子莹、柳正松关系密切,时相过从,并经常亲近南普陀寺觉斌长老。民国 25 年(1936 年)加入中国佛教学会厦门分会,参加佛教居士修研佛学、念佛诵经活动。

抗日战争爆发,罗丹把风行印刷社搬迁到战时省会永安。此时罗丹风华正茂,与"南社"朱剑芒一起创办"南社闽集",经常与柳亚子、严家淦、虞愚等人吟咏唱和。抗战胜利后,复迁厦门。

民国 36 年(1947 年),厦门佛学分会恢复组织,罗丹每逢星期六都参加集会,与佛友们一起研习佛学理论。翌年,法航和尚在寿山岩讲演佛法,罗丹与许宣平、蔡吉堂、李鸿光等佛友集体皈依法航和尚,并举行隆重仪式。

共和国成立后,罗丹历任厦门市政协一至五届委员、人民代表,厦门市书法家协会名誉主席、厦门市文联顾问、中国书法家协会理事、厦门市佛教支会委员、佛教协会理事等职。

1983年元宵期间,罗丹参加泉州石狮一诗社笔会,因劳累过度,猝然归西,终年80岁。盛名之下,极尽哀荣。罗丹逝世不久,其夫人周桂珍看破红尘,在福州崇福寺剃度,入厦门妙清寺为尼。

1990年10月,罗丹被评为50年来对厦门有突出贡献的27位人杰之一。

许宣平居士

法名"慧平",自号晚霞老人。江苏镇江人。清光绪十七年(1891年)生。光绪三十四年入闽,时年19岁。先在省垣福州银行界服务,抗日战争爆发以前即任厦门实业银行行长。

宣平崇信佛教,民国17年(1928年)与蔡吉堂、林纯仁等皈依高僧印光大师,为其在家弟子。后又与蔡吉堂、虞愚、罗丹、黄子莹、曾嗣源、黄秋声等人亲近太虚大师,志趣相投,往来密切。

民国24年(1935年),宣平与蔡吉堂、辛清波、虞愚等发起筹备中国佛学会厦门分会。初暂借大同路蔡吉堂第宅为聚会场所,每周集会一次,研讨佛学理论。翌年,佛学会正式成立,宣平被推选为会长。会址设于寿山岩。佛学会领导全岛佛教居士开展念佛诵经和佛学研究活动,并借厦门《华侨日报》副刊出版《佛学周刊》,自行编辑出版会刊《人间觉》(半月刊),在佛学界产生重大影响。

抗战爆发,时局紧张,学会和会刊同时停闭。

民国36年(1947年)初,厦门佛学分会恢复活动,会址仍设寿山岩,宣平仍任会长。每星期六集会活动,邀请妙香精舍居士参加,有时邀请其他法师或居士讲演佛法。3月17日,太虚大师在上海示寂,宣平代表厦门佛学分会奔赴上海吊唁,并请来大师舍利七颗。翌年发动缁素集资,在寿山岩建造太虚大师纪念塔安奉,供信众凭吊。

民国37年(1948年),宣平代表佛学会先后邀请丰子恺居士和法航和尚在寿山岩讲演。在法航讲经后,宣平与佛学会、妙香精舍蔡吉堂、罗丹、李鸿光、柳正松、杨少如等居士礼拜法航为师,举行集体皈依仪式。

新中国成立后,厦门佛学分会并入厦门市佛教协会,宣平被选为协会理事。晚年耳重听、目失明,唯念佛不辍。

宣平喜吟咏,平生诗作颇多。1979年时90岁,作诗云:"回思边塞皆空相,今感盲聋合静修。九十光阴弹指过,菩提而外复何求。"翌年,不慎跌伤卧床,自揣寿高病重,恐不久人世,咏诗遗嘱:"佛法原来不二门,分宗合一总归真。龙华会上诸行者,云集阶前礼世尊。"1984年,宣平自知大限已至,赋诗云:"今生虚度将离世,再入红尘未可知。含识不忘常念佛,永持正信任何之。"并发四愿:"我今发四愿,'四不'是良方,念念无休止,多生不可忘。"所谓"四不",即一不迷性,二不忘弘法,三不断修持,四不离善友。临终自作挽词云:"海天一望故依然,忽忆人生九四年。不尽囊时良友意,行将一别谢尘缘。"是年舍报西归,世寿95岁。

吴树义居士

同安人。民国9年(1920年)8月生。吴氏为同安世家望族,书香门第。祖父为前清秀才,后弃儒业医。大伯父吴锡圭清光绪二十年(1894年)举人,四伯父吴锡璜光绪二十九年恩科举人。树义承继家传,研习医学,精喉科。平生笃信佛教,慈悲为怀,行医济世,对贫困患者不仅施医,还免费赠送药品,口碑载道。

树义与同邑叶大椿为莫逆之交,从小过往甚密,晨昏相与读经学佛,闲暇结伴到各处寺岩进香礼佛,发现庙宇破旧,即发愿募资修葺。其一生经手维修、翻修、重建的寺宇以及妆塑重新的佛像不知凡几。1952 年,树义与叶大椿协同募集巨资修复梅山寺大殿、僧舍寮房及朱子祠,又亲自到厦门礼聘优婆夷心清姑住寺主持寺务。与此同时先后募修北门承汉阁、观音寺、雪山岩等岩寺。"文化大革命"后,树义与叶大椿再次协助梅山寺的重建工作,使千年古寺焕然重光。

1986 年 6 月,树义安祥归西,世寿 67 岁。

黄秋声居士

法名慧灯。祖籍同安,先世徙居鼓浪屿。清光绪三十一年(1905 年)生。20 世纪 20 年代末、30 年代初参与厦门市政建设,担任填筑瓮菜河、修筑思明南路工程的总务。时漳厦警备司令部堤工处路政办事处拟将南普陀寺山地辟建南普陀公园,南普陀寺岌岌可危。秋声参与挽救工作,最终划定界址,维护寺院合法权益。后来从事厦门思明电影院无声电影剧情介绍撰写、字幕说明工作。

秋声与厦门居士佛教发起者蔡吉堂为密友,受其影响信仰佛教。民国 14 年(1925 年)参加闽南佛化新青年会,积极参与佛化宣传活动,撰写文章,并负责刻印。民国 21 年,与蔡吉堂、虞愚等在南普陀寺同时拜太虚大师为师,受"三皈依",成为太虚在家正信佛弟子。25 年,厦门佛学会创办佛教刊物《人间觉》半月刊,聘秋声为主编。

民国 27 年(1938 年)5 月,厦门沦陷前夕,秋声避居香港。在港曾亲近虚云大师,对其禅定工夫推崇备至。对著名诗僧八指头陀非常崇拜,经常吟诵其诗作,盛赞其诗为旷世之作。对太虚大师倡导建立"人间佛教"竭诚拥护。马来西亚佛学泰斗竺摩法师题赠秋声书法作品,香港佛教联合会会长觉光法师亲切接见秋声,并与之合影留念。

民国 37 年(1948 年),著名画家丰子恺居士来厦,厦门佛教界人士在寿山岩举行隆重欢迎仪式。丰子恺即席作题为《我与弘一法师》的演讲,并将所绘观音圣像赠与秋声纪念。

秋声善诗工文,尤长韵学,深受缁素敬重,日光岩清智上人及其门下善契法师尤加赞赏。

1979 年 11 月,秋声被推选为厦门市佛教协会筹备委员会委员。

1987 年病逝,终年 83 岁。

虞愚居士

原名德元,字竹园,号北山,法名"佛心"。原籍浙江山阴,清宣统元年(1909 年)中秋节生于福建厦门。民国 13 年(1924 年),入武昌佛学院就读。民国 16 年 10 月,北伐军攻克武昌,佛学院停办,翌年,考入上海大厦大学预科班。民国十九年由上海大厦大学预科毕业,翌年考入厦门大学教育学院,24 年为厦大第十届心理学系毕业生。旋赴南京任监察院编审。

虞愚在武昌佛学院学习,即皈依高僧印光法师,取法名"佛心"。在厦大求学期间,加入思明县佛教会,积极参加佛化宣传活动。

民国 22 年(1933 年)春,虞愚受太虚大师之聘,任闽南佛学院"论理"、"国文"、"常识"三门功课教学,并与寄尘上人合编《厦门南普陀寺志》。

民国 24 年(1935 年),参与发起、筹备中国佛学会厦门分会,为其中主要成员之一。

民国30年（1941年）后，历任贵州大学讲师、副教授，厦门大学哲学文学专业副教授、教授。

抗战胜利后，虞愚与许宣平、蔡吉堂、罗丹等佛教居士积极活动，恢复战前佛学会组织，每逢星期六集会，开展佛学理论研讨。

1956年，虞愚奉调进京，负责编写中国古代佛教专著条目，兼任中国佛学院因明学教授。1976年后任《中国佛教》编委会编辑。1979年受聘为中国社会科学院文学研究所兼职研究员。1982年调任中国社会科学院哲学所研究员、国务院古籍出版小组组员、中国佛学院院务委员会委员、中国文化书院学术委员会委员，厦门大学哲学系、历史系、海外函授院兼职教授。

虞愚集学者、诗人、书法家于一身，学问渊博，诗作造诣高，书法艺术自成一家。著有《因明学发凡》、《因明学》、《中国名学》、《印度逻辑》、《书法心理》以及《虞愚诗稿墨迹选集》等。

1989年逝世，终年81岁。

洪子晖居士

同安马巷下后滨人，移居厦门鼓浪屿。20世纪30至40年代商界知名人士。因其子女接受基督教会学校教育，多转信耶稣上帝。子晖坚持信仰佛教。其一生收藏许多佛教经书，并珍藏一尊七宝铜立身观音，奉为神明。有人曾经肯出2000块银元巨款收购，子晖不为所动，坚决拒绝。后来，主动赠送日光岩寺供养。1958年，观音造像移入南普陀寺藏经阁，作为珍贵文物收藏。上世纪90年代初，辞世西归。

吴琼珠居士

女。法名慧映。海澄县港尾镇浯屿村（今属漳州市龙海县）人。民国2年（1913年）生于厦门。父母笃信佛教，琼珠自小经常跟随家长到寺院烧香拜佛，成年后也成为佛教的忠实信徒。

民国27年（1938年）5月，日本军队攻占厦门本岛，琼珠全家逃至租界鼓浪屿避难。当时，避居鼓浪屿的佛教徒为祈祷和平，反对战争，经常举行佛事活动。日光岩寺成为佛教徒的活动中心。妙释寺住持善契法师拒不参加由日本人把持的大乘佛教会，移住日光岩，与马乾骅等佛教居士发起组织念佛会。琼珠积极参加念佛会的讲经弘法活动，并于是年在日光岩住持清智和尚座下接受"三皈五戒"，受赐法名"慧映"，成为在家的佛弟子。

琼珠皈依佛门后，坚持长斋素食，早晚课诵，行、住、坐、卧，念佛不辍，更加崇信佛教。民国38年（1949年），琼珠认为佛教徒应该建立一个为信众临终助念的团体，更好地团结信众、组织信众修持。因此，她与莲友廖瑞棠、方慧珠（又名吉治，人称"吉治姑"）等人组织成立"莲池助念团"，专门义务为佛教信徒临终助念。其团址初设市区龙头路464号，后迁福建路38号，参加信众300多人，经过民主选举，推选执事13人，琼珠被选为负责人。

琼珠主持助念团工作十分认真负责，她为人慈悲，关心信众生活，信众丧亡，家庭经济困难的，她即带头捐款，并动员莲友出资，帮助丧家渡过难关。不少丧家对她的主动热情帮忙治理丧事十分感动，送她红包以示感谢，琼珠一概谢绝。每年春节，她经常到生活困难的莲友家访问，发现有特殊困难的，即发动信众集资慰问补助。由于琼珠的努力，助念团办得有声有色，受到信众的好评。

琼珠历任厦门市佛教协会常务委员、常务理事。

1995年1月2日,琼珠病逝,世寿83岁。

蔡吉堂居士

法名慧诚,俗名契诚,字吉堂,以字行世。祖籍晋江塘边。其父早年东渡台湾,定居新竹。吉堂生于清光绪三十年(1904年)。民国初年,因其父不满日本殖民主义者对台湾的残酷统治,携眷返回大陆,在厦门大同路开设新合美钢铁行。

吉堂自小聪明颖悟,凤具慧根,因随家人到南普陀寺礼佛烧香,偶听法师讲经,遂对佛教油然产生崇敬之心,从此开始修学佛教经论,深有心得。先后皈依印光、太虚等高僧大德,法号"慧诚"。

吉堂奉佛,始终坚持正信,反对迷信,积极倡导佛教徒坚持大乘佛教"慈悲济世"精神,弘法利生,制恶行善,净化人间,改造社会,以建立祥和、安乐的人间净土。主张大力推行佛教改革,提倡正信、正见、正修、正觉,反对落后迷信,痛斥利用宗教欺世敛财的腐败行为。

民国12年(1923年),吉堂会同一批具有先进思想的知识青年,如早年参加孙中山先生组织的中国同盟会会员叶青眼、王振邦、庄汉民,厦大师生虞愚、陈定谟、陈永梁,以及陈涤宪、董谦六、苏慧纯等,组织"闽南佛化新青年会",以鸿山寺为会址。他们创办《佛音》月刊,组织"佛化新青年世界宣传队",深入闽南各地开展佛化宣传,为厦门的佛教改革和振兴做出重大贡献。民国19年,思明县(今厦门市本岛)佛教会成立,吉堂被推举为执行委员。吉堂为厦门居士佛教的发起者和奠基人。他积极提倡建立佛化家庭,鼓励佛教居士引导家庭成员皈依三宝,共修净行,教育家人厉行精勤、简朴、素淡的生活,禁止参加世俗的迷信活动。吉堂早年撰写的《佛法是消极的吗》、《建设佛化家庭》、《正信与迷信》等论著,至今在厦门佛教界犹脍炙人口。

吉堂毕生爱国爱教。20世纪30年代初,太虚大师任南普陀寺方丈和闽南佛学院院长。吉堂皈依太虚座下,从大师爱国爱教言行中受到深刻的教育。同时,对弘一律师倡导的"念佛不忘救国"和"殉教应流血"的爱国爱教箴言感受良深。民国27年(1938年),日本侵略者南侵,战火逼迫厦门,厦门佛教界许多缁素人士纷纷撤入内地避难。吉堂本来可以随众避居晋江乡下,但他经过深思熟虑,为了弘法利生,实践爱国爱教,决定留在厦门,以不变应万变。

厦门沦陷期间,日本侵略者妄图利用佛教宣传来掩盖其侵略罪行,麻痹人民的斗志,提出所谓"政教合一",制定一系列对寺院和教徒"宽容"的政策,并指使一批日、台佛教徒众,结交、笼络居留厦门的佛教界人士,组织"厦门大乘佛教会"。同时,大肆宣传所谓"同种、同文、同信仰的中日亲善",要求佛教徒众"起大悲心以祛争杀之祸,本大和平以消互仇之念,力行忍让以弥侵霸之征"等谬论。吉堂德高望重,深得人心,日本侵略者极力拉拢,威逼他入会,并强加他担任大乘佛教会副会长。吉堂"身在曹营心在汉",利用他的"合法"身份,开展爱国爱教活动。他在公开的说法传道中,竭力宣扬要以我佛大智大勇的精神,明辨是非善恶,相信因果报应,制恶从善,绝口不提所谓"中日亲善"。鼓励佛教徒利用日伪当局的"宽容"政策,组织念佛、传经、修学等宗教活动,广泛联络团结佛教信徒,在日伪白色恐怖的残酷统治中,尽可能地保护人民群众的生命财产。同时,倡议建立"平民避难所",收容那些流离失所、无家可归的难民,安排膳宿,并募集资金救济贫民。吉堂爱国爱教的忠义之举,抗战胜利后受到厦门各界人士的一致赞扬。

民国24年(1935年),吉堂与许宣平、虞愚、罗丹等知名人士成立中国佛学会厦门分会,会址设在寿山岩。开展佛学研究,每周末集中全市佛教界人士进行讲经、念佛活动,直到中华人民共和国成立方并入佛教会。

新中国成立后，吉堂先后担任厦门市佛教协会副会长、闽南佛学院副院长、福建佛教协会副会长和中国佛教协会理事等。中国佛教协会会长赵朴初对吉堂甚为推崇与钦敬，称他为"当代杰出的佛教居士"，对他长期以来坚持正信，反对迷信，推动佛教改革，为振兴佛教，发展佛教教育所作的努力，给予高度的评价。

吉堂晚年受聘为厦门市政协委员。他本着对党和人民的忠诚，积极参政议政，为厦门特区建设事业和落实宗教政策建言献策。1988年，为筹建太虚大师纪念塔和闽南佛学院太虚图书馆，吉堂不顾耄耋高龄，亲自远渡重洋，到新加坡筹募资金。

吉堂是厦门知名的爱国工商业者。50年代中期，他率先响应党和政府的号召，将新合美钢铁行实行公私合营，得到人民政府的表彰。在他担任厦门市商会监事主任期间，经常鼓励同业商户拥护党的工商政策，做一个奉公守法的商人。

吉堂因生于台湾，被推选为厦门市台湾同胞联谊会副会长。他关注祖国的统一大业，广泛团结居住大陆的台湾同胞，为他们排忧解难，鼓励他们联系台湾亲友，宣传祖国的大好形势和对台政策；鼓励台湾同胞回大陆探亲访问、投资建设。在他病重期间，仍念念不忘台湾的回归统一。

1996年夏，吉堂寿终正寝，辞世西归，世寿93岁。

柳正松居士

原名启戎。生于民国6年（1917年），原籍泉州。本为中药行职员，民国33年（1944年）皈依妙释寺善契法师，为其俗家弟子，法名"正松"。自此，毕生勤修学佛，积极参加居士佛教的各项弘化活动。

20世纪40年代，正松组织信众参加念佛会，利用各种集会宣讲佛学知识，在自家寓所自办慧正学苑，组织居士学习经典，并编著《佛教修学要典》，倡导改革居士修持法要和课诵规仪，推行"人间佛教"和佛化家庭建设，弘扬正信，反对封建迷信和世俗陋习。

民国36年（1947年），中国佛学会厦门分会恢复组织活动，每星期六在寿山岩举行念佛讲经，正松积极参加。37年，弘一大师俗家弟子丰子恺居士和法航和尚应邀讲演，正松与厦门佛学分会会长许宣平、蔡吉堂、罗丹、李鸿光、杨少如等50多名居士，举行集体皈依法航和尚仪式。

1952年，正松以李鸿光的妙香精舍为基础，联合其他居士组织，创立厦门佛教居士林，并被推举为副林长。在共和国成立初期，团结众多佛教徒，开展各种爱国爱教活动，如组织反对美帝国主义扶助日本的示威游行；在抗美援朝运动中，发动佛教居士踊跃捐款等。

1954、1957年，正松蝉任第二届、第三届居士林副林长。

1966年"文化大革命"风暴中，正松受到剧烈的冲击。虽然其家藏的佛教经典和佛像、法器遭到没收或销毁，但他仍旧坚持修持不辍。

1989年，正松与蔡吉堂召集郑子兴、杨少如、陈善琛等居士发起筹备恢复居士林组织，制定居士林的章程和工作细则。正松亲自负责修建养真宫，作为佛教道场和居士林林址。1990年9月，厦门佛教居士林恢复活动，1993年召开第四届林员代表会议，正松被推举为居士林第四届林长。

1997年，正松年老告退，被聘为第五届居士林名誉林长。

柳正松居士终身不娶,奉佛从事弘法利生工作,2001年(农历六月十九日)安详归西享年85岁。

林子青居士

林子青居士,清宣统二年(1910年)年10月10日出生于福建漳州,民国16年(1927年)年毕业于厦门闽南佛学院,一度于闽院任教,亲近太虚大师与弘一大师。20年曾在厦门佛教会工作,主编《佛教公论》。此后执教于江苏镇江竹林寺竹林佛学院、常熟兴福寺法界学院、山东泰州光孝寺佛学院、香港大屿山佛学院以及上海静安佛学苑,还在上海佛教协会工作多年,1960年至1980年曾兼职任教于中国佛学院。

民国31年(1942年),弘一大师在闽示寂,诸家回忆记载多不一致,林子青居士发愿编著《弘一大师年谱》。1956年应中国佛教协会之聘至北京参加《中国大百科全书》佛教部分撰稿工作。1986年任《弘一大师全集》编委会主任。1990年编著出版《弘一大师新谱》以纪念大师圆寂50周年。林子青居士一生深研佛学典籍,并精通古典文学诗词,著作甚多。2000年,台湾法鼓文化出版社编辑出版了《林子青居士文集》,收录他的学术论文、专著等共95篇。

林子青居士历任中国佛协会常务理事、咨议委员会委员、中国佛教文化研究所研究员,终身致力佛教教学、翻译及文史研究工作。2002年9月30日舍报西归,享年92岁。中国佛协会会长一诚及赵朴初夫人陈邦织女士敬献花圈。中国佛协会副会长圣辉大和尚、净慧法师、学诚法师在八宝山殡仪馆主持遗体告别仪式。住京诸山长老为林子青居士生西念佛回向。

出家菜姑

莲果姑

俗姓林,名摘花。同安县巷东店头村人。生于清同治十三年(1874年)四月。长大出嫁巷东下沙溪村蔡家。丈夫旅居马来西亚槟城,充当海员走船为生。后来因丈夫音信不通,莲果携带子女出洋寻夫。在异国他乡,夫死子亡,举目无亲,莲果看破世情,矢志皈依佛教,拜槟城极乐寺广通老和尚为师,持斋礼佛。莲果发心积聚一笔资金,以待年老回乡建一斋堂,持斋修行,安度余年。她平日在街头摆烟杂摊,空闲时间兼揽医馆为产妇、病人洗涤产衣包、衣服床单等脏活、重活,克勤克俭,日积月累,储蓄2000余银圆,于民国33年(1944年)回国。其年莲果年届古稀,肩挑担子,一头观世音菩萨塑像,一头琉璃灯,漂洋过海。一到马巷,即买地建堂,资金不足,四方募化,分两期建设。斋堂名为"清居",中为殿堂,两边厢房护厝,环境清幽。堂宇落成,莲果即赴莆田梅峰寺受菩萨戒。1954年礼聘同安梵天寺住持厚学法师登堂弘法。1959年农历七月初七日,莲果安详示寂,世寿86岁。焚化后得赤色坚固子一枚,其形酷肖鸡心,"文化大革命"中遗失。

王换姑

法名善修。南安人。清光绪二十九年(1903年)生。民国23年(1934年)入同安巷东清居堂持斋修行。"文化大革命"期间,王换姑一心向佛,礼拜泉州崇福寺福音和尚为师。1984年赴莆田广化寺受菩萨戒。

王换姑为人正直勤劳,长期为梵天寺、香山岩、岭顶宫等寺院护法,经常为寺岩砍柴割草、耕田种地,工作之余,随同僧众持斋念佛,勤修苦行。

1990年农历五月十一日无疾而终,世寿88岁。寂后于梵天寺焚化,得坚固子一枚如拇指,呈青色,形状如菩萨,惟妙惟肖,见之者无不叹为奇观。现存马巷张林村由其子供养。

慧慕姑

俗姓陈,名洗姑。同安巷东新埭村人。清光绪三十一年(1905年)生。五、六岁时即被父母送与蔡宅村黄家为童养媳。慧慕养父母旅居马来西亚马六甲。民国25年(1936年),慧慕因烦厌世俗,皈依佛门,时年32岁,其证明师为厦门日光岩寺清智老和尚。31年持斋。38年于南普陀寺受菩萨戒,引进师为妙释寺善契法师。

1959年,同安清居堂莲果姑归西。翌年,慧慕接受梵天寺住持厚学法师礼聘,由马六甲回国主持清居堂。

慧慕道风清高,戒德庄严,住持清居堂25年,以救苦救难大慈悲精神弘扬佛法,广结善缘,济度众生,为世俗诵经礼忏做佛事,不以谋利为上,深得善友信众敬重。"文化大革命"中,坚心念佛,义无反顾,菩萨戒行,众口赞扬。

1994年农历九月十六日顺寂,世寿90岁。焚化后骨灰现青灰白黑黄五色祥光。

智闻姑

法名又称贤文。俗姓陈,闺名良华。厦门望族陈氏世家女。民国8年(1919年)生。15年,智闻年方8岁,其父将其送入厦门庆福堂修学。堂主陈昌修姑为取法名"智闻"。时庆福堂为外教先天派道场,陈昌修原为大家闺秀,颇有文才。智闻随侍左右,除学经修持外,兼学文词书法。

20世纪30年代初,厦门佛教界开展佛化宣传教育运动。民国20年(1931年),思明县佛教会成立。陈昌修接受佛化教育,将庆福堂改为佛堂,带领徒众皈依正信,并加入佛教会。

民国26年(1937年),厦门时局紧张,智闻受师命随同参善友往惠安崇武晴霞寺参访。不久,厦门沦陷敌手,智闻因此驻锡晴霞寺。

晴霞寺为菜姑修持道场,住寺菜姑多为当地贫苦无依之妇女,她们素以吃苦耐劳、道心坚定、信仰专诚著称。在抗日战争艰难岁月,她们以开山地、做苦工维持生计,三餐均以地瓜渣煮菜叶为食。智闻生于富裕之家,从未遭遇如此艰苦生活,在诸同参的感化下,随众劳动苦修。历经晴霞寺多年磨炼,智闻道业渐成,并与当地诸善信结下深厚感情和不解之缘,以至发愿长住安居崇武修学弘化以终老。

民国37年(1948年),即抗战胜利后的第四年,性愿和尚在厦门南普陀寺传戒,智闻闻讯,返回厦门,参与受戒,遂拜性愿和尚为依止师。性愿赐其法名"贤文"。受戒后智闻回庆福堂,小住一段时间,仍回崇武晴霞寺。

共和国成立初,智闻移锡崇武城内云峰庵为主持。是庵无田产,香火又衰微,以至斋粮不继。智闻乃率众为人缝制衣服、帮人做苦工以维持清修。庵中菜姑文化程度低,智闻平日耐心教授她们识字,耐心为她们讲解经文,宣讲佛法,指导她们读经。农禅之暇,常手书经文不辍。智闻书法端庄隽秀,善信得之,如获至宝。

智闻梵行高洁,从不白收善信的供养布施。善信凡有布施,智闻或赠与手抄经书,或赠送手串念珠,或还赠海青五衣以回报结缘。

"文化大革命"中,庵里法器、经书尽遭毁弃。智闻心中有佛,坚信佛法终当续传。每当更深夜静,坚持修学,默诵佛经,传写经文。

20世纪80年代落实宗教政策,厦门佛教会依法回收庆福堂,延聘智闻为住持。1982年,智闻带领女弟子心量、心贤、心静入住庆福堂。时堂所年久失修,残破倾危,智闻募资翻修。90年代初,智闻将庆福堂传交其徒心量姑主持,重返云峰庵安养清修。心量不负智闻重托,1991年从闽南佛学院毕业后,克绍裘箕,筹募资金,重建殿宇,变旧庭院式为三层殿堂楼院,扩建面积将近三倍,并改堂为寺。

2001年3月7日(农历二月十三日),智闻安祥圆寂于惠安崇武云峰庵,世寿83岁。焚化后得五彩舍利30余颗,十方善信无不称奇赞叹。

胡冰姑

胡冰姑,俗名胡镜冰,民国5年(1916年)出生于厦门。父胡存堂原为银行职员,离职后于民国十年往印尼谋生,客死海外。母苏淡聪,因家贫为人缝补衣服抚养其姐弟三人。后其母依妙音姑学佛,礼转逢和尚为皈依师,赐法名"志忍"。民国23年,妙音姑自越南募集资金于破布山营建一座斋堂,匾称"妙法林";落成后交其母志忍管理,胡冰随母入住斋堂,长斋奉佛。

胡冰自幼聪慧好学。曾就学于鼓浪屿慈勤女子中学。随其母住妙法林后,即专心修习佛学经典,深为"不为自己求安乐,但愿众生得离苦"的大乘佛教精神所感动。后得觉斌法师帮助,带领几位青年菜姑到闽南佛学院寄读,亲聆弘一大师及诸法师教诲,更增进其学佛志向。

民国25年(1936年),厦门一批爱国青年在中共地下党的领导下组织建立读书会。胡冰表姐夫林林为地下党员,引导胡冰胞弟及妙音姑儿子参加读书会,其胞弟经常带回一些宣传共产主义的书刊,好学的胡冰开始抱着好奇的心态,认真阅读这些书刊,逐步对阶级社会剥削制度深恶痛绝,对共产党员出生入死为劳苦民众谋福利的革命精神倍加敬仰,因而萌生参加革命的意向。

民国26年(1937年)抗日战争爆发,国共再次合作,地下党得以进入半公开活动,组织厦门战地青年服务团。胡冰积极参加"厦青团"抗日救国活动,并于是年参加中国共产党。

厦门沦陷前夕,胡冰随厦青团撤入内地,后随该团领导洪学礼进入香港中国新闻学院读书,结业后在新闻通讯社任记者。

民国30年(1941年),胡冰随一批华侨爱国青年北上投奔苏北新四军,先后在兵工厂及交通局工作。32年精兵简政,遣送一批人员回原籍,胡冰便回到厦门,一度与组织失去联系,仍居住于妙法林。后得地下党员吴学诚介绍,进入《星光日报》社任该报资料室主任。

民国35年(1946年),中共闽中地下党组织领导人许集美、施能鹤等人来厦门建立地下组织,胡冰经厦门地下党员林松龄介绍认识了许集美,与组织接上关系。胡冰十分兴奋,建议以其妙法林作为地下活动基点。随着革命形势的发展,内地到妙法林联络的同志十分频繁,为掩护妙法林据点的安全,经组织研究,由胡冰与吴学诚以夫妇名义租住旗杆巷民居作为报社宿舍,实为地下组织的联络处。

翌年春,旗杆巷联络处由于叛徒出卖,遭国民党特务的破坏,胡冰丈夫吴学诚被捕牺牲。因身份暴露,胡冰由组织安排离开厦门往新加坡转到香港,与当年洪学礼接上关系,由洪介绍

进入香港达德学院学习。1949年往北京,在中央统战部青训班学习,先后在统战部联络处及中央侨委会工作,直至1958年申请回原籍,安排在厦门市委统战部工作,至1988年离休。

胡冰从一个朴素的佛教女青年,投身革命工作将近半个世纪,在漫长的革命斗争生活实践中,从不畏苦怕难,更不计较个人得失或贪图自我享受。在"文革"清队中,因其出身佛门,参加革命后一度脱党,并曾两次往来香港,关系复杂,被扣上叛徒特务嫌疑,受到严肃批斗审查,仍能无怨无悔,泰然处之,1983年才得以彻底"平反"。

胡冰晚年离休后常说:她平生有两种不同信仰,一是共产主义思想信仰,一是佛教思想信仰。从哲学思想文化来看,这是两种互不相容的思想意识,但就其意愿行为来看,一个是"为劳苦大众谋福利",一是"救度众生得离苦",两者的意愿却是一致的。正由于两者矛盾的统一思想,使她在火热的革命斗争中,成为一位忠诚革命事业的斗士。

2003年11月5日归西,享寿88岁。

文献选辑

一 诗词
二 楹联
三 题刻
四 碑文
五 法制文牍

卷之五

一　诗词

南普陀寺

无尽岩
〔宋〕尉滕翔

海翻波浪绕危峰，无尽岩前此界空。
不是灰心求佛者，片时难耐寂寥中。

普照寺（四首）
〔明〕俞大猷

（一）

壁上旧诗拭目看，纲常从昔一肩担。
驰驱四十年来事，莫报君恩只自惭。

（二）

扶桑东去更无山，天外浮云独往还。
剑履半生湖海遍，老僧赢得百年闲。

（三）

借问浮云云不语，为谁东去为谁西。
人生踪迹云相似，无补生民苦自迷。

（四）

未工诗字书盈壁，待得工时事若何。
欲写心中无限事，不论工拙不论多。

校注：《厦门志》诗题"普照寺"为《五老山》。

月夕普照寺对酒
〔明〕刘汝楠

华月蘸清樽，虚庭露气繁。
悬猿啼白堊，归鸟度黄昏。
树色摇山殿，江声到寺门。
上方诗品寂，永夜不闻喧。

普照寺
〔明〕刘汝楠

野寺前朝建，空门大壑开。
鸣钟霜气动，拂席雨华回。
石倚天星落，江涵晚照来。
山中询法侣，尘劫几成灰。

题普照寺
〔明〕池显方

千年古刹几经灰，重见天花散讲台。
野露欺人疑结雨，松风刮地每惊雷。
一泓碧水和云下，万点青山拥海来。
若问个中真普照，峰头夜半日轮开。

校注：《厦门志》诗作题《五老山》。

题碧泉寺洞壁
〔清〕释性任

一锡卓开石眼泉，禅僧去后水依然。
味如醍酪甘如蜜，冷似冰霜润似涎。
伏虎岩前风凛凛，降龙井里月团团。
自从进出岩台上，千古流清济有缘。

校注：诗刻于南普陀寺西侧"普照寺"洞内。末署"性任赞"。

五老峰
〔清〕黄日纪

五峰如五老，耸崎入烟霞。
毓秀钟龙象，丛林第一家。

钟鼓山
〔清〕黄日纪

峰头钟鼓石，相对傍禅堂。
试看天然像，应知选佛场。

五老凌霄
〔清〕黄莲士

五老生来不记年，饱听钟鼓卧云烟。
高标不管人间事，阅尽沧桑总岿然。

五老凌霄
〔清〕黄利邦

海上五峰称五老,戴云吞日更霞餐。
高年石骨坚如铁,列坐霄中不怕寒。

五老凌霄
〔清〕莫凤翔

五老联络起中天,闻道邦人比大年。
苍翠不分秋雨外,巍峨相对夕阳边。
琉璃影出松间寺,鼙鼓声沉海上船。
一室禅灯任兴废,长看列翠倚云烟。

五老凌霄
〔清〕钟元辅

谁从诸老问遐龄,霜雪难侵万古青。
海上五星来聚会,高排云际看沧溟。

五老凌霄
〔清〕张名扬

相约九霄去,俯观沧海日,
顾影自联翩,云开时纺绋。

五老凌霄
〔清〕黄名香

五老巍峨自写真,青螺高卷不乌巾。
苍颜饱历风霜惯,峭骨多经岁月新。
漫向山中称宰相,聊从海上认遗民。
胸襟素抱凌霄志,世外烟霞寄此身。

五老凌霄
〔清〕林兆鲲

结伴沧江上,何须五岳图。
论年多甲子,阅世几荣枯。
往史斜阳外,残碑古寺隅。
山灵都不管,怕易白头颅。

五老凌霄
〔清〕蒋国梁

五老峰高插碧霄,悬崖石壁亦岩峣。
为钟为鼓青长在,猿鹤沙虫已寂寥。

六 月 寒
〔清〕黄日纪

阴洞消烦暑,禅林法界清。
心如冰雪冷,何处热肠生。

石 笕
〔清〕黄日纪

飞泉通绝顶,石笕远相承。
卓锡还多事,何须学慧能。

六 月 寒
〔清〕黄日纪

一窝泉石里,炎暑自风生。
任彼热肠者,来时气亦清。

云 窠
〔清〕黄日纪

木末仙人馆,藤萝绕壁青。
松窗无客到,石户有云停。

五 老 峰
〔清〕胡建伟

山灵毓五峰,峭拔天同老。
上有苍盖松,下有青芝草。

钟 鼓 山
〔清〕胡建伟

钟金而鼓革,化作硁硁石。
振世为希声,攻玉为全璧。

六 月 寒
〔清〕胡建伟

看遍深山里,分明六月寒。
多少热中者,试与一盘桓。

云 窠
〔清〕胡建伟

久亦从龙去,岩头偶借窠。
无心常自在,流水更如何。

石 笕
〔清〕胡建伟

山石易苍莨,蒙泉泄真宰。
昼夜如斯流,流去成沧海。

六 月 寒
〔清〕黄莲士

石洞云长锁,寒泉日自鸣。
任教炉冶客,到此雪霜生。

云 窠
〔清〕黄莲士

何年凿石户,萝薜满窗青。
山僧禅不坐,聊借与云停。

石 笕
〔清〕黄莲士

高泉流绝顶,石笕出云层。
欲识源头处,空山问老僧。

南 普 陀
〔清〕刘必登

长风走海天,鼓荡开禅定。
秋色导芒鞋,一折入幽径。
崇宏大觉场,妙谛良可证。
桓桓靖海侯,林谷绕鞭镫。
宝莲与珠幡,照耀室不暝。
沧桑变须臾,今昔已殊胜。
敲松碍僧眉,老薛上佛脛。
廊空鸟自行,槛礑猿复凭。
只爱洞中泉,沧江破犹剩。
冰雪沁心脾,泠泠发清听。

普陀寺
〔清〕汪士杰

钟鼓楼高宝殿雄,大江南汇小林东。
流飞石笕山腰水,声落松涛谷口风。
梵磬静时僧入定,海云寒处雁横空。
浑疑身到潮音路,不尽天花法界中。

游南普陀
〔清〕佟法海

天水苍茫一望同,何妨海外说真空。
诗人便是开山祖,风雅禅林鹭岛中。

恭和佟法海南普陀寺题壁
〔清〕梁文愃

珞伽普照命名同,色相声音尽是空。
石上宰官新咏在,五灯收入七言中。

嘉庆己卯夏,司鹭江,偶占扇亭四绝
〔清〕特休顺

(一)

深林一扇亭,结构肖山形。
扑却尘三斗,泉声聒耳听。

(二)

浑忘三伏热,两袖引清风。
爽籁天然至,无劳展动工。

(三)

似扇群峰绕,幽亭号不虚。
居然携六角,博得右军书。

(四)

好是邻方丈,清谈四大空。
深惭无玉带,留挂此亭中。

校注:扇亭原在南普陀寺后山,现已废,诗刻犹存。《南普陀寺志·文艺》作者为蒋修顺,诗序云:"嘉庆己卯仲夏,司榷鹭江,偶占《扇亭》四绝。"略有异。

秋日游南普陀寺（二首）
〔清〕王步蟾

（一）

五老峰前路，吟秋客兴豪。
寺标天界古，门耸御碑高。
往事随流水，闲情付浊醪。
文襄祠宛在，瞻仰若为劳。

（二）

岛上禅林伙，兹山擅大观。
门临沧海近，地控教场宽。
石刻摩崖久①，泉声入洞寒。
悲秋兼吊古，日暮尚盘桓。

校注：①寺有吕西村先生石刻隶书绝佳。

诸友同集南普陀感赋
〔清〕陈　性

普陀名胜共登临，排立丰碑翡翠深。
巨石触云通海气，幽兰入座悦神心。
沧桑阅尽山俱古，风月清凉雨又今。
此地朋簪容易盍，嶙峋最上且题襟。

校注：《南普陀寺志·文艺》诗题为："道光壬午大暑后五日，升晋亭司马令嗣春台上舍，胡柳园、张云岩、言子纯三参军，杨藕塘孝廉、金肖岩太学同集南普陀，漫赋。"

南普陀题壁
〔清〕郭松林

平生心迹向谁论，笑对沧溟酒一樽。
敢望殊功重海甸，欲除元恶报君恩。
三竿罢虎屯霸气，万顷波涛卷浪痕。
莫道桃源无处是，人间此地即桃源。

校注：《南普陀寺志·文艺》诗题为："同治四年三月统率六师航海援闽，驻军南普陀，武进余曙，题此以志。"

游南普陀
〔清〕戴凤仪

芒鞋踏尽鹭江头，南普陀岩景最幽。

赫赫御碑森古寺，层层石孔喷清流。
禅房静欲空凡界，梵法高宜占上楼。
我不参禅不谀佛，为寻胜概几句留。

游南普陀寺赠太虚上人
欧阳小桃

参来禅悦破情关，大悟人间即梦间。
谁唱偈词来鹫岭，我闲梵呗写春山。
千般世网能抛尽，一著袈裟使等闲。
为问文殊诗集未，漫披诗稿乞加删。

和答前韵
释太虚

诗入荣杖叩禅关，几度行吟曲径间。
万树幽松依曲径，一泓清水出深山。
静观云岫浑无赖，却羡林禽自在闲。
付与钟声自生灭，满阶春草未须删。

南普陀题石
释太虚

南海普陀崇佛刹，虎溪白鹿拟匡庐。
千岩百洞奇难状，陨石飞星古所都。
水鸟皆谈不生法，林云巧绘太平图。
山狮十八惊呼起，一吼当令万象苏。

南普陀题壁即次太虚大师原韵
陈桂琛

擎天柱折孤臣死，演武场开古佛庐。
结社因缘依五老，涅槃声价返三都。
纵教劫火成灰烬，旋见禅宫入画图。
偶与参寥一酬唱，此身宛在梦中苏。

太虚大师南普陀题石敬和原韵
释寄尘

鹭江梵刹普陀寺，绀宇琳宫尽石庐。
云木参差遮佛窟，烟霞迷漫锁仙都。
花开胜地疑香海，月满中天入画图。
梦逐江枫渔火远，此身疑是在姑苏。

题厦门南普陀寺
释寄尘

南海普陀水国居，蛟龙出没气常嘘。
波翻特现莲花界，浪涌愉来贝叶书。
七宝禅林僧住久，三乘妙谛法传初。
而今直蹴烂那寺，障道妖氛一扫除。

南普陀题石次太虚大师原韵
虞　愚

鹭江浩瀚复何极，万顷惊涛撼佛庐。
风啸北关古天堑，云对太武旧仙都。
钟声洗断英雄泪，树隙描成村落图。
无数暮烟怀古意，高吟直唤海天苏。

九日南普陀寺小集
虞　愚

旋磨乾坤等一劳，可堪节物入萧骚。
战秋落木声声瘦，横海飞鸿点点高。
天放名山容我辈，手携大句压惊涛。
逢辰作健坚前诺，恐有新霜识髻毛。

南普陀杂咏（五首）
虞　愚

（一）

片石滞山中，风来吼不动。
怕受三界煎，逃入莲花洞。（莲花洞）

（二）

淙淙写我心，湛湛清且美。
谁识此池中，长流八德水？（阿耨达池）

（三）

天地犹囊橐。出处如羁旅。
何地可"成心"？是"阿兰若处"。（阿兰若处）

（四）

有树可庥风，有泉可瀹煮。
此国真极乐，何用西方去？（须摩提国）

（五）

　　青山亦好藏，环绕自成位。
　　藉问倦游人，谁知普照寺？（普照寺）

太　虚　台
虞　愚

　　地接清天近，台高万象空。
　　涛音渔火外，云影佛光中。
　　渺渺微尘相，恢恢济世功。
　　人间多难日，独立意忡忡。

壬申三月漳州失守率队来厦，八月游南普陀寺，次太虚大师题壁原韵
黄懋和

　　十年荏苒闽江住，辜负春山未结庐。
　　橐笔昔曾参翔幕，逃禅今复过仙都。
　　秋风到处添诗料，明月依人似画图。
　　最喜生公能说法，中原民困几时苏。

太虚台晚眺
释大醒

太虚台建在南普陀寺后山，为湖北李子宽居士造以纪念太虚大师者。

　　太虚台上望，田野罢躬耕。
　　日衔西山落，云从谷底生。
　　深林归鸟宿，大海客舟行。
　　一色长天水，此时无限情。

南普陀兜率院题壁并序
释大醒

兜率院筑於庚午年（1930年）。初筑时，余题其名。盖南普陀寺退院和尚转逢预为太虚大师退居而筑者，后傍岩阿，前临水池，一静境地。余居之七日，偶成五律一首，用志因缘。

　　院傍岩阿筑，名题兜率院。
　　天宫礼弥勒，丈室住维摩。
　　满架经书叠，当窗草木多。
　　一池泉水静，来去不生波。

七月十二日偕小迂警予学琰词源诸子，访大醒法师于南普陀之兜率陀院，赋此。
谢云声

　　兜率陀宫联袂过，窗明几净傍岩阿。
　　秋荷别作青蓝色①，足证高僧待我多。

校注：莲花有青蓝色，产印度。梵语曰优钵罗，佛书多以为眼目之喻论文谈艺慰无聊,镇日闲愁万丈消。
还约明日三五夜,追踪坡老谒参寥①。

注:东坡居士尝于月夜访参寥上人。

中元节游南普陀寺夜半留别大醒达安二吟长
谢云声

高谈良会中元节,遣却闲愁涤却心。
归路悬思人境外,月明如雪夜钟沉。

南 普 陀
江 煦

巍巍殿宇几经秋,无复当年花气浮①。
欲识妙香在何处,空王座下且勾留。

校注:①厦门小八景之南普莲香。

南普陀法堂午憩
赵 宽

当轩绝壁瘦擎天,绕槛绿荫午梦便。
梵诵声沉僧定后,半窗鸟语半窗蝉。

五 老 峰
黄柏龄

重阳登五老,瞰海读沧波。
浪字涛行里,憨心一曲歌①。

校注:①五老峰在南普陀寺后,山麓有憨山和尚《警世歌》石刻一首。

夜 合 花
厦门南普陀
施子荣

华辇驱驰,葛衣冒冷,沿途车马声喧。栏干漆黑,宫门耳边闻弦。有果树,无瓜园。旧街坊,零落三间。康庄新路,埃尘低压,散入陵原。

昔年人谓西天,今日繁华鹭岛,石上清泉。堤边绿柳,多令过客停辕。人如醉,云遮天。上岗峦,洞中微寒。旧时宫殿,觚棱舞凤,石兽含烟。

临江仙
五老凌霄
〔清〕张锡麟

重叠攒屼如五老,白头高出青霄。普陀半壁任逍遥。月明风定,同看海门潮。
庐阜五峰如见了,一时应让丰标。东林翘首路非迢。会成十老,来往可相邀。

巫山一段云
五老凌霄
〔清〕倪邦良

并立依霞峤,联翩出鹭洲。一双太姥可同俦,身世总悠悠。
往事空江水,悲风古寺楸。年年自在碧云头,长啸海天秋。①

校注:①巫山一段云词调,一体四十四字,而倪氏此词第二句多一字,独创一格,可能"联翩"一词不能割裂,故只好破格。实则"自"字可删。

柳梢青
鹭江杂忆·忆五老凌霄
吴作人

五云深处。隐然金碧,巍峨堂宇。梵呗声声,炉烟袅袅,佛光凝聚。
何来士女虔诚,竞顶礼,拈花散雨。香火千年,晨钟暮鼓,历经今古。

浪淘沙
南普陀题壁
王蕴章

云气形成龙,霞似长虹。夕阳初下寂直峰。我自摩岩书奇句,不为纱笼。
高山大江东,海阔天空。古人凭吊几英雄?明日扁舟春水涨,万里长风。

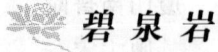

碧泉岩

碧泉岩怀僧雾云
〔清〕黄莲士

孤僧闲闲翠微中,冷落梵王旧日宫。
石径无尘人不到,岩泉似线觅还通。
一山钟鼓分喧寂,隔寺兴衰悟色空。
听说雾公圆寂后,佛灯无焰守残红。

题依岩室石壁（二首）
〔清〕俞 成

（一）

旧室三间依石岩,堵墙洞辟见巉巉。
迎将空翠通帘户,怪底闲云上履衫。
心淡无难齐物我,境幽直欲隔仙凡。
看山到处皆奇绝,况是朝朝对老馋。

（二）

朝来晴影映空虚,渐觉朱炎气已疏。
半壁青山开画嶂,卅年尘梦笑居诸。
焚香煮茗清无比,啼鸟鸣蝉静自如。
且喜清平公事少,簿书初了即轻裾。

题依岩室石壁步俞成韵（二首）
〔清〕曾儒璋

（一）

堂偏小筑静依岩,六一文窗映碧巉。
蝉带琴声移别桁,蝶翻舞影上凉衫。
闲探墨妙神俱静,坐倚云根意隔凡。
石壁留箴还自儆,当官行止莫贪馋。

（二）

嫩岚浮碧接晴虚,寂历庭轩俗虑疏。
书结古欢怜脉望,月含明水试方诸。
临风兰气清无敌,带雨篁阴画不如。
夏日正长公事少,未妨吟宴集簪裾。

普光寺（旧称"金鸡亭"）

金鸡亭怀古
〔清〕叶大年

东风天未明,梦梦悲众生。
尘寰布密网,蠕蠕攒蚊蝇。
晨钟与暮鼓,马耳风力轻。
安得广长舌,攻破百愁城。

安得药石口,上下起膏肓。
曙光放一线,焜耀周八纮。
孳孳利善间,舜蹠同时争。
金鸡何慈然,破晓第一声。
当头作棒喝,能使醉者醒。
可以伏睡魔,可以砭痴情。
猛然发深省,草木连句萌。
湛然返沕穆,鸿濛陋经营。
此鸡胜木鸡,养到功已成。
盛德况在金,积贯大弥宏。
立群本矫矫,掷地皆铮铮。
羽毛丰且满,文彩华而荣。
山中故养晦,待时鸣不平。
鬼蜮为之藏,天地与俱清。
我闻既如是,夜思且起行。
迷途早知返,努力催前程。
祖逖忽起舞,凿楫凌沧溟。
文王欲寝门,事亲根至诚。
忠孝本一辙,痦寐思夏兴。
河汉不改色,日月齐为盟。
化机触斯动,况在山之英。
解人当如是,会心得其精。
铜壶滴漏尽,寥落稀晨星。
发聩振其聋,仿佛闻韶英。
扩充平旦气,宇宙随纵横。
先觉觉后觉,一鸣人皆惊。

金鸡亭
江　煦

荒亭日落啼归鸟,大地尘昏云扰扰。
忆昔金鸡知守晨,一声高唱天初晓。

天界寺(原称"醉仙岩")

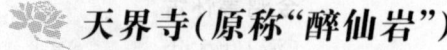

醉仙岩题壁
〔明〕施德政

偏师春尽渡澎湖,圣主初分海外符。

鼙鼓数声雷乍发,舳舻百尺浪平铺。
争传日下妖氛恶,那管天边逆旅孤。
为道凯歌宜早唱,江南五月有莼鲈。

和 前 韵
〔明〕李　扬

樗才自分老江湖,袜线深惭佩虎符。
舳舰森森鲸浪静,旌旗猎猎阵云铺。
风生昼角千营壮,月照丹心一剑孤。
至德未酬倭未灭,小臣何敢辄思鲈。

和 前 韵
〔明〕徐为斌

闽南要路险澎湖,元将专担靖海符。
万里艅艎莹斗列,蔽空旌旆彩霞铺。
鱼龙吞气烟波定,蜃蚁驰魂窟穴孤。
天子纶音劝借箸,那思莼菜与江鲈。

题醴泉洞
〔明〕徐为斌

登临感慨勒名篇,万象森罗天界巅。
回径崎岖惊步着,凌霄崔崒望眸□。
清虚石室仙泉碧,恬淡玄关佛国鲜。
赋就千山皆响应,却疑声在漠云边。

校注:诗刻于醴泉洞巨岩上。末署"丹霞徐为斌叩"。

仲冬池承吉邀同池直夫游憩
〔明〕何舜龄

招提一望遍苍穹,飒飒风生两腋中。
烟锁寒砧喧百雉,岚分落照幻长虹。
石潭水溢开龙藏,古洞云封恍蜃宫。
堪笑千金怀一酨,好从此地洗尘蒙。

校注:诗刻于天界寺大殿后。末署"章安何舜龄"。

题醉仙岩
〔清〕蓝应元

千年洞壑为谁开,镇日岩头醉不回。
自是名山容大隐,焉知浩劫历尘灰。
涛声卷碧寒潮起,树影横空夕照来。
绝磴扳时行更远,诸天界外坐莓苔。

旷怡台落成,同蓝太史古萝、蔡明经弁士、薛茂才晋侯、宗兄莲士、门人林希贤、侄逊扬、释景云联句
〔清〕黄日纪、蓝应元等

天地留真景(古萝),山川久孕精。
破荒应有待(弁士),得趣独钟情。
尽铲荆榛去(晋侯),欣看面目生。
甃基凭荦确(莲士),连槛倚峥嵘。
白绕江涛色(荔崖),幽来野鸟声。
紫去青树隐(希贤),万石一峰呈。
别具超然致(逊扬),尤欢倏尔成。
仙岩增胜概(景云),文宴集群英(古萝)。

校注:诗刻于寺左后侧。末署"乾隆二十八年冬,荔崖黄日纪书"。

醉仙岩题壁
〔清〕黄日纪

乞归十载鬓毛斑,幽梦长依泉石间。
频约高僧谈法乘,更邀名士访云山。
阅来世味无如淡,悟得仙家总是闲。
外境不殊心境异,洞中便已绝尘寰。

乾隆戊子秋同江右谢饯眉温陵黄莲士同安薛震湖门人蔡弼卿集醉仙岩
〔清〕黄日纪

羽人曾醉此岩头,古迹长留洞壑幽。
风雅聚来千里客,溪山共对一天秋。
松间鸟语偷诗调,笔底文澜敌海流。
今日散仙同胜会,鹭洲端不让瀛洲。

校注:诗刻于醴泉洞上。末署"龙溪黄日纪稿"。

仙岩四景
〔清〕黄日纪

（一）醴泉洞

出山弹指廿余年，客梦频飞到醴泉。
重饮仙人一泓水，灵机瀹净悟诗禅。

（二）长啸洞

萦纡鸟道上岩峣，绝境难跻趣转饶。
踏尽峰云最高顶，一声长啸落烟霄。

（三）黄　亭

支许情深方外交，曾因习静傍鸟巢。
长惭浪比欧苏迹，敢效云亭草解嘲。

（四）旷怡台

秋声秋色颇萧骚，强步登台不厌劳。
海外青山山外海，凭高纵目气增豪。

校注：诗刻于后山长啸洞内。末署"荔崖黄日纪"。

登天界长啸洞
〔清〕黄日纪

直上仙岩第一峰，俯窥沧海画图中。
拍天浮白翻惊浪，落渚斜青渡远鸿。
洞止一拳容笑傲，石当四面尽玲珑。
凭高忽作苏门啸，振谷鸾声透碧空。

校注：诗刻于后山长啸洞内。末署"龙溪黄日纪题。乾隆二十八年癸未仲秋。住持月松勒石"。

岁辛未同赵公安广文游天界寺
〔清〕黄日纪

石径纡回凌绝巅，一来登览一茫然。
飞霞似起千山烧，过雨犹凝万树烟。
入世几番经出处，到门不改旧林泉。
殷勤细许升沉事，输与瞿昙自在禅。

校注：诗刻于寺左后侧。末署"龙溪黄日纪题"。

乾隆辛未秋,招林献三茂才访醉仙岩旧隐
〔清〕黄日纪

同借禅栖习静时,曾登绝顶把琼卮。
吟残月色露华冷,坐断钟声牛斗移。
猿鸟久嫌赊旧约,烟霞应笑负相知。
白莲社里凭君醉,何事还攒元亮眉?

校注:诗刻于寺左后侧。末署"龙溪黄日纪稿"。

庚辰夏奉陪漳浦蔡葛山侍郎、海澄叶学海进士游醉仙岩
〔清〕黄日纪

俯临轩盖访蓬蒿,连骑穷幽不计劳。
洞壑烟霞供啸傲,壶觞歌咏占风骚。
山中未遂千秋业,海内咸推一代豪。
万古名岩留胜迹,今朝领取属吾曹。

校注:诗刻于寺之大殿后。末署"龙溪黄日纪"。

题黄亭
〔清〕张允和

翠屏千仞抱江天,上界曾栖粉署仙。
数揿奇葩相映发,新开雕槛一澄鲜。
秋城返照浑青霭,海市浮空散紫烟。
胜地高人兼绝唱,风流应并崝山传。

同诸友游仙洞
〔清〕郑荦

白云一派锁山腰,为爱山灵渡石桥。
丹灶炉间闻吠犬,菩提叶底戏栖鹩。
豪朋辨难追风起,老衲烹茶扫叶烧。
此日浑然忘去意,不知谷口已归樵。

黄亭
〔清〕黄莲士

孤亭纪姓俯江郊,松竹垂阴绕槛交。
僧效欧苏当日事,又留佳话在岩坳。

步古萝师游醉仙岩原韵
〔清〕林遇青

千年洞壑喜重开，携酒岩颠醉几回。
前度井梧初坠叶，此游葭琯已飞灰。
苍茫岚翠连天远，浩荡江潮入眼来。
顿觉胸怀诗思豁，挥毫石壁扫青苔。

秋日游黄亭
〔清〕林遇青

清晨寻古刹，缓步到亭东。
密树盈岩下，危峦压寺中。
凭栏临海阔，极目望天空。
夕照斜林薄，霜枫色倍红。

丙戌小暑日邀彩伯弟游醉仙岩，喜遇荔崖师偕同门蔡弼卿先在，并示新什，敬次元韵
〔清〕林遇青

为耽上界深幽趣，因到岩头访醉仙。
偶尔闲游饶野兴，适逢雅集信奇缘。
孤亭竹影日中碎，丈室钟声云外传。
领略光风消溽暑，沁心胜似濯流泉。

校注：诗刻于醴泉洞之上。末署"林遇青春三稿"。丙戌，清乾隆三十一年（1766年）。

游天界寺黄亭
〔清〕倪邦良

新亭高出众峰巅，收尽风光在眼前。
白卷秋涛归绝壑，青延远岫入诸天。
长卿宣澹非关病，摩诘诗工本近禅。
最是幽人多雅致，旧时曾此草玄篇。

校注：诗刻于长啸洞口。末署"乾隆庚辰季秋，晋水倪邦良题"。

题黄亭石壁
〔清〕黄莲士

先生昔岁读书处，野老岩头访旧游。
片石题名高百尺，孤亭纪姓照千秋。
望中海界连天界，眼底禾洲即十洲。
曾说欧苏传胜迹，于今遥继此风流。

校注：诗刻于大殿后。末署"草庵黄彬"。

醉仙岩题壁
〔清〕叶廷梅

鹿洞嵯峨出上方,晴明野色自苍苍。
行来树隐孤岩静,坐对山空一啸长。
万井迷濛烟火市,半窗缥缈水云乡。
夕阳洞口花迎处,红袖轻飘罗绮香。

秋日游醉仙岩
〔清〕陈光章

闻道秋山境隔凡,闲携樽榼到幽岩。
几行佛屋归云拥,百尺松梢夕照衔。
曲径斜通仙迹路,海潮远送鹭门帆。
凭高应识蓬莱近,还阅丹经手自芟。

中秋日同黄驾部荔崖张其在上舍张希五林春三二茂才游醉仙岩
〔清〕薛起凤

危磴穷天界,凭栏秋正中。
江涛翻夕照,林叶坠西风。
洞古仙踪渺,峰高殿势雄。
同来尘世外,顿觉利名空。

校注:诗刻于醴泉洞之上。末署"梧山薛起凤"。

无 题
〔清〕俞 成

入山最深处,一带碧参差。
寻得烟中寺,来看壁上诗。
避人僧见少,怪客鸟归迟。
更去高岩望,天风肃肃吹。

校注:诗刻于大殿后。末署"乾隆四十四年七月,临安俞成"。

醉仙岩
江 煦

醴泉昔日有仙人,足迹犹留认得真。
醉抗飞云天界阔,不知何处是红尘。

游天界寺（二首）
高 怀

（一）

久闻天界有神仙，此日来游意快然。
奇石崚嶒屏梵宇，长松苍翠荫云天。
山空地净消尘累，泉洌茶香涤俗缘。
羡煞低眉老尊者，胸无一物不知年。

（二）

难得偷闲学少年，俗人妄欲访神仙。
尘心未断千愁集，芜念丛生百感牵。
直把山僧呼老友，漫持浊酒耸吟肩。
何时悟彻蒙庄梦，得失荣枯两莞然。

新春晨游厦门天界寺
谭南周

岚光万道耀金麟，迎暖驱寒步履新。
巨石横空余仄径，短亭方筑释迷津。
旷怡台畔诗情涌，长啸洞前豪气振。
极目洗心天界上，风华一片鹭门春。

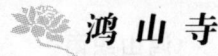

鸿 山 寺

鸿山织雨
〔清〕莫凤翔

关南关北乱如麻，一借龙梭巧足夸。
秋浦添波全似练，暮峰兼雪半成花。
水纹拖去粼粼起，风线牵来片片斜。
多少工夫空用处，蓑衣绿遍老僧家。

鸿山寺
〔清〕王步蟾

鸿山寺接镇南关，石砦名题石壁间。
谁向雨中看织雨，天然机杼出烟鬟。

鸿山织雨
〔清〕黄莲士

云暗鸿山雨气零，南关古道客车停。
天风飘拂如机杼，织得嘉禾万亩青。

鸿山织雨
〔清〕莫凤翔

此山佳在雨风中,风欲西来雨欲东。
疏密如经鲛室杼,横斜疑费玉人功。
苔痕未就茵千片,花样将成锦万丛。
宜画宜诗描不出,人工原不及天工。

鸿山织雨
〔清〕黄名香

风声飒飒雨霏霏,镇日鸿山坐不归。
一片似分天女巧,万丝如出玉人机。
江边掷去罗纹细,关北飘来练色肥。
野草织成青满地,又来添作水田衣。

鸿山织雨
〔清〕张名扬

到此山中断,横斜雨景奇。
关南游女伴,未解学机丝。

鸿山织雨
〔清〕钟元辅

鸿山接海黑云披,风雨来时景最奇。
疑有鲛人呈幻技,借将此地弄机丝。

鸿山织雨
〔清〕黄国楷

景物鸿山雨更奇,随风飘拂细如丝。
龙宫索取鲛绡练,缥白抽青遍海湄。

鸿山织雨
〔清〕林兆鲲

海气蒸成云,顷刻而为雨。
迷离惝恍间,疑借鲛人抒。
乞丝织七襄,余霞散成绮。
雨师忒好奇,也展经纶技。

鸿山织雨
〔清〕蒋国梁

两山相夹势斜倚,来往纷纷客路岐。
风雨骤来南又北,宛然织女弄机丝。

鸿 山 寺
江 煦

镇南关外白云横,古刹秋深倍冷清。
可有山灵知客意,尽教霖雨慰苍生。

鹭江胜迹杂咏·鸿山织雨①
李拓之

山楼寒织蟏蛸雨,石磴夕翻蝙蝠风。
一霎钟声回古梦,迷离烟霭有无中。

校注:①镇南关鸿山寺后,有石题嘉兴寨,林木葱郁,烟雨溟濛,时闻钟声,缭绕其间。

长 相 思
鸿山织雨
〔清〕倪邦良

风凄凄。雨凄凄。树暗南关古道西。江村天幕低。
花满溪。水满溪。烟缕霏霏望转迷。红铺深院黎。

连 理 枝
鸿山织雨
〔清〕张锡麟

底事山灵幻,弄巧教人看。细雨如丝,南梭北杼,织成云片。任古时苏女回文,逊天工手段。

柳 梢 青
鹭江杂忆·忆鸿山织雨
吴作人

鸿鹄南还,苍松古道,远控严关。峭壁连云,微通一线,萧寺空山。
斜风细雨山前,看织就,吴丝楚绵。启辟康庄,从教南北,竟失奇观。

云顶岩

题留云洞
〔明〕叶普亮

祖讳复临陟翠峦,生成境界白云间。
满阶苔雨三春湿,半岭松风六月寒。
动石叮噹禅后鼓,插香环向刹前蟠。
游人若问开山迹,好向苍碑剔石看。

校注:诗刻于留云洞内。末署"叶普亮题"。

宿留云洞
〔明〕丁一中

为爱留云洞,云留客亦留。
青衿同信宿,老衲共夷犹。
月皎诸天净,岩空万虑休。
宁知沧海曲,清卧足奇游。

校注:诗刻于留云洞内,末为题跋:"少鹤丁一中书。同游者郑□龙、黄文火、傅南式,时隆庆已巳冬日也。"

再过留云洞,同洪芳洲翁、左怀亭兄暨叶生君实、郭崎琮、傅生南式作
〔明〕丁一中

幽谷成良晤,云踪去复留。
道心元共契,野性亦相犹。
巨海瞻无际,危岩坐未休。
浮生惭骨贱,奇绝喜同游。

校注:诗刻于留云洞内。末署"庚午夏日,丁一中"。

九日同登云顶岩用韵作
〔明〕丁一中

云岩秋净碧天宽,九日相携此聚欢。
万里孤踪怀北阙,六年衰鬓负南冠。
苍波迤接瀛洲胜,青嶂遥凌玉宇寒。
醉后不知身是客,黄花疑在故园看。
一上孤峰眼界宽,百年佳节几为欢?
留连雅会须移席,潦倒尘客未挂冠。
沙鸟依依迎珮集,海云片片拂衣寒。
斜阳不尽登临兴,共坐松间待月看。

九日同登云顶岩用韵作
〔明〕傅 钺

凭高一望百愁宽,此日东南各尽欢。
对菊正携元亮酒,临风犹忆孟嘉冠。
树含雾霭朝疑雨,地接沧溟午亦寒。
海岳千年留胜绝,幸陪鹤御侍云看。

九日同登云顶岩用韵作
〔明〕陈应鸾

山临绝顶海天宽,万里清秋接笑欢。
僧住岩中闲岁月,客从云际正衣冠。
远瞻岛屿风尘净,满酌松关树影寒。
良晤且逢佳节胜,更邀明月向宵看。

九日同登云顶岩用韵作
〔明〕池浴德

兴逢佳节酒杯宽,此日追随延旧欢。
缭绕松阴闲解带,霏微云气漫侵冠。
数茎菊绽香初远,百仞风高石亦寒。
携手更同凌绝顶,沧波一任醉眸看。

九日同登云顶岩用韵作
〔明〕佚 名

绝顶秋高纵眼宽,携壶九日共追欢。
登临不厌频穿屐,酩酊犹能自正冠。
隐见蓬瀛云欲散,参差楼阁昼生寒。
徘徊不忍言归路,月度松关带露看。

校注: 以上诗六首刻于方广寺下巨岩,后署"隆庆六年岁在壬申,共纪胜游,刻所作于右。"

游云顶岩留云洞
〔明〕洪朝选

洞宿孤云久,我来亦暂留。
身随天路迥,情寄野僧幽。
槛外涛声聒,林端雨气浮。
顾谓二三子,高步信奇游。

校注: 诗刻于留云洞内,无题,末署"芳洲洪朝选"。

留云洞
〔明〕刘存德

入定人何往，飘遥云独留。
无心成去住，愧我自夷犹。
性旷随麋适，机疏共鸟休。
不期浮世外，曼得信天游。

校注：诗刻于留云洞内。原无题，后署"近刘存德原韵。隆庆辛未夏月到此访僧不遇"。

登云顶岩
〔明〕刘存德

百丈岩头开宝地，九重天际扣玄关。
此身直向龙门度，何日更纵鹤岛还。
无数青山罗海上，居然阆苑出人间。
凭高不尽登临兴，指数凤洲芳草间。

校注：诗刻于方广寺下崖石。末署"隆庆辛未年秋八月，沂东刘存德书"。

留云洞
〔明〕刘存业

人事成代谢。闲云乍去留。
江和山缱绻，诗共酒夷犹。
天近歌须浩，潮平棹欲休。
摩崖苔藓碧，尘绝喜来游。

校注：诗刻于留云洞内，末署"刘存业"。

宿留云洞同洪芳洲次丁少鹤韵
〔明〕左 烝

涉海栖幽岛，云关几夕留。
烟霞灵境别，尘土故吾犹。
白石饥堪煮，绳床倦可休。
凭将汗漫迹，举跕绝尘游。

校注：诗刻于留云洞内，末署"淡成左烝"。

洪济山顶
〔明〕池显方

山下指峰峰似没，半山指峰峰犹惚。
夹径缘梢惯傲霜，涧底青石泉冲缺。

九十六磴度龙门，断字残诗封古碣。
揖岩三塔列豆登，对岸人烟透纤发。
再攀危顶骑云背，不见诸山见水沫。
二担东西浪入天，贾舶渔帆连蚁队。
潮鸡初唱扶桑红，日观何须登泰岱。
矫矫孤峰立沆瀁，如拈英石安鱼盎。
几度来观逢日西，睨山欲落如初上。
客道武安天柱高，未必沧溟在拄杖。

冬游洪济山（六首）
〔明〕池显方

（一）

长川展镜蘸娇颜，几片云花曲翠鬟。
九万里风生足下，八千国土在眉间。
晓钟未动鸡衔日，暮树多寒鸟背山。
一夜何声喧不住，应知虎豹守天关。

（二）

掀天缩地杖头间，一座梵宫辖万山。
弱水无波疑复浅，琼台有路不曾关。
峰因噙日颜常赪，树为粘霜叶带斑。
身在九霄何挂碍，石楥铁户总非闲。

（三）

山上风多上转晴，恍疑展翅入瑶京。
洲形果小如飞鹭，峰势狂奔欲吸鲸。
石塔连云齐倒影，天河与海共无声。
一宵唤酒争观日，醉醒红窗已六更。

（四）

风衔散叶似飞蜂，积冻何时不是冬。
前后禾洲都属水，北南泰武若无峰。
岩嫌漏雨多堆石，枝恐碍云少植松。
日月流梭山亦老，虞渊欲取一丸封。

（五）

数峰拾尽到岩前，复度三峰俯绝巅。
寺众捶钟迎紫日，渔人踏笠上青天。
六时树乐空中奏，一夜纸衾雪里眠。
醉觉身轻生肉羽，龙门跃出任风翩。

（六）

寒岛遥看二麦春，深岚流水武陵津。
波田万顷栽青玉，同邑一边露白银。
西域东夷皆禹贡，南陈北薛尚唐人。
携家拟结云峰顶，服气耕芝指海尘。

洪济山观日（二首）
〔明〕池显方

（一）

岩壑沉沉汉尚横，水云一线万光生。
偶偕残月同时出，遂使余星不敢明。
昼夜欲分天未定，火金相荡海难名。
人间犹作五更梦，僧已朝斋罢磬声。

（二）

元气淋漓接杳茫，忽开混沌立元黄。
水风所鼓使之活，烟雾微遮不碍光。
半影才生群像变，一方已曙万鸡忙。
山中暑候无冬夏，惟是晨昏有短长。

龙 门
〔明〕池显方

翠壁丹崖不可攀，石门龙过海风寒。
擎天力尽孤臣死，惟有留题墨未干。

云 顶 岩
〔明〕池显方

新栽松桧已齐腰，秋老芙蓉尚插霄。
烟外家乡才一水，石间姓氏半前朝。
但看野色无城市，难判天风异海潮。
白鹭遥汀飞不见，寒云几缕傍衣飘。

登云顶岩
〔明〕纪许国

十载劳予梦，才为两日游。
多因尘世累，动令此心愁。
触袂云光满，粘天海气浮。
空香飘不息，别是一山幽。

游云顶岩
〔清〕洪世泽

方丈连清浅,蓬莱半紫氛。
双潮林外合,二郡望中分。
竹引瑶池液,衣留玉洞云。
幽寻殊未厌,出谷已斜曛。

同蒋桢士游云顶岩
〔清〕黄莲士

千盘绝磴入云中,第一峰头纵览雄。
远屿数痕浮水面,闲人两个立虚空。
下界楼台开海市,上方钟鼓镇蛟宫。
慈容石室千年在,僧指隋朝佛火红。

洪际浮日
〔清〕黄莲士

海天东望净无垠,洪际山高冠鹭津。
豪兴凭阑鸡未唱,红光万道涌金轮。

洪际浮日
〔清〕黄青藜

云顶高台望眼悬,红轮献彩浴重渊。
奇观正指洪波里,倏忽高腾上九天。

洪际浮日
〔清〕莫凤翔

偶向东山东复东,山形尽处海天空。
鸡声催散天云黑,轮影浮来海日红。
百道金蛇生贝阙,五纹瑞气绕蛟宫。
谩言曙色惟孤岛,瞻仰精华万姓同。

洪际浮日
〔清〕黄名香

连峰高欲并三台,喜见扶桑浴日来。
万道毫光生海岛,一轮宝气出蓬莱。
渐离远水烟初敛,普照诸天雾尽开。
古岫寒岩皆瑞色,遥从世外现崔嵬。

洪际浮日
〔清〕钟元辅

早起穿萝陟远穹,登台天海望无穷。
陈星几点犹横汉,一耀重轮已漾东。
不尽烟云随晓幻,许多金紫和光融。
江山顷刻增佳气,翠现岚消处处红。

洪际浮日
〔清〕张名扬

绝顶看羲驭,天鸡第一声。
此间旸谷近,腾浴十分明。

洪际浮日
〔清〕林兆鲲

羲和整驾涌金轮,万顷波光五色新。
试上高台看初出,分明身是日边人。

洪际浮日
〔清〕蒋国梁

荒台有石绕藤萝,古洞长留云雾多。
午夜行吟登绝顶,遥看红日浴清波。

春晴订郑维略游云顶岩
〔清〕张锡麟

十年烟景望中迷,石磴堪同雨后跻。
好放眼观红日起,便将身傍白云齐。
松枝低桠妨人帽,花片纷飞衬马蹄。
莫以新晴迟杖策,山灵久矣待留题。

云顶岩题壁（三首）
〔清〕苏廷玉

（一）

秋风万里净云霄,洞古山空未寂寥。
但得天衢能振策,重来此地醉清宵。

(二)

夜半登临第一峰,残台遗迹有苔封。
惟余底事堪惆怅,蔽日浮云海气浓。

(三)

万仞峰头眼界开,凌云意气薄层台。
要知俯视饶奇峻,总藉山灵刻画来。

重游云顶岩题壁(三首)
〔清〕苏廷玉

(一)

翩然画锦赋归来,前度刘郎旧秀才。
三十七年真一瞬,几时兴废有高台。

(二)

当年壁上走龙蛇,珍重何人护碧纱。
我亦顿生今昔感,秋风依旧卷云霞。

(三)

探幽已是再来人,山水有缘亦夙因。
过眼繁华皆梦幻,欲从明月问前身。

题观台日
〔清〕王步蟾

留云洞古枕云眠,观日台高见日先。
村落鸡声犹未遍,红轮早浴海中天。

登云顶岩
〔清〕罗前荫

凌空盘蹬道,天际豁双眸。
海色阴晴变,山光日夜浮。
濛濛青未了,瑟瑟气俱秋。
尺五天低处,寒钟落寺楼。

校注:《厦门志》题作"游云顶岩"。

游云顶
〔清〕叶大年

惯携谢屐访名峦,选胜寻幽到此间。
树傍山凹筛月碎,泉通石罅沁人寒。
全无色相诸般恼,尽有心香一缕蟠。
泰岱已登天下小,众峰尽当列孙看。

登云顶岩
〔清〕叶大年

云梯上云顶,青云得路回。
一鹭飞鹭江,江田千万顷。

游云顶岩
〔清〕郑 莘

云顶岩头眼界宽,鹭洲俯瞰如弹丸。
千寻石壁当天立,万顷松涛拂洞寒。
碑为苔侵和字隐,花因雨飑带枝残。
许多墨迹留题在,追忆前贤隔世看。

题观日台
杨晋齐

高台观晓日,绝顶近青天。
有志登云上,心清诚是仙。

题观日台
杨晋齐

台中观胜景,云顶访神仙。
胜景难多得,神仙易结缘。
坚牢修苦行,实力种心田。
脱却尘埃体,飞腾上九天。

游云顶岩登观日台
江 煦

我本烟霞客,名山放浪游。
巢云依洞口,选胜上楼头。
俯瞰群山小,奇观晓日浮。
高台空怅望,怀古意悠悠。

重游观日台
江　煦

胜迹今犹在，登临忆旧游。
法轮常自转，人世几沉浮。

鹭江胜迹杂咏·洪济浮日
李拓之

登高人对海天秋，晓日瞳瞳万古浮。
俯仰苍茫无限感，飞光辛苦此环流。

满江红
洪际浮日
〔清〕倪邦良

夕宿云岩，向灵境，一一冥搜。正好是，空山雨霁，极浦烟收。半夜气澄风露冷，一声鸡唱海天秋。乍红盆，闪烁浪中翻，波上浮。

东岳观，灵鹫楼。红尘逐，沧海游。叹流光如箭，早雪盈头。寂寞荒台凌绝顶，苍凉晓色入扁舟。试回首，远近问长安，频凝眸。

朝玉阶
洪济浮日
〔清〕张锡麟

观日台荒址尚存。不关僧力扫，本无尘。招邀拾级看浮暾。俄惊波浪起，涌金轮。
更随灵景步嶙峋。不知身立地，讶凌云。海天环望色如银。弹丸三十里，一乾坤。①
注释：①朝玉阶词调，一体五十九字，此为另一体六十字。

柳梢青
鹭江杂忆·忆云顶观日
吴作人

海滨洪济。屹立千仞，群山呈翠。古洞云留，龙门雨歇，海天无际。
晨曦界破鸿濛，喷薄出，金光万里。泰岱观日，人间绝胜，并堪称美。

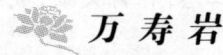
万寿岩

无题杂言诗一首
〔明〕吴　楷

一片瓦，一片瓦，造化陶镕元不假。
峦连上覆碧崚嶒，瓴建周遭翠潇洒。
巉岩垒块胡孙头，怪石低昂鸟兔马。

　　几番风雨洗霉楯,千古月华穿破宇。
　　掬灵泉,度杯斝,金缕歌,玉板鲊。
　　鉴胜朋侪邀我耍。
　　安得仙人王子乔,一双飞舃游天下。

校注:诗刻于潮音洞前岩壁。末题"嘉靖六年八月之吉,江浙桐庐吴楷书"。

万寿岩
〔明〕俞大猷

　　幽岩屹立梵宫前,片石呈奇瓦俨然。
　　峭壁罅虚寒漏月,博山香蒸暖生烟。
　　高僧煮茗能留客,樵子观棋每遇仙。
　　说罢禅机登绝顶,恍疑身在五云边。

校注:诗刻于潮音洞前岩壁。

万寿岩
〔明〕戚继光

　　万丈峰峦耸目前,不须雕巧出天然。
　　露涵石瓦生春色,炉蒸旃檀起瑞烟。
　　自信明时无隐逸,远疑僻处有神仙。
　　公余正好谈玄妙,又统三军过海边。

校注:诗刻于潮音洞前岩壁。

万寿题壁
〔明〕佚　名

　　禅宫俯瞰乱峰前,片瓦重重势俨然。
　　松落石檐寒带雨,云飞山户晓生烟。
　　人夸竺国三千界,我爱蓬莱第一仙。
　　幸喜封疆无事日,楼船同泛海南边。

校注:诗刻于潮音洞前岩壁。《鹭江志》称俞大猷、戚继光两诗及此诗为"明人诗三首"。

阳台夕照
〔清〕黄青黎

　　台山高出众峰瞻,云雨无踪夕照淹。
　　平视诸岩皆黯淡,独留霞彩结山尖。

阳台夕照
〔清〕黄莲士

半壁斜阳紫翠微，台山如画晚晴晖。
渔村几点炊烟起，云际孤僧一杖归。

万寿松声
〔清〕黄莲士

佛堂片瓦自天成，风过龙须绕寺鸣。
闲卧山房清睡觉，几回错认海涛生。

阳台夕照
〔清〕莫凤翔

曾看小坞丽春花，又见阳台照暮霞。
阴落崔嵬千百丈，光分村落两三家。
秧田人散蛙声闹，鹤岭僧归杖影斜。
堪叹故侯香火地，苍苍榕树乱啼鸦。

万寿松声
〔清〕莫凤翔

风过岩松韵自生，听来堪喜又堪惊。
峡中倒泻三春雨，垓下初鏖十面兵。
夜露一天增鹤映，秋涛半壑杂钟鸣。
赏心独有陶弘景，不恋人间鼓吹声。

阳台夕照
〔清〕黄名香

为云为雨事皆空，惟有阳台返照红。
一抹淡烟衰草外，几株疏树乱鸦中。
金鞍马过催游客，荻管牛归送牧童。
蒸得遥村霞片片，更添薄暮景无穷。

万寿松声
〔清〕黄名香

偃盖松经岁月深，岩阿时作老龙吟。
怒如卷浪归沧海，凉似含秋出翠岑。
禅榻梦回常半枕，石窗酌罢每平林。
溪声涧响遥相和，一片天然太古音。

阳台夕照
〔清〕张名扬

特立禾山上,禾山让独尊。
斜阳翻片壁,余照覆千村。

万寿松声
〔清〕张名扬

抱琴弹古寺,风清动三飍。
声和指上弦,天然中音节。

阳台夕照
〔清〕钟元辅

闲来岛上数青螺,插汉阳台紫气多。
更爱夕阳情景好,渔歌声答牧樵歌。

万寿松声
〔清〕钟元辅

石瓦幽岩古木森,环山似盖绿成阴。
影摇涧底云涛涌,声撼空中风雨临。
几向僧窗惊客梦,还来禅榻杂经音。
龙吟自是清心耳,凉透胸怀爽彻襟。

阳台夕照
〔清〕林奇骏

巉岩忽欲饯晴光,尚得桑榆射影长。
多少落霞凭久衬,一声鹊鸟宿林忙。

万寿松声
〔清〕黄国楷

古寺曾为祝圣坛,满山苍翠老龙蟠。
岩幽不用传丝管,最爱松声日倚阑。

万寿松声
〔清〕陈希昊

万寿松涛涌半山,听来清泠透禅关。
龙吟虎啸秋风里,虬走蛇翻夕照间。
积翠浑成云霎靆,一鸣包尽水潺缓。
千年不改孤高节,远播休声讵等闲。

佚 题
〔清〕薛起凤

丘壑春晴蜡屐新，重寻古寺不辞频。
四围松影环云户，一曲溪流赴海垠。
骚客仍逢前日主，园丁犹识旧来宾。
林间薄暮云封径，宛为山灵款故人。

万寿松声
〔清〕林兆鲲

俗器不可有，天籁不可无。
静向动中见，禅理乃不枯。
君看万寿寺，寂寂锁空虚。
佛力鞭老龙，幻作松千株。
时而银潮拥，时而铁马趋。
时而轻雷过，时而骤雨余。
人世谣哇耳，借此一扫除。
山僧方入定，片瓦参真如。
坐久形神旷，今我亦忘吾。

阳台夕照
〔清〕蒋国梁

阳台山势独危然，隔尽狮山半壁天。
最爱夕阳无限好，胜他云雨说当年。

万寿松声
〔清〕蒋国梁

片瓦禅堂隐薜萝，龙麟更喜老松多。
不知声在松枝上，只道空中骤雨过。

万寿岩听松
〔清〕张锡麟

乔柯如盖护云林，夹道亭亭白石阴。
何处剧苓寻犬迹，只来餐实听龙吟。
怒涛忽向空中起，骤雨还疑寺外深。
绝爱凄清商调好，西风闲谱入瑶琴。

万寿岩
江　煦

御下不来王气歇,嵩呼万寿几知名。
苍髯百尺巢幽鹤,何处惊涛籁有声。

民国癸亥踏青,因偶与周、李两友同游至此,爰即戏咏以志
黄煜严

万类无声景最幽,寿松苍石更悠悠。
岩中宋代钟犹在,洞里清泉亦永流。

校注:诗刻于潮音洞旁。署"黄煜严勒"。

鹭江胜迹杂咏·万寿松声
李拓之

涛声呜咽銎声崩,风雨松楸万马腾。
大海骑鲸三百载,江山凭吊我来登。

海天吟社酬唱·万寿松声

（一）

浑疑一片瓦鸣雷,撼得松关午梦回。
恰靖海氛钟耐寂,虬龙底吼碧空来。（李　禧）

（二）

荐福当年送运来,阳台山月宋钟催。
戚俞扫石题诗处,万古龙吟助剪裁。（雨　农）

（三）

翠盖高张傍玉台,天风如卷海涛回。
怪他狮子贪沉睡,时作龙吟唤醒来。（墨　史）

（四）

空山寂寞起风雷,千尺乔柯拂玉台。
疑有牢骚不平感,自鸣生是栋梁才。（雁　汀）

（五）

千章古树列岩隈,夹道浓荫覆石苔。
行到山边还入寺,忽闻天半怒涛来。（幼　山）

（六）

岩名万寿近阳台，松树阴阴自昔栽。
风助虬龙声怒吼，恍如澎湃浪涛来。（斋　峰）

（七）

频沾法雨茂根荄，罗汉千年梵刹陪。
时作涛声风送到，玉台山下得闻来。（维　中）

捣练子
阳台夕照
〔清〕张锡麟

山落日，日衔山。万仞阳台夕照寒。
人立江边看倒影，一泓秋水漾晴峦。

武陵春
万寿松声
〔清〕张锡麟

何处洪涛翻石瓦，坐久觉松声。
万树摇空干纵横，常作老龙鸣。
最喜今朝闻古调，心耳一时清。
此夜金风且漫晴，更与寺僧听。

一剪梅
万寿松声
〔清〕倪邦良

玉带溪湾一径绕，山自迢迢，水自迢迢。门前万壑起秋涛，风也潇潇，雨也潇潇。
石瓦清冷绝纷嚣，坐又逍遥，卧又逍遥。白云深处隐堪招，欲老渔樵，还问渔樵。

鹊桥仙
阳台夕照
〔清〕倪邦良

一方耸翠，千岩叠碧，海上神山堪数。斜阳激射晚虹明，却幻出丹林绀宇。
嘉名偶合，痴人说梦，不管山灵触怒。楚天旧事已堪疑，再休道朝云暮雨。

胡捣练
阳台夕照
〔清〕林兆鲲

孤峰独立不胜寒,峭壁绘纹自碧。最爱斜阳无力,能映山颜赤。偶然名字冒风流,好梦岂容承袭。何处雨云踪迹,一片空山石。

柳梢青
鹭江杂忆·忆万寿松声
吴作人

奋游曾忆,老龙吟啸,风涛齐发。万寿岩中,钟传开宝,阅深岁月。今来野色苍凉,晓钟静,松风皆歇。惟有泉声,足音相应,踏残幽绝。

寿山岩

同骆亦至夜宿半山寺
〔明〕纪许国

登临无定迹,每悟必依然。
嶂远来帆际,苔深接寺前。
似留栽竹地,聊咏浣花篇。
夜半高谈静,客心恨屡牵。

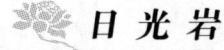
日光岩

鼓浪屿石岩礼佛同谢寯之池直夫(二首)
〔明〕南居益

(一)

须弥藏世界,大块得浮邱。
岩际悬龙窟,寰中构蜃楼。
野人惊问客,此地只邻鸥。
归路应无路,十洲第几洲?

(二)

一水分烟峤,方舟客共登。
崇岩参佛古,仄径蹑云层。
遂作凭虚观,因逢彼岸僧。
何能抛绂冕,长此觅三乘。

校注: 诗刻于莲花庵后巨岩下。末署:"天启癸亥冬日,关中南居益书。"

陪南思受谢简之登鼓浪屿和中丞韵(二首)
〔明〕池显方

(一)

残石伐将尽,惟余一古丘。
烟开生远岫,潮至乱平畴。
去岁如遭虎,今年再狎鸥。
全凭藩屏力,吾得卧沧洲。

(二)

虽小亦门户,如何不一登。
新城盘曲折,古寺俯棱层。
易服瞒村老,寻香妒野僧。
渡澎诸战舰,帆展候风乘。

鼓浪屿石岩礼佛
〔明〕池显方

连天荡溟渤,小峦独突忽。
古树夹寒烟,与波相出没。
不是鬼神刏,如何巧剞劂。
一日凿一卷,十日成一窟。
造砌及修碑,尽在此中伐。
至今数百年,剥尽无肌骨。
白石有何辜,频遭黥黥罚。
太行避愚公,痴山犹不杌。
混沌七日死,疆山犹不没。
莫是愧世人,舍身任尔刓。
莫是惭无用,欲入于宫阙。
须弥与昆仑,劫火一时竭。

酬池直夫用韵二章
〔明〕黄道周

(一)

樗散难辞风露侵,覆舟舟下亦危襟。
小山猿鹤愁他日,绵谷龙蛇直到今。
已信鹃啼关气运,未从禾偃见天心。
伐檀处处人无觉,坐对钟期久破琴。

(二)

身谋国计叶平翻，不记屏开儿女言。
半响时名成虎窟，一行交谱即鸰原。
蝶丝莫系苍生梦，萤火自知炎帝恩。
倘得晃岩高曝背，未愁老马荡乾坤。

夏日过鼓浪屿饮程玙嘉将军署中
〔明〕张煌言

入林偏爱晚凉生，灌木疏疏坠月明。
鹤梦到山原独醒，蝉声绕树有余清。
不堪归兴逢人急，真觉炎趋较世轻。
相对素心聊一醉，盘餐何用五侯鲭。

新秋鼓浪屿纳凉分得"簪"字
〔明〕张煌言

孤屿苍凉沁客心，偏宜散发坐长林。
山川战后形容老，草木秋来情性深。
影乱秋千知坠叶，声飘络纬似鸣琴。
披襟已在芳洲上，尘俗何能解盍簪。

癸未仲秋同莲士晋侯中美泛舟鼓浪屿游日光岩
〔清〕黄日纪

水面风凉暑气收，榜人遥指到龙头。
才知地僻人烟静，更觉岩高木叶秋。
屋角窗窥凌海席，寺前门对隔江楼。
好将诗社追莲社，黄菊花开续旧游。

校注：诗刻于莲花庵后石壁上。末署"龙溪黄日纪题"。

乾隆二十八年九月重至日光岩访瑞球上人留题方丈
〔清〕黄日纪

幽期不负菊花黄，渡水穿云到上方。
径绕红萝秋思冷，庭含翠竹道情长。
惠休不减风骚致，毕卓惟怜麴蘖香。
争奈叶舟归去后，一江烟月隔苍茫。

校注：诗刻于弥陀殿后侧岩壁上，题作"乾隆二十八年九月重至日访球上人留题方丈"，末署"荔崖黄日纪"。

重至日光岩访惠航上人
〔清〕黄日纪

几度相过不厌频，眼前好景逐时新。
江船惯坐榜人识，岩户屡敲山犬驯。
说法自来参正谛，交情因久见天真。
公能妙悟如支遁，我却谈禅愧许询。

癸未秋日家荔崖驾部招同薛晋侯张其在许希新家中美灼卿游鼓浪屿
〔清〕黄莲士

客中日日事招游，鼓浪峰高禅室幽。
四面海山包一寺，千家鸡犬出中流。
穿云采胜偏忘老，过水寻僧恰值秋。
自是蓬瀛多妙侣，何妨鸂鹭共沙鸥。

鼓浪洞天
〔清〕黄莲士

水中龙峙海波清，错落人家杂化城。
时有天风吹浪起，嘈宏镗鞳应钟声。

鼓浪洞天
〔清〕黄利邦

曾闻弱水隔三岛，鼓浪今看护洞天。
何时引却渔郎入，不问桃花觅钓船。

鼓浪洞天
〔清〕林国珍

孤峰插海一岩悬，平挹严城万井烟。
贾客风樯争倚岸，渔家灯火远连天。
人依石室凝心渺，浪鼓秋声入耳填。
访昔名贤栖隐处，数株松老不知年。

鼓浪洞天
〔清〕莫凤翔

红尘飞不到龙头，休羡仙家有十洲。
百丈丹崖开洞壑，四周苍水绕林邱。
山猿捧果无今古，野鸟衔花自去留。
老尽往来吟社客，年年明月送孤舟。

鼓浪洞天
〔清〕张名扬

闲云迷石洞,绿水绕柴扉。
晚棹西风急,人烟透翠微。

鼓浪洞天
〔清〕黄名香

水面飞来一洞天,珠宫贝阙踞山巅。澄江不见翻银浪,旧垒犹存锁翠烟。
晓日光中开宝座,青云影下现金莲。龙头鹿耳皆环立,长护高僧自在禅。

鼓浪洞天
〔清〕钟元辅

一峰秀出水中停,万顷波涛绕岛青。
自古洞天留胜迹,鱼龙鼓浪护山灵。

鼓浪洞天
〔清〕蒋国梁

纵横四里环沧海,石洞开时别一天。
鸡犬桃花云水外,更从何处问神仙。

癸未秋日荔崖驾部招同游鼓浪屿
〔清〕薛起凤

孤岛禅林景物幽,寻僧同溯碧江流。
堂窥青屿千层浪,户纳禾山万壑秋。
日色遥随帆影去,林声暗度磬音浮。
豪谈不觉归来晚,竞草新诗纪胜游。

癸未秋日荔崖驾部招同游鼓浪屿
〔清〕张承禄

孤屿禅庵自一丘,惯从侪辈泛扁舟。
窗当海市人烟闹,地隔江城洞壑幽。
新有僧徒未相识,旧无路径是重修。
更怜好景频回首,长啸危巅万木秋。

重游日光岩
〔清〕张锡麟

鼓枻寻僧去，灵岩胜昔年。
朱棂衔远岫，碧幌纳晴川。
钵凿松留韵，茶烹竹护烟。
浩然归思发，一啸暮云边。

乾隆四十五年春正月过日光岩访瑞球长老题壁
〔清〕俞　成

白云护处老僧房，黄发庞眉道益光。
说法人能同妙喜，安禅心已得清凉。
早寻觉路三生石，晚住名山一瓣香。
待我东归须过访，高谈为洗俗尘忙。

校注：诗刻于弥陀殿后侧巨岩上。第五句夹注："师行脚至杭州。"第八句夹注："余将赴台湾。"末署"临安俞成"。

日光岩观海
〔清〕俞　成

试豁双眸象迥超，混茫一气接空寥。
欲通河汉人能到，若问神仙路已遥。
远水平吞三岛日，长风高破两门潮。
兹游不浅登临兴，赞老风流况许要。

校注：诗刻于岩东南偶崖壁上。第八句夹注："谓瑞球上人。"末署："乾隆四十五年春正月，临安俞成。"

日光岩观海
〔清〕林鹤年

洞天鼓浪隔江寻，旧梦沧桑思不禁。
忍向日光岩畔望，参差楼阁暮云深。

中华民国十六年一月来此凭吊，十九年十二月应李汉青先生之请补题
蔡元培

叱咤天风镇海涛，指挥若定阵云高。
虫沙猿鹤有时尽，正气觥觥不可淘。

校注：诗刻于龙头山寨寨门遗址东北侧岩崖上。署"蔡元培"。

七绝一首
蔡廷锴

心存只手补天工,八闽屯兵今古同。
当年故垒依然在,日光岩下忆英雄。

校注:诗刻于龙头山寨寨门遗址前岩石上。后有跋语:"此岩为明郑成功将军屯兵举义之地,每一登临,辄思前贤,爰题数言,以志不朽。蔡廷锴题,二十二年。"

鼓浪洞天
江 煦

石室何人作洞天,朝曦乍上照岩前。
诗僧应许开莲社,浴日同参米十禅。

鹭江胜迹杂咏·鼓浪洞天
李拓之

榛莽丛中野菜甜,丘陵海面露孤尖。
当年一撮蛮荒岛,鼓浪洞天世外瞻。

日光岩拂晓
黄柏龄

竖削高岩影,横斜小巷灯。
风涛残月屿,石寨晓鸡声。

满 庭 芳
鼓浪洞天
〔清〕倪邦良

白鹭洲前,篔簹港外,一簇水上林峦。渡头双桨,咿哑入沙湾。四面沧波碧嶂,几重迭,奔赴争环。须知道,江城犄角,形胜属弹丸。

君看丹壁处,云荒故垒,雨蚀颓垣。问剑峰印石,久息狂澜。四望樯帆似织,都凑就、锦绣江山。风清夜,仙宫月满,歌吹遍雕栏。

风 流 子
鼓浪洞天
〔清〕张锡麟

登临舒望眼,嘉禾里,鼓浪隔长江。爱孤岛截流,白砂萦把,远峰罗列,青案横张。片帆去,探奇寻洞壑,吊古话沧桑。二月碧桃,漫随流水,百年尘劫,休问斜阳。

回首重阳日,同关士口口,醉倒琼觞。一任露蝉群噪,霜菊孤芳。念时移物换,幸逢人健,鸟啼花落,休负春光。无限旧题新句,都付诗囊。

凤凰台上忆吹箫
鼓浪洞天
〔清〕林兆鲲

到处招游,一筇双屐,而今又欲乘船。似凭虚公子,缥缈随仙。极目洪涛万顷,忽露出、鸡犬人烟。新来客,钟声远接,引入洞天。

岩前老僧指点,这一所村庄,曾憩征鞍。有旧台荒垒,雨蚀苔墁。折戟沉沙已久,都忘却、帝力耕田。听说罢,掀髯一笑,共醉云端。

柳梢青
鹭江杂忆·忆鼓浪洞天
吴作人

锁江龙虎。危崖奇兀,涛声如怒。帆影波光,潮音风籁,花间待渡。
追思往哲雄风,故垒在、功驱荷虏。大地神游,方兴事业,感今怀古。

清平乐
登晃岩
陈守举

晃岩迎旭,鹭岛朝晖浴。碧水连天秋正肃,点点渔帆相续。
延平旧迹犹遗,感怀浮想纷驰。唤取台澎金马,团圆共卜归期。

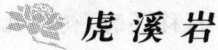

虎溪岩

奉题池直夫先生读书山舍二首
〔明〕何乔远

(一)

卓地非凡石,干霄尽峻峰。
哲人开慧窍,神秘吐灵踪。
月色明鲛宅,天风散雉墉。
幽期来信宿,新木挹高榕。

(二)

众石黑如漆,子云来守焉。
竹书穷日月,地纪划山川。
场老矶终古,令之岭高悬。
勋名成遂后,还到草堂前。

校注:诗刻于"棱层"洞之上。末署"天启乙丑长至,镜芝何乔远书。"

游虎溪岩
〔明〕南居益

岩石廊层层,寒宵海气澄。
扶携皆俊辈,啸话有名僧。
势豁长鲸御,心空善虎乘。
周回枫叶路,微月且须灯。
每忆碧云迓,虚屏已暮花。
美人歌劝客,清怨入胡笳。
山意寒含翠,岩光幻作霞。
盈盈归思绕,林外仿啼鸦。

虎　溪
〔明〕南居益

虎溪开绝胜,森峭好安禅。
果向真蓬岛,分来别洞天。
云烟双屐外,潮汐一樽前。
吾久甘泉懒,招游独缅然。
共扳危磴入,丘壑挹名踪。
节度诗怀壮,将军笔意浓。
波恬思托枕,山尽喜闻钟。
方石移还恋,初阴几树榕。

玉屏僧舍访池直夫读书处
〔明〕南居益

海滨环岛屿,历历顾蓬瀛。
独此诸天界,偏余十地清。
□山人貌佛,叠石鬼有灵。
有客营精舍,超然出世情。
悴尔文超悟,栖神□树林。
雨花生梦笔,仙客濯□襟。
天外南溟水,风前北阙心。
由来厌世者,多向此中寻。

校注:诗刻于"稜层"洞口岩壁上,末署"关中南居益"。

次南中丞韵
〔明〕谢弘仪

玉屏谁洗出，峨崇瞰稗瀛。
不□鸣深窍，其如洞壑清。
依人山□□，听法石俱灵。
一自逢青眼，相过倍有情。
此中结真契，携笈至□林。
夜月僧寮课，春云静侣襟。
看山明俗眼，观海浴文心。
□美皆如是，当前不解寻。

校注：诗刻于"棱层"洞口岩壁上。末署"会稽谢弘仪"。

次南中丞韵
〔明〕陈文旸

亘海称兹胜，凭高接大瀛。
蜃楼时见幻，□骨梦幽清。
岩与学俱邃，地因人乃灵。
异书藏洞壑，应谢主人情。
岩□拂层结，深坐拟长林。
潮月初窥案，江风数上襟。
香昙浮白眼，甘露沃玄心。
更有桃源路，天门直可寻。

校注：诗刻于"棱层"洞口岩壁上。末署"霞城陈文旸"。

虎　溪
〔明〕纪文畴

乾坤如夹壁，日月每悬心。
石竦招高步，江流表远林。
弓刀何处静，钟鼓此中寻。
侧石旧恩在，西来有好音。

游虎溪岩
〔明〕张永产

一樽谈笑傍诸天，落日光消海上烟。
谁似登高而作赋，那能即律以通禅。
笔不梦彩应留藻，刀为魔降亦化莲。
寂历山林春到后，清和不用买榆钱。

游虎溪岩
〔明〕何舜龄

崔嵬磴道怯跻攀,屐底游云去住闲。
一水波恬澄素练,百峰翠叠弄轻鬟。
洞虚邀月寻常到,石峭摹天咫尺间。
坐久顿忘身世想,欲从老衲叩禅关。

游虎溪岩
〔明〕谢　璿

峭壁悬萝几度攀,岩前野鹤去来闲。
蓝拖洞水香生玉,翠结峰头巧作鬟。
时有白云环洞口,可无青草梦池间。
风流屐齿吾家事,漫学枯禅浪闭关。

玉屏山
〔明〕池显方

下岩泉作乳,上洞玉为屏。
几许英雄子,松风不肯听。
古洞兼幽径,看山数十余。
若分众丘壑,当时一仙都。
天阔云留影,地灵石应声。
云石犹有意,不似世无情。
松花既历乱,梅雨复萧疏。
洞里无人处,欲藏所著书。
残石疑经蠹,幽山讶有龙。
游人风雨夕,不敢望前峰。

同张绍和游玉屏山
〔明〕池显方

君将交六岳,未游玉屏巅。
如今舍皇甫,而遥求乐天。
易于拈景出,难在遣山传。
俗口从兹款,云眉始得嫣。
石娇环翠障,树旧厌红胭。
径轧风多变,峰欹雾不连。
无阶手可步,有缝腹争穿。
白鹭低千壑,丹霞隔一川。
蜃楼知水气,蚁障指戍船。

海捧牵杯月,潭弹引韵泉。
临岐迷曲洞,四顾下平田。
似我读君集,如君扣我禅。
初披皆目眩,再味转心怜。
此峤姿堪嚼,虽冬貌亦妍。
勿劳神著述,共此吸青烟。

虎溪岩
〔明〕池显方

松间长榕各屈蟠,诸峰起伏复多端。
过溪何止三人笑,入洞方知六月寒。
杯影频移依怪石,夕阳便爱倚栏杆。
几回餐得天风惯,凡骨还应长羽翰。

同池孝廉游虎溪岩
〔明〕王用霖

叠磴纡岩别有天,溟濛海气逗非烟。
水光浴日山如动,梵刹凌空石是禅。
景幻海开诗□窖,香微时现佛灯莲。
幸从胜会飞金屈,买醉何须挂杖钱。

校注:诗刻于"稜层"洞附近。末署:"粤定安王用霖题"。

过鹭门同傅通宇岳翁伯龙伯萃道甫诸舅酌稜层洞
〔明〕蔡谦光

几度幽寻不记年,而今载酒恰春前。
风掀麦浪青寒岫,雾锁潮花碧往船。
怪石环岩皆鬼斧,清茶啖客自僧煎。
凭空翻觉于尘回,何意杯中亦有禅。

校注:诗刻于"稜层"洞附近。末署"天启乙丑春,蔡谦光衷卿甫题"。

集文学张淑我林抟之吴克赞及寅兄吴布千儿子拔同酌虎溪
〔明〕朱康宪

泉林韵事向关情,笔研尊垒亦一程。
树底洞开风啸虎,溪中云起石飞鲸。
半裾沧海连箕坐,满眼桃花傍酒倾。
客自仙人余自鹤,谁知胸膈有蓬瀛。

校注:诗刻于"稜层"洞附近。末署"崇祯甲戌春,崇城朱康宪题"。

无 题
〔明〕邓　会

虎溪一望景多多，石壁千层拂薜萝。
寄语山僧留尺许，他年容我作头陀。

校注：诗刻于"稜层"洞之上。署"永历十三年夏，知思明州事、户部主事三山啸庵邓会题"。

永历十五年辛丑正月过此，次啸庵韵
〔明〕邓　愈

稜层深处碧云多，绝壁冲霄挂古萝。
我本雷天寻剑客，而今洞里礼弥陀。

校注：诗刻于"稜层"洞之上。末署："雷霆吏、复阳道人、三山内史氏邓愉（即邓愈）题"。

虎溪岩
〔清〕郑缵祖

满眼旄旗在，畴能辨劫灰。
虎溪浮地出，鲸石倚天开。
夜月谁吟啸，秋风自去回。
不堪怀往事，肠断水云隈。

虎溪岩
〔清〕林之浚

幽岩兴未已，相将过虎溪。
寒律振林木，落叶满岩溪。
揽衣沿磴坐，羡此足禅栖。
遥指昨游径，灵境异东西。
川渚海回合，冈涧石高低。
云罗遮鸟雀，风帆乱凫鹥。
萧条惊暮节，零落慨残题。
浩歌下山去，渔火照长堤。

岁首游虎溪岩
〔清〕吴　英

杓斗回寅转一年，郊游改换旧山川。
桃开嫩蕊含珠露，柳发新枝舞翠烟。
岐海霞光瞻日近，鹭江风暖占春先。
虎溪形胜冲霄汉，砥柱东南半壁天。

九日游虎溪
〔清〕吴　英

九日何须戏马台,鹭门秋色向天开。
东凝紫气风烟静,北度祥云海国来。
峭壁青松垂玉露,层岩黄菊泛金杯。
登高远盼无穷意,写尽还当万里才。

虎溪同黄荔崖限韵
〔清〕谢于诚

今日稜层是再临,我来听法石门深。
十分秋色迎人远,一片羁怀任酒侵。
声在树间风飒飒,日斜洞里昼阴阴。
老僧煮茗浇狂客,何幸诸君惬素心。

为双亲合葬题
〔清〕释元飞

天高地厚德悠悠,礼诵瞻依难报酬。
幸藉尊悲施妙力,二人千载乐斯邱。

校注：诗刻于虎溪岩寺西侧岩石上。后题"元飞百拜书"。

赠石龙老和尚
〔清〕董石虬

奉母逃禅,移父合迁。
一抔黄土,甚大因缘。
礼佛庐墓,敬孝双全。
我知如是,是所当传。

校注：诗刻于虎溪岩寺西侧的巨岩上。末题跋云："为虎溪岩开山石龙老和尚白。乾隆四年秋菊月,武安董石虬题。"

玉屏远眺
〔清〕黄　梅

玉屏开岛上,胜概豁双眸。
鳌柱凌霄起,鲸波浴日浮。
云横京口树,潮拍鹭门舟。
海国清宁日,登临乐未休。

虎溪岩
〔清〕陶元藻

忽闻虎溪名,疑向匡庐眺。
愧我非征君,讵逢远公笑。
断崖补僧居,岭秀得要妙。
幽厂阴森生,乳溜滴悬窍。
才有长明灯,翠壁色照耀。
云盘护佛幢,花映煮茶铫。
经秋眼若明,对石句亦峭。
那得买山钱,刈此海中峤。

虎　溪
〔清〕黄日纪

秋风催我复登临,伏虎岩前石径深。
蜡屐任从青霭湿,衫裾半被白云侵。
寒蝉乱咽松杉冷,晚照才斜洞壑阴。
酒兴渐豪诗兴发,多缘座上有同心。

虎溪夜月
〔清〕黄日纪

月上东林夜景开,山僧禅定客徘徊。
却将一片梵宫境,化作琼楼玉宇来。

虎溪方丈题壁
〔清〕黄日纪

石门幽邃锁钟声,岩气含秋分外清。
槛外云收孤涧冷,亭前木落数峰平。
梵音寂寂僧归定,棋子丁丁客对枰。
鸣鸟自喧人自静,频从心地悟无生。

校注:诗刻于虎溪岩寺左侧山门内。末署:"乾隆辛未季秋,荔崖黄日纪并书。"

同胡勉亭范日方之其在宗兄莲士门人林春三集虎溪岩
〔清〕黄日纪

禅榻联吟兴未休,笋舆重约访林丘。
登坛词客多元白,出世交情有阮刘。
怪石狰狞如伏虎,古榕诘屈类蟠虬。
高人胜境欢兼得,占断风骚此日游。

丙戌秋同蔡汉庭司铎重过孕上人禅房(四首)
〔清〕黄日纪

(一)

几时不到东林寺,一别支公已数年。
今日重过方丈坐,僧窗犹见旧诗篇。

(二)

暑气欲残岩气秋,藤萝络石回清幽。
偶邀兰榜来莲社,苦茗芳醪叙旧游。

(三)

禅房幽寂鸟声哗,闲倚苍松日影斜。
一阵微风香彻骨,檐前开遍木兰花。

(四)

石壁留题迹尚新,数番车马走风尘。
比来悟得长生诀,只向烟霞共探真。

校注:诗刻于虎溪岩寺前。末署"荔崖黄日纪"。

玉屏山书院寄怀诸同志
〔清〕林遇青

老榕盘郁玉屏里,金风瑟瑟空中起。
非帘入户不可当,感旧怀人独隐几。
忆昔初开绛帐时,二月晴和遍红紫。
良朋共入春风座,担囊负笈兼遐迩。
讲堂济济列诸生,执经辨难穷至理。
诵歌鼓箧互相闻,子夜灯光透纸窗。
梧桐叶落秋风来,百卉摧残从此始。
萧萧气象难为情,旅客束装归故里。
自春徂秋曾几何,庭院无人凉似水。
空阶伫立久怅望,顾影徘徊惟一己。
闲步偶到萃文亭,遥见夕阳在山耳。
云根屹立存瘦骨,霜叶如霞红彻底。
忽见飞鸿天际去,叮咛为报同学子。
双丸跳转逝难留,应念门墙培桃李。

同诸公游虎溪岩
〔清〕黄国柱

几行雁字写秋天，逸兴招游世外禅。
拂槛清风凉似水，笼阶密树冷如烟。
渊涵雅度杯中见，缱绻深怀峰底传。
仰止常存磨砺志，高山况复集高贤。

虎溪登高
〔清〕李正捷

九日稜层登未曾，今年高自虎溪登。
登高未尽登高眼，更上稜层第一层。

虎溪夜月
〔清〕黄莲士

山海无云夜色深，当空孤月印东林。
稜层石上徘徊久，欲与山僧证此心。

同集虎溪岩
〔清〕黄云鹰

虎溪洞壑势嶙峋，雅侣追欢到此频。
一径榕阴如步障，数椽禅室隔红尘。
静中会悟心应豁，幽处吟成句尽新。
独幸叨陪随杖履，时从末座醉醒醇。

同游虎溪岩
〔清〕蔡天任

楼层石上共登临，俯视岩前洞壑深。
覆径古榕新雨洗，环墙嫩筱晚烟侵。
蝉鸣杂树声犹曳，日挂遥峰色转阴。
最爱虎溪多胜迹，追扳白社有同心。

虎溪夜月
〔清〕莫凤翔

娟娟一片云中月，偏照龙公旧讲台。
满洞天风吹不散，一庭花影扫还来。
苍茫远岫螺痕簇，浩淼秋波练色开。
听法门前犹似水，山僧何事也徘徊。

虎溪夜月
〔清〕黄名香

海峤东林景最幽,怕人更在月悠悠。
金波长浣禅心净,清影常和佛火浮。
溪上流光明似练,松间踏碎冷如秋。
垂云楼外饶佳趣,屐迹如从贝阙游。

虎溪夜月
〔清〕林奇骏

当空高出白云低,石壁为台绕镜蹊。
谩道旧题天一线,却能破暗刷尘蹊。

虎溪夜月
〔清〕张名扬

夏夜避炎蒸,东林聊借寓。
跌坐月明中,尘烦渺何处。

虎溪夜月
〔清〕钟元辅

石巢开佛国,入夜更清幽。
空际一轮月,孤潭万丈秋。
山寒犹见顶,水洁不闻流。
独有寻僧客,宵深尚倚楼。

虎溪夜月
〔清〕林兆鲲

天与游人分外情,夕阳才下月华明。
心空恍与无遮会,眼豁疑登不夜城。
石到宵来寒越瘦,鹤于栖处梦常清。
惭余浪泊奔驰客,也在东林寺里行。

虎溪夜月
〔清〕蒋国梁

石势棱层结化城,东林胜概旧知名。
寻常一样天边月,尺在藤萝分外清。

家叶庵邀酌虎溪[①]
〔清〕黄莲士

佳游处处访僧频,不论岩头与水滨。
胜会无如来净社,名山应亦爱诗人。
行厨花外青烟起,香积云边玉馔陈。
日暮吟成人尽醉,一声钟磬下云津。

校注:黄莲士与黄日纪是本家,故称家叶庵,叶庵是日纪别号。

题棱层洞岩壁
〔清〕倪鸿范

重过虎溪溯旧宗,呗筵传下石潜龙。
时时白鹿山间住,日日飞鲸顶上逢。
当户翠岚秋气蔼,满庭新竹夜阴凉。
诸僧相见不相识,坐□细听有□峰。

校注:诗刻于"棱层"洞口岩壁。末署"乾隆辛未季秋,温陵倪鸿范"。

岁次戊寅仲秋予客鹭门偶过虎溪与瑞峰方丈夜话(二首)
〔清〕杨中鎏

(一)

曳杖穿云抵上方,陡然身世两相忘。
风从水面过来润,月到天心得处凉。
一石独拳酷类虎,万峰群聚欲成羊。
老僧共我谈禅罢,清露无声湿坐床。

校注:诗刻于"棱层"洞附近。末署"平江杨中鎏稿并书。"

(二)

乃叹行乐时,常有失意事。
归途悟盈亏,澹然忘物累。

虎溪岩题壁
〔清〕吴 锜

乱石崚嶒迥出群,万家鸡犬静中闻。
稍穷峰顶无余地,始觉天空不碍云。
帆带夕阳沙嘴没,山逢青霭海门分。
眼前何限沧波兴,却为愁多藉酒醺。

校注:诗刻于"棱层"洞附近。末署"双溪吴锜题"。

乾隆己亥花朝前二日偕友人过虎溪禅寺小酌(二首)
〔清〕俞　成

(一)

屹然怪石起崚嶒，高逼诸天陟降凭。
自有老僧来伏虎，至今弟子尚传灯。
禅心夜定闻金磬，梵席前移见玉绳。
我亦早年空色相，不须缘觉悟三乘。

(二)

几株榕树寺门蟠，碍日迎风未觉寒。
绝涧平桥流一曲，危栏阁道上千盘。
山中春老传花信，海上潮来入醉观。
自是浮生多感慨，劝君容易酒杯宽。

校注：诗刻于虎溪寺前。末署"临安俞成"。

俞朗怀观察招同史谨亭杨贯玉登虎溪
〔清〕赵在田

壮游几度把吟觞，又逐旌旗款上方。
山色当年跨虎踞，潮声此日罢龙骧。
谈清舌吐芙蓉慧，坐久身疑阆苑凉。
别有移情对知己，天风浩浩海沧沧。

校注：诗刻于"稜层"洞附近。末署："嘉庆丁丑初商生□冶甫赵在田书。"

腊日偕吴峥轩司训游白鹿洞虎溪岩
〔清〕王步蟾

岛上流光逼岁除，名为冬杪实春初。
黄羊此日刚祠灶，白鹿遗风久仰庐。
更向东林探胜境，岂耽西竺访真如。
劳生自爱闲中趣，安得名山读古书。

虎溪步月
〔清〕王步蟾

月华如水浸衣襟，古寺宵游惬素心。
偶踏芒鞋穿曲径，闲随桂魄过空林。
流萤焰冷偎清影，悄雁声高答野吟。
比似远公行乐地，风流岂判古和今。

小除前一日游虎溪岩
〔清〕王步蟾

连朝选胜访岩阿,又向东林古刹过。
怪石峥嵘疑踞虎,大江汹涌想鸣鼍。
天晴气比三春暖,地回声传万户多。
莫惜年华同逝水,及时行乐且婆娑。

题虎溪岩壁(三首)
〔清〕周揆源

(一)

奇峰矗矗插天孤,曾入东林旧画图。
争说鹭江秋日好,几时把酒问来无?

(二)

乡关极目渺烟波,鸿爪犹从海上过。
今日相逢三笑易,高风须让吾人多。

(三)

穿云度岭叩禅扉,暮色苍苍鸟倦飞。
安得浔阳江上月,天涯伴送鹤琴归。

校注:诗刻于"稜层"洞附近。诗后有跋云:"同治二年七月廿四日,在籍浙江知府苏瑞书、刑部员外郎陈廷芬、建宁县教谕陈骏三约登斯山。三客则余与补用知府、厦防同知俞林,德化知县何文澜也。酒阑雨作而散。忆余莅厦一载,今始登临,适奉粮储之命,瓜期近矣。爰赋短章,留别此山。"末署"沔阳周揆源题并跋"。

己巳春,客游鹭屿。夏初将返会垣,余节甫大使、王颖之别驾邀集王少峰观察、受卿老人、吴俊千君保、余德甫、茂甫、曾有章、黄拱西诸君饯饮于此,漫题四绝
〔清〕黄 煦

(一)

孰将鬼斧劈云根?状出奇形猛虎蹲。
说法尚教顽石悟,雄威终古镇山门。

(二)

藤萝补壁石为梁,绿树阴阴古佛堂。
雷满岩□晴带雨,云封洞口夏含霜。

（三）

海色山光共一楼，狂歌直欲傲沧洲。
化工更助游人兴，万□门开夕照收。

（四）

陵谷于今屡变迁，虎岩片石独苍然。
登临□□留题去，也仗山灵姓氏传。

校注：诗刻于"棱层"洞附近。末署"南丰黄煦霁亭氏题"。己巳，即同治八年（1869年）。

游虎溪岩
〔清〕戴凤仪

乾坤开窍自成形，虎起石中石亦灵。
头到点时知说法，耳逢侧处好听经。
坐凭鹿洞三峰白，俯瞰螺鬟万叠青。
我欲皋比分一席，携朋来此讲西铭。

重阳登虎溪岩梵楼望海吊古怀施靖海侯
〔清〕林鹤年

大海回澜中峰高，棱层虎跳金银涛。
南溟汪洋海天接，沙台落日明金刀。
英雄已矣山川寂，江海不钥鱼龙号。
秋九登临醉村酒，萧萧帐马谁羊羔。
掉头凭吊古战场，风吹白骨黄河香。
鹿门之鹿凤山凤，地不挺险名归昌。
当年横海威名重，手拓两担开澎洋。
诏下江南曹武惠，深仁戒杀思筹济。
承平草木不知兵，鼾睡榻旁深国计。
天生君侯报天子，草鸡旧日谣乡市。
一朝南纪尽安流，力挽江河福桑梓。
衮龙解赐荣褒忠，上将星辰贯日虹。
卸甲归来天亦笑，半江明月采芙蓉。
千秋唤破封侯梦，海门潮落一声钟。

秋日虎溪岩即目感怀昔年同游二兄逝去六弟客外并寄在乡诸弟（三首）

〔清〕林鹤年

（一）

昔上虎溪岩，岩中多秋草。
草是同根生，荣先谢亦早。
秋草总无言，只恋春风好。
风好不多时，雁叫秋容老。

（二）

秋深鸿雁过，一一东南飞。
或在山之阳，或傍水之湄。
相看亦不远，对影成参差。
南国多霜雨，红豆吹离离。

（三）

下山明月光，分光照故乡。
如何人不见，对月成断肠。
团奕复团圆，风吹桂枝香。
望断秦蛾眉，皎然升朝阳。

宿虎溪岩晨兴题壁

〔清〕林鹤年

蹑屩稜层岭，岚光湛晴晖。
扫地朝焚香，老僧敞禅扉。
一见相问讯，拂石净苔衣。
绕榻山四围，万绿含清辉。
花香悦禅性，鸟语静尘机。
相对两忘言，白云无是非。
去年来何常，此意知者稀。
平坦一声钟，大地同皈依。

虎溪岩题壁

〔清〕林鹤年

欲向山灵问，沧桑月几圆。
红羊销劫运，白鹿听经年。
海寨渔团集，江乡蛋户编。
重瀛环岛屿，何以障东川。
登高发狂啸，瘴雾洗南滇。

闽粤通潮汐,台澎比翰屏。
山僧谈战纪,海客借图经。
晓策灵鳌去,苍茫混太清。
凉飙起天末,长忆故山秋。
随地得佳境,临风结胜游。
石多林壑美,江阔水云浮。
独踞稜层顶,萧萧白鹭洲。
海峤东林地,喧嚣逭暑时。
有花皆献佛,无石不题诗。
风静鱼龙暝,云深鸟雀知。
春醪如何过,还就菊东篱。

光绪辛丑春游虎溪岩,偶志鸿爪
〔清〕江呈辉

虎溪岩傍海云边,仿佛东林咫尺连。
绀宇别开飞锡地,红尘弗障散花天。
游经至再皆修到,笑可成三亦夙缘。
认得渊明随处在,不妨多醉更参禅。

校注:诗刻于虎溪寺前。末署"永定江呈辉"。

散衲体常山歌
〔清〕释体常

洞见虎哉虎哉,明知是假非真。
顽石生成若此,依然猛气惊人。

校注:诗刻于"稜层"洞附近。

丁卯秋,虎溪岩海月楼落成,值南普陀佛学院之暇,访会泉法师夜话,次吴锜韵
释太虚

拳石独超群,风来吼欲闻。
活泉终到海,幽壑远生云。
树杪潮青涨,岩端月白分。
晓烟凝鹭市,楼外日初曛。

校注:诗刻于"稜层"洞附近。

题虎溪岩寺崖壁
释太虚

一洗人巧伪,妙得天趣真。
不关矫俗好,聊以全形神。

校注:诗刻于虎溪岩寺左侧。后有题跋,风化莫辨。

题虎溪岩洞壁
八公山下散人

庐山胜境说天都,细认庐山面目无。
假我十年容树木,直将西子比西湖。
泉石经年辟草莱,三宫双阙恍飞来。
相衡未必庐山逊,但觉文殊欠一台。

校注:诗刻于虎溪岩寺左后侧的岩洞里。后有跋云:"辟虎溪经岁矣,植树已五万株,布署粗就绪。他日树木成林,或与匡庐各擅一方之胜。占此以质后之来游者。癸酉闰夏,八公山下散人并识。"

虎溪岩
林尔嘉

几度匡庐过虎溪,归来还爱此山低。
一登绝顶能观海,不似云深路易迷。

校注:诗刻于虎溪岩顶峰巨石上。末署"民国廿三年春日,林尔嘉题,龚植书。"

虎溪岩
江　煦

东林寺到暮天秋,竹翠枫丹景倍幽。
月色满溪寻虎迹,便无三笑也留名。

重游虎溪岩绝顶睹十年前所书"鹭海"二大字
虞　愚

千秋留此峨嵋石,海色天风掩映中。
战后苍茫来一顾,墨痕犹欲湿鸿濛。

中秋夜登虎溪山
赵　宽

虎溪秋月满,入海拥潮来。
夜色千峰雪,车声万壑雷。
蟾蜍银世界,蜃吐玉楼台。
凉露飘丝竹,分将两袖回。

鹭江胜迹杂咏·虎溪夜月
李拓之

虎溪良夜月娟娟,鹿洞风吹芳草绵。
有客倾樽歌拍掌,醉仙岩畔酒如泉。

醉春风
虎溪夜月
〔清〕张锡麟

览胜纷如织,入夜踪偏寂。冰轮推出照棱层,白白白。村酒沽来冷然亭上,试邀蟾魄。
景好今犹昔,虚度殊堪惜。故人何日续前游,忆忆忆。教我重寻倚栏题咏,旧时芳迹。

玉珑璁
虎溪夜月
〔清〕倪邦良

天一线。峰一片。夜来林际横轻练。闲云净。长栏凭。极目川原,玉波千顷。冷冷冷。
琼楼远。孀娥怨。世情圆缺难如愿。人初醒。僧犹定。斗转参横,一声钟警。省省省。

柳梢青
鹭江杂忆·忆虎溪夜月
吴作人

几度神驰。兔潜碧落,虎啸清溪。三笑相逢,风俦雅侣,觞咏咸宜。
清光恰照危层,正元夕,冰轮满时。往事重温,从游何处,长系心期。

太 平 岩

乾隆戊子秋游太平岩
〔清〕黄日纪

太平古刹建何年,秋色凄凉冷暮烟。
洞口木棉飘坠叶,云头石笕引流泉。
卷帘遥岫层层出,望海轻帆片片悬。
花落鸟啼无客到,老僧扶杖倚檐前。

校注:诗刻于寺侧。末署"黄日纪"。

癸未初冬招诸友同游太平岩拈韵得"帘"字
〔清〕黄日纪

北风猎猎气微严,禅室初垂亚子帘。
景好不愁诗料减,谈深频爱酒杯添。
虬松声应江涛响,宝鸭烟如塔影尖。
游兴未阑山色暝,峰头寒月已窥檐。

秋日同游太平岩
〔清〕黄莲士

好友乘佳日,名山喜共登。
诗怀同汗漫,秋色竞崚嶒。
岩幻多穿石,云深不遇僧。
徘徊观海气,槛外自奔腾。

丙子仲春游太平岩
〔清〕黄莲士

绝顶幽岩迫紫霄,春游翻讶景萧萧。
禅堂昼掩僧初去,孤岛风生海正潮。
山蝶舞花红自坠,树禽窥客语还娇。
烟光犹觉如斯好,佛火未应遽寂寥。

癸未初冬家荔崖招游太平岩同诸友拈韵得"帘"字
〔清〕黄莲士

重来游兴又同酣,纵有山风未畏严。
对酒谈深千嶂里,题诗人在万峰尖。
云头泉引碧趋寺,海上潮生白满帘。
自是劫灰消灭后,太平景象日应添。

癸未初冬荔崖招游太平岩同诸友拈韵得"帘"字
〔清〕薛起凤

旧侣新朋幸两兼,太平路远不为嫌。
霜林径曲风尘少,宝刹峰高气象严。
蹑屐漫期同谢朓,衔杯长爱学陶潜。
胜游应尽探幽兴,莫管山头月映帘。

太平岩招彩伯弟
〔清〕林遇青

嫩性偏耽物外游,芒鞋连日踏岩头。
徐过竹径晓烟散,乍入山门竿磬幽。
得句吟成添韵事,倾杯醉后减闲愁。
此中乐趣谁同领,惟有惠连堪结俦。

和荔崖师秋日游太平岩
〔清〕林遇青

太平高出众禅庵,雅侣相将取次探。
樵径几经行诘曲,僧房太半锁烟岚。
蟾宫墙畔梧初落,石笑山边草尚蓝。
方外闲游多自得,先生无怪早抽簪。

春日太平岩同诸友限韵
〔清〕蔡天任

青鞋踏破太平烟,最爱风光满目前。
岫列墙头看不尽,潮环户外去无边。
迷人草色埋幽径,带韵松声杂响泉。
此日同游多胜景,许多春思入花笺。

石 知
〔清〕莫凤翔

聚时能悟生公法,到处多依古寺门。
莫怪相逢惟一笑,更无心事对人言。

蟾 宫
〔清〕莫凤翔

广寒宫喜近禅关,不见霓裳唱翠鬟。
但折一枝花在手,尽惊身自月中还。

太平岩
〔清〕叶廷梅

招提隐隐隔层霄,石磴崟崎一线遥。
僧去平台花雨冷,风清古刹海氛消。
青山落木空斜照,绿水孤帆半夕潮。
两袖飘然薜萝径,那知顽石笑渔樵。

题石笑
〔清〕柳 仙

但见石开口,不闻石有声。
夜因吞月色,朝为吐云情。
吸露千年饱,餐风一味清。
太平真好景,长笑息兵征。

游太平岩经先世延平郡王读书处
〔清〕郑鹏云

石不能言笑口开,读书深处有莓苔。
草鸡莫问当年事,鲲海骑鲸去不回。

校注:诗刻于"石笑"刻石前。署"台阳郑鹏云题"。

太平岩
江 煦

生来足健乐山行,久望中原到太平。
不见郑公横剑处,白云洞口下楸枰。

望海潮
重游太平岩
陈祖宪

江山无恙,岩阿新霁,春风绿遍天涯。惆怅昔游,都成故迹,空前浩劫堪嗟,回首黑云遮。更腥风血雨,雷电交加,古寺成墟,断垣残瓦夕阳斜。

今来重抚朱华,访延平遗迹,云锁谽谷牙,娱客韶鸣,迎宾石笑,相逢漫话桑麻。旋憩小亭些,又花间觅句,松下烹茶。兴尽归来,一城灯火万人家。

白鹿洞

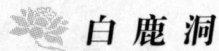

白鹿洞
〔清〕林之浚

逶迤鹭门山,曳履历奇变。
石骨排天青,云端象狮战。
雕镂神鬼工,玉切云可片。
元牝入虚无,心悸目亦眩。
将奔势复回,欲坠根尚恋。
晦明两难分,漏口仅容线。
已穷搜抉心,复辟苍翠面。
岩障与轩楹,参错相隐现。

半橡香积树,十笏弥勒殿。
阴崖泄乳泉,老树坐海燕。
空谷人语灵,风至冷然善。

乾隆己卯,因募修鹿洞偶题
〔清〕释逊修

佳境一番新,仰资护法人。
老僧忙昼夜,休认作闲身。

校注:诗刻于宛在洞壁上。末署"住持僧逊修并书"。

戊子夏登衔山亭远眺
〔清〕黄日纪

危亭倚碧空,极目望无穷。
夹海云阴阔,连峰黛色融。
霁开十里画,凉受一天风。
缩得蓬瀛境,移来入座中。

校注:诗刻于宛在洞前岩壁上。末署"龙溪黄日纪"。

白 鹿 洞

登大观楼
〔清〕黄日纪

嶙岣古洞俯江城,绝顶危楼迫上清。
万点帆樯窗外驶,千家村落槛前横。
参差岛屿遥天渺,浩荡波涛返照明。
老衲殷殷情不尽,还期再到话三生。

中秋日同诸友集白鹿洞
〔清〕黄日纪

烟霞酷爱因爱癖,汗漫连旬兴趣长。
筇杖卓云登法界,山花粘屐带秋香。
新池溜细分泉眼,古磬声幽出道房。
休恐归迟樵径暝,今宵月色倍清光。

中秋日同诸友集白鹿洞
〔清〕薛起凤

恰值平分秋气爽,探幽鹿洞兴偏长。
亭无尘障襟常豁,坐有兰言味倍香。
一径烟霞通鸟道,千家楼阁类蜂房。
不妨日暮迟归去,更赏今宵月色光。

中秋日同诸友集白鹿洞
〔清〕黄莲士

朝朝游兴对沧浪，白鹿楼头放眼长。
窗外潮来千头碧，阶前风过一林春。
新开洞壑通琼岛，旧忆烟霞结石房。
觞咏不妨此去晚，平分秋色步蟾光。

中秋日同诸友集白鹿洞
〔清〕张承禄

迩来屐齿为秋忙，难得招游兴趣长。
碧海环窗涵日影，清风绕径带松香。
岩头客醉云千嶂，洞口僧归月一房。
不用管弦吹更好，低徊未忍负蟾光。

乾隆己亥花朝前二日游白鹿洞题句
〔清〕俞 成

白鹿洞前春昼长，鸟鸣磔磔风吹香。
恰逢暇日好烟景，老夫游兴今为偿。
山中积石多于土，一一形状殊寻常。
大者如马如卧象，小者历乱如群羊。
寺门崒屼更骇叹，突若玉笋抽新篁。
老僧为我开禅堂，堂空寂静尘不妨。
庭前古桧饱霜露，海边大舶连帆樯。
更穿复道觅岩洞，拾级而上地益强。
下阔中虚上险窄，只余一线窥天光。
探幽足以空六合，海天炎热生寒凉。
簿书俗吏涸已久，坐令神与形俱忘。
白鹿浅隘何足数，佳名留取殊惭惶。
乃知世人嗜好异，或亦当日讹标扬。
说与山灵浑不语，东指沧海波茫茫。

校注：诗刻于白鹿洞寺大殿附近，署"临安俞成"。

道光癸未中秋，同人重游于此
〔清〕特依顺

胜迹重游喜共登，遥山浮水影飞腾。
三千界外秋光动，百尺楼中夜气澄。
香满虚空八月桂，星联上下万家灯。
酒阑还向高僧话，几度禅林感废兴。

校注：诗刻于白鹿洞祖堂东侧石壁上。末署"长白特依顺题"。

鹿洞观潮
〔清〕王步蟾

尘市何从豁远眸,独凭轩槛瞰沧洲。
茫茫碧海浪争涌,望望银山天欲浮。
万里奇观蛟室杳,一声长啸鹭门秋。
愿持枚叔如椽笔,洒墨烟岚最上头。

六合洞
〔清〕王步蟾

怪石嵯峨断复连,嵌空作洞踞岩巅。
虎溪旁拓三弓地,鹿洞中分一线天。
尘劫消磨归梵宇,乾坤收敛付山缘。
神工鬼斧真奇辟,阅尽沧桑总屹然。

九月十日晓雨白鹿洞(二首)
〔清〕王步蟾

(一)

崔嵬独步补登高,览胜奚辞蹑屐劳。
宿鸟刚随初日出,寒蝉如助朔风号。
小桥吊古悲陈迹①,幽洞寻诗避俗嚣。
却恨缁流败清兴,周妻何肉絮叨叨②。

(二)

庐阜遗规仰宋贤,嘉名移赠此林泉。
紫阳谁绍千秋业,白鹿空分一洞天。
尘世光阴如过客,孤踪啸傲即游仙。
狂吟那用轻镌石,耻附山灵姓字传。

校注:①洞口桥为郑游戎殉节处;② 诗有屠人索僧债且言僧有外妇故云。

游白鹿洞
〔清〕戴凤仪

鹭门本是喧哗地,鹿洞别开静穆天。
万叠溪山宣道窍,几湾泉石洒尘缘。
妙香一瓣崇先哲,巍阁重修望后贤①。
当日紫阳殷揭示,海滨多士好拳拳。

校注:① 原句夹注:时朱子阁侈塌,亟宜修葺。

民国七年十月日，随童将军帅师援闽，军驻白鹿洞偶题
####　　　　　王　惟

　　　　鹭江暂歇马，胜境豁人愁。
　　　　鹿洞缘崖上，棱层陡险游。
　　　　云霞出远岫，烽火满沧洲。
　　　　何意兵戈里，犹逢桂树留。

校注：诗刻于宛在洞前。署"宁海王惟"。

题宛在洞
####　　　　李金惠

　　　　古洞名山出自然，烟霞怪石碧岩巅。
　　　　清风净景无双地，夜月光辉别一天。
　　　　浪屿峦峰千处叠，厦衢族壅万重县。
　　　　登临四觐逍遥境，老道粗谈作此篇。

校注：诗刻于宛在洞前。后署："民国甲子年葭月，台北李金惠道号长明题。"

白鹿洞
####　　　　林尔嘉

　　　　曾入匡庐寻白鹿，归来腊屐复登山。
　　　　非关腰脚今犹健，风景依然爱此间。

白鹿洞
####　　　　江　煦

　　　　览胜寻幽上翠微，庐山面目认依稀。
　　　　角仙参透禅机妙，吐纳云烟款石扉。

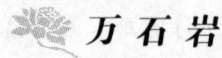

万石岩

万石岩
####　　　〔明〕黄克晦

　　　　结伴遥寻太乙家，峨峨万石映孤霞。
　　　　坐中峰势天西折，衣上萝阴日半斜。
　　　　风榭无人飘翠瓦，云岩有水浸苔花。
　　　　何年更驻苏耽鹤？静闭闲房共转砂。

万石岩
〔明末〕阮文锡

凿开云壑架精蓝,数曲幽溪客共探。
孤月夜悬双石壁,千林秋啸一茅庵。
余生拟向闲中老,往事都从梦里参。
便与名山期后约,浮名从此更休贪。

无 题
〔明〕邓 会

喜听松声碧涧流,芒鞋踏破海天秋。
自从烧却昙花钵,万石而今尽点头。

校注:诗刻于狮子洞口一侧。末署"永历庚子秋,知思明州事、户部主事、三山邓会"。

辛丑春访玄铨和尚偶咏
〔明〕邓 会

石壁岩岩倚碧虚,桃花春色几枝余。
西来祖意原无意,竹影声摇闲乐居。

校注:诗刻于大雄宝殿后侧。末署"三山邓会"。

辛丑春,同友人林新尼、谢纯公、□□□在庵乙□玄铨、含光和尚到此吟
〔明〕邓 会

相别而今又一年,禅心空焰海中天。
潺潺春水桃花外,笑枕石床自在眠。

校注:刻于"小桃源"洞内岩壁。末署"三山啸庵邓会"。

万石岩
〔清〕陶元藻

块垒呈海滨,奇状非一类。
点头固有灵,呼丈亦何愧?
琳宫嵌嵯峨,一径入幽邃。
嵚崎历落多,我醒石已醉。
风懦云懒行,日夕山欲睡。
木末寺楼高,微吟出寒翠。

万石岩
〔清〕张对墀

袍笏时时拜米颠,别开蓬岛隔尘缘。
一泓清浅沙为路,万窍玲珑石作天。
佛洞云深连树霭,僧房日午起茶烟。
欲携胜景囊中去,拟与秦皇借一鞭。

万石岩
〔清〕林之浚

海雾散朝旭,岩峦积空翠。
缓步共攀跻,径险心亦悸。
怪石纷崚嶒,僧楼构幽邃。
孤亭一延眺,邈然沧洲意。
岖嵚生禅寂,滉瀁悟虚寄。
江山成慷慨,林壑保深秘。
寒涛奔晚照,抱膝发长喟!

无　题
〔清〕陈良弼

万石山头拱太平,中岩别有几回潆。
桃源洞里潺潺水,犹带当年铁马声。

校注:诗刻于"小桃源"洞内岩壁。末署"陈良弼题"。

万石岩
〔清〕郑缵祖

洞壑犹然昨,依稀记昔游。
山空余万石,海阔有孤舟。
天地本难老,风烟容易秋。
客心何所感?惆怅大江流。

乾隆丁巳九日□□,同人登万石岩有作
〔清〕金成绍

岛屿晴开洞壑幽,兴来策杖共夷由。
莫嫌好景无多日,且把黄花插满头。
万里帆樯云外落,一天风露□边秋。
欲夸足力还强健,□复缘梯到石楼。

校注:诗刻于大殿前。署"大石山人、山阴金成绍"。

无　题
〔清〕倪鸿范

古寺石丛里，泉流曲径通。
一□分上下，叠嶂列西东。
缓步寻幽趣，吟诗对落红。
先人留胜迹，垂勒在门中。

校注：诗刻于狮子洞下。末署"乾隆辛未季秋，温陵倪鸿范题"。

万石岩
〔清〕黄日纪

鹭江富名寺，万石独称最。
包罗兼众有，变幻诚无外。
危楼纵遐览，飞奔与目会。
烟火亿万家，城郭横绣绘。
前有海无际，空阔不可奈。
蜃气常山没，青红浮杳霭。
后有松数株，倚立悬高斾。
清风与吞吐，时时发幽籁。
旁有洞嵌空，石罅乍明昧。
曲折穿羊肠，鸟道狭如带。
洞中如深甑，团奕露其盖。
泉脉长潺湲，末流潞清濑。
伛偻出深穴，脱然蝉离蜕。
恍惚难穷诘，造物弄狡狯。

步入云霄
〔清〕黄日纪

烟锁窗棂雾绕阶，晓岚盈径湿芒鞋。
上方回首看归鸟，云外双飞落翠崖。

山海奇观
〔清〕黄日纪

一到岩头怀抱开，窗吞碧海俯崔嵬。
山容水态描难尽，未识王维画得来。

宛似潮音
〔清〕黄日纪

穿云激石来何处,仿佛春潮认未真。
会得本源无滞碍,当前活泼自怡神。

叠翠连云
〔清〕黄日纪

晚岫苍茫春色翠,重重叠叠入青云。
凭栏坐爱烟霞窟,百念皆空夕照曛。

奉和荔崖师游万石岩
〔清〕蔡天任

叨陪雅侣踏云行,万石岩头景色清。
竹引寒泉流不尽,崖悬老树势频倾。
窥人鸟语催诗句,绕寺蝉鸣杂磬声。
胜地追欢闻道妙,今朝不减舞雩情。

九日重游万石
〔清〕张允和

幽岩屡访真奚穷,胜日清樽此复同。
老去惟应亲晚菊,朋来有信逐秋鸿。
成霞海色翻栏外,合乐泉声出洞中。
恋赏却忘山已夕,挂将筇杖听松风。

万石岩
〔清〕陈光章

石头何齿齿?蹇步客来稀。
鞭剩秦皇力,支残织女机。
青根通海气,瘦骨覆云衣。
佛寺看山好,终朝不掩扉。

万石岩
〔清〕陈韬章

漫山堆怪石,空洞泻春泉。
磊落余无地,玲珑小有天。
点头谁是悟?拜手不胜颠。
薄暮闲流览,青云处处连。

乾隆己亥年三月,偕同人游万石岩,复登中岩、上岩题句
〔清〕俞 成

白鹿地遐旷,虎溪见磔卓。
我曾两度来,意谓兹游独。
连山势绵眇,问讯得大略。
今晨戒徒旅,载笔理行囊。
迤逦坡低昂,盘纡径仄逼。
跬步偶不戒,往往悲颠蹎。
沿溪停复流,疏石起还伏。
历观已足侈,引胜乃更拓。
路转小溪桥,深洞启㟏岈。
侧身穿岩隙,低头回陜角。
流泉声琤淙,积藓皮剥落。
顿觉心神清,虚静洗烦浊。
更缘危磴上,豁然荡心目。
高下远近观,万石列崖谷。
兀若狮象蹲,奋若马牛逐。
迎若鬼怪前,纷若儿女扑。
辟若开千门,霞若盖十屋。
万顷波若翻,百仞玉若削。
其上为中岩,最上已极乐(原注:上岩谓极乐天)。
耸秀起层层,诡谲变各各。
云中鸡犬鸣,树里风浪作。
睇盼眩远眸,攀陟信老脚。
因思天地间,山水所寄托。
大为四渎宣,高作五岳矗。
厦门尽面海,潮汐日喷薄。
不有岩岩石,何以镇海若?
山神能效灵,游客恣探索。
吾党六七子,高兴蹑烟屩。
倦或憩僧房,强亦疲莘埆。
长啸忽一声,众山为诺诺。
主僧来邀我,清酌杂蔬蔌。
山色晚更佳,寒翠纷可握。
思为十日留,简书畏烦□。
归路犹徘徊,白云起山麓。

校注:诗刻于山门前石桥边。末署"临安俞成"。

庚子初春正月二十一日自白鹿洞虎溪至万石岩即事
〔清〕俞 成

忙里偷闲未肯回,春游得暇转悠哉。
试看印绶离身去,尽许云山入眼来。
跪拜不须烦礼数,话言况有共追陪。
石岩深洞行徐遍,羽檄知无火速催。
岛南历尽见奇峰,积翠攒攒倚碧空。
但觉风从天际下,不知人在海当中。
云霞早出开岩窦,松桧齐号动梵宫。
小饮未妨成薄醉,晚来归骑一灯红。

校注: 诗刻于寺前石桥边,题为"正月念一日自白鹿洞、虎溪至万石岩即事"。第一首第三句原注:"余已得代";第五句原注:"是日开印,现任官例行礼"。末署"乾隆庚子春,临安俞成"。

佚 题
〔清〕释宏哲

中峰耸翠接诸天,高缀秋容尽可怜。
薄霭初收山有月,晚风犹峭树无烟。
泉幽涧底流应细,露冷梧梢叶不全。
极目长江衣带下,振襟一啸自佥佥。

万石岩
江 煦

千回百转径通幽,说法生公石点头。
万笏朝天何处是,木犀香里鹭门秋。

中 岩

中 岩
〔清〕陈上选

隐身耐可度清饥,得脱江湖自见肥。
吸月有天分玉镜,餐霞何处展金衣。
未消冷落柔肠里,空受香侵绣口绯。
惹动春花枝下影,莫教风雨妒芳菲。

校注: 诗刻于大雄宝殿左侧斋堂后。末署"清漳陈上选具草"。

秋游中峰岩·呈愿翁和尚
〔清〕轮山□□

中峰耸翠势参天,点缀秋容也可怜。
薄霭未收山有月,凄风扇尽岫无烟。
泉沉涧底流应细,露冷桐梢色不全。
极目长江衣带下,多君胜彼洞中仙。

校注:诗刻于大雄宝殿旁侧斋堂后。末署"轮山□□"。

游中岩
〔清〕杨国春

万峰回转似长虹,鼎立三岩独处中。
巨石削临深涧险,幽泉飞下小潭空。
溯流桂棹当窗见,避世桃源有路通。
薄暮东西烟气合,一声梵磬两声钟。

癸丑仲夏谒将士祠有感
李　铨

诸公死难报君恩,血战功成名久存。
提帅有心怜壮士,建祠崇奉慰忠魂。

中岩将士祠
江　煦

云梯百级费登临,流水淙淙动我心。
凄绝台澎诸将士,荒祠终古碧苔侵。

鹭江胜迹杂咏·玉笏朝天
李拓之

玉笏当门拱手看,游人到此整衣冠。
中岩尽有佳风月,欢喜禅参天地宽。

紫 云 岩

紫云岩
〔清〕黄日纪

扶筇连日扣禅关,碧瓦朱楹叠嶂间。
境静却忘流水闹,心空长与白云闲。
村墟遥接临溪路,岛屿平窥隔海山。
落日栖鸦动归思,相将童冠咏歌还。

乾隆癸未重九日偕黄莲士蒋桢士林子美莫子瑞林春三集紫云岩洞
〔清〕黄日纪

佳节岩头玩物华，窈然深洞绝喧哗。
红尘远隔三千界，野菊先开九日花。
石罅嵌空安笔砚，泉声历落胜箫笳。
登高从此添佳话，半是山巅半水涯。

乾隆三十二年岁次丁亥孟秋，偕林敏三、黄莲士、莫子瑞、林春三、蔡弼卿、黄逊扬游紫云岩
〔清〕黄日纪

忆昔重阳节，曾同此处游。
分携一弹指，再到五经秋。
诸子珠盈掌，衰翁雪满头。
颓唐久荒落，诗思藉清流。

校注：诗刻于佛殿旁。末署"黄日纪题并书"。

九日莫子瑞林子美蒋桢士张其在家荔崖逊扬同集紫云岩石洞
〔清〕黄莲士

登高僻性厌喧哗，石洞云深与世遐。
活水长年奏琴瑟，空扉镇日锁烟霞。
题诗客把茱萸酒，插鬓山开野菊花。
真觉此中如太古，醉余红日不知斜。

辛巳仲春同苏奕盛林子美何虞臣游紫云岩
〔清〕黄莲士

岛上名岩礼紫阳，当年故老读书堂。
山留铁骨撑云峭，水结冰心出石凉。
僧寺粮稀钟久寂，樵溪径古草犹芳。
春游何处无桃李，空谷相看味自长。

自紫云岩山行至天界寺
〔清〕张承禄

缘崖蹭蹬复攀萝，总为搜奇取次过。
樵径云连天界远，醴泉树较紫岩多。
虽然胜景分双寺，到底闲游共一窝。
憩足黄亭忆高读，满怀秋兴自婆娑。

戊戌孟春游紫云岩敬次荔崖师石壁原韵
〔清〕蔡天任

石门深锁绝嚣华,入寺惟闻鸟语哗。
拨火炉中烧柏子,截流岩畔试松花。
含风野竹传清韵,背日樵童响暮笳。
归去板桥回首望,梵林依约隔云涯。

戊戌孟春侍荔崖师重游紫云岩敬次原韵
〔清〕蔡天任

绝顶云扉昼不关,风幡高拂白云闲。
重寻静境三千界,分得仙家两日闲。
缘径绿萝缘径竹,半溪流水半溪山。
青鞋□袜烟霞窟,物外追随几往还。

紫云岩水洞听泉
〔清〕蔡天任

潺缓一泓紫云泉,缭绕遥经白石边。
倾耳静听流水调,却疑钟子写冰弦。

紫云岩水洞听泉
〔清〕黄贞焕

玉韵清泠一道泉,流从云窦出诸天。
石床闲坐支颐听,恰似人间奏管弦。

大寒前五日偕说樵纶堂企聪梅史游紫云岩
〔清〕王步蟾

昨游鹤山寺,所见不逮闻。
今朝鼓余兴,邀友登紫云。
兹岩虽褊小,住处殊可欣。
入山径屡转,当途石何纷。
回顾失来路,翘瞻无俗氛。
小桥跨樵溪,暂坐息劳筋。
须臾造禅关,双扉掩斜曛。
僧徒久星散,剥啄声弗闻。
或窬短垣入,开门引同群。
始见守者来,问讯通殷勤。
正殿屋将圮,古佛香谁焚。

怆怀感兴废,世事难俱云。
旁行入深洞,流泉尚沄沄。
想见三伏时,销夏宜水濆。
后登最高阁,崇祀钦人文。
干霄有孤塔,地许神医分①。
凭栏瞰沧海,四围浩无垠。
盘桓不能去,空翠长氤氲。
遍访旧题刻,石壁生苔纹。
典型慕畴昔,姓名半榆枌。
安得乘暇日,藉此读典文。
仰止兼景行,怀古情独麐。
有志苦难逐,雄辩空龈龈。
苍然暮色合,咏归偕诸君。

校注: ① 岩有凌云阁祀仓颉及朱子,其旁有塔祀华陀。

白鹤岩

白鹤岩
〔清〕王步蟾

白鹤岩高白鹤飞,野云度岭想依稀。
流霞涧水今犹昔,不见仙禽傍晚飞。

白鹤岩
江　煦

谁乘白鹤飘然去,剩有丹岩阅古今。
怪底苍松无觅处,举头空望白云深。

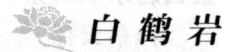

碧山岩

春日偕立伯弟借寓碧山岩
万绍祖

梦同春草前有因,共假云峦作主人。
世外烟霞如旧识,客中兄弟倍相亲。
虽惭康乐游山癖,还藉惠连搜句新。
况对沧波相鼓荡,胸涵万顷净无尘。

碧山岩习静
万绍祖

晓起开门扫落英,春光绕寺乱纵横。
笑看身世皆为幻,坐拥琴书好结盟。
到处奇花纷吐艳,飞来异鸟不知名。
空山色相谁参得,悟彻真如意气平。

碧山岩
江　煦

丹枫如醉并梧秋,碎瓦颓垣动客愁。
血色守宫都不见,空留叠嶂碧云浮。

法　海　院

秋日宴集瑞晃庵
〔清〕黄继仁

古寺门前泊画船,葭苍水碧雁来天。
因寻名胜铺歌席,却喜鱼龙近舞筵。
断霭初收遥浦雨,晚炊争起隔江烟。
玉山已见颓如许,地方何劳酒似泉。

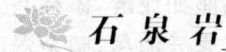

石　泉　岩

石泉岩
〔清〕黄莲士

何年残骨结寒冰,剩有荒岩住老僧。
汲水颇供禅后粥,卖泉粗给佛前灯。
潺湲昼夜无休息,元气淋漓自郁蒸。
岛客品茶需汝甚,取携联络上崚嶒。

荷　庵

丙戌春日同胡勉亭范日方之游荷庵(四首)
〔清〕黄日纪

(一)

邂逅相邀水寺游,飞尘不到小瀛洲。
波中云影流春思,总付诗人笔底收。

(二)

荻芦匝岸水平铺,芥子梵宫一粒孤。
好与雷刘追白杜,习池谁数高阳徒。

(三)

交契烟霞别有神,芝兰未挹早情亲①。
今朝禅榻吟新句,复得骚坛接后尘。

(四)

东粤余杭两地分,飘然相聚若春云。
多情应为怜同调,预订邮筒莫厌勤。

冒雨游荷庵
〔清〕黄日纪

晓来游兴发,不避雨沾巾。
料理登山屐,沿堤踏翠茵。
衫袖何妨湿,贪看岭上云。
今朝诗景好,藉此洗尘氲。
东风添雨力,飚柳拂禅门。
一幅新图画,烟笼祇树园。
云公爱狂客,尽日罄交欢。
满座如泥醉,添杯兴未阑。
夕霁云消尽,晴余翠满山。
春怀添潦倒,日暮不知还。

冬日重游荷庵联句十二韵
〔清〕黄日纪、黄莲士等

频入芦花岸(莲士),重来访佛图。
小桥通水曲(晋侯),净空对山隅。
阶绿萱犹在(荔崖),篱疏菊渐无。
柳条全减翠(希五),枫叶已成朱。
台笋添新景(春三),林空失旧株。
堆云岩齾齵(则兼),带雾洞模湖。
茗碗清谈爽(莲士),诗瓢雅兴俱。
看书评内史(晋侯),辩画识倪迂。
讲道开莲社(荔崖),论禅笑野狐。
尊芳倾竹叶(希五),饥洁供伊蒲。
形迹心常化(春三),芝兰味不殊。
何妨仍潦倒(则兼),尚待夜光珠(莲士)。

春日同友人游荷庵
〔清〕郑莘

池环十笏俯清阴，远隔尘踪烟水心。
结社每缘高士约，敲诗兼和老僧吟。
波光夜度江城柝，柳色春遮衹树林。
对岸喧嚣虽近市，此中何异入山深。

同游荷庵席中呈蓝古萝太史家荔崖师
〔清〕黄云鹰

名士名山有夙缘，梵林绮席静谭禅。
鬘华香气薰怀里，只树秋声到耳边。
雅兴游时频潦倒，深情到处共留连。
欣逢胜会随隅坐，得沐清风侍大贤。

照心池
〔清〕黄云鹰

最爱荷庵小石矶，坐看云影落僧池。
波心鱼跃青天破，镜面花摇白鹭窥。
澄澈非关新雨后，清光恰称晚秋时。
几回静里参空色，月上东方映水湄。

秋日同游荷庵
〔清〕黄云鹰

云敛晴空秋气清，闲寻水际寄幽情。
桥通法界纤埃断，峰列禅门翠黛横。
竹榻最宜僧共话，霜钟恰与客同听。
低徊薄暮迟归去，忽见东方月已明。

荷庵望醉仙岩
〔清〕黄云鹰

荷庵风景喜频经，岸满芦花水满萍。
闲倚禅扉对天界，遥窥密树认黄亭。
岚荫掩映当窗翠，暮霭苍茫入眼青。
月色渐曛秋气爽，钟声响处互相听。

荷　庵
〔清〕陶元藻

烟水周遭净土凭，大光明界我初登。
数弓小圃蔬兼竹，十笏闲房佛与僧。
过雨寒沙移旧迹，隔墙秋嶂见高棱。
白玻璃内天花影，悟彻真空即上乘。

照心池
〔清〕薛起凤

最爱荷庵水一池，纤尘不染自涟漪。
山容毕向空中现，树影全从镜里披。
尽日清虚涵道妙，四围澄澈悟禅规。
欲知心事分明处，请看波光月满时。

照心池
〔清〕黄莲士

鹭洲城外望涟漪，开士荷庵浸碧池。
天上月明当静夜，松关禅定已多时。
色空参后浑无别，诗景悟来最与宜。
自是文心通佛性，惟应说与远公知。

冬日同家荔崖张其在家灼卿游荷庵（二首）
〔清〕黄莲士

（一）

老怀诸念已刊删，剩有游情未放闲。
日暖风恬招便出，商量胜地与名山。

（二）

水落鱼梁露石桥，蒹葭杨柳老萧萧。
辋川佳景诗中画，债得谁家好手描。

荷庵坐雨
〔清〕黄莲士

诗情久在荻芦洲，沙路江村访贯休。
疏雨几声花上过，浓云四壁画中流。
镜湖僧舍敲钟晚，溪岸人家隔水秋。
坐爱烟波蓑笠者，芙蓉树外弄渔舟。

荷庵望醉仙岩
〔清〕张承禄

两扇云扉寂不扃,绕池闲认醉仙形。
烟霞夹锁醴泉洞,日月双悬黄子亭。
山骨数层秋后瘦,松荫一簇晚来青。
他时长啸峰头望,应忆逃禅坐此厅。

秋日同游荷庵
〔清〕张承禄

柴扉半掩石桥横,疑似芙蓉隔鹭城。
笑指烟霞何处好,闲谈水月此中清。
山僧劝酒谁先醉,野鸟催诗我未成。
最喜禅庵秋气爽,顿教身世两忘情。

秋日同游荷庵
〔清〕林明堤

一庵环水逼江城,景物逢秋处处清。
万树萧疏云影淡,千山掩映日华明。
尘心不染仙和佛,世虑难消利与名。
连日山游寻乐趣,谁能勘破此中情。

梵 天 寺

梵天观雨
〔宋〕朱　熹

持身乏苦节,寸禄久栖迟。
暂寄灵山寺,空吟招隐诗。
读书清磬外,看雨暮钟时。
渐喜凉秋近,沧洲去有期。

寺中游集雨斋步东桥玩月二首
〔宋〕朱　熹

(一)

杰阁翔林杪,披襟此日闲。
层云生薄晚,凉雨过空山。
地迥衣裳冷,天高澄霁还。
出门迷所适,月色满林关。

(二)

空山看雨罢,微步喜新凉。
月出澄余景,川明发素光。
星河方耿耿,云树转苍苍。
晤语逢清夜,兹怀殊未央。

寺中登阁
〔宋〕朱　熹

横空敞新阁,高处绝炎氛。
野迥长飙入,天秋凉气分。
凭栏生逸想,投迹远人群。
终忆茅檐下,空山多白云。

书梵天寺寝堂
〔宋〕朱　熹

输尽王租生理微,老僧行乞暮还归。
空山日落无钟鼓,唯见虚堂蝙蝠飞。

大轮山
〔宋〕朱　熹

休暇曹事简,登高恣窥临。
徜徉偶此地,旷望披尘襟。
落日瞰远郊,暮色生寒阴。
欢呼去未已,更欲穷幽寻。
行披茂树尽,豁见沧溟深。
恨无双飞翼,往诣蓬山岑。

罗汉峰
〔元〕偰偰玉立

罗汉山攒翠作堆,半空山柱拥如来。
九霄人立青云上,笑指昙花玉树开。

大轮山吊晦翁遗迹
〔明〕朱　衮

仰止大同祠,还吊大轮迹。
一陟雨华台,清风洒巾舄。
年催战龙松,山倒瞻亭石。

悠然三秀峰，犹带鸿蒙色。
晦翁千载人，苍苔护心画。
遗迹不可忘，长歌海天碧。

九日寺中登高
〔明〕林希元

九日登高遇北风，此身如在五云中。
江山入眼真如画，物论到头有至公。
采菊且斟陶令酒，搜求更上紫阳峰。
百年怀抱姑未论，得失惟应问塞翁。

罗汉峰
〔明〕庄一俊

罗汉西来又一峰，夕阳僧晚已鸣钟。
三千诸佛知何处，留与高人养卧龙。

瞻亭怀古
〔明〕刘汝南

石上亭非古，山中道自尊。
昔贤芳躅迈，空谷白云屯。
岁月磨丹嶂，风霜净绀园。
战龙双老树，一去莫攀援。

游大轮山梵天寺
〔明〕刘汝楠

共有山中约，还寻顶上行。
长林知暑退，极浦见云生。
石转瞻亭字，庵存畏垒名。
来游千载后，访古若为情。

同刘松江存德李刑部春芳登梵天寺高顶
〔明〕刘汝楠

层台高倚碧山岑，圆窦虚明鸟道深。
世上驱驰资佛力，区中妙觉见禅心。
摩岩苔藓荒碑刻，极目云霞变夕阴。
咫尺诸天人境外，下看城廓昼沈沈。

次和少府丁少鹤游梵天寺
〔明〕王 京

沧海波清吏事闲,追随鹤驭入云山。
空堂听梵心先寂,石磴穿萝手自攀。
古木战龙成物化,夕阳飞鸟向人还。
诸天共倚青霄立,风动仙衣月照颜。

登梵天寺次刘汝楠韵
〔明〕刘存德

法界了无际,迢迢望气行。
言从仙子去,坐见海云生。
断壑吹灵籁,浮云远世名。
应知尘劫尽,惟有怀贤情。

早春同客游梵天寺
〔明〕洪朝选

人游喧古寺,客到及春前。
寒树晴光暖,孤亭暮景悬。
跻攀应尔健,高卧任吾坚。
夜静梵钟动,不惊老衲禅。

游大轮山
郭石峰招游大轮山林双湖有诗因次其韵
〔明〕洪朝选

轻飙晴旭弄熹微,藉草传杯净可依。
登陟自夸身颇健,交游漫说世相违。
凌霄碧干情弥上,激石清泉势欲飞。
多少少年成皓首,牛山岘首泪沾衣。

登梵天寺高顶
〔明〕李春芳

剩有登临兴,言从绝顶行。
云中双鹤下,天外几峰生。
篆古犹存迹,苔深不辨名。
高山怀仰止,落日倍含情。

次刘学宪汝楠大轮山顶石韵
〔明〕陈基虞

乘兴招携上绝岑,岩花野鸟自春深。
乾坤到处如轮转,身世谁回彼岸心。
一点青山浮海上,双溪碧水倒松阴。
游人若问圆通路,晓阁钟声响未沉。

大轮山
〔明〕蔡复一

欢情一往已成非,犹爱秋光上翠微。
磴折寒云行款曲,帆开远水见依稀。
霜鸿惜影应迟菊,露叶含情将染衣。
明月当歌乌鹊起,暮钟虽发忍言归。

梵天寺二首
〔明〕蔡复一

(一)

地多云气自为天,树共山开失记年。
有客杖依珠苑鹤,孤吟钟散海门烟。
雨余氇火凉宵话,香定松风美午眠。
荔子将成嫌酒晚,葛巾漉取听飞泉。

(二)

灵刹因人地转深,追凉结伴快幽寻。
茶瓜以外无兼味,山水之间有远心。
好鸟依林风自语,轻云阁日午犹阴。
稻香花气缘郊路,余兴还堪托素琴。

大轮山
〔明〕周廷钺

雨中幽兴尽,筇屦亦难驯。
果尔云如盖,居然石作轮。
寒明生野烧,静籁测风榛。
僧茗虚相对,停杯忆故人。

秋日梵天丈室揽胜即事二首
〔明〕何 兰

（一）

盘盘磴道绕琳宫,一带沧波画里通。
清磬晓敲榕叶月,妙香晚送竹枝风。
丛林金碧传隋室,法戒精严识远公。
最喜秋光能荐爽,相将莫放酒杯空。

（二）

经旬卧疾困秋风,此日招携选胜中。
说法如游龙藏外,置身疑过虎溪东。
碑铭卧草迷陈迹,铃铎依林响梵宫。
坐久顿令心地净,信知持偈万缘空。

梵天春日
〔清〕陈 皋

高林漏罅众峰攒,凝翠亭通草阁寒。
柳线困烟横略彴,垣衣经雨上阑干。
半帘鸭篆春风袅,一枕莺声午梦残。
静掩松扉无个事,从他痴蝶闹花团。

梵天寺登高
〔清〕朱奇珍

公余即日漫登高,人地因缘决一遭。
秋意已为山点缀,草根难藉石坚牢。
偶行静室香留住,乞得君醪醉不逃。
白发在前儿在侧,把莫何用客心劳。

题留月岩
〔清〕李 苏

我何能召月使留,月意欲为我留者。
此刻我与月俱留,白石青山小岩下。

秋夜宿轮山书院
〔清〕高以彰

乘夜闲游到此间,话深不觉夜将阑。
案头书带茶烟湿,帘外花飘酒气寒。
星点宛堪伸手摘,月轮最好倚窗看。
悠然且得襟怀朗,不怕高城曙漏残。

登大轮山龙门
〔清〕方朝敬

龙门崒屼壮高台,水色山光眼底开。
两岛苍茫腾海去,双溪纡折抱城来。
孤舟出峡红涛拥,众鸟投林夕照催。
终古浮云多变态,却教寒屐几徘徊。

秋日同游大轮山
〔清〕郭　迈

骚人邀共此山游,蹀躞摩崖宿雨收。
藓带疏泉匀石碣,云连古树护僧楼。
三年客去留鸿迹,二水烟开见鹭洲。
漫说雁峰携谢句,只将远意问高秋。

宿梵天寺
〔清〕黄　梅

一桁袈裟劫未灰,禅门烟树画图开。
行来地僻尘无网,悟到心空镜有台。
幡里拈花窥佛笑,云中飞锡见僧回。
买山未遂平生志,更与东林订后来。

梵天寺
〔清〕庄光前

巍峨梵宇迥陵虚,忆昔隋朝敕赐初。
宝地云霞开佛国,山门龙虎卫禅居。
法幢花雨诸天外,猊座金身六代余。
胜迹不随尘劫化,至今古刹未邱墟。

大轮山
〔清〕庄光前

东北逶迤远势连,倚空高耸翠微巅。
诸峰露冕凌云出,绝顶飞轮抱日圆。
千载空岩留月色,六朝遗梵锁秋烟。
紫阳往迹瞻亭在,曾忆山中过化年。

登奎星楼
〔清〕童浚德

奎楼突兀构城东,曲槛疏棂面面通。
近得圣居锺士气,依来巽位振文风。
台垣显跨云衢上,斗宿光临泮水中。
此日门墙新黝垩,凭高一望兴何穷。

重建仰止亭怀古
〔清〕童浚德

轮山院外建新亭,仰止题名自昔经。
徽国遗芳常在望,王侯旧址好相形。
凭高俯瞰峰峦小,坐久时闻翰墨馨。
一径浮图幽绝外,光风霁月忆先型。

同陈筠竹访寺僧不遇二首
〔清〕童宗莹

（一）

偶动游山兴,禅关共扣来。
寻僧何必遇,爱菊不须开。
折竹为谈柄,翻经当睡媒。
佛堂偏解事,遍访住持回。

（二）

岫云不出山,忽离山中树。
定僧不出龛,出定知何去。
云归山更幽,僧去佛无语。
惟有岩边石,示我旧题处。

访寺僧明玉
〔清〕童宗莹

寻僧来野寺,秋色满疏篱。
雨过浮云白,山空落日迟。
逢花思对酒,得景欲成诗。
无限凄凉意,西风正急吹。

游轮山偶过同归所感赋
〔清〕童宗莹

顺治四年戊子四月,郑成功遣将据同安城。八月二十六日,清李率泰大兵至,屠焉。时有僧无疑负尸葬轮山冢,勒其碑曰"同归所"。

有一比丘曰"无疑",三秀中峰采紫芝。
乱世全身半饥饱,锄云耨月勿言疲。
不逞机锋不学诗,每于朴处见威仪。
戊子之年陷城池,填街塞巷有横尸。
四民纷纷悉流离,断骼模糊血参差。
腥秽逆人忽昏痴,虫穿蝇集收者谁?
比丘为此泪双垂,有罪无罪总堪悲。
以无畏力愿掩之,解衣投杖荷蔂梩。
或负或曳或抱持,腐胔视如旃檀枝。
从沙门法付荼毗,封以一抔累累□。
城中白骨忽清夷,宵深雨暗磷少驰。
市井复业纷相追,同归一所今如斯。
万鬼无声享吉蠲,呜呼功德归吾师!

仰止亭怀古
〔清〕郭 瑛

徽国当年过化新,巍巍亭榭委灰尘。
连云鸳瓦埋芳草,绣壁苔花叠锦茵。
万壑烟霞空自富,满蹊桃李不成春。
千秋频向高山仰,未坠斯文起后人。

登大轮山
〔清〕杜鸿猷

未到轮山上,先闻法磬音。
人行山径曲,水出石溪深。
晚照松间影,轻风竹外阴。
遥观峰顶上,惟见数飞禽。

游梵天寺
〔清〕倪以琢

采药上轮峰,扶藜到处踪。
留岩无月照,到寺有云封。
虎口空成洞,龙鳞竟失松。
上方残照外,回首一声钟。

晚秋登大轮山遇雨
〔清〕高有器

登临眺望雨霏霏，罗汉峰头掩落晖。
曲磴人随残暑退，空林鸟带晚凉飞。
从来揽胜皆忘返，不为题诗亦懒归。
回首那知秋色暮，青山处处着云衣。

罗汉峰
〔清〕叶时茂

疑是南无降碧天，一尊参对梵王前。
花台香霭祥云结，宝殿风过迥法海。
填五夜圆留皓月，千言呗叶诵浮莲。
空中寂历轮冈外，见像何因祝圣年。

冬至轮山远眺
〔清〕徐　辉

六阴初伏昼舒长，闲倚横阑俯佛场。
四望潇潇霜意重，满江红叶乱斜阳。

战龙松
〔清〕徐　辉

郁郁战龙松，摩崖混空碧。
上友倦云飞，下友忘年石。

仰止亭
〔清〕徐　辉

屹然耸高亭，斯亭名仰止。
俯瞰群峰低，遥遥望彼美。

圭石远眺
〔清〕徐　辉

云梯晓踏野霜高，空霭寒光入望豪。
老树摩崖龙欲化，江天万里起波涛。

战龙松怀古
〔清〕高联飞

二松交峙古，朱子表其名。
翠干凋零久，剔苔镌字明。

大轮山题壁
〔清〕吴兆荃

征人铁甲浣银河，议抚招安路已多。
盛世由来深雨露，皇天如此厌兵戈。
攻心何处寻诸葛，捧檄偏教下赵佗。
戎马至今廑圣虑，江南翘首息鲸波。

九日登大轮山
〔清〕白冠玉

旷怀不觉海天宽，争仰高山契古欢。
胜地能招名士履，野花欲上酒人冠。
筵开菊径秋风远，钟度松关暮霭寒。
呼取岩泉同煮茗，官情合向个中看。

次白海仙（知县白冠玉）原韵二首
〔清〕童蒙吉

（一）

仙吏风流气量宽，豪游对酒共追欢。
名山胜会亲凫舄，盛席叨陪愧鹓冠。
古树不知秋气老，野花自觉晚香寒。
振衣绝顶千峰少，海阔天空放眼看。

（二）

秋高气爽乾坤宽，一岁无如九日欢。
海国新开平世界，轮岗盛集雅衣冠。
花能迎客偏同淡，竹欲凌霄岂怕寒。
指点夕阳沉大壑，归途细向月中看。

题巢云楼明玉上人二首
〔清〕童蒙求

（一）

云以楼为巢，楼以云为客。
云去楼自空，云归楼自白。

(二)

古寺湾环里,巢云永传灯。
高楼自今古,风雨一诗僧。

轮山秋晚访僧不遇
〔清〕童蒙求

猛省一声钟,秋山第几重。
琴鸣崖上瀑,涛战涧边松。
独客谁为伴?高僧不可逢。
回头归去后,凉月挂中峰。

访僧宿梵天寺
〔清〕童蒙求

谈玄来觉苑,缓步入祇园。
就石安茶灶,依花列酒樽。
客眠云绕榻,钟动月当门。
诗思凌霄汉,高吟惊夜猿。

宿梵天寺
〔清〕许廷珪

曲径通幽暮霭深,风泉清籁发禅心。
一龛佛火诸天净,万壑松涛下界深。
孤客梦残疏磬晓,乳鸦啼散落花阴。
坐来晤得旃檀味,独自烧香爇水沈。

游大轮山
〔清〕许廷珪

嵇康习惯出游稀,为爱名山上翠微。
城外红光开画稿,林间岚气点人衣。
泉流石润穿斜径,花暗禅房半掩扉。
取次摩挲寻古迹,夕阳带笠一僧归。

梵天寺步白冠玉原韵
〔清〕黄维岳

振衣千仞望沧溟,海水连天一色青。
自极大观高著眼,肯因梵语远来吟。
南无古佛方丈室,北有前贤数尺亭。
仰止不禁飞逸兴,清吟真觉梦初醒。

城游大轮山二首
〔清〕陈荣仁

（一）

凌晨散策上高峰，十载惊心感旧踪。
久别僧疑生客至，重游山似故人逢。
雨余苔绣题诗石，日暮云封出寺钟。
烟树苍茫几今古，不知何处战龙松。

（二）

山半新安有故庐，揭来拾级叩幽居。
路穿曲笕泉侵屦，雷劈悬崖石倒书。
晚梵数声惊竹卿，归帆一线走铜鱼。
江山平远真如画，醉问倪迂如不如。

游梵天寺
〔清〕倪湜湜

芒鞋乍着出郊坰，百雉孤城列画屏。
解语流莺随处巧，多情芳草向人青。
踏开觉路云双屦，悟澈昙花月一瓶。
爱却尘氛侵不到，隔帘香雾读黄庭。

登仰止亭
〔清〕陈贻焜

荷杖出苍崖，大江去不涯。
峰峦低枕席，河汉浸心脾。
哀角孤城壮，劲松落日佳。
可怜无谢屐，聊借踏青鞋。

重九登轮山兼怀前邑侯白海仙二首
〔清〕汪西之

（一）

直上轮山最上头，茫茫云树一天秋。
谁将风雨题新句，难得杯盘结俊游。
极浦波光摇石塔，悬崖月色冷钟楼。
同来揽胜无宾主，醉插茱萸乐未休。

(二)

共寻韵事九秋天,令尹风流忆海仙。
奎阁持鳌叨末座,岩泉煮茗说当年。
同来楚客飘零尽,犹是微躯落拓怜。
读罢峰头旧石刻,摩挲碑碣倍凄然。

登大轮山最高顶望南北二太武
〔清〕林腾骧

北太武,浯江村;南太武,鹭江濆。
彼一太武,此一太武,两扇海门南北分。
吾同海滨邹鲁风,胡为太武不太文?
吁嗟人杰由地灵,兜鍪雄伟似将军。
吁嗟地灵则人杰,干城腹心代相闻。
非无玉堂金马客,亦有节度铭殊勋。
究竟钟英多异种,柳营虎帐易超群。
大抵川岳司其柄,英豪人事只三分。
君不见天马行空居午位,追风逐雷茶层云,
马前伐鼓奏凯歌,嘉名肇锡非漫云。

九日登轮山叠白海仙旧咏原韵二首
〔清〕刘德渊

(一)

渺渺愁予一笑宽,尊前人是平生欢。
不知吹落孟嘉帽,何日轻弹贡禹冠。
老树夕阳秋黯淡,黄花时节气清寒。
年年久负登临约,才上峰头极顶看。

(二)

凭高南望海云宽,故国登临结素欢。
名胜昔随携蜡屐,文章今已误儒冠。
泉清莫压在山久,松老终能阅岁寒。
不是狂吟无寄托,俊游难作等闲看。

九日同双溪诸子登轮山有怀白明府同登诸公
〔清〕颜润庭

为偕游侣上山巅,共唱新诗醉菊筵。
白发频添双鬓满,碧霄依旧乱峰悬。
衔杯倏尔成今古,落帽又将记岁年。
最是不逢彭泽宰,分题谁是擘吟笺。

与黄垂昆游大轮山二首
〔清〕颜润庭

（一）

名山才咫尺，睽隔动经年。
得友便能往，无僧太悄然。
荒崖苔藓剥，曲径犊牛穿。
翘首东南望，平湖落眼前。

（二）

当夏树参天，虬枝屈曲连。
虽生千叶翠，尚少一声蝉。
风好披襟纳，云间爱客怜。
尘寰能自脱，此地亦云偏。

与周冕登巢云楼有感
〔清〕张 荄

榆社论交淡愈真，同游好置等闲身。
当途谁复兴诗教，裕国多应仗贾人。
挂衲禅僧时过从，忘机鸥鹭日相亲。
白云散尽幽天净，愿与共为怀葛民。

与周蕴斋、陈锦千登巢云楼，口占四首
〔清〕张 荄

（一）

回首重阳经两月，严霜天气游人稀。
谁知别有春容在，几树山桃缀翠微。

（二）

危楼耸翠傍僧庐，席上山肴杂野蔬。
乐圣避贤觞政立，耽游也算惜三余。

（三）

汲得名泉瀹雪茶，能诗佳客竟停车。
凭阑历览溪山胜，最好夕阳百丈霞。

（四）

暮色苍苍起四围，僧人散尽磬声稀。
多情最是楼头月，御着冰轮送我归。

九日登大轮山有感
〔清〕张 荄

去年世事感沧桑,意外风波险莫当。
最好名山来旧雨,况逢佳节是重阳。
举杯未饮思元亮,借箸难筹愧子房。
闻道青毡将改业,几人痴梦续黄粱。

和周蕴斋轮山即事踵原韵
〔清〕张 荄

日暖风和霁景开,东皇幸遣早春回。
记从幽蓟联床话,又向林泉挈榼来。
古梵疏钟虚佛座,山桃野菜当诗材。
共君拟作平原饮,更与同侪十日陪。

闰五月十四日偕张子庚、周梅史集巢云楼即事
〔清〕周 冕

忽逢二客伴登楼,引得东坡续旧游。
一幅画图欢过眼,卅年风景忆从头。
云生午後阴初合,雷响空中暑已收。
听说虎邱多胜概,此山争不到苏州。

癸卯元月邀同社张子庚孝廉游大轮山即事
〔清〕周 冕

新年无事好怀开,取次游山第一回。
夺路生憎驰马去,临池漫说看花来。
偶因白塔徵文献,笑擘黄柑作酒材。
忘却是宾谁是主,陶然童冠更相陪。

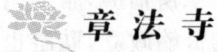

章法寺

章法寺
〔宋〕邱 葵

一入紫云深更深,游僧亦喜不相侵。
已无尘事败人意,时有书声杂梵音。
浩气养成天地小,欲心扫尽鬼神钦。
人生能有几七十,自爱当如百炼金。

六月寓章法寺
〔宋〕邱　葵

暝色入招提，昏鸦已不啼。
诸僧空院出，老子独山栖。
堂面无人过，天形镇日西。
寂寥应不恨，吾道与时暌。

雨中宿章法院
〔宋〕邱　葵

潇潇一江雨，凉气入山扉。
离舍本不远，连朝亦忘归。
紫荆成子落，黑蚁化蛾飞。
看尽浮生事，终输破衲衣。

章法院堂中清坐
〔宋〕邱　葵

到此人空法亦空，跏趺独坐夜方中。
清还风去明还月，自己清明只在躬。

梅 山 寺

九日同诸友人登梅山
〔清〕庄光前

重阳佳节此登高，选胜梅峰雅兴豪。
不有参军来落帽，岂无词客共题糕。
人烟山郭千家井，海色秋风万里涛。
同醉月台台上月，杯中贤圣是吾曹。

游梅山
〔清〕叶奎山

胜景劈天开，欣情动地来。
名山谁作主，今古一园梅。

甘露寺

重游甘露寺
〔清〕陈韬章

为忆春初挹翠岚,朝来乘兴复登探。
千层峭壁螺尘簇,百尺飞泉练影涵。
色带秋杉云抹澹,名传古刹露垂甘。
凭高极目情无限,落叶萧萧点碧潭。

泗洲明觉院

咏泗洲明觉院
〔清〕黄垂昆

平畴一带傍溪湾,好水由来称好山。
野寺僧稀云占住,寒林客至鸟偕还。
年丰收取稻粱乐,岁晚放归牛马闲。
此去城居能几许,宽然便似隔尘寰。

题明觉院四望亭
〔清〕陈柏芬

兰若清幽喜比邻,携壶逐屐共闲宾。
白云古道纡相引,红树斜阳画不真。
嚼笋已参禅底味,栽花待隐老来身。
高歌犹自峰头立,倦鸟窥林暗笑人。

北山岩

咏北辰山
〔宋〕邱 葵

朝见北山青,暮见北山紫。
顽然土与石,此色何处起。
无情草木含清光,朝露夕辉助明媚。
四时烟雨姿态殊,天机滚滚何曾已。
人见山上有青天,谁知天在青山里。
欲问巨灵知不知,白云起处孤鸢飞。

咏瓶台霖雨绝句
〔明〕李春芳

绝巘凌空鸟道回,大夫何事直飞来?
□□一祷苏民望,鼓腹含嬉乐只哉。
百丈龙潭千丈山,为云为雨泽民间。
谁言此地无龙卧?大夫到此便飞还。

校注:诗刻于"十二龙潭"石矶。末署"东明道人"。

无　题
〔明〕刘存业

碧水澄潭漾太清,忽闻雷雨杂歌声。
山灵未必知天意,自是贤侯格至诚。

校注:诗刻于"十二龙潭"石矶。末署"敬斋道人"。

游龙潭
〔明〕郭贞一

殷殷触石气如虹,灌莽驱除见化工。
四海龙蛇方鼎沸,一潭鱼鳖溯云淙。
钓台烟雨鼍矶上,纳麓风雷鸟道中。
地势遥深天亦小,樽前抗首问诗翁。

出 米 岩

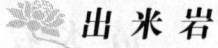

出米岩
〔清〕陈德辉

南来行国尚清尊,鬼护神输总异闻。
华盖仍留山上石,苍林疑驻殿前军。
残碑篆迹埋秋草,古涧泉声咽暮云。
反舍挥戈何处是,划然长啸对斜曛。

龙 池 岩

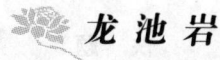

龙池岩望海楼即景
〔清〕陈伯芬

溪山佳胜辄勾留,况是东南第一邱。
夹道松阴连涧水,隔江村舍离渔舟。

归僧红叶喧空径，吟客青衫倚晚楼。
无恨低徊无奈处，数声清磬出林头。

登龙池岩
〔清〕周 冕

踏云人占一峰尊，万象都归眼底奔。
古木穿藤龙怒攫，斑苔蒙石虎痴蹲。
紫阳讲座春风护，南渡江声旧恨吞。
谁是名山谁得主，不须争说谢公墩。

太华岩

太华岩
〔清〕倪鸿范

杰构华岩压众峰，崚嶒攒簇似芙蓉。
苍崖险山泉千尺，石磴萦纡路几重。
谷口频看青障拱，山腰时有白云封。
为怜西岳高堪仰，聊把莲花拟岱宗。

清水岩

游清水岩
〔宋〕邱 葵

上人栖息地，仰见佛庄严。
乱藓缄新甃，闲花覆古檐。
浯山青入眼，榕树紫垂髯。
独步秋祠晚，云闲月一镰。

佚 题
〔宋〕邱 葵

普陀岩下苍榕树，借我今年两度游。
客思凄凉无奈老，水光潋滟最宜秋。
□思乘兴游沧海，却恨知心少白鸥。
日暮强从年少去，溪山好处尽成愁。

圣 泉
〔清〕庄明呈

何年勺水锡嘉名,牵缍徒深汲古情。
能识源头泉始达,从兹会悟圣之清。
寒生风雨归松壑,香绕旗枪到茗当。
有本由来如是取,盈科混混一渠成。

慈云岩(又名端平岩)

题端平岩二首
〔明〕刘汝楠

圣水山头塔影,慈云寺里钟声。
禅参上乘下乘,业悟前生后生。
清净自然见性,空虚不是逃名。
祇园向去离垢,莲社将来结盟。
拂曙环林鸟语,斜阳绕寺蝉声。
晴窗山翠仍人,午院松风自生。
处世翻如大梦,绊人总是浮名。
还从野鹤高举,不负海鸥旧盟。

校注:诗刻于圣水泉山石佛塔西南巨岩上。署"嘉靖癸丑夏月西清道人刘汝楠书"。

同李员外春芳游慈云岩
〔明〕刘汝楠

携客清秋来古寺,苍苍松桂满丛林。
孤云野鹤共僧语,白日玄猿听梵音。
暗水自流幽洞静,碧萝长挂翠微阴。
欲将石壁题诗遍,只恐真源不可寻。

校注:诗刻于圣水泉山佛塔西南巨岩上。末署:"嘉靖丙辰秋日南郭刘汝楠题。"

游慈云岩次刘学宪汝楠韵
〔明〕李春芳

空山绝径无人到,与客探奇入远林。
已共烟霞为野逸,更闻钟磬发清音。
洞开峭壁堪云卧,塔倚层霄落昼阴。
便欲乘风凌紫极,仙源重访恐难寻。

校注:诗刻于圣水泉山石佛塔西南巨岩上。末署"东明李春芳"。

题慈云岩寺壁
〔清〕无名氏

青松古柏传钟声,丹鹤白云绕塔影。
林康乡贤寒读处,李刘诗韵醉游人。

福 船 院

福船山
〔清〕倪鸿范

山如宝筏寄人间,藤蔓重牵碧汉湾。
每讶浮杯登远岸,还疑折苇涉元关。
慈航稳泊峰峦静,陆地无波岁月闲。
梵宝虚舟能度世,方知佛法妙尘寰。

西山岩(又称白云岩)

西山岩
〔明〕丁一中

古寺西岩紫翠间,独移飞盖入松关。
自知灵境遗探讨,空愧尘途数往还。
碧涧暂时清客思,白云长日伴僧闲。
振衣更蹑层峰顶,天海青苍照素颜。

校注:诗刻于是岩之北。末署:"明少鹤丁一中。隆庆三年己巳十月吉日勒石。"

西山岩
〔明〕刘存德

龙宫掩映碧云间,南北高峰耸两关。
绝壑风回无鸟度,断炉火活有僧还。
青郊路接平芜远,白社身随化鹤闲。
极目尽归沧海外,放歌聊以振颓颜。

校注:诗刻于是岩之北。末署:"隆庆辛未,沂东刘存德次。"

游西山岩次石上韵
〔明〕洪朝选

殿宇参差霄汉间,苍松白石护禅关。
茫茫远水征帆杳,片片轻霞夕鸟还。
已觉浮生如梦过,几时行脚似僧闲。
山厨且暖松根火,暂倒壶觞一解颜。

普 陀 岩

游普陀岩过林次崖先生读书处感咏
〔清〕陈　薰

一崖复次崖,普陀在其下。
当年著书人,风流何儒雅。
别业构数椽,于今几片瓦。
满壁墨淋漓,谁欤称作者。

雪 山 岩

牛皮仑访休歇上人
〔明〕池显方

狂风怒水一齐鸣,画里游人壁上行。
六载浮山和雪定,两间茅屋半云争。
戒衣挂处天华坠,慧炬燃来野雾晴。
透得牛皮方到此,本无休歇亦无生。

雪山顶上叩僧休歇
〔明〕黄文炤

壁立层云香径通,扪萝又上茂林峰。
月高庭后无人到,惟有龛前大小空。

石 峰 岩

题石峰岩壁
〔清〕蔡　钟

四壁悬崖处,无从动斧斤。
天然古洞里,栖月与栖云。

灵鹫岩

咏灵鹫岩
〔明〕池显方

白虎与斯地,双岩五里中。
溪光开别境,树影覆真空。
往代碑遗址,天然石作宫。
前峰仍有洞,幽窈更无穷。

晃 岩

题晃岩
〔明〕赵 最

翠涌松涛十里闻,楞严光下辨峰纹。
秋兰被谷灵均老,绣佛开堂鹿墅分。
谢朓惊人诗绝顶,郰侯仙骨鸟为群。
村烟陇树模糊里,自起携锄种白云。

题晃岩
〔明〕许 琰

好是离城十里间,萧森秋气共追攀。
云边人转长依树,林杪楼高不见山。
破竹迎泉分石乳,听松待月老龙颜。
风飞磬响悠然去,拍点禅机出白鹇。

真寂禅寺

游真寂寺
〔明〕丁一中

翠华闻说驻空山,石径攀萝叩暮关。
观瀑尚留归海句,澡身犹见浴龙湾。
浮云世事终朝幻,明月禅心万古间。
无那俗缘消未尽,又随斜月向尘寰。

真寂寺
〔明〕何乔远

白龙花药困衡州,又向南天汗漫游。
隐迹三年高坐侣,空山千载夕阳秋。
飞泉挂绝峰应改,洗垢桥悬水尚流。
匡坐终朝人到少,潭云林鸟两悠悠。

浴龙池
〔明〕池显方

身向水中坐,水从耳边过。
总是色与声,二尘未打破。
一窍才鸣雷,万壑争呼和。
佛灯照高松,举头月双个。
枝尖露欲流,峰腹云自磨。
如何名此山,仅枕夕阳卧。
我夙烟霞癖,一勺疗清饿。
住寺如住家,问归心已惰。
白龙三载潜,波涛念未挫。
鸾骖忽相迎,猿鹤不来贺。
瀑布石痕存,泉道欲飞左。
空余联句诗,千古传残唾。

浴龙池观瀑
〔清〕萧子均

绿暗招提护一邱,携将春屐访僧游。
断虹带雨全归市,古树凝烟半锁楼。
龙去空池余碧草,瀑悬峭壁尚寒流。
我来倚阁苍茫立,一啸残阳没岭头。

资料来源:清乾隆《泉州府志》、清乾隆《鹭江志》、清道光《厦门志》、民国《同安县志》、《厦门摩崖石刻》、《厦门诗荟》、《南普陀寺志》等。

二 楹 联

南普陀寺

东山门
甲子冬十月
喜瞻佛刹连黉舍；
饱听天风拍海涛。
北山虞愚

西山门
甲子冬十月
广厦岛连沧海阔；
大心量比五峰高。
北山虞愚

天王殿门廊
分派洛伽开法宇；
隔江太武拱山门。
陈衍撰书

太武屿前屏，尘世大千皆梦幻；
洛伽分一派，法门不二此因缘。
王振先书

按琵琶玄，弹破苦空色壳；
张蛟龙口，吞来离垢珍珠。
余焕章敬书

手执金鞭，降伏心猿意马；
眼看宝座，分明实相法身。
刘培元敬书

一佛南来，天为洛伽开别岛；
大江东去，我从浮屿望慈航。
　　陈宗书敬

四大本无情，随循环桃红柳绿，翻新世界；
天王原有道，护国土摧邪扶正，镇定乾坤。
　　住山印月撰　吴清麟书

校注：印月即会泉法师。

南望极沧溟，波覆澜翻，何如独坐莲花，真成自在；
普天蒙尘瘴，烟迷云暗，安得同登宝筏，讬庇弥陀。
　　蔡秋涛题

殿　内

戊辰春月
入此门先参兜率一古佛；
登斯殿后礼须弥四天王。
　　郑海寿撰书

丁卯夏月
整日镇山门如如不动；
长年护佛土处处圆通。
　　郑海寿撰书

丁卯夏月
修六度波罗蜜多，尽除有漏烦恼；
念一声阿弥陀佛，趋入无余涅槃。
　　郑海寿撰书

昔日如来开教海；
今朝护法镇禅林。
　　佚名

护世飞来多美膳；
法轮转处现祥云。
　　沙门常惺题

好携外道归调御；
应许将军见太平。
　　汪煌辉题

怒目金刚，任是千魔顿伏；
低眉菩萨，由来万行齐修。
　　洪鸿儒

宝伞盖张，覆遍洞天福地；
青锋剑利，劈开爱锁情枷。
　　周殿熏题

我是世尊使，护持其法藏；
常在灵鹫山，供养诸如来。
　　南狱大云书

大雄宝殿前廊
　　壬戌春
经始溯唐朝，与开元而并古；
普光被厦岛，对太武以增辉。
　　晋江曾道撰书

　　民国十一年首夏
法界礼三摩，天然鼓阜钟响为江上灵邱，挂佛子开山杖锡；
战尘昏五季，留此云巢石笕是闽南净土，护诗人题壁纱笼。
　　黄仲训书

　　民国第一壬六月
法身无去无来，住寂光而不动；
德相非空非有，随机感以恒周。
　　四明一吼堂圆瑛撰书

　　壬戌初春
禅派即南宗，笑指虎溪通咫尺；
法音超上品，环看鹭屿逸迦陵。
　　温陵吴礼恭撰

南海有名蓝，舶赶曾传单舸去；
普天无净土，弥陀合共一龛藏。
　　闽县陈培坤撰

　　壬戌首夏
佛国几沧桑，鸳舍重新，爪迹百年先靖海；
禅房饶水竹，鹭江小住，心香一瓣古瞿昙。
　　温陵施士洁蔡文力敬

殿　内

民国十一年夏月
鼓振钟鸣,普醒众生尘劫梦;
山明水秀,全彰古佛法王身。
　　黄培松

民国十一年孟春
现自在身,愿众生共渡慈航,早超苦海;
救将来劫,望我佛宏施法雨,力挽狂澜。
　　海军上将刘冠雄敬题

民国壬戌夏季
丹凤岗下建梵宫,面水背山,罗汉天然环佛地;
白鹭岛中留胜迹,左钟右鼓,观音自在显圆通。
　　虎溪印月撰书

民国十一年夏历
说法入三摩地,右钟三戒,左鼓三明,钟鼓得六通,共悟蒲团禅板;
登高到无尽岩,观海无边,观天无际,海天空万象,祇余沙鸟水帆。
　　思明县知事来玉林撰书

后　廊

壬戌春月
此地为普照旧基,经通侯改建;
兹山如洛伽妙境,奉古佛慈尊。
　　晋江曾道撰

壬戌春月
奚事扣禅扉,但有空门开觉路;
本来无寿相,何妨五老踞灵山。
　　蔡凤机撰书

壬戌四月
五老小勾留,岩壑常含无尽意;
百僧真供养,涧泉那有不平鸣。
　　温陵龚植

殿内大悲殿
　　民国二十年
　五老此留形，清净为心皆补怛；
　普门无定相，慈悲济物即观音。
　　　　住持太虚

法堂门廊
　　甲戌仲夏
　有为法，如梦幻泡影露电；
　后末世，能书写读诵受持。
　　　　王震吴兴书

　　岁次乙亥三月
　皆得妙法究竟清净；
　广度一切犹如桥梁。
　　　　大开元寺
　　　　沙门瑞月书

法堂内
　　宣统三年
　座上莲花，占断西风，定当三月景；
　瓶中杨柳，分来南海，应是一枝香。
　　　　林文塔谢

　　甲子仲秋
　沧海临门，风引慈航箇箇；
　层峦倚壁，泉飞法雨丝丝。
　　　　安定梁须楳书

太虚台
　云影波光天上下；
　涛音松籁海中边。
　　　　太虚题

　孽海当前休失足；
　迷途觉后速回头。
　　　　太虚题

跨海远来,立使海山成佛地;
摩天直上,依稀天竺护慈云。

太虚题

鸿山寺

山 门

鸿图纪鹭江,胜地平分八景;
山光联碧海,慈航普渡众生。

陈三畏书

校注:1998年沙门妙华重建

弥 勒

终日解其颐,笑世事纷纭,曾无了局;
经年袒乃腹,看胸怀洒落,却是上乘。

谢澄光书

中 门

乙亥年仲秋

鸿运转新机,座上春光观自在;
山岚钟秀岩,空中紫气现如来。

惠邑谢祥泰书

大雄宝殿前廊

鸿濛甫分,虎踞龙蟠钟佛地;
山川一览,水光月色印禅心。

惠安谢瑞廷撰书

校注:乙亥仲秋蒋以德居士立

殿 内

妙德圆明,渡群生常具正法眼;
华藏玄门,愿善信同发菩提心。

陈三畏书

校注:1990年妙华法师重建

妙音嘹亮喧经旨;
华月圆明照性天。

寿山题

五观堂

坐享檀施岂易；
自忖已德何如。
　　一音题

法　堂

佛历二五四四年
香云遍满华严界；
甘露长滋福慧田。
　　谢荣仁书

恒以大音宣正法；
当念本愿度众生。
　　连明生敬书

功德楼

觉海慈航菩提路广；
慧花净果功德林深。
　　门人普臻撰书

校注：丙子年中秋立

伽　蓝

四方伽蓝同时护；
古今威德到处灵。
　　住山沙门法云书

江山聚秀春云暖；
奎璧联辉织雨深。
　　佚　名

织雨亭

水纹拖去粼粼起；
风线牵来片片斜。
　　莫风翔撰
　　谢澄光书

妙谛梵音萦回鹭岛；
华光法雨交织鸿山。
　　周瑞光撰

校注：妙华法师重建鸿山寺落成纪念。

天界寺(原称"醉仙岩")

山 门
天凌云月小鹭岛；
界遍十方大华藏。
一德上人撰书

仙岩灵洞，感化方外客；
天界晓钟，惊觉梦中人。
传声书

天界寺门
佛历二五三六年壬申三月
慧日通明祥光遍照；
慈云广被法雨频施。
田光烈书

大雄宝殿
民国二十九年庚午
自在功夫心即是佛；
如来真意月明当天。
主持释广恩题

民国二十九年庚午
顽石真教头自点；
天花时傍座前飞。
主持释广恩题

戊戌仲夏
仙佛有灵，十年早遂南金愿；
洞天圆梦，雨夜如闻水竹声。
罗丹撰书

墨池如滴昙花雨；
清磬声传贝叶风。
佚 名

醉仙岩

丁卯仲秋
遍布慈云求大士；
回生妙术托仙翁。
寿山敬书

丁卯仲秋
醉里参禅因缘香火；
仙中谈奕世事评棋。
寿山敬书

华严寺

大　门
华光法雨长滋鹭岛；
严戒清规具足菩提。
东卿林岑

大　殿
佛历二五四二年
非妄非真常行于空，植众德本；
不取不舍无有少法，得菩提心。
浙东张之江书

普光寺

山　门
普令群迷，荡涤愆尤皈净域；
光除痴暗，蠲消业网脱沉沦。
伯圆撰书

金鸡报晓，空诸热恼情尘梦；
古刹重辉，殊胜庄严慧业耕。
伯圆撰书

天王殿
天意人间，去恶降魔恒锡福；
王威寰宇，扶危济困赋祯祥。
佚　名

观史陀天亲授记；
龙华树下悟真诠。
　　雁荡山
　　僧竺摩撰书

示将军拥护正法；
提宝杵以降魔军。
　　雁荡山
　　僧竺摩撰书

大雄宝殿
戊辰四月
金口说三乘，宣扬妙法微尘里；
鸡声闻四野，唤醒世人迷梦中。
　　雪峰居士林子青撰

观音寺

松柏钟灵开梵宇；
观音显化示鹭门。
　　佚　名

虎溪岩

山　门
佛历二五三六年公元一九九二年
虎溪映月朗中天，佛光含大地；
龙藏明心撤法界，禅理透万机。
　　田光烈撰书

佛历二五四四年岁次庚辰仲春
山映虎溪夜月；
门承黄檗宗风。
　　桃溪居士撰

啸风楼
佛历二五四四年
虎溪映月，曾记东林胜事；

黄檗传灯,辉扬岛国扶桑。
桃溪居士撰

佛历二五四四年
啸吟起对溪山月;
风范宗承黄檗禅。
桃溪居士撰

宏船纪念堂
佛历二五三八年
宏图大志千秋业;
船载慈航普济生。
佚　名

宏愿常随诸佛学;
船师满载群灵归。
雁荡山
僧竺摩撰书

殿　内
佛历二五三〇年
若人欲知佛境界,当净其意如虚空;
远离妄想及诸取,令心所向皆无礙。
陈美祥书

丙寅年
能于众生施无畏;
普使世间得大明。
北山虞愚

丙寅春三月
心香普熏众生安乐;
时雨润物百卉滋荣。
北山虞愚

虎　洞
佛历二五三八年
千处祈求千处应;
苦海常作度人舟。
释妙湛撰书

日光岩

南山门
日光普照三千界；
岩势高凌尺五天。
　　释善扬题

北山门
波红光浴日；
屿碧浪排天。
　　释善扬题

圆通殿
日对西天鼓浪屿；
光求南海普陀山。
　　黄潜仑题

日月星辰环法座；
光明正大见婆心。
　　黄瑶、黄德题

日月双轮天地眼；
光明一样圣神心。
　　陈赵海题

日色呈祥岩地秀；
光辉发亮洞天清。
　　黄德题

身芒南海化；
神自西天来。
　　黄良言题

弥陀殿
旭日蒸红，宝树千花光梵宇；
群峦叠翠，海涛万顷壮山门。
　　善扬题

三宝殿

日月照临，海山楼阁今依旧；
光明晃耀，梵宇琳宫又一新。

释善扬题

伽蓝殿

妙音能除三世苦；
威震远彻九霄云。

善扬题

地藏殿

惊醒世间名利客；
唤回苦海梦中人。

善扬题

太平岩

大门

超太上玄，说平等法；
听寺潭月，观岩谷音。

净空敬题

校注： 民国十四年春住山转尘转岸立

前廊

俗客来斯访石笑；
山僧居处有云飞。

佚名

太古石有头能点；
平安竹无心故虚。

佚名

竹密不妨流水过；
山高那阻白云飞。

佚名

玉皇殿门柱

玉殿森严昭圣德；
皇恩浩大被群生。

（明）佚　名

校注：太平岩明代称太平观，主祀玉皇大帝，此为仅存玉皇殿前旧联。

中　岩

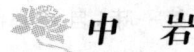

殿前廊

甲戌仲冬
中天皓月真禅境；
岩瓦云扉即佛堂。

李雪嵋撰书

甲戌冬

烟霞清净尘无染；
水月空虚性自明。

妙云书

明镜绝尘方显性；
会心无住是流泉。

晋水李伯瑜撰

殿　内

中有衣珠真供养；
岩无尘罣可修持。

李雪嵋撰

丙子仲冬
片石孤云空色相；
清池浩月即禅心。

李伯瑜撰

白鹿洞

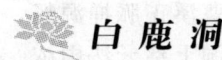

山　门

胜地有缘方可住；
名山无福不能游。

王德馨书

大雄殿前廊
禅云长护殊胜地；
白鹿优游涅槃门。
　　披云书

白鹿示三车，共臻佛地；
石泉参一味，自沁心源。
　　披云书

白鹿啣花阐妙谛；
青猿献果证菩提。
　　释超尘题书

殿　内
一池荷叶衣无尽；
几树松花食有余。
　　法宗敬书

佛日高悬光明世界；
法轮大转普利人生。
　　法宗书

身似闲云逍遥天下；
心如明镜普照人间。
　　法宗书

刹宇崇高庄严殊胜；
殿堂广博清净无尘。
　　法宗书

祖　堂
癸酉年
曹溪正脉禅源畅，
洞上慈云法雨浓。
　　释胜光撰　周镇国书

圆通殿
辛未年冬
厅外月窥榕色，色全彰深般若；

洞前风响竹声,声都入大圆通。
泉州邓润泽书

庆福堂

大　门
丁丑年
处世行千般善事；
入门点一炷清香。
林岑书

大　殿
壬申夏月
扫地焚香,泼去胭脂归净土；
长斋绣佛,抛残镜匣对诸天。
东卿林岑

壬申
莲座拥祥云,名刹宏开登净域；
檀林施法雨,慈航普渡指迷津。
黄　梁

慧雨自垂,仁风永煽；
慈云既拥,智海亦深。
田光烈书

妙法林

即得往生极乐世界；
则能成就圆满大悲。
沙门慧音书

甲戌年
性静不嫌茅屋小；
心清自觉菜极香。
性愿联句万泉书

万石莲寺

山 门
万中参一法；
石上悟三生。
常心题

校注：监院宏船立。

癸酉夏
弥陀手接莲池客；
含识心归极乐天。
法空书

校注：周醒南敬立。

大 门
一句弥陀，声传鹭岛；
千年常住，业绍庐山。
晋水大间云寺万胜院智炬撰书
会泉上人中兴万石岩纪念

大 殿
莲坐观音派宗象教；
峰朝弥勒会绍龙华。
佚 名

岁次癸酉八月
广大寂静三摩地；
清净光明遍照尊。
兹胜院
沙门大音书

万念冰消，慧照穷源无一物；
石头路滑，脚跟点地入三摩。
天台沙门圆瑛撰书

万自一生，照空法执浑离相；
石明五性，向契佛心共点头。
陈伯臣撰

万灯炜烨,洞然深固三摩地;
石笋峥嵘,回出妙高第一峰。
　　　佚　名

我佛传心,心传开法眼;
众生得道,道得见天真。
　　　佚　名

石解听经,便成罗汉;
山有定性,即是弥陀。
　　南安吴增撰

读书在泽曾潜迹;
听讲环山尽点头。
　　杨家栋撰书

海上有山森万石;
人间度世仗宏船。
　　　太　虚

万峰点首桥潭碧;
石径无尘风月清。
　　　佚　名

念佛堂

升无一堂,履净法界;
见一切佛,获胜善根。
　　沙门一音题

甲戌孟夏
万念屏除归净念;
石心逐转即莲心。
　　李伯瑜题
　　李开善撰

甲戌
万法本源归一乘;
石头高步入三摩。
　　林汉宗书

伽蓝殿

庚午孟冬

佛勒钦承翰屏琳宇；
神威明鉴严净戒香。

介奄撰并书

庚午冬

万无一失严当念；
石证三生惜后身。

伯瑜撰书

客　堂

会心当处即是；
泉水在山乃清。

弘一题

庚辰仲夏

侍师避东倭，一片全唐人僧节；
天荒开南国，三坛传汉制律仪。

李开善撰　温陵林汉宗书

养 真 宫

前　殿

母道昭垂梯山航海；
慈心严育阜物安民。

佚　名

养性修身名登仙籍；
真方妙诀泽被群生。

佚　名

校注：养真宫原祀吴真人和妈祖。后改住僧佛殿。此为旧联

大雄宝殿

壬午中秋

现身净饭国中，九有四生同尊慈父；
说法灵山会上，十方三界共仰能仁。

戒贤上人撰

东卿林岑书

庚辰仲冬
释道融通，为无为万物化修身养性；
佛仙归宗，事无事苍生济世德真功。
陈秀卿书

居士林（内武庙）

门　廊

浩气参天，万古馨香昭祀典；
忠心贯日，千秋赫濯庇生灵。
佚　名

戊寅秋
義之至上，未若夫子者；
学而有成，岂惟春秋乎。
何丙仲敬书

校注：内武庙原祀关帝，并曾办义学。

庙　内

戊寅秋
肇基六百春秋，庙与所城并古；
放眼三千法界，心连彼岸同皈。
桃溪居士撰　李捷书

戊寅秋
并文宣尊称武圣；
登正道帝释梵天。
桃溪居士撰
陈美祥书

内秉慈悲济苦海；
武扬正义保和平。
桃溪居士撰
谢澄光书

庚辰年仲春
内秉忠贞安社稷；
武昭义勇护生民。
谢澄光于澄心堂

戊寅秋
内空色相皈大觉；
武显神威护伽蓝。
洪荣铨敬书

皈大觉普渡娑婆界；
增上缘护持居士林。
郑伯铭书

龙湫亭

寺　门
龙蟠虎踞灵山迥护今胜昔；
湫洪环绕紫竹成林映宏门。
佚　名

亭柱联
龙源虎峰厦景秀；
湫亭涂桥也传芳。
佚　名

龙吟虎啸荷池莲上显身救苦海；
湫水一泓宝殿座中妙法渡众生。
佚　名

梵天寺

金刚殿
丙子年春
智慧照十方，庄严诸法界；
大慈念一切，无碍如虚空。
白鸿书

丙子年
得正法流，成就功德海；
升无上座，具足智慧身。
林岑

现法化报身，分涌真常莲叶；
摄闻思修教，并拈微妙昙华。
　　　陈瑞崎书

轮山紫气参梵界；
留月银光映莲台。
　　　高叔平撰
　　　洪水郑书

天王殿
丙子年三月
梵宇钟声，经文千卷昭佛国；
天光云影，净土十方乐众生。
　　　谢澄光撰并书

山藏禅寺，钟鼓熏鸣歌盛世；
水映佛光，法轮常转启尧天。
　　　蔡其昌撰炳堂书

得善意欲，洗除惑垢；
证无上法，究竟清凉。
　　　张人希书

一九九六年
银海浪平，万顷金波辉宝殿；
轮山云敛，千秋胜迹耀梵天。
　　　许培坤撰

芳草白云留我住；
清风明月与心齐。
　　　王守祯撰书

灵慧澄怀，可悟大明法界；
虚空养静，弘参阿耨菩提。
　　　张承锦撰书

姑射神凝无病苦；
妙高路迥绝心知。
　　　铜海马驰书

物我皆无尽；
天人说有情。
　　永春林纯熙撰
　　　炳莹书

大　殿

梵行庄严广植德本；
天人归仰常转法轮。
　　中国佛教协会
　　　会长赵朴初

梵境本虚空，孰是明心登法界；
天机原活泼，伊谁了性悟前因。
　　佚　名

隋代久閟天竺国，
轮岗重仰法王宫。
　　（明）蔡复一撰
　　　王秀南敬书

福德如空无有尽；
大悲念物靡不周。
　　弘　一

礙以无我、无人、无众生、无寿者修一切善法；
必将大悲、大智、大喜捨、大菩提度万方群萌。
　　陈延进博士撰

校注：新加坡居士林敬献

梵宇重辉，宏愿众身登觉岸；
天恩广被，定从苦海渡迷津。
　　佚　名

殿　内

毘庐遮那佛，愿力周沙界；
一切国土中，恒转无上轮。
　　甘肃政协副主席廖中逸书

丙子年夏月
诸佛净法身,功德无有量;
不住亦不坏,湛然而常安。
　　甘肃省书协主席赵正书

甲戌年
参无相、无得、无住彻入无生忍法;
破有贪、有嗔、有痴根除有念妄心。
　　　永水题

欲望世界和平,极须弘扬圣教;
希求人生幸福,莫若普渡群迷。
　　　林进义书

发菩提心,尽度一切有情,方符我佛弘愿;
立坚固志,彻除众生烦恼,莫负如来深恩。
　　　佚　名

甲戌十一月
图报四恩,竭诚修持,破能远离五阴超凡入圣;
澄清六识,净念相继,早自亲证六昧上品往生。
　　　佛弟子三山秀卿书

法　堂

藏八闽风云,名山焕彩,古城北望轮山翠;
经千年尘劫,梵宇庄严,杰阁南瞻浔海帆。
　　　邑人陈永欣撰书
　　　丁丑年林水波撰

顿悟成佛,三宝佛光亘日月;
格心致善,万方善果薄云天。
　　　河南商丘石轩书

发意念佛,终悟永生乐果;
随机说法,始知长劫苦因。
　　　螺州陈韬撰
　　　罗小山书

一生心是本,希成圣道须体真常;
万法戒为基,欲免轮迴必除妄念。
　　　闽仙林懋义书

花霏罗什繙经席；
香散生公说法堂。
王秀南教授书

大悲殿

大转法轮，人天普济；
悲莲同体，四众皈依。
苏南阳书

法云广荫无遮会；
慧日高悬有相天。
郑兴文书

钟楼地藏王

乙丑年
钟鸣古刹闻三界；
楼拥轮山搅大千。
朱清禄撰
陈瑞琦书

念佛堂

口念弥陀，直为众生求正道；
身登法界，当遵十善去伪私。
佚　名

癸亥年
梵贝金经宣法海；
天南胜迹仰轮山。
朱清禄书

如来参化，梵经指觉道；
佛法言明，天香凝斯土。
佚　名

功德堂

功德华光，吉祥安居；
妙堂世界，维摩移置。
佚　名

千佛阁
一切诸佛皆随喜；
为转清净妙法轮。
　　曾本德题

丙寅春月
千岩竞秀春如海；
佛阁朝真福自天。
　　朱清禄书

千说千谈，不离超生脱死；
佛经佛法，无非转悟开迷。
　　郑海寿撰书
五色慈云，到处皆成欢喜地；
万年梵宇，随时可悟去来缘。
　　瑞琦书

朱子祠
慕往昔，朱子理学名扬四海；
当今朝，人民普法威震九洲。
　　文峯题

一九九四年
祖述尧舜，宪章孔孟；
德参天地，道贯古今。
　　王秀南

仰止亭
仰首万象新；
止形百卉荣。
　　庄俊卿撰
　　陈三畏书

丙寅年
仰瞻长在此；
止息不违斯。
　　黄典诚题

丙寅仲秋
仰面春风拂，
止足青云登。
水水老人撰书

丙寅
仰望梅花瘦，
止思朱子览。
何励生撰
李青云书

八六年丙寅秋
朱笔点鳌头，飞腾玉斗；
奎星临阁座，步上青云。
郑海寿撰书

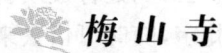梅 山 寺

大雄宝殿殿内
慧日天晶，万种昙花呈般若；
慈云地湧，两行宝树引菩提。
（清）张荄撰题

明珠光摄大千界，
金锡振开地狱门。
叶大椿撰书

梅竹幽香藏梵宇，
山川隽秀见佛陀。
佚　名

大雄宝殿偏门
梅岭珍霭祥光炤，
山秀福禄慧日明。
（篆书）佚　名

念佛堂
左拥九曜魁星塔，
右抱大轮钟鼓楼。
徐金镛撰
张水撰书

念佛堂门廊
东溪绿水存旧业，
西山茂树固新堂。
邑人岩立撰
谢水墨书

山　门
南海布法云，广荫众生善渡；
观音施甘露，普滋万物繁荣。
陈耿昼书望江

暮鼓晨钟，惊醒世间名利客；
经书佛号，唤回苦海梦迷人。
陈美祥书于厦门
癸酉年荔月

（按：上二联联文抄自南海普陀山）

马巷盈岭古寺

寺　内
纵目观南同，草木山川生秀色；
潜心修佛道，士农工贾沐恩光。
许培坤书

法雨注银同，四海长沾圣泽；
慈云布盈岭，万民永仰神恩。
许培坤书

佛　心　寺

佛即是心，心即佛；
人当自度，度当人。
佚　名

同安观音寺

洛迦入定，故感天龙常拥护；
梵音现身，普令凡圣尽朝宗。
鲁风周时奋书

救苦寻声，常住楞严大定；
逗机说法，圆彰寂灭真宗。
佚　名

随处现身，一念诚祈咸感应；
寻声救苦，大地遍作渡人舟。
黄少阳书

妙相庄严同瞻仰；
法身应现广无边。
周时奋书

法力无边，十八臂中露般若；
是波不竭，三千界内证菩提。
黄少阳书

同安香山岩

香宇森严清水慈济，防患御灾赫赫英灵；
山门壮丽祖师善刹，降祥来福巍巍厚泽。
佚　名

马巷不二堂（观音宫）

宫　门

不欲不私可趋乐土；
二心二德难进法门。
许培坤书

宫　内

闻此香荷沁人肺腑；
临斯净地洗我尘心。
朱振仲撰书

慈风依旧，寺宇更新，赖众志功成一旦；
义士布施，时贤挥墨，兴斯宫名并千秋。
陈瑞崎书

慈悲是本，恒修开觉路；
宏忍为宗，法悟正禅门。
　　严宗珍书

慧眼慈心静观世界；
晨钟暮鼓警醒凡人。
　　朱文传撰书

同安观音堂

1995 乙亥
双溪水畔，重栽紫竹；
松柏林中，再现慈航。
　　蒋照耀题

普陀珞珈今犹古；
寻苦救难观世音。
　　王秀南

莲座涌祥云，名刹宏开登净域；
檀林施法雨，慈航善渡指迷津。
　　郭勋安

永使苍生离苦海；
常教赤子有慈航。
　　许培坤

甘露寺

地龍枕脉万里雲山昭日月；
天马迎门一泓江水洗乾坤。
　　〔清〕张瑞图撰

承汉阁

承平盛世兴佛阁；
汉阙梵宫礼空王。
　　郑梦星

炳昭善德，美誉蜚声远；
杰尚仁施，善行纳福多。
　　佚　名

承愿向西方,持念净修,善果超六道;
汉明传东土,绍隆衍播,春秋逾三千。
桃溪居士

信教为修身养性,循规善渡;
敬神求济世佑民,造化大同。
佚　名

承传有天子微行,驻跸留圣迹;
汉化得真宗妙法,密藏证菩提。
桃溪居士

智慧照十方,庄严诸法界;
大慈念一切,无碍如虚空。
佚　名

準把尘凡皈手眼;
提将苦海入香花。
厚　学

海沧石室禅院

迁建大门
石磬金桂幽静禅;
室馨玉兰清香院。
佚　名

迁建殿门
乙亥秋
石塔藏精,轮相开千百年香火;
室灯照暗,灵光度亿万众迷途。
杨正传敬

石室旧院
天雨虽宽,不润无根之草;
佛门广大,难度不善之人。
佚　名

石室十八景,景景入胜;
瑈玳两明寨,寨寨通幽。
佚　名

三　题刻

南普陀寺

息心断臂

位于是寺西侧"普照寺"的洞壁之上。行书横题，无款。字幅高0.15米，宽0.80米。

万历辛丑四月朔，三山陈第、宛陵沈有容同登兹山，聘望极天，徘徊竟日。

位于藏经阁西侧。楷书直行。字幅高1.10米，宽1.00米。

龙洲卧冈

位于藏经阁西侧。楷书直行大字。右边以隶书题"万历丙午秋"，左侧署"男显亲立石"。字幅高3.00米，宽1.50米。

飞　泉

位于藏经阁西侧"普照寺"洞前的石岩上。草书横题。右直署"享万题"。字幅高0.70米，宽0.72米。

冷然善也

位于"六月寒"石洞内。楷书横题。右侧直题"乾隆戊子仲秋"，字迹风化莫辨；左署"温陵太守王廷诤题"。字幅高0.45米，宽1.70米。

石破天惊

位于"六月寒"石洞后。行草横书。左署直款"吴锜书"。字幅高0.65米，宽2.60米。

石　林

位于"六月寒"石洞前。行楷竖书。右题"嘉庆庚申仲夏"，左署"兴泉永使者、长白庆徕题"。字幅高1.20米，宽0.80米。

饮和泉·吸泉

位于藏经阁东侧。楷书横题。左题"道光七年闰五月"，右署"昭萍刘铎敬镌"。字幅高0.80米，宽1.50米。左侧另有行书"吸泉"，署"月江"。

海不扬波

位于五老峰巨石上。行楷横书。右直题"道光十年丁亥"，左署"古滇倪琇"。字幅高1.20米，宽4.00米。

大清道光十有二年，岁次壬辰七月五日己酉，富阳周凯、侯官杨庆琛、龙溪孙云鸿、同安吕世宜、海澄叶化成同游。世宜隶石。

位于藏经阁东侧，隶书直题。字幅高3.50米，宽0.90米。

卷五　三　题刻　　473

都放下

位于是寺普照楼后侧的石岩上。隶书直题。左侧隶书直题"咸丰四年正月重游感书",行书署款:"七十一叟吕西村记。"字幅高1.20米,宽0.80米。

大清同治己巳季秋,重修御碑亭、南普陀。芷江李成谋、京山曾宪德、松州马珍、鹭江曾文章泐石。

位于"六月寒"石洞前。隶书直题。字幅高1.90米,宽0.65米。

袖中东海

位于藏经阁东侧。篆书直行。左侧行书题款:"光绪辛巳四月杨浚书"。字幅高1.00米,宽0.80米。四周镌方框,下部雕瓶座为饰。

光绪十又九年岁次癸巳,中秋前五日,偕粤东郑陶斋官应、皖南吴剑华广霈来游。坐石亭上,听泉声泠然,蝉声悠然,遂觉白日可弄,清都咫尺也。蜀西罗应旒星谭甫题。

位于藏经阁东侧。楷书直行。字幅高1.35米,宽1.00米。

光绪乙未九日,蜀人岳嗣佺尧仙、楚人易顺鼎实父、陈昌崟粒唐同游。时天风吹衣,海波如镜。感珠崖之新失,闻玉门之被遮。匡衡之疏无功,弦高之志未竟。俯仰徘徊,百端交集。题此以志岁月。昌崟书。

位于"六月寒"石洞前。篆书直行。字幅高2.50米,宽0.75米。

三生石

位于藏经阁后。楷书直行。右题"甲辰年心镜镌",左署款"通慧并书"。字幅高1.80米,宽1.10米。甲辰,即清光绪三十年(1904年)。

祝国佑民

位于藏经阁东侧。楷书直行。右题"甲辰年镌",左署"莲洋通慧敬书"。四周刻以方框。字幅高2.28米,宽1.21米。"甲辰"为清光绪三十年(1904年)。

佛

位于寺后五老峰麓。行书。右题"光绪乙巳年四月佛浴日",左署"持名弟子振慧敬书"。字幅高4.20米,宽4.00米,为厦门市摩崖石刻之冠。

憨山大师警世诗歌

红尘白浪两茫茫,忍辱柔和是妙方。到处随缘延岁月,终身安分度时光。
休将自己心田昧,莫把他家过失扬。谨慎应酬无懊悔,耐烦作事好商量。
从来硬弩弦先断,每见刚刀口易伤。惹祸定从闲口舌,招灾多为热心肠。
是非不必争人我,好歹何须论短长。世界本来称缺陷,此身焉得不无常。
吃些亏处原无害,让几分时也不妨。春日才看杨柳绿,秋风又见菊花黄。
荣华总是三更梦,富贵还同九月霜。老病死生谁替我,酸咸苦辣自承当。
人从巧计夸伶俐,天自从容定主张。诌曲贪嗔真地狱,公平正直即天堂。
翠因毛贵身先死,蚕为丝多命早亡。一剂养神平胃散,两钟和气二陈汤。
生前枉费心千万,死后空持手一双。悲欢离合朝朝闹,寿夭穷通日日忙。
休斗胜,莫争强,百年浑是戏文场。顷刻戏房锣鼓歇,不知何处是家乡。

位于藏经阁后。行书直题。字幅高1.90米,宽2.40米。末为款跋:"光绪丙午夏,南安林观察云龙、安溪林观察辂存、晋江蔡通守凤机同游于此,寺僧出是篇,读之觉洞澈了悟,足以警世。爱寿之石云。晋江曾遒书。"

人在蓬莱第一峰

位于藏经阁后。行楷直书。左题跋,曰:"时在光绪柔兆敦牂清和月,书于潮汕路局。宣统纪元中秋节道过鹭江,睹兹名胜,用刊贞石,藉留鸿雪。梅州榕轩氏张煜南志。"字幅高1.50米,宽1.10米。

山深水峙 海阔天空

位于藏经阁后。隶书直行。右题"中华民国四年冬月",左署"津沽郑乃琛留笔"。字幅高1.10米,宽近1.20米。

石荷

位于藏经阁后。行楷横书。左题"戊午孟夏,宁海",左署"童保暄留题"。字幅高0.80米,宽1.30米。戊午,即民国七年(1918年)。

五老峰

位于寺后五老峰麓。行楷横书。右纵题"民国九年",左直署"黄仲训"。字幅高0.90米,宽2.90米。

漱石

位于寺后五老峰麓。行书横题。右直题:"民国乙丑",左直署"南安吕人龙"。字幅高0.70米,宽1.60米。

觉心源

位于五老峰兜率陀院内。行书横题。左侧直题"民国十八年转逢镌、太虚书"。字幅高1.20米,宽1.65米。

顶门只眼

位于五老峰转逢和尚塔下的巨岩上。行书横题。左边直行署款:"民国十九年转逢镌,太虚书。"字幅高0.50米,宽2.40米。

明 净

位于五老峰麓。楷书横题。右题"民国十九年",左署"曾藜光题"。字幅高0.60米,宽1.70米。

太虚台

位于五老峰太虚台台基前方巨石上。行草横题。下有行草直行题跋,曰:"吾师太虚上人住锡南普陀有年,特来鹭岛造访,偕登山巅一方石,纵观海屿。转逢禅师云:'立此如在太虚间,可名太虚台。'予乃筑亭,今一并记以志之。民国二十年一月,应城李基鸿题,黔南拓滨书。"字幅高0.85米,宽2.10米。

须摩提国

位于五老峰兜率陀院内,巨石下有洞室,石上横镌"须摩提国"。无款。据考,乃太虚法师

民国十九年(1930年)前后所题。字幅高0.40米,宽1.30米,每字为0.40米见方。"须摩提",梵文Sumati,意译为"妙意",须摩提国即极乐国之意。

静 趣
位于藏经阁东侧。行书横题。左侧直款:"龙岩滕一枝书,民国廿二年春"。字幅高0.65米,宽1.15米。

为善最乐
位于五老峰转逢和尚塔后巨石。隶书横题。左右两侧行楷直题,右为"癸酉中秋",左署"绍县汤厚生敬题"。字幅高1.00米,宽4.50米。

如来胜地
位于"六月寒"石洞后。行书横题。右边直题"民国甲戌初",左侧直款"嘉义黄奎山题"。字幅高1.10米,宽3.60米。

法 界
位于五老峰上。楷书横题。下方直题款跋,曰:"民国二十有四年莫春,余南来视察司法、许院长家栻、郭首席怀璞、李院长治东邀余与林君超然同游此地,爰题两字,以留纪念。枕溪童杭时。"字幅高1.20米,宽1.25米。"法界",梵文Dharmmadhatu的意译,乃"佛性"、"真如"之意。

常随佛学
位于寺后五老峰兜率陀院毗邻的巨石上。楷书竖题。右题"民国二十四年佛成道日",左署"佛学书局敬刻,大悲敬书"。

无挂碍处
位于藏经阁后巨岩上。行书横题。左题"民国廿四年夏",左署"中山韦廷钧题"。字幅高0.80米,宽1.80米。

慈悲为念 孽海波平
位于藏经阁东侧。楷书直行。左为跋:"民国廿五年春,余与闽南世医洪君景园同游斯地,感想先君竹隐道人中岁好道,欧战后著《孽海波》一书徹世,因勒此纪念。"末署"西蜀陈昂敬题"。字幅高1.20米,宽1.10米。

瞻望河清
位于"六月寒"石洞后。楷书横题。右直题"民国廿五年",左直署"蒋以德题"。字幅高0.90米,宽4.00米。

忘 尘
位于五老峰转逢和尚塔后。楷书横题。下半部镌刻直行款识:"民国廿七年六月,军次厦岛,与善亭兄登峦骋览志念。中州李子栋题。"字幅高1.00米,宽0.60米。

瑜伽泉
位于五老峰兜率陀院洞室石壁上。行书直题。字幅高0.80米,宽0.15米。"瑜伽"为梵文Yoga的音译,意为修行。

甘露井

位于五老峰兜率陀院洞室内岩壁上。行楷竖书。字幅高 0.80 米,宽 0.15 米。"甘露",梵文 Amrta 的意译。

慈航恩溥

位于藏经阁东侧。楷书横题。右题"民国三十七年",左署"晋江蔡孝固",均竖书。字幅高 0.85 米,宽 2.30 米。

碧 泉

位于藏经阁西侧"普照寺"洞外的石岩上。行书横题。左侧直行署"李延基书"。字幅高 0.55 米,宽 0.90 米。

佛

位于五老峰山腰岩石上。行书。高与宽均约 1 米。无题署纪年。

别有天

位于"六月寒"石洞内迎面岩壁上。行楷竖书。末署"峰山",无纪年。

九曲天阶

位于五老峰转逢和尚塔西侧石上。楷书横题。无题署纪年。字幅高 0.35 米,宽 0.90 米。

涅槃藏

位于寺西侧山门内一大石上。行楷横书,擘窠大字。

碧山岩

海不扬波

位于岩寺旧殿宇后。楷书横题。右直题"丙午嘉平",左直款"三晋李日章"。字幅高 0.60 米,宽 1.80 米。丙午,即清雍正四年(1726 年)。

碧 泉

位于是岩后山一石上。楷书横题。右书"道光己丑年荔月谷旦",左署"浙江弟子万全堂敬题",皆宋体竖行。字幅高 0.50 米,宽 0.78 米。

超 尘

位于岩寺旧殿宇后。行书横题。右直题"辛卯季夏",左直署款"三韩赵鸿紫题"。字幅高 0.35 米,宽 0.70 米。辛卯,即清道光十一年(1831 年)。

省 惕

位于岩寺旧殿宇前石壁上。楷书横题,每字高约 0.15 米,宽约 0.10 米。其下左右有直行石刻楹联一副,曰:"冷眼觑时势,闲情论古今",单幅约高 0.50 米,宽 1.10 米。无款。

天界寺

池怀绰开造

位于"醴泉洞"之上。楷书直题。字幅高 2.50 米,宽 0.60 米。池怀绰,即明太常寺少卿池浴德。

醴泉洞

位于寺前石洞上。楷书横题。右侧直题"万历十一年",左边直署"主缘傅钺立"。字幅高 0.75 米,宽 1.90 米。

天 界

位于寺后顶峰巨岩。楷书直题。字幅高约 3 米,宽约 1.60 米。左侧一行小字款:"万历壬辰年傅钺立。"

傅 岩

《闽书》记载:醉仙岩"有巨石刻'天界'及'傅岩'四大字。"今余"天界","傅岩"佚废。或"傅岩"疑为"仙岩"之讹。

仙 岩

在天界寺后的顶峰另一块巨岩上。楷书直题。每字高约 1.50 米,宽 1 米。无款。

知命子细。傅少泉字。

在"长啸洞"的岩顶。楷书直题。清刻。字幅高 0.60 米,宽 0.45 米。

长啸洞

位于大殿后,有巨岩相叠成洞。楷书横题。右直题:"辛酉花月",左侧署款:"黄日纪题"。字幅高 0.50 米,宽 1.50 米。

乾隆乙丑蒲夏,余游此峰,遍览旧镌,苔藓织石。拮囊重新,以资胜概云尔。玉山林孟荣拜志。

在寺后顶峰"天界"题刻左侧。楷书直题三行,字幅高 2.50 米,宽 0.80 米。

信官兵部主政荔崖黄公捐银壹佰陆拾两,创置斋田,坐落本寺左边,受种五斗;另铁窟内受种壹斗柒升。大小共拾壹丘,永为寺业,日后不许徒子徒孙典卖他人。住持僧月松谨识。乾隆叁拾贰年拾月吉旦勒石。

位于寺后。楷书直行。字幅高 1.30 米,宽 0.70 米。

荔崖黄先生读书处

位于大殿后。行楷直题。左侧署款:"龙溪同门弟廖飞鹏题"。字幅高约 4.50 米,宽约 1.20 米。"荔崖黄先生"即黄日纪。

信士太学生黄讳贞焕,喜舍厦驼银八十两,买置水田大小共九丘,受种子五斗,在仙洞左畔坑口,永为本寺斋田。日后不许徒子徒孙典卖他人。仙洞住持僧月松勒石。

位于寺之左后侧。楷书直题。字幅高 1.20 米,宽 1.07 米。

佛

位于大殿后。楷书。左侧行楷直款:"嘉庆丙子冬,不偏老衲书。"字幅高 1.30 米,宽 0.80 米。

诸佛妄言

位于大殿后。楷书横题。无款。字幅高 0.50 米,宽 1.00 米。"妄"字同"无"。

鸿山寺

天启二年十月二十六等日,钦差镇守福建地方等处都督徐一鸣、督游击将军赵颇、坐营陈天策率三营浙兵把总朱梁、王宗兆、李知纲等到此攻剿红夷。

位于鸿山寺大殿后面。楷书直题。幅高约 2.20 米,宽约 1.00 米。

嘉兴寨

位于鸿山乐园内。楷书直题。无款。字幅高约 1.20 米,宽 0.35 米。

云汉为章

在鸿山乐园内。楷书横题。右直题"乾隆己丑年春月",左直署"锦江黄彬题"。字幅高约 0.60 米,宽约 4.00 米。

鸿山织雨

位于鸿山乐园内。楷书横题。左侧楷款,上端并列直题"瑞安、鹭江",其下并列直题"许湘兰、捷魁、廷瑞同立"。字幅高近 1.00 米,宽约 2.40 米。

双忠魂

位于鸿山东南麓巨岩上。楷书直题。无题名纪年。字幅高约 2.30 米,宽 0.50 米

紫竹林寺

圣　泉

位于紫竹林寺(原名宝山岩、董内岩)一侧的岩石上。隶书横题。无款。字幅高 0.30 米。

饮　和

位于"圣泉"题刻毗邻。行书直题。字幅高 0.50 米,宽 0.25 米。左侧题款莫辨。

古道春荫

位于寺之后山。今废。左近有清嘉庆张永标筑路记事题刻。

此路崎岖险窄,行人每过维艰。是岁甲戌,出货修造,自董内岩边起,至向天狮山后止。虽未尽平坦,然亦颇无窒碍。是为志。嘉庆贰拾年乙亥玖月,张永标勒石。

位于后山。楷书直行。字幅高 1.10 米,宽 0.70 米。

白云洞

位于寺内石洞。楷书横题。右侧直题"中华民国十六年夏月　日刊石",左边署款"黎元洪

书",下钤二印。另有"发起僧广捷大师、住持僧明心恭叩"以及董事、护法、赞成者的名款。字幅高约 0.85 米,宽约 3 米。

清　冽

位于"圣泉"题刻的毗邻。隶书直题。左署"刘光谦"。字幅高 0.70 米,宽 0.25 米。

云顶岩

天　际

在方广寺前。楷书直题。底部为莲瓣图案,其余三边均以双线勾框。左边框外题款三行。题款为:"洪武十四年五月望日,嘉禾巡检济宁赵俊、邑文学晋安赵宗道同登。"该题刻是厦门岛至今所见最早的摩崖石刻。字幅总高 1.70 米,宽 1.70 米。

龙　门

位于方广寺下巨岩,1981 年间突然环腰裂成两半,上部同时也垂直裂开一半,呈"上"字状。该巨岩的岩壁上有楷书直题"龙门"二大字。无款。字幅高 1.30 米,宽 0.50 米。相传系宋代陆秀夫护幼主昺过此所刻。

先大夫卜葬云顶之南,购僧地也。岩侧两庑尽倾,见而思筑。僧天泽曰:"请造胜果,以右三间为僧舍,左二间为何氏祭扫往来所。"余然其言。于康熙己卯九月朔日兴工,十月六日告竣,计费金六十两七钱。虽不敢谓效癸善提,然白毫长照,有以也夫。峰山何廷凤志。

位于方广寺左后侧。楷书直行。字幅高 1.25 米,宽 0.95 米。

大清道光十二年,岁在壬辰七月七日辛亥,兴泉永海防兵备道富阳周凯、刑部郎中侯官杨庆琛、世袭骑都尉龙溪孙云鸿、壬午举人同安吕世宜、国子监生海澄叶化成来游,冒风登观日台。周凯题石。

位于方广寺下。楷书直题。字幅高 2.30 米,宽 4.00 米。

天　台

位于方广寺后面。楷书直题。右侧题"□□十九年春",左署款"曾藜光题"。字幅高 2.00 米,宽 0.80 米。据考,□□十九年之"□□"为"民国",即公元 1930 年。

步云观曙

位于方广寺后。行书横题。左题:"民国廿二年孟春",左署款:"并题丰州吴才。"字幅高 0.60 米,宽 1.80 米。

万寿岩

无量寿佛

位于万寿岩内的巨岩上,明正统七年(1442 年)镌,清康熙四十四年(1705 年)太学生马世杰重镌。楷书直题。字幅高约 4.50 米,宽 1.20 米。右题"福建都司"等字。左侧有一行楷书小字款,因风化严重,字迹莫辨。它是迄今发现的厦门最早的石刻之一。

盖闻万寿岩鹭岛一巨观也,所祀观音大士慈行普济,士民群沐恩光,难以枚举。德事无大小,虔诚祷求,报应如响。而住持正偕亦复循循有佛家之风,愿将薄田数顷交住持管掌,永远以为逐年香资之费。田在吴豪保麻灶社,土名后河匠内,水田大小陆丘,带□□□口,受种子肆斗贰升。东至山坪,西至黄坟,北至吴地,南至黄宅,明白为界。道光廿七年八月。信士陈立德。

位于潮音洞前的巨岩上。楷书直行。字幅高、宽均为1.20米。

宋太祖六年林仁著、黄清平立。大清康熙三十一年陈大勋、黄清平立。嘉庆三年,本境董事黄至祥四兄、至珍五弟。道光六年,至祥次子锡异敬穿琉璃孔。同治七年董事至祥次子孙清平垫银六十五元五角;清平第五子树衡垫银三十元。同治岁次戊辰孟冬,四代两公孙同合立。

位于潮音洞前的巨岩上。楷书直行。字幅高1.30米,宽1.00米。

山僧空亦德乐善山歌百念言
阳台来脉,结穴山边。寺名万寿,僧亦如仙。犁锄当枕,细草为毡。
青松郁郁,隐鹤雪巅。清风南来,明月东悬。僧空亦德,坐卧皆禅。
香花诗茶,供养佛天。日课法华,夜吟诗篇。无为如此,有为未然。
万法皆空,志尚圣贤。愿众生等,孝悌为先。善必有庆,周易明诠。
光阴迅速,修行莫延。齐成正果,广结善缘。能知众妙,弥陀目前。
宣统二年岁在庚戌六月六日,欧阳桒镌。

位于万寿岩内。楷书直题。字幅高2.10米,宽0.90米。右侧为大字楷书直题"南无无边无垢佛"。

万寿松声

位于万寿岩内。行楷直题。末署款"民国八年春黄仲训"。字幅高约2.50米,宽1.60米。

潮音洞

位于万寿岩内。行楷直题。无款。字幅高约0.80米,宽0.25米。据考为近代著名高僧弘一大师所题。

阳台夕照

位于万寿岩与阳台山相邻的巨岩上。行书横题。左侧直署"欧阳桢"。字幅高1.10米,宽5.50米。

小椿先生此四字(编者按:即指"阳台夕照"),书于民国念四年病中,旋归道山。己丑秋李槃璜、蓝琛、蔡乌石、罗丹、欧阳璜镌石。李禧识

位于万寿岩内,附刻于欧阳桢题刻右下侧。行楷竖书。字幅高0.74米,宽2.00米。

日 光 岩

鼓浪洞天

位于是岩东面巨石上。每字高约1.20米,宽约1.00米,左侧有楷书小字款跋三行,惜已

风化,可辨读者为:"明万历元年春丹阳少鹤丁一中题并书。同游者梅岩王霖、□南欧□隐,仰山傅钥,儒士黄俊明、曾一贯、曾一唯、陈建明、曾鸣凤、洪油、洪沧。"此题刻是日光岩年代最早的题刻。

鹭江第一

位于是岩东面巨石上,在"鼓浪洞天"之左。署款"林铖"二字,字径与题词一般大小,下钤一巨印"景周"。据考,镌于清道光年间(1821—1850年)。

脚力尽时山更好

位于龙头山寨寨门遗址西侧岩壁间。行楷竖书。每字约 0.43 米见方。末署款"何绍基",下钤二枚方章。

海阔纵鱼跃,天空任鸟飞,大丈夫不可无此度量;
振衣千仞岗,濯足万里流,大丈夫不可无此气概。

位于龙头山寨寨门遗址后侧宛在亭畔岩石上。行草竖书。后署"瑞图",下钤二枚方章,一为"三公不易",一为"张瑞图印"。此方崖刻为后人根据张瑞图真迹摹刻的。

古避暑洞

位于是岩半山腰天然石洞洞口之上。隶书直题。每字高约 0.60 米,宽 0.90 米。左侧楷书署款:"施士洁题"。

天风海涛

位于是岩东面巨石上,"鼓浪洞天"、"鹭江第一"之上方。每字约 1.00 米见方。左侧楷书直题"中华民国四年六月",左边直款"秋浦许世英"。

晃 岩

位于莲花庵前巨石上,楷书横题。每字高 0.60 米,宽 0.50 米。其左边有数行跋语,大部分已风化磨损,今据 1984 年厦门市政协文史委所编《鼓浪屿石刻》录之为:"日光岩又称晃岩,郑成功屯兵于此□□日□山之□□□□日光兮□□称示不忘本也。中华民国五年三月二十三日安□□□朱兆莘留题"。

汪波千顷

位于郑成功纪念馆陪楼西南侧岩壁上,与黄培松"谈瀛"题刻相毗邻。行楷直书。左附跋款,亦竖书,曰:"丁巳之秋,余奉命率舰驻厦,获交黄仲训先生。先生卜筑鼓浪屿,清幽高旷,擅丘壑水木之胜,开轩面海,波澜渊浩,诚巨观也。余暇辄过从,三载无间,爰贡数言,藉识鸿雪。己未晋安蒋拯镌石。"字幅高 4.00 米,宽 1.40 米。丁巳,即民国六年(1917 年)。

九夏生寒

位于莲花庵后的巨石上。行书直题。左下署款"铁彝书"。字幅高 3.20 米,宽 0.65 米。"铁彝"为黄仲训之号。

曲径通幽

位于莲花庵后侧巨岩上。楷书横题。右题"戊午秋日",左署"黄抟扶书,时年七十有一"。字幅高 0.65 米,宽 2.88 米。戊午,即民国七年(1918 年)。

闽海雄风

位于远而亭后侧龙头山寨寨门遗址北面的巨石上。楷书直题。每字高 1.80 米,宽 1.54 米。左边题款"戊午重九古滇李增霨题"。右上方另有楷书直刻"郑延平水操台遗址"一行,左边署款:"民国七年戊午黄仲训书。"

重怀旧垒

位于是岩东北麓的巨岩上。隶书横题。左侧行书直款"临海朱以德题。"字幅高 1.00 米,宽 5.20 米。

嵌石亭

位于莲花庵后石崖上嵌石亭右侧。魏碑体楷书直题。左署"龚植题"。字幅高 1.50 米,宽 1.00 米。

松 湾

位于是岩北麓巨石上。魏碑楷书横题。无款。每字高 0.50 米,宽 0.70 米。据考为龚植题。

竹 径

位于是岩北麓巨石上。魏碑楷书横题。无款。每字高 0.50 米,宽 0.70 米。据考为龚植题。

谈 瀛

位于郑成功纪念馆陪楼西南侧巨石上。行书横题。下有跋语和署款,行书直行。跋款云:"己未春,余重经鹭屿。时方治军,慨郑垒之就湮,而又羡瞰青主人点缀园林,足为山水生色也。爱泚墨于石以记之。黄培松"。下钤二枚方章。字幅通高 3.80 米,宽 1.00 米。己未,即民国八年(1919 年)。

龙头山

位于莲花庵后侧的岩石上。行楷横题。其下直行跋语:"此山俗称岩仔山。考厦志:'龙头山即日光岩,亦曰晃岩。明池直夫有晃园,极花竹之胜。'爱泐石以存旧称。民国八年,黄仲训识。"字幅高 2.40 米,宽 1.50 米。

鹭江龙窟

位于莲花庵后的巨石上,与"九夏生寒"题刻相毗邻。行书直题。末署"云溪张大河"。字幅高 3.20 米,宽 1.60 米。

避 炎

位于厚芳兰馆室内岩壁上。魏碑楷书横题。左直署"铁彝"。

屺顽·不可言

位于厚芳兰馆室内小屏风状花岗岩上,正面镌"屺顽",魏碑楷书直题,左署"乙丑年冬,铁彝"。背面横刻"不可言",亦魏碑楷书。乙丑年,即民国十四年(1925 年)。

日月俱悬

位于日光岩山顶岩壁上。楷书横题。左侧直行署款"民国十九年,李世钧"。字幅高约 0.60 米,宽约 2.50 米。

光复台

位于日光岩最高的巨岩朝西的岩壁上。隶书横题。左侧行楷竖书"民国二十年六月",右署"胡展堂"。字幅高0.60米,宽2.00米。

与日争光

位于山顶巨岩岩壁上。楷书直题。每字高约0.70米,宽约0.65米。左边楷书题款"民国二十四年三月,汉寿朱熙"。

虎溪岩

稜　层

位于岩寺西北侧。楷书横题,每个字约1米见方。左侧行楷直行款识:"万历丙辰春林懋时书并手镌。"

夹天径

位于"稜层"洞后岩壁上。楷书直题。左侧署款:"丙辰春仲林烈宇漫题并手镌。"字幅高1.50米,宽1.20米。丙辰,据考即万历四十四年(1616年)。林烈宇即林懋时。

台向海山奇处起,人从蓬岛胜中游。

位于岩寺后巨岩上。明刻。分两行行书直题。下联左边署款"秣陵胡应魁题"。每幅高1.50米,宽0.25米。

入我门来

位于岩寺左侧山门内"听法"所在的巨岩背面。行书横题。右题"丙午冬月",左署"静乐李日章书",皆竖书。字幅高约0.80米,宽2.50米。丙午,据考为清雍正四年(1726年)。

凌空一嗾

位于"虎牙洞"顶洞。隶书横题。末署"乾隆元年瀚江林祖澎题。"字幅高0.30米,宽2.30米。

先露一芽

位于岩寺山门外巨岩,其石形似植物萌芽。行书直题。右题"乾隆庚申冬",左署款"黄名辉题"。字幅高约4.20米,宽1.50米。

听　法

位于岩寺左侧山门内。行书横题。左侧行书直行款跋:"为石老和尚题。山阴金成绍。"字幅高0.80米,宽2.20米。

飞　鲸

位于岩寺后巨岩上,其石状如海鲸。行楷竖书。无题款纪年。字幅高0.64米,宽0.35米。其右另有"飞鳌"二字,字幅稍大,略有风化,亦无题署。

碧海波澄

位于"飞鲸"题刻正下方。行楷横书。左侧直行署款"楚鄂崔应阶题"。字幅高0.64米,宽2.00米。

一线天

位于岩寺"夹天径"后面的岩壁上。楷书横题。无款。字幅高 0.30 米,宽 1.00 米。

为善最乐

位于岩寺前。行楷横题。左侧直行署款"顺天大兴刘天佑题"。字幅高 0.40 米,宽 1.20 米。无年款。

嘉庆丁丑仲春,三山何小山、武林虞友珊同游。

位于岩寺前。隶书直题。字幅高 0.58 米,宽 1.10 米。

啸 云

位于"稜层"洞之上。隶书横题。左侧直行行书款识:"咸丰丁巳端阳后七日,婺源程荣春偕五弟惪春同游于此,爰题石壁,镌以志之。"字幅高 0.65 米,宽 2.80 米。

同治四年闰五月五日,温陵龚显曾、楚北王惟叙同游。

位于"稜层"洞附近的巨岩上。隶书直行。末为行书小字款"王惟叙书"。字幅高 0.60 米,宽 1.00 米。

渐入佳景

位于岩寺前。行书直题。右题"丁卯仲秋",左署款"男爵邱炳忠"。字幅高 1.70 米,宽 0.72 米。丁卯,据考为清同治六年(1867 年)。

三 笑

位于岩寺前。隶书横题。左侧直行隶书款识,惜已风化,仅能辨读:"□□辛巳小春同杨君紫庭、石松游屐到此,□□□□□隶石以志鸿挝。"字幅高 1.30 米,宽 2.40 米。辛巳,即清光绪七年(1881 年)。

虎 溪

位于岩寺前。行书横题。清刻。左侧有款,不可考。字幅高 0.56 米,宽 1.10 米。

万石朝宗

位于岩寺后山巨岩上,是岩东傍白鹿洞寺的后门,位居虎溪岩、白鹿洞之间最高处。行楷直题。题款已残损。字幅高约 1.10 米,宽 0.40 米。

翳 海

位于虎溪岩左侧山巅岩石上。魏体楷书横刻。无款。字幅高 0.78 米,宽 1.50 米。

留 云

位于岩寺左侧石洞内。行书横题。左侧署款"味闲"。无年款。字幅高 0.50 米,宽 0.90 米。

忘 归

位于大殿前突出地面的岩石上。竖行楷书。无款。字幅高 0.60 米,宽 0.20 米。

划然长啸

位于"虎牙洞"洞顶。行楷横书。清刻。左侧题款已风化。幅高 0.60 米,宽 2.30 米。

玉 蟾
位于后山大石岩上，其石状如蟾蜍。楷书直题。清刻。无题署纪年。幅高 0.65 米，宽 0.25 米。

上出重霄
位于岩寺左侧岩洞里。楷书直题。清刻。无题款。字幅高 1.10 米，宽 0.40 米。

大好山河
位于岩寺左侧后山石蹬旁的巨石上。行书横题。末署"柏天民"。字幅高 1.75 米，宽 0.50 米。

心旷神怡
位于岩寺左侧岩洞里。隶书横题。右侧直署"壬申秋日"，左书"许凤藻留题"。壬申，即民国二十一年（1932 年）。

月到天心
位于岩寺左侧石磴旁。隶书直题。左边以楷书署款"刘光谦"。字幅高 1.30 米，宽 0.60 米。

蒸 然
位于大殿左侧石岩上。行楷横题。左侧石已风化，直行款跋很难辨读，起句"甲戌仲秋"，末行为"南安苏甦书"。字幅高 0.60 米，宽 1.30 米。甲戌，即民国二十三年（1934 年）。

太平岩

石 笑
位于岩寺前，有四块巨岩叠构成"笑口常开"奇观。行书横题。字幅高 1.05 米，宽 2.35 米。无款。右上侧钤一椭圆形闲章"石点头"。左侧连钤两印，一圆形为"奕仁"，一正方形印为"山花歌鸟"。据考，奕仁为清初人。

石为迎宾开口笑，山能作主乐天成。
位于"石笑"刻石所在的岩洞后面。无款。末钤一印章已风化莫辨。字幅高 0.80 米，宽 1.00 米。

放生池
位于岩寺内右侧巨岩上。楷书横题。右侧有二直行年款，一为"乾隆己未年□□"，一为"己亥仲春"，当系先后两次修缮。左边直行署款"吴志德题，倪大星重修"。下方横刻一行楷书："佛弟子良泉重修。"字幅总高 1.40 米，宽 4.00 米。

海上云根
位于由中岩至太平岩的路边岩石上。行楷横书。右直题"乾隆丙寅季冬徐友铭敬题"，左侧直款"徐友铭题"。字幅高 1.30 米，宽 4.20 米。

极乐天
位于岩寺右侧，楷书横题。右侧直题"庚子秋月"，左置直款"蒋瑞麟题"。字幅高约 0.80

米,宽约 4 米。据考,庚子为清乾隆四十五年(1780 年)。

太平岩佛祖公业店屋一间,址在厦联溪保桥亭街牛朝巷口左侧第二间,坐东向西。此□是举人林君云青喜捐,永远收税为佛祖祀业,历久无异。恐后来有不法棍徒拆税恶佃,或影藉盗收税项,立石存照,以垂悠久。倘有敢拒事等因,定即鸣官追究,决不姑宽。谨白。

位于岩寺大殿外。楷书直行。左侧题"嘉庆辛未年荔月 立石"。

太平岩梵宇建自有唐,千有余年,兴废频仍,略无可考。嘉庆辛未,孝廉林君云青出资修葺,并输己置南城门外虞朝巷口小店乙座,征□直以奉香火,石刻存焉。同治建元正月上旬,佛堂夜灾,榱栋几案俱成灰煨烬,佛像剥落,非复具足诸相。德瞻礼徬徨,慨焉兴感。爰募同志缮完佛殿,庄严宝相,经勒诸石。第事同草创,未复旧观。不特禅居荒敝,举目萧条,廊庑间又复积棺累累,益以骸瓶秽我净土,尤足痛心。岁辛未,乃重邀李君永仁、康君超英、叶君如衡同出橐金,鸠工庀材,一切修复。普劝仁孝诸君,各取寄厝棺骸,妥诸窀穸。复于洋药税局,每月筹措番银两圆,给常住僧,永禁毋许寄厝棺骸,而梵刹焕然改观矣。寺僧岁有小店赁直之入,而寺左缭垣内李氏墓田仰僧守护,岁岁食其田之所产,以为顾宜;复加以筹措之款,则薪中不乏于供,幸无以违禁为诸君子所纠劾,尤德等所愿望者也。岩下鸟道,自半山塘蜿蜒直上通西山等处,为岛中之北邙,清明前后,展墓者趾错其间。旧氎石磴,岁久坍塌,行者苦之。又深田内山,土名"七脚仔"等处,掘土者众,致蹈坟茔,殊堪□□。复以余资悉加完筑。履险有如夷之乐,灵泉安厚夜之常。襄斯举者,各大欣慰,而德实董其成,敬述梗概,用志诸同志乐善之勤,且以踵事增华,护持胜地,望后之君子焉。是为记。

位于太平岩寺大殿外,系清同治十一年(1872 年)董事职员黄仕德镌刻的一篇有关该寺整治环境的楷书直行题刻。字幅高 2.25 米,宽 1.25 米。末行题"同治拾壹年,岁在壬申嘉平月日重修,董事职员黄仕德刻石"。

西山羊肠鸟道之区,而名岩古刹厦中居半焉,至牛眠又倍他山,往来络绎,等乎大道。予祖住斯山,抔土悉聚,且性僻名胜,年节余闲,故不少登陟,每经太平岩为陵,惊心动魄,人人皆嗟,属厦中过脉之处。乐善好施之人,捐金填补。计开于左:林广隆、吴挺秀、郑国珍、杨汉章、李国定、陈兴记、黄其坚、吴启贵、李万盛、吴捷甲、吴得观、吴精观、旭文观,以上十人捐金□四大员。黄吉观。

位于岩寺后山的巨岩上。行楷竖书。字幅高 1.20 米,宽 0.80 米。

眼中沧海

位于由中岩至太平岩寺的路边岩石上。楷书横题。左侧直行署款:"民国八年黄仲训。"字幅高 1.20 米,宽 5.80 米。

海云洞

位于岩寺右侧石洞的巨石上。行书横题。右侧直题"丙寅秋",左署直款"太虚"。字幅高 0.45 米,宽 1.50 米。丙寅,即民国十五年(1926 年)。

辛未重阳,晋江林登荣、许镜如、许志好筑亭纪游。

位于岩寺右侧巨岩上。隶书直题。末署"汀州罗丹"。字幅高 1.34 米,宽 0.92 米。辛未,即民国二十年(1931 年)。

郑延平郡王读书处

位于岩寺右侧的巨石上。行书直题。左侧署款："中山韦廷钧谨识。"据考,题刻时间当在民国二十四年(1935年)前后。

白鹿洞

天启癸亥年十一月廿日,广陵朱一冯以督师剿夷至。

位于"宛在洞"之上。楷书直行。字幅高、宽均为1米。

天启癸亥冬,晋阳赵纾督征到此。

位于"宛在洞"之上。行书直行。字幅高1.70米,宽0.60米。

师讳成盛,字指茂,鹭江张氏子。礼本刹开山苇老和尚剃染,得法于金粟持老和尚,为天童晓祖法孙子。雍正甲寅年北游,寓柏林寺。于八月三日恭逢显亲王进香,召入方丈机缘。大人问云:"古人闭关三年,有僧问关主云:'闭关三年,事作么生?'关主云:'在声色里。'"大人云:"闭关三年,为什么在声色里?"师云:"有何挂碍者。"大人云:"南方禅,北方禅,是同是别?"师云:"一个鼻孔出气。"大人云:"毕竟是哪一个鼻孔?"师云:"眉毛下。"遂赐"普门圆应"四字。乙卯葭月谷旦,监院心净等奉上显亲王赐匾额。请升座法语。师云"普门圆应者,出首《楞严》之大定,亦观音三十二应,正是当人体用之妙,明首破六识,深明性海,根尘脱落,胜如明镜,小中现大,大中现小;无量为一,一为无量,于一毫端现宝王刹,坐微尘里转大法轮。反闻闻自性,始知不留情。不留情,永处那伽定,照而常寂,寂而常照,且道作么生?是寂照。"良久云:"永镇石屋之中,千古灵光独耀。"嗣法门人性灯勒石。

位于"宛在洞"附近。楷书竖行。字幅高2.50米,宽3.30米。该禅语是雍正甲寅(1734年)成盛和尚与显亲王的两段问答。

朝天洞

位于后山山洞洞口岩壁上。横行楷书。无题署纪年。字幅高0.36米,宽1.20米。据《嘉禾名胜记》分析,这三个字当刻于清乾隆二十八年(1763年)前后。

宛在洞

位于寺后山洞的洞壁上。行楷横题。无款。字幅高0.50米,宽1.10米。据乾隆《嘉禾名胜纪》载:"亭上巨石旧镌'宛在'二字尚存。""洞"疑为后人补刻。

乾坤普照

位于"宛在洞"洞顶。行楷横题。直题"乾隆廿八年八月立",左直款"两江戴福题"。字幅高0.37米,宽1.35米。

印月流云

位于"六合洞"内,行楷横题。右题"乾隆己丑春仲",左署"楚鄂崔应阶题",皆竖书。字幅高0.80米,宽2.30米。

亦小洞天

位于"六合洞"的岩壁上。行书横题。右题"道光甲申清和月吉旦",左署"滇南张□书"。字幅高 0.40 米,宽 1.35 米。

重游鹿洞

位于"六合洞"前。篆书直题。两侧楷书题款,右为"同治八年岁次己巳孟春月",左为"台镇使者、楚南刘明灯识"。字幅高 2.50 米,宽 0.90 米。

六合洞

位于白鹿洞寺内。因洞由六块巨岩自然叠合而成,寓意其洞包涵天地四方。题刻在洞中正面岩壁上,楷书直行。字幅高约 1.00 米,宽 0.45 米。无款。

壶中天

位于"六合洞"内。行书横题。清刻,无款。字幅高 0.45 米,宽 1.25 米。

幻身应现

位于"宛在洞"洞顶。楷书横题。清刻。无款。字幅高 0.40 米,宽 1.20 米。

南无阿弥陀佛

位于寺后。行楷直题。清刻,无款。字幅高 4.00 米,宽 0.54 米。字幅下部用浅浮雕形式镌刻一荷花为座,其他三边均以浅浮雕的瑞草图案为边框纹饰。

鹿洞书声

位于寺后巨岩上。行书直题。左署"民国七年朱以德题"。字幅高 4.50 米,宽 1.20 米。

亦 庐

位于后山巨岩上。楷书直题。左侧楷书题款:"壬戌春日,硕士柯荣试题"。下钤二印,风化莫辨。字幅高约 2.20 米,宽 1.00 米。壬戌,即民国十一年(1922 年)。

天风海涛

位于寺后巨岩上。摹刻朱熹手迹,行楷直题。左侧有跋,云:"襄见洪塘金山寺岩石旁有石刻朱文公所书'天风海涛'四字,语豪笔健,独惜其与当前景物不称。今岁夏仲,登虎溪岩,思此四字移题斯间,最为工切。因亟摹勒上石,以质后之来游者。民国二十三年冬日,闽侯杨廷玉谨识。"字幅高约 3 米,宽 2.10 米。

寻声救苦

位于"六合洞"附近。行草直书。右侧题署"民国丙子杭州黄元秀",下钤一方印,漫漶不清。字幅高 1.20 米,宽 0.40 米。

窥 客

位于"朝天洞"附近。草书直题。右上题"壬午秋仲",左下署"清源黄克平"。字幅高 1.00 米,宽约 0.40 米。具体题刻年代待考。

象 鼻

位于后山巨石上。行书直题。清刻。无署款纪年。字幅高约 0.60 米,宽 0.25 米。以是岩酷肖象鼻,故题。

蓬壶曲径
位于"六合洞"附近。行书横题。清刻。无署款纪年。字幅高0.40米,宽2.00米。

豁 然
位于"宛在洞"洞前岩壁上。行楷横书。无题署纪年。字幅高0.30米,宽1.20米。

万石岩

闲乐居
位于莲寺大雄宝殿后侧。行草横题。左侧直行署款"长林寺僧道宗题"。字幅高0.52米,宽1.90米。题刻作于南明永历年间(1647—1661年),是有关天地会的历史文物。

锁 云
位于"象鼻峰"附近。行楷横书。据载原有题款"广宁姚应凤",今风化莫辨。字幅高0.30米,宽0.60米。

象鼻峰
位于植物园内,两块并立巨岩,其中一块顶部突兀呈弯曲状,如同大象朝天伸着长长的鼻子。楷书竖刻。左侧署款"李日章"。

水鸣韶
位于"小桃源"洞内。行书横题。左侧署款"李日章"。字幅高0.45米,宽1.20米。

万笏朝天
位于寺后侧最高的巨岩上。楷书横题。右直题"时丙午年春",左直款"三晋李日章"。字幅高约1.35米,宽约5米。丙午,即清雍正四年(1726年)。

耸 翠
位于大雄宝殿后侧。行书横题。左侧直行署款"银同李若骥题"。字幅高0.60米,宽1.10米。

云影松涛
位于大雄宝殿后侧,与"耸翠"题刻毗邻。行楷横题。左侧直行署款"圭海许良彬题"。字幅高0.60米,宽2.20米。

景通桥
位于寺前荷花池石桥畔巨石上。楷书横题。右竖书"乙卯冬葭月",左直署"陈熙测敬造"。字幅高0.33米,宽1.00米。乙卯,即清雍正十三年(1735年)。

兴泉永道按察使司副使加一级朱为蒙发勘定山界等事。

查万石一岩创自明季,乃僧维信师祖向定远侯募地建盖,历管已经五世。其岩宇之前后左右业经本道饬厅立石定界在案。兹据呈请,合就勒石永禁。为此,示禁厦岛军民人等知悉:嗣后如有不遵禁令,胆敢仍前复将万石岩界地混给占葬,以及樵采树木暨纵放牛羊践踏五谷蔬果者,许住僧、该地保长立即赴泉防厅衙门具禀,以凭严拿究处。其各凛遵毋忽。特示。乾隆三年四月初一日给。

位于"海会桥"边的岩石上。楷书直题。字幅高 1.25 米。宽 1.46 米。原文无标点符号。

画遗完巧　诗得半幽

位于莲寺山门前,左侧题款"乾隆拾伍年仲冬望日,古歙柯澄偶记"。字幅高 1.20 米,宽 0.80 米。

叠翠连云

位于"小桃源"洞口略呈圆状的岩石上。行楷直题。右题"壬申桂月",左侧署款"三韩张振勋题"。字幅高 2.20 米,宽 1.10 米。壬申,即清乾隆十七年(1752 年)。

海会桥

位于山门前石桥边的岩壁上。楷书横刻。无款。字幅高 0.45 米,宽 1.40 米。

宛似潮音

位于"小桃源"洞内岩壁上。行书横题。无款。字幅高约 0.25 米,宽 0.80 米。据考刻于清乾隆三十二年(1767 年)以前。

步入云霄

位于莲寺山门内。行楷直题。无款。左侧镌两方印章,惜已莫辨。字幅高 2.36 米,宽 0.80 米。据考题刻当在清乾隆三十二年(1767 年)《嘉禾名胜记》成书之前。

德寿桥

位于山门内的岩壁上。楷书横题。无款。字幅高 0.45 米,宽 1.70 米。乾隆《嘉禾名胜记》有记载,据此,题刻当在清乾隆三十二年(1767 年)之前。

洞　见

位于莲寺山门内的石岩上。行书横刻。左侧署款为"□漳陈上选",字幅高 0.45 米,宽 1.40 米。

为善达天

位于会泉法师纪念室附近的岩壁上。行草横题。右侧行书直题"乾隆癸丑荔月谷旦",左署直款"大兴刘天佑题"。字幅高 0.90 米,宽 1.60 米。

一粒窠

位于莲寺"聆妙"石刻对面,有一方清嘉庆年间(1796—1820 年)的直幅题刻,现已风化,无法辨读,但其隶书横题"一粒窠"三个字尚存。字幅高 1.25 米,宽 0.60 米。

石　林

位于会泉法师纪念室附近的岩壁上。行书直题。右侧题"道光丁亥三秋",左侧署款"古滇倪琇书",下镌两方印章。字幅高 1.40 米,宽 1.20 米。

此穴地直拾肆丈,横拾贰丈。原系万石岩佛祖缘田,全年税钱六千文。全因卜葬先父坟茔,愿将岐西保牛磨巷瓦屋一座,全年税银拾贰大元,与佛祖互换。经托公人陈君旺商诸董事陈孝廉宗超暨住持僧修,均各喜悦。全立将契券亲送陈孝廉宗超收管立石,对佃明白,永远彻底互换,均无异议。合勒于石,以垂不朽。光绪贰拾捌年拾贰月 日。举人陈宗超、住持修、陈佑全同勒。

位于莲寺前景通桥畔。行书竖刻。字幅高1.30米,宽1.25米。

风景宜人

位于莲寺山门前。楷书横题。右侧直题"民国二年季春",左侧署款"鼎山欧阳英题"。字幅高0.60米,宽1.20米。

聆　妙

位于会泉法师纪念室附近一巨石上。行草直题。无款。左下侧钤两方印章,无法辨读。字幅高0.80米,宽0.60米。

石浪排空

位于莲寺山门内的石岩上端,"德寿桥"题刻上沿斜面。行书横题。无款。字幅高0.35米,宽1.80米。

流水高山

位于莲寺山门前。行书横题。无款。字幅高0.46米,宽1.50米。

水心山滑

位于"小桃源"洞内。楷书直题。每字0.50米见方。无款。

鸣泉作雨深藏洞,乱石为天懒化云。

位于"小桃源"洞内岩壁上。行书直题。无款。字幅高1.20米,宽0.50米。据清代乾隆年间薛起凤《小桃源洞记》载,当时洞中石壁还有"这里常存雨意,其中似有龙潜"、"一线烟霞空里缀,没弦琴瑟石边弹"等诗刻。

隐　磬

位于"小桃源"洞内。行书横题。左侧行书直行题款"庚寅秋复岩主人书"。字幅高0.65米,宽1.30米。庚寅,未详年代。待考。

过　化

位于植物园"百花厅"后山一天然洞口岩壁上。行书横题。左题"癸巳端月",左署"溧阳史梓材题",皆竖书。字幅高0.45米,宽约1.00米。据考为清刻。癸巳,未详年代。

寒入潭空

位于大殿一侧。行楷横书。右题"己卯孟秋",左署"陈士英题",皆直行。字幅高0.35米,宽1.20米。据考为清刻。己卯,未详年代。

鲤跃樵溪

位于植物园"百花厅"后山鲤鱼洞前侧岩石上。隶书横题。无款。字幅高0.25米,宽2.00米。

此地有崇山峻岭,茂林修竹,又有清流激湍,映带左右,引以为流觞曲水,列坐其次,虽无丝竹管弦之盛,一觞一咏,亦足以畅叙幽情。

鲤洞主人

位于植物园"百花厅"后山大石洞洞口左侧石壁上。行书直题。字幅高0.90米,宽0.80

米。

惠风和畅·恍桃源

位于植物园"百花厅"后山石洞内。"惠风和畅"四字，行书直题，无款，字幅高 1.00 米，宽 0.30 米。"恍桃源"三字，行书横题，亦无款，字幅高 0.25 米，宽 0.60 米。

水石生花

位于"小桃源"洞顶岩壁上。行书横题。左侧直行署款"海岱徐钦明题"。字幅高约 0.60 米，宽约 2.50 米。

中 岩

玉 笏

位于大雄宝殿右侧的岩石上。隶书直题。左侧行草署款："丁亥秋中，定远书。"字幅高 0.50 米，宽 0.50 米。丁亥，即清顺治四年（1647 年）。定远，即定远伯（后加封定远侯）郑联。

奉道宪太老爷朱、分府大老爷梁勘定太平山界。禁山。雍正乙卯年九月 日立。

位于中岩通往太平岩寺路边山岩上。楷书直题。字幅高 1.40 米，宽 0.95 米。"道宪太老爷朱"即兴泉永道道尹朱叔权。"分府大老爷梁"即厦门海防同知梁须楗。

中岩胜地，年久倾颓。乙酉年重新，工未竣而蚁遍榱桷，难成钜观。诸董事深以为虑，屡延堪舆数家，莫之能治。迨乙亥年，因访清溪驷岭嘉缠林先生妙手，佥请措改水路，开消山杀，不数日而蚁尽消。欲送谢金，分毫不受。其术高义重，实有可风。用勒于石，以垂不朽。道光辛丑年花月，董事公立。

位于山门内。楷书直题。字幅高 2.20 米，宽 1.12 米。

松石间意

位于万石莲寺到中岩之间路边岩石上。魏碑体楷书直题。末署"民国八年，黄仲训"。字幅高 2.00 米，宽 1.60 米。

非 顽

位于弥勒殿前。楷书直题。右题"民国十一年"，左署"陈秉璋书"。字幅高 0.85 米，宽 1.20 米。

静 观

位于岩寺大殿后侧。行书直题。右题"民国十二年"，左署"柳玉庭"。字幅高 1.30 米，宽 1.00 米。

直心净土

位于第二道山门后岩壁上。楷书横题。右署"丙子春伯瑜书"，左题"沙门向觉刻石"。丙子，即公元 1996 年。

佛 国

位于佛殿后山，楷书横题。清刻。每字高约 1.00 米，宽 0.85 米。左边有数行款跋，惜已风化莫辨。

珠耀玉泉
位于山门外。行书横题。右题"乙丑花朝",左署"杨纯仁题"。字幅高0.45米,宽1.80米。乙丑,未详年代。

紫云岩

樵溪桥
位于是岩后山樵溪桥畔的巨岩上。行楷横题。左侧直行署款:"永历七年阳月,岱洲余宏志"。字幅高0.80米,宽1.10米。

琴 洞
位于是岩后山樵溪桥附近的岩洞上。行书横题。左侧直行署款:"乾隆辛卯年蒲月,南湖郑君杨书。"字幅高约0.55米,宽1.80米。

紫云得路
位于岩下新修大道偏西侧的路基下。行楷直题。右题"嘉庆戊辰初辟"。左署款"翠峰郑光沂题"。字幅高2.30米,宽1.20米。

金榜玉章
位于是岩后山樵溪桥西边的山上,巨石相叠如屏。楷书横题。字幅外镌方框,右侧直刻"丙子元春",左边署直款"林毓麟书"。字幅高约0.85米,宽约2.50米。丙子,年代未详。另,樵溪畔巨岩尚存"高朝远□"残刻。

青蛟度阙·龙透天门
位于是岩后侧的樵溪畔,行楷横题。无款。字幅高约1.00米,宽2.00米。

穿源调音
位于后山"琴洞"洞壁。行书直行。清刻。字幅高0.78米,宽0.15米。无款。另有"流筋"小字题刻,风化莫辨。

蟠 桃
位于后山靠近"琴洞"的樵溪上。岩石状如大蟠桃,桃尖天然缺一小片。隶书横题。字幅高0.25米,宽0.70米。无款。

石泉岩

盖厦岛石泉岩自开闽王国师等舍地,凤头社陈天钟兴建,地属白鹿洞掌管。其岩中左畔出有石泉水一口,源头从西南由东北出口,每日出数百余担,流之不竭,为厦地名泉。每取水一担,纳钱四文。历管诚恐日后弊生,勒石永远为白鹿洞祀业,子孙永佩先训。特此布闻。

位于白鹿洞寺祖堂边。行楷直行。字幅高1.15米,宽0.40米。岩面已风化。

梵天寺

达夫岩

《闽书》记载,字在大轮山绝壁上。北宋皇祐年间(1049—1054年)同安知县莫兼书题。今废。

战龙松

位于大轮山上。宋理学大家朱熹手书。

瞻 亭

位于大轮山"圣泉"之上。朱熹书。

极 目

位于大轮山巅。隶书。朱熹书。

大轮山

位于大轮山上。据民国《同安县志》云:"亦宋朱晦翁书。每字大三尺余,风度端正,奕奕有神。邑绅周江达、吴锡琮、许朝京、周宗藩集资泐之于石,跋云:'宋朱文公书大轮山三字,大气浑涵,峙立泰岱,虑其年久弥漫,特泐于石,以垂不朽。山灵有知,亦当长为呵护也'"。

寒竹风松

位于寺后。隶书。朱熹书。民国《同安县志》云:"字苍老古劲,邑人多描之。"

偃月石

民国《同安县志》记载:"在大轮山之麓,亦宋朱文公书。"今废。

坠星石

位于"瞻亭"题刻之旁。传说宋末权相贾似道失政,贬谪循州,路经同安,欲描取朱子"瞻亭"字迹,是夜石即倒翻。后人刊雕"坠星石"三字于其旁。今废。

皇祐庚寅季夏乙酉,莫兼达夫、张士宗元卿、黄宗曾希圣、陈综总之、薛颖士之材、林铸成之、钱瑊子重、宋溥君覃、杨久中景常,游兴教寺北岩院。越明日,王仪子正至。诸君并一时贤者,倾盖于是,故纪其盛,而以令字名岩。"战龙松"松已亡矣,其字在耳。"瞻亭"二字,摹刻于石,今石陷,字画倒挂,亦一景也。翠微之际,文公书院在焉。皇朝林希元记。

位于"达夫岩"题刻之旁。今废。

麟凤龟龙

位于达夫岩上。明福建参政周峒岩题,邑人刘存德为大书镌石。今废。

圣泉久失,法海寻得。戒皞当人,记乞人识。

位于达夫岩"圣泉"之旁岩石间。梵天寺僧释戒白皋镌记。今废。

圭 石

位于仰止亭前。无款。

紫阳过化

在大轮山上。书者未详。今佚。

龙　门

在大轮山上。书者未详。今佚。

振衣处

在大轮山上。书者未详。今佚。

倚天挹海

在大轮山上。书者未详。今佚。

天空海阔

在大轮山上。书者未详。今佚。

苍玉峡

在大轮山上。书者未详。今佚。

附：（近现代题刻选）

禅

庚辰　奕辉书

心

剖裂玄微　照廓心境

大方广佛华严经　宋珍书

善　为善最乐　无从善为福也

庚辰春月　游嘉瑞书

佛

无年款，佚名。

人杰地灵

同安城洪民生书。

雄襟万里

谢荣仁书

神游

庚辰秋月　空皓

山明水秀

叶水湖

游月骋怀

方松峰

物华天宝　人杰地灵

陈美祥

修兰香四时　菩提寿百岁
庚辰　兆圆居士作香岛

圣蹟泉流同人集义
无年款，佚名。

山高盖和气 石古藏灵根
谢澄光

梅山寺

同山
位于寺后岩壁上。楷书横题。无款。传说为南宋理学大家朱熹所书。每字高0.90米，宽0.65米。

腾紫峰
位于"同山"之东。传称朱熹手笔。

云鹤游天
位于山门内路侧大石上。草书横题。每字约近2.00米见方。左侧直题"邑人郭勋安书"，"公元二千年岁次庚辰夏月"。

注：20世纪80年代末重建梅山寺以来，在寺右下侧，利用开山采石废置的大石窟四壁，正面雕造石窟诸佛菩萨群相数十尊，并在佛像石窟周边石壁刻立多方题刻如下：

佛
位于佛像石刻右侧，范文明书，林勋彦捐刻。行楷，笔墨雄健。字高约4.00米，宽约3.00米。

《波罗密多心经》全文
位于佛像石刻对面石壁上。隶书直行，字行工整，无款识。全幅高约1.60米，宽约4.50米。

静 嘉
位于佛像石刻左侧石壁。行书。左直题"郭勋安书"，"岁次庚辰（2000年）夏月"。高约2.00米，宽约3.00米。

另有梵文六字真言"唵嘛呢叭弥口牛"，"佛光普照"等题刻，无款识。

北山岩

仙 苑
位于"十二龙潭"巨岩上。楷书直题。每字高0.60米，宽0.50米。右侧上端题"晦翁书"，左边署款"蔡远佳、远芬、希机立"。晦翁，即朱熹。

瓶台霖雨

位于"十二龙潭"的石矶上。楷书横题。每字高 0.38 米,宽 0.42 米。无款。为纪念明嘉靖三十九年(1560 年)知县谭维鼎祈雨感应的刻石。

膏泽下民

位于"十二龙潭"的石矶上。祈雨题刻。行楷横题。每字高 0.40 米,宽 0.24 米。左侧直款"张荃书"。张荃,清乾隆九至十二年(1744—1747 年)任同安知县。

普慈院

应城山

位于是院后文笔山大石上,传为朱熹所题。今废。

钟英毓秀

位于"应城山"石刻附近。明刘存德书。民国时漫漶莫辨,今废。

朱子为同簿筑堤以补龙脉

位于"应城山"石刻之旁。明刘存德题。今废。

香山岩

真隐处

据民国《同安县志》记载,"在寺后山麓,半被凿坏",称其为"朱子簿同时……手书。"

南安林平勋重兴香山岩,缘银四十两。

位于岩寺前狮球石后。无署名纪年。

太华岩

太华岩

位于莲花山山顶巨岩上,取"华岳莲花"之义。楷书直题。每字高 1.00 米,宽 0.79 米。无款。传说朱熹所题。

灵　源

位于"太华岩"北二里许石释岩。楷书直题。每字高 0.26 米,宽 0.24 米。相传朱熹以其山泉随潮汐盈虚,故题。

慈云岩

劝念阿弥陀佛

五浊恶世弥娑婆，寿命须臾苦恼多。慈父释尊频指示，早修净业念弥陀。
比丘法藏昔修因，誓度群生脱死生。今号弥陀居极乐，欲生彼国但称名。
往生身现宝莲中，形貌端严具五通。上下中三分九品，华开迟速在修功。
人身难得法难逢，念佛持斋不费工。快便这回如磋过，茫茫业海恣飘蓬。

位于岩前。诗题为楷书直题。居字幅正中，每字高0.44米，宽0.42米。其左右各有二首劝人念佛的楷书直题七言绝句，每字高、宽均为0.13米。无款。

大方广佛华岩经

位于岩前，方石数丈。横书。书者未详。今佚。

斗拱岩

文　山

在岩后山巅，有石数片，中一石独尊，传说宋朱熹题镌。

雪山岩

城东职员黄文彩建造龙门桥、重修山道碑记

在是岩龙门桥边。分两行行书直题。左侧附一行小字款："道光七年岁次丁亥桂月谷旦勒。"字幅高4.00米，宽2.00米。

石佛岩

小武陵

位于石佛洞前巨岩上。行草竖书。每字高0.21米，宽0.15米。左侧署款"松田翁陈柏芬"，下钤一印，风化莫能辨。

华峰寺

咸元洞

在旧寺遗址附近一巨石上。1993年发现。同石尚有"林伯禄初开"等题刻。

白虎岩

壁立朝天

位于集美区厦门市第二农场后山的白虎岩上。楷书横题。右侧直题"万历八年重九日",左边直行署款"徽州休宁潘桂书"。字幅高0.75米,宽2.13米。

寿石岩

夹酣泉

位于岩寺内天然山洞洞壁上。行楷直题。字幅高0.78米,宽0.24米。无款。

蟠龙山

位于寿石岩上。楷书横题。左侧署款"庄坟"。字幅高0.23米,宽1.32米。

寿石岩

位于寿石岩上。无款。

真寂禅寺

浴龙池

在夕阳山(即今天竺山)上。书者未详。今废。

石峰岩

隐　圣

位于岩寺右天然巨石上。楷书直题。字幅高约1.20米,宽约1.00米。两侧竖书"隐妙慧光照法界,圣英教化度众生。"

月　岫

位于岩寺大殿前。行楷直题。字幅高约1.00米,宽0.45米。

心　石

位于隐圣洞左前方,有巨石形状如心脏,其上楷书直刻"心石"二字,每字高、宽各为0.40米。无款。

佛

位于岩寺后山顶峰。行楷。

云塔寺

长江柯挺充漳州府学生,以大明隆庆二年推东宫恩,应贡读书于此。越万历元年,中顺天乡试第一,未第归。四年,赴会试,复未第,遂留读书于都下。八年,赐同进士出身,初试为大名南乐令,擢监察侍御史,先巡光禄,次巡楚。将及瓜,叨命督学吴中,取道回。登临立石,将来宦游,嗣当别纪。时万历十七年端午书。

位于寺前"云门"题刻之下。行楷直行。分两部分,前半部字幅高1.40米,宽1.84米;后半部字幅高1.40米,宽1.10米。

云 门

位于寺前柯挺题刻之上。行书横题。右署"里人林翰文题",左题"住山正昂勒石",皆竖书。字幅高0.55米,宽1.13米。

香 泉

位于岩寺石壁上。楷书直题。字幅高0.65米,宽0.24米。左署"正昂书"。

资料来源:《厦门摩崖石刻》、明《闽书》、清乾隆《泉州府志》、民国《同安县志》

四 碑文

南普陀寺

田租入寺志 〔明〕林宗载

吾禾山普照寺，五老开芙蓉于后，太武插云霄于前。归龙探珠，吞吐日月，左右钟鼓，对峙两湄，每风雨晦明，若有击撞之状。蜿蜒之下，飞泉历落，可以濯缨；石洞玲珑，可以逃禅。岛屿参差，渔火四照，山光水光，上下一色，凡来游鹭门者，皆延清挹爽于此。真吾禾胜地也。

寺中有租，递兴递废，不可殚述。至断臂禅师，而租乃大旺，古碣残碑，观者戚然。今不可复得矣。奚脓田水租，多入豪右，钱粮不足以供国课，岁入不足以供香灯。至僧了蕴，遂有云游异国之思也。

吾次儿宜杓得寺租于曾家，因少艰子，乃祷于佛曰："佛若有灵，使我举一男嗣，我愿以所得寺租入寺。"果谐所愿，水田付了蕴岁收。今吾次儿没矣，其寺□（租）利在僧家，以供薰修；其寺契则在吾家，以防变易，尤恐其久而漫蔑也。将田种壹石捌斗、年租肆拾□入寺薰修，勒之于石，使达官贵人观者同有是心，肯日用羡余充入寺中而无贪诸缘以为福利。又□而广之，无砍树，无伐石，使四山濯濯，以为山灵羞。则斯石之勒，所关于寺，岂有量哉！

赐进士、嘉议大夫、太常寺卿林宗载书

计开田段：（略）

崇祯十三年庚辰三月　日勒石

是碑嵌砌于寺内东廊墙壁上。花岗岩质地。楷书。保存完好。

南普陀西偏建龙庙碑记 〔清〕觉罗四明

曩予任厦丞时，连年旱魃为虐，祈于各庙罕应，后拜祷海隅，遥祭龙神，忽甘霖叠沛，灵验殊常。因厦岛向无龙神庙宇，议创建以答神庥，方□向平基，选匠购料。会迁福守，匆匆就道，未成而去。旋移台阳，过鹭门，询知工费□缺，心窃耿耿，拟设法成之。值经理、老住持如渊寂化，又复中辍。辛巳春季奉命监司东宁，复道经于此。予曰："此夙志也，不可再后。"乃首先倡捐，暨台湾府、厅、县助俸，并台厦各商民踊跃醵金，建龙王神庙于南普陀西偏，内外三座，堂、庑、厨、亭毕具，靡白镪一千有奇。工既讫，勒董事资助姓名于石。今而后，庙貌巍崇，雨旸时苦，岛海编氓，不亦可永邀鸿贶也哉。其香火之需，前观察白公拨归衊断地产贰亩，租粟供给，岁以为常，并书以示来者。

福建分巡台湾道兼理提督学政觉罗四讳明撰并书，捐银贰佰大员；

俸满升任台湾府正堂、加三级余讳文仪，台湾府正堂、加一级、纪录三次蒋讳允焄，台湾府

正堂、加一级、纪录三次徐讳德峻,升任台湾淡防分府、纪录三次夏讳瑚,各捐助银壹佰大员;

台湾府台湾县正堂、纪录三次陶讳绍景,台湾府凤山县正堂、纪录三次王讳瑛曾,台湾府诸罗县正堂、纪录三次卫讳克王育,台湾府彰化县正堂、纪录三次胡讳邦翰,各捐助银伍拾大员。

候选詹事府主簿林讳登云,助银捌拾大员;

乾隆贰拾玖年正日勒石

是碑在寺内,嵌砌上墙。花岗岩质地。高2.60米,宽1.30米。正文仿宋楷书。上端斜裂已修复,基本完好。

普陀寺前捐廉墁地树栅碑记 〔清〕刘嘉会

尝观一事之兴,莫不有相因而及之理,故筹所未备,亦相其时与地而然也。南普陀寺为鹭岛大刹,创自有唐,以迄于今。惟是门径闲厂,藨芫沙石,旧为行人来往修涂。岁丁未,台匪跳梁,军行旁午,官兵数万辏集厦郊,想获庇于大士之慈航者不少。越戊申,东宁事葳,奉旨建竖告成纪事碑亭四座,择壤于斯,距寺仅数武。鸠工庀材,嘉会实董厥事焉。督工迨竣,见夫亭后寺前势联而形弗贯,虑无以昭敬谨而肃观瞻。爰自捐廉俸铺其地,以使之平,左右树栅,以为之卫。乃始轩昂巍焕,亭与寺协一而不虞杂沓焉。庶乎敬谨所昭,观瞻愈肃,是其相因而及,用以备所未备者也。事成,援笔而纪其略。后之分守兹土者,倘能与余同志,越岁时以葺新之,则斯举亦足不朽云。

诰授奉政大夫、泉州府厦门海防同知、保举堪胜知府、军功一等、加一级、随带又加一级、纪录三十一次刘嘉会撰。

乾隆五十五年岁在庚戌二月吉旦立。

碑在寺之东庑,嵌砌上墙。辉绿岩质。圭首。高2.50米,宽1.25米。正文仿宋体字。现状完好。

重修南普陀寺记 〔清〕胡世铨

法界重光(篆书碑额)

同安东南嘉禾屿,一名厦岛,为海门扼要之区。城东有五峰山,山中大石嵌空,其下虚敞,宋僧□普照院,迨元寻废。明洪武中有僧觉光重建之,奉祀观音大士暨释迦佛像,明季复毁于兵。国朝初,经靖海将军施侯重修,易名"南普陀"。乾隆己酉,余以观察泉南驻厦,展谒之余,见其踞山环海,气势壮阔,而殿宇颇多颓圮。维时我皇上涤荡东瀛,渤勋海上,因于寺前建竖御碑亭四座,覆以黄瓦,绕以丹垣,望之翼然宏丽。顾兹庙貌益形萧疏,爰与水师军门哈公倡议修葺,以昭诚敬,而一时文武各官以及绅耆士商等,咸欲共襄善事,踊跃输诚。于是士商杨汉章等相与董其事,鸠工庀材,阅三月而殿亭廊庑焕然聿新,与碑亭位置天然,固居然海滨胜地也。夫物之兴废何常,而莫不因事以显,则神道寓焉。宋元之际毋论矣,明季海氛不靖,寺被践毁。迨我大清定鼎之后,平治台阳,而此寺之废者因以兴。今值林逆成擒,渤石著绩,而此寺又获复其旧观。先后百余年间,其事若不相期而相因,而成之机如出一辙,毋亦神功浩荡,默有以笃佑我军旅,故其显晦乘除之数,适与时事相附丽欤?于戏!彰善瘅恶,朝廷御世之大法;福善祸淫,神明救世之徵权。尝见犷悍之徒,泯泯棼棼,患生于多欲,祸成于相戕。礼乐有所不能移,刑法有所不能跃。惕以幽明感应之理,即莫不相顾骇汗,而迁善之心或且油然而生焉,《华严经》谓威光普胜吉祥净业,此其无量诸法所以摄人心而翊世敩者,岂浅鲜哉!泉雨山川之气,纯

驳不一，钟灵毓秀，慨不乏人，而蚩蚩之众囿于气秉之偏，因以陷溺其身心性命不自知者，何可胜悼。吾愿在事诸君子，赍心敕志，共来如在之诚，益以淑其身而善其俗，使海隅愚氓，潜移其充顽之习，无复为匪虞之蹈，则守土者，与有□□，慈航益昭普渡矣。工竣，绅士请纪其事，因考其本末而附以鄙论如此。其董事捐资各姓氏另泐诸石，以□□善。是为记。

　　钦命福建分巡兴泉永等处海防兵备道、加三级、随带加一级、又军功随带加二级、记录七次，胡世铨手撰。

　　乾隆五十有六年岁次辛亥七月谷旦立石。邑增生许温其书。

　　是碑在寺内。花岗岩质地。高2.30米，宽0.80米，厚0.15米。正文楷书。基本完好。

重修南普陀寺捐题碑记　〔清〕胡世铨

　　钦命福建水师提督军门、噶普仕先巴图鲁、带功加一等、加三级哈　捐银壹百大元；

　　钦命福建分巡兴泉永等处海防兵备道、兼管水利驿务、加五级、纪录十次胡　捐银壹百大元；

　　特授福建泉厦总捕、海防分府、一等军功、加一级、随带又加六级、纪录十次刘　捐银壹百大元；

　　钦赐顺勇巴图鲁、署泉州总捕、海防驻镇厦门分府、加五级、纪录十次黄　捐银壹百大元；

　　（略）

　　乾隆伍拾有陆年岁次辛亥七月　日谷旦立石。

　　是碑嵌砌于寺内墙壁间，花岗岩质地。圭首。高1.86米，宽0.95米。正文楷书。基本完好。

胡亭记　〔清〕郭　迈

　　胡亭者何？亭为胡公设也。乾隆五十三年，公奉命分巡兴泉永三郡，驻节厦岛。未二年，条政大行。又一年，以母太夫人年迈，奏请归养。民攀留不得，议所以酧公。岛上有刹南普陀，庚戌岁，公倡捐修葺，事详公所为碑记。寺后隙地，石碣棱层，林木荫蔚，纵观大海，汪洋万顷，有涵育万类之象，佥曰："是其地允称其人，宜建亭。"庀材鸠工，未旬日，翼然亭出，仿古"欧亭"、"苏亭"之例，而以"胡"名亭，志不忘也。噫，民之念公勤矣，则知公之为福于民也至矣！既蒇事，以属乡人郭迈纪之而镌诸石。公讳世铨，号鉴泉，河南夏邑人。乾隆辛亥岁仲冬谷旦，同邑老人，原奉节县令郭迈谨识。

　　是记文题刻于"六月寒"石洞后。行楷竖书。字幅高2.20米，宽2.70米。乾隆辛亥，即清乾隆五十六年（1791年）。

重修南普陀寺后迎胜轩、扇亭记　〔清〕十全堂

　　南普陀即前之普照寺也。其寺后有迎胜轩、扇亭二所。历年久远，栋宇颓坏，惟旧址存焉。本岁孟春，"十全堂"诸友会叙于无尽岩禅堂。座间，虞玉如、虞岐甫昆玉共倡重修之议，虞晓村继之，诸友亦踊跃从捐，共襄盛事，俾远年旧址得以焕然更新，而我辈寄怀亦曰"爰得其所"矣。所有"十全堂"诸友捐修姓名胪列于后。捐首：虞玉如、虞岐甫、虞晓村、邓经国、王介眉、王华夔、虞紫枫、江秋光、萨杰人、连梅村。咸丰十一年岁次辛酉孟春吉日"十全堂"公立。

　　是记题刻于藏经阁东侧岩壁上。楷书直题。字幅高1.75米，宽0.60米。

捐置寺田记 〔清〕张士沅

盖太上有立德,其次有立功,是之谓不朽。同治十三年春,海氛不靖,澧阳孙庚堂军门时镇守漳州,奉天子命督师厦岛,筹防海口,驻军寺左右,储糗茝,备器械,缮女墙,筑炮台,厉兵选甲,控扼要隘,凡所以为边防计者,夙夜经营,无微不至,而且训饬士卒,抚辑黎庶,兵民相安若无事。八阅月,而师徒唱凯,军门晋升提督福建全省陆路。将之任,以寺无恒产,出俸金倡率所统擢胜左、右、前、后营哨各官及营务处,各出金置田若干亩。为神伊蒲,供香积厨中,氤氲不绝。僧众无事托钵乞布施,军门之功固大矣,德亦至焉,宜泐贞珉以昭来兹。

山阴张士沅援笔而为之记。

时光绪纪元岁在乙亥秋八月二十有三日。

（略）

光绪元年 月 日,住持僧有忠泐石。

是碑在大悲阁前。花岗岩质地。圭首。高2.08米,宽0.77米,仿宋楷书。现状完好。

（略）

是碑现存寺内。

重修南普陀碑记 〔清〕奎 俊

佛教入闽,日方于唐忠懿王。时三藏来宾,建招提以千计。至我朝咸为祝圣道场,与民植福,我佛灵爽实式凭焉。厦门城南五老山中有无尽岩,五代时建普陀寺,宋、元及明□毁再兴。洎康熙间,靖海施侯平郑姓凯旋,廓为南普陀。称南者,以别夫镇海发踪之区。门列御制平台纪功四碑,历叙战绩,为佛默相之。寺前旧为水师演武场,俞将军大猷刊诗可考。盖平倭□先于平倭母之子孙也。中供观音大士,左、右钟鼓二山,天设自然。昔之盛也,居大众百余人。相传漳郡南山寺所祀唐陈太傅□八世孙讳肇,念子孙得有今日,我佛所庇也,乃建普照寺,即今地。世咸以前俞后施驭夷法□不可思议。俊今岁正月巡视岛上,越二月,制府湘乡杨公代狩,遥临较艺,既葳展谒,骇然曰:"殆矣□哉!虽无上雨旁风,而榱题中朽,不绝如缕,亟宜庀材,以肃观瞻。况捍患御灾,我佛功德伟矣。"唯唯而退,谋诸提帅湘乡彭公,乐为助理,率属醵金,邦人亦闻风翕从,更得宫保乾州杨公邮□多赀,不日成之。是役也,仰赖制府洞见天倪,及时兴劝,百废具举,与我佛之护国佑民,阴阳一本。回念翠华幸浙,颁内帑葺修普陀岩,钜典煌煌,属在臣庶,敢不恪恭奔走哉!从此海天万里,永息波涛;佛法无边,于以巩亿万年有道之基云。

二品衔、福建分巡兴泉永海防兵备道、加四级、纪录五次、长白奎俊撰并书。

光绪十三年十一月 日

是碑在大悲阁前。花岗岩质地。圭首。高2.72米,宽1.20米,楷书。现状完好。

（略）

六湛大师建业记 〔清〕释喜参

……原夫欲建无缝宝塔,须凭有志之力,百千行门,舍心最难。有鼓浪屿日光岩住持六湛大师,禀积行清淡,积克钵需,生平这余贰百元,建业在厦港福海宫左,坐山向海,店一座,为本寺佛祖万年香资。末思苦心,非一芳香。余世主持,每年每月十七,逢师圣诞,常住支出店税四元,设斋供象,并祖堂上供以答,福有攸归云尔。

光绪甲辰年四月,住持喜仝合山大勒石

是碑嵌于寺之东廊壁间,前文缺佚,题为编者所加。

瑞波大师遗产记 〔清〕释转道

本寺书记瑞波大师皈依佛门,一生勤守,戒行庄严,禅规明肃。己酉年十二月初八日未时西归,所遗钵银、田产均归常住收管。此逢师恩辰,合山齐诣祖堂山供,理合泐石,以志不忘。

一收山后社等处,置典押田八丘,共受种五斗三升,应价并现银共五百二十六元六角,除开延医买药,送往生犒劳都管,首七至终七念经拜忏放焰口,漳州公电并遗嘱付法子元明大师,统共一百一十五元九角九尖,田契存库房,俟赎田收银时再行添泐合并。声明云尔。

宣统二年五月吉旦 本寺常住泐石

是碑与"六湛大师建业记"联嵌于寺之西廊壁间。原无题,今题系编者所加。

重修普照寺记 〔清〕释转道

厦岛五老山普照禅寺建自唐朝,亦著名古寺。星霜屡易,风雨摧残,仅存一石洞。去秋,鼓浪屿林府大护法、信女杨太太乐捐钜款,重建楼房二间、凉亭一座。荒凉古刹,焕然一新。功德无量,流芳千古。爰勒碑石,以志不忘云尔。皈依弟子转道,宣统三年三月吉旦,南普陀住持重修普照寺,喜仝泐石。

是记文刻于寺西"普照寺"洞口。行书直行。字幅高 0.70 米,宽 0.60 米。

厦门颍川陈氏经始南普陀寺 陈秉璋

南普陀者,唐之普照寺,即陈姓之祖肇公所建也。肇公三世祖夷则公始迁于厦岛,聚族而居,遂为陈姓发祥之地。肇公因建兹寺而奉其祀于别殿。后之人追念旧劳,乃并肇公而亦祀之,为田五十二亩,即今寺田;埭三:寺前及永丰、鼓浪屿各一,天然生产之利,岁入颇丰;山一所,五峰山是也。东至仙姑岭,西滨于海,南及水磨坑,北界陈公墓。林木之美,山石之奇,凡取材者皆庆之。闻悉立券约,付掌住持僧,令收其息,以供神祀及我祖岁时之祭。故至今值凡祭日,我陈姓之子孙有声望者,躬亲奠焉,重报本亦展孝思也。胜朝之初,郑公成功驻兵厦岛,与清臣拒守十六年,兵燹久纷,民无宁宇,僧徒奔散殆尽,券约遂致遗亡,而祀典亦因以中坠。鼎定后,将军施琅来莅兹土,见古迹之沦亡,嗟前贤其不祀,乃重新斯宇,而改为今名焉。自此以来,到于今又二百三十余载矣。风飘日蚀,不无破损,而时废时举,未忍听其就湮。盖我祖宗之留贻者厚,亦以见诸明神之呵护者长也。不谓阅岁无几,而中殿复毁于火,岂运丁阳九,民人已受其殃,彼鬼神亦宜并遭其厄欤?抑大新世界,天其或陋我旧规,将使别创庄严以肃观瞻耶?住持诸禅师募集重修,依旧址而增饰之,规模之宏阔,气象之巍峨,较胜昔时。开高轩以临山,列绮窗而瞰海;金铺交映,玉题争晖。其工费之烦,亦比昔时为倍□焉。登兹寺者,无不肃清然而生敬畏之念,悠然而动追溯之思。洵哉!为厦岛中一巨观也。若夫兹山之名胜,兹水之潆回,前人已论之详矣,此可无烦赘述也。故因今日之落成,深思当年之经始,特记此,俾陈姓之子孙世世不忘祖宗之盛德。

同安陈秉璋撰,同安陈宗书书。浮屿颍川堂陈氏宗人佑全、美藏、宗器、少梧、允彩、瑞清、江海、有耻、世勋、耀焜、美弦、美匏、美和、宝全、振元、学海、美赞、美团;三峰堂玉喜、秋水、正宗、钦简、信服、佑铭、清机、文明、鸿春、锡钊、永宽、芳荣、王癸、清吉、福星、又盘、碧甫、淡云、大英、香来等同泐石。中华民国二十年岁次辛未二月。

是碑刻于藏经阁东侧岩壁上。楷书直题。旧无题,今题为编者所加。字幅高约5.00米,宽约4.00米。

闽南佛学院缘起文　释常惺

茫茫五趣,济济众生。迷幻质之非我,执缘影以为心。计断计常,固乖平等之真性;事水事火,尤属颠倒之盲修。非仗我佛宏慈,曷阶菩提妙果。是以迦维示迹,半满齐宣。诸子病多,三车药广。既明诸佛出世之本怀,乃尽一期之能事。繄维东震,佛法缘深。虽地殊禹域,未蒙金口之亲宣;而像教东流,莫非觉皇之垂范。什师传般若,奘师译瑜伽。空有并彰,遮表齐致。五叶流芳,既显东土大乘之特彩;两部奏续,实传南天铁塔之真诠。至若五时八教,直揭如来谁化之宏纲;六相十玄,大明缘起无碍之法界。震旦俨为世界第二佛教国矣。惜乎宋元以降,义学不兴。先贤遗籍,流亡海外。向上一着,固难使中下以凑泊;六字真诠,尤未便家喻而户晓。以至无上妙味,流为人天有漏之因;异熟招感,转变异端祈祷之果。浸假误乐国为天堂,迷缘变为他造。紫色夺朱,哇声乱鼓。反观教中,小乘日囿者,由藏林窜以鸣高;世利相牵者,稗贩钻营为事业。置利生于不顾,视三藏若具文。无怪社会视佛法为消极主义,目僧界为无用废民矣。迩者海内诸先觉,不忍大教沦湑,青年埋没,先后提倡教育,设立学院,以期扶衰救弊,探骊得珠。奠世界永远之和平,谋人群真正之幸福。闽南地处海隅,交通阻绝,学者负笈,视海程为畏途。同人等,目击神伤,义难袖手,爰议组织闽南佛学院。设普通科,以通各宗之邮。设专修科,深造一门之极。庶维成就有人,重复唐代之盛轨;宣传可托,普救法界之迷情。化机巧为和平,转浊世成净土。则他年自他道圆。华藏海净,未始不基于今日之发觉初心也。

是文录于《厦门南普陀寺志》。

厦门南普陀重建观音殿募捐缘起　释芝峰

宇宙间之形色事物,无一而非变幻成毁之现象。有情类之见闻觉知,亦无一而非相续生灭之心识。虽然,吾人能变之心识与所变之现象,生也。灭也。成也。毁也。大有濯足长流,抽足再入,已非前水之概。唯而现象之实体,心识之真性,法尔如如,未尝起生灭成毁之冲动。《楞严经》说:变者自灭,彼不变者,元无生灭是也。然而现象之与实体,心识之与真性,犹水之与波,相推相演,作向上之进展。故释迦世尊曰:普愿法界众生,共入毗卢性海,能荷我佛之绝大使命,于诸世间有情而无厌倦者,其唯观音大士乎?大士自谓因入流相,得三摩地,又谓当于万亿劫,悲愿度众生,此即大士将自心所证悟之理智,随有情生灭之心识,假宇宙成毁之现象,建水月道场,做空花佛事也。我中国厦门南普陀寺者,为观音大士应机现真之古刹,不唯维系全国全闽及南洋侨胞信仰植福之中心点,实亦国体所关,为东西洋各国人士观瞻之所也。寺不戒于火,于本年古历九月二十三日,致观音殿全部焚毁,此乃世相本是无常,所谓变者自灭,无足惊异,然以大士平等无差别智观之,犹将此空,移置彼空,所谓不变者元无生灭也。今者厦门人士及全寺僧众,亟谋恢复旧观,穷其用意,无非欲本诸生灭之心识,而探究其真性,随成毁之现象,求证其实体,然则唯其如是,则舍先觉观音大士所悟证之理智,其谁依乎?此举也!不仅为信佛者当仁不让,而亦必为我国各界士女愿所乐闻,随喜赞襄也。发起人吴乾元、阮顺永、叶敦仁、陈佑全、黄廷元、蒋以德、洪鸿儒、黄弈住、陈宗书、林文庆、黄庆元、杨景文、曾厚坤、蔡秋涛、陈益安、蔡契诚、陈玉琮、陈秉璋、黄绳其、余少文、庄文渊、陈敬贤、陈极星、陈廷社、陈耕业、叶鹤秋、陈耀焜、叶偕福、释转逢、苏慧纯、释瑞于、释会泉、释转道、释转尘、释转物、释太虚。

中华民国十七年十月 日

是文录于《厦门南普陀寺志》。

南普陀兜率陀院记　释文渊

南普陀为厦门之名胜，亦闽南之古刹也。负山环海，风景天然，昔日大悲菩萨应化所在，香火因缘，至今不替，故普陀之名靡不闻焉。

寺后有峰，名曰"五老"。层峦耸翠，林木畅茂，致春秋佳日，士女如云，或听莺啼鸟语，或观紫竹黄花。遥望海波荡漾，沙鸥明灭，而鼓浪诸屿，玲珑如画。朝暮阴晴，气象万千，远近来游者，无不欢喜踊跃，心旷神怡，张大河题曰"海上神山"，洵不虚矣。

民国十九年夏，普陀常住，于山腰向有慧泉外，新修自来水池一方，方广五六丈，周围以石，其间灵源浩瀚，澄青一色。偶然相望，尘斛顿消，所谓"清池皓月露禅心"者欤？

池后因有隙地数亩，寺众遂营造别院三楹，傍通空峒，成天然石室，颜曰"兜率"，以作本寺住持太虚上人，来时静修之用，真清幽之胜境也。

盖袭名以"兜率"云者：取知足之意耶？或曰，据"兜率"为一生补处所居，本无漏之圣地，何得名此区区一院哉？余曰，本寺住持太虚大师，为当代之高僧，作法门之领袖，远承慈氏之心要，近阐相宗之遗风，瑜伽妙义，唯识真乘，以及大乘各宗教义，莫不藉师发扬光大。况大师定慧两融，悲智双运，以慈氏之心为心，菩萨之行为行，兼平日以《慈宗三要》自行化他，信受奉持，以广大愿心，求生内院，当来上品往生，如操左券也。《语》云："服尧之服，语尧之言，行尧之事，是尧而已矣。"今大师住慈氏之家，说慈氏之法，行慈氏之道，亦是慈氏而已矣。是院之名"兜率"，不亦宜乎？取其名者，为大醒法师，其亦有斯意存乎？

民国二十年，四月十八日，记于闽南佛学院。

是文录于《厦门南普陀寺志》。

南普陀寺重建大悲殿记　释太虚

南普陀寺之兴起，近数十年事耳。然南普陀之得名，盖由奉观世音菩萨，故斯殿之建筑，殆有百年矣。迨大悲殿落成，继之又造天王殿，规模渐备，自开设闽南佛学院之后，南普陀寺遂成蜚声海内外之一名刹，顾斯殿乃反形短小而不相称。十七年夏历九月二十三日之夕，殿中忽然起火；殿乃被毁，岂菩萨之灵，特诱之以除旧布新之责耶？时余尚游化欧土，旋由本寺邀集厦门各界洪晓春、陈少梧诸绅耆，组筹募重建委员会，别设会计，经营建筑，不敷时由库房支济，八角三层之式仍旧贯，而放大加高，俾可与前之二殿相称，历时四年有余始成。计用银约五万元。而库房支济者亦达六七千元。经办者为都监转逢、会泉，监院觉斌、大醒、芝峰，副寺智普、宏聪、瑞立等，而苏慧纯、蔡吉堂、林镜秋诸居士亦襄助其事，余则坐享厥成而已。今定名曰"大悲殿"，乃叙其重建缘起，并将捐款各施主姓名列后，以志功德，勒碑永垂不朽。

民国二十二年，二月一日，住持太虚谨记。

是文录于《厦门南普陀寺志》。

南普陀寺林园记　释太虚

南普陀寺四管之附近山地，本甚辽阔，而比年以来，厦门市场之发达，一日千里，先是自来

水公司设水池于寺右鼓山之下,已侵用本寺山地若干;至漳厦警备司令部堤工处路政办事处成立来,开山辟路,数年间顿令厦门全岛改观,本寺之附近山地,亦由华侨组织兴业公司及杨德从先生向路政处购辟为新区,其势逼近本寺肘腋间,且有将本寺全部山地充为南普陀公园之议,寺甚岌岌可危,乃由本寺历与路政处等洽商,历时数月,几经曲折,至本年(民国22年)一月二十八日始由路政处给予证明书并附图,划定界址,解决为本寺林园地区,而此事之成多出路政处周醒南会办之鼎力维持,他若省府蒋景然主席为致书会办,张澜溪、陈孚梁二先生为疏通兴业公司,曾国明先生为接洽杨德从先生,及苏慧纯、蔡吉堂、黄秋声居士,并本寺转逢、会泉都监,觉斌、大醒、芝峰、寄尘监院先后奔走各方,皆与有力焉。今本寺已次第植树造林以期为厦市培成一名胜形胜之山林区域!欲使后之住居游览于是者,皆纪念功德之所自,爰志其经过如此。

民国二十二年,二月一日,南普陀住持太虚谨记。

是文录于《厦门南普陀寺志》。

南普陀寺水池区建筑记　　释太虚

南普陀自改十方丛林制,设闽南佛学院,住僧渐多。旧在山左之接水,时不敷用。民十八,于山右新获一水源,由寺筑水池以蓄之,甘美清冷,分布皆足其用,乃命名"阿耨达池"。民十九,为护池建屋其上,曰"兜率陀院"。久之,又开洞室,曰:"须摩提国",转逢退居及陈敬贤、林镜秋、苏慧纯、陈鼎铭居士,曾协款以助其成。民二十一年,又于洞后辟建禅室,曰"阿兰若处",则由寂云比丘、陈敬贤、王真觉、苏慧纯居士施资之所造。其工事则皆出逢退居督理,今总名之曰"水池区"。议订规则十一条管理之,因记其功德云。民国二十二年二月一日,本寺住持太虚。隐樵法空书。

是记题刻于寺后五老峰兜率陀院巨岩上。楷书直题。字幅高1.60米,宽1.80米。

普照寺根源记　　释觉斌

普照寺之寺址,据云在唐时由陈护法肇公布施之功德也。肇公三世祖夷则公,侨迁厦岛,聚族而居,遂为陈姓发祥之地,肇公因建兹寺,而奉其祀于别殿,后之僧追念首劳,乃并肇公亦祀之,盖饮水思源,藉报功德也。施田五十有二亩,为今寺址,施山一陇,即今所谓五老峰是也,山之界,东至仙姑岭;西滨海;南及水磨坑;北界陈公墓;林木之美,山石之奇,无以复加矣。凡厦地来采材者,间立券约,寺僧收其息,以供佛火僧粮,及陈护法岁祭之需,旧习遗传,相沿久矣,迨至郑公成功,谋复明祚,独立台湾,进兵闽浙,驻节厦门,训练水师与满清拒,十有六年,兵燹民散,僧亦他徙,寺之券约,遗亡净尽。而护法之祀典于是焉而革。时至今日,山场寺址,变更极多,被侵于自来水池公司,再被划入路政处之公路,乃被盗卖于兴业地方公司等,辽阔之山场,而被削去者,十之八九矣。——山地及寺址详情,见登记证明书,——余恐年深月久,湮没先进功德,无以为后者劝,兹特略志如是,以为记念云尔。

(民国)二十二年五月三日写于库房监院室。

是记录于《厦门南普陀寺志》。

南普陀游记　　释东初

中国之南,鹭江之滨,有南普陀寺焉。远筑于五代。高峰峻岭,崛起海隅与隔太武对峙,俨

然成为南天胜景。其间圣贤递嬗,胜衰迭起,有言不可及之慨矣!寺之起焉,与唐之开元而并古,分派珞伽观音大士之道场也。寺初名曰"普照",逊清康熙间始改今名;凡仰光三江缁素渡厦朝礼观音大士者,咸住锡于此,故声驰宇内,名扬中外矣。

寺原为子孙传法之制度,至转逢长老,始慧眼独具,遂毅然改为十方选贤之制度。自改组以还,初任住持者,乃会泉和尚,同时乃有僧教育之施设;继任者则为佛化新兴运动太虚大师也。大师驻锡后,僧教育遂得扩而充之,声誉驰全国,故渡海来厦亲近大师者,接踵而来唯恐落后,至今已逾八载矣。寺本无恒产,能维八载如一日之僧教育,不特为南国开一新纪元,亦为全国僧教育之罕闻也。今之全国有恒产寺院者不下万余,对于兹寺能无愧乎!

寺中所有之建筑,以本地所产花岗石黄砖钢瓦为大宗,殿宇巍峨,气象森严,规模宏敞,清净为比,而天王宝殿、大雄宝殿、大悲殿等均为近十年来重新之建筑也。大悲殿工竣伊始,盖旧殿民十七年秋毁于火,太虚大师即与全寺执事商议力谋重建;故此殿不特为全寺建筑之冠,亦为太虚大师驻锡南普陀寺之伟大建筑也。余肄业闽院,故对于寺之风景及建筑物等较他人为详,兹不惮烦琐,略记如下:

寺前有放生池,四围雕以七如来名号,盖取如来以大悲为愿,渡生为怀,且一切众生皆有如来智慧德相苦未证耳。中养龟鳖鱼等物。其他猪牛羊鹿等物均有饲养之厩。盖今之世界,保护动物,提倡蔬食运动,不独佛教为然,即欧西文明先进诸国,亦有蔬食运动之提倡,如英、美、德、法、俄、匈加利、荷兰等国,均有保护动物提倡蔬食之运动。一九二五年,曾有万国茹素大会开于伦敦;一九二九年复开第七次国际蔬食大会于捷克斯罗瓦国(此国之地址,介于德奥两国之间),他若伦敦蔬食会,美国蔬食会,枚不胜举,且各国于法律均有规定保护动物之明文,而每年为动物起诉者,亦不下数千件,其他英、德、法、意、匈加利等国关于保护动物之法律不计外,美利坚尤可赞叹。因一九三○年三月,美国人道教育所得本国各地之报告,计一个月之间此项新慈善团体成立之总数,为一千三百十组,平均计之,则每三十五分钟即有一组成立也,因此文明先进之国家提倡蔬食保护动物于此可见一斑矣。盖今之欧西各民族,咸感科学利器之残酷,养成人类凶横之恶性,保护动物,提倡蔬食,岂仅动物之福音,实是人类和平之嚆矢也。环顾吾国,不特于法律无规定保护动物之明文。泰半则以彼生者必为我食,殊不知尔与彼同一动物,安有食彼彼食此,肉食残忍之权耶?!

天王宝殿重建于民国甲子年,中奉弥勒如来,左右四金刚,怒目擎拳,威猛无比。进山门,则弥勒如来笑颜可掬,恍若龙华三会相临接引来者。盖我佛如来,将灭度之时,将法会所有之弟子咸付于弥勒如来故也。有缘者,会于龙华,吾人应集中之信仰与努力耳。

中为大雄宝殿,此殿重建于民十四,前钟鼓楼巍然相峙,旁有罗汉堂,建筑堂皇,得未曾有,松柏杂立,幽香扑鼻,花香鸟语,如入园林。其中奉娑婆教主本师释迦牟尼佛,佛之侍者曰摩诃迦叶,曰阿难陀,乃佛之十大弟子中之一也。佛之侧有佛二,曰西方极乐世界接引阿弥陀佛,曰,东方琉璃世界消灾延寿药师佛,而西方世界东方世界,其国众生,无有众苦,但受诸乐,唯我娑婆世界五浊恶世,我诸众生,但受其苦,无有众乐,故我佛如来,大悲愿力常施于娑婆世界,所谓开佛之知见,入佛之知见,悟入佛之知见是也。又有梵天帝释鹄立于傍,此无他,乃表示护持大法之热诚耳。

后侧大悲殿高千余丈,为新落成者,石柱巍焕周列石栏,庄严无比,梯阶而上,中奉千手千眼大悲救世观音大士;盖观世音大士乃西方三圣之一也。佛以东方为娑婆世界,故大士其大悲救世之愿力,亦常施设于东方,大士灵感胜迹甚夥。但以文字而论,观者见之事,音者闻之事,

而观音大士,则以闻之事为观,以观之事为闻;此无他乃大士六根清净,互为摄用。以千手千眼之神慧运四八之宏愿,观一切众生之苦厄,施设梵音妙音海潮音充满于东方娑婆世界,使无量无边一切众生皆成正觉,故妇人孺子莫不咸知诵观音大士之圣号,亦可见观音大士之宏愿矣。每届朔望则全市人士,莫不争先恐后敬礼焉。二,六,九等月,十九日为尤胜。香烟袅袅,弥漫天际,寺无恒产,一切支配,赖此维持焉。

寺之风景最幽者,则为后山新建之兜率陀院也,由大悲殿绕向背山,不数武五老峰下有二停焉。名人题咏满于石壁,松桧横阵,丛柏森立,卉木幽邃,日月晦明,百鸟横舞,歌咏不绝,清脆悦耳,间有微香扑鼻,袭人欲醉,洵为海上神山也。由此崎岖右绕而上,奇石林立,崖洞幽壑,峰回路转,别一天地,而森林深处,蠕蠕而动者,则为放生巨蟒出没其中也。蟒驯良为善,从未伤人,岂受观音大士感化所致欤?行行重行行,则"顶门只眼"及兜率陀院灿然遥现于云表矣。盖此院建筑乃转逢长老预备于太虚大师退院后而同居者,院前有阿耨达池,流泉断续,若奏梵音,寺之饮料全赖乎斯,院高丈余,饰以垩粉,莹洁清雅,悦人心目,中辟佛堂一,设慈宗坛,奉弥勒如来,供养花果,备极庄严,为太虚大师每返寺时于此自修耳,盖大师为中国佛教倡导慈宗之宗师也。又客一,风景相片悬于满壁,青风谡谡,音韵悠扬,凭几而视,则远山近水,屏列如画,游目其间,飘飘欲仙矣。其后寝室,榻一,空无所有,似维摩室,寺之护法苏君慧纯,陈君敬贤,时过小住,大醒法师尝住其中并题有诗云:"院傍岩阿筑,名题兜率陀。天宫礼弥勒,丈室住维摩。满架经书叠,当窗草木多。一池泉水静,来去不生波。"可谓题尽院景矣。

复有须摩提国,筑于院侧,前有八功德池,满种青莲,悬崖绝壁,奇岩穿隆,凿谷为窟,可容五楹,檐飞丈余,周围隆起,古洞绵延,佛像林立,设瑜伽焰口曼怛罗坛,乃转逢长老发大悲愿施千座瑜伽普渡一切饿鬼地狱畜生,俾得无量无数饿鬼皆得来受甘露法味也。中奉幽冥教主本尊地藏王菩萨。其联曰:"千座瑜伽奄哑叫,高超薜荔众;三坛秘咒曼答辣,供养须摩提"。又曰:"八难三途共入弥陀愿海;四生九有同登净土运门"。又曰:"开此法欢喜,住于无疑者;速成无上道,与诸如来等"。又曰:"诸佛微妙音,清净如虚空;明了一切行,其心无所著"。其他奉有常住过去诸大德及十类含识等位,香花普供,满排于前,气象庄严,油然起敬。由此内进,岩壁有痕,其状如门,再进稍宽,其间有隙,有石凳三,石桌一,空无所有。其侧有瑜伽泉,盖长老施设瑜伽普洒甘露之净水也。去须摩提国,不数武,有阿兰若处,此乃太虚大师民二十一年在厦为众姓弟子宣讲《大乘本生心地观经》,中有《阿兰若品》,广阐出家比丘应如何往阿兰若;应如何受阿兰若行等,因此受感化而皈依大师者极众,遂有慈宗学会之成立焉。阿兰若处为苏君慧纯、陈君敬贤居士等发心所筑,供养习禅定大心者,清净庄严,幽胜殊绝,诚为兜率陀院之最胜处也。

兜率陀院右有台一,曰太虚台,乃应城李居士基鸿所筑,为纪其本师太虚大师也。民二十年,李居士来访,偕登出巅一方石,纵观海山,转逢长老谓:"立此如在太虚间。"故名"太虚台"。太虚大师有题巅曰:"海天旷览"。又联曰:"云影波光天上下;涛音松籁海中边"。登斯台矣则群峰环绕,凭栏远瞰,风景在目,历历可指,大有唯我独尊之慨矣!同游者信阳果地、南安文显诸友,返时嘱余写笔记之以志不忘云尔。

民国二十二·五·九,闽南佛学院。

是文录于《厦门南普陀寺志》。

喜参老和尚塔铭并序　　林子青

喜参和尚,安徽青阳人。生于清道光二十八年,幼遭乳离,随族人入闽,寄身梨园。光绪三

年至漳州南山寺谒佛乘和尚，恳求出家。乘公就师兄佛日和尚像前代为削发，法名：性悟，字喜参。时年三十。越年至宁波天童寺，从佛源和尚受具足戒。光绪八年，归南山，任监院十余年，殿宇为之一新。厦门道俗慕名，延为鸿山寺住持，时为光绪十九年。慨尔时南普陀宗风寥落，殿宇荒凉，志重兴之。光绪二十一年受请入寺，力谋恢复殿宇，宗风丕振，先后两次开坛传戒。辛亥之夏，自知世缘将尽，预嘱后事。于六月初八入寂，世寿六十四，僧腊三十五。原塔于本寺开山塔左，百年来塔已倾圮者。星洲龙山寺广洽、广净诸曾孙念参公为本寺重兴之祖，特施净财，重建新塔，以报法恩。嘱余为塔铭。铭曰："至人应世，示现何常。梨园寄迹，粉墨登场。中年悟道，皈信法王；普陀卓锡，祖席重光。两期传戒，泽被南闽，高僧垂范，启发后人。五老峰下，旧塔重新；缅怀遗德，勒此贞珉。"雪峰居士林子青敬撰。公元一九八二年腊月罗丹书。

是铭录于《福建佛教史》。

景峰老和尚塔铭并序　　林子青

有明末叶，亘信和尚主法漳州南山报劬禅院，法席盛于南闽。子孙繁衍，各立门户，号为'五云'。绵历岁时，诸派俱衰，唯'喝云'独盛。传至清代，景峰先祖崛起其间。初主南院，继承喝云一脉，学者亲炙，奉为楷模。祖道称"中兴"焉。乾隆末运，漳浦蔡新大学士告老还乡，深敬其人，书"方丈"一匾旌于丈室。晚年继主南普陀，多所兴建，道望蔚然，深得缁素敬信。惜其入灭年月史籍缺载。光绪二年，徒孙非劣，曾孙省己、元孙远茂等建塔于无尽岩下，称为："南山喝云岩、南普陀寺传临济正宗三十九世景峰老和尚之塔"。距今又百年矣。顷者，星洲龙山寺远孙广洽、广净等为报法恩，施舍净财重建新塔以志纪念。嘱余为之铭。予生也晚，未及承事，谨以传闻于前辈者书之，以示后贤，并为之铭曰："喝云一脉，南院发祥；近三百载，祖道弥昌。景峰先祖，继往开来；普陀说法，声响如雷。经之营之，楼阁参差；人天瞻仰，道俗皈依。云仍顶礼，一瓣心香；缅怀德化，山高水长。"雪峰居士林子青敬撰。公元一九八二年腊月罗丹书。"

是铭录于《福建佛教史》。

南普陀寺保护碑

正面：

南普陀寺由市人民委员会于一九六一年一月公布为第一批市级文物保护单位，本府于一九八二年三月重新公布。

厦门市人民政府
公元一九八四年十二月二十五日立

背面：

南普陀寺始建于唐，五代名泗州院，宋代称普照寺，历代几经兴废，清康熙时靖海侯施琅重建，以位于浙江普陀山之南而易名南普陀。其建筑宏伟壮观，佛像雕工精美，山后留镌历代名人手迹。寺中珍藏佛教经典文物。公元一九二四年改制为十方常住，并创办闽南佛学院，一九三四年开办佛教养正院，为闽南佛教圣地而名闻遐迩。现该寺系全国重点寺庙之一。

保护范围：东由钟山湾合水线至大观路、华侨路、南普陀路；西由鼓山湾至自来水池界合水线及南普陀寺，南至南普陀路；北至五老峰顶。

是碑竖立于南普陀寺西侧山门外，花岗岩石质地。

厦门南普陀寺禅堂创建记

中国佛教自汉兴以来，迄于盛唐，十宗崛起，各擅胜场。然宇内名刹大多皆冠以"禅林"为尚，盖为修证所宗，以"禅"为最。

南普陀寺自建始以来，虽教行并彰，要亦以禅概止观净律等诸法门为皈趣。但自文化浩劫之余，均付阙如，乃至异邦讥疑，谓吾佛禅国土，不只无禅，亦无一稍具规模之禅堂可资景仰。

今幸有妙湛老和尚发广大心慈悲兴愿，首倡建设禅堂，为一代时教树立规模。初赞其功者，为童女郭姮旻，年十六，小名"沙弥"。助其缘者，为女母李素美，又名"真吾"。而歇力出资赞助妙老完成功德者，为女之母舅李传洪，又名"省吾"。

自庚午一九九零年秋奠基，至癸酉一九九三年八月杪落成，凡筑基策画、监工选材诸务，皆自妙老之力。迄其成功时，年亦八十四矣。始终参赞其事者，为南怀瑾居士，时年亦七十有六。并此以志其实，是为之记。即以此功德回向于法界，愿诸有情众，同登无上觉。

癸酉一九九三年秋南普陀寺立　张人希书

是碑竖立于寺内大禅堂前，花岗岩质地。隶书。

南普陀寺妙湛和尚舍利塔铭　林子青

和尚讳续林，号妙湛，辽宁丹东人。俗姓褚名永康，生于一九一〇年十一月十二日。早年就读师范，后从事教育，曾任丹东市第一小学校长。时值日寇侵华，东北被伪满统治，因其名重于学界，且富爱国之情操，与抗日救国会有涉，而遭逮捕，备受折磨。一九三八年于狱中经难友指点默持观音圣号，未几获释。和尚深感持名之益，遂决志学佛。其夙植慧根，颇有胜缘。一九三九年诣凤城双泉寺依进修老人剃度，旋赴北京拈花寺受具于全朗律师座下。是年腊月负笈青岛湛山寺佛学院，受教于倓虚老人。亲近数载，倓老观其器宇魁梧，动静庄严，知是法器，必为法门龙象，乃勉其行脚，亲近善知识。和尚以大事未明，乃南寻至扬州高旻寺，叩参于来果禅师座下，饱受钳锤，颇有所悟。服勤有年，乃辞，朝礼九华、普陀等圣迹。一九五七年，卓锡厦门南普陀寺。时逢运动频繁以至文革，钟鼓日稀，僧徒星散。和尚处危不惧，梵行高远，守志护法，常住文物得以保存。自一九七九年十一届三中全会，落实宗教政策，南普陀寺得以恢复，和尚矢志重兴道场。因其悲愿宏深，为十方善信所护持。数年间修复多所寺院。然常感法门寥落，僧才奇缺。一九八四年以续佛慧命之精神，力排阻难，恢复闽南佛学院及佛教养正院，培养僧才，使慧炬有继。后又开拓万石莲及紫竹林为闽院尼众修学处。广纳学子，每达数百人。并极关心全国僧伽教育，曾先后援助中国佛学院及福建、岭东、黑龙江、江西、陆丰、武昌等佛学院，且不辞劳苦，亲往辅导，实为一代佛教教育之宗师。和尚于住持道场及兴办僧伽教育期间，每事必躬，搬石运砖，身先众务。一九九五年五月在中韩日三国佛教友好交流会上提出佛教大国一定要有佛教大学之构想，力倡创办中国佛教大学。培养高级人才之远见，深得中外缁素之赞许。和尚悲愿宏深，且为终南、支提、武夷等道场修路建寺。一九九四年十二月创办南普陀寺慈善事业基金会，并任会长之职。其不顾耄耋之年，尚以慈悲为怀，等视众生，寻声救苦。在临终之际，犹心系众生，写下"勿忘世上苦人多"之遗训。一九九五年十二月十九日和尚行化已毕，泊然示寂于丈室。世寿八十有六，僧腊五十六。茶毗后所得舍利，多呈瑞象，四众叹为稀有。

和尚历任中国佛教协会谘议委员会副主席，福建省及闽南佛学院院长，并南普陀寺、鼓山涌泉寺、武夷山天心永乐禅寺等寺方丈之职。

余承南普陀寺嘱为志铭,爰以所知,略述其平生梗概云尔。铭曰:法门龙象,爱国人雄。为法忘躯,利他愿宏。襟怀坦荡,事理并容。超凡入圣,悲智圆融。中流砥柱,五浊劫中。人天师范,缁素推崇。恭敬顶礼,伟哉妙公。

一九九六年十二月　林子青　敬撰
南普陀寺方丈圣辉率两序大众同立
佛历二五四一年
公元一九九七年秋

是铭录于妙湛和尚纪念集《妙湛和尚》。

普光寺

普光寺碑记　〔清〕佚　名

鹭门居泉之南,北行十余里为金鸡亭,乃明洪武间里人掘地得金鸡,因建庙,遂名之。鹭江八景,此其一也。中祀如来文曲、观音大士,灵显异常。万历年渐圮,莲溪叶公呈字锦斋捐资修之,廓其旧规,砌石壁焉。国朝乾隆丙子岁,燕人刘国柱来厦理关税,渡五通,风浪大作,甚为危险,已而无恙。夜宿于庙,见神灯晃耀,方知佛力扶持。即日鸠金庀庙,捐助斋粮,洎今六十余年矣。云等来庙,见其倾颓湫隘,因请于子爵提宪王捐俸兴修,文武官长、绅士行商,踊跃捐题,共襄义举。复添盖后进,并造楼三间,供奉玉皇上帝暨文武圣帝、三官诸神像,栋宇辉煌,又为兹亭增一胜景矣。工既成,颜寺曰"普光"而纪其事,使后之好善者览而□□之,是所厚望也,爰为之记。

（略）

大清嘉庆二十四年岁次己卯年梅月

庆成公议寺中一切椅桌等项交付住持僧胜枢、淡果等掌管,不得私借人用,南房亦不许受寄棺柩,毋□立碑。

重修金鸡亭并路碑记　〔清〕佚　名

谨将小吕宋、岷里叻、蜂仔丝兰东坂岸、宿务、口眉口眉加眉育大咬狗鄢礼牙宾敝米六淡描戈捞牛蛋等捐款诸铺户芳名列左:

（略）

是碑在寺内,应为寺中另一方清"光绪二十九年四月"年款的碑石之前碑,现筑亭保护。碑身高1.61米,宽0.83米,厚0.08米。圭首。楷书,字迹较浅。基本完整。

天界寺

醉仙岩记　〔明〕倪　冻

山距城半里许。山之麓,古传"醉仙",俗循其名,不审何谓。忽小童见积沙有小窦,匐入,

持一磁炉奉祀。池大夫集耆老募工开凿,中有石瓦汗滴滴下,聚于石窍。窍深近二尺,水常满,挹之复满。水浆色,味甘,恍似锡山第二泉,可为酒。其名"醉仙",以此故。乃筑小井,前后各室一区,塑九仙祀之。余以公务至城,陟其上,叠翠并峙,城垣庐舍环抱,足下海潮隐隐有声,兵舟贾艇,旗帜钟鼓之状,或远或近,应接不暇,亦大奇矣。夫方其压于沙砾也,樵夫竖子之所不视。及其成岩,大夫士衣冠拜之,诗酒乐之,终岁无宁日。山石亦然,况士乎!不遇知己,谁为之开沙砾而显柱石之用?是故叔向之识鬷明,师德之举仁杰,世不称士而称用士者。余生平推服大夫而叹其用之未竟,故有感于石而记之。时万历癸未仲春书。

是记录于清道光《厦门志》。

建黄亭小引 〔清〕释月松

永叔、苏子瞻尝寓圆通寺,后寺僧建"欧亭"、"苏亭"以志山门盛事。盖地因人传,至今长垂不朽焉。乾隆辛酉间,荔崖黄公读书此寺,晨夕盘桓,饫聆元理。洎丁卯官中翰,己巳迁选曹,癸酉转库部,岁岁音问不绝。但燕闽万里,云树迢遥,向时朗月清风、迭难辩义之事,渺然不可复得矣。今幸林下数载,炉香茗碗,重话三生,而官檄频催,岂能久留于此。倘再出山,不知会晤又将何时也。因构是亭,额曰"黄亭",继欧、苏往迹以致瞻恋之怀,庶儒雅风流长耀山门,而圆通盛事复见于斯,是亦兹寺之厚幸也夫。庚辰孟秋,住持僧月松谨识。

是文刻于大殿后。行书直题。字幅高3.00米,宽1.37米。

重修醉仙岩碑文 〔清〕黄传芳

阏逢阉茂,荷花生日,偶偕朋侪,踏山献攀峰,驰心随喜,履级层钦,绕道仙刹,□观殿庑,丹丹蓑零□,佛金剥□,城□圮落,墙□倾凹。睹斯颓唐,用兴浩叹。爰为拂净碑勒,细玩文记。乃自乾隆柔兆困敦之岁,宗先生司马讳日纪重行修饰,迄今百余载,未经补葺。芳即于本岁嘱陈君秋池在粤题捐,陈君世俊由台缘募,并得以仁上人飞锡岷方,外渡疏化。喜逢善士、宗人金星领袖岷商,共鸠善资。次邀柯君文成、宗子海如并其昆玉青州、乃梦在厦缘捐暨监督工程,筹画向背,增建朝斗楼,俾庙貌无西偏之患,并使剜后栖真,元士有所宗止。其建造苦心经营尽善,诚堪与岩同垂不朽。何意文成、乃梦愿力未完,同归鹤化,复嘱陈君笃其监厥余工。虽曰瓶罄皆数,亦赖诸善协衷同济,共完愿力。迨光绪四年岁次著雍摄提格相月始行告竣。所有福缘芳氏俱勒于左。

(略)

是碑在寺内,嵌砌上墙。花岗岩质地。高1.80米,宽0.85米,圭首,楷书。基本完好。

重修醉仙岩碑记 〔清〕黄传芳

(略)

光绪四年壮月谷旦,主缘黄传芳、黄耀奎,住持僧会融同立。

是碑在寺内,嵌砌上墙。花岗岩质地。高1.80米,宽0.84米。圭首。楷书。基本完好。

重修醉仙岩碑记 〔清〕黄德昌

鹭门醉仙岩层峦耸出,为诸岩之冠,以其高可接天,又命天界寺。岩下有巨石,石中有窍,深二尺许,水常不竭,味甘于酿,故名醉仙。里人甃为井,塑九仙祀之。岩巅石壁镌"天界"及

"仙岩"四大字。国朝僧月松募建。每春秋佳日,骚人韵客,憩息其间。海天一览,薄暮则笭筜渔火,错落有致,诚海上大观也。岁久圮坏,黄荔崖先生少时读书其间,乃倡资修葺,并买山田若干亩,俾寺僧作薪米费。后复剥落,昌仲兄传芳邀集同志并寺僧会融飞锡四方,极力募建,由是栋宇一新,香火称极盛焉。岁丁亥,厦港火药局毁,殿壁动摇,昌因邀仝诸好善者鸠工庀材,仍复旧观。所愿后之君子有如黄荔崖先生其人者,继长增高,□□厥志,则人与岩可以并垂不朽矣。是为记。

叶崇禄捐银贰佰员;邱炳信义捐银壹佰叁拾陆员;黄书传、黄建成、黄传昌各捐银伍拾员;黄晋成捐银叁拾员;廖克里捐银贰拾叁员;曾耀贤捐银拾肆员;黄作霖、黄金莲、金宝源,各捐银拾贰员;隐名氏捐银柒员;吴建勋捐银肆员;谢天生捐银贰员;黄清松、吴清池、凌信女各捐银壹员;僧锦晓银贰员。以上共捐银陆佰拾玖员。

壹开涂工计银贰佰拾伍员;壹开木工银伍拾捌员;壹开木料银柒拾壹员;壹开油漆银玖拾员;壹开灰、红料计银柒拾壹员叁角;壹开妆佛叁拾叁员;壹开石碑贰拾贰员;壹开庆成银肆拾伍员;壹开家器、什用计银叁员柒角。以上共开银陆佰拾玖员。

大清光绪戊戌年花月日,主缘叶崇禄、黄德昌、住持僧锦晓仝立。

是碑在寺内,嵌砌上墙。花岗岩质地。高1.40米,宽0.70米。圭首。楷书。现状完好。

重修天界寺碑记　〔清〕黄庆清

神也者,无私也;财也者,不可求者也。乃无私者时若有私,不可求者亦时若可求,此则天道变幻之奇。然冥冥中亦自有数焉,未容以非意测也。厦门天界寺山脉源自狮山,至寺巅而岩石特耸,高可接天。紫岩峙于后,大海朝其南,俯视而虎溪、白鹤诸山亦各环绕左右,居然为鹭洲形胜。正殿为天界寺,右为醉仙岩。自国朝初月松上人募建以来,每著灵异,而此次重修之事,其故尤奇。先是,寺建已久,土木就倾。戊戌春,虽经元之先人与叶君崇禄主缘重修,时以捐款无多,仅从事于醉仙岩等处,而正殿为费较钜,姑付阙如。讵近朽败,益不可支,待修孔亟。一夕,寺僧锦晓和尚忽梦神告之曰:"财非难也,得其人、得其时之为难。此月川汉彩票将为厦门人所得,子其图之,得其财以修吾庙,亦犹夫捐赀也。然子福薄,寺中有李清洗者,可与之谋也。"锦晓醒而语清洗,共购一条,果中首彩。因而鸠工备材,以六月兴工,葭月落成。是役也,计费二千余金,出于锦晓者半,出于李清洗者亦半。去腐而坚,易木而石,庙貌焕然一新,非神之灵,曷克臻此?乃阅时未几,又有某巨绅,家得湖北彩乙千金,闻亦神示其机而致。噫,此何故欤?夫有财必原有德,然修德在人,致富在天。故圣人曰:"富不可求。"苟其非,然则日凡虔祷□神者数百辈,苟一一而示以机宜,不且馨香于百世?矧前此庙宇颓败,神何不早显其灵?而愿皆有不能者,天也。神不过顺乎天,因乎时而已,岂有他哉。因志重修之由,故并表而出之。俾人各修德以听天,慎勿谓神可行媚,财可幸得,日以意外思想,屡渎吾聪明正直之尊神哉!

光绪三十三年葭月　黄庆清禾记

是碑在寺内,嵌砌上墙。花岗岩质地。高1.35米,宽0.70米。圭首。楷书。现状完好。

重建天界寺碑记　郑梦星　何丙仲

天界寺,鹭岛之名山古刹也。兹山岩壑幽深,奇石拥立。明万历间,里人池浴德等,辟醴泉洞于山阿,复建祠以祀九仙,因名仙洞。明末有僧于其间建佛院住修称"醉仙岩"。清初,黄蘗宗师隐元和尚将赴日本传教，挂锡仙岩，授法岩僧如寿为宗门弟子。岩寻毁于兵燹。

清乾隆间，僧月松得名士黄日纪襄助，复建醉仙岩，嘉庆十二年丁卯，不偏和尚达中扩建殿堂楼院，宏俱规模，始称"天界寺"，后人奉之为一代开山。其后历经兴盛。殆至本世纪三十年代与四十年代末，复经广恩和尚及其门徒传声，优婆夷妙成，多次修梵宇殿宫。建国后，寺岩一度驰废。

延至八十年代以还，国运隆盛，政策英明，原僧传声得以复归主持山门，开此发愿，重建萧寺，振兴祖庭，首得地方政府贷款为倡，复得诸方善德，法雨施盛，是乃应材鸠工，擘划经营，毕五载之巨功。一九八九年宏构告成，新修大雄、地藏、醉仙三大殿，庄严恢伟，拓建观海、朝关、凌峰诸楼院，轩昂敞明，山门巍然重立，公路旋复畅行。旧有四大名胜之旷怡、泉洞、黄亭，焕发新貌，鹭岛响称八小景观一绝之《天界钟声》振铎长鸣。古刹佛日重光，名山喜添胜景。其功厥伟，其善可矜；是以为记。志史厚声。

  佛历二五四二年岁次戊寅冬
  桃溪居士郑梦星　何丙仲合撰
  住持传声，监院法兴　立石。

鸿山寺

🌸 重修鸿山寺大殿碑记　〔清〕佚　名

"鸿山织雨"为厦中八景之冠，固胜地也。寺建自南朝，崇奉观世音大士、地藏王菩萨。刹古佛灵，护国佑民，祷雨祈晴，靡不立应。千百年来，屡藉善信为之经纪修葺，故得岿然焕山川，色妥神灵居焉。道光间，前提督军门许公鸠资赋□，寺故鼎新，旁建弥陀庵，塑十八尊者其中。而大殿未经修饰，迩来栋宇蚀于风蚁，佛像金碧剥落，非复旧观。形家谓卜筑向未协吉所致。我同人目击斯况，情不自禁，以为慕古乐善君子，必有虑古迹之倾颓，惧神居之弗肃者，用敢恳请善信君子，各发婆心，共襄盛举，随缘而效布金，庀材而谋作堵，贯帷仍旧，事异增华，既集腋以成裘，恍因心而见佛。胜迹赖以不坠，佛土藉以庄严。落成告竣，皆诸君子无量无边之功德也。谨将芳名勒石，以垂不朽云尔。

重修鸿山寺大殿捐题诸善信芳名开列于左：

（略）

  同治岁次辛未孟冬谷旦　董事立石。

是碑在寺内墙上，由两方碑合并而成。花岗岩质地，每方高1.14米，宽0.67米。基本完好。

🌸 重修鸿山寺将诸绅商等各处捐题列左芳名碑记　〔清〕释喜参

（略）

  大清光绪乙未年清和月，鸿山寺住持僧喜参募修。

是碑嵌砌在寺内墙上，由两方碑合并而成。花岗岩质地，通高均为1.24米，右碑宽0.73米，左碑宽0.80米。楷书，基本完好。

鸿山寺各处捐题列左芳名碑记　〔清〕释喜参

（略）

大清光绪乙未年清和月　鸿山寺住持僧喜参募修。

是碑在寺内，嵌砌上墙。花岗岩质地。据文字判断，当为《重修鸿山寺将诸绅商等各处捐题列左芳名碑记》之碑之原刻。基本完好。

重修鸿山寺由志　蒋以德

鸿山寺建自南朝，由来久矣。迨民路政变迁，例在毁除。德素蒙佛恩，切思此寺崇奉佛祖，又系厦岛名胜，何忍视废？不辞劳瘁，佥请保存，不惜斧资，自行修葺。时传鲁师亦另募捐，建造左畔楼屋。讵料三年未周，大殿蚁蚀，势成倾陷。爰请堪舆研究楼高盖杀之弊。谨将楼屋撤散，重新大殿，加造后进，冀其悠久，以遂其愿。特恐后之君子有志修筑，莫知其由，再将左畔高筑，重履其弊，志之于石，以资参考。

中华民国二十四年冬月吉旦，蒋以德谨志。

是碑在寺内，嵌砌上墙。花岗岩质地。楷书。现状完好。

重建厦门鸿山寺碑记　林子青

鸿山织雨，为厦门八大景之一，史乘记载山在城东南里许上有石砦遗址，名嘉兴寨、山腰缺处为镇南关，山麓为鸿山寺，崇奉观音大士，凡有祈求，靡不立应，开山事迹，已无可考，明天启二年，福建都督徐一鸣，曾改剿荷兰红夷，于此，创寺以来，屡经重修，俱藉善信之力，为之出经记修葺。清道光间，前提督军门许公等，曾于寺旁建弥陀庵，装塑十八尊者备极壮严，旋归荒废，近世事迹之可考见者，为光绪十九年，喜参和尚，应请入寺，住持二年，颇复旧观。越二年，参公移锡南普陀，大弘法化，其后禅门耆宿转华上人，曾说法于此，为众所皈信。一九二四年间，陈涤虑、蔡吉堂、苏鹤松、虞愚诸居士，就寺创设佛教新青年会，弘传佛法，一时称盛，后寝衰微其间信士蒋以德曾于资重修，山门佛殿，颇壮观瞻，惟近数十年来，香火断绝，栋宇倾颓。一九八七年，星洲妙华法师回国观览，见此伤心，念此古刹为厦门名胜，且地处闹市，便于弘法，尤是南普陀寺之派衍道场，复蒙龙山寺广净老法师鼎力推介，乃发愿重兴，并得人民政府嘉许，遂倾其钵资，并募善信布施净财，委托南普陀寺妙湛老和尚代理修葺，数年之间，殿堂寮舍及诸佛菩萨圣像，次弟完成，寺貌焕然一新，九三年春鸿山寺监院法云法师，秉承师训延续慧业，募资扩建第二期工程，藏经阁，功德楼斋堂僧舍等。直此，寺中筑构日趋完善，鸿山寺重建于今八年，今逢盛世，国昌佛盛海，内外善信，参礼者众，古刹重光，华师嘱托重建因缘爰以所知，略纪其概以念来者。

雪峰居士林子青　谨撰

佛历二五三九年岁次乙亥年十月住持妙华题安，监院法云敬立

兴建鸿山寺妙胜法苑楼堂碑铭　郑梦星

古称佛寺，所以供诸比丘众六和共住，奉佛修禅，演经说法，弘传佛教之道场。故凡称寺者，必具有供奉诸佛菩萨之殿阁，僧众共住梵修之院堂。明季鹭岛佛教初兴，诸山兴建许多佛院僧舍，但都名之曰"院"曰"岩"。全岛殿堂毕具堪以称寺者唯独南普陀前身之普照、鸿山两

寺。鸿山寺原居鸿山与虎山对峙之夹谷斜坡之间，昔时风雨交汇寺前，形成"鸿山织雨"奇观，列为鹭江八大景观之一。寺与名胜相得盛称中外。后因辟山降坡开建通衢大道，织雨奇观遂不复见，寺亦上迁于危崖巉岩之间，地势反仄逼，仅容佛殿一间院舍数椽。一九八九年，福宁沙门法云入主兹山，乃发拓建殿堂重兴梵寺之大愿。斯愿深得星洲恩师妙华长老之盛赞，复得十方善信之支持。遂于翻修大殿之后，营谋擘划，于岩崖之间开建四层楼堂。层楼依序分设客堂、功德堂、祖堂、法堂，综其楼匾曰"妙胜法苑"。之后又建钟鼓二楼于双侧，另于殿堂下凿岩蓄水为放生池。池上架桥立亭以观鱼趣。于是丛岩危石之间，崇殿杰阁巍立，楼堂亭院周环，高低错落相应，蔚然胜景壮观。十载巨功，伟绩卓然，爰以为铭曰：鸿山古地 鹭岛名蓝 沧桑几度 盛貌凋残 宏愿重兴 广结胜缘 运筹巧构 开业凿岩 楼堂恢伟 殿阁庄严 师恩厚泽 善信输捐 同此壮举 福报昭然 可钦可式 以铭以传。

桃溪居士梦星　敬撰
公元二〇〇一年世纪第一春住山沙门法云　敬立

紫竹林寺

紫竹林寺创建碑文　释妙湛

闽南佛学院一九二五年创办于厦门南普陀寺，仅有比丘学员。至一九三七年停办。于一九八五年复办，比丘众仍在南普陀寺，而比丘尼众借用万石莲寺、天界寺小庙食住上课。复办十年以来，海内有志于学之学僧趋之若鹜，学员暴满。院内僧舍屡建屡罄。老衲虽殚精竭虑，多方筹措，无奈财力有限，难济燃眉之急。而比丘尼之宿舍尤为奇缺。致使诸多比丘尼学员程门立雪失望而归。老衲夙夜焦虑，要另建紫竹林寺安排比丘尼学员，方为永久之计。自一九九四年以来，幸蒙海内外高僧大德之护持，前有台湾香光尼众佛学院院长悟因法师捐赠人民币贰佰万元建紫竹林寺大雄宝殿一座两层，上层为藏经楼。继有新加坡、香港钟氏家族：钟江海、钟明辉、钟辉煌、钟琼林、钟顺德及其夫人钟陈淑琴诸大德居士捐赠人民币陆佰伍拾万元，建教学楼、宿舍楼、常住办公楼、五观堂楼等五座楼房，才使教学设施足以应用。回忆紫竹林寺闽院尼众部创业之艰难，缅怀大德悟因老法师及诸护法之慷慨解囊，老衲时刻铭记在心。现紫竹林寺第一期工程即将竣工之际，老衲根据钟氏家族之意愿，为纪念其先大德夫人：钟林俭、钟林配、钟林美、钟叶荣华，决定将寺内教学楼、宿舍楼、五观堂楼、常住办公楼分别命名为：钟林俭楼、钟林配楼、钟林美楼、钟叶荣华楼。一者用以纪念大德居士捐资助学之善举而追纪其诸位先大德夫人之懿德；一者让学僧知创业之维艰，从而发奋图强、勇猛精进、学修并重、誓愿成为佛门之龙象法器，以续佛慧命，令正法久住。今特勒石，永记大德悟因法师暨钟氏家族诸大德居士、善信人士等兴建十方紫竹林寺之功德。永存世间，万古流芳云耳。

闽南佛学院院长、南普陀寺方丈　释妙湛

时年八十有五
一九九五年十月二十八日

云顶岩

云顶岩住持觉仪和尚记 甦 僧

觉仪和尚原隶南安,早岁出家,住持吾厦之云顶岩垂三十余腊。日夕舍躬耕课唪外,不为俗僧祸福之说而希人报施。岁入盈余,尽付诸完美寺宇。居恒往返厦禾间,并不以腊高觅一代步,诚晚近一苦行僧也。岁戊寅夏四月,日军占领厦门,火及云顶岩;和尚遂自经以殉。境内之善男女乃为鸠金收殓,葬于寺傍。余向仪其为人,闻之心伤。继而思之,生今之世,死得大觉,洵缘福也。和尚得道之深,持律之严,宜乎以身殉□,□得阿耨多罗三藐三菩提□,必矣。以视守土有责而望风逃□□,相去奚啻天壤。余□和,□湮没不彰,爰泚笔而为之记。戊寅秋九月甦僧识。

是碑嵌砌于方广岩寺前廊墙上。黑色岩质。高0.26米,宽0.37米。正文行书。个别字迹损残,基本完好。戊寅年,据考为民国二十七年,即公元1938年。

万寿岩

万寿岩记 〔清〕释普荫

万寿岩者,鹭岛阳台山之发脉,委蛇之下数百武,开一小阿,坐丁向癸。左右石洞,天然奇观。稽自明永乐乙未年,月照禅师见斯地清幽僻静,形胜颇佳,乃芟荆剪棘,初辟遂成梵刹,而山人墨士争游其间。倭寇之时,俞都督讳大猷、戚参将讳继功曾到此,有诗留题,勒于石壁之上,今尚存焉。延国朝康熙癸卯年播迁,而嘉禾人民、房屋尽被劫灰,岩宇、佛像遂废之于丘墟荒草之间。迨至庚午春,余本师六松和尚,同复续禅师履兹废迹,心甚怜之,挂锡石洞,栖迟半载,缘遇左都督讳大勋陈公发大婆心,倡举募众重兴大殿,妆塑佛像及整理洞、亭。不一年,焕然法门废而复兴,自此士民僧众往来不绝矣。那知山运衰替,不二十载,住持日冷,徒众分散四方。余本师欲应东宁姚镇台之请,遂付余而来继位,时康熙乙未秋也。入门见其岩宇损坏,墙壁倾圮。人境凄凉,而乃勉强负荷,合二三徒众饮水茹蔬,甘受淡薄。时有出应人间诵经礼忏之资,积之修葺岩宇。己亥冬,移山门于元辰坐向,墙围石埕,各处略续整顿。壬寅冬,翻盖洞宇,妆塑佛像。岩原无粒产田业,故住持日食无出,余乃佃出檀那数亩山田,日与徒众刀耕火种,不辞辛苦,安身度日。其余总听其龙天推排,不敢强求。恐泯没无闻,略记其概,以晓将来。其振大乾坤,以待后人,则阳台山万寿岩而不朽也。住持普荫隐树氏记。

乾隆二十三年,岁次戊寅腊月,奎里陈礼惇书,继席曾徒孙本乾勒石。

是记刻于万寿岩内。楷书直刻。字幅高3.20米,宽1.90米。现状保存完好。

日光岩

旭亭记 〔清〕石国球

日光岩隔厦带水耳。庚辰岁,余从京师回,司铎圭海,闻功兄济灼及曾君永均、李君端怀、林君钟岩、国桢构幽栖于岩左,朱太史菁溪颜曰"旭亭"。因买棹一游,果见爽垲清高,堪称胜概。翌晨,复登绝顶。四顾山罗海绕,极目东南第一津,水光接天,洪波浴日,皆为梵刹呈奇,乃知斯亭位置之工而取名为不爽也。是为记。

和亭石国球

是记刻于莲花庵后巨石上。行楷直题。字幅高1.50米,宽2.70米。题目上钤一圆形印章为朱文"和亭"。末行为名款:"和亭石国球",下钤二方印章,一为"石国球印",一为"世鸣"。

虎溪岩

虎溪岩记 〔明〕池显方

鹭之虎溪山,一名玉屏山。秀峭嶙峋,人迹稀至。乙卯冬,余寻幽至此,心赏奇观,因建刹名"玉屏"。左为大雄阁、棱层洞、夹天径,后为石室。上为双鲸石,又为六通洞、宛在洞。秣陵将军胡真卿视师海上,以磴道纡回,大费游屐,砌石亭于腰,枕山瞰海,名"啸风亭"。夫陟危石者,目瞪多华,足企多茧,气奔则颤,神泄则摇。故有层峦绝壁以役之,必有刹与洞以休之;有刹与洞以役之,必有亭以休之。而后目不华可以睋六合,足不茧可以蹑云衢,气不颤可以通帝座,神不摇可以揽太虚。则斯亭其须弥之日,官宝所之化城也。然则何以曰"啸风"?从虎名也。亦将军自寓也。

是记从清道光《厦门志》采录。

四笑桥记 〔清〕黄日纪

乾隆庚辰,余归田数载,漳浦蔡侍郎葛山、海澄叶进士学海,访余于鹭江,遂同游虎溪。将归,瑞峰长老送别至此。蔡曰:"无过桥,恐大空小空,吼动山谷。"适岩大声号。叶曰:"岂二空耶?"四人相视大笑。余曰:"东林三笑,今日可谓四笑!"遂书之,以名桥。

白鹿洞

重修白鹿洞序 〔清〕佚 名

盖闻经翻贝叶,空色相于西方;座涌金莲,焕庄严于东土。慈航宝筏,广渡迷津;梵宇祇园,宏开法界。悟七心之尽妄,佛不殊仙;念三教之同源,儒亦重释。白鹿古刹建自康熙甲申,时历百余春秋,岁经两度甲子。虽近城市,不杂嚣尘;层峦洞壑,别有天地,诚鹭江之甲胜,为凡世之方壶。余于道光癸未冬客游东渡,越年春买舟回厦,焚香到此,见大悲阁、衔山亭诸所极为修饰美观。唯大观楼剥落倾颓,更未修及。因询之永瑞上人,备陈欲举未能之意,触我竭蹶从善之心。遂罄途囊,厥成乃事。随换柱托梁,不过因陋从简;添砖补壁,敢云弃旧就新?草草不工,尚冀善后者续为之倡焉。襄事诸君,镌石以志。

是序题刻于"宛在洞"前的巨岩上。楷书直行。字幅后半部分为捐题姓名,已风化莫可认读。石刻高1.80米,宽1.20米。

中 岩

重建云中岩大殿功德碑铭　李伯瑜

云中岩始于明代,有僧不详名号,亦不知何许人也,岩栖涧饮,修定其中,遂多鹪鹩依集,后竟不知所终,因号"鹪鹩岩"焉。继而僧建招提于岩前,曰"云中岩"也。清有僧愿翁,能诗,与邑士唱酬,一时文风甚盛。山有摩崖诗刻。民国中会公先师祖首任选贤,退席归隐虎溪,修饰既备,遂入万石建诸殿堂禅室,念佛讲教于是,并建中岩佛堂寮舍,实皈依弟子蒋以德居士之资也。后弘一律主来厦讲律,会公乃延住万石,欲修中岩静室供弘公修治律学。时湛山寺讲律,师往讲戒律。俄倭侵沦厦,会公避地南游,事为中止。年久殿堂小室尽塌,地为植物园用,筑室几间。此次重兴,由卜希南名下赎回。甲戌年,后孙广载捐资,商诸妙湛法伯倡修,委向觉监院万石付款,仍集星广净资,建大殿、塑圣相并备焉。知事开慈、向觉也。铭曰:

岩栖机息,麇雉归依。即斯兰若,农禅共期。

晋江皈依徒孙开善字伯瑜敬撰
浮梁之子圆禅斋主李战和书石

是碑刻于中岩岩壁间。行楷。甲戌年,即公元1994年。

紫云岩

重修紫云岩记　〔清〕叶化成

紫云岩建自前明,中为如来佛殿,后有文昌阁。我朝乾、嘉间,蔡、曾二君次第重修。道光己亥,林君西园、陈君琼琚以地多蚁蛀,卜徙左旁,募资重建前殿,堂皇可观。而后阁尚虚,悬有待也。咸丰乙卯,陈君琼琚念前二未□,遂同李君开端倡捐修建,正殿及禅室先竣。丁巳后将旧阁故址改建三楹,左侧构亭,颜曰"洽然",门其右新营一阁,崇祀梓潼帝君,匾曰"凌云",仍其号也。阁右古塔高出峰巅,名曰"干霄",峥嵘气象,焕然一新。从此人文蔚起,共荷神庥,又足为鹭门增胜概也。是为记。翰林院典簿叶化成撰,内阁中书李荣禧书,咸丰八年岁次戊午三月吉旦。

是记刻于佛殿后。楷书直题。字幅高2.00米,宽2.55米。

石泉岩

石泉岩记 〔清〕黄日纪

石泉岩,岩因泉而得名也。岩无奇以泉奇也。曷奇乎泉?以石奇也。曷奇乎石?石愈多则泉愈洌。积石至于千万,则泉之洌宜千万乎他泉也。泉之来也久矣,旧镌"磊泉",亦以石多名泉也。又镌于侧曰:"孤嶂何年留铁骨,寒泉终古结冰心",皆重泉以石奇也。去磊泉数丈,又有一泉,衣食斯泉者,多取彼以售焉。然则此泉之奇,不独真者奇,而赝者亦奇。不独寺中之香火、斋粮取给于兹,则寺外之衣食此泉,又有无量大众,斯则奇之又奇也。

碧山岩

碧山岩新楼记 〔清〕吴荫棠 郭静轩

岩背山面海,为鹭江胜景之一。树木葱茏,云霞变幻,仰观俯察,气象万千。庭有石,曰"灵岩",雌虎产于中而穴焉。风日晴和,盘游石上,倏现倏隐,见者辄称瑞物,实山川灵秀所钟。东有药皇殿,我途原奉神农圣帝,绣真人神像。岁丁亥冬,忽遭炮局震动,各处倾塌,触目凄凉。我途捐资计千员,交值年炉主郑贻谟、福首胡浩然、洪向荣等重修药皇殿。甫竣,岩董叶、张、林、杨诸君佥举我途复建公所,时捐资不供,因循未举。迨癸巳夏,炉主詹应贤,福首陈心澄、张光跃、傅跃善、郭雨辰倡邀同人极力募捐,召匠兴工,就岩西义娘庙添盖层楼,连桥石洞,每逢神诞,可于斯楼晏会议叙,另于洞后筑舍一间,以治包厨。又葺山门并财神庙一厅一房,收贮仪器,各得其宜。楼成,仍祀义娘,重故址也。来者佥曰:"新楼,夫新之义大矣哉!日新其德,咸与维新,皆士君子修己治人之方,愿我途顾名思义,继继绳绳,庶斯举之勿替云。迳将捐题芳名银数列左,后录开用条目。(捐款名单略)。

光绪二十年岁次甲午季夏药途金泰和等勒石,吴荫棠、郭静轩同撰记,郭鸿飞书丹。

是记刻于碧山岩大殿一侧的岩壁上。记题隶书横排,记文楷书竖写。字幅高1.44米,宽1.75米。

鹭门山行记 〔清〕张对墀

岁在著雍困敦之蒲月,笔耕稍暇,偕一二解事门徒,自后溪买小舟棹至鹭门港,观所谓"南溟天池"者,纵览迷津。舸舰由水登陆,命士人引道。至胡同入,村落数折而遥,径路宛转,绝处忽通。告者曰:"此白鹿洞也。"叠石插天,中藏兰若数椽。门外险仄,附以木版,著以疏栏。时以屦方瘠,挥汗如雨。稍憩大石下,觉有岚色袭人。凭栏远眺,见海潮拍岸,似逼欲溅人。微风飘飘,自栏外至,令人忽想北窗羲皇侣也。须臾,微汗稍收,间道过虎溪。石壁嵯峨,曲径幽邃。亭榭则画栋飞云;楼阁则珠帘卷雨。席草而坐,望山顶石槛,遥闻禅房深处,隐隐有小儿咿唔声,因低徊久之。山行四五里许至万石岩。岩下有水一泓,清浅可人,径路幽隐,大类渔父问津处。至寺门,有小路自上而下,穿石穴孔,流水潺潺,纤回屈曲,万窍玲珑,时露天光。平处宜偃

卧；广处宜置食榻；幽处宜跌坐；污处宜濯足；高处宜挺身直立；低处宜鞠躬缭绕。往复约里许，方出石外，通上岩焉。时片云微黑，急雨骤至，点衣如风落松子。呼寺僧汲水煮茗，连吃卢同七碗，而山风已送雨过别墅矣。南普陀寺者，靖海将军建也。寺面海背山，众石磊磊可爱。左有石形似钟，旁产一石槌，横侧似欲撞钟状；右有石形似鼓，旁产二石槌，并悬似欲击鼓状。寺后有石洞，大书"六月寒"三字。洞中石几，流水过其旁，声综漂入人耳，殊为可爱。遇旧子姓游僧若愚者，邀入共坐，谈祝发后沧桑，不觉人语与泉声俱长云。游兴未阑，回故道，复步至碧山岩，上绝顶观海，过磊泉而归。夜宿巨舰中。更阑潮涌，但闻奔腾澎湃声。水涨舟浮，枕席皆动，恍疑方丈瀛洲巨鳌未戴时也。凌晨起盥漱，东方未曙，残月疏星，错落映水，上下如珠玑。顾而乐之。少顷，主人告余曰："有云顶岩者，鹭门胜概也。盍更往观乎？"回首偶望，见白云依依，归思忽动，姑置以为后图。而自是扁舟命回，复为木石鹿豕中人矣。

内武庙（佛教居士林）

兴建内武庙居士林佛苑碑记　郑梦星

佛有四众弟子，在家奉佛居士得其二。集诸居士林苑以净修，是居士林从称之由原。鹭岛之有居士林，肇建于一九五二年春。首倡者蔡吉堂、李鸿光、柳启戎诸前贤。应集而成林者有居士二众千五百余人员。如是多众，咸以无自属林居道场之为憾。迨至一九八七年，以柳启戎居士为倡复林重组时，乃得政府宗教领导之重视，复承佛教协会之德援，先后批拨养真宫、内武庙为林苑。内武庙，明初肇建于城西门内，清初徙筑于海岸今址。庙祀关圣帝君。世人以关圣曾皈释尊，奉为护法伽蓝。今以居士林苑而得伽蓝庇护，诚为佛天殊胜之因缘。以是居士林众，同发复兴古庙拓建林苑之宏愿。斯愿首获政府与佛协之支持。更得居士林众暨十方善信之输捐。聚沙成塔，涓滴汇源。资积初具乃于一九九七年冬庀材鸠工兴建。历数年辛勤之营运，本白手创业之维艰，相继翻新古庙琳宫，拓建三层楼院，上设经阁讲堂，中立释尊圣殿，法幢高悬，宝像庄严，下及居室院舍，诸项设施俱全。空四壁以实雕金塑玉，起废庙而成杰阁伟殿。总此费时仅及二年，耗资总数三百零万。成此伟业，既仰佛天之慈恩加庇，复赖诸善之无私奉献。主理营建者杨君少如以及居士林之挚事成员并此齐心协力，共襄壮举，同酬夙愿。跨世纪之宏构，开居士之首建。如是丰功伟绩，自当以铭以传，是为记。

厦门市佛教居士林　勒石
公元一九九九年岁次己卯腊月吉日
桃溪居士郑梦星　敬撰

梵天寺

重修梵天寺记　〔明〕赵道生

同邑东北二里有山，曰"大轮"，盖以其状如车轮得名也。上有寺曰"兴教"，创自隋唐间，岁

月不可考。为庵七十有二,至宋熙宁中,始合而一之,名"梵天禅寺",为同之禅宗。同之寺五十有八,咸取则焉。元至正甲申,山寇窃发,毁于火。

皇明洪武丁巳,住山无为师首建法堂,越明年成。己未复建寝堂于上,十二月成。于是,方丈、宾次、厨湢相次缮完。以庚申岁六月十五日,将率其徒以居,属予记之。

余曰:自摩腾竺法兰载道而东,中国始知有佛;达摩面壁少林,天下始知禅之为教,凡五传而散为千万。数百年间,天下名山,小有奇胜,僧星僧刹棋布星列。而泉为佛国,高僧异人接踵而出。梵天百里望刹,草莽邱墟,司席者不知几何人,尸位他用常住物,恬不为惧垂三十年。末学晚进,不知丛林之为何所可胜惜哉!

夫堂所以寓法也,寝所以寓僧也。纯乎天之谓"佛";其大无外,其小无内之谓"法";一疵不存,万里明莹之谓"僧"。法以嗣佛,僧以嗣法。曰"法"曰"僧",如净月轮,岂必崇堂峻宇而后有寓耶?古之人固有巢居穴处,至于成德者,后世为之立纲立纪,建堂竖寝,而后法有以立,僧有以守,岂人心之不古,抑时运使然耶?

无为之崇是堂寝,得无意于法、僧之寄乎?且日与大众讲《楞严》、《般若》、《金刚经》于内,暮则趺坐禅定,以至夜分,虽其职之当为,盖自福莆以南,未能或之先也。后之登是堂者,当思其何所为而为,其所当为,则师之志得,是为不徒为矣。

师名师解,湖广人,号无为。自辛卯岁入闽,凡三住是山云。

是记碑已佚,文录于民国《同安县志》。

重建梵天寺大雄宝殿记　〔明〕陈仲述

同安之北,去城不二里许,有山曰"大轮",有寺曰"梵天"。山势蔚然深秀,若天台、雁荡,胜甲一邑。

寺创于隋唐间,彻僧庵七十二所,为一大区宇,届今七百二十有余年。元至正甲午毁于寇,莽于邱墟。又三十载,当我朝洪武之十七年,民休养生息,财力既赡,浮屠氏乃谈因果,以振民所弃尚者,而导之信向。

时住山有无为师解,刻苦进修乎一时,民知敬慕,遂鸠众力以大营缮,法堂、僧舍次第俱兴。于是,经营大殿栖神像。其徒智性合谋协力,欲以承顺师意,宏显宗教。取材伐石,海浮陆运,不较远迩,僦工庸匠。民献其资,不召自来。经始于洪武十八年之十月,越明年告成。潭潭秩秩,鸟跂翚翔,山下遂为改观,过者口昔口昔赞所未有。

未几,而无为没于京,智性适承其乏。佛之未设者咸表饰位置,瞻望赫赫焉。

今年乙巳,余接事至同安,樊襄李文郁以乡贡士典教邑学,状其事求记于余。惟佛氏之教行乎中土,自汉迄今,亦既有年,然未有不因民之力以兴其事。苟四郊多垒,四民失业,山川鬼神,鸟兽鱼鳖,弗宁其居;父母妻子,不保首领,佛宫道宇,废如扫焉,况欲举其既坠?稽于元季,近可知也。我朝再新宇宙,众内外罔不宁谧,民乐生好善,既庶且富。二氏之教,亦设之以官,俾属其徒,民于是益知崇信。昔之焚荡无余者咸复,故轮焉奂焉,覆被山谷。然则梵天之复,虽由无为师解倡之于前,智性成之于后,材足以任其事,行足以孚于人,故人乐趋其事。然而,国家安养斯民之功,太平之盛观有在于,不知帝力可乎哉?遂书之以为记。

是记碑已佚,文录于民国《同安县志》。

游大轮山记　〔清〕黄　江

去城北里许为应城山,又逦迤东北,巉岩山截者,大轮山也。山自大尖来,横亘十余里,孤卿、九跃、三魁、大帽、鸿渐,皆控引襟带间,而蜿蜒蟠结,特具怪奇状。

乾隆八年六月丁丑,余与同人访山僧游焉,径从城郭人家曲折而入。徒然豁,山门也;渊然深,放生池也;巍然耸,梵天寺也。举皆迷离,隐见于离披老树间。金光井、苍翠岑、金牛石、湫流泉,悉幽邃有清趣。既搜探毕,未见所谓奇怪状也。

主人庀酒集于玉兰之堂,夜又登留月岩以迎月。老少参错,哗然尽欢,乃相与攀萝至最高处。素月初出,出色皆青,其层峦山崒,若大仙乘车张盖之行空也;其叠嶂森列,若巨灵露冕峨冠之危坐也;其出没盘礴,若群驱虎伏马之莫制也。乃指谓同人曰:"是所谓'跃马奔轮'非耶?诸山罗列,皆不能及,吾游不虚矣!"

酒醒,寺钟断续,圆月高悬,余弟挺士鼓掌而歌,歌曰:"与客携琴兮上翠微,白云苍霭兮欲沾衣,车马凌霄兮势崔巍!"竟歌毕,洗盏更酌,达晓而归。

是记录于民国《同安县志》。

梅山寺

重修梅山古寺碑记　〔清〕明　新

梅山与轮山两峰对峙,俨然同邑之屏障。山际隋时建有古刹曰"梅山寺",考其制度规模,代远荒渺,邑乘缺有间焉。宋朱子尝书"同山"二字于石,故又名曰"同山"。或谓昔时刻桷丹楹,雕墙峻宇,焕如也。历元洎明,得邑绅刘敬斋广辟故址,增修禅院,兼捐山园,以寿此寺。贤矣!顺治间,刘孝廉又继葺而撰记之。厥后渐致倾圮,莫之或举。余莅同四载,寺僧屡以修葺为请,余以清俸所入,未能开拓前徽,惟是邑之山川名胜,亦当事者所宜留意,爰捐微资以为倡,于乾隆乙亥季夏告厥成焉。夫山峰耸峙,佛像庄严,古迹长留,登临足乐,则于兹寺不无小补云耳。

知同安县事、长白明新记

(略)

乾隆贰拾年岁次乙亥季夏谷旦立。

是碑在寺之念佛堂,嵌砌上墙。辉绿岩质地。高0.71米,宽1.08米。楷书。四周浅雕连理花枝。现状完好。

泗洲明觉院

重修桐山明觉院记　〔清〕陈柏芬

山不在高,有仙则名。桐屿小山,平畴耸秀,松石枫林,多饶胜趣。山之麓为泗洲明觉院,崇祀仙姑。考诸邑乘,知其敕建自唐,水旱疠疫,有求辄应。至宋加仙姑以"天乙"封号,则名山仙迹千有余年于兹矣。

国初,吾先祖止庵乡贤倡议兴修,并于寺前舍田十亩为寺僧香火费。相传院后因土之高,架以成楼,年久倾颓。道光间,曾经改造,今又楹瓦剥蚀。众议重修。于是,除壅疏通宣郁滞也,敛华就朴固久长也,禁伐地脉防滋害也,广种果林兴美利也。重文事则社结梯云,备雅游则磐镌棋局,间复相与披榛辟径,扫石题诗,添建小亭于其上,非特以供登临眺望已也,当其田时有成,因时报赛,吹豳击鼓,集诸父老长幼酣饮其间,话桑麻乐事,敦闾里感情,人和而神降之,福有以夫!

是记录于民国《同安县志》。

重修泗洲明觉院记　陈穿莲

桐岗山麓自唐代敕建泗洲明觉院,崇祀天姑,载诸邑乘,历今千有余年。水旱疠疫,有求辄应。光绪间,经副贡陈柏芬倡修,迄今楹瓦剥蚀。窦勤苦修持,阅二十二寒暑,不忍坐视倾颓者。教会理事陈延香等共任筹修董事,幸诸善义囊克底于成。谨将捐资姓名、银数勒之贞珉,以垂久远,而昭公鉴:

(略)

民国廿六年四月日

董事主持优婆陈穿莲、陈延香、陈焕章、施应奎立

是记由同安叶大椿先生提供。题目为编者所加。

定琳院

重修石兜定琳院碑记　〔清〕佚　名

定琳者,苎溪名刹也。唐尚书石老先生尝隐读焉,县志载之甚详。内奉观音菩萨、清水祖师、保生大帝诸神像。前因风雨剥蚀,几乎祇园成□□□沦光矣。辛亥岁,经修完竣。甲寅秋,又被风雨损坏前进、左畔。今耆老有志缮修而数目不足,□兴□继成之。谨将善信乐捐银两及费用钱项开列于左:

(略)

嘉庆四年岁次己未荔月谷旦吴廷□吴廷信揽尾重修。

位于集美区后溪镇坂头水库林场定琳院废殿内。花岗岩质地。楷书。高1.05米,宽0.45米,厚0.10米。基本完好。

龙池岩

重兴龙池岩记略 〔明〕卢岐凝

同邑西九十里有山"文圃",龙池岩者,即此支分,为一境界也。

岩之废,旧矣。世传池之中有神物,变化飞腾,故名焉。历世变,为儿童所薪,牛羊所牧,岩宇为墟,独址黯然存焉。噫!亦厄矣!

考之,盖由唐二谢二洪发科隐遁之处。宋朱紫阳簿同,尝登临玩眺,故有"三贤堂"之遗址。山因人重之故也。

余凤过同,曾往游焉。其山则谢空而峙,烟霞舒敛,有拱顾蹲踞之势;其江则万顷茫然,昼夜波翻,有奔腾激怒之声。至若天近藤萝,水在树杪,龙池鉴光,古榕垂盖,神仙丹灶,苔藓犹护婆娑,双桂时喷天香,而怪石如虎、如屏、如鼓之状,皆十八奇之胜者,诚大观也。万历庚辰,僧普辉重建,历五载而岩始完。

是记录于清乾隆《泉州府志·山川》。

游华圃碑记(残) 〔清〕官献书

偕其宗□文川□□□□□□□□□□□组归,巽亭为轩□□□□□□□□□□□□□□□□父性忱林泉,□□若□□□□□□倡道藏书之所,又各擅其胜,亦幸矣□昔昌黎韩子谓中州清淑之气,至五岭而穷。余官岭右,翻阅图经,吾闽山脉肇自大庾,因悟五岭清淑之气又至闽海而穷。文圃之阳,则闽海之委也。韩子云,气之所穷盛而不过蜿蜒扶舆,磅礴而郁积,必有魁奇材德之民生其间。今海滨多士,而文川以乡先生训迪后进,适当斯地,岂偶然欤?

余自乾隆癸酉冬游邺山,于今十五载,乃□□巽亭于书院而温之,复偕巽亭游华圃,而文川□迟我于文圃之麓,遂同陟磊岩,谒紫阳祠,过爱莲居,登栖贤楼以望海,循古龙池岩而下,憩于讲堂。文川载酒觞余,合坐皆知好,劝酹无算,杂以言笑。终席,文川徐标举经义,余俯高听,犁然有当于心。日将暮,海气泱漭,暝色催人,犹不欲返,至秉烛而归。余□诺文川作记而未暇,以为斯游乐甚。文川曰:"宜有志。"

余揽华圃之胜,因及邺山□旷,□企想于五岭南北间,盖数千里,乾坤□□□与斯人之精神相往来而不自知,而余□始至而若有得□□□与巽亭可不交相贺欤?而凡从游于斯寺,闻余言能不争自矜奋欤?若夫兹之开辟废兴,与夫讲堂之经始落成,凡已□于文川之文者,余可□述也。

乾隆丁亥冬十一月初三日,石溪官献书。

是碑已残,左上角裂成两半,右侧损毁更甚。残宽1.00米,高0.45米,厚0.13米。灰石石质。行书甚美。

华圃书院记 〔清〕黄 涛

华圃自文圃山中干迤逦南下,层峦叠嶂中开一谷,谷中有数处涌出,汇为涧,两山翼涧西流,北为龙池寺。寺崖古木浓密,庭前双铁树,不知几年代,孤特之势参天。南为"栖贤"旧址,奇石沿涧,峙如兽、如鲸、如蒲团、如叠拍,难以悉状。泉则到处皆有,为池,为激湍,为飞瀑,潺潺之声不绝。其西南可望海，晴空碧浪，飞帆出没，顷刻万有。斯亦文圃一大胜概也。

夫山以人传者，人亦有以山传者。志称谢、石诸贤，文藻耀世。山之名因之，是山以人传矣。然余观斯山，洞壑天成，旷如奥如，实为海滨最，亦岂必赖人传者？今虽因其旧迹，拓为名胜，惜余老矣，不能著述，藏以传之。夫亦存其所可传，以俟夫后之能以人传者。

是记录于民国《同安县志》。

龙池寺檀樾杨公祀田记　〔清〕谢　亨

龙池寺在文圃之阿，峰峦秀丽，洞谷天成，先贤谢公、洪公、石公结庐著书处也。崇甫杨公慕三贤高风，建楼以祀之。后人嘉其义，并祀焉。寺在楼之右，寺中崇祀佛祖，奉杨公、林公、郭公为檀樾主，有由来矣。杨公崇甫名志，系南宋进士，三都上瑶人，家去龙池数里。其裔孙生员肇昌、文远、文谟，监生尚德等追念先型，置祀田以为俎豆之需，此先贤德泽之留贻，亦后嗣尊祖之孝思也。余嘉其事，是为记。

计田一段，大小肆拾陆丘，受种柒斗。土名栖贤楼左边丹灶石下。

道光伍年秋九月，乡进士署永福教谕谢亨记

碑嵌砌在龙池岩寺斋堂内，高0.50米，宽0.94米。花岗岩质地。楷书。完好。

铜钵岩

铜钵岩石佛造像记　〔宋〕毛士及

弟子毛士及同妻陈五娘舍钱钻造观音菩萨、定光菩萨、昭应菩萨及补陀山镇于铜钵，仰叶愿符心地，世籍福田者。宋开禧岁次乙丑七月　日立。都劝毛士及、住岩僧祖成、石匠陈聚。

是记位于同安区莲花镇云洋村之铜钵岩。楷书。

慈云岩

端平岩游记　〔明〕蔡献臣

端平岩三面皆山，独背有村落田地，而邑西山，峭立其后，前拥小西山，望之甚秀拔。戊戌岁，为先君卜葬，与老堪舆徐公乾者从大岭登其前峰。峰顶有方池潴水，大旱可决溉田，南面碧海若带。寻寄午炊于僧舍，今二十载矣。

乙卯二月，欣然有重游之想，遂肩舆独往。度石桥，扶掖而行。迄至，觉急甚。稍憩，穷岩际石室，坐于石塔下一茶，时日已崦嵫矣。遂至岩前，山腰石径盖望向池，若绝境矣。圣水半甃在刹后面阶下。又半山盘石上有穴，深尺余，旧传穴水通潮汐，今惟一勺潢汙耳。

兹山径路，崎岖不减西山，而盘迂巘岩，岑蔚之趣胜之。其西南峰叠石及塔下诸石尤奇，倘获考槃于兹老焉，亦幽人之佳致也。

是记从清乾隆《泉州府志·山川》采录。

福船院

福船院记略 〔宋〕佚 名

吾泉之山,莫多于西南;其高绝者,莫福船俪也。云开雾卷,群峰列秀,此山峭举独出,势若船矣。乡人奇之,加名曰"福"云。余谓鲍照有"侍宴覆舟山"诗,嘉名故自缅恳,何必"福"者?

是记录于明《闽书》。

盈岭古寺

盈岭大士寺业碑记 〔清〕李孕昌

宋盈岭大士寺废于元、明,而兴于国朝乾隆四年间也。庭堂敞弘,阶级峻绝;襟两邑而通四达,环千峰而罗万壑,大哉观乎!余过而挹其庙堂,莲座香积,严肃整齐。余低回留之而心异,僧人为余言曰:"往之以青精不供,伊蒲罔给,去而不可留者不知凡几矣。迨空桑氏住持,则有檀那建业在焉。自是即接余踵者,亦无复前此之患矣。"叙诉之余,相与寻峦括薮,则于寺之南,见有场圃相错,一望如绣者。僧曰:"余所谓寺业者,此也。"指其疆域,东至于岸,西至于南、同分水,南至于岸,北至于道。计拾有叁丘,种可受柒斗而余,课只贴两钱有壹。余窃义之,曰:"斯何人也,其乐善好施如是,是大有功于菩萨者也。"僧以其人对。乃知为遂良褚先生苗裔,顶溪埔廷俊也,且强余志之。余既重其请,而思慷慨义举若竟淹没不彰,其何以为将来者劝?于是乎志。

赐进士第出身,署河南睢州知州、特授山东沂州府日照县知县李孕昌撰。

乡耆孙金榜、郑向道立石。

乾隆十七年六月谷旦。

是碑现存同安区内厝镇小盈岭古寺内,嵌砌上墙。花岗岩质地。圭首。高2.25米,宽0.60米。楷书。完好。

溪内院

重建溪内庙碑记

溪内庙观音堂始建于宋代。据地方志记载,明代正德十三年,本县进士林希元废了岳口宝塔山下天兴寺观音堂及松管院观音堂,溪内庙是本县谨留一座观音堂。因观音佛祖大慈大悲,有求必应,所以历代至今,香火旺盛!

因劫难天数,本庙堂于乙亥年闰八月初七午夜焚于火灾,全庙神像及庙内一切设施,尽焚于火，毁计损失人民币二拾万圆以上。灾后由潭内、寮野、鳌头、独占、溪西等施主立即成立重建理事会。施主内共有人口近二千人，每人捐资伍拾圆，预盖庙宇，装雕神及庙内设施等。不足资金，得到了海内外善男信女及施主内外出开店、办厂、做生意等人士的大力资助，使得本庙宇以翌年重建，越年竣工。

理事会决定捐资壹佰圆以上者在庙内石碑铭刻芳名，捐资伍十元以上者用磁砖记载芳名，以颂功德，永沐神恩。

共和国岁次丙子年立。

是录于由叶大椿先生提供。

白云岩

西山岩和尚墓碑　〔明〕远丝道人

前朝年多不记。

洪武初泉开元寺德翁上人塔，正统元漳南山寺龄庵上人塔，弘治年云鉴暨诸禅众普同塔，正德年古文智元祖合葬茔塔。

天启元年吉日，尊祖四塔颂照拾归聚会。远丝道人春记。

是碑记由叶大椿先生提供。

西山岩记　〔清〕张金友

余家兹山下，十数岁时读书僧室，旁有紫云洞，无日不游。后往来京师，又寄食仙邑，而兹山不到者垂五十年。丁亥致仕归来。癸巳夏，从友人重游旧寺，遥望紫云，步不能到。回首童时游处，不胜倦倦。今勒余情于石，为兹山留别之赠。

是记录于民国《同安县志》。据记文，尝勒于西山岩之崖壁，于今存佚未详。

重建白云岩碑记　〔清〕陈德辉

去城西十里许，有山郁然穹窿，远而望之，蜿蜒若游龙，因名"天龙"。中盘一阿，置有招提，□豁开朗，号曰"白云"。前一洞曰"紫云洞"。右有二井："龙潭"、"圣泉"，涌出涓涓不绝。旁有桂树，高出石表，秋日盛开，香闻数里。其余怪石、名卉，莫不耸翠特立，争峙左右。前明邵君程司铎同邑时，常登游览。赐进士邵君天球亦存记概原韵之。邑乘有"山现同变，山茂同固"之谣，则兹山之抱异负奇，有独含元气者，宁第一方之胜已哉！元邵君时通家兹山麓，悦斯山。其子伯修君体其志，爱购舍置之，以为时通君檀樾，因自号"西山公"。山之招提，其兹盼乎！复因景位置高高下下，宛然天成。以故文人墨士登斯山者，咸留题勒石，以纪胜概，洵盛事也。遭元末兵燹，陨落殆尽。明永乐四年，修葺完备。国朝又灾于回禄，凡□栌柒桷，荡然无存，则灵境名区转而为荒烟蔓草，兹有历年。夫寺之废兴，山之盛衰系焉；山之废兴，邑之盛衰系焉，乌可听其摧败零落耶？前邑侯唐讳孝本，后邑侯任讳震远，各张示禁，严其砍伐，虽保护备至，而未遑兴作。孝廉邵君文英、耆老子衍念兹胜久废，欲恢祖迹，爰同族众醵金重建，庀其土木，泽其垩黝，俾神光庙貌，焕然一新。更于岩左建文昌祠以为肄业之所。古所云圆通阁即其处也。工兴于乾隆四十一年丙申，阅庚子菊月而告成。由是泉之淤者易而清矣，木之萎者易而翳矣，石之奇倚倾僵仆者易而歧以竦矣。至若鸿渐矗其前，凤髻屏其后，北引莲峰，南吞鹭海，盈盱骇瞩，相与为大观者，实难具状。吾谓兹山之盛大可以固吾同，次亦足供游玩。其克成此举者，邵氏之众焉，因乐为之记。岁进士、即用司训陈德辉撰。

　　董事：恩养、仲威、君板、浩淑、展亮，监生：心悦、朝彰、光彩、于福，乡宾：思明、诸仪、光奎、正玑同立。

　　乾隆四十五年岁次庚子月谷旦立。

　　是碑在白云岩寺殿内。花岗岩质地。圭首，带座。高1.51米，宽0.71米，厚0.11米。个别字迹损残。基本完好。

佛国寺

妙高山佛国寺重建碑记

　　妙高山佛国寺，座落于南、同两邑交界群山之巅，为清宣统年间南安雪峰寺会机禅师开山创建。岁月蹉跎，备历沧桑。迄今已有八十八年春秋。

　　寺始建于清末，圮于文革，垣墙断壁，文物萧然，亟待修护。有上人宏辉者，系从禅师披剃于是寺，尔后参禅弘法于四方。现驻锡厦门南普陀寺任首座，观寺之不堪，遂萌复修之念。

　　适有乡贤老居士宋水谦等，夜梦菩萨开示，旋即由朴里一甲红帐姑带领赴厦谒请上人主持复修大计，先拟重修旧制，后取部分居士所倡，决计新建梵宇，卜地旧址东北一侧，并于一九九六年冬十月破土，历时四载，玉佛宝殿及东西两层寮房告竣。宝殿供佛、菩萨、罗汉诸圣像也，相继雕塑成就。

　　筹建中期，主张重建人等措资与所需相去甚远，上人于是以九十有余高龄，远渡重洋鸠资，深得新嘉坡居士林李木源林长暨诸居士鼎力护持，筹得净资，并由星埠请回释迦牟尼坐相圣像，得以完满道场。

　　己卯仲秋，原欲将所有捐资芳名树碑以志功德，兹因建寺二度承包，皆在领完承包款而工程尚未完满之际无故退场，虽经催促不与应答，致帐目诸类至今未能结清，早期捐款名册，几经辗转，恐有遗漏，多数芳名需待集后补。

　　佛国寺之重建，约耗资百余万元，为长弘佛法善举，彰四方善信之功德，谨以此志哉！

　　公元一九九九年佛历二五四三佛国寺务会立　释宏辉阅

松柏林观音堂

松柏林观音堂檀樾碑　〔清〕陈允雄

　　立缘字人陈允雄，前因用银明买吴家店厝二落，带宫后小厝一间，坐落松柏林观音堂右边第一间。因本庙乏僧室，雄募化众缘，收过契面银并费共银六十两，将店厝充为佛祖寺室，付住持僧每月收税,为朝夕礼诵香资,众举雄为寺檀樾。其店厝不许住僧贳借、典卖、聚匪、赌荡、招赁、囤盐,今欲有凭,立石永据。

雍正十三年六月 日,檀樾主陈允雄缴,李郁文书。

是碑现存观音堂内,嵌砌上墙。花岗岩质地。高1.45米,宽0.57米。正文楷书。现状完好。

重建松柏林观音堂碑记　〔清〕庄光前

距邑城西数百步,有衢曰松柏林,佛堂曰观音堂,塑观音大士祀之,故名。乡邑人岁时清供,水旱疾疫,有求必应,遐迩争祀祝焉。

堂之兴不知日方自何代。其先未有住持,国朝雍正乙卯,乡孝廉陈公允雄募金陆拾玖两,买右边民宅改筑僧舍,立石记之。岁久增修不一。

乾隆辛卯首春,毁于火,以灾寝。越岁丙申始议更新,诸善信闻之,踊跃施缘,不一月,至者如归。众力既集,遂于是年七月初九日始事,阅岁秒告成。

前后深肆丈叁尺陆寸,广壹丈伍尺有奇,右置僧室二间,及雷而止。傍衢者为店,肆架小楼一层,与祠相亚。赁商而入其税,凡本境之人勿赁,以杜争端。每年计税直若干。住持十取八,众贮其二,以备修葺。自僧房至店肆深五丈,广玖尺,余墙与邻店相半,堂后虚地深叁尺许,左右相距宽贰丈有奇,僧厨在其间,堂之大不能一亩,而绀宇精舍具体而微,仰其金碧之光,因以知诸善信布金之助,而人工物采以时修饰,庶斯堂之岿然永久也夫!

是役也,费金约肆佰两,董其事者,乡饮宾庄太封君子筹,邑庠生王君彪、国学生陈君耀瑞、谢君廷惠、登梯、王君辅世、施君志远、王君世坚。将以夫后之有志修葺者。是为记。

乾隆四十一年岁次丙申 月 日立

里人庄光前　书丹

是记录于民国《同安县志》。碑石尚存,文字与志书所载略有差异。

观音堂修复碑记　彭河泉

银城观音堂位于松柏林,背倚九曜凤山,文笔高耸,前襟西溪,地灵水秀。隋敕建"兴教寺"于轮山,传亦堂兴之时也!乃城廓清幽之胜地也,殿阁浑厚壮观,梵莲庄穆,香火鼎盛,历史悠远,几经风雨,遭致榭扉改观,磬声销沉,能不惜哉!然自改革开放以来,国事昌明,政通人和,各项事业深入开展,宗教政策逐步落实,同安观音堂,经狮城邑会馆之侨领,台湾及城邑虔诚士女之多年申请恢复,县政府领导十分重视,召开有关部门协调会议,于一九九四年十月八日正式落实归还,在县宗教局、大同镇政府关怀下,成立观音堂修复理事会,嗣即遵照殿堂方位,殿座乙向辛,择吉动工,蒙海内外士女,热忱捐输,自乙亥年仲冬兴工,兼并傍街店肆,宏构金堂,共花金肆拾捌万柒仟捌佰捌拾元正,工程属于丙子年孟冬告竣。

嗟夫!巍峨崇阁,重檐飞甍。红梁翼拱,古雅宏敞。莲座菩萨,慈祥庄穆。灵明显著,顶礼恪恭。罗汉双列,龙虎峥嵘。彩霞映照,满堂瑞祥。缘献襄修,定膺厚佑。善道果报,福庇邑乡。时值盛世,国事昌隆。胜概复见,美奂辉煌。松柏林中,列名镌石。彰名善德,奕世流芳。

同安观音堂修复理事会,银城松山彭河泉谨识,公元1996年岁次丙子年仲冬日。

记文由叶大椿居士提供。

观音宫

观音宫重建记　朱振仲

观音宫,别称"不二堂",建于何时,众说纷纭,莫衷一是。今惟见原宫石柱留下"乾隆甲午年"字雕,究其是始建是重修,经稽考亦无史料可证。非敢妄断,谨此存疑。相传,时任马巷厅照磨龙相清,为酬答观音拯救其母病危之恩,奉匾曰"不二堂",因以为号焉。

原宫简陋狭小,面积仅三十平方米左右,香客纷至,拥挤不堪;翅宫前市场已拆迁改为苍翠幽雅之休闲园地,彼此相形见绌,极不相称。是以,群众深感遗憾,倡建呼声四起。爰经马巷各界热心善举人士,于二○○○年六月成立筹建理事会,共董其事,发动募捐。四方善信,闻风响应,接踵而至,檀樾布施。旋即筹资肆拾肆万伍仟圆,购拆宫后宫右两幢楼房,扩建面积达二百九十八平方米,又添建大雄宝殿一层钟楼鼓楼,又费资壹拾伍万圆建宫前喷水莲花池;犹敦请文人学士撰联挥毫,以增辉色。

是役也,工兴自庚辰年阳月,翌年桂月告竣。凡费陆拾陆万捌仟捌佰圆有奇。里人朱士沙、吴文阵、魏瑞珍等,鼎力襄助,玉成盛举,厥诚可嘉。

而今,梵宫焕然一新,古迹赖以不坠,佛地藉此重光,亦为舫山添一胜景。善哉!开明盛世,佛笑人欢。余职其事,故乐为之记。

朱振仲撰文　陈瑞琦书丹

观音宫筹建理事会　谨立

岁次辛巳(公元二○○一年)桂月

西竺寺

高浦西竺寺碑记

高浦西竺寺,肇基何年,几经葺修,规模大小,无据可稽。相传建于明末清初,清嘉庆戊辰及民国二年两次重修。寺原二进及天井,皇冠八字脊、石刻、木雕、剪粘等,秀丽精巧。奉佛身莲花座观音菩萨,其后塑五白峰阳谷,列十八罗汉,正门一对扭头石狮傍倚左右,两支精雕蟠龙石柱傲立西东,系高云香敬谢。两侧汉白玉石浮雕龙虎堵相向,由武举高腾飞捐建。前面埕下莲花池一窟,东侧僧房一廊。庙宇清幽静穆,昔日佛祖灵异香烟缭绕。怎奈二十世纪中间,时遇革固(故)鼎新,文革运动之波及,庙宇拆除。后由本区皈依弟子施心丽、陈玉全、杨素月等人极力倡建与本区高氏宗贤、"老大"鼎力集资。承台胞厦门亚东建设开发公司董事长陈永生先生发心重资以弼。并励台胞同人乐捐,促其斯寺重兴。且因资金乏力,先建后堂,改八字脊为燕尾脊,以奉菩萨栖佛圣地,寺自一九九○年三月廿七日开工,同年告竣。从报土、上梁、奠安皆由南普陀寺老和尚释宏辉及寺缁流,主持奠基,并把一生铢积寸累献给斯寺。

随着形势的发展,寺地处繁华地带,又是外商投资区。皈依弟子日益增多。按原之规模不相适应,重新规划按新旧结合的建筑风格,再度拆卸重建。并改为二进、二楼宫宇,建筑布局奇特。飞檐重叠,如翅高翘,气派非凡,蔚然壮观,堪称我区颇具规模庙宇。后堂供奉观音菩萨,

　　天井上下两侧,文殊殿与普贤殿,地藏殿与伽蓝殿,二楼正殿奉大雄宝殿。一登正门迎面端坐弥勒大佛,笑面相迎,以示光临,步入斯寺,心中一切忧虑,自然化解三分。

　　工程自一九九一年十月开工至一九九九年十月基本告竣,历时九年。西竺寺虽是佛菩萨圣地,更是观光旅游之景点。寺重新修建,对文物古迹加以补救,免致湮没,又增添我区文化色彩。

高浦西竺寺两次重建诸董事人(略)勒碑
公元一九九九年十二月岁次乙卯年仲冬吉日

　　是碑树立于寺前。

石室禅院

皇明石室禅院碑记　〔明〕卓　峰

　　重修□□□□□□□□□修□□干□□废其□□勋尤悬远,固不待辩,而后焉者能知其所由废,不知其所由兴,则所以照法戒而思,似续于不坠者将惕□□□□□□□曰石室院重建。元统甲戌年间,有僧曰晦庵者,实始基之。构梵宫、塑佛像,故地可有史、许派衍。僧房二十有三,赀产叁拾余石,额租□□□□□地税□柒拾贯□□□举充邑里宰,盖其盛也。齐是兴废莫详。入国朝成化载,芝山僧定观,定祥□之侧,院宇倾圮,鞠为牧场矣,不有宁居,乃常院三里许,市民地盖一仓屋处之,名曰"石室仓",今土堡前,其地也。此传于净众寺僧月山、大蒲,又传于开元寺僧也。容福祚渐,以择落租税典入宦门,贪缘败隐已没二三,而豪佃积逋徵不十七,重以徭徇杂征,几不能支矣。先是籍龙溪,今以阳之新选澄邑,邑侯敦□李公虑其□于废也,乃上于郡伯樊扬□□□督傅纲司建楠,云轩师董之,师一至,见故墟茂荆宿莽,愀然曰:"嘻,吾责也。"乃捐金币,敦诸徒孙智炳、广仁辈矢心殚力,铲芜秽,辇木石,鸠工度材,考□□□□□崇之法堂,乃构山门,竖之廊庑,缭以周垣,坚以梵甓,幽丽宏敞,焕然以新,乃以肆百余金分遗宦,来归前僧典产,以百余金赎置附院耕人杨□□□□,环砌石基,卫之界坪,仍于宇之东偏筑楼屋,屹如雄峙,用障空捍患,为栖身悠□计,凡百综理,靡不周详。经始于隆庆三年己巳秋八月二十日,□□于辛未年冬十一月十五日。君子曰:"甚哉,云轩师之拮据也,起仆植僵,沙门有遗绩矣。"□岂沙门,由是以上供国赋,而祝圣寿于无疆,国家亦良有碑□□事。诸乡耆余君钺辈谋□召以纪购,予言:予不佞,乐观厥成,不容以陋辞。□师性真朗爽,练要信婞,尝主开元戒事,祗肃清修,精□□□□□于不□彼国以其心之弘,□□缠而到处皆吾宇也。师之驻锡于此,而遂成兴复始□,是乎评功序德,人人公言之,不俟予赘。惟以代传源□□□□□□以□□□□之□而徒之僧门子子孙孙,其尚替□之,以毋□□前人光哉。□□□□□肆月既望谷旦,乡贡进士、福州府侯官县儒学训导、邑人卓峰立耀谨撰。

　　是记碑版尚存,竖立于禅院大殿之前。

重修石室禅院碑记　〔清〕杨鸿儒

　　窃谓玳瑁山下之有石室院也,由来久矣,闻诸父老曰:此院建于垂拱二年,自唐迄今千有余岁。时代星移,盛衰棋奕,或兴或废,碑版湮没,无从考据。兹录丁酉,数年天降灾,疫气流行,院中菩萨大显灵应,施泽霞阳,众生赖安,未获酬谢。睹当前之败院,两溃古榕,风吹古瓦,雕楹□

栋,历久难支,绣拱琼樑,所存益寡。辛丑春,社人杨本湖善众凤证,任事倡修,传集绅耆举义喜捐,以成其美。金曰:然之。诹吉兴工,无论夷夏,凡发慈悲,倾金乐助,而芳名皆票勒,以后以重□扬,厥工告竣。规模轩豁,院貌焕新,即左边僧舍,亦经营壮丽,一时称盛。灵光普照,奉香火□靡不皈佛祖,修慧业者更可供奉如来。假令新安人士来游于此,应共叹今昔之殊也。是为记。

  谨将各埠喜捐芳名列左

  大清光绪二十八年岁次壬寅葭月谷旦

     董事绅士杨鸿儒嗣林、杨鹭飞允英。

  丁酉科拔贡生铨选七品衔、仰光杨天受捐银捌佰大元

  槟城霞阳社植德堂公司捐英银叁仟伍百元

  (以下捐款芳名略)

  是记碑版尚存,竖立于禅院大殿之前。

重修石室禅院碑记　卢维岳

  石室院为释迦佛刹,跨新江霞阳山径之根山面岭,为前朝古迹,院外断碑卧焉,拨棘摩挲,字迹虽漫漶,而年代犹可辨识,知其为武周花草二年物也。当香火鼎盛之际,殿构三重,拓僧舍六十有四,旁辟花园,中有亭,八面轩爽,泉石垂拱,悉天然景物,固海汀滨海名胜之地。环院族聚者有徐、刘、柯、周诸姓,居然村落。第年湮代久,华屋山丘,诸姓遂凋零莫睹,院亦多录残废。惟余一栋,聊为金粟藏身而已。于□沧桑变幻,族者墟矣,乡者野矣,间阎化而冈陇矣,只此一椽,梵宇不同没于蓬蒿草莱之中尚此。然树立于玳瑁山麓者,抑何故欤!盖亦山川灵淑之气未尽消沉,天为留此灵光鲁殿,使大众生咸知佛力也!丁巳孟秋,卷舌肆塌电佛,佛殿瓦栋一隅,亭亦毁损,漏月筛雨,不胜颓敝之感。乡之耆老出为募葺,仅得二十余锱,因陋就简,草创补缀。然椎轮之功,曷克壮茬严之貌?杨善士章英,侨商缅甸,闻而踊跃输金,函请其族老成代董其事。经始于屠维协洽之涂月,越夏告成。凡费数百元。工竣,周视殿亭,严翼巍焕,久称佛栖。余于是叹,我佛慈悲动人之□,而益见杨君之为义也。是岁秋,其乡长节略实事,请纪以刻石。因为之记。

  闽永灵卢维岳谨撰

  霞阳杨章英立　中华辛酉年冬月

  是记从《厦门石室禅院》小册子采录。原稿抄写校对多有错讹。

重修石室院碑记　杨元波

  霞阳村石室院,释晦庵始建于后唐同光三年(公元925年),供奉释迦牟尼,为千年古刹,杏林区文物保护单位。鼎盛时殿宇三重,僧舍六十四间,田地二百余亩。历代兴废不一,自清光绪年间重修,于兹百载,故院宇倾圮,佛像荡然。承蒙霞阳植德堂公司、释正实师及海内外众善信踊跃捐输,集资贰万余元,重修院宇,再塑金身,维护古迹,厥功甚伟,殊值钦敬。爰勒斯石,以垂永久。

  (以下捐资芳名略)

         杨元波撰　陈海龙　张早上书

            石匠白荣裕雕

           公元一九九一年十月立

  是记录于《厦门石室禅院》小册子。

云塔寺

重兴云塔寺碑记

　　大岩寺，古名刹也。面江背麓，地灵磅礴，海若朝宗，气象万千。粤稽宋人乐其山川之美，建寺崇祀三宝观世音香像。人之登斯岩也，如到彼岸而托慈航。越元大德四年，更修复，颜曰"云塔"，以岩石似塔，高薄云霄也。寺前建讲堂，柯、周二公勤肆其间，皆擢高第，膺厚秩，以勋名气节垂光史册。他如叶、谢、杨、林、李登高科者亦代不乏人。讵非观世音式灵，丰其□□。自乎国朝栋宇圮毁，间有里人募葺焉。第更修既久，飘摇雨风，堂尽荡然邱墟矣。庶寺虽尚存乎，而廊屋□榱木尊 柯悉被虫蚁蠹铦，日就颓溷，甚非崇祀之意也。故我诸仝宗目击神伤，遂相与踊跃劝捐，庀材授事，撤而重建。廓其规模，更辟前宇，左增翼丈室、经楼，寺前讲堂仍旧址重建，左右加翼四室，堂哉皇哉，美矣备矣！始于同治九年庚午十一月，成于癸酉四月，糜白金三千余员。由是岩寺巍峨，声灵赫濯，远近男女捧瓣香而至者益盛于前，而其救灾救厄，捷如影响，可知佛力广大，故感应若斯之昭著也。至若讲堂重构，习静有所，凡都人士之有志云路者，登斯堂而潜心考稽，优游函泳，养成大器，无难远绍前徽于今日，岂徒岩寺经鼎新之足壮观瞻哉！今谢国勤捐银肆佰陆拾员；杨作霖捐英银壹佰圆；李琢斋捐英银玖拾员；邱正光捐英银陆拾大员；邱泗渣捐英银叁佰大员；邱家公司捐银壹佰员；林忠诚捐英银捌拾员；林长华捐英银伍拾大员；邱忠波捐银贰佰陆拾员；杨家公司捐银壹佰员；邱诰官捐英银陆拾员；马立本捐英银陆拾员；邱曾莹捐银贰佰肆拾员；谢家公司捐银壹佰员；林振超捐英银陆拾员；李妈赛捐英银伍拾大员；颜宗贤捐银壹佰肆拾员；林家公司捐银肆拾员；陈福颐捐英银陆拾员；周玉成捐英银肆拾捌员。

　　是碑树立于寺前，尚完好。

　　本章资料来源：何丙仲《厦门碑铭集成》（未出版）、何丙仲《厦门摩崖石刻》、清乾隆《泉州府志》、清道光《厦门志》、民国《同安县志》、民国《厦门南普陀寺志》、叶大椿居士、释果宁抄录提供。

五　法制文牍

政府宗教法规

福建省宗教活动场所登记管理暂行规定

（福建省人民政府一九九二年九月十一日颁布）

第一章　总则

第一条　为维护宗教活动场所合法权益，保护正常的宗教活动，维护社会稳定，依据《中华人民共和国宪法》和有关法律、法规制订本规定。

第二条　本规定所称宗教活动场所，是指信仰宗教的公民进行宗教活动的公共场所，即佛教的寺庙、庵堂，道教的宫观，伊斯兰教的清真寺，天主教和基督教的教堂以及信教公民聚会的固定宗教活动点。

第三条　宗教活动场所的登记管理机关是县级以上（含县级，下同）人民政府宗教事务部门。宗教活动场所的管理工作接受人民政府的领导。

第四条　宗教活动场所的一切活动，必须遵守宪法、法律、法规，维护正常的工作秩序、生产秩序和生活秩序，不得损害公民身体健康。

第五条　宗教活动场所必须坚持独立自主自办的原则，其事务不受境外组织和个人的支配。

第二章　登记

第六条　宗教活动场所须由其管理机构向当地登记管理机关申请登记，经县级以上人民政府核准，领取宗教活动场所登记证书。

第七条　申请登记宗教活动场所须具备下列条件：

（一）有固定的地址和名称；

（二）有信教公民组成的民主管理机构和负责人；

（三）有主持宗教活动的宗教教职人员；

（四）有经常参加宗教活动的信教公民；

（五）有符合我国宪法、法律、法规的章程和管理制度；

（六）有合法的经费来源。

第八条　宗教活动场所业经登记，其正常的宗教活动、财产和使用的土地以及其他合法权益受法律保护。

第九条　宗教活动场所登记表格和登记证书，由省人民政府宗教事务局统一制发。

第十条　宗教活动场所登记证书不得涂改、转让、出借。宗教活动场所登记证书遗失，应及时向原登记管理机关申请补发。

第三章　管理

第十一条　宗教活动场所在其所属宗教社会团体的指导和管理下，按照经核准登记的章程和管理制度开展活动。宗教活动场所由其管理机构实行民主管理。

第十二条　宗教活动场所应当于每年第一季度向原登记管理机关作出上年度的年检报告。

第十三条　宗教活动场所的变更，须事先由场所的管理组织经所属宗教社会团体向原登记管理机关申报。

第十四条　凡改建、扩建宗教活动场所须经原登记管理机关同意，并报地市宗教事务局批准；凡新建、重建宗教活动场所须报经省人民政府宗教事务局批准。

第十五条　凡在宗教活动场所举办宗教培训班，须经原登记管理机关同意。

第十六条　宗教活动场所聘用宗教教职人员，应按有关法律、法规及各教规章办理并向原登记管理机关备案。

宗教活动场所留宿外来人员，应按户籍管理规定办理户口登记。

第十七条　宗教活动场所应按照《中华人民共和国文物保护法》的有关规定负责对本场所内各级文物的管理和保护。

第十八条　宗教活动场所在同境外宗教组织和宗教人士交往中，应坚持"互相尊重、互不隶属、互不干涉"的原则。宗教活动场所和个人不得复制、销售、散发和传播境外的宗教书刊、宗教音像制品和其他宗教宣传品，不得以任何方式向境外宗教组织和宗教人士索要财物，或接受他们提供的津贴。

第十九条　任何单位和个人不得侵占或变卖宗教活动场所的财产及其依法使用的土地。国家征(拨)、用宗教活动场所使用的土地，应事先征得宗教活动场所和登记管理机关的同意。

任何单位和个人未经宗教活动场所同意和原登记管理机关批准，不得在宗教活动场所范围内拆建、改建或新建建筑物，也不得设立商业、服务业网点或举办陈列、展览活动。

第二十条　任何单位和个人未经宗教活动场所同意并经省人民政府宗教事务局和有关部门的批准，不得在宗教活动场所拍摄电影、电视片。

第二十一条　任何单位和个人不得在宗教活动场所内进行反宗教宣传和制造不同宗教或不同教派之间的纷争。

第二十二条　任何人不得利用宗教活动场所进行危害国家安全和社会主义制度、破坏国家统一、民族团结、社会安定的活动。

第四章　权利

第二十三条　宗教活动场所管理机构有权根据本教教规、教义安排本场所的宗教活动。

第二十四条　宗教活动场所管理机构有权依照本场所民主管理和教务管理制度，负责对本场所的人员的管理。

第二十五条　宗教活动场所管理机构有权依照本场所的财务管理制度、管理、使用本场所财产。

第二十六条　宗教活动场所管理机构有权组织本场所人员从事生产劳动和举办社会公益事业。

第二十七条　宗教活动场所有权接受教徒自愿给予本场所的布施、奉献、包贴和不附加条件的捐赠，禁止勒捐。

第二十八条　宗教活动场所经政府有关部门批准，有权在本场所经售宗教书刊、宗教用品和宗教艺术品。

第五章　附则

第二十九条　违反本规定的宗教活动场所，登记管理机关可以根据情节轻重，分别给予警告、停止活动，

撤销登记、依法取缔以及没收非法所得的财物、宗教书刊、宗教音像制品和其他宗教宣传品的处罚。

给予撤销登记、依法取缔的处罚,由登记管理机关公告。

第三十条 违反本规定,擅自设立宗教活动场所者,由登记管理机关视情况分别给予限期关闭或依法取缔的处罚。

第三十一条 违反本规定侵犯宗教活动场所合法权益者,由县级以上人民政府宗教事务部门责令其停止侵权活动,并根据情节轻重给予警告和赔偿损失的处罚。

第三十二条 违反本规定,触犯《中华人民共和国治安管理处罚条例》或其他行政法规者,由公安机关或其他有关部门按照有关法规处罚;触犯刑律者,由司法机关依法追究刑事责任。

第三十三条 对依本规定作出的行政处罚决定不服者,有权依照《行政复议条例》向上一级登记管理机关申请复议,也可依法向人民法院起诉。

第三十四条 本规定由省人民政府宗教事务局负责解释。

第三十五条 本规定自颁布之日起施行。

中国佛教协会汉传佛教寺院法规

全国汉传佛教寺院管理办法

(中国佛教协会第六届全国代表会议 1993 年 10 月 2 日通过)

前　言

寺院是僧人修学、住持、弘扬佛法的道场,是保存、发扬佛教文化的场所,是僧人从事服务社会、造福人群活动的基地,是联系团结国内外佛教徒的纽带。寺院须保持清净庄严,树立纯正的道风学风,正常开展法务活动,运用其多方面职能,庄严国土,利乐有情,以利社会主义物质文明和精神文明建设。

为加强寺院管理,维护寺院的合法权益,保证佛教活动正常进行,根据中华人民共和国宪法和法律、法规、政策的有关规定,遵照佛教的教制教规,特制定本办法。

第一章　管理体制与寺院组织

第一条　寺院在政府宗教事务部门的行政领导下,由僧人自己管理;在教内,寺院受佛教协会的领导。

第二条　重点寺院,须按十方丛林制度建立和健全僧团组织。

第三条　寺院住持,须根据选贤任能原则,由当地或上级佛教协会主持,经本寺两序大众民主协商推举礼请之;凡全国重点寺院,同时报中国佛教协会备案。住持每届任期三年,连选可连任;年老体弱不能主持寺务、领众熏修者,亦可创造条件提前退居。除特殊情况外,住持一般不宜兼任。住持在任期内如道风严重不正或有重大失职,经上一级佛教协会核实后予以免职;免除全国重点寺院住持职务,须报中国佛教协会审批。任免寺院住持,均须报相应政府宗教事务部门备案。

住持退位后,寺院应按传统办法,妥善安置照料。僧团序职如首座、西堂、后堂、堂主等班首,列职如监院、知客、维那、僧值等执事,由住持按照丛林请职制度和协商.原则,定期任命、晋升序职人员,任免列职人员。

住持、班首、执事人选的条件是:爱国守法,具足正信,勤修三学,戒行清净,作风正派,有一定的佛学水平和组织办事能力。担任住持、班首,戒腊须十夏以上;担任主要执事,戒腊须三夏以上。

住持对外代表本寺,对内综理寺务。班首、执事各司其职,各尽其责,发扬六和精神,实行民主集中,管理寺院各方面工作。凡重大问题(包括撤免错误严重或极不称职的班首、执事职务),由住持召集班首和主要执事及有关负责人员举行寺务会议,集体讨论决定。

第四条　寺院如确需设立寺务委员会,主任须由住持担任,由主要班首、执事组成,可吸收个别爱国爱教、作风正派、有组织和工作能力的居士参加。寺务委员会的职责相当于上条的寺务会议,任期一年。

第二章　僧众修持与佛事活动

第五条　寺院须安排好僧众修持,坚持早晚功课,经教学习,修禅念佛,过堂用斋,严守戒规,整肃僧仪。僧人务须僧装,素食,独身。严禁僧尼同住一寺。

第六条　寺院须适当安排讲经说法,提高信众对佛教基本教义的认识水平,启发他们广学力行、爱国利民的积极性,指导他们正信正行。

第七条 佛事活动在佛教界管理的寺院和其他佛教活动场所举行。活动的规模、次数、时间,应作适当安排,避免妨碍僧人学习和寺院其他工作。

第八条 寺院不得进行不属佛教的迷信活动。

第三章 收徒传戒与僧团管理

第九条 要求出家的人,须本人自愿,六根具足(包括无生理缺陷),身体健康,信仰佛教,爱国守法,有一定文化基础,父母许可,家庭同意。寺院对要求出家的人,经查明身份来历,认定符合出家条件的,方可接受留寺,指定依止师,授予三皈五戒,经僧团一年以上考察合格,再正式剃度,并按规定的办法和手续发给度牒。

第十条 皈依三宝,须本人自愿,爱国守法,品行端正,有一定信仰基础,经佛教徒介绍,皈依师方可接受。接受皈依弟子,应郑重如法进行。皈依人须填表登记个人姓名、简历及介绍人等,交寺院保存。

第十一条 寺院僧团健全,道风严肃,管理正常,法务、生活设施完备,方有条件传授三坛大戒。能够举办传戒法会的寺院名单由省(自治区、直辖市,下同)佛教协会严格按照条件,根据实际需要,申报中国佛教协会审批、确定;未经批准的寺院不得擅自举办。

具备传戒资格的寺院传授三坛大戒,须事先由省佛教协会商得省级政府宗教事务部门同意后报中国佛教协会审批。

全国每年传授三坛大戒的寺院掌握在五处左右;每处每次受戒人数一般掌握在二百人左右;戒期不少于四周,以利组织新戒学习戒相律仪。

第十二条 受戒者必须年满二十岁,符合本办法第九条规定的条件,持有身份证、度牒和当地主管部门及所在寺院的证明信件,经传戒寺院所在省佛教协会甄别鉴定,方可允许进堂受戒。年龄超过六十周岁,除增戒、补戒者外,一般不予授戒。

第十三条 传授三坛大戒,对象以本省受戒人为主;外省受戒人必须由所在省佛教协会征得传戒省佛教协会同意,开具证明,介绍前往受戒。

第十四条 传授三坛大戒期间,必须分别讲授戒本。传授比丘尼戒,有条件的实行二部僧授戒制度。废止烫香疤的做法。

第十五条 戒牒由中国佛教协会统一印制编号,通过省佛教协会颁发。违犯国法教规者,舍戒还俗者,由所在佛教协会或寺院收回戒牒,上交省佛教协会注销。

第十六条 授戒师、剃度师、皈依师必须是爱国爱教、戒行清净、通晓教理律仪、戒腊十夏以上的僧人;其资格由省佛教协会按照条件审核认定,并发给证书。未经认定资格者,不得传戒、收徒和接受皈依弟子。

第十七条 寺院应根据实际需要,提出常住僧人名额,报政府主管部门审定。在规定名额内,凡接受常住僧人,已出家的,必须验明戒牒、度牒或所在地区佛教协会(无佛协组织的可由原寺院)证明;新出家的,按照本办法第九条规定办理。寺院对要求常住的僧人,须考核一年合格后,报请政府主管部门办理户口转入等手续。

第十八条 常住僧人如还俗离寺,寺院应收回戒牒、度牒,将户口转回原地。违犯重戒、不遵寺规、教育不改者,经寺务会议讨论决定,予以迁单。对利用僧人身份招摇撞骗、为非作歹、败坏佛门、影响极坏者,经寺务会议决定,报上级佛教协会批准,开除僧籍,收缴其戒牒、度牒,并将户口转回原地。触犯刑律的,由司法机关处理。

第十九条 常住僧人须定居两年以上,方可外出参学,并须经寺院同意开具证明,注明参学地点和往来期限。滥开证明酿成严重后果者,须追究责任。接待寺院应验明有关证明,方准挂单,并按公民迁徙流动的规定到当地政府有关部门办理手续。

凡挂单僧人须遵守寺规,随众修持、劳作。如有违犯,劝说不听的,应随时起单。

第四章 培育僧才与学术研究

第二十条 寺院应安排时间,建立制度,组织僧人学习宪法和法律,学习时事政策,进行爱国主义和社

主义的教育,增强爱国守法观念,坚持四项基本原则对宗教徒的要求,提高思想觉悟和认识水平。

第二十一条 寺院应积极进行智力投资,采取多种方式,大力培养僧才。可举办本寺僧人学习班,还可挑选品德较好、佛学、文化水平较高的中青年僧人,在法师的指导下,钻研教理,认真阅藏,进行重点培养。有条件的寺院,可在省佛教协会统筹下,举办初级佛学院;也可办短期的专门知识(如佛事唱念仪轨以及寺院管理需要的财会、文物保管等)培训班。

第二十二条 寺院应组织有佛教文化造诣的僧人,聘请教内外有关专门人才,挑选有培养前途的青年僧人参加,结合本寺、本宗派的历史特点和收藏的经书、文物,有计划地开展资料整理和学术研究,把这方面工作和造就人才结合起来。

第五章　生产自养事业与布施佛事收入

第二十三条 根据农禅并重的传统,因寺制宜,举办符合寺院特点的农业、林业、手工业等事业和法物流通、素斋、客舍等自养事业,逐步做到以寺养寺。生产、自养事业,可以吸收必要数量的职工,也可单独核算,但人事、财务、业务,必须由寺院统一管理。寺院应在布局上把生产服务区同主要殿堂、寮房划分开。

要加强寺院僧众与职工的团结合作。寺办生产自养事业单位负责人可参加或列席寺务会议。寺院要关心职工的生活福利;职工要尊重寺院的清规和宗教习惯,服从寺院的管理。对个别严重违犯宗教政策和劳动纪律的职工,寺院有权按有关规定处理。

第二十四条 寺院不接受社会上的单位或个人在寺院区划内开设商业、服务网点或举办陈列、展览活动。如确有需要,须征得寺方同意,并报请政府宗教事务部门批准,方可办理。所设网点和举办的活动均应以不影响寺院清净庄严、不损害寺院权益为原则,纳入寺院管理范围。

第二十五条 寺院可以接受信徒自愿的布施(包括佛事收入),但不得以任何方式和名义向信徒勒捐。寺院应在量力自愿的原则下,支持社会公益事业,但有权拒绝任何单位或个人以任何方式或名义向寺院摊派财物。

寺院可以接受外国友人,港、澳、台同胞和海外侨胞不附带政治条件和无损寺院主权的捐赠。

一切布施、捐款,除明确供养个人的以外,均归常住。

第二十六条 寺院应根据本身财力,积极兴办佛教文化和教育事业,在国家政策允许范围内,举办安老、施诊、修桥补路等利生事业,对社会作出应有的贡献。全国佛教事业是一个整体,提倡寺院之间互相支援与协作。

第二十七条 为适应佛教事业全局需要,汉族地区寺院按规定向全国和地方佛教协会提供佛教事业发展经费。

第六章　接待外宾与海外联谊

第二十八条 认真做好接待外宾工作,积极开展与港、澳、台同胞、海外侨胞联谊活动。在接待工作中,应做到热情友好,文明礼貌,在教言教,体现政策,自重自爱,注意威仪。应遴选思想、文化、佛学素养好,懂政策、守纪律的僧人,担任接待工作。

第二十九条 寺院在涉外活动中坚持爱国爱教、独立自主的原则。寺院原则上不聘请外国和港澳台同胞、海外侨胞中的佛教界人士担任职务或名誉职务。如遇特殊情况需先报中国佛教协会批准后方可商请。

第七章　文物保护与园林管理

第三十条 寺院的文物、树木等属寺院经管,不接受任何单位占用。

第三十一条 寺院文物,包括经像、法器、供具、古建、碑碣、灵塔、壁画以及字画古玩等,均应登记造册,确定级别,建立档案,专人负责,妥善保管。对有重大价值的文物,应采取特殊措施,避免香火熏染和人为损坏。

对寺内文物保管人员,应组织进行专业知识和技能的学习,提高管理水平。

文物保护，须遵守国家有关法律法规，接受文物部门的专业指导。

第三十二条　寺院园林管理工作，要有专人负责，搞好绿化，管好山林，整洁环境，美化景观，遵守有关法律法规，接受园林部门专业指导。

第八章　财务制度与物资管理

第三十三条　寺院应根据国家有关财务管理的基本原则，结合自身的特点，建立和健全现代财务管理制度，设置会计、出纳人员，各司其职，一切收支，均须凭证记账，严格手续。政府拨助经费，必须专款专用。

第三十四条　寺院实行民主理财，凡大宗开支，必须经由寺务会议集体讨论决定，定期向常住大众公布账目，接受大众监督。

第三十五条　寺院物资，必须指定僧团有关执事专责保管，造册登记，严格采购、发放手续，并定期检查清点。

第三十六条　寺院应清理、建立、健全所属房屋、土地、山林等财产的契证。契证遗失的，报请颁证部门查档复制或补发契证；手续不全的，抓紧补办并完善法律手续。寺院可聘请律师担任法律顾问，维护本寺权益。

第九章　做好治安与加强消防

第三十七条　寺院根据国家治安条例，建立治保小组，制定具体措施，接受公安部门指导，做好安全保卫工作。

第三十八条　寺院根据消防部门要求，建立消防组织，配置消防器材，落实消防规章制度和具体措施，消除火灾隐患。

中国佛教协会制定
一九九三年十月二十一日

汉传佛教寺庙共住规约通则

佛制戒律，祖立清规，旨在防非止恶，安身进道，光大法门，造福社会。本此精神，订立共住规约，全寺上下，均须遵守。

一、全寺僧众必须遵守宪法和法律，执行有关部门政策，爱国爱教，以寺为家，勤修三学，恪遵六和。

二、住持依选贤制产生，任期三至五年，连选可连任，防止私相授受。

三、住持、班首、执事，均应忠于职守，尽职尽责，常护常住，关心大众，任劳任怨，廉洁奉公。如有玩忽职守，居职谋私，经批评教育不改者，免其职务。

四、全寺上下均须谨遵佛制，戒行清静，僧仪整肃。犯根本大戒者，不共住。

五、早晚课诵、二时斋供、坐禅听讲、集体劳动，除按寺庙传统可以不随众的僧人外，因病因事均应请假；无故缺席者，应批评教育；屡教不改者，不共住。

六、尊师重教，恭敬耆德，服从执事安排，遵守殿堂秩序，违者，应视情节轻重，给予教育、批评或记过。

七、挑拨是非，破和合僧者，应及时批评教育；情节严重而又屡教不改者，不共住。

八、打架斗殴、恶口相骂，侵损偷窃常住或私人财物者进行严肃批评教育；对侵损偷窃的财物，须照价赔偿；情节严重，触犯刑律者，寺庙除名后依法处理。

九、全寺僧众均需僧装整齐，及时剃除须发，清静素食，禁止饮酒（药用除外）、赌博、看淫秽书刊，如有不遵，经批评教育而屡教不改者，不共住。

十、外出未经请假、夜不归宿，经教育不改者，不共住。

十一、私自化缘募捐或向香客游人索要钱物者，视情节轻重予以处理，不服者不共住。

十二、寺院竹木花卉茶果，均应爱护培植，不得私自砍伐采摘自用或做人情。违者，进行批评教育，照价赔偿。

十三、师友亲朋来寺，经主管执事同意方可留膳宿。

十四、保持殿堂庄严，环境清静，僧房整洁；保护寺庙文物，注意防火防盗。遵规守戒，一视同仁。同居大众，各宜珍重。

中国佛教协会
1989 年 5 月 30

厦门南普陀寺各项规章制度

南普陀寺十方常住规约二十条

一、本寺定为十方选贤丛林，住持一席，不拘法派，不分畛域，凡十方僧众有合格者，皆可被选为住持；即本寺原有喝云派下资格相当者，亦有被选为住持之权利。

一、住持资格必须在三十六岁以上，宗教兼通，行解相应，能说法开导后学，领众坐禅行道众望相孚者为合格。

一、住持选举权应属退居和尚（前任住持）及两序首领执事；公同选举，不受寺外各界干涉。

一、住持选举法，由现住持请退居和尚及两序首领执事开选举会，以现住持为议长，或退居和尚亦可。倘现住持及退居和尚俱无，公推班首一人为议长，先由议长报告选举权及被选资格，令众闻知，请众推举一人，付众表决。果系才德兼备，众望所归，各无异议，即由监院具书，启请为住持。

一、先推一人外，各退居首领更有推举多人资格相等难分优劣者，则议长再举二人为监察，更用记名投票法，公举五人，向韦驮神前拈阄卜选，先拈出三次者为当选，其余四名不得作为候补，下届选举时必经重选方得下阄；因恐其人始终不一故。

一、现住持徒眷法眷即有合格之人，本届不能被选，须待下次。如退居和尚一人派下有堪入选者多人，每次亦只能选一人，此条之规定系防微杜渐，恐十方丛林复变为子孙也。

一、现住持只有提议取决之权，不得加入公举人数，倘众人公举不足推现住持举时，方可有选举权；所举之人亦须付众表决，以符公意。

一、住持任期以三年为一任，如果有功常住众心悦服连举者得连任，不得过二次。交替时间定四月初八日，而选举时间定二月十五日，以便举后启请预备进院。交替时所有常住存款，只许盈余，不许亏损，如有亏损，当令赔偿满足。

一、住持进院，斋堂设如意斋一堂安众，进院贺客斋饭，及开销各项概归常住负担，贺礼亦归常住收领。

一、住持徒眷法眷不得充当首领权职，如住持三年任内世缘不顺，或年老多病不能领众者，不拘年限可许告退，倘假公济私，藐法毁规，不尽寺主责任，有负住持名义者，许众僧通白两序首领公同令退，再行选举。倘若挟嫌陷害，察出即当反坐重责驱摈，不服者禀官究治。

一、住持任满退居本寺，只得另住房间以便静养，客堂吃饭，不得另行开房立派，若新住持请为寮主护持常住亦可。圆寂后所有财物均归常住，与徒眷无涉。在寺之日，常住要事请议，自当秉公为众，平时诸事各有权限，不得时加干涉，果见住持执事有大妨碍常住之事，可邀两序首领公议办法。

一、住持不得在寺内剃度徒眷，不得时常付法；但有信仰之人，可收为皈依弟子。至第三年任期将满，可以传戒一次，付法一次；尤宜择人，不可滥付其法派。其徒眷倘有恃势违犯清规，平等议罚，不服者出院；如系法派，则公请追缴法卷，免辱祖庭。

一、住持领众行道，宗教并重，讲经坐禅，上殿过堂，以振道风，而宣佛化，不可苟图安逸，辜负学者。如有挟情私见，欲变十方而为子孙者，十方僧众，本寺两序，皆可出首禀官驱逐，以保公权，而维十方常住。

一、退居和尚名位既尊，不可再入卜选，如果常住凋敝，欲期整顿，非某退居不可者，即由两序首领公请复位主席。

一、住持请职须要量才取用，不可徇私，凡所请首领，当委以职权，责任办法，以清权限。库房客堂维那寮

衣钵寮是谓四大寮,住持凡有大事必须请四寮共议,不可独断独行。

一、常住产业,无论何人不得变卖抵押,银钱物件不得私借私送,监院总理合寺大纲,都监而居监督地位,此二执事辅弼住持,调理大众,必须才能练达,因果分明者为合格。

一、库房进出银钱,由典赋管流水,副寺管总清,监院管银钱,住持都监均得随时稽查账目。银钱盈余,当择银行或稳妥钱庄存放生息,以备举行慈善事项,置业修造之用。凡置业修造等项,达五百元以上者,皆要与四寮共议,或住持监院好大喜功,硬欲作主者,其经费常住不负责。

一、住持及库房客堂二寮执事,及维那寮所有衣单之资,依照旧例,于客厅茶礼所进之款,抽取十分二;有利均分,不宜厚薄。大小执事任期以六个月为限,限满告退,连请者始得连任,俱应遵住持之约束,一寮之中不得多安同乡,以及同派,恐其树立党羽,挟制常住。

一、无论何人,不得在寺内剃度收徒传付法卷及收皈依弟子;寺外不在此例(住持另有专条规定)。及住持大众每期诣韦驮神前告香一次(即剖明心迹),以俾有所警策。

一、本寺叠蒙官府保护,有案可稽,向无山主檀樾以及董事各色,寺内诸事,由住持与两序首领执事会议举行,各界不得加入干涉。凡施主来山祈福超荐,修建佛事,理宜斋戒,不得擅将荤腥入寺,邀妓弹唱,致渎佛天,以招罪过;蔬笋清淡宜为原谅。

民国十三年(1924) 月制订
是文录于《厦门南普陀寺志》。

南普陀寺规章制度(2000年春修订)

1. 共住规约

佛制戒律,祖立清规,旨在防非止恶,安身进道,光大法门,欲令山门清净,僧团和合,寺院兴隆。本此精神,依循古德清规,恪守中国佛教协会制定的《全国汉传佛教寺院共住规约通则》,结合本寺现状,订立南普陀寺共住规约,全寺上下,均须遵守。

(1)全寺僧众必须爱国爱教,拥护中国共产党和人民政府的领导,与社会主义相适应,遵守宪法和法律,执行有关政策,爱护常住,勤修戒定慧,息灭贪嗔痴。

(2)住持乃一寺之主,依十方选贤任能的原则,由班首执事推举产生,受戒在十五年以上,年龄在三十五岁至六十五岁之间,任期三年,可连选连任,但不得超过三届;住持在任职期间,不能克己奉公、尽心为道,若假公济私,违法犯戒,首座可会同其他班首召开执事会议,报请上一级佛协和同级宗教部门审批备案,予以罢黜乃至驱摈。

(3)班首、执事均应忠于职守,为常住、为大众尽职尽责,任劳任怨、廉洁奉公;如有玩忽职守,居位谋私,经批评教育不改者,由方丈挂牌,免其职务;情节恶劣,使常住利益和形象遭受重大损害者,由方丈召开僧众会议,免其职务并驱摈出寺。

(4)全寺僧众务须以六和精神完善僧格,犯四根本戒中任何一戒者,不共住。

(5)常住僧众,以用功办道,弘法利生,精进修学为出家要务,若私自化缘、募捐,私立组织,私接佛事,离寺外学,不务正修,游走放逸,经批评教育、规劝不改者,不共住。

(6)常住僧众若打架斗殴,出口相骂,拨弄是非,拉帮结派,私收徒众,写匿名信,散发大小字报,破和合僧,搞封建迷信活动,情节恶劣者,不共住。

(7)早晚课诵,二时斋供,朔望诵戒,参禅念佛,出坡劳动,僧众会议等,除老病及公务在身者外,均须认真参加,若无故缺席,屡教不改者,不共住。

(8)常住僧众必须尊师重教,恭敬耆德,服从方丈领导和执事安排,接受规章制度约束;若任性违规,不受调遣教诫者,不共住。

(9)常住僧众必须僧装整齐,威仪端庄,戒行清净,半月理发;严禁饮酒食肉、抽烟、赌博、高歌暄笑、设电炉、播放俗歌、看淫秽书刊、带女人入寮房闭门长谈；外出不向客堂请假，夜不归宿，不爱护寺院花草果木等行为，经批评教育不改者，不共住。

（10）常住不得居住女众（除上客堂接待客人外）；僧众师友亲朋来寺，应及时向客堂申请登记住宿，不得私自安排住入寮房，若有违犯，经屡教不改者，不共住。

（11）常住僧众不得外出看电影、录像（常住组织和批准观看的与佛教有关的内容及重要的事、新闻、爱国主义题材的影片除外），不得打牌、下棋、溜冰、游泳，若有违犯，经屡教不改者，不共住。

（12）寺院殿堂时时保持庄严、环境清净，僧寮整洁，保护文物，防火防盗。

遵规守戒，一视同仁，常住大众，各宜珍重。

2. 岗位职责

凡本寺执事，无论职务高低，乃常住之纲维，众僧之楷模，应不失大众所望，务须忠于职守，公正无私，处处以身作则，严于律己，宽以待人，发心为常住，谨立岗位职责规约如下：

（1）住持职责

住持名称起于禅门，意表安住于世，而保持佛法，故为一寺之主僧，名曰住持。对外代表寺院，对内统率大众，负有领导、教诫僧众，任免执事之权责，是全寺僧众的依止师。故住持既要以身作则，又要领众熏修。每年上元时节，执事向住持退职，住持请职。住持必须以"用人唯贤"的标准和"赏罚分明"的原则，请执事或任免执事人员；用因果的原理，掌管财务；以"六和"精神，清规戒律来规范大众的三业。重大事情要招集执事或执事扩大会议讨论，然后由住持决定，付诸实施。对僧众会议出现与"兴利除弊，护寺安僧"精神有相违背的决定，有否决权。

（2）班首职责

班首为本寺的首座、西堂、后堂和堂主，是德高望重的长者，平时可不参加寺院的具体事务，可专心于精进修持，为寺院僧众做楷模。同时负责指导寺院僧众的修持工作，其具体权责分列如下：

①首座：是西序首领，辅助住持，掌管僧事。负有领众修持，教诫后学，督勉常住僧众遵规守戒，代理住持布萨诵戒，主持法事与住持分座说法的职责；

②西堂：辅助住持，协助首座，布萨诵戒，说法主法，指导后学修学，督促执事忠于职守，廉洁奉公；

③后堂：协助住持率众修持，开示后学。举办佛事时，可登座说法、主法；

④堂主：协助住持，维护常住。行道修持，做众僧楷模，为各堂主事人。

（3）都监职责

都监的地位在寺内，依序是很高的，有做过多年监院的经验，在寺院中虽然不处理具体工作，但可以指导监院干好工作，其与现任监院的关系，亦与退居方丈与现任方丈之间的关系相似。都监为方丈任命执事时的顾问，若任何执事有不称职的，或任何僧人办事任劳任怨，必须升职的，有向方丈建议升免的权利。

（4）监院的职责

监院为东序首领，在方丈的领导下，总理寺务，又称当家。凡一寺之生产，库房的主管，财务监督，寺院修建，均所统理。因此，寺院的监院必须是胸怀大局、重修持、讲因果、工作认真，敢于负责、任劳任怨、公正无私的人担任。在处理寺务中，有不明之处，监院应向都监请教。

（5）副寺的职责

即副监院，协助当家，分工掌管寺务。如财会、采购、保管、修建、寺产、流通等工作。不能让寺院缺了"开门七件事"——柴、米、油、盐、酱、醋、茶以及香烛和其他一切用品。凡急需购物品，若是少数的现金可以买到的，副寺当先垫钱，然后报销。若是大笔现金，由他填写请购字据，经监院批字，向财会支款。

（6）维那的职责

维那是梵语，华译次第。谓知悉僧事之次第，如法如律，为规矩之纲。偈云："大众慧命，在汝一身，汝若不授，罪在汝身。"是负责坐禅、上殿、过堂、念诵仪规，寺院一切法务活动的纲领执事。故须具足威仪，方可整肃大众。应谦恭虚怀，精通唱念法器及仪规。要做到进止如仪，唱诵有则，不可任意杜撰腔调，贻笑大方。

（7）知客职责

外应檀信,内调大众,迎纳云水,接待方来,故知客实为佛祖使者化身,一寺形象的代表。知客除执掌《共住规约》、《常住万年簿》、《客堂规章制度》、《人事档案》,详审来客,决定去留,执行寺僧进出请假,合理安排僧人住房,处理僧众事宜,摧邪扶正,确保僧众安和、道场清净的工作外,还要负责监督斋堂、大寮(厨房)、殿堂、浴堂、厕所、绿化、卫生,通知僧众开会,接洽佛事以及其他不属于库房与衣钵寮所直接管理的工作。

(8)僧值的职责

僧值,又称"纠察",负责执行规约,整肃律仪。凡上殿、过堂、出坡以及外察各僧遵守清规戒律的情况,若有不如法如律举动,随时予以纠正。僧值须是居心如水,执法如山。要做到不阿谀、不回护、不委屈、不偏党,代方丈监察其所不及,即住持有犯,亦可在斋堂,对众跪白表堂。进斋时要维护斋堂肃静,负责指挥行堂。早晚课诵要巡视大殿,若见有僧不依行列,则过去喝斥;若见有人在课诵时偷懒,则要过去警策。出坡时进行组织督率;僧值还要处理亡僧善后及遗物等事,并有权随时查寮;入晚开静后,要由头山门到后山门等各处巡查。对违纪僧人,情节严重者要呼至客堂按规章制度处罚。负责组织能发心、讲因果、敢负责的僧青年成立义务消防护寺队,防火、防盗、防匪,确保寺院安全。

(9)典座职责

统管大寮,调理僧食,保质保量,管理饭头、菜头、水头、火头杂务人员等。餐后负责指挥餐具、饮具的清洗,同时注重"大寮"的饮食卫生。

(10)书记的职责

书记位序次于班首,负责为常住书写、保管文件档案,须有才德,为一寺骨干僧人。

(11)衣钵侍者职责

负责管理方丈室器物,供养香敬,庄严法物经书等,照顾住持日常生活起居,接待住持的宾信众,做好方丈寮卫生等工作。

(12)悦众的职责

悦众,盖以唱诵如法,法器谐音,龙天欢喜,僧众喜悦,故名悦众。悦众是维那的辅助,念诵法事中,接腔、送腔、导众跟板,音调适中,使佛事隆重,僧心如水,感应道交,多赖悦众之功,故须熟练法器唱念,具足威仪,表率僧众,若维那不能举事,则代理维那职责。

(13)藏主职责

负责管理常住大藏经及余经散帙,做好经籍收藏、编排、修补、晾晒、书画、文物等保管工作。

(14)殿主职责

负责殿堂香烛、供品、供水、保管殿堂器物设施,看管功德箱,确保殿堂清净庄严,引导信众礼佛正信,须具备因果分明、认真负责、吃苦耐劳的思想境界。

(15)钟头、鼓头职责

钟鼓为道场正令,龙天耳目,关系佛法之住持,应端肃三业,起殿重心,晨暮二时,须提前就位,与前后法器相接,不得差误,要通达敲击法则。

(16)板令职责

负责夜晚开大静、晨朝打板报时,工作时应遵守定时,不得或早或迟,若早殿普佛,朔望之时,须提早半小时打板。

(17)知宾职责

知宾亦称照客,协助知客,负责客堂具体作务,须做好迎宾待客,清扫整理接待室、会议室,预备茶水果点,向住持、班首、监院通报信息等工作,应具足僧仪,热情周到。

(18)监察部职责

①监察部是全寺的纪律检察机构,负责监督检查各部门工作情况。

②监察部成员若发现常住执事不能尽职尽责、玩忽职守、滥用职权等违规现象,立即报告监察部主任,召开会议,作出适当处理。

③监察部有权定期或不定期对各部门进行检察,各部门执事应无条件予以配合。

④监察部成员由方丈、都监和部分班首组成。监察部设主任一人,由方丈兼任,副主任一人,由都监兼任,成员三至五人,从班首中产生。

3. 客堂规约

客堂为寺院枢纽堂口,所谓规矩出在客堂,故客堂是否有轨可依,有仪可范,实关寺院存亡之大事。有鉴于此,订立规约如下,应当共相遵守。

(1)凡客堂执事,须依国家有关法令和政策,遵循佛教律仪,以慈悲为怀,一视同仁,悉心周到接待方来。

(2)值日知客,不论有事无事,须在客堂坚守岗位,处理事宜,遇难断之事,随时请示大知客决断,若玩忽职守,经批评教育不改者,免其职务。

(3)凡云水参学来寺持单的僧众与住宿的香客、信士,须验明身份证、戒牒或介绍信(寺院或佛教协会)后,按规定办理登记手续,然后送单,僧人可留单一至三天(食、宿免费);为严防不法分子来历不明者混进寺院,没有戒牒和身份证者,恕不接单(除特殊情况外),挂单到期不走者,知客要催单。遇特殊情况,可酌情延长,但不得超过七天。

(4)对功德结缘、供斋、佛事等款项必须按财务规定,开出三联单,做到结算无差错,并有据可查;对各种佛事须做好挂牌,发放单钱等工作。

(5)对来寺讨单者,须向客堂书面申请,填好履历表,责其实习领会《共住规约》精神,经医院身体检查无疾病者,方可留单;留单后须考查三个月,或放外寮作杂务,或进堂坐香、念佛,考验期间每月发50元生活补助费,考验期满合格者,则正式进单。

(6)来寺客僧、居士、宾客欲参礼住持,应由客堂预先报知住持,经方丈同意,由知客领见,不得在没有预先通知的情况下,让客人擅自闯入方丈室,影响住持工作和清修。

(7)遇有外事或有关客人来寺,应做好接待工作并及时报告监院、住持;接待时,须注重威仪,既做到不卑不亢,又礼节周到,并严守外事纪律。

(8)早、晚上殿,二时过堂,若僧值不在,由知客负责常住僧人威仪,使众僧如法如律;对上殿过堂不到者,上殿不如法如律者,应按规约查问、处罚。

(9)认真执行僧众外出请假、销假制度;常住僧众,不得私自随意外出,如有事必须外出者,应向客堂请假并填写请假条,说明事由、去处和时限,回来时到客堂销假;请假三日以内由大知客批准,七日之内由大知客签出意见经监院批准,七日以上、半月以内及执事请假须由客堂签出意见,监院同意,报方丈批准;除特殊情况外,原则上任何人请假不能超过一个月,若未请假或虽经请假、续假未经批准,逾期一个月不归者,停发衣单钱,二个月不归者,以自动离寺论处,收回房间,物品由僧值会同有关部门清理后,寄回原籍。

(10)遇有别处寺院,请常住僧人应赴佛事,须先到客堂联系(除有道谊往来关系者,原则上概不应允);客堂须报请方丈,若方丈不在须报请监院,召开执事会议议定;严禁到居士家做佛事,常住僧人没经客堂报经执事会议批准,私自出外应赴佛事者,由客堂予以迁单。

(11)认真执行寺院各项规约制度,如遇寺院僧众违纪或口角相争,客堂值日知客,须依寺规及时处理;若不服者,报大知客会同其他知客,必要时僧值、监院共议处罚,不服教育处理者可令其离寺,若知客不能秉公处理,致使事情复杂化者,一并议罚。

(12)客堂应负责常住僧人的户口申报工作,建立人事档案,按有关规定,向当地派出所申报正式或临时户口;凡离寺的僧众、临时工,所携带的物品须经客堂验查无寺院公物,然后方可离寺。

(13)客堂要提高警惕,配合僧值查察,做好治安保卫工作,认真防火、防盗、防匪。对于骚扰寺院的事情和人,客堂执事要挺身而出,配合僧值予以制止;对形迹可疑人员、违法分子应及时报告公安部门。

(14)客堂对于受皈依的信众进行登记,对其讲说三皈的意义和初级佛教知识,考察一月,确定此人确系正信,然后按皈依仪规,每季度请方丈于大殿举行皈依仪式,并协助衣钵师填写及发放皈依证,皈依款项一律由常住收入。

(15)客堂在方丈和监院的领导下,须及时组织常住僧人对党和政府制定的有关宗教政策、法规、时事及重要文件进行认真学习。

4. 斋堂、大寮规约

法轮未转,食轮先行,求法以滋慧,受食以资身。但粒米寸薪,来处艰难,古德云:"常住一粒米,大如须弥山,今生不了道,披毛戴角还。"故斋堂大寮是资养常住大众法身慧命的重要堂,雪峰饭头,沩山典座,古德芳范,千秋准则,有鉴于此,订约如下,希共同遵守。

(1)大寮、行堂应以培福的精神,供养的慈悲心,发心为常住僧众精心制作,保质保量,调和众口,供给斋膳;应供僧众,应以感恩心受食,不贪口腹,不择饮食。

(2)常住僧众除公事、疾病者外,应一律参加过堂(70岁以上的僧人除外),不得别众私食。

(3)常住僧众过堂时应注重威仪,宜正身端碗进食,不得歪坐俯案用斋;食时不得交头接耳,细语出声。

(4)常住僧众不能按时过堂者,特殊情况由客堂向典座说明,然后安排进食,不得私自入厨取食,不得未供先食。

(5)典座要抓好大寮环境卫生、食品卫生和工作人员的身体检查;食品要分门别类妥善保管,严防苍蝇、老鼠沾污损坏,引起变质,不得以变质食物供众;行堂要发心做好餐具的清洁与消毒工作。

(6)过堂时间要准时开餐,饭菜必须准时烧好,不得提前或拖后,影响受供僧众的平静心,而产生烦恼。

(7)斋堂采购人员应凭典座开单购物,应廉洁奉公,不得收取回扣,假公济私,损害常住大众利益;采买蔬菜要保证新鲜,不得积压;干品要保证质量,不得采买发霉、虫蛀、腐烂、变质的伪劣食品;将采购物品交库头进行验收无误后,签字入库。做饭时,由典座向库房领取食品须填写领取单,经库头亲付可方,不得随便自取。

(8)斋堂工作人员应爱护大寮一切设施,要做到人离上锁;常住亲朋、来往客人用餐时,须由客堂通知典座,方能凭用餐券进入指定餐厅用餐。

(9)大寮要做好厨师的培训工作,使饭菜品类多样化,让僧众吃得营养可口,有利于大家的身体健康;库头要做好每月库房盘点工作,并对信众供养物品造表登记。

5. 财务制度

常住经济收入既是因果钱,又是寺院存在的基础。所以财务管理的好坏,直接关系到寺院的兴衰。为了使财务上做到管好财、理好财,谨订立制度如下,希严格执行。

(1)管理财务的执事与会计、出纳必须思想健康,作风正派,具备很好的职业道德,对工作认真负责,使账目做到日清月结。

(2)出纳员必须按时到银行取回对账单交会计,会计必须在每月收到银行对账单后的十天内做好当月报表交监院、方丈和尚审查,并在执事会上公布。

(3)会计有权不定时跟出纳员核对库存现金,出纳应主动配合;掌管财务的副寺、监院应不定期查账,并随时接受方丈和尚及监察部对资金状况的询问,会计和出纳以及掌管财务的执事要如实汇报。

(4)所有从正规单位购进的商品,必须要有正规发票,票据上盖有财务章或发票专用章,票据背面必须有经办人、验收人、审批人签字并注明用途方可予以报销。

(5)交通差旅费报销,必须凭正规票据,报销人员在票据背面签字,由监院审查核实签字后方可报销。常住僧人和有关工作人员的医疗费报销,必须凭指定医院的正规票据,药费凭医院开出的病历卡及报销凭证,由监院审定签字后,方可报销(具体措施另行规定)。

(6)常住派专人副寺负责管理本寺各部门的票据(税务发票、收款收据、门票),对票据建立严格的领发登记制度;领取票据时,须由领票人填写领取单,经副寺批准签字,方可领取;收回后的存根必须与记账联核对,并存档保管。

(7)常住刻有统一财务章,专人保管,各部门的收款收据由常住统一印发,须盖有财务章后方可领用。

(8)常住须设有专人购买物品,各堂口和个人所需要的物品,经各堂口负责人和副寺签字后方可到库房领取。

(9)常住所有经济实行统一管理,设总会计总出纳,对各部门的经济收支进行监督和核查,各部门必须无条件自觉地接受监督和核查。各部门不得设立小金库;常住组织有关人员对各部门的经济收入进行不定期的检查;每年请专业人员对财务进行一次大检查。

(10)寺院各部门所有现金收入都必须由出纳接收和开出收据交给交款人,分管财务的执事与会计不得收受现金;除特殊情况外,应在当日交给出纳,其他所属部门人员均同样如此。

(11)斋堂采购、购买蔬菜时,若特殊情况开不出正式发票,可凭干净白字条报销,但必须写明卖方地址,金额合计数额要大写,并有经办人、验收人、审批人的签字方可报销。

(12)出纳保管的库存现金(应放在保险柜内),不得超过伍千元,除此之外,应及时送交银行,存款时常住派车、派人护送同去银行。

(13)出纳员收到现金后,必须及时开出收入凭单交给会计记账。财务现金的收入、支出,必须经会计开出凭证,再由出纳根据凭证收、付款。

(14)佛事功德款由客堂收取,每次佛事活动结束后,应将开支后的余款填写缴款单连同其他付出凭证上交出纳,除此之外的款项一律由财务室直接收取。

(15)客堂所领收据,须作为记账收据。但必须和出纳核对,用完一本再找保管员领取,用完后存根交保管员核对后入档备查。

(16)流通处工作人员每天在下班时,手中存留现金不得超过贰佰元,超过贰佰元应随时上交出纳,以便掌握柜台库存。

(17)凡常住与外单位签订的工作合同乃至基建项目,其复印件必须交财务室一份,以便会计掌握该项开支。

(18)凡在财务上有借款者,财务应及时催还;若借款者迁单离开本寺前,财务人员要通知客堂,责其结算所有欠款才准离寺。

(19)凡迁单的僧人只发给当月衣单费,挂单的僧人无衣单费;讨单的僧人三个月考察期每月发100元单资。

(20)常住各部门所有的报销和开支都必须由寺院领导人审批签字,即贰万元内由监院审批;叁万元内监院签字后,由方丈和尚审批;叁万元以上的开支须经执事会议审批,监院、方丈共同签字后生效;凡不具备以上条件的票据和不合理的开支,出纳有权拒绝付款。

6.禅堂规约

末法时代,古规失检、怠惰成风、形参心散、精进难恒,若真参实修,用功办道,如无约束,难安身心,而参禅就形式上说,以坐为主。坐是四威仪中最稳健中正的方法,故结跏趺坐是修禅的要道。但禅坐不同于一般之坐,要坐到身心脱落,世界一切荡然无存。故遵守以下规约,以作明心见性之增上缘。

(1)听打叫香声,常住僧人要身着大褂进堂行香,清众行内圈、班首、执事行外圈,不依次第而行,窜单乱位,穿堂直过者罚。

(2)敲打法器,参差不齐;不顾本参,乱呈机锋,妄作拈颂评论公案者罚。

(3)进禅堂,须心平气和,万缘放下;闲谈杂话,滋事失仪者出堂。

(4)听打站香板,即行止步,就近位入座,依位坐好后,应解松衣带,使其周正,头靠衣领、眼观鼻、鼻观心、身腰正坐,不得左右倾斜、前躬后仰,或依靠墙壁及屏障等物,应调身、调息、调心,依教修习。

(5)班首讲开示时,要细心领会其中三昧,依教入观,不得昏沉散乱。

(6)听止静鱼声,任何人不得出入禅堂,堂内不得有任何杂声,有咳嗽者要用袖掩口,不准有意出声坏道。

(7)闹静者或不守禅堂规则者,巡香要及时制止,不服者从严处罚。

(8)巡香要缓步、无声,见有低头瞌睡者,用香板催醒;催醒后瞌睡如故者,应须立参,不服者出堂;但巡香徇情或以公报私,滥打香板者罚。

(9)听开静引磬声,开眼微动身体,听打板三下,即放腿下单,顺序出堂。

(10)凡住禅堂僧人,有事外出,必须请假。未准假外出者罚,私自逃单者,挂牌不许复住。

(11)凡住禅堂僧人,未经准假,行香、坐香迟到,课诵出坡等不随众;除出坡外,不穿长褂有失威仪;无故损坏常住公物者罚。

(12)凡住禅堂僧人,有病经医生诊断后,小恙休养1—3日,重病可住院治疗,并确情病休,无病借故养病

者罚,不服者出堂。

(13)凡住禅堂僧人,开静后高声谈笑,行为惊众,影响他人,不遵守常住规约,检点他人是非、搅群乱众、拉帮结派、无事闲窜、惹是生非者罚,不服者出堂。

目前,一般丛林实行的清规还有:

1. 结夏与结冬

丛林每年以结夏(亦称结制)、解夏(亦称解制)、冬至、年朝为四大节,极其重视。结夏、解夏,系遵印度原制;冬至、年朝,则依中土风俗。结夏期日原为四月(前安居)或五月(后安居)的十五日,解夏则在七月或八月的十五日,但从元代以来,各提前一日讲习礼仪,以便期内得以专心修道。另外,在每年阴历十月十五日到次年正月十五日的九旬期间,丛林中也结制安居,称为"结冬"。这是仿照结夏制度集合江湖衲僧来专修禅法的,故名为"江湖会"。清代以来,丛林曾有只结冬而不结夏的反常现象,后经纠正,仍以结冬坐禅、结夏讲经学律等为惯例。

2. 安单

丛林的成员通称清众。凡曾受具足戒的比丘,衣钵、戒牒俱全的游方到寺,都可挂搭(亦称挂单),暂住于旦过寮(又称云水堂)。如挂褡已久,知其行履可以共住的,即送入禅堂,名为安单,从此成为清众,随同结夏。一般丛林都从四月一日起,照规入夏,禁止游方,锁旦过寮。至八月一日,始开寮重新接众。又丛林安单亦分春冬两期,春期自正月十六日起至七月十五日止,冬期自七月十六日起,至次年正月十五日止。在正月、七月期头进禅堂的名为进大堂。

3. 大请职

此即一寺的人事安排,为丛林冬期的重要行事,一般于每年八月十六日举行。事先半月,由客堂开具新进堂禅众和旧住的名单,送住持审阅。至八月十四日,住持召集客堂、禅堂、库房诸头领共议请职。十六日大众齐集大殿月台,知客点名,依次进殿,宣布职事名单并讲清规,新请执事即到法堂谒住持,又到禅堂行十方礼,再依职送位。

4. 贴单

此为一寺执事及常住人员名单的公布,依例于每年十月十五日举行。事先客堂与维那将全寺人员戒腊久近开具清单,送与住持,写成贴票(每条四字,职序在上,法名在下)。十四日,客堂挂"贴单"牌,十五日,住持入堂说法,为首座贴单,其余由维那贴单,以执事大小、戒腊先后为序,再各按名位顺次送单。凡单上有名的,都是常住成员。

5. 打七

这是结冬中的重要行事。丛林坐禅通例从九月十五日起加香,即延长坐禅时间。又从十月十五日至次年正月七日举行禅七,每七天为一期,谓之打七。此为禅众克期取悟的禅会,或打七七,或打十七,不等。每一禅七的起解,称为起七和解七,各有规定仪式。

6. 普请

即普请邀约大众劳作的制度,亦称出坡。此制在唐代即已行于各地,不过此种制度原来由于倡导农禅,凡耕作摘茶等作务都实行普请。后世普请只限于轻微劳动,如四月佛诞摘花,六月晒藏、晒荐,平时园中摘菜、溪边搬柴以及节前寺院扫除等,皆偶一为之而已。直到今天,始见恢复原来的精神,丛林才有农禅并重的新制。

7. 计岁

是丛林岁末的会计报告。"岁计"原行于岁末,由住持审查各种簿册,但现在丛林的会计报告,多每月举行一次,由住持召集禅堂班首、维那、客堂知客、僧值、库房都监、监院等于丈室行之,称为算账。

8. 肃众

即僧众违犯清规的处分。古规,清众中生事违规者由维那检举,抽下挂褡衣物,摈令出院,以安清众。或有所犯,即以拄杖杖之,集众烧衣钵道具,遣逐从偏门出,以示耻辱。后来对于三业不净不可共住的禅僧也以香板相责,并迁单摈出。在《清规》中还明确规定肃众办法,除刑名重罪例属官厅处置外,若僧中自相干犯,都以清规律之,随事惩戒,重则集众摈摈,轻则罚钱、罚香、罚油,而榜示之。又摈出犯规者,还要将摈条张贴出门,鸣大鼓三通,以杖攻出。

9. 榜状牌示

丛林行事通知的方法,通常有知单、贴榜、书状和牌示等。如住持宴请首座或远来尊宿等茶汤,皆开列名单,由侍者报知,谓之知单;方丈、库司招待大众茶单的请柬则用榜;首座请柬用状。方丈请首座,榜贴于僧堂前东边牌上,库司请首座,榜贴于西边牌上。首座请下头首茶,状贴于僧堂前下间板上。丛林从来最重茶礼,有谢茶不谢食之说。又丛林行政性的通知,用挂牌方式传达,名为牌示。其挂牌地点随各种行事而不同。如结夏、诵戒、请职、贴单、普佛等牌示,皆挂斋堂前;上堂、秉拂、祈晴、祷雨、挂大殿前;起七、解七,挂禅堂前;升座、免礼等,挂韦驮殿前。

10. 钟鼓法器

此为丛林号令所寄,鸣扣各有常度。凡禅堂坐参、佛殿诵念、食堂斋粥、升堂集众、普请巡寮、入浴送亡等一切行事,都依钟鼓等号令进行。如集众上殿则在僧堂鸣钟,长老升堂则法堂击鼓,报众同赴。普请则开梆、催板,新住持入院则钟鼓齐鸣。凡止静、开静、念诵、斋粥等行事,从朝到暮,钟鼓交参,遂形成丛林一定的礼法。

1925年闽南佛学院章程(选录前两章)

第一章 总纲

第一条 定名 本院定名为闽南佛学院。

第二条 宗旨 本院以造成佛教住持僧宝,弘法利生为宗旨。

第三条 地址 本院地址即厦门南普陀寺。

第四条 组织 本院设院长一人,总理院务;副院长一人,辅理院务;教务主任一人,总理教务;事务主任一人,总理事务;学监一人,管理学僧;交际一人,内外交际;会计一人,管理出入银账;书记一人,缮写书牍讲义;图书管理员一人,管理图书;庶务一人,专办一切杂务;教授若干人,分讲学科。

第五条 学额 每级三十名。三年毕业。分甲、乙、丙三级。每年毕业一班。

第二章 入学

第六条 资格 须具有下列资格者为合格:

1. 年龄在十八岁以上二十五岁以下者;2. 出家比丘、沙弥具有真实求法弘法志愿者;3. 曾在初中毕业(乙丙班)高中一年(甲班)及各处佛学院修学一二年以上,或有同等学历者;4. 身体健全,品行端方,无诸嗜好者。

第七条 手续 1. 报名时缴:履历书;最近四寸科头像片。2. 入学业时缴:志愿书,保证书,及保证金十元。

第八条 试验 入学须经过:1. 作文试验;2. 口头问答两种试验;

第九条 保证 本院为造就真实弘法僧材起见,入本院求法之学僧,须有本院相知之诸方大德或佛教团体为介绍及保证者,方可录取。(即须有七条之保证书)

第十条 待遇 凡入本院肄业者,学、膳、宿、书籍等费,一概免收。(参考书自备)并由本院每月津贴零用费二元。

2000年闽南佛学院章程

为使闽南佛学院的学僧,能刻苦学习,努力掌握佛教各宗教理与现代科学、文化知识;做到学修并重,培养出良好的宗教情操,成为德才兼备的中国佛教事业合格接班人,谨制订学僧守则和各项规则,用以规范学僧在日常生活中的行为。

一、学僧守则

1. 拥护中国共产党的领导,维护法律尊严,维护人民利益,维护民族团结,维护祖国统一。
2. 热爱自己信奉的佛教事业,继承和发扬佛教优良传统,爱护学院名誉,注重僧人威仪。
3. 认真遵守国家宪法和人民政府的法规及有关政策。
4. 严格遵守寺院各项规章制度,身口意三业要如律。
5. 学修并重,勤奋攻读,严持戒律,过好宗教生活;切实掌握好佛教各宗教理及政治、文、史、哲各科知识。
6. 发扬"六和"精神、尊敬师长、团结同学、谦虚谨慎、注重个人品德修养。
7. 热爱劳动,搞好个人和环境卫生;遵守社会公德,不沾常住及他人的便宜。
8. 不浪费水、电、粮食,不向学院提出不切实际的生活要求。
9. 坚持体育锻炼,健全体魄,保持高昂饱满的学修士气。
10. 维护正常的教学秩序,考试不作弊,不观看思想意识不健康的书籍。

二、课堂规则

1. 上下课以铃声为信号,预备铃三声,上课铃二声,下课铃一声。
2. 闻上课铃声,立即进入课堂就座,不得随意说话,保持教室安静。
3. 学生进入教室必须僧装整齐,不得散裤腿、穿拖鞋、背心。
4. 教师进入课堂,听班长号令全体起立,合十致敬,教师答礼后,轻轻落座,不得弄出响声,下课礼节与上课同。
5. 上课时,端身正坐,思想集中,专心听课,做好笔记,不准看课外书籍,不准做小动作,不准交头接耳,不准吃零食,不准带茶杯进入教室。
6. 上课时,如有疑问,先举手示意,教师同意后,方可起立提问。
7. 不得迟到、早退、旷课;因事、因病不能听课,应事先向监学请假,未经同意或不请假者,皆作旷课论处。
8. 在教室自修,不准高声谈话。
9. 课堂轮流值日,值日生要擦黑板、打扫卫生,为老师准备茶水。在教室内不准随地吐痰、抛纸屑、果皮,不许在黑板上乱写乱画。

三、上殿规则

(1)早晨闻板声,起床洗漱,打鼓时,顺序上殿;晚殿闻板声顺序上殿,衣袍整齐,不得边走边着衣袍。
(2)进殿内要依次站立,听从僧值师指挥,不得东张西望,礼佛时,要随引磬起礼,虔诚恭敬。
(3)唱诵应根据维那师举腔高低,随声应和;不可自唱一调,或闭口不作声。
(4)敲打法器要认真、如法,集中意念地掌握犍槌的敲打节拍。
(5)下殿时,应依次鱼贯出殿,保持威仪;不可中途嬉笑讲话,或抽衣脱袍。
(6)因事、因病不能上殿,须向监学请假。未请假或未准假而不上殿者,作旷殿处理。特殊情况中途离殿者,应向监学和僧值请假。

四、斋堂规则

1. 根据规定的时间,听叫响声进入斋堂,依次就座,除病号外,一律到斋堂过堂。
2. 听到磬声,合掌唱诵供养文,不散心杂语,要食存五观。
3. 用斋时,饭菜残渣,不许随便丢弃桌台上、地板上,保持斋堂清洁;食毕将残渣送入污水缸内,但对任意将饭菜,剩食倒掉者,作价赔偿常住损失。
4. 食毕洗碗时要节约用水。
5. 有传染病者,应另行就餐,不得在斋堂用餐。

五、生活规则

1. 宿舍内,应保持整洁卫生,书籍杂物,安置整齐,不得无故聚集一室高声谈论,不准开收录机、下棋、打扑克、打麻将等,不许在房内乱接电线,不许在卧床上安装台灯。

2. 离开室内一律着僧装，不得穿背心、拖鞋、裤衩等。

3. 每日早斋后，与寺内僧众一起打扫卫生，除公务外，一律不准缺勤。

4. 凡有亲友来寺探望，由客堂安排食宿、会面，不得私自引入宿舍，在上殿或上课时间内一概不会客（包括接电话）。

5. 平日或假日，因事外出者，晚七点前必须返校。因特殊情况不能按时回校者，要事先向班主任说明原因，但最迟不能迟过九点。否则，将予以纪律处分。

6. 学期中途，如因父母、师长病危或逝世请假者，须书面申述请假天数，经教导长批准方可离院，如有超假，按旷课处理。未经准假而私自离院者，作自动退学处理。

7. 外来客人因事需要联系，须经班主任同意，在客堂会见，不得在宿舍会见。

厦门南普陀寺慈善事业基金会章程（1998年2月11日修订）

第一章　总则

第一条　为了加快厦门经济特区慈善事业的社会化进程，动员社会各界力量，筹集慈善事业基金，开展社会慈善事业活动，根据中华人民共和国宪法、国务院关于基金会管理办法等有关规定，特成立厦门南普陀寺慈善事业基金会。

第二条　厦门南普陀寺慈善事业基金会秉着爱国爱教、慈悲济世的宗旨，发扬佛教无缘大慈、同体大悲的精神，团结教内外各界人士，提倡我为人人，人人为我的互助友爱精神，造福社会众生，奉献一片慈爱之心，促进社会慈善事业的蓬勃发展。

第三条　本慈善基金会是厦门南普陀寺僧人实践佛陀慈悲济世思想的弘法利生部门，属南普陀寺方丈直接领导。

第二章　性质和任务

第四条　本慈善事业基金会具有法人资格，是南普陀寺所设置的机构，接受厦门市民政局的业务指导。

第五条　团结和动员教内外各界人士，关心和支持慈善利生事业，造福社会和一切利生事业。

第三章　组织机构

第六条　本寺班首、执事会议为厦门南普陀寺慈善事业基金会最高领导机构。设会长一人，副会长四人，秘书长一人，副秘书长四人。

第七条　会长由本寺方丈兼任，副会长、秘书长、副秘书长，由会长任命。

第八条　班首、执事会议的职权：

(1) 制定和修改慈善基金会章程；

(2) 听取和审查慈善基金会提出的报告；

(3) 抉择和审查慈善基金的筹集和使用情况；

(4) 审查批准和监督重大慈善项目的实施；

(5) 决定对慈善基金会有重大贡献人士的奖励。

第九条　本会实行会长负责制，副会长协助会长工作，秘书长主持日常事务，副秘书长协助秘书长工作。设立办事机构为会长室下属办公室，办公室直辖三处一院（慈善处、流通处、赠送处、义诊院）。但基金会各部门的主要负责人须由僧人担任。

第四章　慈善基金来源

第十条　厦门南普陀寺慈善事业基金会基金来源：

(1)接受国内外佛教团体、企事业单位以及个人的捐赠；

(2)寺院所拨的慈善专款、会员的会费和其他合法正当的慈善资金收入。

第五章　慈善基金的管理和使用

第十一条　慈善基金会的基金在国家银行设立专用账户。所有捐赠、资助、援助及其他收入的慈善基金，均存入本会的银行账户内。

第十二条　慈善基金会建立独立的财务会计和审计制度，每季度向班首、执事会议汇报慈善基金的筹集和使用情况，并接受班首、执事会议及登记机关的审查监督。

第十三条　慈善基金会本着不违背因果，专款专用的原则。其基金主要用于捐助希望工程，修桥补路，援助贫苦灾区，开办施诊医疗机构，援助敬老院、孤儿院等其他社会福利事业。

第六章　附则

第十四条　本章程如有不完善之处，可另行修改补充。本章程的解释和修改权属于班首、执事会议。

第十五条　作为法人，慈善基金会负有相应的法律权利和义务，在行为中应遵守国家法律法规，受国家法律保护。

第十六条　本章程经本寺班首、执事会议审议通过、方丈和尚批准之日起生效。

厦门市南普陀寺慈善事业基金会

一九九八年二月十一日修订

是文录于《慈善》刊物总第四期。

厦门市石室禅院慈善功德会章程

第一章 总则

第一条 本团体名称为厦门市石室禅院慈善功德会(以下简称本会)。

第二条 本会为依法设立、非以营利为目的的社会团体。

第三条 本会宗旨:慈善济世,行善助人。

第四条 本会以厦门行政区域为组织区域。

第五条 本会会址设于厦门市海沧区霞阳石室禅院。

第六条 第六条本会任务如下:

一、推广义工服务;

二、推广环保工作;

三、支持赈灾救助工作;

四、支持孤儿的收养及孤寡老人照顾工作;

五、开展助残工作;

六、开展助贫工作;

七、开展助教工作;资助贫困学生、贫困地区的教育,关心少年儿童的成长;

八、开展、资助各项弘法活动,促进佛教文化交流;

九、开展临终关怀活动;

十、开展、支持其他慈善公益活动。

第二章 会员

第七条 本会会员申请资格如下:

一、个人会员:凡赞同本会宗旨,年龄在十八岁(含)以上,有能力参与本会活动的个人,填具入会申请书,经理事会通过,可成为个人会员。

二、团体会员:凡赞同本会宗旨,积极协助和参与本会活动的团体、机构,填具入会申请书,经理事会通过,可成为团体会员。团体会员应指派一人为代表行使会员职权。

三、赞助会员:凡赞同本会宗旨,热心支持本会活动的个人或团体,填具入会申请书,经理事会通过,可成为赞助会员。团体赞助会员应指派一人为代表行使会员职权。

四、名誉会员:凡热心支持本会,并对本会有显著贡献的个人或团体,经理事会通过,可成为名誉会员。

第八条 个人会员及团体会员有提案权、表决权、选举权、被选举权和罢免权,每一会员为一权。赞助会员无表决权、选举权和罢免权,但对于有关赞助会员权益事项,赞助会员有提案权。名誉会员无提案权、表决权、选举权、被选举权和罢免权。

第九条 会员有遵守本会章程、决议,参与本会活动和缴纳会费的义务。

第十条 会员有违反国家法令、本会章程,或不遵守会员大会决议,或损害本会声誉及权益之行为时,经理事会决议,予以警告或停权处分;其危害团体情节重大者,经会员大会决议通过予以除名,并保留对行为人追究相应的法律责任。

第十一条 会员有下列情节之一者,视为出会:

一、丧失会员资格,经理事会确认者;

二、经会员大会决议予以除名者;

三、一年以上未缴会费,经理事会确认者;

四、个人会员或团体会员未参加本会活动满一年以上,经理事会确认者。

第十二条 会员退会应以书面说明向本会声明。

第十三条 会员出会或退会,其已缴纳的各项费用不予退还。

第三章 组织及职权

第十四条 本会以会员大会为最高权力机构;理事会为执行机构,理事会于会员大会闭会期间代行使其职权;监事会为监察机构。

第十五条 会员大会职权如下:

一、订定与变更章程。

二、选举或罢免理事、监事。

三、议决入会费、赞助会员捐款的数额及方式。

四、议决年度工作计划、报告、预算及决算。

五、议决会员的除名处分。

六、议决财产的处分。

七、议决本会的解散。

八、与会员权利义务有关的重大事项。

九、本会重大社会捐助活动及方案等。

第十六条 本会设置理事五人,监事三人,由会员选举产生,分别成立理事会、监事会。选举前项理事、监事时,同时选出候补理事两人,候补监事一人,遇理事、监事出缺时,分别依序递补,以补足原任者任期为限。理事、监事、候补理事\候补监事的当选名次,依得票多寡为序;票数相同时,以抽签决定。

第十七条 理事会职权如下:

一、审定会员资格。

二、选举、罢免会长。

三、议决理事、会长之辞职。

四、聘免工作人员。

五、拟定年度工作计划、报告、预算及决算。

六、执行会员大会通过的议案及章程规定的任务。

七、其他应执行事项。

第十八条 理事会设置会长一人,由理事会选举产生。会长对外代表本会,对内综合管理会务,并担任会员大会、事理会主席。会长因故不能履行职务时,应指定理事中的一人代理,不能指定时,由理事会选举一人代理;代理会长以补足原任者任期为限。

第十九条 监事会职权如下:

一、监察理事会工作的执行。

二、审核年度决算,监察日常及重大财务活动。

三、选举及罢免监事。

四、议决监事及常务监事的辞职。

五、其他应监察的事项。

第二十条 监事会设置常务监事一人,由监事会选举产生,监察日常会务,并担任监事会主席。常务监事因故不能履行职务时,应指定监事中的一人代理,不能指定时,由监事会选举一人代理;代理常务监事以补足原任者任期为限。

第二十一条 理事、监事的任期为两年,连选可连任。

理事、监事的任期自召开本届第一次理事会之日起计算。

第二十二条 理事、监事为无给职。

第二十三条 理事、监事有下列情形之一者,应即解聘:

一、丧失会员资格者。

二、团体会员出具证明,该会员已丧失代表资格者。

三、因故辞职经理事会决议通过者。

四、被罢免或撤免者。

五、受停权处分者。

第二十四条 本会设置秘书长一人,由会长授权处理会务,由会长于非理事、监事之会员中提名,并经理事会通过后聘任,聘期与理事、监事任期同。秘书长的聘免均应报主管部门备案,设置其他工作人员若干名,由秘书长提名并经理事会通过后聘免。

第二十五条 本会理事、监事不得兼任会务工作人员。

第二十六条 本会可由理事会聘请名誉会长一人,名誉理事、名誉顾问若干人,均为无给职。其聘期与理事、监事任期同。

第二十七条 本会可设置分支机构,各种小组或内部作业组织,其组织规则由理事会拟定、通过,并报主管部门审批或备查后实施,变更时亦同。

第二十八条 在召开第一次会员大会,选举第一届理、监事会前,可成立委员会,领导本会日常工作;委员会设总干事一名,行使会长职责;设委员六名,行使理事职责;委员会于理、监事会成立之日自动撤消。

第四章 会议

第二十九条 会员大会分定期会议与临时会议两种,由会长召集,召集时应于召开日之十五日前书面通知。定期会议每年召开一次;临时会议于理事会认为必要,或经五分之一以上的会员请求,或监事会函请召集时召开。

第三十条 会员不能亲自出席会员大会时,可以书面委托其他会员代理,每一会员以代理一人为限。

第三十一条 会员大会的决议,以会员过半数出席,出席人数的半数以上或较多数人同意为有效;有关下列事项的决议,必须以全体会员的三分之二以上(含三分之二)同意方为有效:

一.章程的订定与变更。

二.会员的除名。

三.理事、监事的罢免。

四.财产的处置。

五.本会的解散。

六.其他与会员权利、义务有关的重大事项。

第三十二条 理事会、监事会每三个月召开一次,分别由会长、常务监事召集,必要时可召开联席会议或临时会议。除临时会议外,召集时应于召开日之七日前以书面通知。会议的决议各以理事、监事过半数出席,出席人数的半数以上同意方为有效。

第三十三条 理事、监事应亲自出席理事、监事会议,不得委托出席;连续两次无故缺席视同辞职,由候补理事、候补监事依次递补。

第三十四条 本会应于召开会员大会的十五日前,将会议通知函报主管部门备案。

第五章 资产管理

第三十五条 本会经费来源如下:

一、常年会费:个人会员每年人民币 100 元;

团体会员每年人民币 500 元;

赞助会员每年人民币60元；

团体赞助会员每年人民币300元。

二、捐款。

三、基金及其利息。

四、其他收入。

第三十六条 本会经费应用于本章程第六条所规定的业务活动及日常管理费用。专项基金及其利息应专款专用，不得挪用；专项基金在其任务终止后，余款可以转为其他用途。

第三十七条 本会会计年度自每年一月一日起至十二月三十一日止。

第三十八条 本会每年于会计年度终了前两个月内由理事会编制年度工作计划、收支预算表、员工待遇表，提请会员大会通过（会员大会因故未能如期召开者，先提请理监事联席会议通过），于会计年度开始的两个月内报主管部门备案。于会计年度终了后两个月内由理事会编制年度工作报告、收支决算表、现金出纳表、资产负债表、基金收支表及财产目录，送监事会审核后，将审核结果一并提请会员大会通过。

第三十九条 本会解散后，剩余财产归属所在地的地方福利团体或主管部门指定的团体管理，并只能用于慈善用途。

第六章　附则

第四十条 本章程未规定事项，按政府有关法规、法令执行。

第四十一条 本会办事细则，由理事会拟定，报监事会审核通过。

第四十二条 本章程解释权归属本会理事会。

第四十三条 本章程经会员大会通过，报主管部门核准备案后生效，变更程序亦同。

服务项目说明

社区义工：关怀孤寡老人 关怀孤儿 关怀伤残及生活不能自理人士

环保义工：关心环保事业 宣传环保意识 植树活动 开展山林海滩环保工作

文化义工：推广佛教文化 慈善文艺表演

教育义工：推广少儿读诗活动 义务家教 协助教育资助工作

宣传义工：发展会员、义工 宣传品制作 宣传方案的策划及实施 制作本会网页

医疗义工：义诊、施医、施药

会务服务：协助本会日常工作 文书工作 协助经书发送工作 卫生清理工作 协助弘法活动

临终关怀：临终助念 诵经超荐

赈灾救助工作：参与救灾工作 协助赈灾工作 灾区关怀工作 协助贫困救济工作

调查资助对象：自费在市区、郊区、外省市调查贫困资助对象、教育资助对象、少儿失学状况及其他资助对象

厦门市佛教居士林章程

第一章 总则

第一条 本林正名为厦门市佛教居士林。

第二条 本林是全市在家佛教男女徒众的组织。本林协助政府宗教部门贯彻宗教信仰自由政策,接受市宗教管理部门的领导和管理,教务上接受市佛教协会的领导和督促。

第三条 本林宗旨是:团结全市在家佛教信徒,遵守国家宗教政策,发扬爱国爱教精神,护持三宝,持行修学,崇扬正气,反对迷信,倡导佛化家庭建设,净化社会风气,兴办公益事业,造福社会人群,为社会主义两个文明建设服务。

第四条 本林林址设在内武庙街32号内武庙内。

第二章 任务

第五条 本林任务

一、学习国家有关政策、法律、法规,提高林员爱国爱教、遵纪守法的自觉性。

二、坚持日常的持行修学,开展正常的法务佛事活动。组织助念组为善生林友服务。

三、开展佛学研究,举办佛教学讲座,弘扬人间佛教,增强正信佛教理念,提高佛教徒自觉修养的素质。

四、设立图书阅览室及经书流通处。

五、推行佛化家庭建设。

六、举办慈善公益事业,造福社会,利济群生。

七、创办自养经济实体,充实福利基金。

联系港、台与海外佛教界人士,建立友好往来关系,促进相互了解,互相支持,并同为祖国的统一大业做贡献。

第三章 林员

第六条 凡具有"三皈五戒"的在家学佛居士男女二众,对佛教有坚定正确的信仰,护持三宝,热心佛教事业的在家佛教信徒,均可申请加入本林组织。由1名以上林友介绍,填具入林申请表,经林务会通过,发给林员证书,便为正式林员。

第七条 林员义务

一、遵守本林章程和理事会各项会务决定。

二、主动参加本林举办的各项法务、佛事活动。

三、自愿乐捐款慈善于福利基金。

四、按期缴纳会员费。

第八条 权利

一、有选举权和被选举权。

二、对林务工作有批评和建议的权利。

三、本林林员可享受本林提供的各种服务。

第四章 组织

第九条 组织林员代表大会。代表由各基层小组选举所产生,每年开会一次。

代表会职权:

一、审议修改本林的章程草案。

二、听取和审议理事会工作报告。

三、审核本林经费收支预算。

四、审议理事会重要的会务工作决定。

五、选举理事,组成理事会。

第十条 组织理事会

一、由林员代表会选举理事13—15人组成理事会。

二、由理事会推选5名常务理事,组成常务理事会。

三、理事会推选林长、副林长和秘书长。

四、林长、副林长、秘书长每届任期限四年,连选可以连任。

五、理事会工作采取民主管理、具体分工责任制。具体分工职责:

林长:对外代表居士林,对内全面领导林务工作。

常务副林长:协助林长具体负责领导处理内外各项林务工作。

副林长与秘书长:在林长领导下,协助林长处理日常林务工作。

根据林务工作需要,下设:

1. 法务组:负责组织开展法务、佛事、修学、宏法等活动。

2. 总务组:负责有关生活后勤工作事务管理。

3. 财务组:具体负责财务管理工作。

4. 基建组:全面负责林院楼房基建工作。

第五章 经费

第十一条 经费来源

一、本林林员和海内外佛教徒的自愿捐助。

二、开展法务活动收入。

三、创办自养经济实业收入。

四、林员会费收入。

第六章 附则

第十二条 本章程修改草案,提交林员代表会审议通过,并报请市宗教局、市佛协会审批后施行。必要修改时同上规定。

一九九七年八月修订

跋

有史以来第一部《厦门市佛教志》，在厦门市人民政府民族宗教事务局的直接领导和具体指导下，在厦门市佛教协会缁素同仁的共同努力下，终于脱颖杀青了。这是厦门市地区佛教史上值得讴歌和庆贺的一件大事。

衲僧不敏，先后秉承妙湛长老与圣辉大和尚的委托，负责修志事务，值此绣梓之际，聊述数语以志始末。

《厦门市佛教志》开修始于1993年8月，盖遵市府民宗局指令，由佛教协会承担编纂《厦门市志·宗教志》佛教部分的编写任务。斯时小师为佛协常务，责无旁贷，然方外之人，与文史隔行隔山，因诚聘厦门市佛教居士林秘书郑梦星老居士领其事。

郑老为鹭岛佛教界名士，笃信佛教，经史罗胸，学识渊博，辞翰温雅，乃志书主邑之首选。复命释演启尼师、普照姑二人协佐。1994年完成专志初稿。翌年春，节编分志呈送厦门市志汇总。专志出版因人事更迭中辍。

2002年夏，圣辉大和尚提议佛教协会正式成立《厦门市佛教志》编纂委员会，重新启动并亲自主持志书的编修工作。时郑居士年近80，且罹患眼疾，几近失明，执笔书写困难多多。然以责任所在，痴心不改，乃义不容辞，欣然应命，并举荐泉州市地方志编纂委员会编辑杨清江先生担任副主笔。杨先生熟悉泉南文史，淹贯方志体例，诚一时之高选。圣辉大和尚又指派其弟子果宁法师协助编写。后来，果宁法师移锡他就，先后复聘几位学者参修，均迁徙不常，惟杨先生自发凡迄于竣事，兢兢业业，贯穿始终耳。

续编乃遵照圣辉大和尚要求，扩大志书记载的地域范围（原只局限厦门本岛，增扩至厦门市整个行政区划），延续志书记述的时间下限（原截止1994年，延伸至2003年）。经过全体编修人员两年多的艰苦努力、辛勤笔耕，一部前所未有、门类齐全、体例完备、内容翔实、煌煌大观的《厦门市佛教志》终于问世了！龙天欢喜，功德圆满，谨述因果以为跋。

闽南佛学院常务副院长
厦门市佛教协会住会副会长　释诚信
2005年6月

编 后 记

《厦门市佛教志》（专业志），经过两次编修，分别完成两部涵盖不同区域的方志初稿。

第一时段的编志工作，是在市民族宗教局统一组织领导下，交由市佛教协会具体负责，主要任务是编写以市区本岛为主的佛教分志。此分志由民宗局汇编，转送市方志办总纂，编入市志。佛协会接受任务后，随即聘请厦门佛教居士林秘书长郑梦星居士全面负责编写。郑居士对闽南佛教历史文化颇有研究，又曾参予编修《晋江市志》，主编其中宗教、教育等多部分志，故其应聘后即着手按现行新编方志的统一体例和工作规程投入工作。首先规划编拟全志纲目报审，随后便全力投入资料工作。在市佛协会会长妙湛老和尚和副会长诚信法师的指导下，及其派来的两位资料员释演启尼师和普照姑的积极配合，经过三四个月的共同努力，从省市各图书档案馆藏、各有关部门和诸山寺院，采集与记录了有关厦门佛教的史志资料，约30多万字。通过对这些资料的整理、审定和汇编，发现其中有许多宝贵资料均具有入志、存史传世的重要价值，因此决定按地方部门专业志稿的体例，整编佛教专业志。复经半年多的编写，于1994年6月完成了《厦门市佛教志》专业志稿，近28万字，印送市民族宗教局等有关部门和各寺院，广泛征求修改意见。专业志初稿完成后，又根据民族宗教局的要求将专志稿精简缩编为分志稿5万多字，送有关部门评审，后经三稿修订，送市地方志编纂办公室入编厦门市志。又经过修改入编"厦门文化丛书"——《厦门宗教》一书的主要部分正式出版。分志定稿后，参考各方面意见，对专志初稿进行全面的修改，并将初稿的1992年下限延伸至1994年，于1995年4月完成第二次全志的修改稿。因专志稿不拟出版，全部修志工作便告结束。

第二时段的续编增修工作，是在圣辉大和尚亲自主持领导下开始的。2002年4月，在大和尚亲自主持的市佛协会工作会议上，提出恢复续编《厦门市佛教志》，亲自挂帅组织《厦门市佛教志》编辑组（后改编委会），并决定仍由郑梦星具体负责编写工作。当时郑居士已届80高龄，且又罹患严重眼疾，双目几近失明，读写均很困难。但是初时考虑续编专志自应是在1995年志稿基础上延长下限年代、补充资料，并进行全面增修，为保证志书的连续性和统一性及其质量，郑居士担任全面续编工作自是责所难辞；又认为在以原稿为基础的续修，只要有得力助手协助征集资料和记录抄写，不用半年时间便可完成。嗣闻圣辉大和尚授意，续编专志应包括旧同安县属岛外各区佛教历史。这样，编者顿感续修志书任务的繁重。按旧属泉州府同安县的佛教历史，较之本岛佛教历史要推前两三个世纪，历代高僧辈出，古今建设寺岩繁多，而且所有历史资料全缺。如是增编篇幅应比1995年志稿多一倍以上。对此巨大工程，编者深感压力重大。幸得以圣辉大和尚为首的编委会领导诚信、定恒、则悟诸法师的全力支持，增聘几位得力助手，经过一年半多的共同努力，终于在2003年底，完成了70多万字的增修的《厦门市佛教志》初稿。

续编工作，增聘泉州杨清江先生协助主笔工作。杨原任泉州市地方志编纂委员会编辑，退休后仍从事地方史志的研究，但因身体不好，不能长住厦门，受聘后只能利用节假日来接受任务后带回泉州编写。由于他富有编纂方志的实践经验，平时又收藏了各种地方史志资料，因此

当其接受编写组的编修方案后,能主动深入各方面查证历史资料,按志书要求按质如期编写成稿。其中增编的同安所属所有大小寺院的志史、历史人物的传志,以及《文献选辑》中的诗词、题刻、碑文等,俱皆出自他的手笔。

  增聘人员中,还有帮助郑居士口述笔录和抄正文字的工作人员。这些人实际上是郑坚持工作的替身,离开他们,郑便一无所为。续编工作开始时,由圣辉大和尚亲自指派其入门弟子释果宁来协助工作。果宁毕业于四川大学,曾在西藏大学任教多年,不仅文化水平较高,而且对佛学也深有研究;更难得的是,他为人谦虚谨慎,任事踏实认真,因此在工作中无论是读念文稿,笔录资料,以至独立编写,均能配合默契;特别是,在深入同安实地调查资料时,每次由他亲自驾车护送编写人员,爬山越岭,走遍该区所属大小寺院,并亲自笔录口碑或碑文石刻资料。果宁参与工作半年多时间,为续编工作的顺利进行做出了极大的贡献,后因工作需要,调离他职,一度使工作受到极大影响。经过一段时间的物色,又聘请厦门大学史学博士李文睿接替工作。他在工作中勤勤恳恳,密切配合,但不到3个月,因大学安排他授课,又告中途离去。由是几经周折,才从佛教居士林请来一位青年居士张明家,在其密切配合下,才使编写工作继续顺利进行。

  初稿完成后,为保证志书的质量,特聘厦门大学哲学系高令印教授负责为志稿审校。高工作不到一年,离职他就,又续聘厦门大学人类学博士丛云飞接替审校工作。在对原同安所属各地进行实地调查资料时,得到原会长厚学老和尚及其弟子常净法师的大力支持,委派副会长叶大椿和秘书长蔡美丽两位老居士,亲自带领编写人员走遍了同安境内(包括集美、杏林、海沧诸区)所有大小寺、岩,进行实地勘查,历时两个多月,往复行程达数千里,即使极为偏僻的山区小庙废址也不放过。在两位老居士不辞劳苦、亲自配合下,终于实地勘查了岛外所有70多所寺、岩、堂、院(包括废址)。采集了许多极为宝贵的第一手资料,为增编同安地区佛教地方志书做出极为重大的贡献。

  在编修过程中,又得到了厦门市郑成功纪念馆何丙仲馆长的积极支持,并无私地奉献其集藏的许多有关寺、岩的题刻、碑文等珍贵历史文献资料,为志书的存史传世增添了无量光彩。此外,鼓浪屿陈全忠老居士也为本志提供了蔡善解、马乾骅等5位佛教居士的传记资料。志搞初定时,又蒙原厦门市社会科学联合会主席方友义先生对文稿进行一次全面审评。特别是对第五卷的诗词、楹联、碑刻认真的校勘,提出不少修正的宝贵意见。并此一一致谢。

  正稿印好后装订成册,分送市各有关部门领导及有关单位和学者,广泛征求修改意见,综合诸方意见,进行全面修改订正,然后正式出版。

  成就志书巨著自非容易,上得政府有关部门的关怀与指导,更得佛教协会诸领导的全力支持,还有佛教界热心人士的贡献诸多宝贵资料,并经编写人员之共同努力。如此之历史盛事,端赖众力共举,其功不泯,自当有志。是为编后记,以志始末。

附：卷目索引

卷之一

第一章　寺 …………………………… 49

岛内
南普陀寺 …………………………… 49
鸿山寺 ……………………………… 52
海崖寺 ……………………………… 53
天界寺 ……………………………… 53
华严寺 ……………………………… 54
妙释寺 ……………………………… 54
普光寺 ……………………………… 55
启明寺 ……………………………… 56
佛光寺 ……………………………… 56
妙清寺 ……………………………… 57
甘露寺 ……………………………… 57
弥陀寺 ……………………………… 57
紫竹林寺 …………………………… 57
雪峰寺 ……………………………… 58
观音寺 ……………………………… 58
涌福寺 ……………………………… 60

岛外
梵天寺 ……………………………… 60
梅山寺 ……………………………… 62
天兴寺 ……………………………… 62
拱莲古寺 …………………………… 63
真寂寺 ……………………………… 63
龙门寺 ……………………………… 64
甘露寺 ……………………………… 64
资福寺 ……………………………… 65
净隐寺 ……………………………… 65
章法寺 ……………………………… 65
盈岭古寺 …………………………… 65
云塔寺 ……………………………… 65
开年寺 ……………………………… 66
华峰寺 ……………………………… 66
大佛寺 ……………………………… 66
西竺寺 ……………………………… 66

金山寺 ……………………………… 67
佛国寺 ……………………………… 67
佛心寺 ……………………………… 67
佛圣寺 ……………………………… 68
白莲寺 ……………………………… 68

第二章　院 …………………………… 69

岛内
觉性院 ……………………………… 69
正悟院 ……………………………… 69
大观院 ……………………………… 69
资福院 ……………………………… 70
法海院 ……………………………… 70

岛外
观音院 ……………………………… 70
明觉院（泗洲院） ………………… 70
报恩院 ……………………………… 70
佛岗院 ……………………………… 71
石室禅院 …………………………… 71
圣果院 ……………………………… 72
普慈院 ……………………………… 72
定琳院 ……………………………… 72
广慈院 ……………………………… 73
智门院 ……………………………… 73
福船院 ……………………………… 73
溪内院 ……………………………… 73
嘉福院 ……………………………… 73
西园院 ……………………………… 73
南风院 ……………………………… 74
化度、慈相、双林三院 …………… 74

第三章　岩（洞） …………………… 75

岛内
云顶岩 ……………………………… 75
万寿岩 ……………………………… 76
寿山岩 ……………………………… 76
日光岩（莲花庵） ………………… 77
虎溪岩 ……………………………… 78
太平岩 ……………………………… 79

附：卷目索引　567

白鹿洞	79
万石岩	80
中　岩	81
紫云岩	82
白鹤岩	82
碧山岩	82
天竺岩	83
石泉岩	83

岛外

留月岩	83
出米岩	83
斗拱岩(栖隐院)	84
龙池岩	84
香山岩	84
太华岩	85
清水岩	85
铜钵岩	85
慈云岩	85
白云岩	86
灵鹫岩	86
白虎岩	87
普陀岩(狮子岩)	87
安福岩	87
清泉岩	87
雪山岩	88
石佛洞	88
寿石岩	88
石峰岩	88
翟峰岩(斗拱岩下院)	89
晃　岩	89

第四章　庵堂(林、精舍) ………… 90

岛内

龙湫亭	90
观音亭	91
荷　庵	91
观音亭	91
通津亭	91
印(应)月堂	92
功德堂	92
源德堂	92
慈佛安定堂	92
海月堂	92
顶释堂(寺)	92

进明堂(寺)	92
慎戒堂	93
惠感堂	93
修德堂	93
心德堂	93
庆福堂(寺)	93
龙泉宫	94
净莲堂	94
莲远堂	94
佛顶堂	94
妙法林	94
延寿堂	95
普愿堂	95
正信林	95
莲苑精舍	95

岛外

畏垒庵	96
承汉阁	96
贞素堂	96
妙建庵	96
花厝佛堂	96
大德堂	96
东龙堂	97
松柏林观音堂	97
不二堂(观音宫)	97
清居堂	97
南泉堂	98
坡山庵	98
大明庵(寺)	98
濑上禅堂	98
下店宫	98

第五章　住僧宫庙 ………… 99

岛内

内武庙	99
城隍庙	100
前园宫	100
地藏寺	100
福茂宫	100
圆山宫	101
养真宫	101
塘边宫	101
朝天宫	101
雷音殿	102

福海宫	102
朝宗宫	102
普佑殿	102
武西殿	102
朝源宫	102
丹霞宫	103
和凤宫	103
灵应殿	103
龙潭宫	103
寿山宫	103
太平殿	103
昭福宫	103
福寿宫	104
武圣庙	104
西庵宫	104
福河宫	104
回龙宫	104

附一：厦门市现存寺院(含住僧宫庙)一览表 …… 105

附二：厦门市已废寺院(含住僧宫庙)一览表 …… 110

卷之二

第六章 四众弟子 …… 117
- 第一节 僧尼 …… 117
- 第二节 居士 …… 119
- 第三节 菜姑 …… 121

第七章 宗门法系 …… 125
- 第一节 大乘八宗 …… 125
  - 一、天台宗(法华宗) …… 125
  - 二、贤首宗(华严宗) …… 125
  - 三、律宗(南山宗) …… 126
  - 四、三论宗 …… 126
  - 五、法相宗(慈恩宗) …… 126
  - 六、净土宗(莲宗) …… 126
  - 七、真言宗(密宗) …… 126
  - 八、禅宗 …… 126
- 第二节 闽传南禅 …… 127
  - 一、临济宗 …… 128
    - 破庵派 …… 131
    - 松源派 …… 131
    - 护国支系 …… 131
    - 育天支系 …… 132
  - 二、曹洞宗 …… 133
  - 三、云门宗 …… 136

第八章 佛门规戒 …… 141
- 第一节 戒律 …… 141
  - 一、戒条 …… 141
  - 二、受戒 …… 143
  - 三、持戒、犯戒与舍戒 …… 145
- 第二节 清规 …… 147
  - 一、佛事规仪 …… 147
  - 二、组织规则 …… 152

第九章 弘法利生 …… 156
- 第一节 讲经说法 …… 156
- 第二节 法会活动 …… 158
  - 一、修持法会 …… 158
  - 二、喜庆吉祥法会 …… 159
  - 三、普利(水陆)法会 …… 159
  - 四、祈愿祝福法会 …… 161
- 第三节 佛教刊物 …… 161
  - 一、《现代僧伽》 …… 161
  - 二、《佛教公论》 …… 162
  - 三、《人间觉》 …… 162
  - 四、其他刊物 …… 163
- 第四节 经书流通 …… 164
- 第五节 慈善事业 …… 165
  - 一、赈灾救难 …… 165
  - 二、扶贫解困 …… 166
  - 三、办教助学 …… 168
  - 四、义诊施药 …… 170
  - 五、修桥造路及其他 …… 171

卷之三

第十章 社团组织 …… 175
- 第一节 佛教(协)会 …… 175
  - 一、漳泉永龙汀佛教分会 …… 175
  - 二、中国佛教会厦门分会 …… 176
  - 三、厦门市佛教协会 …… 178
  - 四、大乘佛教会 …… 192
  - 五、同安县佛教(协)会 …… 193
- 第二节 居士组织 …… 193
  - 一、闽南佛化新青年会 …… 193
  - 二、中国佛学会厦门市分会 …… 195

附：卷目索引 | 569

  三、厦门佛教居士林 … 195
 第三节 慈善组织 … 198
  一、厦门南普陀寺慈善事业基金会 … 198
  二、厦门市石室禅院慈善功德会 … 199

第十一章 学校教育 … 201
 第一节 闽南佛学院 … 201
  一、学制课程 … 202
  二、教学设施 … 205
  三、学僧 … 205
  四、教师 … 206
  五、教育管理 … 217
  六、教学成果 … 220
 第二节 其他院校 … 221
  一、南闽佛教养正院 … 221
  二、万石佛学研究社 … 223
  三、觉华女子佛学苑 … 223

第十二章 海外交流 … 224
 第一节 新加坡和马来西亚 … 224
 第二节 菲律宾 … 228
 第三节 缅甸 … 231
 第四节 日本 … 232
  一、华僧东渡弘法 … 232
  二、日本佛教在厦门 … 234
 第五节 其他国家 … 236
  一、美国 … 236
  二、泰国 … 236
  三、斯里兰卡 … 237
  四、韩国 … 237
  五、越南 … 238
  六、印度尼西亚 … 238
 附：港台地区 … 238
  一、台湾 … 238
  二、香港 … 240

第十三章 行政管理 … 243
 附：厦门市宗教活动场所管理规定 … 248

卷之四

第十四章 僧伽传 … 253
 唐
  释怀晖 … 253
 五代
  释栖岑 … 253
  释栖霞 … 254
 宋
  释自严 … 254
  释法周 … 255
  释惟慎 … 255
  释文翠 … 256
  释慧南 … 256
  释道隆 … 256
  释子琦 … 256
  释无着 … 257
  孙应祖师 … 257
 元
  释契祖 … 257
  释即空 … 258
 明
  释觉光 … 258
  释了住 … 258
  释笑堂 … 258
  吴 容 … 258
  释达宗 … 259
  释明任 … 259
 清
  姚翼明 … 259
  涂仲吉 … 259
  陆昆亨 … 260
  谢元汴 … 260
  释无疑 … 260
  释亘信 … 260
  林 英 … 260
  刘子葵 … 261
  纪许国 … 261
  释超全 … 261
  释宗标 … 261
  释明光 … 262
  释如寿 … 262
  释雪芝 … 262
  释晓诚 … 262
  释元飞 … 262
  释佛颜 … 263
  胡文远 … 263
  释知坚 … 263
  释景峰 … 263
  释佛敏 … 264

释达中 … 264	释宏船 … 294
释法相 … 264	释广洽 … 295
释佛乘 … 264	释广义 … 296
释喜参 … 265	释妙湛 … 298
释佛化 … 265	释广安 … 300

中华民国

释转初 … 266	释广净 … 300
释觉三 … 266	释厚学 … 301
释了识 … 267	释宏辉 … 302
释瑞山 … 267	释善扬 … 302

第十五章 居士(菜姑)传 … 305

释心灿 … 268	池显京居士 … 305
释本妙 … 268	林宗载居士 … 305
释法空 … 269	池显方居士 … 305
释常惺 … 269	黄日纪居士 … 306
释觉斌 … 270	唐显悦居士 … 307
释弘一 … 271	陈敬贤居士 … 307
释会泉 … 273	吴辰泗居士 … 308
释会机 … 275	蒋以德居士 … 308
释转道 … 276	周醒南居士 … 309
释妙月 … 277	苏慧纯居士 … 310
释太虚 … 278	林镜秋居士 … 310
释瑞等 … 280	王振邦居士 … 310
释方莲 … 280	庄汉民居士 … 311

中华人民共和国

	马乾骅居士 … 311
释清智 … 280	王卓生居士 … 312
释宏定 … 281	苏谷南居士 … 312
释大醒 … 282	林藜光居士 … 313
释转逢 … 282	苏行三居士 … 313
释圆瑛 … 284	周幼梅居士 … 314
释清念 … 285	陈延香居士 … 314
释慈舟 … 286	叶青眼居士 … 315
释芝峰 … 287	李博用居士 … 316
释转尘 … 288	李鸿光居士 … 316
释性愿 … 288	何仰潜居士 … 316
释善契 … 289	黄克恭居士 … 317
释正果 … 290	蔡善解居士 … 317
释清华 … 290	李芳远居士 … 318
释会觉 … 290	罗丹居士 … 318
释广心 … 291	许宣平居士 … 319
释广空 … 291	吴树义居士 … 319
释元镇 … 292	黄秋声居士 … 320
释广树 … 293	虞愚居士 … 320
释常凯 … 293	洪子晖居士 … 321

附：卷目索引 | 571

吴琼珠居士	……………………………	321
蔡吉堂居士	……………………………	322
柳正松居士	……………………………	323
林子青居士	……………………………	324
出家菜姑	……………………………	324
莲果姑	……………………………	324
王换姑	……………………………	324
慧慕姑	……………………………	325
智闻姑	……………………………	325
胡冰姑	……………………………	326

卷之五（文献选辑）

一　诗词 …………………………… 331

南普陀寺　诗55首　词5首 …… 331
碧泉岩　诗3首 ………………… 342
普光寺　诗2首 ………………… 343
天界寺　诗29首 ………………… 344
鸿山寺　诗12首　词3首 ……… 351
云顶岩　诗42首　词3首 ……… 354
万寿岩　诗27首　词6首 ……… 363
寿山岩　诗1首 ………………… 370
日光岩　诗29首　词5首 ……… 370
虎溪岩　诗71首　词3首 ……… 377
太平岩　诗15首　词1首 ……… 395
白鹿洞　诗18首 ………………… 398
万石岩　诗25首 ………………… 402
中　岩　诗6首 ………………… 408
紫云岩　诗11首 ………………… 409
白鹤岩　诗2首 ………………… 412
碧山岩　诗3首 ………………… 412
法海院　诗1首 ………………… 413
石泉岩　诗1首 ………………… 413
荷　庵　诗16首 ………………… 413
梵天寺　诗69首 ………………… 417
章法寺　诗4首 ………………… 432
梅山寺　诗2首 ………………… 433
甘露寺　诗1首 ………………… 434
泗洲明觉院　诗2首 …………… 434
北山岩　诗4首 ………………… 434
出米岩　诗1首 ………………… 435
龙池岩　诗2首 ………………… 435
太华岩　诗1首 ………………… 436
清水岩　诗3首 ………………… 436

慈云岩　诗4首 ………………… 437
福船院　诗1首 ………………… 438
西山岩　诗3首 ………………… 438
普陀岩　诗1首 ………………… 439
雪山岩　诗2首 ………………… 439
石峰岩　诗1首 ………………… 439
灵鹫岩　诗1首 ………………… 440
晃　岩　诗2首 ………………… 440
真寂禅寺　诗4首 ……………… 440

二　楹联 …………………………… 442

南普陀寺　39副 ………………… 442
鸿山寺　14副 …………………… 447
天界寺　9副 …………………… 449
华严寺　2副 …………………… 450
普光寺　6副 …………………… 450
观音寺　1副 …………………… 451
虎溪岩　10副 …………………… 451
日光岩　11副 …………………… 453
太平岩　5副 …………………… 454
中　岩　5副 …………………… 455
白鹿洞　10副 …………………… 455
庆福堂　4副 …………………… 457
妙法林　2副 …………………… 457
万石莲寺　20副 ………………… 458
养真宫　4副 …………………… 460
居士林（内武庙）　8副 ………… 461
龙湫亭　3副 …………………… 462
梵天寺　47副 …………………… 462
梅山寺　8副 …………………… 468
马巷盈岭古寺　2副 …………… 469
佛心寺　1副 …………………… 469
同安观音寺　5副 ……………… 469
同安香山岩　1副 ……………… 470
马巷不二堂（观音宫）　5副 …… 470
同安观音堂　4副 ……………… 471
甘露寺　1副 …………………… 471
承汉阁　7副 …………………… 471
海沧石室禅院　4副 …………… 472

三　题刻 …………………………… 473

南普陀寺 ………………………… 473
碧山岩 …………………………… 477
天界寺 …………………………… 478

鸿山寺 …………………………… 479	瑞波大师遗产记 ………… 〔清〕释转道 506
紫竹林寺 ………………………… 479	重修普照寺记 …………… 〔清〕释转道 506
云顶岩 …………………………… 480	厦门颍川陈氏经始
万寿岩 …………………………… 480	南普陀寺 ………………… 陈秉璋 506
日光岩 …………………………… 481	闽南佛学院缘起文 ……………… 释常惺 507
虎溪岩 …………………………… 484	厦门南普陀重建观音殿募
太平岩 …………………………… 486	捐缘起 …………………… 释芝峰 507
白鹿洞 …………………………… 488	南普陀兜率陀院记 ……………… 释文渊 508
万石岩 …………………………… 490	南普陀寺重建大悲殿记 ………… 释太虚 508
中　岩 …………………………… 493	南普陀寺林园记 ………………… 释太虚 508
紫云岩 …………………………… 494	南普陀寺水池区建筑记 ………… 释太虚 509
石泉岩 …………………………… 494	普照寺根源记 …………………… 释觉斌 509
梵天寺 …………………………… 495	南普陀游记 ……………………… 释东初 509
梅山寺 …………………………… 497	喜参老和尚塔铭并序 …………… 林子青 511
北山岩 …………………………… 497	景峰老和尚塔铭并序 …………… 林子青 512
普慈院 …………………………… 498	南普陀寺保护碑 ……………………… 512
香山岩 …………………………… 498	厦门南普陀寺禅堂创建记 …………… 513
太华岩 …………………………… 498	南普陀寺妙湛和尚舍
慈云岩 …………………………… 499	利塔铭 …………………… 林子青 513
斗拱岩 …………………………… 499	**普光寺**
雪山岩 …………………………… 499	普光寺碑记 ……………… 〔清〕佚　名 514
石佛岩 …………………………… 499	重修金鸡亭并路
华峰寺 …………………………… 499	碑记 ……………………… 〔清〕佚　名 514
白虎岩 …………………………… 500	**天界寺**
寿石岩 …………………………… 500	醉仙岩记 ………………… 〔明〕倪　冻 514
真寂禅寺 ………………………… 500	建黄亭小引 ……………… 〔清〕释月松 515
石峰岩 …………………………… 500	重修醉仙岩碑文 ………… 〔清〕黄传芳 515
云塔寺 …………………………… 501	重修醉仙岩碑记 ………… 〔清〕黄传芳 515
四　碑文 ……………………………… 502	重修醉仙岩碑记 ………… 〔清〕黄德昌 515
南普陀	重修天界寺碑记 ………… 〔清〕黄庆清 516
田租入寺志 ……………… 〔明〕林宗载 502	重建天界寺碑记 ………… 郑梦星　何丙仲 516
南普陀西偏建龙庙	**鸿山寺**
碑记 ……………………… 〔清〕觉罗四明 502	重修鸿山寺大殿
普陀寺前捐廉塂地	碑记 ……………………… 〔清〕佚　名 517
树栅碑记 ………………… 〔清〕刘嘉会 503	重修鸿山寺将诸绅商等各处捐题
重修南普陀寺记 ………… 〔清〕胡世铨 503	列左芳名碑记 …………… 〔清〕释喜参 517
重修南普陀寺捐题碑记 … 〔清〕胡世铨 504	鸿山寺各处捐题列左芳名
胡亭记 …………………… 〔清〕郭　迈 504	碑记 ……………………… 〔清〕释喜参 518
重修南普陀寺后迎胜轩、	重修鸿山寺由志 ………………… 蒋以德 518
扇亭记 …………………… 〔清〕十全堂 504	重建厦门鸿山寺碑记 …………… 林子青 518
捐置寺田记 ……………… 〔清〕张士沅 505	兴建鸿山寺妙胜法苑楼堂碑铭 … 郑梦星 518
重修南普陀碑记 ………… 〔清〕奎　俊 505	**紫竹林寺**
六湛大师建业记 ………… 〔清〕释喜参 505	紫竹林寺创建碑文 ……………… 释妙湛 519

云顶岩
　　云顶岩住持觉仪和尚记 …………… 甦 僧 519
万寿岩
　　万寿岩记 ………………… 〔清〕释普荫 520
日光岩
　　旭亭记 …………………… 〔清〕石国球 520
虎溪岩
　　虎溪岩记 ………………… 〔明〕池显方 521
　　四笑桥记 ………………… 〔清〕黄日纪 521
白鹿洞
　　重修白鹿洞序 …………… 〔清〕佚 名 521
中岩
　　重建云中岩大殿功德碑铭 ……… 李伯瑜 522
紫云岩
　　重修紫云岩记 …………… 〔清〕叶化成 522
石泉岩
　　石泉岩记 ………………… 〔清〕黄日纪 523
碧山岩
　　碧山岩新楼记 ……… 〔清〕吴荫棠 郭静轩 523
　　鹭门山行记 ……………… 〔清〕张对墀 523
内武庙（佛教居士林）
　　兴建内武庙居士林佛苑
　　　　碑记 …………………………… 郑梦星 524
梵天寺
　　重修梵天寺记 …………… 〔明〕赵道生 524
　　重建梵天寺大雄宝殿记 …… 〔明〕陈仲述 525
　　游大轮山记 ……………… 〔清〕黄　江 526
梅山寺
　　重修梅山古寺碑记 ……… 〔清〕明　新 526
泗洲明觉院
　　重修桐山明觉院记 ……… 〔清〕陈柏芬 526
　　重修泗洲明觉院记 ……………… 陈穿莲 527
定琳院
　　重修石兜定琳院碑记 …… 〔清〕佚 名 527
龙池岩
　　重兴龙池岩略 …………… 〔明〕卢岐凝 528
　　游华圃碑记（残） ……… 〔清〕官献书 528
　　华圃书院记 ……………… 〔清〕黄　涛 528
　　龙池寺檀樾杨公祀田记 … 〔清〕谢　亨 529
铜钵岩
　　铜钵岩石佛造像记 ……… 〔宋〕毛士及 529
慈云岩
　　端平岩游记 ……………… 〔明〕蔡献臣 529

福船院
　　福船院记略 ……………… 〔宋〕佚 名 530
盈岭古寺
　　盈岭大士寺业碑记 ……… 〔清〕李孕昌 530
溪内院
　　重建溪内庙碑记 ………………………… 530
白云岩
　　西山岩和尚墓碑 ………… 〔明〕远丝道人 531
　　西山岩记 ………………… 〔清〕张金友 531
　　重建白云岩碑记 ………… 〔清〕陈德辉 531
佛国寺
　　妙高山佛国寺重建碑记 ………………… 532
松柏林观音堂
　　松柏林观音堂檀樾碑 …… 〔清〕陈允雄 532
　　重建松柏林观音堂碑记 … 〔清〕庄光前 533
　　观音堂修复碑记 ………………… 彭河泉 533
观音宫
　　观音宫重建记 …………………… 朱振仲 534
西竺寺
　　高浦西竺寺碑记 ………………………… 534
石室禅院
　　皇明石室禅院碑记 ……… 〔明〕卓　峰 535
　　重修石室禅院碑记 ……… 〔清〕杨鸿儒 535
　　重修石室禅院碑记 ………………… 卢维岳 536
　　重修石室院碑记 …………………… 杨元波 536
云塔寺
　　重兴云塔寺碑记 ………………………… 537

五　法制文牍

政府宗教法规
　　福建省宗教活动场所登记管理暂行规定 … 538
中国佛教协会汉传佛教寺院法规
　　全国汉传佛教寺院管理办法 …………… 541
　　汉传佛教寺庙共住规约通则 …………… 544
厦门南普陀寺各项规章制度
　　南普陀寺十方常住规约二十条 ………… 546
　　南普陀寺规章制度（2000年
　　　　春修订） …………………………… 547
　　1925年闽南佛学院章程（选录前两章） … 554
　　2000年闽南佛学院章程 ………………… 554
　　厦门南普陀寺慈善事业基金会章程（1998年
　　　　2月11日修订） …………………… 556
厦门市石室禅院慈善功德会章程 ………… 558
厦门市佛教居士林章程 …………………… 562

图书在版编目(CIP)数据

厦门佛教志/厦门市佛教协会主编. —厦门:厦门大学出版社,2006
ISBN 7-5615-2560-5

Ⅰ.厦… Ⅱ.厦… Ⅲ.佛教史-厦门市 Ⅳ.B949.2

中国版本图书馆 CIP 数据核字(2006)第 005611 号

厦门大学出版社出版发行
(地址:厦门大学 邮编:361005)
http://www.xmupress.com
xmup @ public.xm.fj.cn
厦门昕嘉莹印刷有限公司印刷
2006 年 5 月第 1 版 2006 年 5 月第 1 次印刷
开本:787×1092 1/16 印张:36.75 插页:18 字数:908 千字
平装:98.00 元
定价:
精装:138.00 元
如有印装质量问题请与承印厂调换